Change & Transform

想 改 變 世 界 · 先 改 變 自 己

Change & Transform

想改變世界·先改變自己

人性18法則

THE LAWS OF HUMAN NATURE

認識自己、透視他人，解碼人類行為第一專書

羅伯・葛林
Robert Greene 著

鄭煥昇 譯

獻給我的母親

【來自各界讚譽】

打開這本書稿，我根本停不下來。這書好看到誇張，讓我迫不及待一直往下翻。當時我就覺得，如果我在書店遇見這本書，一定毫不猶豫，立刻買下來。

——十方（李雅雯），理財暢銷作家

我們都希望能夠常常快樂，所以總是透過各種活動、物質來滿足，希望這樣的歡愉能長久，但事實上都非常短暫，像是煙花綻放卻無法留存，所以哲學家們開始思考，快樂真的是來自於外在活動或物質嗎？羅伯・葛林的《人性18法則》將幫助你釐清人性、認識自己，你的各樣情緒，不是由外在環境來決定，而是由你對事物觀點反映出不同體驗，更大原因來自你過往的經驗。所以快樂不需要外求，當你更認識自己，理解人性的規則，你將更能遊刃有餘地面對各種世界上的挑戰，而不被自身的情緒擊敗。

——鄭俊德，閱讀人社群主編

葛林的獨到之處在於，他能針對孫子與拿破崙等歷史人物的生平與人生哲學進行分析，然後從中擷取出關鍵之鑰來用以操控人物與時局——這樣一種直言無諱、冷靜到幾近冷血的世界觀，為他贏得了一群志同道合的死忠追隨者，當中不乏赫赫有名的饒舌歌手、企業領袖，甚至販毒大亨！

——《紐約時報》（*New York Times*）

書中的教訓發人深省，其中教人解讀肢體語言的〈看穿人的面具〉這一章更是寫得鞭辟入裡。書中每條「法則」都佐以了生動的歷史人物側寫。

——美國 Inc. 商業雜誌 (*Inc.*)

《人性 18 法則》針對如何提升應對進退的效率，提供了兼具廣度與深度的一流建議。葛林對人性內在運作的強烈好奇心深具感染力，就像他邀請了我們以偵探的身分，與他一起探究包括我們自身在內的人類，何以會做出我們的種種行為。他精準（且不厭其煩）地提醒著我們一件事，那就是：想了解別人，我們得先了解自己這台機器是如何在運作著。

——《紐約書評》（*New York Journal of Books*）

在這本內容翔實且豐富的指南中，葛林企圖將讀者轉化為「更冷靜、更能掌握全局的觀察者」而不受內心「情緒小劇場」的掣肘。那些乍看下是一種過譽，但只要縱身潛入葛林有條有理的文字裡，再憤世嫉俗的人也會回心轉意。比方說，在克服了「不理性法則」之後，你就能獲得「放下主觀感受，看見客觀事實」的能力。葛林對人自身與社會所進行的縝密觀察，會為願意用心閱讀的讀者指出一條豁然開朗，如同再造的明路。

——《出版者週刊》（*Publishers Weekly*）

行文扣人心弦，發想令人驚艷……葛林提出的是所有人都用得上的見解……一本宣揚自由與創意的希望之書。

——美國《石英》雜誌（*Quartz*）

「迫力十足！」

——《富比世》雜誌（*Forbes*）

「令人振聾發聵！」

——《衛報》（*The Guardian*）

THE LAWS OF HUMAN NATURE

【目錄】

來自各界讚譽——4

〈引言〉七種人生視野的變遷——13

〈第一章〉你的情緒，由你做主——29

不理性的法則

內心的雅典娜——30

人性的關鍵——40

步驟一：明辨偏誤——49

確認偏誤｜信心偏誤｜外觀偏誤

群體偏誤｜究責偏誤｜優越感偏誤

步驟二：小心火燭——54

源自童年早期的引爆點｜轉瞬之間的得與失｜壓力暴漲｜人形引信｜群體效應

步驟三：用計將理性從心中帶出——61

徹底認識自己｜檢視你情緒的根源｜增加你的反應時間

把人當成現實一樣接受｜找到思維與情緒之間最適的平衡點｜跟理性談戀愛

〈第二章〉化自戀為同理——68

自戀的法則

自戀的光譜——69

同理心四騎士——78

同理的態度｜發自肺腑的感性同理心｜分析產生的理性同理心｜同理心的技巧

自戀型人格的四種類型和實例——84

一、徹底控制型的自戀者｜二、劇場型的自戀者

三、自戀的情侶檔｜四、健康的自戀者——心情的讀者

〈第三章〉看穿人的面具 —— 106

角色扮演的法則

第二語言 —— 107

人性的關鍵 —— 116

觀察技巧 —— 119

解碼的關鍵 —— 123

線索一：討厭／喜歡｜線索二：支配／臣服｜線索三：欺騙

印象管理的藝術 —— 137

熟稔非語言的線索｜當個演技派｜配合觀眾來進行調整

創造出合宜的第一印象｜善用戲劇效果｜投射出聖人般的特質

〈第四章〉判讀人格強度 —— 143

強迫症行為的法則

模式 —— 144

人性的關鍵 —— 154

性格表徵 —— 159

有毒的性格類型 —— 166

超級完美主義者｜無可救藥的叛逆者｜覺得大家都欠他錢的傢伙

戲如人生的傢伙｜畫大餅的人｜無性不歡的性愛成癮者｜公主病或王子病患者

馬屁精｜救世主｜泛道德化的正義魔人

卓越的人格 —— 174

〈第五章〉成為別人「渴望」而不可及的目標 —— 179

垂涎的法則

欲望的目標 —— 180

人性的關鍵 —— 189

刺激他人欲望的實戰策略 —— 194

知道何時與如何有所保留｜塑造你很搶手的形象｜善用誘導

至高的欲望 —— 200

〈第六章〉抬高你的視角 —— 203

短視的法則

瘋狂的瞬間 —— 204

人性的關鍵 —— 213

短視的四個徵象與超越它們的辦法 —— 217

一、意料之外的後果｜二、戰術上的大災難｜三、股價紙帶狂熱

四、淹沒在枝微末節中

具有遠見的人類 —— 216

〈第七章〉肯定人的看法，軟化人的反抗 —— 229

防衛心的法則

影響力遊戲 —— 230

人性的關鍵 —— 242

想成為大師級說服者的五招 —— 249

一、讓自己蛻變為深度的聽衆

二、用適當的情緒去感染人

三、確認對方的自我評價

四、舒緩對方的不安全感

五、善加利用人的抗拒與固執

有彈性的心靈——各種自我檢討 —— 262

〈第八章〉改變你的心境，改變你的處境 —— 266

自我破壞的法則

終極的自由 —— 267

人性的關鍵 —— 278

緊縮（負面的）態度 —— 283

有敵意的態度｜焦慮的態度｜逃避者的態度｜抑鬱的態度｜怨懟的態度

擴張（正面的）態度 —— 293

如何看世界｜如何看待逆境｜如何看待自己

如何看待你的活力與健康狀況

如何看待其他人

〈第九章〉面對你的黑暗面 —— 301

退化的法則

黑暗面 —— 302

人性的關鍵（黑暗能量釋放的訊號）—— 314

矛盾的行為｜情緒噴發｜發狠否認｜「意外」的行為｜過度理想化｜投射

解讀陰影：矛盾的行為 —— 323

硬漢｜聖人｜以退為進的萬人迷｜瘋子｜剛愎的理性主義者

愛慕虛榮的人｜極端的創業者

整合成功的人類 —— 331

看見陰影｜擁抱陰影｜探索陰影｜顯露陰影

〈第十章〉留意脆弱的自尊 —— 341

欣羨的法則

驚世友人 —— 342

人性的關鍵 —— 354

羨慕的徵象 —— 357

微表情｜有毒的誇讚｜背後中傷人｜在忽冷忽熱之間拉扯

愛羨慕的類型 —— 361

平衡者｜自命不凡的懶鬼｜地位狂魔｜依附者｜心虛的大師

羨慕之情的開關 —— 369

超越羨慕 —— 374

拉近與羨慕對象的距離｜比上不足，比下有餘｜練習與有榮焉

有為者亦若是｜對人類的偉大心存崇敬

〈第十一章〉自知之明 —— 379

自我膨脹的法則

成功的幻象 —— 380

人性的關鍵 —— 394

有大頭症的領導人 —— 403

我是天選之人｜我是凡夫俗子｜我會照顧你｜規則我改寫

我能點石成金｜我百毒不侵

務實型的大頭症 —— 409

與自己想自我膨脹的需求面對面｜集中能量｜與現實保持對話
精確設定挑戰的難度｜鬆開大頭症的韁繩

〈第十二章〉重新與內心的男子氣概或女人味搭上線 —— 416

男女有別的法則

貨真價實的性別 —— 417
人性的關鍵 —— 432
各種類型的性別投射 —— 441

浪漫的惡魔｜幻影般的完美女人｜讓人討厭不了的反抗軍｜墮落的女子
優越的男性｜崇拜自己的女性

回歸原廠設定的男人跟女人 —— 450

男女大不同：思考方式｜男女大不同：行為模式
男女大不同：自評與學習｜男女大不同：人際關係與領導統御

〈第十三章〉帶著使命感前進 —— 460

無頭蒼蠅的法則

聲音 —— 461
人性的關鍵 —— 479
五招讓你身懷高度的使命感 —— 488

發現你的天命｜善用阻力與負面的刺激｜吸收意義的能量
創造由小目標組成的下行階梯｜縱情於工作中

虛假使命感的吸引力 —— 496

追求歡愉｜正念 vs. 邪思｜名利雙收｜萬衆矚目的光環｜看破紅塵

〈第十四章〉抗拒群體的下拉力 —— 504

隨波逐流的法則

一場人性的實驗 —— 505
人性的關鍵 —— 524
個人效應 —— 529

想要融入的欲望｜想要表演的需求｜情緒感染｜過度自信

群體的運作動能 —— 534
團體文化｜團體的規定與準則｜團體中的宮廷｜團體的公敵｜團體中的派系
宮廷與朝臣 —— 544
密謀者｜煽動者｜守門員｜陰影啓動者｜朝中的弄臣｜反射者｜寵物與沙包
現實團體 —— 553
注入集體的使命感｜組成適任的中堅幹部｜讓資訊與想法自由流動
用具有建設性的情緒去感染團體｜用發自內心的決心去感染群體
打造一支百戰不殆的勁旅

〈第十五章〉讓人想要追隨你 —— 562
反反覆覆的法則
有種詛咒，叫作自命不凡 —— 563
人性的關鍵 —— 582
權威的建立策略 —— 593
找到你的風格：真誠｜將專注力朝外：態度｜培養第三隻眼：遠見
講究身先士卒：作風｜挑動矛盾情緒：光環｜永遠只給不拿：禁忌
予權威以新生：彈性
內在的權威 —— 602
你有責任對所屬的文化與時代做出貢獻
要對人類的崇高理想有所貢獻，必須培養出自身的獨特性
在一個不停有事讓人分心的世界裡，必須拿出專注力，排好事情的先後順序
你必須在工作上守住由最高標準構成的底線

〈第十六章〉洞悉友善表現背後的敵意 —— 606
攻擊性的法則
城府甚深的攻擊者 —— 607
人性的關鍵 —— 627
人類攻擊性的來源 —— 630
被動的攻擊性——相關策略與破解之道 —— 641
默默存在著的優越感｜苦肉計｜創造你心中的依賴｜偷渡對你的質疑
千錯萬錯都別人的錯｜被動的暴君
受控的攻擊性 —— 652
野心｜堅持｜無懼｜憤怒

〈第十七章〉把握歷史契機 —— 661

世代之間的短視法則

趨勢如潮水般升起 —— 662

人性的關鍵 —— 683

世代現象 —— 685

世代的各種模式 —— 690

有助你善用時代精神的各種策略 —— 699

對過去說不｜把舊酒裝進新瓶｜喚回兒時的時代精神

創造出新的社交場域｜顛覆時代精神｜活到老，調整到老

超越時間與死亡的人類 —— 705

人生的各個階段｜現下的世代｜過往的世代｜未來

〈第十八章〉思索我們共同的生而有涯 —— 712

否認死亡的法則

側腹的一槍 —— 713

人性的關鍵 —— 727

置之死地而後生的哲學思索 —— 731

對死亡要有切身的感受｜醒悟於人生苦短之理

認知到凡人皆有一死｜擁抱一切的痛苦與逆境

對崇高之事敞開心胸

謝辭 —— 742

〈引言〉

七種人生視野的變遷

你若迎頭遇見任何一種別出心裁的惡意或愚蠢……你要謹記在心的就是不要令其影響到你，讓你的心情煩躁或低落，只需將其視為一種學習，只需覺得自己長了見識，就像那是一道新知，一筆你在研究人性時的嶄新案例。你的態度，就該像是礦物學家偶遇難得一見，值得好好研究一番的礦物樣本那般。

——阿圖爾．叔本華（Arthur Schopenhauer）[1]

我們一生中，難免得與各式各樣的人物交手，這些人有的會給我們添麻煩，有的會讓我們的日子變得難過或不快。至於這些人的身分，有的是領導或老闆，有的是同事，甚至有的是我們的朋友。他們的行事作風有的有話直說，有的欲擒故縱，但共通點是他們往往都很善於進入我們內心，玩弄我們的情緒。他們給人的印象是魅力四射，是散發著令人耳目一新的自信，是自然流露出創意與熱情，而我們會自動拜倒於他們的西裝褲或石榴裙。通常都是等到為時已晚，我們才會赫然驚覺他們的自信並不理性，他們的創意也並非經過深思熟慮。在同事當中，他們有可能就是那些會扯我們後腿、不利於我們職涯發展的傢伙，而他們急於把我們拉下，可能是出於沒說出口的羨慕或忌妒。

又或者，他們可能會是撕開真面目之後，我們才很難過發現他們是自私自利的同僚或下屬，他們所做的一切都是圖利自己，我們不過是被他們拿來利用的墊腳石而已。

在這些情境當中，有件事不可避免地會發生，那就是我們會措手不及，我們不會預期遇到這樣的事情。一般來說，這類人會把理由編得天花亂墜，好像自己這麼做都是逼不得已，要不然就是他們會順手把責任往別人身上推。他們懂得如何把我們的腦袋瓜搞得像一團糨糊，讓我們走進他們執導的劇情，任由他們擺布。我們可能會抗議，可能會生氣，但最終我們還是會感到無能為力，因為傷害已經鑄成，我們也只能求助無門。之後的某一日，這類型的人又會再度現身，然後同樣的狀況又會輪迴在我們身上。

關乎我們自己，還有我們自身的行為，我們經常都會注意到類似的困惑與無助情緒反覆出現。比方說，我們會不小心說錯一句話，而冒犯了老闆、同事或朋友，我們自己也不清楚這話是從身體的哪一塊「漏」出去的，但內心的某些怒火與張力就這樣脫口而出，總會讓我們深感挫敗，甚或悔不當初。又或許我們會看好某個企畫或目標為它全力以赴，結果事後才發現自己好傻好天真，才發現一切的付出都是浪費人生。當然還有第三種狀況是我們會愛上（自己知道）不該愛的人，但又忍不住要學飛蛾撲火。這樣的我們究竟是怎麼了，你是否納悶過？

這些狀況中的我們，會奮不顧身地陷入自我毀滅的行為模式，但控制權似乎也不在我們手上。那感覺就像我們體內潛伏著一個陌生人，一個運作獨立於我們自由意志以外，推著我們去誤入歧途的小惡魔。看著這名與我們共享一副身體的陌生人，我們會覺得他好奇怪，而只要有他在，我們就會覺得自己也好奇怪。

關於這兩樣東西——他人醜惡的行為，還有我們時不時讓自己也想不通的表現——有一個是比較確定的，那就是我們通常對其背後的成因一無所悉。某些我們可能會巴著不放的直觀解釋是：那個人就是從骨子裡壞出來，他就是個神經病，就是個變態；或我大概是一時衝動，失去了平時的理智，那不是真正的我。但這種撿現成的泛泛之詞，並不能讓我們對真相有所理解，更無法讓我們避免同樣的模式再度重演。**事實是，我們活在表象之上，我們就是會情緒性地去對別人的一言一行產生反應。**我們會對別人跟自己做出流於簡化的評價。我們會把這些最簡單、最方便的故事講給自己聽，然後就覺得滿意了，可以了。

但要是我們可以潛入表面之下，把深層的東西瞧個清楚呢？要是我們能朝著引發人類行為的根本原因逼近呢？為什麼有人會心生嫉妒在前，扯我們後腿在後？為什麼會有人不知哪兒來的自信覺得自己是神一般的存在，永遠不會犯錯？如果這些狀況的成因能夠為我們所知呢？若是我們能真正探得人何以會突然做出不理性的行為，並從中發掘出令人意想不到的人性黑暗面呢？為何人總是會忙不迭地合理化自己的行為呢？為什麼我們會前仆後繼地追隨把我們最壞那一面召喚出來的領袖呢？要是我們能窺入人的內心，正確品評他們的本性，免得找錯人才或遇人不淑讓我們的情緒蒙難呢？

---

❶ 1788-1860，德國哲學家，唯意志論主義的開創者，其思想對近代學術界、文化界影響極深遠。

我們若能真正了解人類行為的根源，那些所到之處寸草不生的人形天然災害，就比較沒機會繼續為所欲為，造成我們的禍患。我們被迷倒或誤導的機率會降低，我們對於他們用來操控我們的殺招，乃至於他們用來掩蓋真相的話術，都會更能有所預期。我們不會任由自己被拖進他們寫好的劇本裡，我們會事前知道自己愈感興趣，他們就愈有控制我們的籌碼與能力。我們將習得眺望他們靈魂深處的絕活，而他們對我們的控制力將遭到褫奪。

同樣地，今天觀察的對象換成我們自己，要是我們能看進自己的內心，目擊究竟是什麼東西在令你不得安寧呢？要是這些情緒往往能違背我們的本心，推動我們某些行徑的原因可以在我們眼前昭然若揭呢？你為什麼會那麼渴望別人擁有的東西？為什麼會強烈地認同某些團體而看不起非我族類呢？為什麼會不肯老實承認自己是誰呢？為什麼會在不知不覺中把別人推離身邊？要是你能把這些問題通通釐清呢？

對我們內心的陌生人了解愈多，我們就愈能了解他其實根本不是個外人，他扎扎實實是我們本人的一部分，而我們其實也比自己想像中的更神祕、更複雜、更引人入勝。一旦具備了這樣的自覺，我們便能突破人生的負面模式，便能停止為自己尋找託辭，便能對自己想怎麼做、會遭逢什麼樣的境遇，有更好的掌控力。

對自己與旁人的視野一旦清晰起來，我們的人生旅程便能在許多層面上出現不同的方向與開展。唯在那之前，我們必須先釐清一項普遍的迷思與錯覺：我們往往會以為自己的行為有很大一部分是有意識的行動，並且符合自己的意願。無法隨時隨地控制自己的行為，是一種令人毛骨悚然的想法，但不要不信，現實就是如此。我們受制於來自內心深處的各種力量，而這些力量會在意識的水面底下運作，藉此推動我們的行為。我們看到的是結果——包括各種想法、心情與行動——但對於是哪些東西在驅動我們的情緒，迫使我們產生特定的行為模式，我們並不具備意識去讀取它們的能力。

就以憤怒而言吧。我們通常會認為是某個個人或群體造成了我們的這種情緒，但若我們很誠實地面對自己，並朝內心挖掘得更深，我們就會發現觸發憤怒或挫折感的東西其實根埋在更深處，那可能是我們兒時發生的某件事情，也可能是某組成分非常特殊的人事時地物。透過觀察，我們有可能判斷出獨特的憤怒模式：若A或B發生，則我們就會怒不可遏。但在怒火爆發的瞬間，我們既做不到反躬自省也無法保持理性，我們只會在情緒的浪尖上指著人鼻子罵。事實上，同樣的套路，也適用於我們各式各樣的情緒上，有特定的事件，就會造成特定情緒的閃燃，不論那情緒是自信、自滿、欠缺安全感、焦慮、受到某人吸引，或是渴望別人的注意。

把這些從內心深處拉扯著我們的力量，聚攏在一塊兒，然後給它們一個統稱，那就叫做人性吧。人性，源於三樣東西，首先是人腦特有的迴路，二來是神經系統的配置，三則是人類處理情緒的方式。而不論是三者中的何者，都發展並崛起於人類物種一路演化而來的五百萬年之間。我們可將人性中的許多細節，歸因給人類作為社會性動物所演化出來，用以確保生存的獨特方式——學著與人合作、在較高的層次上去統整我們個人與群體間的行動、透過創新的方式去進行溝通並維繫團體的紀律。這些早期的演化，在我們體內存活了下來，並持續決定著我們的行為。這點即便在看似高度發展的現代社會中也沒有改變。

首先，我們可以來看看人類的情緒演進。最早的人類祖先得以存活下來，靠的是早在語言發明出來之前，就能夠彼此溝通良好的能力。他們發展出了新穎而複雜的情緒，包括：喜悅、羞愧、感激、羨慕、怨憤等等。這些情緒的徵象，可以在面容上一目了然，也得以讓早期人類在情緒的溝通上達成了甚高的速度與效率。人類祖先極易吸收他人的情緒，那是一種把群體緊緊繫在一起的能力，因為能夠悲喜與共，群體才能團結起來去面對各種危險。

到了今日，我們人類依舊對身邊的同類情緒高度敏感，而這一點也驅動著我們產生各種行為：我們會不自覺地模仿別人、會想得到別人擁有的東西、會被捲入有如病毒般具傳染性的怒氣與憤慨當中。我們想像中的自己是依自由意志行事，我們絲毫不覺於自己對團體中其他成員的情緒接收力，但那些情緒都在在影響著我們的行為與反應。

我們還可以指出有其他類似的力量出於這段遙遠的過往，而這些其他的力量也同樣形塑著我們現在行為的日常，比方說我們會不斷地去自我排名，不斷地透過地位高低去衡量自我價值，而這種心理需求，就跟人類的各種部落本能一樣顯見於所有的狩獵／採集文化裡，甚至連黑猩猩當中都看得到這種情形。部落本能會讓我們去區分「自家人」與「外來者」。話說在這些原始的人類特質當中，我們還可以納入一種需求是想戴面具來掩蓋不見容於部落的行為。從這種需求出發，人類內心慢慢形成了一種隱晦的人格，裡頭涵蓋了各種被我們壓抑下去的暗黑欲望。我們的祖先深知這種隱晦人格的危險性，因此便將其出身想像成是需要驅邪來加以淨化的惡靈與神魔。我們因此倚賴著一種另類的神話——「我剛剛好像被附身了」。

一旦這種流動於我們內心的本能力量浮出意識的水面之上，我們就必須要對其有所反應，至於反應方式則要視個別的個性與處境而定，但通常我們都是在一知半解的狀況下用流於表面的解釋將之打發掉。人類的演化過程有一定的軌跡，因此人性中的這些力量有一定的數量，而它們會導出前述的負面行為：羨慕、自我膨脹、非理性、短視、從眾、攻擊性、以退為進，而這還只是其中的一小部分而已。當然，在另一方面，也有包含同理心在內的各種正面行為在人類身上出現。

大致上而言，數千年來，說起要認識自己、認識自己的天性，人類的命運始終是只能在陰影中摸索。我們只能費勁地在人類這種動物的許許多多幻象之下探尋，包括我們會想像自己神奇地是某支神聖源頭的後裔，是天使而非靈長類的嫡系。任何一丁點跡象提醒我們身上存在原始的本性，流著動物的血液，都會令人非常沮喪，非常抑鬱，這種事情會遭到我們千方百計的打壓或否定。我們使出了各式各樣的藉口和合理化的手段，去掩蓋這些處於黑暗面的心理悸動，而這也方便了某些人去為所欲為卻又全身而退。唯時至今日，我們終於來到了一個轉捩點，我們對人性所累積的知識量，終於足以讓我們克服對人性真相的抗拒。

可以為我們所用的工具，包括心理學百年來的文獻建立。這當中有人針對人類兒童時期進行了詳細研究，也有人探索了生命早期發展會對人產生的影響（梅蘭妮·克萊恩 [Melanie Klein]、約翰·鮑比 [John Bowlby]、唐諾·溫尼考特 [Donald Winnicott]）；有些作品深入了自戀的根源（海因茨·科胡特 [Heinz Kohut]）、人格的陰暗面（卡爾·容格 [Carl Jung]）、同理心的根源（西蒙·伯隆—柯恩 [Simon Baron-Cohen]），還有人類情緒的組建與配置（保羅·艾克曼 [Paul Ekman]）。我們現在可以擷取各門科學的進展與發現，來增強我們對人性的理解，包括：大腦的研究（安東尼奧·達瑪西歐 [Antonio Damasio]、喬瑟夫·E·勒杜 [Joseph E. LeDoux]）、人類獨特生物構造的研究（艾德華·O·威爾森 [Edward O. Wilson]）、身心之間關係的研究（V·S·拉瑪錢德蘭 [V. S. Ramachandran]）、靈長類的研究（法蘭斯·德·瓦爾 [Frans de Waal]）、狩獵—採集者的研究（傑洛·戴爾蒙 [Jared Diamond]）、人類經濟行為的研究（丹尼爾·康納曼 [Daniel Kahneman]），乃至於我們如何在群體中運作的研究（威爾佛列德·比昂 [Wilfred Bion]、艾略特·阿倫森 [Elliot Aronson]）。

我們還可以在對人性的理解中納入特定哲學家的作品（叔本華、尼采、荷西·奧德嘉，賈塞特 [José Ortega y Gasset]），因為他們照亮了人性中眾多面向；我們可以參酌多位小說家的見解（喬治·艾略特 [George Eliot]、[2] 亨利·詹姆斯 [Henry James]、拉爾夫·艾里森 [Ralph Ellison]），因為他們對人類行為中看不見的部分往往最為敏銳。還有最後，我們可以在相關探討中引進數量正快速擴大中的人物傳記，我們可藉此對活生生的人性進行深刻的目擊。

---

[2] 喬治·艾略特是瑪麗·安·埃文斯（Mary Ann Evans）的筆名。

這本書代表了一種嘗試，我想要匯集來自各個分支（詳見主要資料來源的書目），鋪天蓋地的知識與觀念存量，然後不以特定成見或道德判斷出發，而是讓證據說話，藉此編織出一幅接近真相且具有參考價值的人性圖畫。這將會是部對人類物種一次真實到接近殘酷的評估，我會切開人心內部，讓我們在未來人生的運作上能帶著一份更深的覺悟。

面對《人性 18 法則》，你可以將之想成是一本用來判讀人類行為的密碼書，不論是平凡、怪誕，或是有毀滅性的行為，我希望盡量做到包山包海，兼容並納。書中的每一章，各自單挑人性中的某個特定的法則或面向。我們之所以能夠稱呼這些東西是定律或「法則」，是因為在這些原始力量的影響下，身而為人的我們會傾向於以相對可預期的方式去回應。每一章裡，都有故事由某位或某群具代表性的人物來擔綱演出，然後由這個故事（從正面或反面）來演繹這項法則的原理。此外本書也會提出建議與策略供讀者參考，讓大家知道在某項法則的脈絡下，我們應該如何自處，又該如何與他人不起衝突。每章結尾，都有一個「你的人性課題」單元闡述如何把這種基本的人性轉變成正向而有建設性的東西，由此我們將可掙脫人性的枷鎖，從默默被人性奴役，到反客為主去改造人性。

各位可能會忍不住擔心這本書會不會盡是老掉牙的八股內容。我懂，畢竟大家會說人類現在多麼複雜成熟，科技的進展如何一去不回頭，會說我們早已向前邁進而揮別了啟蒙，本能的動物性早被我們拋諸腦後，就連所謂的自然都正慢慢成為我們的創作。有人會這麼想，我能接受，但我也必須說真相恰恰與此不同：人性加諸人類身上的束縛，外加其毀滅性的潛力，現正處於空前的高峰。所以我們要是再不去正視這個問題，那就是在玩火。

就以我們的情緒而言，這些情緒正透過社群媒體，擴大滲透我們內心。社群媒體作為一個平台，上頭時不時瘋傳東，瘋傳西，那種病毒般的感染力令人不寒而慄，手腕夠的領袖只要懂得操作，就可以利用社群媒體消費我們、操控我們。再來看到虛擬世界裡那許多大大方方呈現出來的二次元暴力。在遊戲畫面上，我們可盡情揮灑內心幽暗處的私慾，沒有需要承擔後果的顧慮。另外，注意到了嗎？我們那種想要與人比較、總覺得別人比我們好，總想要透過別人的注意與肯定來提高自身地位的想望，正因為我們可以隨時隨地與一票人溝通而快速被強化。還有最後一點，你去看看我們的部落性格，去看看它們是如何找到可以大展身手的新媒介——我們現在可以不高興就開個群組來尋求認同，可以在網路的同溫層放大自身部落的看法，可以盡情對外來者加以醜化，而這又會造成網路暴民對人的圍剿與霸凌。所以說，這麼看下來，人性原始面可能造成破壞的高度風險，如今是歷史上前所未見，未來也只有增不會減。

這道理很簡單：人性之強，可以凌駕在任何個體、任何組織架構，或任何科技的發明之上。話說到底，人性會決定我們創造什麼又不創造什麼，正所謂科技始終來自於人性，發明反而映照出扎根於我們內心深處的人性。人性在下棋，我們不過是被擺布的棋子而已。

所以不去正視人性的法則，吃虧的是你自己。拒絕與人性交手，只代表你寧願把自己交由你控制不了的行為模式掌控，也寧願讓自己擺脫不了困惑與無助的感受。

《人性 18 法則》一書的設計，是要讓你浸淫在各式各樣的人類行為中，並凸顯出其根源讓你知曉。接受此書的導引，將可以徹底改變對人的觀點，一組全新的應對進退之道也會隨之展現。另外，本書還會讓你徹底改變看待自己的方式。總之，你人生視野的轉變，會展現在以下的數點：

首先，人性的法則將幫著把你打造成一個更冷靜、更有策略的人類觀察者。你會識人更深，不再張皇失措於那些會讓你精疲力盡的情緒小劇場。

除非身邊沒人，否則你一定會為了別人怎麼看你而心生焦慮與不安全感。而焦慮與不安全感一旦出現，我們就會像是被遮住了眼，看不清眼前是誰，因為我們的注意力會被吸引到我們自己的感受之上。我們會忙著思考別人的一言一行是什麼意思——他們是喜歡我？還是不喜歡我？本書會幫助你跳脫這個迴圈，因為**你會知道別人基本上會在內心處理的，都是扎根甚深的情緒與問題**。他們在體驗的欲望與失望，都比你的出現早好幾年，甚至好幾十年。你與他們在人生中某個點上的邂逅，只是讓你成為他們方便表達憤怒或挫折的出口。**他們只是把自己希望看到的某些特質，投射在你身上。在大多數的案例裡，他們眼裡的那個人並不是真正的你。**

但你不用為了他們沒把你「放在眼裡」而生氣，你正確的反應應該是覺得鬆了一口氣。你不該悲傷，而該覺得獲得了解放。這本書會教你如何不去在意別人意有所指的評論，也不要被旁人表現出來的冷漠或不耐煩影響心情。愈是能掌握這個訣竅，你就愈能在做出反應時避免感情用事，進而會想去了解對方的行為是出於何種原因。你會在過程中變得更加冷靜。而隨著這種能力的內化，你也會減少對人說教或批判的頻率。相對於此，你會學著接受別人，接受缺陷也是他們人性的一環。大家會因此更喜歡你，因為他們感覺得到你懷著包容的態度。

> 第二，人性的法則會讓你能抓住別人不斷散發的暗號，讓你成為大師級的識人者，再也不會錯看了某人。

一般情況下，在觀察別人的行為的時候，我們會急著將他們的一舉一動分門別類，然後忙不迭地妄下結論，藉此來配合我們的成見。又或者我們會對他們出於自私理由的對外說法照單全收。人性法則會讓你擺脫這些習慣，你會清楚地了解到誤讀別人是多麼可能發生的事情，也會知道有種詐騙集團叫做*第一印象*。你會學著把節奏放慢，學著不要被自己的初判過度信賴。更重要的是，你將透過自我訓練，學會分析自己看到的事情。

你會懂得去看事情的另外一面——當有人過度展現出某項特質時，比方說擺出一副很有自信或很 man 的模樣，他們往往是想讓與表象完全相反的事實獲得掩藏。你會了解到人出了家門都永遠在表演，沒有下戲的一天。他們永遠會呈現出進步而聖人般的那一面，好讓自己的陰暗面不要漏餡。但學了人性法則，你將能在日常生活裡看到他們從面具縫隙漏出帶陰影的光線。

若有人的某個舉動與平日的風格大相逕庭，那你就得注意了：**因為愈是不像他的事情，就愈有可能是他真正的個性**。一個人生性懶惰或愚鈍，絕對會在至為細緻處留下線索，你只要能及早看出端倪，就能在吃虧之前逢凶化吉。有能力掂量人真正的價值，判讀他們個性中的忠誠與良心高低，絕對是最能幫助你的一項人生利器。不論你今天是要挑選雇用、合作或交往的對象，這項能力都能讓你不會上當。

第三，人性的法則能讓你變強大，讓你有本事迎戰並智取那些跟你冤家路窄，身上還帶著毒的傢伙，免得他們在與你狹路相逢之餘，還對你造成永久性的情緒傷害。

身上帶著敵意、妒意，而且手段充滿心機與城府的那群人，不會把這些個性寫在臉上。他們早就都學成了讓新朋友覺得他們魅力十足的技術，他們信手都有招式能把你捧到天上，讓你卸下心防。等哪天我們被他們行為之醜惡給嚇一跳的時候，那種感覺會夾雜著怒火攻心、徬徨無依，還有被一種被背叛的心情。這些人的存在，對你造成的壓力會持續不斷，因為他們明白只要不斷對你施壓，你就會六神無主，就會更加無法把因應的策略想清楚。

人性法則會告訴你該如何預先把這些人清楚辨識出來，畢竟預防勝於治療。知道他們在哪兒，你要麼可以躲開省麻煩。或是實在躲不開，你也可以預見他們的操控手段，事先擬好計畫防範。由此你就不會被偷

力，他們學會了把自己擺進別人的立場與視角，然後以直覺去判斷出別人的情緒與感受。

人性的法則會指導你，幫助你喚醒自己內心這種潛力，並讓這種潛力為你發揮最大的助益。你將能慢慢學著去切斷自己內心的叨唸與獨白，學著更仔細去傾聽。你會把自己鍛鍊到更能從別人的角度看待事情，你會運用想像力與經驗去逼近別人的感受。他們若講到一件很痛苦的事情，你會有屬於自己的痛苦過往可以類比。你不會只單靠直覺，而是會分析你透過同理心擷取到的資訊，藉此來透析出深層的見地。你會在同理心與分析之間不斷循環，並不斷更新自己觀察到的事情，提升你透過別人的眼睛看世界的能力。從這樣的實踐中，你會注意到你與他人之間，出現了以感官而言具體可見的連結。

在這個過程裡，你會需要抱持著幾分謙遜。別人是怎麼想的，你永遠不可能徹底知悉，犯錯是非常可能的。因此你絕對不能猴急，你得抱持開放的心胸，永遠準備好學習。人的複雜程度遠超乎你的想像，你的目標只是透過校正，更逼近他們看事情的角度。這段旅程就像在鍛鍊你的某根肌肉，你愈是用它，它就能變得更強。

培養這樣的同理心，對人有數不清的助益。身而為人，我們每一個人最關心自己，也都鎖在在自己的小世界裡。所以能被抽離出我們自己，進入別人的世界裡，其實會是一種既療癒又解放的經歷。也就是這種吸引力，讓我們想看電影，想去欣賞各式各樣的創作作品，主要是透過這些作品，我們可以進入到跟自己大相逕庭的心靈與視角裡。透過這種練習，你的整副思考方式會產生位移。你是在訓練自己鬆開成見、活在這一秒裡面，並且不斷地修正你對人的理解。**你會發現這種靈動的彈性會滲入你處理各種問題的基本態度——你會發現自己愈來愈能欣賞其他的可能性，採納不同的觀點。而這，就是創造性思考的精髓所在。**

> 最終，人性的法則會改變你看待自身潛力的眼光，你會被引領去察覺自己內心有個層次更高、更接近理想的自己，那會是一個你想要去實踐給世界看看的自己。

我們可以說人類內心有兩個自己，而且是兩個相互矛盾，一個高、一個低的自己。低的那個往往比較強勢，其挾帶的動能會把我們向下拖進情緒的反應裡，我們會因此採取防禦的守勢，而這樣的我們會覺得自己是正義的一方，是高人一等的存在。我們會只顧眼前的享受與玩樂，哪裡輕鬆往哪裡走。進而我們會被誘發去人云亦云，在團體中失去自我。

我們能感受到高層次的自我，是因為我們被抽離了自己，是因為我們想與其他人進行更有深度的連結，去全心投入在工作裡，去主動思考而非被動反應，跟隨內心，走出屬於自己的人生蹊徑，去發掘有什麼差異可以讓自己鶴立雞群。低層次的自己，比較偏向人性中的獸性與被動反應，也是我們一不小心，就會陷在其中的處境；**高層次的自己，比較屬於真正的人性，而也是這一塊的屬性，讓我們有能力進行思考與反省。**唯因為高層次的心理衝動比較孱弱，所以要與之產生聯繫需要用一定的努力與見地去換取。

把內心這種理想的自己給帶出來，是我們每個人都想要做到的事情，因為只有在這一面的自己獲得發展時，身為人類的我們才能得到真正的滿足。對於也想做到這一點的你而言，這本書會助你一臂之力，書裡會為你講述每條人性法則中，潛在的正向與積極因子。

知道人有不理性的傾向，你便會學著去認知自己的思想是如何受到情緒的沾染（第一章〈你的情緒，由你做主〉），由此你會有能力去削弱自己感情用事的部分，讓自己蛻變得真正理性。知道人生觀會影響到自身際遇，也知道自己的心靈會自然而然因為恐懼而關閉後（第八章〈改變你的心境，改變你的處境〉），你就會學著去鍛鍊出一種寬廣而無謂的心境。知道自己會習慣性地與人一較高低（第十章〈留意脆弱的自尊〉），你就會以此來激勵自己，希望經由過人的努力在社會上出人頭地。你會對成就非凡的人感到折服，並受他們啟發想要效法，希望自己成為第二個他們，正所謂有為者亦若是。**你會對每一個原始的人性本質施以這樣的魔法，用你擴大後的人性知識去抗拒低層次自己施於你身上的下拉力。**

你可以這麼去看待這本書：你即將成為修習人性的學徒。你會發展出若干技巧，包括：如何盱衡同為人類者的斤兩與人品，以及如何摸清楚自身的潛能與底細。你會著手把高層次的自己帶到水面上。而透過熟能生巧，你會一天天儼然成為人性技藝的大師。站在明哲保身的守方，你將能抵擋旁人所能擲向你最不堪的言行；而在自我的修練上，你將能把自己塑造成更理性、更有自覺、更日起有功的個體。而這，就是本書的意義。

唯有使人看清自己的模樣，你才有可能讓他們成長。

——安東．契訶夫（Anton Chekhov），[3] 俄國小說家

❸ 1860-1904，俄國短篇小說巨匠，其劇作也對20世紀戲劇產生了巨大的影響。其作品三大特色是對醜惡現象的嘲笑、對貧苦人民的深切同情，以及兼具幽默性和藝術性。

〈第一章〉

你的情緒，由你作主

不理性的法則

你會一廂情願地以為自己是自身命運的主人，你會覺得自己是有意識地在規劃自己人生的走向，但很可能你會沒有意識到情緒對你有深沉的掌控力。情緒會帶著你朝著讓內心好過的方向偏離，會引導你去尋找自身想法沒錯的證據。情緒會隨著你心之所向，讓你看到想看到的東西，而這種與現實的脫節，就是你誤判情勢的原因，也是那些在生活中糾纏著你，讓你脫不了身的負面模式來源。至於能夠中和這些情緒，讓你以主動思考取代被動反應，打開心胸，用眼前看到的現實去取代感覺的能力，就叫做理性。但這種能力不會從天而降，這種能力需要你努力培養。不過你可以放心的是一分耕耘一分收獲，這個培養的過程往往能讓你實現自我。

內心的雅典娜

西元前四三二年底的某一天，雅典的公民們接獲了一個壞消息：城邦斯巴達的代表「蒞臨」，而他們對治理雅典的議會提交了全新的和平協約。如果雅典人不同意這些條件，那斯巴達已經做好了宣戰的準備。斯巴達是雅典的宿敵，在許多理念上都與雅典分屬兩極。雅典人是區域內民主邦聯的龍頭，而以斯巴達為首的「伯羅奔尼薩盟國」（Peloponnesians）則信守政治上的寡頭。雅典的生存命脈是該國的海軍與財力——在地中海一帶，雅典是數一數二有影響力的商業強權。相較之下，斯巴達的後盾是整體的軍事實力，畢竟他們全民皆兵。在這之前，這兩強大致避開了正面的衝突，主要是戰爭難料勝負，而敗北的後果誰也承受不住——戰敗的一方不僅會失去在區域內一言九鼎的能力，而且連他們篤信的生活方式都會遭到波及——至少對雅典人而言，民主與財富是他們的命。但時間來到西元前四三二年的這一天，戰爭似乎已然迫在眉睫，一種大難將至的氣息壟罩了雅典每一條街。

數日後，雅典議會在俯視雅典衛城的普尼克斯丘 (Pnyx Hill) 集會，目的是要討論斯巴達提出的最後通牒，並決定要如何因應。議會開放給所有的男性公民，而在命運的那一天，匯集到普尼克斯丘上的人數有近萬之眾。在辯論中，鷹派顯得激動異常，他們認為先機不可失，所以雅典人應該要先發制人，主動對斯巴達發動攻擊。但其他人則提醒這些鷹派說，在一馬平川的陸戰上，斯巴達基本上所向披靡，無人能敵，所以這樣去挑釁斯巴達將會正中其下懷。鴿派一面倒地支持接受議和條件，但也有人點出這樣只會凸顯出雅典的恐懼，斯巴達由此會更加肆無忌憚，而且獲得更多的時間去整軍經武，養精蓄銳。就這樣，討論來來回回地進行著，而隨著現場情緒不斷升高，大家的嗓門也愈來愈大，但令人滿意的解決之道卻連個影兒都看不到。

然後到了午後的尾聲，群眾突然安靜了下來，一個熟悉的身影站了出來對議會發言。身為雅典政壇的耆老，伯里克利 (Pericles)[1] 已年逾六旬。伯里克利甚受愛戴，因此他的意見會比誰都舉足輕重。唯雅典人對他滿懷尊重，但也覺得他是個很另類的領袖。他檯面上是政治人物，骨子裡更像個哲學家。對於上了年紀，還記得伯里克利是如何進入政壇的人來說，這人最後能權傾一時真的令人驚嘆，畢竟他一路走來的風格都很獨樹一幟。

在雅典民主的萌芽時期，也在伯里克利初出茅蘆之前，雅典人對領導人的性格有其特殊的偏好，他們青睞的是那種雄辯滔滔、一舉手一投足充滿戲感、演講起來讓人熱血沸騰的傢伙。在戰場上，這些英雄豪傑會敢於冒險。他們會推動通過自己可以親率大軍前往的戰事，以便藉此累積功名。為了在政壇上平步青雲，他們會在議會裡成為某個派系的首領——地主、士兵、貴族——為了派閥的利益，他們會無所不用其極。由此雅典的政治變成山頭四起，團結遙不可及。在以短短數年為單位的循環裡，你就可以一遍遍見證領袖人物的崛起與過氣。唯雅典人對此情形倒也不介意，畢竟他們對掌權太久的人，原本就不太相信。

然後時間來到西元前四六三年，伯里克利投身公共事務，啟動了雅典政壇的改頭換面。而他不出手則已，一出手就是代表作。雖然出身顯赫的貴族家庭，但他結盟的對象卻是城市裡慢慢在壯大的中下階層，包括：農民、海軍的划槳手，以及雅典引以為傲的各種匠人等。他為這些人在議會中喉舌，讓中下階層得以在民主中扮演更具力量的角色。他所領導的可不是什麼名不見經傳的派系，而是雅典公民裡的大多數。像這麼大的一群不受控的烏合之眾，乍看之下應該很難管理，畢竟大家都有彼此殊異的利益。但伯里克利就是有辦法靠著他為基層爭取權益的熱情，一點一滴累積出草根民眾對他的信任與支持。

---

❶ 西元前 495-429，是雅典黃金時期具有重要影響的領導人。他在希波戰爭後重建雅典，現存的很多古希臘建築都是其時代所建。伯里克利時代，也是雅典最輝煌的時代，孕育了蘇格拉底、柏拉圖等知名思想家。

隨著自身影響力逐漸爬升，伯里克利也著手在議會中一展身手，希望雅典能在政策走向上有所轉變。他反對雅典不應該擴大自身民主帝國的範圍；他擔心雅典人會眼高手低而失去控制；他努力推動帝國的整合，並強化現有的聯盟。遇到戰時得掛帥出征時，他努力的目標是避免實際的兵戎相見，盡可能以智取來不戰而屈人之兵，進而減少損失人命。在許多人的眼裡，這樣毫無英雄氣慨的做法非常無趣，但隨著這些政策開始執行，雅典城進入了前所未見的承平榮景。他們不再打沒必要的戰爭而讓國庫空虛，帝國也運轉地像一台上了油的機器。

國庫充實之後，伯里克利把錢糧挪來做的事情，讓全體市民都感到無比驚喜：他沒有把這些錢拿去拍人馬屁，厚植自身的政治實力，而是開始在雅典境內大興土木，打造公共建築。他指定要興建的設施包括了神殿、劇場與音樂廳，並讓雅典的工匠大軍都有發揮所長的餘地。由此四目所及，雅典城變得無處不超凡，無處不美觀。他讓個人的審美觀反映在建築的形式上——井然有序、充滿幾何圖形、壯觀之餘又具備賞心悅目的外型。在他點名要樹立的建物當中，最偉大的莫過於神殿，也就是俗稱的帕德嫩神廟，當中包含高聳入天，拔地四十英呎高的雅典娜神像。雅典娜是雅典的精神指標，也是智慧與實用技能之神。她集伯里克利想推廣的價值於一身，是其政策最好的代言人。於是就這樣僅憑一己之影響力，伯里克利改變了雅典的外貌與內涵，讓這個城邦堂堂邁入了藝術與科學的黃金時代。

前面稍微提到伯里克利是個怪咖，而他最怪的一點得算是他的說話——節制但又不失尊貴高雅。在眾人面前，他不會俗氣地故弄玄虛或堆砌詞藻；反之，他會拿滴水不漏的論證來說服你，讓你折服得五體投地。這樣一來不論他說什麼，觀眾都會仔細聽，因為大家會想跟上他引人入勝的邏輯。這樣的說法風格有兩個特色，一個是說服力十足，一個是讓人感覺得到安撫。

不同於其他的領導人，伯里克利年復一年，甚至一個又一個的十年，都沒有遭到時代的更替，這期間他用不吵不鬧不蠻幹的方式，在雅典城邦中烙下了屬於他的印記。他不是沒有敵人，沒有人是沒有敵人的。他掌握權力的時間之久，讓不少人指控他是個有實無名的獨裁者。他被懷疑是個無神論者，一個對傳統一律嗤之以鼻的角色。很多人就是用這些指控，來解釋他為什麼會如此特立獨行。但即便如此，也沒有人能夠否認他扎扎實實做出來的許多政績。

所以時間拉回西元前四三二年的那一日午後，當伯里克利站出來要對整個議會發言時，他關於是否要與斯巴達交戰的意見會最令人無法忽略。群眾之間開始相互提醒要保持安靜，大家都帶著一絲焦急，準備對伯里克利的金言玉語洗耳恭聽。

「雅典的同胞們，」他開門見山說，「我的看法一如往常：我反對對伯羅奔尼撒盟國做出任何讓步，但我也清楚人在被鼓譟著要打仗時的慷慨激昂，不會一直保持到親身踏上戰場。情勢會演變，人也會不斷改變其起心動念。」雅典與斯巴達之間的矛盾，理應透過居中的斡旋者來調停，他這麼提醒大家。要是他們屈服於斯巴達單方面的要求，那便會開啟一個危險的先例。斯巴達的予取予求不知會伊於胡底？確實，跟斯巴達打陸戰是自殺的行為，所以他提出的替代性方案是一款嶄新的戰爭型態——有限防禦作戰。

他會把這一帶的所有居民都帶進雅典人的城牆之內，任由斯巴達來挑釁，來引戰，他是這麼說的：就讓斯巴達去踐踏、蹂躪我們的土地。我們不會吞餌，不會上鉤，我們不會在戰場上與他們正面交鋒。在海上通行無阻的我們在城內不會斷炊，另外我們還會以海軍偷襲他們的沿海。假以時日，他們會因為求戰不成而心生氣餒。加上大軍嗷嗷待哺，糧草恐供應不足，他們很快就會坐吃山空，接著他們與盟友之間就會興起內鬨。斯巴達內部的主戰派會失去號召力，長治久安的局面將會成為雙方共同的希冀。而這樣的做法，可以為雅典把人命與錢糧的耗損降到最低。

「我可以給各位更多其他的理由，」他下了結論，「來說明你何以應該對最終的勝利抱持信心，但前提是各位必須下定決心，不要在斯巴達撤軍之前為了擴大帝國的疆域而另闢戰局，搞得自己腹背受敵，也不要心血來潮想要在其他方面涉險。我怕的，不是敵人的策略，而是我們本身沒有要堅守的自覺。」他建議的這種新穎作戰，造成了眾人議論紛紛，鷹派與鴿派都不滿意於他的提案。唯最後藉著他建立在智慧上的威信，伯里克利的意志得以通過而遂行。幾個月後，命運的戰爭開打。

戰端乍起，事情的發展並未全如伯里克利所預期。斯巴達與其盟國並未因為久攻不下而感到困惑，反倒是變得更加磨刀霍霍。民心士氣真正受到衝擊的，是雅典這一邊，因為他們只能眼睜睜看著故土被毀而兩手一攤，繼續堅壁清野。但伯里克利相信只要雅典人保持耐性，自己的計畫一定能行。然後戰事來到第二年，一場沒人意料到的災難打亂了所有人的盤算：兇猛的瘟疫進入了雅典；而由於城內因為避難而人口密度大增，因此疫情擴散迅速，公民死亡超過三分之一，基層軍力也受到嚴重波及。伯里克利本人也染了病，而就在病榻上瀕死之際，他目擊了自己的終極夢魘：幾十年下來，他為雅典人所做的一切，似乎在一瞬間土崩瓦解，民眾陷入了集體的譫妄，直到最終雅典人心中只剩自私的想法，沒有人要顧全大局。要是伯里克利沒死，他肯定能想出辦法把民情穩定下來，進而以可接受的條件與斯巴達媾和，再不然他的守勢作戰也可以調整。只是如今他病入膏肓，上頭這些願景都已經無望。

奇怪的是，雅典人並沒有哀悼他們的領袖。伯里克利一死，他們反而把瘟疫怪到他的頭上，另外也數落起他的策略一點用都沒有。他們再也沒有心思留給耐心與自制。伯里克利雖然活到這一代，但他仍是上一代的人，他的觀念被認為是老人家盡顯疲態的反應。民眾對伯里克利由愛生恨，而人亡政息，希臘的各派系展開了報復性的反擊。主戰派成為基層的新寵，在百姓對斯巴達憎恨日增的氣氛中成長茁壯，至於斯巴達人則藉著疫情不斷進逼。鷹派承諾他們會重拾主動，用攻勢策略去將斯巴達人徹底摧毀。這話讓不少雅典人鬆了口氣，也釋放了他們積壓已久的情緒。

隨著他們的城邦慢慢從瘟疫中站起身來，雅典人開始在對峙中取得上風，此時斯巴達人也提出了化干戈為玉帛的請求。但因為想要把敵人徹底擊潰，雅典人決定趁勝追擊，但結果卻讓重整旗鼓後的斯巴達人反敗為勝。自此兩方陷入了年復一年的拉鋸戰，過程中的暴力與敵意也不斷累積。在某個時間點上，雅典攻擊了斯巴達的盟國米洛斯（Melos），而當米洛斯人投降後，雅典人投票決定將其男丁全部處死，婦孺則全數賣入火坑為奴。在伯里克利當家的時代，這種事情雅典人絕對做不出來。

然後在歷經多年戰事延宕未果後，時間來到西元前四一五年，數名雅典領袖冒出一個有趣的靈感可以給敵人致命一擊。敘拉古（Syracuse）這個城邦是崛起於西西里島上的新興力量，也是斯巴達非常重要的盟國，因為對斯巴達至關重要的各種資源，就是由敘拉古循海路供輸。若是海軍軍容壯盛的雅典可以發動遠征，拿下敘拉古，那兩項戰略優勢就可順利到手：一來，雅典帝國的版圖可以擴大；二者，斯巴達延續戰事所需要的資源就會被切斷。雅典議會經過投票，決定派遣六十艘船艦並攜帶一定規模的軍力，來完成這個目標。

被任命節制這趟遠征的其中一名指揮官，尼西阿斯（Nicias），對這個計畫的穩妥與否抱持強烈的懷疑。他在想雅典人會不會低估了敘拉古的戰力。他列出了所有戰局不利的可能性，並認為唯有把遠征軍擴大規模才能確保勝利。他想要攔下這個計畫，但他提出的論點卻適得其反，雅典議會聽取了他的「建言」，決定派出更大的艦隊——六十艘變成一百艘，士兵的人數更是翻了一倍。雅典人覺得這樣的戰略瀰漫著勝利的香味，死活不肯抽腿。

在接下來的日子裡，你將會看到雅典人不分老幼在街坊畫起了西西里島的地圖。他們心中夢想著敘拉古的財富會源源不絕流入，而斯巴達人終將得到他們應得的羞辱。就這樣，艦隊下水啟航成了值得慶祝的大日子，而雅典人也在這一天算是大大開了眼界——目力所及，港中泊滿了連綿不絕，精雕細琢的龐大艦隊，甲板上摩肩擦踵，是身著盔甲而顯得金光閃閃的雅典戰士。雅典的財富與力量，在此得到了耀眼奪目的展演。

幾個月過去，雅典人急切地翹首等待遠征軍的消息。在某個點上純憑壓倒性的人數，雅典大軍似乎取得了一定的優勢，完成了對敘拉古的包圍。但到了最後關頭，斯巴達的援軍趕赴敘拉古，由此雅典遠征軍反而落居了守勢。尼西阿斯發函給議會，描述了局面的急轉直下，並建議在主動撤軍或立刻增援之中二者擇一。不肯面對現實的雅典人投票通過增援。於是規模幾乎不下於首發的第二支艦隊出發了。這之後的數月間，雅典人的焦慮達到了最高點，因為他們的賭注整整放大了一倍。這場博弈，他們已然沒有賭輸的空間。

一日，雅典港都比雷埃夫斯（Piraeus）的一理髮師從客人口中聽得一道傳言，內容是雅典的遠征軍，大至每一艘船艦，小到每一名步卒，都已經在戰鬥中被徹底消滅，而這傳言很快就在雅典城中擴散開來。這說法聽來匪夷所思，但恐慌還是一點一滴滲入了人心。短短一週後，曾經的謠言獲得了證實，雅典看來已經走上了絕路，他們不論是錢財、船艦與人員都已經見底。

但奇蹟似地，雅典暫且撐了下來。但接下來的幾年，西西里一役造成的國庫虧空，乃至於後續嚴重失衡的戰局，使得雅典只能跌跌撞撞地關關難過關關過。只是凡事都有極限，人沒有天天過年。終於到了西元前四〇五年，雅典人吞下了最後一場敗仗後，他們只得接受各種嚴酷的講和條件，向斯巴達投降。他們的光榮歲月、他們偉大的民主帝國，伯里克利主政時的黃金時代，自此一去不回頭。那個曾經扮演過煞車皮，為雅典同胞止住好戰、貪婪、驕傲、自私等各種危險情緒的伯里克利，斯人已遠矣，他的智慧也早已被遺忘而無人知悉。

大師解讀

從政初期的伯里克利曾調查過雅典的政壇，而他注意到一個現象是：每一位雅典的政治人物都相信自己理性，相信自己的目標實際，也相信自己的計畫可以執行。他們都為自己所屬的派系盡心竭力，也嘗試強化派系的實力。他們會親率雅典的子弟兵上戰場，而且往往身先士卒，衝在最前面。他們千方百計想要擴大帝國的疆域，充實國家的庫房。萬一遇上政治操作產生反效果，或是戰爭無法取得勝果，他們都有完美的理由可以為自己開脫。他們第一個可以永遠拿出來怪的，是政治上的敵手，又或者有需要的話，諸神也可以被他們怪罪一輪。但話說到底，如果這些人真的如此理性，他們的政策怎麼會一步步累積成這麼多亂象，又怎麼會導向他們的自我滅亡？雅典人怎麼會把事情搞得這麼一團亂？他們的民主本身何以會如此脆弱不堪？貪腐與紛亂怎會如此沒了沒完？這些問題有一個很簡單的答案：**伯里克利的雅典同胞根本不理性，他們只是自私與精明的綜合體。導引他們做出各種決定的，是他們很基底的情緒——對權力、光環與金錢所盡顯的私慾。**為了得到這些東西，他們可以機關用盡，也可以聰明絕頂，但不論他們做了什麼，其成果都既無法延續，也不會符合雅典民主的整體利益。

作為一名思想家與公眾人物，伯里克利絞盡腦汁想要破解的問題，就是如何爬出上述的陷阱，如何在情緒掌控大局的場域裡做到真正理性。而他想出來的辦法，為歷史上所僅見，而且效果可以說強大到摧枯拉朽。我們應該將之視為一種理想。在他的發想中，人類的心靈必須要找樣東西來崇拜，必須要把注意力導向一種心靈認為至高無上，重於任何事物的東西之上。對大多數人來講，這樣東西會是他們的自我、自尊；而對某些人來講，這東西會是他們的家人、宗族、神祇或民族與國家。至於對伯里克利來講，這樣至高無上的東西則是 nous，這個字在古希臘文裡是「心靈」或「心智」的意思。說起這個 nous，它是一種瀰漫在宇宙中的力量，並在其中創造出意義與秩序。**人心會自然而然受到這種秩序的吸引，而這也就是人類智能的源頭。對伯里克利來說，他所崇拜的 nous 有一個具體的化身，那就是雅典娜女神的神像。**

雅典娜扎扎實實生於主神宙斯的腦袋瓜，這一點她用名字告訴了大家—— Athena 的組成裡有 theos，意思是神，有 nous，意思是心靈。但雅典娜所代表的，是一款獨樹一幟的 nous ——集高度的務實、女性特質與跟大地的連結於一體。

雅典娜的聲音會在危難時傳到英雄豪傑的耳裡，灌注他們以冷靜的精神、導引他們的心靈以通往勝利與成功的完美之計，然後賦予他們把計謀執行完畢的活力。能夠以肉身獲得雅典娜的降臨，是這些英雄們莫大的福氣。偉大的將領與傑出的藝術家、發明者、匠人能夠靈光乍現，都欠雅典娜的靈魂一聲感謝。在她的影響下，人不分男女都能以無懈可擊的明晰透視寰宇，也都能以無可挑剔的時機，不偏不倚地正確出擊。對雅典娜而言，她的靈魂是被召喚來團結這個城邦，是要讓雅典繁榮而昌盛。本質上，**雅典娜代表的就是理性，就是衆神給予凡人至善的一份大禮，因為單靠理性，就能讓人的行為裡有超凡的智慧滿溢。**

為了讓雅典娜常駐心中，伯里克利首先必須設法讓情緒認他為主人。情緒會讓我們把眼光朝內，讓我們遠離 nous，遠離現實。我們會坐困在自己的憤怒之中，讓不安全感綁住我們。這時的我們若望向世界，想要解決問題，那我們便會隔著情緒的濾鏡看到每樣事物，這時我們的視線就會變得模糊。伯里克利給自己的訓練是絕不在第一時間作出反應，也絕不在情緒激動時決定事情。相對於此，他會分析自己的感受。通常只要湊近瞧瞧他自身的不安全感與憤怒，伯里克利就會發現這些情緒都是沒有必要，且經不起仔細推敲的。有時候他得徹底從吵得不可開交的議會脫身，撤回住所獨處個幾日，才能找回理性讓自己冷靜下來。**拉出點空間與時間，雅典娜的聲音就會重回他的耳邊。**

伯利克利做了一個決定。他決定自己所有的政治判斷都要根據一件事情——怎麼做才符合雅典的最大利益，他就怎麼決定。他的目標是要透過對民主的真愛，透過對「雅典價值」足夠優異的信心，把公民們團結起來。選定這樣一個標準之後，他想避開本位主義的陷阱就容易多了。在內心這種想法的推動下，他開始努力促進中低階層對政治的參與，提升他們的權力，即使這麼做很容易會危及他的權力基礎，伯里克利也在所不惜。在內心想法的啟發下，他開始限制戰爭，即便沒有戰爭就沒有凱旋，他就少了許多能給自己加分的豐功偉業。最後還是出於這種理念，他決定了推動自己最偉大的一項政績——各種讓雅典脫胎換骨的公共建設。

為了協助自己在這樣的思索過程中更加順遂，他盡可能敞開了心胸，去接觸各式各樣的觀念與選項，包括與他為敵者的想法，他也不以人廢言。在敲定一項策略前，他會把所有可能的後果都先想過一遍。有冷靜的精神面與開放的心胸當他的左右手，伯里克利推出一項項政策牛肉，扎扎實實地點燃了人類文明史上當之無愧的一回黃金年代焰火。僅僅一個人，就足以用其理性的精神感染整座城市。沒有了伯里克利的雅典發生了什麼慘劇，就是這一切最好的說明。西西里的遠征，匯集了所有他反對過的事情——不顧後果，只為了說不出口的征伐欲望而下了這樣一個錯誤的決定。

你的人性課題

就跟所有人一樣，你也覺得自己是理性的，但相信我，你錯了。**理性不是與生俱來的東西，而是你必須要透過訓練與反覆操演才能獲得的能力。雅典娜的聲音，代表的是如今存在於你內心的一種高層次力量，一種你或許在冷靜與專注的瞬間曾感受過的潛力，一種在經過深思熟慮後來到你心中，無懈可擊的觀點。**你此刻並未能與這種高層次的能力順利連線，是因為你的心智遭到情緒的拖累。就像在議會中的伯里克利一般，你被旁人所攪動的戲碼給感染，你只能不斷對別人給你的東西做出反應而停不下來。讓你無法專注的興奮、不安全感、焦慮等體驗像浪頭似地一波波打來。你的注意力會被一會兒拉到東，一下子扯到西，而在沒有理性標準可參考的狀況下，你下的決定會讓自己永遠到不了目的地。但任何時候你只要想，這狀況都可以隨著你一個簡單的決定而改變——你需要的，就是在內心培養一個你專屬的雅典娜。到那時，理性就會成為你最重視的物品，也會成為你在各項決定上的導引。

你的第一項任務，是要去觀察那些持續感染你各種發想與決定的情緒。學著質疑自己：為什麼自己這麼氣？為什麼自己要懷著這種恨意？為什麼自己不斷地想吸引人的注意？把情緒放在這樣的放大鏡底下，它們就會失去對你的控制力。你會停止隨著別人給你東西起舞，轉而開始獨立思考。情緒的特色是會讓人的心靈變得狹隘，讓我們專注在一兩樣可以馬上讓權力或出名的欲望得到滿足的想法，但這些想法往往都會倒打我們一耙。話說藉著冷靜的心靈，你將可以細細品嘗各式各樣的選項與方案。你將能在行動前多深思熟慮一點兒，並對擬定好的策略進行重新檢討。那股聲音會變得愈來愈清楚，而當你被無止盡的鬧劇與幼稚的情緒所圍困時，你會覺得反感，進而你會拿出理性來超越這一團混亂。就像運動員會不斷透過訓練變強，你的心智也會隨著操練而變得更具彈性與韌性。明晰而冷靜的你，將不難把別人破解不了的問題破解，邂逅別人邂逅不了的創見。

> 這就像第二自我站在你旁邊。這其中一個你明智而理性，但另外一個你卻老忍不住想要去做一件完全沒道理，但有時還挺逗趣的事情。突然間你注意到自己渴望去做那件有趣的事情，天曉得為什麼。你就是想，想到可以說連你自己都攔不住自己。你已經用盡了所有的力量去反抗，但你還是想。
>
> ——杜斯妥也夫斯基（Fyodor Dostoyevsky），《少年》（*A Raw Youth*）

人性的關鍵

人生不如意事十之八九，而每當如此，我們很自然地會想要個解釋。事情沒照著自己的計畫走或想法突遇阻力的時候，要是又找不出原因所在，我們會感覺到格外的不痛快，心裡的苦楚也會倍增。但在找尋原因的過程中，我們的心靈會動不動就在幾類解釋中繞圈圈：某人或某個團體扯我後腿，而那可能是因為他們看我不順眼；外頭有巨大的惡勢力與我為敵，像是政府或社會常規，是這些東西妨礙了我；我聽了不好的建議，或有某些事情我被蒙在鼓裡。最後——如果狀況真的糟到不能再糟——我們會說那是時不我與，是老天給我們的時運不濟。

這些解釋整體而言，會強化我們的無力感。「我有別條路可以選嗎？我壓根也沒想到某某人會那樣子整我？」這些解釋也多少會有點模糊。通常不是很能指出別人到底對我們做了什麼壞事。我們只能懷疑，只能臆測。這些解釋會傾向於激化我們的情緒——憤怒、挫折與抑鬱——讓我們有地方可以在裡頭沉溺、打鬼、自怨自憐。最要緊的一點是，我們遇事的第一反應就是向外頭去找原因。沒錯，我們或許得為發生的事情負起一點責任，但整體而言，我們是被別人、被與我們唱反調的力量給「弄」了。這種反應，深植於人類的動物性當中。在古時，被「鞭」的可能是神明或邪靈，而如今，我們可能會給這些神魔換上不同的名字，然後繼續把厄運怪罪於他們。

然而，真相卻可能跟我們以上所想的很不一樣。固然，外頭會有些個人或大於個人的力量對我們持續產生影響；也確實，這世上有太多我們控制不了的力量。但整體來講，**一開始會讓我們誤入歧途，讓我們誤判情勢下錯決定的，總歸是我們深埋在內心的不理性，是我們的心智受到情緒的牽引**。但我們自己看不到這一點，因為那位於我們的盲點，而可證明這個盲點存在的呈堂證供，就是二〇〇八年的股市崩盤，人性的各種不理性，在金融風暴中被炒成了大鍋菜。

在金融海嘯的浩劫餘波中，下面是最常被媒體提出來解釋來龍去脈的理由：貿易失衡等各種因素造成二〇〇〇年代初期的信用取得成本過低，由此借錢很便宜造成很多人槓桿開太大；高度複雜的衍生性金融商品令人難以進行明確的評價，由此參與交易的人很難去判斷賺賠；市場內部有一群人腐敗但精明，他們不懷好意地組成了集團，透過對市場的操縱來賺取暴利；貪婪的放款機構推出次級房貸給不疑有他的消費者買房；政府限制過多；政府監督不足；電腦模型與交易系統失控。

這些解釋，反映出了人對於基本事實的否定。在通往二〇〇八年崩盤的這一路上，每天都有數以百萬計的人決定要或不要投資。在某一筆交易的最後關頭，買方與賣方都有機會從走鋼索的投資中撤退，是他們一個個放棄了這樣的機會。警告說泡沫吹太大了要注意的人，所在多有。早金融風暴不過寥寥數年，長期資本管理（Long-Term Capital Management）這家巨型的避險基金就已經爆過一次給市場看，眾人當時就應該意會到更大規模的崩盤不但可能發生，而且一定會發生，差別只在早晚而已。要是大家的記憶力再好一點，他們會想起一九八七年的泡沫破滅（十月十九日發生黑色星期一）；要是大家知道要讀歷史，那一九二九年的股市崩盤更是令人印象深刻。任何一位屋主，應該都清楚十成房貸加上利率飆升時的風險有多高，潛在下場有多慘。

唯所有的分析都忽略了一件事情，那就是他們忘記了這數百萬的買家或賣家之所以會人云亦云，前仆後繼地跳進這場金錢遊戲，驅策著他們的是人性中基本的不理性。錢太好賺，他們於是一個個受到吸引。那股魅力，讓即便是學歷傲人的投資人也會心生情緒的漣漪。研究與專家被拉進來背書的，盡是大家原本就私心想要相信的事情——像是經典的「這次不一樣」與「房價只會漲，不會跌」。一波狂放不羈的樂觀情緒橫掃了廣大的群眾，浪頭過後緊跟著就是驚慌、行情崩潰與得跟醜惡的現實面對面。那些一個個被沖昏了頭，在投機派對上狂歡過，笑話智者是笨蛋的傢伙，現在都不承認那些事發生過，他們現在只知道對外部的力量伸出指頭，都是那些東西讓他們陷入瘋狂，失去了判斷的準頭，他們自己完全沒有錯。但這樣的事情，不是二〇〇八年金融海嘯的專利。同樣的藉口，也曾經在一九八七與一九二九年的美國股市崩盤、一八四〇年的英國鐵道泡沫與一八四〇年代又是英國的南海泡沫後被搬出來用過。事後大家都會說要改革整個系統，相關的法律也都順利通過來讓投機獲得限縮，但最終還是都沒有用。

泡沫會發生，是因為這東西對人情緒面的牽引力太強，個人就算有理性的力量，遇上泡沫來訪也只能舉白旗投降。泡沫會刺激我們，讓我們朝貪婪、一夜致富、凡事想要速成的天性倒過去。你說要人看著別人賺錢自己忍得住不跟風，真的讓人渾身難過。全世界你找不到一種法律或政府機關可以跟人性對著幹還成功。而且因為我們沒有去直搗問題的核心，所以泡沫與崩盤總是會每隔一段時間就捲土重來。基本上，只要世上還有笨蛋沒玩完，還有人不唸歷史的一天，泡沫這檔事就不會有消失的一天。泡沫的一再重演，映照出的是人性中同一批問題與錯誤的一再重演，就像一種負面模式橫在我們面前。我們一方面不想去看自己的內心，不想直搗問題的核心，一方面又想從經驗中有所學習，這只能說是緣木求魚。

你的人性課題

要朝著理性跨出第一步，我們首先得了解人基本上就是不理性的動物。而有兩件事情，可以讓我們的內心稍微能接受這一點：**第一，沒有人可自外於情緒對於心靈那股無人能敵的力量，即便是最有智慧的人也難以倖免；再者，在某個程度上，非理性是人腦結構中的一種功能，通過我們處理情緒的方式連結到根本的人性裡。**非理性幾乎不在我們的控制範圍內。為了了解這一點，我們必須觀察情緒本身的演化過程。

數百萬年來，生物的存活都有賴於經過微調的本能。在電光石火的一瞬間，爬蟲類會察覺到環境中的危險，並以立即性的逃離來回應。衝動與行動之間，完全無縫。然後慢慢地，對某些動物而言，這種感覺演化成了一種規模更大、時間更長的東西——一種恐懼感。這種恐懼在初期，其構成僅僅是由特定化學物質的釋放而撩撥出的高度興奮感，目的是讓動物對可能的危險產生警覺。伴隨這種撩撥與隨之而來的警覺，動物將能在若干方式中擇一來回應，而無須永遠是一百零一招。動物會因此對環境更敏感，更能從中學習，而選項的增加也代表存活機率的增加。這種恐懼感的長度僅有數秒，甚至更少，因為速度依舊非常重要。

對於社交型動物而言，這些興奮與感受還扮演著更深刻與更重要的角色：它們儼然成了一種至關重要的溝通形式。淒厲的叫聲或豎起的毛髮可以呈現出憤怒，而這怒火要麼可以斥退敵人，要麼可以讓同類知道這兒有危險；特定的姿勢或氣味是在傳達性慾與準備好要交配的意思：姿勢與手勢可以是玩耍的邀約；幼獸的特定呼聲可流露出深度焦慮，以及希望母親回歸的心意。而來到哺乳類身上，情緒會變得更加講究與繁複。我們已知黑猩猩可以感受到欣羨、復仇慾等各種情緒。這種演化，是一道長達數億年的過程，而距離我們比較近這一小段，可以看到認知能力在動物與人類身上發展出來，最終促成了語言的發明與抽象思考的誕生。

一如眾多神經學學者所證實，這種演化導致高等哺乳類的腦部分化為三部分。最古老的一部分是所謂的「蜥蜴腦」，其負責控制的是調節身體機能所需要的各種自發性反應，而這也是最本能而直覺的一塊腦部區域。在這之上，有古代哺乳類具有的「邊緣」（limbic）腦在主掌感覺與情緒。而在最上層，大腦則演化出了「新皮質」（neocortex），也就是控制認知的區塊。如果這顆大腦是人腦，那新皮質還得多管一樣叫作語言的東西。

情緒源自於設計來抓住我們注意力，讓我們察覺到環境中某樣事物的生理撩動。情緒起初是以化學反應與感官感受的形式呈現出來，我們必須透過第二道手續將其「翻譯」為可以理解的文字。但由於人腦處理這些輸入的區塊不同於我們處理語言與思考的區塊，所以這樣「翻譯」出來的結果經常難以捉摸，準確性也不穩定。比方說，我們可能對某人X感到惱火，但這情緒可能實際上來自於羨慕。在無意識的狀況下，我們或許暗自感覺自己不如X，他擁有某樣我們想要但得不到的東西。但羨慕始終不是種我們可以甘之如飴的感覺，所以我們會將之代換為另一種更好入口的情緒，比方說：憤怒、厭惡，或者憎恨。或者假設有一天，我們心中感覺到挫折感或耐性低下，然後倒楣的Y朋友正好在我們氣頭上出現，於是我們就擇日不如撞日地把氣出在他的身上，渾然不覺這怒火其實是由別的心境引發，而且Y根本就沒有那麼罪大惡極，不應該承受我們這麼兇巴巴的待遇。又或許我們是真的對 Z 朋友生氣，但那股怒氣早就已經端坐在我們心裡，而且還是由過去某個深深傷害過我們的別人所引起，像是我們的父母親。我們把氣發在 Z 朋友身上，只是因為他讓我們想起那名更早讓我們不開心的別人。

換句話說，我們其實無法有意識地掌握情緒的根源，也控制不了情緒創造出的心境。情緒一出現，我們基本上就只剩下一件事可做，那就是試著去解讀情緒，然後將之翻譯成語言。問題是十之八九我們都會「誤譯」。我們會把最簡單也最讓自己滿意的解讀給套上去。再不然我們就是會一頭霧水。像人會憂鬱這件事，我們經常就不知道是什麼原因。情緒中存在這種無意識的面向，也代表著我們非常難以從情緒中學到東西，更不太可能未雨綢繆或懸崖勒馬地控制住自己的衝動行為。覺得自己小時候被爸媽拋棄的孩子，長大了也很容易在下一代身上複製出同樣的模式，但他們自己也看不出這當中的前因後果（可對照本章「源自童年早期的引爆點」的說明）。

情緒的溝通功能，作為社交動物的關鍵元素，也讓人感覺愈來愈一個頭兩個大。我們有時會在溝通中表達出怒氣，但其實我們感受到的根本是另外一樣東西，而且還可能搞錯對象，但倒楣被我們遷怒的人不會知道這麼多，所以他們就會按照自己被攻擊的方式去回應，而以此為起點，便可能引起一發不可收拾的一連串誤判。

雖然都是我們與世界產生連結的方式，但情緒演化出的理由與認知不同，所以兩者在我們腦中的連結也不可能無縫。對動物來說，因為不需要把生理性的感官感覺轉譯成抽象的語言，所以情緒的運作非常輕鬆而順暢，就跟情緒誕生的初衷一樣。但我們生為人類，情緒與認知之間存在著間隙，而這就成了我們內在持續產生摩擦的成因。我們內心會出現一個「情緒自我」（Emotional Self），不受我們意志的掌控。動物會害怕一下下，然後就沒了。而我們會在恐懼中走不出來，並不斷透過自我強化，讓危險已經不在了，恐懼的情緒卻不會消失，甚至還會演變成一種久久不散的焦慮。

不少人會幻想著我們已經能將這種「情緒自我」給馴服，畢竟人類在心智與科技上都有長足的進步，而且比起人類的祖宗，我們表面上沒那麼暴力、沒那麼激情，也沒那麼迷信，但這都只是幻象而已。進步與科技並不會為我們的腦部重新接線；這兩樣東西只不過在形態上改變了人類的情緒，讓伴隨這些情緒而來的不理性以新的樣貌出現。比方說新式媒體的出現，強化了千百年來，政客等人玩弄我們情緒的能力，他們現在可以更不著痕跡、更拐彎抹角地鋪陳對我們的操縱。廣告商轟炸我們以極為有效而潛移默化的訊息。一天到晚掛在社群媒體上，讓我們無時無刻不受到嶄新病毒型情緒效應的臨幸。這些新媒體，可不是設計要來讓我們冷靜的。隨著這些大眾傳播的無孔不入，我們愈來愈沒有心理空間可以退一步去沉澱。我們被情緒、被雅典人在議會裡那種無止盡的劇力萬鈞給團團包圍，只因為千百年來，人性始終沒有改變。

很明顯地，理性與非理性這兩個名詞，當中承載了極為豐富的意涵。基本上只要跟我們意見不同的人，都會被我們貼上「不理性」的標籤。我們需要的，是一款乾淨簡潔的定義供我們應用在理性與不理性的判斷之上，讓我們辨別二者的準頭達到最高。為此，下方的描述應可作為我們的參考指標：我們經年累月都會感受到情緒，而情緒會持續地感染我們的思想，讓我們不斷朝更開心，更看得起自己的思緒方向漂移。要讓人性中傾向與感受不涉入我們的思想，是無論如何也辦不到的事情。理性的人會確知這一點，並透過自省與努力去多多少少剪除思路中的情緒，中和我們決策中感情用事的效應。不理性的人欠缺這樣的自覺。他們會還沒細究可能的影響與後果，就匆匆忙忙地動手。

從人事前做的決定、過程中採取的行動，以及事後產生的結果當中，我們可以看出理性與不理性的不同。假以時日，理性的人會證明他們有能力完成計畫、實現目標、進行有效的團隊合作、創造出可以長長久久的成果。不理性的人會在生活中顯露出負面的行為模式，比方說：反覆出現的失誤、去到哪兒都會與人發生不必要的衝突、永遠只停步在夢想與計畫、生氣之餘卻從來沒有能轉化為具體行動的改變欲望。在不自覺的狀況下，他們情緒化的反應一觸即發。不理性的時候人皆有之，而某些不理性是肇因於我們無從控制的環境。唯即便是再怎麼感情用事的人，都有可能憑著一股衝勁而賭對決定，在某個點上獲致成功。所以要判斷人理性或不理性，拉長時間去看是很重要的。他們能不能一而再、再而三地發想出好的策略，藉以將成功的局面維持下去？他們能不能自我調整？能不能從失敗中學習？

說到長期效應的計算，以及對於什麼才真正重要的判斷，我們也能在特定的處境中看出人理性與不理性的差別。比方說在有孩子監護權問題的離婚訴訟中，理性的人會捨棄自身對於離異對象的怨懟跟偏見，發揮理性去為孩子的長遠利益著想。不理性的人則會為了出一口氣，而讓怨恨跟復仇之心蒙蔽了他們在監護權問題上的決定。但一旦官司曠日廢時，傷害到的還是孩子。

說到要聘任助理或找尋合作夥伴，理性的人會把能力當成衡量的那把尺——這人能不能勝任這份工作？不理性的人則會一不小心就掉進各種陷阱。對方長著一副迷人的臉蛋、對方懂得利用人的不安全感，或是對方看似不會對自己造成威脅或挑戰，不理性的人就會不經大腦地叫對方來上班。這會導致誤判與「非最佳解」的發生，而不理性的人會把這些後果都怪到別人身上。說起要進行職涯的抉擇，理性的人會尋找能符合其長線目標的職位，不理性的人會看他們馬上可以賺到多少錢、他們覺得自己該獲得的身價（有時候並不高）、這工作好不好混，又或者說出去有沒有面子。但這往往會帶著他們走向生涯發展的死胡同。

不論在哪一種案例當中，**自覺的程度都決定了理性與不理性的差距**。理性的人會大方承認自己的不理性，然後需要為此警惕。相對之下，不理性的人會因為決定中的感情用事被挑戰而歇斯底里。**不理性的人沒有辦法自省，也沒有能力學習**。**他們的錯誤只會餵養自身的防衛心**。

有一點我得強調的是，理性並非我們超越情緒的工具或途徑。伯里克利本人就很看重勇於冒險的衝勁。他熱愛雅典娜的精神，以及這位女神所帶來的啟發。他希望雅典同胞可以心存對城邦的愛意，可以對其他雅典公民抱持一份同理。他的願景是一個平衡的狀態——一方面理解到我們何以會有各種感受，一方面意識到我們心中存有各種衝動，以便於我們可以在不被情緒偷偷左右的前提下進行思考。伯里克利希望存於情緒與衝動中的能量能夠為我們的思想所用。這是他期望中的理性，也是我們的理想。

好消息是理性的取得並不複雜。你只消學會一道三階段的流程，然後照著去操作就行。**首先**，我們必須意識到一種可以姑且稱之為低階非理性（low-grade irrationality）的東西，其成因來自我們在生活中持續體驗到的感受與心情，而其位階比人的意識要低。我們在規劃事情或制定決定時，並不會意識到這些心情與感受是如何深層地在扭曲我們的思緒。這些心情與感受會以我們的思想為園地，創造出一群不容小覷的偏見，而這些偏見之深植於人心，讓其存在的證據可以在不同時代的不同文化裡，都看得見。這些偏見透過對現實的扭曲，造成了在我們生活中礙事的錯誤與無效率的決定。但只要知道這些障礙的存在，我們就能踏出第一步去抵銷其效果。

第二，我們必須認清所謂高階非理性（high-grade irrationality）的本質。高階非理性的發生，是源於我們的情緒被撩起成燎原之勢時，至於點火的火種，普遍來說則是特定種類的壓力。每當我們想著內心的憤怒、興奮、憎恨，或者懷疑，這種非理性就會經激化而進入一種一觸即發的狀態——我們不論看到什麼或聽到什麼，其解讀都會穿過情緒的濾鏡。我們會變得比平時更敏感、更急於做出情緒性的反應。不耐煩與憎恨會失控成為憤怒與深度的不信任。這些反射性的狀態，就是造成人會走向暴力、瘋狂執念、無邊貪婪，或是想控制別人之欲望的原點。由此這種形式的不理性，會通往更加難以收拾的處境，包括各種危機、衝突、災難性的決定。理解這種不理性的運作模式，將有助於我們判斷出自己正與這種不理性面對面，然後在後悔莫及前順利抽腿。

第三，我們必須採行特定的策略與操演來強化大腦中的思考環節，令其更有能力去與情緒進行永恆的奮鬥。

以下的三個步驟將協助你踏上通往理性的旅程。把這三個步驟都納入你對於人性的研究與練習，將會是你一個非常明智的決定。

步驟一：明辨偏誤

情緒潛伏在我們的意識底下，周而復始地在影響著我們的思緒與決定，而其中最常見、最普遍的一種情緒，就是對快樂的欲望與對痛苦的逃避，這是一種趨吉避凶的概念。我們的想法幾乎無可避免地會繞著這類欲望打轉；光是在腦中把玩會讓我們覺得不舒服或痛苦的想法，就會有想要退縮的反應。我們會以為自己在找尋真相，或覺得自己還蠻腳踏實地的，但其實我們不過是在謹守著讓自己能釋放壓力並自覺滿意的想法，因為這能讓我們感覺高人一等。人類思想中的這種「享樂原則」（pleasure principle），是我們所有心理偏誤的根源。要是你覺得自己不知怎地是個特例，對下方我們要介紹的各種偏誤都有抵抗力，那正好可以當成享樂原則在作用的現成案例。聰明的話，我們就不該逃避現實，而應該探索這些偏誤如何在自己的內心持續作用，乃至於學著在別人身上辨識出這些不理性的狀態。

確認偏誤（Confirmation Bias）

> 我之所以達成自己的決定，是看過了證據，也經歷了多多少少算是理性的思考流程。

為了秉持某種觀念，並說服自己是理性得到這樣的結論，我們會四處搜尋證據來支持自己的見解。理論上，還有什麼東西能比證據更客觀，更科學呢？但由於享樂原則在暗地裡發揮的影響力，我們會專門去蒐集能確認己身觀點的證據，讓我們能繼續相信自己想相信的東西，而這——就是「確認偏誤」。

想觀察確認偏誤，我們可以在職場上注意別人的企劃，特別是那些輸贏很大的企劃。所謂的企劃，都是為了一個想要達成的正向目的所設計。如果有人把可能的正向與負向後果都平等地考慮進去，那他會發現自己寸步難行。所以無可避免地，他們會不知不覺地倒向能確認達成正向結果的資訊，在那個世界裡一切都很順利。職場上還有另外一種狀況，可以讓我們看到確認偏誤的模樣，那就是當有人「理論上」在徵詢別人意見的時候。對於大多數擔任顧問職的人來說，這都是一個甩不開的宿命。話說到底，大家都希望聽到自己的想法與偏好受到專家意見的肯定。不論你說了些什麼，對方都還是會聽到他們想聽的，而要是你的意見與他們的想法相左，他們就會設法貶低你的觀點，否定你所謂的專業。**通常一個人愈是手握大權，他受制於確認偏誤的程度就會愈明顯。**

放眼全世界來訪查確認偏誤之際，你可以留意一下有沒有那種好到不像話的理論。這理論身邊會有大量的數據與研究被丟出來當成左右護法，而這一點並不難做到。正所謂精誠所至，金石為開，一旦你說服了自己，認定自己的論述沒有問題，相關的證明就會跑來供你閱兵。在網路上，我們不難針對一項爭議的兩造都找到支撐的研究論點。整體而言，你永遠不應該因為別人提供了「證據」就覺得對方的說法可信。**正確的作法是在冷冽的光天化日下檢視這些證據，並窮盡一切的心力去質疑。面向你自身或別人敝帚自珍的想法或信念，你的第一反應永遠應該設為尋找反證，這樣才符合科學的精神。**

信心偏誤（Conviction Bias）

這件事情我都信到這個份兒上了，還能有假嗎？

有些觀點我們私心會非常滿意，但內心深處，我們多少也對這些說法有一點點存疑，於是乎我們會不辭辛勞地去說服自己——要自己義無反顧地去相信這番說詞，遇到有人反對一定大聲斥責，絕不坐視。這件事若是有假，我們怎麼拿得出如此的熱情來為其辯護？我們會這麼告訴自己。這樣的偏誤，若表現在我們與領袖的關係上，就更為顯而易見了。你看看領袖說起話來那樣兩手並用而充滿激情，用詞遣字也到處是五彩繽紛的比喻跟讓人會心一笑的旁徵博引，看起來就是充滿了如深井般取之不竭的自信，那肯定代表他們功課做得很足，所以才能把話說得這麼信心滿滿，毫無破綻。反之，那些講話中處處存在語意上的模稜兩可，口條動輒有所躊躇猶豫的人，則似乎顯得不夠堅強，顯得自我懷疑而舉棋不定。這些人說的話多半不能相信，我們會這麼想。人的這種偏見，是推銷員與民粹政客的好朋友，他們把自信當成門面，讓我們易於被他們說服與欺騙。他們知道人都喜歡看好戲，所以他們就把自己似是而非的東西用戲劇效果包裝起來，藉以混淆視聽。

外觀偏誤（Appearance Bias）

我交往的人我心裡有底；我能用肉眼看到真正的他們。

我們看到的人都不是本體，而是表象。而這些表象很容易誤導我們。首先，社會化把人都訓練得很好，我們會知道什麼樣的場合需要端出什麼樣的菜色，才能獲得社交上的認可。一般較常見的組合是理想崇高、敬業形象維持得很好、良心沒有被狗吃掉。看著這些「面具」，我們會以為他們真的就是這樣的人。再者，我們多半很吃以偏概全的「光環效應」（halo effect）那一套——看到某人身上有特定的缺點（拙於社交）或優點（聰明才智），我們就會自動延伸，把可能相關的優缺點也腦補上去。帥哥美女看起來就是比較可信，特別是政壇上的帥哥美女。一個人事業成功，我們就會想當然耳認為他們品行亦優、良心爆棚、所以老天爺才會讓他在工作上圓夢。但這模糊了一項事實，那就是很多功成名就，響叮噹的人物，都在超車別人的來時路上幹了不少狗屁倒灶的渾事，你看不到是他們的公關太有本事。

群體偏誤（The Group Bias）

我的想法是我的想法。我並不聽從群體的指揮。隨波逐流不是我的作風。

我們天生都是群居的社會動物。被孤立的感覺，不被群體當一回事的感受，於我們都是既挫折又恐怖。知道了別人的想法跟我們有志一同，我們心中會覺得放下一塊超大的石頭。事實上，為了能這樣鬆一口氣，內心會有一股動力要去認同特定的觀點或意見；唯我們並不會有意識地認知到這股拉力，而會以為自己的每個決定都完全是自己的意念。看看那些支持某一黨或某種意識形態的人——明明沒有人發號施令，也沒有人大剌剌地給予壓力，但某種正統或正確就自然而然地拔地而起。一個人若屬於右派或左派，那麼遇到種種問題，他們的意見就幾乎都會自動歸隊，保持左或右一系列相同的立場，就像在變魔術一樣。但會承認自己的思考受到左右之別影響的人，少之又少。

究責偏誤（The Blame Bias）

我能從經驗跟錯誤中學習。

錯誤與失敗，會讓人想去解釋些什麼。我們會本能地想學到教訓，希望自己下回不要重蹈覆轍。但事實上，我們並不真的那麼想湊近瞧瞧自己幹的好事；我們的自省能力，是有限的。遇到錯誤或失敗，我們自然的反應是怪別人找碴、怪環境條件太差、怪自己一時不察。人之所以會有這種偏誤，是因為自己的錯誤看起來實在太痛苦了。看著自己失敗，會動搖我們的優越感，就像有棒子朝我們的自尊戳上來。我們會看似完成了所有的動作，裝出有在反省的樣子，但隨著時間過去，享樂原則又會冒出頭來，然後我們就會連原本一點點怪罪自己的心情，都飄散到九霄雲外去了。欲望與情緒會再度將我們蒙蔽，結果就是我們日後會重蹈覆轍，犯完全一樣的錯誤，不痛不癢地自責一番，然後又是忘性大作，直到大限來臨的那一天，這種模式都不會改變。如果人真的能從錯誤中學習，我們就不會看到世界上那麼多錯誤不斷重複，也應該看到大家都在職涯發展上不斷自我突破才是。

優越感偏誤（Superiority Bias）

我跟別人不一樣。我比別人理性，道德也更高尚。

很少人會在日常對話中把這話說出口，因為這聽起來實在太狗眼看人低了。但在不在少數的民意調查與研究當中，只要是被問到要拿自己跟別人比較，受訪或受試者的想法大抵八九不離十，就是上頭那句話的意思。人會這麼想，就如同思想遭遇到某種障眼法，我們看不到自己的謬誤與不理性，我們只看得到別人的這兩種東西。所以比方說，我們會輕易相信敵對政黨的人思考是不經大腦，而我們這陣營的人做事都經過深思熟慮。在道德的層面上，我們少有人會坦承自己曾經在工作上欺騙或利用過誰，或是曾經為了出人頭地或平步青雲而抄過捷徑或耍過心機。自身一切的成就，在我們的想像中，都是才華與努力的成果。但如果是別人嶄露頭角，那就是他們效法馬基維利主義而無所不用其極，這些人成功卻卑鄙。我們這樣的想法，目的是不論結果為何，自己永遠都是對的。

在一股沛然莫之能禦的力量拉扯下，我們會賦予自己一個理性、守禮、道德完備的形象，而這些正好是受文化高度提倡的特質。任何蛛絲馬跡與這樣的形象有所悖離，都有可能讓自己千夫所指。唯事實上，如果大家真的都如此講理而溫文自持、道德上毫無瑕疵，那世界大同早就降臨許久，善良與和平早就在地球上供過於求。

真實的狀況是怎麼回事，我們都清楚。換句話說，我們起碼一部分人，甚至大部分乃至於所有人，都是在自欺欺人。理性與道德，必須透過自覺與努力才能達成。跟很多東西一樣，這兩項品格都不會跟雨一起下下來。要具備理性與道德來讓你的人格變完整，你需要歷經一種叫做「成熟」的過程。

步驟二：小心火燭

低階的情緒會終年無休地影響我們的思緒，而這些情緒源自我們自發性的衝動——包括我們（腦中）想要聽好話的需求。相對之下，高階的情緒會現身於特定的時機，強度猛烈，並通常是由某個外在的火種所引起——那可能是個徹底把我們惹毛的人，也可能是一個特定的環境。高階情緒撩撥出的情緒更激昂，網住我們注意力的程度也更徹底。我們愈是滿腦子都是這種情緒，這種情緒就會愈發強勁；而這種情緒一變強，我們又更沒辦法把它從腦裡趕出去，一個惡性循環於焉成形。我們的心靈會以這種情緒為目標鑽起牛角尖，大小事都要我們別忘了自己有多生氣，多不肯罷休。我們變得只能被動反應。最終因為過程中的壓力，高階情緒往往會促使我們草率行事，最終招致災難的發生。在這樣的情緒爆發中，我們往往會覺得自己遭到附身，就像有個邊緣腦主導的第二分身將我們的意志架空，真正的我們反而對一切都束手無策。

理想的狀態下，我們要能對這些誘發因子有所警覺，以免我們的心靈一路從鑽牛角尖走到爆炸的終點，到時你一定會後悔的結果將已無法挽回。同一時間，你也要慎防別人心中的高階不理性，你要麼躲得遠遠的，要麼日行一善把他們從虛妄中拉回來。

源自童年早期的引爆點

童年早期，是我們人生中最敏感、最易受外界影響的一段。愈是往回推，與父母親的關係就影響我們愈深遠。同樣的道理，也適用於任何人生早期的重大經驗。童年的種種脆弱與傷痕，會深埋在我們的心田。時不時我們會出手去壓抑這些過往的記憶，因為它們可能帶有負面的影響力，那或許是種深刻的恐懼，或許是曾遭受到的羞辱。但也有些時候，這些童年片段會連結到正面的情緒，像是被愛、被關懷等我們會想不斷重溫的記憶。在日後的人生當中，記憶裡的某個人或某件事會成為引信，觸發兒時某個或好或壞的回憶，並一併引發強力化學物質或賀爾蒙的釋放。

比方說，一名青年可能有位疏離而自戀的母親。在嬰兒或兒童時期，他把從母親處感受到的冷漠解讀為被拋棄或被「放生」，而會被放生，一定是因為自己哪裡不好，所以不值得母親去愛。或者在另外一個平行宇宙裡，一個新的弟弟或妹妹來到世上，讓母親對他的關心無法像原本那樣全心全意，而這對他一樣會產生被拋棄的感覺。等他長大成人了，談戀愛了，女朋友可能會暗示自己不滿意他的某個特質。原本這都是交往關係裡健康的磨合，但對青年而言，這也可能會成為他心中雷的引爆點。他內心的小劇場會是女友注意到自己的缺點了，下一步就是要放生自己了。他內心的情緒激動起來，他感覺到自己即將遭到背叛。這情緒的源頭他看不見，這一切已不再他的控制之內。於是他開始反應過度、開始無的放矢、開始變得退縮，而這一切都像自我實現的預言，倒過來造成他最不樂見的結果——女友提出分手。**他的行徑，只是被內心某種回憶所激發的反應，現實並不是他行動的根據。什麼叫不理性，這就叫不理性。**

要提早注意到自己或別人內心出現這種的狀況，你可以觀察對方是不是無來由地孩子氣到一個境地，是不是突然變得很不像他平日的自己。這樣的變化，可能以任何一種關鍵的情緒為核心，那可能是恐懼

——恐懼失控、恐懼失敗。而說起恐懼，我們的反應會是從環境中將自己抽離，讓眾人看不見自己，就像小朋友把自己縮成一顆球。往往強烈的恐懼若讓人一病不起，我們就有了再正當也沒有了的理由脫離戰線。這種關鍵情緒也可以是愛——或許因著某人讓我們模糊地想起那失去的快樂園地，我們便會在當下義無反顧地去設法複製自己與雙親或手足的緊密關係。這情緒還可能是極度的不信任，因為我們可能在幼時被某個權威角色給辜負過或背叛過，如做父親的就是常見的罪魁禍首。這經常是人態度突然轉趨叛逆的原因。

此間埋藏著的一個風險，是在對現在有所誤判，同時又以過去做為對象來進行反應的過程中，我們會製造出衝突、失望與不信任感，而這些東西只會傷口上撒鹽。在某種程度上，把過去的經驗複製到現在，是人很自然會做出來的事情。對此我們唯一擁有的防禦工事，就是要在事情發生的當下意會到有哪裡不對勁，然後阻止自己（或者阻止別人）。而想要把「引爆點」逮個人贓俱獲，**我們可以善用的線索是注意自己正在體驗的情緒是否異常地原始，異常地失控**。具體而言，這類情緒會觸動人哭泣、抑鬱，或是過度樂觀。被這類情緒下了咒語的個體，會很可能表現出與平日大相逕庭的說話口氣與肢體語言，看起來就像他們真的回到了過去，重新把當年的人生再重演一次似的。

在這樣的情緒來襲時，我們必須努力把自己抽離出來，細細思索其可能的來源——兒時的創傷——還有這情緒將我們鎖進了什麼樣的模式。**對自己與自己的弱點取得深刻的理解，是我們能夠變得理性的關鍵。**

轉瞬之間的得與失

突然的成功或獲得，是很危險的事情。從神經學的角度去看，化學物質會在大腦中猛烈釋放，讓我們感覺到興奮與能量在心中爆發出來，進而讓我們產生想要複製這種體驗的欲望。任何一種上癮或瘋狂的行為，都可以以此為起點出現。另外當成就一下子就到手的時候，我們往往會忘記一項很基本的智慧，那就是真正能夠長長久久的成功，都需要先下足扎扎實實的苦功。我們會無視於暴紅或一夜致富中的運氣成分。會一而再再而三地想要重新捕捉到那種賺大錢或一夕成名所帶來的快感。我們會開始目空一切，對任何想要上前警告我們的人心存抗拒——他們不懂啦，我們會這麼告訴自己。但因為爆紅很難持久，我們終將墜回平庸，而爬得愈高，摔得愈痛，這個循環也會自此展開令人憂鬱的階段。雖然說對這種過程最熟悉的莫過於賭徒，但其實有另外兩種人也不會對這樣的心路歷程感到陌生，一種是歷經經濟泡沫時的商人，一種是新時代瞬間爆紅的各種紅人。

意想不到或是一連串的挫敗，也跟成功一樣會引發我們不理性的反應。我們會想像自己遭到厄運詛咒，而這種厄運將永無止境。我們會心生恐懼而開始心存猶疑，而這又會引發更多的錯誤或失敗。在運動競技上，這會導致勝負關鍵時所謂的「軟手」(choking)，主要失敗與失手的記憶會讓選手心裡產生陰影，他們的肌肉會無意識地緊繃而造成失誤。

這一體兩面的問題，並不難解：**每當你意外成功或失敗的時候，也就是你該向後退一步，用一些該有的悲觀或樂觀來平衡一下的時候**。其中突如其來的名利你更得小心——天降的錢財與名譽都是沒打地基的空中樓閣，而且具有強大令人上癮的拉力，一旦打回原形，你就會在無可避免的痛苦中扮演自由落體。

壓力暴漲

身邊的人在你看來，永遠都是那麼理智，對自己的人生那麼有把握。但只要把他們放在充滿高壓的情境中，隨著壓力水漲船高，你就會看到一幕幕令人意想不到的現實上演。自我控制的冷靜面具會剝落，他們會突然在暴怒中幹話狂噴、會顯露出有受迫害妄想症的那一面，還會變得超級玻璃心、超級小器。壓力或威脅的出現，會讓我們大腦中最原始的那部分興奮與活躍起來，進而壓過人類的理性力量。事實上，**壓力**

或緊張會掀開人類精心藏好不讓人看見的缺點，所以真的要觀察人，就要選這樣的時候，因為這種時候你才看得到他們的本性。

一旦注意到自個兒生活中的壓力值上升，你就必須要仔細的觀察自己，注意自己是否表現出與環境因子不成比例的脆弱、敏感、多疑，以及恐懼。觀察的時候要盡量跳脫自己，盡量騰出時間與空間獨處。你需要拉出距離來創造更好的視角。千萬不要自以為你是那個可以在壓力下面不改色的練武奇才。那是不可能的。但透過自我的覺醒與反省，你可以避免自己做出日後會後悔的決定。

人形引信

因著個性，所以有些人天生就會觸動其周遭所有人的強烈情緒。這些情緒包括極端的愛意、恨意、自信與不信任。歷史上的這類案例包括《聖經》裡的大衛王、古代雅典的阿爾西比亞德斯（Alcibiades）、古羅馬的凱撒、法國大革命期間的喬治・丹頓（Georges Danton），還有美國前總統柯林頓。這種人往往有著幾分個人魅力，他們能辯才無礙地表達出自身的情緒，而這些情緒又會彈無虛發地挑動起旁人心中相同的漣漪。但這類人當中也有一部分很自戀；他們會把內心的劇場與煩惱向外投射，將旁人捲入他們一手創造出的漩渦。這樣的特質，會讓他們令人又愛又恨。他們會讓一堆人黏過來，又會讓某些人閃得遠遠的。

像這些彷彿人形引信，到處放火的人，我們理想上是不要等到自己受影響，最好在他們影響到其他人時就先注意到而有所提防。沒有人能與他們的影響力徹底絕緣。只要他們在場，很多人就會暫時喪失與人講道理，或與人保持安全距離的能力。甚至連他們不在場的時候，這些人都能讓你對他們念念不忘。他們就是有這種令人著魔的天分。一不小心，你就會被他們領著去幹一些走偏鋒事情，不論是以死忠追隨者的身分，還是以死敵的身分。在這道光譜上的兩個極端——受他們吸引或對他們排斥——你都會傾向於不理性，都有必要立刻讓自己與對方拉開距離。一個不錯的辦法是要看穿他們端給人看的表象。他們會想方設法讓自己散發出某種光環，讓你無法視他們為凡人，你會因此覺得他們有種神祕的特質能使人自慚形穢。但事實上，你是人，他們也是人，也跟人一樣都在意某些事情，有著某些弱點。試著專注在這些弱點上，提醒自己他們不是男神或女神。

群體效應

群體效應是一種高級的群體偏誤。當身處於其中的團體人數夠多時，我們就會變得跟平常有點不同。你可以趁參與運動賽事、演唱會、宗教活動或政治造勢場合時注意一下自己與旁人。基本上，你不可能不覺得自己被群體的情緒感染。你會心跳加速，會一不小心落下喜悅或悲傷的淚珠。身處於團體裡，不會促進你獨立思考的判斷力，反而會強化你對歸屬感的渴望。這一點也同樣可能發生在職場上，尤其如果你有一位善於「帶心」的主管的話。這類領導人善於撩動人的情緒去激發我們的求勝心與攻擊性，或是創造出一種「我們 vs. 他們」的敵我有別。群體效應不見得需要一大群人在場。社群媒體的力量一樣可以引誘我們加入在網路上口耳相傳的行列，讓分享的意見像病毒一樣散播出去，而且這時被分享的往往不是溫和的情緒，而是像暴怒這種重口味的東西。

群體情緒的刺激，也有其可以振奮人心的正面效應。有些狀況下，我們可以在群體效應帶動下去做有利於公益的事情，但要是你注意到的群體效應是對應到負面的情緒，比方說彼此仇恨、病態的愛國主義、攻擊傾向、一元的世界觀，那你就必須要幫自己接種好抗體，避免自己被強大的群體風向給帶過去。**通常為了維持自身的理性與判斷力，我們寧可對群體環境敬而遠之；如果非置身險境不可，我們也必要把質疑的防護罩開到最強。**

民粹領袖特別善於利用群體效應，並習於刺激人的非理性爆發，所以是我們格外需要提防的對象，而有些東西是他們固定會使出來的招數。在群體的場合下，他們首先會把氣氛炒熱，搬出一些大家有共識的觀念與價值來講，創造出一種和樂融融的認同感。他們會倚賴模糊但曖昧的語言來煽動人的情緒，由此像是公（平正）義、真相、真理、某某優先、某某價值等愛國主義用語，都是他們愛用而琅琅上口的字彙。他們開口閉口都是抽象而崇高的理想，但就是不會講到怎麼用具體的行動去解決明確的問題。

媒體或政壇中的民粹型人物的目標，是讓人心中持續感覺到焦慮、慌亂與忿忿不平。民眾的情緒高亢而激昂，他們才有條件繼續登場。對此你想見招拆招，難度其實不高，**你只需要懷著一個念頭，那就是把理智、判斷力與為自身著想的能力，全部視為你最珍貴的財產**，這樣就行了。任何人想要侵門踏戶，進犯你獨立的心智，你都要一律以敵人視之。所以**一旦你的雷達上顯示某個人物是民粹屬性，你馬上要做的事情就是加倍警醒，加倍理性。**

關於人性中的非理性，我最後想說的是：不要自顧自地以為進步與啟蒙已經不知怎的將比較極端的不理性給消滅殆盡。歷史已經一再證明非理性或許會有起伏高低，但你永遠看得到它的身影。伯里克利的黃金時期不乏哲學大家與蠢蠢欲動的科學精神在萌發，但繼之而起的年代卻充斥著迷信、邪教與排斥異己。同樣的現象，也發生在義大利的文藝復興之後。這種循環會一而再再而三地發生，是一種必然，也是人性中的一環。

不理性不會消散，只會改變其外觀與裝扮。我們或許不會再有與字義相符的「獵巫」行為，但在不久之前的二十世紀，我們還是在三〇年代的俄國目睹了史達林主政下的「莫斯科審判」、在二戰後的美國看到了參議員麥卡錫的反共聽證會，還在六〇到七〇年代的中國見證了名為「文化大革命」的集體迫害。邪教的代代相傳，從來未斷，對某名教主的人格崇拜或對於某個名人的偶像崇拜都層出不窮。科技如今也誘發了更多的宗教狂熱。現代人急切地想要找到一樣東西可以寄託他們的信任，必要時他們會飢不擇食。民調顯示在二十一世紀，相信鬼魂、神靈、天使的人不是變少，而是變多。

只要地球上還有人類的一天，不理性就不會默不出聲，也不會停下擴散的腳步。理性是個人才得以去追求的能力，無關乎群眾運動與科技發展的風起雲湧。感覺高人一等，感覺無所不能，就是不理性在你內心作祟的錚錚鐵證。

步驟三：用計將理性從心中帶出

人內心固然有強烈的非理性在猖狂，但有兩項因素讓所有人都不需要感到絕望。這頭一樣，是人類古今中外都不斷有高度理性的人物繼起，帶動人類的發展向前邁進。作為我們所有人努力的目標，這群人一字排開有：伯里克利、有古印度的阿育王（A´soka）、古羅馬的馬可・奧理略皇帝（Marcus Aurelius）、中世紀法國的瑪歌王后（Marguerite de Valois），達文西、達爾文、林肯、俄國文豪契訶夫、人類學者瑪格麗特・米德（Margaret Mead）、股神華倫・巴菲特，而我這只是略舉數例而已。這些夙昔的典範有若干共同的特質：他們都對自身的特質與弱點抱持切實的評價；他們都是真理與現實的信徒；他們都對人心存寬容；他們都有能力設定目標，然後說到做到。

第二項帶給我們希望的因素，是我們幾乎每個人都曾在人生的某個點上體驗過何謂高度的理性。而這通常來自於我們姑且可稱為「創造者心境」（maker's mindset）的東西。我們手上有在執行的計畫，而且通常得在期限內完成。我們唯一可以享有的情緒，是興奮與衝勁。其他情緒都只會讓我們無法專心。因為必須做出成果，所以我們會「期間限定」變得格外實際。一旦專注在工作上，我們的內心會變得冷靜，自我意識會暫停跳出來干預。要是有人想打斷我們，或者用情緒來感染我們，我們會感到極端排斥。這些時刻——長則數週，短僅數小時——顯示理性自我正等待著破繭而出。我們還差的只是一些自覺，跟一些練習。

以下的策略，就是設計來幫助你帶出內在的伯里克利或雅典娜：

徹底認識自己

無知，是情緒自我的溫床。你早一分鐘知曉情緒自我的運作方式與它掌控你內心的方式，你就早一分鐘可以令其鬆手，並為你所馴服。由此你朝理性所踏出的第一步，永遠都是*向內走而不是向外走*。你想讓情緒自我束手就擒，就得「抓姦在床」。為了達成這個目的，你必須反省自身在壓力下的表現，想想自己在壓力下會顯露出什麼樣的弱點？或許你會因此變身為馬屁精、惡霸、控制狂，也或許你會開始疑神疑鬼？你必須看著自己的決定，特別是那些效果不太好的決定——想想你是不是能看出什麼模式，是不是能辨識出某種底層的不安全感在驅動著這些決定？檢視你自身的優點，想想你有什麼過人之處。這將能幫助你決定目標如何設定，才能一方面符合你長年的興趣，一方面讓你能發揮所長。知道你的特別之處，並給自己正確的評價，也能有助於你抗拒群體偏誤或群體效應的拉力。

檢視你情緒的根源

好，你生氣。讓你的感覺從內部慢慢沉澱，然後進行思考。這股氣是源自某種看起來很無聊、很小家子氣的東西嗎？通常這就代表其背後有某件事或某個人才是真正令你發怒的理由。或許有某個更令人不快的情緒在背後作祟，比方說*羨慕*或*被害妄想*。你必須直視這些可能的情緒源，向下挖掘出可能的引爆點。為了達成這些目的，**聰明的你可以善用日記來嚴酷並客觀地記錄你的自我評價。此處你最大的威脅來自於自我與自尊，乃至於自我與自尊讓你無意識為自己樹立起的幻象**。這些幻象或可一時讓你覺得舒坦，但長此以往你只會養成自我辯護的習慣，而這種習慣會阻礙你的學習或進步。找出一個中性的位置來觀察自己的行為，最後帶著一絲超然、幾分幽默。很快地這麼做會變成你的反射行為，而後等情緒自我在某個場合中突然揚起頭來的時候，你將能退後一步，然後就定位來進行客觀的觀察。

增加你的反應時間

這種力量來自於反覆的練習。遇到某個事件或某種互動需要反應的時候，你必須訓練自己退後一步。意思是指你得實際退到一個你可以獨處而沒有壓力得馬上回應的地點，也可以是你寫下一封憤怒的電郵但不馬上寄出。可以睡一兩晚再做出決定。

你得避免在情緒湧上來的時候打電話或進行溝通，邊生氣邊發言尤為大忌。如果你發現自己急著要去承諾事情、雇用職員，或是接受聘書，請你退後一步，給自己一天的思考時間，並讓情緒冷靜下來。你能拉開的時間愈久愈理想，因為時間能夠帶出空間，讓你能帶著縱深去眺望事件。你可以將之想成是一種重量訓練或肌力訓練——**你愈是能撐住不要急著反應，你心智中能用以進行反思的空間就愈寬廣，你的心靈肌肉也會變得益發強韌。**

把人當成現實一樣接受

與人的互動，是情緒紛擾的主要來源，但我們並不是沒有別的出路。問題在於我們總是喜歡不斷地去當判官，覺得別人這裡不好，那裡不對。我們總覺得人的模樣遠不如與我們內心中的理想。我們想要改變旁人。我們希望其他人可以按照我們的理想去思考與行動，而這種理想也通常就是我們自身的思考與行動模式。但這是不可能辦得到的，畢竟每個人生來都是不一樣的。結果就是我們會動不動就感到挫折，感到沮喪。與其如此，我們其實應該把別人當成一種客觀存在的現象去看待，就像你不會去抱怨彗星與行星的運行軌道。彗星與行星的存在，就是單純的存在。天體有大有小、有扁有圓，人也是一樣，而這也正是人生豐富而有趣的地方。面對不一樣的人，見招拆招就是了，別硬要排斥他們，或想要改變他們。把理解人的過程當成一場遊戲，就像你要設法破案一樣。種種個性所拼湊起來的，是一齣名為人類的喜劇。沒錯，人是不理性的，但你也是人，你也理性不到哪裡去。把你對人的接納程度，調到刻度上最高的地方，用你的肚量去包容他們的奇形怪狀。這有助你冷靜下來，並且用更不帶情緒的方式去觀察人，你對他們的理解將會更深刻。你會停止把自身的情緒投射到他們身上。總歸一句，你會因此出落地更加平衡、更加沉穩、更有心思去進行思考的過程。

當然，這話說得輕鬆。今天如果是跟會讓你做噩夢的那一類人狹路相逢，比方說自戀狂、罵人不帶髒字的酸民、還有其他各式各樣的人形引信，人要保持冷靜真的不是那麼容易。這些人之於你的理性，代表一種持續不斷的考驗。關於這一點，我們可以嘗試效法契訶夫這名以極度理性聞名於世的俄國文豪。他出身一貧如洗的大家庭，父親酗酒，打起小孩一點都不留情，年幼的契訶夫也難逃毒手。契訶夫後來當上醫師，並開始把寫作當成副業。他把所受的醫療訓練套用在人類的動物性上，其目標是釐清我們何以會這麼不理性、這麼不快樂、這麼危險。在他親撰的故事與劇本裡，契訶夫發現若能潛入自己的角色，把最糟糕的典型都摸的一清二楚，會是一件極具療效的事情。透過這種做法，他發現世界上再沒有他不能原諒的人，包括他的父親。

契訶夫的做法是想像每一個人不論內心再扭曲，都不會莫名其妙變成現在的模樣。怪物的生成一定有其理由，一定有他們覺得說得通的邏輯在背後。以他們特有的方式，他們也在追尋著自我實現，只不過是這種自我實現是用一種不理性的方式在進行。藉由退後一步來想像角色的心路歷程，契訶夫袪除了粗暴者與攻擊者的神話；他讓這些「東西」回復成人形。他們從契訶夫內心勾出的不再是仇恨，而是憐憫。在接觸這些人的時候，不論他們多麼不堪，你都必須盡量以作家的心態去思考。

找到思維與情緒之間最適的平衡點

我們不能硬把情緒跟思考分開，因為這兩者徹徹底底是一體的兩面。但這兩者之間總是會有某一方占上風，所以某些人會很明顯地比其他人更加感情用事。我們要追求的，就是在思考與情緒之間找到一個適當的比率與平衡點，以便讓我們的行動效率發揮到最好。古希臘人為此提出了一個非常恰當的比喻：騎士與馬匹。

我們天性中的情緒就是胯下的坐騎，牠會帶著我們不斷前行。這匹馬充滿了能量與衝勁，但少了騎士控制方向，牠就會變成一匹脫韁野馬；這匹野馬會面臨掠食者的威脅，而且會不斷地直朝著麻煩而去。騎士代表的就是我們的思維。透過訓練與反覆操演，思想會幫助我們緊握韁繩，讓馬兒跑起來有方向、有目的，由此馬兒的力量就能轉換為一種具有生產力的東西。這兩者缺一不可，少了另一樣，剩下的那一樣都派不上用場。沒有騎士，馬兒的運動與目標就沒有人控制；沒有馬匹，騎士就沒有獸力可供其驅使，對抵達目的地就無能為力。在大多數人的例子裡，強勢的都是馬兒，而非騎士。但也有某些人心裡的騎士太過強悍，韁繩扯得過緊，他連偶爾把繩子鬆開一點，讓動物小跑一下都不願意。坐騎與騎士必須要人馬一體，而那意味著我們做事必須三思而後行；狀況出現時，我們必須絞盡腦汁去進行思慮，然後才好做成決定。唯一旦做成決定，我們就必須要鬆開韁繩，以果決的步伐與冒險的精神去衝刺。我們不該成為這股能量的奴隸，而應該透過疏導而使其為我們所用。這，就是理性的精髓所在。

舉個實例來說，你可以試著去在猜忌（騎士）與好奇心（馬匹）之間找到平衡。在這個模式裡，你質疑著自身的熱情，還有別人的熱情。別人不管怎麼解釋或提出什麼樣的證據，你都不會相信他們的一面之詞。你看的是他們做出來的結果，而不是他們對自身動機的說明。這麼做本身沒有大錯，但要是你做得太過火，你的心靈會徹底封鎖起來，對任何狂野的靈感說不，對令人興奮的賭注說不，也對好奇心本身說不。

聰明如你會想要保持赤子之心所內建的彈性，那種對什麼都充滿好奇的心情，但又在同一時間用寸土不讓的硬頸去一一確認所有的想法與信念。這兩種心情可以共存，事實上，這是所有天才都擁有的一種平衡。

跟理性談戀愛

有一個你必須知曉的重點，是不要覺得理性之路等同於痛楚、禁慾與苦行。相反地，理性可以為你帶來力量，讓你獲得無邊的樂趣與滿足。比起世俗所提供給我們那些瘋狂的享受，理性的樂趣要深刻不只些許。想再一次憶起那是什麼樣的心境，你可以回想自己沉迷在某項工作裡的情形：時間過得飛快、你會時不時因為有了什麼新發現或進展而腎上腺素大量分泌。但理性能帶來的樂趣不只如此。能把情緒自我馴服下來，代表你可以獲得徹底冷靜並把事情看得十分清晰。在這樣的心境裡，你將不那麼被無關緊要的小恩小怨所煩心，你的行為會更有效率，而效率會讓你減少很多麻煩。進入自己的內心來當家作主，會讓你得到極大的滿足，你將會開展出更大的心靈空間供創意揮灑。你會更感覺方向盤在自己手裡。

知道了這一切，你會更有辦法去激勵自己發展出這種能力。在這層意義上，你會踏上追隨伯里克利的道路。他願景中的女神雅典娜代表著理性所內含的所有能力。他崇拜並熱愛這位女神，甚過愛其他的任何神祇。現代人敬拜雅典娜，似乎已經不太合時宜，但我們還是可以鎖定現世所有理性的代表人物，發自內心地去效法他們，然後盡可能將這些典範的能力內化到我們心裡。

「相信自己的感覺！」但感覺既非最終，也非原創的答案；在感覺的身後站著的，還有化身為……傾向與反感，而由我們所承繼的各種判斷與評價……。誕生於某種感覺的靈感，是主觀判斷的孫兒——而且那還常常是錯誤的主觀判斷！——而且話說到底，這後人不會是你的親生骨肉！要信得過某種的感覺——意味著你要服從自己的祖父與祖母，乃至於祖父祖母的祖父母，而寧可捨棄我們內心都有的神祇：我們的理性與經歷。

——尼采

〈第二章〉

化自戀爲同理

自戀的法則

我們都很自然地會擁有一種極為獨特的工具，這工具能幫助我們與他人產生連結，並取得一種社交能力——同理心。只要好好培養並妥善運用，這種能力會有助於我們望穿他人的情緒與心靈，讓我們有能力預期他人的行動並溫柔地降低他們的抗拒心理。只不過這種利器，會被我們習慣性的自我關注弄鈍。沒有人不自戀，自戀在眾人身上只有光譜深淺的差別。我們活在人世間的任務，就是要與這種自戀面對面，然後學著讓敏銳的注意力朝外而不要朝內，讓我們從死盯著自己轉為面向世界。我們必須在某個點上，確認出人群中有哪些有害的自戀者，以免他們編造的戲碼會像網子一樣纏住我們的步伐，或讓我們的內心被他們的酸葡萄給腐蝕到。

自戀的光譜

從呱呱墜地的那一瞬間起，他人的注意就是我們身而為人的一種需求。我們一直到骨子裡，都是社會的動物。我們的生存與幸福快樂，都取決於我們與他人建立的連結。別人不注意我們，我們就無法在任何層次上與他們建立連結。這當中有些連結的需求，純粹是生理上的，我們必須仰賴他人看我們的眼光，才能有活著的感覺。長時間離群索居的人會告訴我們，少了眼神接觸會讓人開始懷疑起自身的存在，並開始陷入深度的抑鬱。但這種需求也是有心理上的：**透過來自旁人具有品質的關注，我們會感覺被承認、被肯定。我們的自我價值，就是靠著這種關注來獲得**。事實上，由於旁人的關注對人類這種動物來講，有著極高的重要性，因此不乏有人會無所不用其極，不擇手段地去爭取注意，為此他們甚至不惜走上犯罪或自戕之路。探頭到幾乎任何一種行動的背後，你都可以看到其主要動機就是這種需求。

然而，為了滿足對關注的渴望，我們會面臨到一個避不開的問題：注意力的存量是有上限的，不可能讓所有人吃到飽。在原生家庭裡，我們必須與兄弟姊妹競逐父母的關注；上了學，我們得與同學爭奪老師的關愛；出了社會，我們得在同事之間爭取曝光的機會。我們覺得獲得注意與肯定的瞬間稍縱即逝。旁人一般不會太關注我們的死活，畢竟每個人都有自己的生活要過，更別說對我們有敵意或不禮貌的人，一樣到處都有。遇到心理上覺得孤單的時候，甚至感覺被世界拋棄的時候，我們該如何因應或自處呢？我們可以加倍努力來爭取別人的注意，但這有可能讓我們窮盡力量，結果卻得到一堆反效果——動作太大會讓人覺得你很飢渴，進而讓你想接觸的人覺得反感。沒有人可以每一分每一秒都獲得他人源源不絕的肯定，但我們就是會有這種不切實際的渴望。

自幼年起面臨這種難題之後，我們多數人會想出一個效果不錯的解決之道：我們會創造出一個自我，一個有著我們的形象，然後不斷從內心給予自己安慰與肯定的自我。這種自我的組成，包含我們的品味、對事物的解讀、我們的世界觀，以及價值觀。在建構這種自我形象的時候，我們會傾向於放大自身的優點，然後為自己的缺點找理由。這種隱惡揚善原本無可厚非，但也不能做得太過火。做得太過，我們的自我形象會與現實悖離太多，屆時萬一被旁人戳破，我們就會開始自我懷疑。反之，這策略如果做得恰到好處，我們最終就能獲得一個可以珍愛的自我。我們的能量會轉而朝內。我們會變成自己注意力的中心。等哪天不可避免地無人聞問的時候，我們就可以退到這種自我空間裡尋求慰藉。如果我們自我懷疑、陷入憂鬱的時候，我們的自戀之情就會將我們抬起，讓我們體驗到價值感，甚至是優越感。**這種自我形象的運作就像恆溫器，它可以調節我們的自我懷疑與不安全感。由此我們便不再需要完全仰賴「進口」來獲得所需的注意力與認可，因為我們有了自尊。**

這種說法，聽起來可能有點怪，但我們普遍會把這種自尊視為理所當然，就跟我們呼吸的空氣一樣。自尊的運作，大致是在無意識的狀態下進行。我們不會察覺到這種恆溫器的存在與作動。想確認這種恆溫功能的存在，我們可以反過來去觀察那些因為欠缺調節，因而自我意識無法保持一致的個體，我們姑且稱之為「深度自戀者」。

要建立起一個我們可以保有與珍視的自我形象，其發展的關鍵期在於兩歲到五歲之間。在漸漸脫離母親的過程裡，我們面對到的是一個欲望無法在其中獲得即時滿足的世界。我們還會在此時注意到自己一方面孤獨一個人，一方面又必須依賴父母親生存。在這樣的處境裡，我們感到最佳解就是認同父母親的優點——他們展現出的力量、他們撫慰我們的能力——然後將這些特質融入自己的組成當中。若是父母親對我們初嘗獨立的努力予以肯定，或是我們想要變強的需求與某些個人特質獲得了他們的認可，那我們的自我形象就會自此生根，這就會成為我們日後慢慢累積自尊的基礎。深度自戀者在這個幼年階段有銳利的斷層，由此他們從未真正建立出一體成形且符合實際的自我感覺。

他們的母親（或父親）可能本身就是深度的自戀者，因此眼裡只有自己而沒有孩子。這樣的爸媽自然不可能去鼓勵孩子及早嘗試自立。

又或許這些爸媽可能是結網者 (enmeshers) ——過度涉入孩子的人生，用過多的關注令其窒息，讓孩子與外界的通道封閉。甚至他們會喧賓奪主，把孩子的成長與人生當成證明自身價值的工具。這些父母不給孩子空間去建立自我。在幾近所有自戀者的背景處，我們都可以發現放生孩子的父母或什麼都要摻一腳的父母，正所謂過猶不及。結果就是有朝一日這些孩子大了，他們心中會沒有自我可以當成退路，他們會沒有可以培養自尊心的基礎。他們得完全仰賴外來的關注，才能覺得有活下去的動力與價值。

在兒童時期，若自戀者的個性偏於外向，那他們的日子過得不會太差，甚至看起來還會有點如魚得水。他們會去到哪兒都成為矚目的焦點，大人的關注會成為他們的囊中物。他們給人的印象會是充滿朝氣，對人事物也總顯得興致勃勃。作為一個孩子，這樣的特質會讓人覺得小時了了，長大成人後應該也能在社交上非常活躍。但在這樣的表層底下，他們其實正非常嚴重地染上了關注的毒癮，他們正不斷刺激外界的注意，來讓自己感覺到完整而有價值。若這類自戀的孩子是內向者，那他們會退縮到幻想的人生裡，想像著自己是高人一等。但由於這樣不切實際的自我形象得不到外界的認同，因此他們會開始出現嚴重自我懷疑或甚至自我鄙夷的症狀。他們不是高高在上的天神，就是在土裡不見天日的蟲子。因為欠缺有一致性的核心，因此他們可以想像自己是任何東西。他們會不斷試穿新的個性，而每種個性都會搭配一組不一樣的幻想世界。

深度自戀者的噩夢，會在二十幾與三十幾歲的時期來臨。他們錯過了內建調節器的黃金時期，也因此沒有一個具穩定性的自我能夠供他們自愛與依賴。外向者必須持續地吸引注意力來維繫生命力與價值感。他們的行為舉止會變得非常戲劇化，非常愛演、非常愛現，非常愛小題大作。這種模式會讓人覺得厭煩，甚至讓人覺得可悲。他們必須每隔一段時間就換朋友、換場景，因為新觀眾才會對他們有新鮮感。內向者在成年後會在幻想中愈陷愈深。這些人不善社交但又散發出高人一等的氣場，使得他們一方面很難與人拉近距離，一方面身為孤鳥的危險又會變本加厲。不論是內向或外向者，麻藥與酒精或任何有成癮性的物質都可能成為他們生活中不可或缺的枴杖。少了這些東西，他們免不了會因為自我懷疑與抑鬱而煩躁到寸步難行。

要辨識出深度自戀者，你可以參照以下的行為模式來進行判斷：一旦遭到侮辱或挑戰，他們會毫無抵禦，他們會沒有內在的機制去舒緩心情或確認自我價值。他們普遍的反應會是暴怒、充滿復仇之心，還會覺得正義站在自己這一方而義憤填膺。他們只知道這麼一種辦法來緩解內心的不安全感。面對這樣的對戰，他們會定位自己是遍體鱗傷的受害者，藉此來混淆視聽或甚至獲取同情。他們會把全身的刺都豎起，一點小事都有超大的反應，因為任何發言都會被認定是對他們的人身攻擊。他們會儼然四面受敵，動輒以受迫害者自居。他們的臉上，會顯露出不耐煩或漠然的表情，即便你提起的是跟他們似乎八竿子打不著的事情。他們會把事情往自個兒身上攬，會一秒也不浪費地讓話題變得跟他們有關，包括用大小故事來聲東擊西，藉此掩蓋自己內心的不安全感。看到別人把他們理應享受的注意力奪走，這些人不意外地會醋勁大發。他們時不時會展現出極度的自信，因為這有助於他們獲得關注，而且還可以順便掩人耳目，讓他們赤裸裸的內心空虛與支離破碎的自我意識不那麼容易被人看見。但要是這種自信遇到試煉的時候，你最好躲遠一點。

說起生命中的其他人，深度自戀者所維持的特殊關係會令人大開眼界。他們傾向於把旁人視為自己的延伸，也就是把別人當成「自我客體」（self-object）。旁人於他就如同工具，只是為了讓他能夠獲得關注與肯定而存在。自戀者的心態是想控制這些人，就像他們控制自己的手腳一樣。在一段關係裡，自戀者會慢慢地要伴侶與朋友疏遠，免得有人來和他們競逐伴侶的注意力。

某些天才型的深度自戀者（後頭有這類人的故事）能從工作中尋獲救贖。這些人能透過工作來導引、轉移自身的精力，並藉由相關成就來獲致其渴望的光環，只不過此法還是不足以讓他們擺脫喜怒無常跟欠缺定性的宿命。何況對多數的深度自戀者而言，想把關注放在工作上談何容易。因為欠缺具有恆溫調節功能的自尊心，自戀者往往會踩不住煞車地擔心別人怎麼看待自己，而這就會讓他們無法長時間讓注意力朝外，也無法長時間應付伴隨工作而來的煩躁與焦慮。這種人因此會相當頻繁地更換工作，甚至轉換跑道。這會變成壓倒他們的最後一根稻草——因為滾石不生苔，他們將無法累積工作上的成就來獲致真切的肯定，這也代表他們將永遠只能靠譁眾取寵來激發他人的關注。

跟深度自戀者相處，可以是一件很煩人、很有挫折感的事情；甚至於我們靠得太近，他們也可能存在某種危險性。他們會將我們捲入其歹戲拖棚的人生裡，讓我們要是沒有持續更新就得懷著愧疚之心。跟他們當朋友是一件非常令人沮喪的事情，他們的表現永遠不會讓你滿意；而要是跟這種人談感情甚至走入婚姻，那後果更是非常致命。到了最後，每件事情都得繞著他們轉，都得以他們為中心。**針對這種人最好的解決之道，就是打開雷達的天線，一發現他們的蹤跡就閃遠一點。**

不過同樣是深度自戀者，有一個亞種會比其他的自戀者更加危險，原因是這個分支有大權在握——沒錯，他們就是自戀的領導者（這類人存在已經很久了。《聖經》裡，大衛王之子押沙龍〔Absalom〕或許就是第一個登記在案的例子，但其實這種人在古代文學中所在多有，隨便提幾個就有雅典政治家阿爾西比亞德斯〔Alcibiades〕、古羅馬的雄辯家西塞羅，還有暴君尼祿〔Emperor Nero〕）。幾乎每一個獨裁型或暴君型的企業執行長，都可歸入這個類別。他們普遍比一般庸庸碌碌的自戀者更具野心，而且一段時間內會把這種精力灌注在工作上。但由於內心充滿了從自戀生出的自信，他們會匯集眾人的矚目與追隨。他們行人所不敢行，言人所不敢言，所以你會敬佩他們，覺得他們表裡如一的感受油然而生。他們或許對某樣創新的產品懷有願景，而因為如太陽般輻射著信心，他們也不難找到人協助他們完成夢想。說起利用人，他們很專門。

這要是讓他們成功了，其周邊就會匯聚一股可怕的動能——更多人會被吸引到他們的麾下，而這又會反過來讓他們不可一世地宛若君臨天下。要是哪個不長眼的敢挑戰他，那他們會毫不猶豫地換檔進入自戀的憤怒模式。他們在如針戳氣球一般敏感之餘也很熱中興風作浪，然後用解決自己製造的問題來證明自己的領導十分正當。製造問題跟處理問題，對他們來講都是舞台。只要有他們在，職場想平靜無波就是癡人說夢。

他們有時候會選擇創業，畢竟他們有企業家需要的魅力與能力，足以吸引人簇擁過來。創意也常是他們的強項。但對許多這類領導者型的自戀者而言，最終其內在的不安與混亂還是會反映在他們帶領的公司或團體上。在企業經營上，他們同樣無法鍛造出一個具有脈絡的結構或組織，每件事情、每個流程，都必須通過他們，所有的人事物，都是他們的「自我客體」，都必須由他們一手掌控。他們會宣稱這是一種美德——就像他們被認為坦誠與自然一樣——但其實無法專心、無法扎扎實實地做出成績來，才是他們的真面目。這些人有一種自毀傾向，他們親手堆疊出來的成果，也往往會在他們的手裡毀於一旦。

我們可以想像自戀是一種衡量「眼裡只有自己」到什麼程度的光譜，就像是一把尺，上頭有高低不同的刻度。這把量尺在某個特定深度，比方說在刻度中點以下的某個地方，就代表進入了自戀的領域。一旦人抵達這個深度，就不太可能靠一己之力脫困了，畢竟他們欠缺所需要的自尊。深度的自戀者會變成注意力只進不出的黑洞，眼裡除了自己以外再無他人，這樣的個體會常處於定義自戀的刻度以下。即便某個瞬間他們與人產生了交流，某個無心的評語或動作也會觸發他們的不安全感，讓他們剛爬出來又馬上萬劫不復。**基本上他們大部分人只會隨著時間過去，而在自身的泥淖中不斷沉淪。旁人只是供他們利用的工具，現實只是他們心理需求的倒影，唯有不間斷的眾星拱月才能讓他們好好活下去。**

在前述的中點分隔線以上，是我們所謂的「運作無礙型自戀者」（functional narcissist），這包括我們大多數人。我們每個人都很自我中心，但這不代表會深陷於自我的陷阱裡，主要是我們有個可一以貫之的自我意識去依靠，去自愛（這說來也挺諷刺的，因為自戀其實不等於自愛，自戀者其實才最不懂得什麼叫做自愛，他們根本沒有建構出一個穩定的自我供自己去愛。換句話說，**無法自愛正好是自戀者的問題本源所在**)。擁有穩定的自我，我們的內心就有了韌性。我們也會有陷入深度自戀的時刻，也會有在深水區的標竿上下擺盪的日子，特別是人生遇到憂鬱或面臨挑戰的低潮期，但最終我們還是能振作起來。**運作無礙型的自戀者不會常時處於沒有安全感或受傷的狀態，也不會一直想要把別人的注意力勾過來，因為他們有選擇，他們可以讓注意力轉而朝外，可以聚焦在工作上努力打拼，也可以嘗試與人建立關係。**

你的人性課題

身為人性的學生，我們的任務可以一分為三。**首先，我們必須徹底弄懂深度自戀（者）的現象。**雖然他們在人群中並非多數，但幾個他們這樣的人，就可以對世界施加不成比例的超限傷害。我們必須能夠辨別出哪些是想要興風作浪並把我們變成道具來利用的有害個體。他們會用其獨特的氣場來誘惑我們，若我們落入他們的蛛網，想脫身可就得付出不小的代價。他們是反轉局勢的高手，手指頭動一動就能讓你倒過來感覺內疚。領導階層又是自戀者中最危險的一種，我們必須要能抗拒得了他們的引誘，看穿他們用創意妝點成的外表。知道如何與生命中的深度自戀者對弈，是對所有人而言都很重要的學習。

第二，我們必須誠實地面對自己的本性，不要自欺。沒有人能自外或倖免於自戀。在與人對話時，我們都會像要去趕集似地陳述自己的經驗、發表自己的意見。希望他人能跟我們有一樣的見解，好反映出我們的品味卓越。強勢可以是一件好事，只要那個強勢的人是我們自己，但看在比較溫良恭儉讓的其他人眼裡，這就會變成是一件很討人厭事情，他們會覺得人要懂得自省。奉承的好話人人愛聽，因為自戀就是人的天性。衛道人士或所謂正義魔人會劃清界線，對今日的自戀者大加撻伐，但往往他們才自戀到無以復加，他們一邊指著別人的鼻子罵得口沫橫飛，一邊覺得自己的聲音異常甜美。在自我沉溺的光譜上，每個人都有一席之地。創造一個我們可以愛惜的自己，有助於讓我們獲致健全的心理，我們不應該對此加以汙名。**少了發自內心的自尊，我們會陷入深度自戀。但要達成在「運作無礙型自戀」的基礎上更上一層樓的目標，我們首先必須對自己誠實**。不承認自己以自我為中心，不承認自己並沒有因為某種因素而替他人著想，我們就不可能讓自己脫胎換骨、改頭換面。

第三，也是最重要的一點，我們必須著手讓自己蛻變成健康的自戀者。健康的自戀者擁有強韌的自我意識。他們往往盤旋在自戀量尺的最上緣，他們受到傷害或羞辱有強大的自癒能力。他們不像別人需要那麼多的外部確認；他們會在人生的某個點上理解到自己既非萬能，也不完美。他們可以看著自己的瑕疵微笑，不會因為瑕不掩瑜的一點點毛病而錙銖必較，也不會覺得別人故意踩他們的痛腳。這是因為他們已經能擁抱完整的自己，由此他們的自戀／自愛方式既不會好高騖遠，也不會像吃自助餐那樣挑著去愛。從這樣強大的內心出發，他們便能更常也更輕鬆地讓注意力的準星朝外。而所謂朝外，還可以細分為兩個他們有時可兼顧的方向。**第一，他們可以專注熱情在工作上，由此成為優秀的藝術家、創作者或投資人**。且工作專心代表他們在各種嘗試上有較高的勝率，而勝利又能為他們帶來內心所需的注意與肯定，一個良性循環於焉展開。他們也會有不相信自己、不滿意自己的時候，尤其藝術家更是眾所周知的玻璃心，但工作會成為他們的防波堤。有了工作這個洩壓閥，他們就不用擔心過度自戀的症狀爆發。

第二，健康的自戀者可以把朝外的注意力導向人，進而培養出名喚同理心的力量。你可以想像同理心位於自戀量尺中最高階，乃至於高到尺量不到的地方——那代表你已經忘我，已經將全副注意力都放在他人身上。出於本性，人亦有極大的潛能可以由內而外地去理解旁人。在人生階段的早期，我們會經歷所謂的母子連心，無須言語，我們也可以察覺或讀取母親的每一道情緒。且不同於其他的動物或靈長類，人類寶寶有能力將這種連結從母子之間拓展到其他照顧我們的人，以及我們周遭的其他人。

直到長大成人，我們都還可以在與摯友、配偶、伴侶的相處中感受到這種切身的同理心。此外，我們還有一種天生的能力是可以從別人的視角來看事情，可以透過思考去潛入別人的大腦。這些個能力會像休眠火山般沒被喚醒，是因為我們都只關心自己。但從二十幾歲起，比較有自信之後，我們就有條件可以將注意力導向外界、導向其他人類，並藉此來重拾上述的力量。能操持同理心的個體，也往往能在文科或理科領域中成為卓越的人際觀察者，成為心理治療師，甚至更上層樓成為身居廟堂的領導者。

這種同理心的開發，對現代人一天比一天重要。不一而足的研究顯示年輕人眼裡只有自己的情形，包括自戀，從一九七〇年代以來便穩定攀升，尤其二〇〇〇年以來更是顯著加速。至於其成因，應該有不小的比重可以歸咎給科技與網路。事實是現代人的當面互動少了，線上社交多了，而這一消一長之間，就造成了同理心的發育不良與社交技能的鏽蝕生疏。**同理心也是一種技能，所以其獲得也跟其他技能一樣需要專注的練習。如果你老是無法專心，老是得一直去滑手機，那你就無法找到立足點，也無法增強對他人感受或視野的理解。**你會永遠把心思放在自個兒身上，永遠在社交互動上隔靴搔癢，也永遠無法與人心產生真正的碰撞。即便在群體裡，你也會等同形單影隻，因為你對人總是那麼現實；你不是真的想跟他們產生情感連結，你只是要他們來舒緩你的各種情結。

人腦的結構，就是為了因應持續性的社交互動；這些互動的複雜性，是人類智慧大幅增進的一項主因。與他人的互動少到一個程度，就會對腦部造成淨損，就會讓我們的社交肌群萎縮。更糟糕的是，我們的文化傾向於強調個人與個人權利的至高價值，傾向於鼓勵自我專注，由此愈來愈多人無法想像別人的看法竟會與己身不同。大家想要的東西不一樣，思考的方式一樣，光這兩點就會讓很多人腦袋爆炸。

你必須嘗試與這些發展反其道而行，並設法為同理心製造出能量。自戀光譜上的兩端，都有其獨樹一幟的動能。深度自戀者傾向於讓你愈陷愈深，你與現實的連結會遭到弱化，你會愈來愈無法在工作與人際關係上有所進展。相較之下，同理心的效果恰恰相反。隨著你日益將注意力翻轉朝外，正面的回饋也會紛至沓來。大家會在你的身邊流連徘徊。你會鍛鍊出屬於自己的同理心肌群；你在工作上會更拿得出成績。由此無須刻意使力，你便能得到是人都夢寐以求的目光鎖定。同理心會以一己之力創造出向上提升的正面動能。

以下介紹四位新朋友給大家認識，它們是構成同理心技能組合的四騎士。

同理心四騎士

同理的態度

同理心在骨子裡，是一種心理狀態，是一種與人產生關聯的另類選項。對你而言最危險的一件事情，就是你想當然耳地以為自己真的對人很理解，所以你可以妄下定論將人分門別類。相對於此，你該有的態度是假設自己一無所知，假設自己有天生的偏見會影響你對人的正確判決。你周遭的人群會戴上精挑細選的面具，而你會誤把看到的面具當真。放下你的輕率，不要一秒決斷，敞開胸懷，對人要用嶄新的光線與角度去看待。不要自顧自地認為別人就得跟你的想法如出一轍，跟你有共同的價值。遇到每一個人，都要像是踏入新的國境，你要用小心翼翼，如履薄冰地去摸索其內心的化學成分，基本上你要抱著準備被嚇一跳的心情入境，相信會比較得宜。這種彈性與開放的心情，感覺近似於創意——對任何的可能性與選項都不預設任何前提。事實上，**開發你的同理心，也確實可以順便讓你的創意升級**。

要如此這般去進行態度的改造，你最好的起點就是每天都得進行的無數對話。若你平日確實都很常有股衝動想要開口表達意見，那現在請你反其道而行，試著去聆聽對方的看法。為此你應把好奇心調到最大，把滔滔不絕的內心獨白盡可能砍掉，然後心無旁騖地聽取對方的一字一句。**聆聽的品質在此非常要緊，只有高品質的聆聽過程可以讓你最終有能力回應對方說出的東西，或是沒說出口但你感覺得到存在的東西。這種回應，會讓對方感覺非常有吸引力。**

作為新態度的一環，你要給別人跟你給自己一樣的寵溺。比方說，我們都會本能地做出以下的事情：犯了錯，會說這是環境造成，自己是不得已的；但若別人犯了同樣的錯，會覺得那是他們的個性不好或心態有缺陷，正所謂人品差，牌品自然差。而這就是所謂的歸因偏誤（attribution bias）。你必須與此奮戰。憑藉同理的態度，你可以先思慮一下是什麼環境因素造成了某人做出某事，你怎麼幫自己開脫，就怎麼替對方開脫，無罪推定在這裡非常好用。

最後，要獲致這種新態度，你得接受自己究竟是自戀還是自愛的品質檢驗。若你覺得自己實在是高人一等，別人在你面前都很低級，或者你內心被各種不安全感的魔爪給抓得緊緊的，那你的同理或對別人的關心，就會流於表面與膚淺。你需要的，是對自身性格的全盤接納，包括你的缺陷，你都要在能看清之餘發自內心去感激與欣喜。你不完美，你不是天使，你有所有人都有的人性。秉持這種態度的你將能自嘲，也能夠讓瑣事不沾染你的衣袖。有堅強的內心與韌性作為你的後盾，你將能更順利地把注意力向外發射出去。

發自肺腑的感性同理心

同理心是一種調整情感頻率來接受訊息的工具。我們或許無法「閱人有術」地得知別人到底在想些什麼，但他們流露出的心情高低起伏是騙不了人的。是人，都有擷取他人情緒表徵的能力。人我之間的物理邊界，其實並不如我們以為的是道密不透風的結界。別人影響我們的情緒，是一天到晚都在發生的事情。**你現在得學著去做的，就是要把人類這**

種生理性的情緒反應，轉換成可用的知識。仔細去注意別人的情緒，具體而言就是要去觀察他們的肢體語言與說話口氣。說話的時候，他們會有一種代表感覺的語氣，要麼跟說話的內容同步，要麼不同步。這個語氣可能代表著信心、猶疑、防衛心、傲慢、挫折感、喜不自勝裡的其中一樣，並會具體展現在言者的音色、手勢與姿態裡。**每一回與人交手，你都必須要在觀察時把語氣的重要性放在字句之上**。**在聽其言之前，你必須要先觀其行，包括他們的身形與語氣，這些東西才會真正打動你的五臟六腑，讓你產生具體的生理反應**。比方說他們散放出來的自保氣場，也會觸動你這邊同等的警鈴大響。

你應該當成目標重點去釐清的，是對方的*意圖*。但凡意圖，其背後幾乎都有對應的情緒，而除了聽其言，你也應該觀其行，也就是試著把天線調整到他們的頻率，進而理解他們想要的是什麼東西，只要你有在注意觀察，那他們心中的意圖也會具體反應在你的生理徵象上。比方說，你的一個熟人突然對你的生活產生了興趣，對你一反常態地極為關心。這是他發自內心地覺得你有趣，想要認識你？還是想要聲東擊西地讓你鬆懈，藉此來利用你呢？他們的甜言蜜語不該是你主要的線索來源，你真正該去琢磨的是他們輻射出來的*整體觀感*。他們有沒有認真聽你說話？他們有沒有保持與你的眼神接觸？你會不會感覺他們表面上在聽你說話，但實際上他們的心思仍在自個兒身上？結論是：你若突然成為某人關心的對象，但事前有沒有任何說得通的徵象，那他們多半對你有所求，或是想要利用你、操弄你。

這種同理心在很大的程度上，得依賴鏡像神經元——這種我們看到某人做了某件事時，會在大腦裡點火啟動的神經元。看到某人拾起一樣東西，鏡像神經元會讓我們感覺好像是自己撿起了這樣東西。這會讓我們進入到別人的立場中，感受到他們的感受。研究顯示在同理心測驗裡得到高分的人，普遍也都很善於模仿別人。遇到有人微笑或因為痛苦而瑟縮，這些高分者會無意識地模仿對方的表情，進而從中感受到旁人的感受。看到有人微笑或心情好，我們往往會感受到所謂的感染力。而你也可以主動使用這種能力去進入他人的情緒，包括你可以硬碰硬地模仿他們的臉部表情，或是可以召喚出過去曾經挑動起你類似情緒的經驗。在亞歷克斯・哈利（Alex Haley）開始書寫《根：一個美國家庭的傳奇》（*Roots*）之前，他曾經在黑暗的船裡待了一段時間，藉此來重現黑奴必然曾經歷過的幽閉恐懼。就是這種發自肺腑的感受與連結，讓他用一支筆躍上國際，寫出了舉世聞名的作品。

同樣的道理，**在任何一個層次上去鏡射別人的心情都可以帶出同理的反應**。這可以是生理上的反應，也就是所謂的「變色龍效應」（chameleon effect）。在對話中產生生理與情緒連結的兩人，會傾向於模仿彼此的手勢與姿勢，比方說翹腳就是一例。在某個程度上，你可以有意識地去誘發這種連結，你可以故意模仿某人。同樣地，**你可以在聆聽人說話的時候點頭並帶著笑臉，這都有助於加深彼此的連結**。更進一步，你可以進入對方的精神層面。你可以深度吸收他們的心情，然後將之反射回給他們，藉此創造出一種相濡以沫的感覺。大家在日常生活中，都會祕密地渴望這種情感上的奧援，主要是這種支援真的很少見。**這種支援能讓對方感覺被催眠，你將能像一片鏡子一樣滿足他們最深的自戀**。

在操使這種同理心的瞬間，請記得保持一個程度的距離，不要整個被另外一個人的情緒捲進去。整個捲進去，你就會無法客觀地分析你接收到的非語言訊息，進而讓你陷入不健康的失控狀態。再者，這件事做得太過火或太明顯，會讓人覺得你有點變態。點頭、微笑、反彈對方的情緒等，要在特定的時刻為之，而且要盡可能自然，不要讓人覺得突兀。

分析產生的理性同理心

你之所以能深刻地了解你的朋友或伴侶，是因為你掌握了很多關於他們品味、價值與家庭背景的資訊。大家應該都有過一種經驗是，你以為自己知道某人是個什麼樣的人，但假以時日，你會發現自己不得不根據新增的資訊來做出調整。所以生理性的同理心固然效能強大，但我們還是需要用分析性的同理心去予以補足。這種技巧，在有一種時候特別好用，那就是當遇到我們覺得抗拒，或覺得難以認同的人之時——這種抗拒或不認同，可能是出於他們與我們是很不一樣的人，也可能是因為他們身上的某個特點讓我們排斥。這種人可以想見，很容易成為被我們看不慣或貼標籤的對象。當然在這些人裡面，有一部分不值得我們如此大費周章，那就是無可救藥的蠢蛋或是史詩級的變態。但對多數給人感覺像是謎團的人而言，我們應該視之為良性的挑戰，藉此來磨練我們的識人之明。就像亞伯拉罕 ・ 林肯說的，「那個人我不喜歡，看來我得再多認識他一點。」

分析式的同理心主要來自於對談，來自於資訊的蒐集，這些東西都有助於你進入旁人的內心。資訊的價值有高低之分。比方說，你會想要嘗試讀取對方的價值觀，而價值觀往往是一個人的早年建立的。人會發展出他們認為什麼叫做強大、什麼叫做敏感、什麼叫做慷慨、什麼又叫做孱弱的概念，經常以他們的雙親或親子關係為本。一名女性會認為哭泣的男人很敏感而受其吸引，而另外一名女性則可能覺得男人哭代表軟弱而覺得排斥。不了解人在這個層次上的價值觀，或是恣意將自身的價值觀投射出去，你就有可能誤讀對方的反應而徒增兩造之間不必要的衝突。

因此你的目標，就是要盡可能蒐集到對方早年的資訊，包括他們與雙親、手足之間的互動關係。**別忘了他們目前與家人之間的關係，往往在很大程度上反映了他們的過去。試著判讀他們對權威角色的反應，這一點將有助於你判斷他們的個性是偏向叛逆還是偏向順服。他們選擇另一半的品味也很具有指標性。**

若一個人看起來口風很緊，你可以嘗試問一下開放性的問題，或是你可以率先坦承某些事情來破題，藉此來換取對方認為你值得相信。整體而言，人都喜歡講自己跟自己的過去，而要他們開金口並不會太困難。你需要尋找的是他們的引爆點（見第一章〈你的情緒，由你做主〉），因為引爆點象徵他們最敏感的地方。若他們出身另外一種文化，那你就一定要去了解這種存在於他們經驗中的異國文化。你的目標基本上，就是要找出他們哪裡特別，你要去看的是跟你自己，乃至於跟你其他的熟人相比，這個人到底有哪些地方不一樣。

同理心的技巧

想讓同理心長出來，需要一個過程，這一點就跟其他每件事情一樣，都不可能一蹴可及。為了確實讓自己看人的深度與準度能夠精進，你需要回饋，而回饋可以分成兩種類型：直接與間接。直接的回饋，來自於你當面去問對方的想法與感受，這是一種直接「找老師對答案」的概念。只不過這種直接對質的做法必須要謹慎行事，而且必須要有一定的互信作為基礎。但要是可行，則這種回饋的準確性與參考性甚高。此外就是有間接的回饋，你會感覺到雙方的關係拉近了，而你的某些人際技巧也發揮了作用。

要磨練這門技藝，有幾件事情要牢記在心：你愈是與人面對面地互動，鍛鍊的效果就愈好。你接觸的人愈是五花八門、三教九流，你的八仙過海之道也會日漸增多。另外，你要保持一種流動的彈性。你對於人的看法不該僵化而形成一種判決定讞。在與人接觸時你要把天線打開，注意對方如何在對話過程中所有變化，乃至於你對對方產生什麼樣的影響。要保持對當下處境的活性，嘗試觀察對方與在場的其他人如何互動——同一個人在與不同人互動時，往往會呈現出非常不同的面貌。你該避免的是將對方歸類，並且要去感受他在你內心召喚出，會不斷變化的心情調性。漸漸地因為熟能生巧，你會愈來愈能看出關乎對方心理狀態的蛛絲馬跡，這代表有更多小地方會逃不過你的眼睛。你可以持續地混用發自內心與透過分析產生的同理心，來達到最好的效果。

看著自己的練習帶來進步，你會更有衝勁去鑽研這門功夫。整體而言，你會因為這方面的努力而覺得人生過得更加順遂，主要是不必要的衝突與誤解都可以避免。

> 人性最深刻的法則，就是對被肯定的飢渴。
>
> ——威廉·詹姆斯（William James）

自戀型人格的四種類型和實例

一、徹底控制型的自戀者

多數人第一眼見到初以蘇聯總理之姿掌權的喬瑟夫·史達林（Joseph Stalin, 1879-1953），印象都是其出奇充滿魅力。雖然他手下的部長多數都比他年輕，但史達林都鼓勵他們用俄文中常體的「你」，而不用敬體的「您」來稱呼自己。他讓自己即便面對年輕資淺的政府官員，都顯得一點架子都沒有。他聽你說話的時候，是那麼的專注與興致勃勃，其熾熱的眼神就像要把你的衣服脫掉一樣。你最深的想法與疑惑，他都不會有所遺漏。但他最大的特色，還是能讓你感覺自己很重要，讓你感覺自己是其革命核心的圈內人。他會跟你勾肩搭背，摟著你踏出他的辦公室，讓會議總是用很感性的調性收尾。有名年輕人曾寫道說，凡是跟史達林見過一面的人，都會「很期待與他重逢」，理由是「他營造出了一種兩人羈絆會延續到永遠的感覺」。有時候他會耍一點小孤僻，而這會讓他的粉絲們抓狂。然後這種情緒會過去，大夥又會再沐浴在他溫情的照耀下。

他的魅力，有一部分來自於他以一己之力代表著革命。他是來自群眾、屬於群眾的領導者，有點粗獷、有點不拘小節，但也是個基層俄羅斯人都能夠認同的領袖。更重要的是，史達林還時不時相當風趣。他熱愛歌唱，也能說接地氣的笑話。身懷這些特質，也難怪史達林能慢慢聚斂權力，徹底掌握蘇聯這台國家機器。唯隨著時間一年年過去，他的權力日漸登頂，史達林的另外一面也慢慢穿過了縫隙。表面上的友善，並不如看上去那麼單純無害。而在圍繞著史達林打轉的核心裡，謝爾蓋·

基洛夫（Sergey Kirov）或許便是第一個顯示事情有異的案例。基洛夫身為蘇聯政治局的有力成員，更在史達林髮妻於一九三二年自殺後成為史達林最親近的友人與無話不談的傾訴對象。

基洛夫是個熱血但性子有點單純的傢伙，很能交朋友，也很善於安慰史達林。但問題就在基洛夫的人緣好像慢慢有點好得過頭了。一九三四年，幾名地方上的幹部找上了他，對他提出了一種可能性：他們厭倦了史達林對小農階級的粗暴對待，所以打算煽動政變，並屬意由基洛夫來接任總理的職位。基洛夫不受誘惑，反而忠心耿耿地把事情一五一十稟告了史達林。史達林表面上對他感激的不得了，但兩人之間從此就有了疙瘩，雙方的關係呈現前所未見的急凍。

什麼叫做陷自己於不義，這會兒的基洛夫也已了然於胸，他讓史達林知道了自己其實不如自己以為的那麼受歡迎，而且還有一個人在一旁與他形成對比。基洛夫知道自己身處險境，於是便使出了渾身解數來安撫史達林。在公開出席的場合裡，基洛夫會刻意地言必稱史達林；他會在臉上更顯露出對領袖的孺慕之情。但這種種用來輸誠的言行，卻只是加深了史達林的猜忌，基洛夫的表現在他看來只是欲蓋彌彰。一瞬間，基洛夫想起了他曾經拿史達林開過的玩笑。曾經那些玩笑是兩人關係匪淺的代表，但史達林現在想起那些笑話還吞得下去嗎？基洛夫覺得自己給自己挖了一個洞，而且好像不太可能爬得出來。

就這樣在一九三四年的十二月，基洛夫在他的辦公室外遭到一名獨自行動的槍手行刺。雖然沒有人可以證明史達林涉案，但此舉出於他的默許是不爭的事實。而也在基洛夫遇刺後的若干年中，史達林身邊的密友一個個遭逮，而這動能慢慢累積起來，也導向了一九三〇年代後期歷史上很著名的大肅清，期間喪生人數高達數十萬人。但凡史達林身邊被肅清行動鎖定的重要副手或幕僚，都逃不過被折磨逼供的命運。而且在事後，史達林還會讓用刑者轉述他原本天不怕地不怕的摯友們是如何求饒，自個兒聽得津津有味。聽說有人一把眼淚一把鼻涕地跪地求見史達林，希望能跟他當面認罪並讓大哥饒自己一命，史達林臉上露出了笑意。他似乎很樂於知悉朋友的尊嚴被踩在腳底。

史達林是怎麼了？是什麼改變了這位好好先生？在好朋友身邊，他依舊可以全心全意地與對方稱兄道弟，但只要一眨眼，他也能翻臉不認人，讓原本的朋友變成死囚。其他的異狀也慢慢浮現出來。表面上史達林虛懷若谷，是有著血肉之軀的無產階級化身。若是有人公開要拍他馬屁，他會顯得非常生氣——他會義正詞嚴地宣稱無人應該獨享這麼多光環。但也不知怎地，他的名諱與玉照變得隨處可見。《真理報》報導他的一舉一動，幾近將其神話。適逢閱兵，戰機會以分列式排出史達林的名字，在領袖的上空向其致敬。他否認與這種個人崇拜有任何牽扯，但也沒有以任何方式踩下煞車。

他愈來愈常以第三人稱自稱，就好像自己儼然已經是某種超脫肉身的革命力量，所以也因此絕對可靠、絕對正確。要是他不小心在演說中口誤，弄錯了某個字的發音，那他後頭的人也得全部跟著他一起念錯。「膽敢把發音念對，」他的一名下屬後來承認說，「史達林肯定會覺得我在糾正他。」而那等於是在自殺。

由於希特勒看來已經準備要入侵蘇聯，史達林於是開始監視備戰工作的每項細節。他開始成天斥責下屬辦事不力。「這麼多問題都得我一個人來處理……我真的是分身乏術而沒有人可以幫我。」他曾經如此抱怨。沒多久，他的將領們就發現自己陷於兩難：有話直說，史達林會覺得受辱；凡事按史達林的意思去做，史達林又會暴怒。「這樣養你們這些人要幹嘛？跟你們討論又要幹嘛？」他曾經對著一群將領破口大罵。「不管我說什麼，你們都只會回答『是，史達林同志；當然，史達林同志……非常睿智的決定，史達林同志』。」在備戰過程中因為覺得高處不勝寒而爆出的怒火當中，他開除了自己最得力，也最有經驗的一群將領。這下子他才真正是沒有人分憂解勞，什麼小事都得親力親為了。連刺刀的形狀與大小，都得由他決斷。

很快地對於在他手下辦事的人來說，判斷老闆好惡與喜怒的準頭已經是不能開玩笑的事情，因為猜錯的代價可能就是項上人頭。所以惹老闆不高興是大忌，因為他一不高興就更難預測。你跟他講話得直視他的眼睛，免得他覺得你心裡藏著什麼祕密。但你也不能直視太久，否則他會以為自己身上是不是有屎，否則你在瞧個什麼勁兒。總之伴君如伴虎，在史達林身邊就是一種動輒得咎，兩邊都是懸崖的感覺。聽他吩咐事情你得做筆記，但又不能記得太細，否則史達林也會起疑。有些人嗆他沒事，有些人嗆他被抓去關。或許八分聽話兩分嗆意才是剛好的比例。把史達林摸清成了一門為官者會互通有無的奧妙顯學。

受邀去史達林家吃晚飯，外加飯後看場電影，是大家視為畏途的事情。首先這是強迫中獎，受邀的人不能說不。尤其在戰後，這類的邀約更是日漸頻繁。表面上一切都跟往常一樣——大家都是革命的好兄弟，關係溫暖又親暱。但實際上這樣的活動根本凶險至極。在一輪又一輪的徹夜飲酒中（史達林喝的是特別稀釋過的酒水），史達林會兩眼緊盯著每一位高幹。他會灌這些下屬酒，目的就是要他們失去自制力。看著這些人如坐針氈地屁也不敢放一個，生怕自己多說一個字或手擺錯地方就得成為階下囚，史達林有一種說不出的快感。

晚宴的收尾有一個大魔王，那就是史達林會搬出留聲機，放些音樂，然後命令人隨之起舞。他會叫尼基塔・赫魯雪夫（Nikita Khrushchev），也就是日後的蘇聯總理，跳一曲烏克蘭傳統的高帕克舞（Gopak），那是一種要又蹲又踢，跳起來很累人的舞蹈。每跳一回，都會弄得赫魯雪夫反胃。至於其他人，則會被史達林叫去跳慢舞，他就愛看這些大男人像情侶一樣臉貼臉，那一幕會讓他笑到翻掉。一個人的失控可說莫此為甚：史達林化身為操偶師，安排著木偶的一舉一動。

大師解讀

喬瑟夫・史達林這一類人所象徵的謎團，在於深度自戀者何以能如此迷人而充滿魅力，並且透過其魅力去取得影響力？他們如何能一方面如此自我中心，一方面又與人產生連結？他們對人所施加的是什麼樣的魔法？這些個問題的答案，潛藏在他們的生涯早期，在他們還沒有染上迫害妄想，還沒有變得心狠手辣之前。

史達林之流普遍比一般的深度自戀者更懷抱野心，更具活力，也更容易有不安全感。而要安撫這些不安全感，並讓自己的野心得到滿足，唯一的辦法就是要從旁人身上取得超乎尋常的關注與認可，而這一點只能透過在政壇或商場上取得社會地位來換得。在人生的初期階段，這類人總能因緣際會地在這兩個領域中飛黃騰達。就跟多數的深度自戀者一樣，他們會對一丁點的貶低都非常敏感。他們會把天線打開去偵測旁人的感受與思緒，藉此判斷他們是不是有對自己的一絲不敬。但在某個點上，他們會發現這種敏感性也可以用來偵測旁人的欲望與罩門。敏銳過人的他們可以聚精會神地聆聽別人，可以模擬出同理心，**唯一的差別就在於在他們內心深處的動機，不是想要與人產生連結的需求，而是想要控制別人、操縱別人的需求。他們對你的傾聽與探索，是為了找到你的弱點來利用。**

他們的專注不全然是裝出來的，因為假的專注不會有任何效果。在事發的當下，當他們與你勾肩搭背的瞬間，這些人確實能感受到與你有一種水乳交融的同志情誼，但事後他們會設法透過控制與壓抑，使這種情誼不會開花結果成為任何真實或深層的東西。要是不這麼做，他們所冒的風險會是失去對自身情緒的控制，讓自己空門大開而可能受到情緒上的傷害。他們會先以關注與溫情的假象把你拉過來，然後再用定番的高冷形象來讓你愈陷愈深。*你說錯或做錯什麼事了嗎？你要如何才能重新獲得他們關愛的眼神？*這檔事他們可以做得非常有技巧，不需要大張旗鼓，厲害的人只消一個眼神，前後不到一兩秒，但你就會乖乖上鉤。善於撩漢的姑娘最會這一招，正所謂欲擒故縱，忽冷忽熱，你就會被弄得不要不要的。這再加上這類人高得出奇的自信心，一堆人被制約似地圈粉也是剛好而已。徹底控制型的自戀者會激發你想要與他們拉近距離的欲望，但又讓你不得其門而入。

這一切的一切，都圍繞著控制二字。他們控制你的情緒，控制你的反應。假以時日等他們權力到手了，他們就會憎恨起自己為何非得玩這個萬人迷的遊戲。自己為什麼得去關注別人？明明就應該是反過來才對啊。於是這時他們會無可避免地開始與老朋友反目，顯露出平時就已經呼之欲出的憎恨與嫉妒。他們會控制誰進誰出，誰生誰死。他們會創造出令人進退維谷、左支右絀的形勢，讓你不論怎麼說或怎麼做都不可能討其歡心。又或者他們會讓事情懸在半空中，然後用這種令人七上八下的感覺來折磨你，把你的情緒掐在他們手裡。

在某個點上，他們會成為吹毛求疵的「微管理者」——他們誰都信不過，所有人都會成為準機器人的存在，無法像人類一樣判斷事情，所以他們只好事必躬親。來到這種極端模式，這類人就等於啟動了自毀程序，因為任誰也不可能剝奪人類這種動物的自由意志。人再溫馴怯懦，被逼急了也會揭竿而起。在史達林最後的日子裡，他中了風，但沒有一個副手敢於幫助他或替他叫醫生。他死在眾人的又厭又懼與不聞不問裡。

像這樣的人，你幾乎不可免地會在生命中遇到，因為這些野心家一個不小心，就會躋身老闆、執行長、政治人物、教派領袖之列。他們對你構成的威脅，存在於一開始，因為他們就是在此時對你施展魅力。你可以用發自肺腑的感性同理心去看穿他們的手法，他們對你的興趣都很膚淺而且為時不長，而且也冷熱無常。他們給你的，隨時可以也終究會傲嬌地抽回。事實上，只要你不上勾、不上當，他們很快就會露出真面目，你會發現他們原來是如此地冰冷而眼裡容不下別人。

你可以去觀察他們的過往。你會注意到他們從來沒有過深度與親密的交往關係，也沒有真正卸下過心防。你不妨可以留意他們是否在童年受過創傷，如史達林本人就有過一名會痛毆他的爸爸，外加一個冷漠且不怎麼愛他的媽媽。去聽聽那些見過其人其事，而且嘗試對外界提出警告的證人怎麼說。事實上，史達林之前的弗拉迪米爾·列寧（Vladimir Lenin），就很清楚這名後繼者的本性，並曾在其臨死前試著把這點觀察告訴別人。只可惜言者諄諄，聽者藐藐。觀察每天伺候這些自戀者的人臉上是否有驚懼的神情。要是你懷疑自己交手的就是這樣的人，那拜託你保持距離的功夫一定不能省。這些人真的是老虎，一旦靠得太近，他們是不會放過你的，你會被他們生吞活剝。

二、劇場型的自戀者

一六二七年，法國盧丹（Loudun）的烏蘇拉修道院院長（prioress of Ursuline nuns）歡迎了一位名喚瓊．德．貝爾希（Jeanne de Belciel, 1602–1665）的姊妹加入她們。瓊是個很奇特的人物，個頭十分嬌小的她長著一張天使般的臉龐，但其雙眸閃耀著與之不相稱的惡毒眼光。在她之前的修道院裡，瓊樹敵不少，主要是她總是有說不完的酸言酸語。但在初來乍到的烏蘇拉修道院裡，院長卻頗感到意外地發現瓊似乎已然洗心革面。她現在從面容到行為舉止，都是徹徹底底的天使，包括院長有什麼日常的院務需要協助，她都會很主動幫忙。更重要的是在被交付了一些講述西班牙神祕主義與其代表性人物聖女德蕾莎的書籍要閱讀之時，瓊展現了極高的用功程度。她長時間與院長討論靈性的問題，不出數月便成為同儕間神祕主義神學的翹楚，院內不時可以看到她靜思禱告的身影，而且動輒數小時的靈修長度令其他姊妹難以望其項背。同年稍晚，院長被調動到另外一處修院，而深感於瓊的突出表現，她便不顧反對者的建言，推薦了瓊成為他的接班者。於是突然間，年僅才二十五歲的瓊就成了盧丹烏蘇拉修道院的第一把交椅。

幾個月後，盧丹的姊妹們開始聽到關於瓊的一些奇怪傳言。她做了一系列的夢，夢裡有一名當地的教區神父爾班．葛蘭迪爾（Urbain Grandier）跑來找她，並出手襲擊了她。這些夢境一天天更加異色，也更加暴力。怪的是在這些夢出現之前，瓊曾經求見葛蘭迪爾，並表示想出任烏蘇拉修道院的院長，但遭到神父的委婉拒絕。在盧丹，地方民眾都視葛蘭迪爾是風度翩翩的「少女殺手」，所以瓊只是陷入了自己的綺思妙想中嗎？但她對信仰之虔誠，又讓她難以相信自己是在捏造事實，再者這些夢境又都出奇地真實詳盡。很快地，她便開始與人分享這些夢境，然後好幾位姊妹也表示做了類似的夢。一日，院內負責聽取告解的法政神父米農（Canon Mignon）聽得一名姊妹講述了這樣的夢。米農跟很多人一樣，一向很鄙視葛蘭迪爾，於是他視這些夢為一個機會，希望一舉讓葛蘭迪爾完蛋。米農找來了一些驅魔者在修女身上施術，結果不久幾乎全體修女都表示夜裡會有葛蘭迪爾來訪。於是驅魔者一口咬定修女們是被邪靈附身，而控制這些邪靈的主人就是葛蘭迪爾。

為了端正風氣以昭公信，米農偕其盟友將驅魔儀式公諸大眾，而這麼精彩的節目自然吸引了民眾扶老攜幼，大老遠地前來看秀。儀式中只見修女們在地上打滾，扭動身軀，露出腿部，還不住地呼吼著不堪的用語。而在眾姊妹當中，瓊顯然被附身的程度最重。她的肢體扭曲最為激烈，藉她之口發言的惡魔也在撒旦的詛咒中顯得最肆無忌憚。事實上，連驅魔者都看著被附身的瓊而開了眼界，村民們也鼓譟著最想看瓊被驅魔，因為那顯然會比其他修女的狀況都精彩。事情發展至此，驅魔人心中已經有了定論，那就是雖然葛蘭迪爾本人從未踏進修院半步，甚至他與瓊也素未謀面，但他肯定透過某種途徑施法在盧丹的修女姊妹身上，讓她們的身心飽受摧殘。他在不久後被捕，並以巫術罪名遭到起訴。

被認定罪證確鑿的葛蘭迪爾遭判處死刑，一六三四年八月十八日在飽經酷刑之後，活生生在眾目睽睽下被燒死在木樁之上。葛蘭迪爾死後，整件事情也很快平息了下來。修女們突然都擺脫了惡魔的糾纏——除了瓊以外。惡魔不僅拒絕離開她，反而對她的控制更加嚴密。耶穌會耳聞這驚世駭俗的附身事件，決定出手干預，並為此派出了尚—約瑟夫・蘇林（Jean-Joseph Surin）神父來為瓊驅魔，希望能一舉讓她恢復自由之身。蘇林覺得這傢伙真是個奇葩。她對關於惡魔的學問知之甚詳，且顯然對自身的命運非常沮喪。但同一時間，她似乎又沒有使盡全力去對入侵她的惡魔進行抵抗。或許她已經投降於這些邪靈的影響。

可以確定的一點是：她對蘇林產生了特殊的感情，常留他在院內進行靈性的探討，而且一討論就是數小時起跳。她開始更有動力冥思與祈禱。她棄絕了所有可能的享受：她睡在堅硬的地板上，並在食物上淋上催吐用的苦艾草（wormwood）藥水。她會把自己的復原進度報告給蘇林，並對他告解說「她是如此接近上帝，她甚至接受到了……上帝用嘴親吻」。

在蘇林的幫助下，惡魔一個個逃竄出她的身體。然後就是她的第一次神蹟：約瑟夫這個名字可以清楚地在她的左手掌上看到。幾天後等約瑟夫的名字消失後，取而代之的是耶穌的名字，然後是聖母瑪利亞，然後是其他的名字。這無疑是聖殤（stigmata，又稱聖痕），也就是上帝賜予恩典的標記。在這之後瓊大病了一場，來到了生死交關。她自稱有面貌姣好、飄逸著金色長髮的年輕天使造訪。接著聖若瑟（Saint Joseph）本人也來到她身邊，碰觸她的側身，讓她感到劇痛，然後為她塗抹了香油。這之後她好了起來，香油則在她的襯衫上留下五處清晰的滴痕。惡魔終於失去了蹤跡，而這著實讓蘇林鬆了口氣。故事終於告一段落，但瓊此時提出了一個讓蘇林訝異的奇怪請求：她想要巡迴歐洲來展示這些神蹟給男女老幼看。她覺得這是她的職責所在。這要求之所以怪，是因為與她一直以來的低調與出世性格有所牴觸。唯到了最後，蘇林還是同意了陪她前往。

到了巴黎，慕名而來的大批人潮將她投宿的旅店外頭圍得水泄不通，大家都想見識她的丰采。她見著了黎胥留紅衣主教（Cardinal Richelieu），而主教感動之餘親吻了她染上香油，如今已成聖蹟的衣衫。另外她還展示了身上的聖痕給法國國王與皇后御覽。隨著巡迴旅行持續推進，她結識了同時代最有頭有臉的貴族顯要。在一處鎮上，天天都有多達七千人湧入她駐留的修道院。想聽她講故事的要求聲浪之大，讓她索性將遭遇寫下來，印成冊子，裡頭詳述了她如何被附身、她的心路歷程，以至於神蹟如何發生。

一六六五年，也就是瓊死去的那一年，此時已被尊稱為「天使為伴的瓊」（Jeanne des Anges）的她被摘下了首級。眾人將她的頭顱做成了木乃伊，然後置於鑲銀的水晶盒子裡，與染了香油的衣衫一起在盧丹的烏蘇拉修道院裡供人瞻仰。直到法國大革命，這顆頭顱才不知去向。

大師解讀

在瓊・德・貝爾希人生的早年，她對關注的渴求深不見底。生育她的雙親為此心力交瘁，最終才為了永絕後患而將她送至位於普瓦提埃（Poitiers）的一間修道院。到了此處，她故態復萌地以酸言酸語與不可一世的高姿態讓其他修女難以忍受。再被轉送到盧丹後，她顯然決定改弦易轍，嘗試用不同的方式來取得她迫切需要的認同。被交付了用以修習靈性的書籍之後，她決心要在神學知識與行為的虔誠上出類拔萃。結果她在兩方面都表現卓越，也由此獲得了院長的提攜與嘉勉。唯晉身為修院的領袖後，她開始感到了一絲乏味，她注意力的需求又開始得不到滿足。她之所以會夢到葛蘭迪爾，是揉合了事實捏造與自我暗示的創作成果。過沒多久驅魔師抵達，她入手了一本講述惡魔學的書籍。她將整本書生吞活剝，知曉了惡魔進駐人體一事裡裡外外的細節，然後便開始演出各種最具戲劇效果的症狀，讓驅魔師一看就覺得這人肯定遭到了附身。她成為了彷彿明星般的存在，每天享受著公眾的關注。而一旦被「附身」，她的墮落與淫穢可謂無人能及。

在葛蘭迪爾慘遭處決之後，其他的修女都受到了不小的打擊，她們都對自己害死了一名無辜者而心生愧疚，唯有瓊的反應是頓失關注而難以忍受。為了彌補內心的空缺，她索性玩大一點，於是她把被魔鬼附身的戲繼續往下演。此時的她已極長於洞察人的弱點與隱藏的欲望——她識破了烏蘇拉的院長在前，中間搞定了驅魔人，最後又摸清了蘇林神父的底細。蘇林神父一心想成為瓊的救贖，因此才會被手法拙劣的所謂神蹟所騙。說起瓊的聖殤，後來有人猜測她要麼是用酸液去腐蝕了自己的手掌，要麼是用染色的澱粉去描出那些人名。話說那些人名都那麼善體人意，通通出現在瓊這名右撇子的左手掌心，說是巧合實在太不可思議。我們已知在極度歇斯底里的狀態下，人的皮膚會變得分外敏感，這時就有可能靠指甲劃出所謂的聖痕。作為一名曾長期調製草藥偏方的女子，瓊想做出香油來滴並非難事。而且一旦外界對聖痕的說法買了帳，後續要他們去質疑抹油的部分，可能性已然不高。

即便是蘇林，也覺得瓊要求訪歐的要求很詭異。話說到了這個點上，瓊已經無法掩藏自己對於注意力的渴望。多年之後，瓊曾經在自傳中承認自己的個性很愛演。雖說是一路都在演，但瓊堅稱最後的神蹟千真萬確。不少與她天天打交道的修女早就看穿了她的表象，她們形容瓊的演技爐火純青，而且視關注與名氣為命。

關於深度自戀者很說不通的一點，就在於他們的行為往往要到非常後期，非常誇張的階段才會被發現。而這一點的理由很簡單：深度自戀者非常會裝。他們從一開始就知道突然以真面目示人——讓人知道他們對關注需索無度且自認高人一等——那別人只會拒他們於千里之外。為此他們會把支離破碎的自我概念當成一種優勢來利用，他們會一人分飾多角，透過各種戲劇化的手法來合理化對於關注的渴望。他們比誰都還善於打造自己公正、無私的形象。就算天塌下來，他們也不會為善不欲人知或默默支持某種正義，他們一定會大張旗鼓地讓所有人知道自己有多好。這種好人好事代表的形象一搬出來，誰好意思跳出來質疑他們的居心叵測？又或者他們會反其道而行，以受害者之姿玩得樂不可支，為此他們會扮演在人手中被玩弄或被世界無視的可憐人。我們很容易被瞬間氣氛的催化而入戲太深，但事後往往會被自戀者吃乾抹淨，利用到屍骨無存。他們會玩弄你的同理心，而你唯一的救贖就是看穿他們的把戲。要在人海中察覺他們的身影，就要注意是否有人在他們的世界裡永遠是主角，是否有人總覺得自己出淤泥而不染，歷劫歸來而仍不改其志地出類拔萃，是否有人舉手頭足渾身都是戲，而且永遠不殺青。這些人所做的一切，都是為了供大眾消費。他們想這樣玩無妨，但你得小心別跑去陪葬。

三、自戀的情侶檔

一八六二年，就在三十二歲的里奧．托爾斯泰（Leo Tolstoy）與年方十八的索妮雅．裴爾斯（Sonya Behrs）要成婚的數日前，男方突然決定兩人之間不該有任何祕密。而為了身體力行這種想法，托爾斯泰把日記交到了未婚妻手中，但他沒想到女生這麼一看，竟然又是啜泣，又是生出止不住的怒氣。在這些扉頁裡，托爾斯泰寫到了他之前的諸多情史，包括跟他曾生過小孩，還有至今仍讓他念念不忘的鄰家農婦。他另外還寫到自己是窯子的常客、他得過的淋病，還有他一貫堅強的賭性。索妮雅在同一時間感受到強烈的嫉妒與反胃。為什麼要逼她讀這個？她指控托爾斯泰猶豫不決，而且是因為不夠愛她所以才意志不堅。被這種反應嚇了一跳的托爾斯泰也反過來指控她一樣的罪狀。他自認是想與她分享自己的過往，好讓她知道自己有多愛她，才願意為了與她的新生活而捨棄以往種種。他明明是想與她坦誠相見，她為什麼要這麼嗆？她很顯然不如他想的那麼愛自己。為什麼她在婚禮前與原生家庭告別會那麼痛苦？她愛家人超過愛我嗎？這兩人最終達成了和解，婚禮沒有告吹，但一種會延續四十八年的相處模式，已然有了雛形。

對索妮雅而言，雖然兩人吵吵鬧鬧，但這場婚姻還是慢慢找到了一種相對舒適的模式。她成了他最信賴的助理。除了十二年幫他生了八個孩子，五個活下來以外，她還精心為丈夫謄抄作品，包括《戰爭與和平》跟《安娜．卡列尼娜》，替他打理出版書籍的所有事宜。一切看起來都是那麼順利，繼承的家產加上賣書的所得，讓托爾斯泰一點都不缺錢。他有個對他疼愛有加的大家族，他在文壇的名聲顯赫。但突然之間，以五十歲的年紀，他覺得自己不快樂至極，包括恥於面對自己寫過的書籍。他一下子弄不清了自己是誰。他開始在精神面歷經深刻的危機，為此他發現東正教信仰太過嚴峻而教條，沒辦法給他幫助。他的人生必須有所改變。於是他打算封筆不再創作小說，從此把生活過得像個平凡的貧農。他打算放棄家產，釋出所有書籍的著作權，並要家人加入他以助人跟修心為本的新人生。

但讓他大失所望的是家人在索妮雅的帶領下，反應顯得非常憤怒。但這也可以想像，畢竟托爾斯泰提出的要求，是要大家放棄現有的生活，包括一切的榮華富貴與下一代未來的遺產。索妮雅絲毫不覺得他們的人生需要如此急轉彎，而對於丈夫指控她抗拒是因為善惡不分且耽溺物慾，更是令她恨得咬牙切齒。他們為此有吵不完的架，而且雙方都不肯讓步。由此托爾斯泰眼中的妻子，成了一個只為了名利而跟他在一起的女人。他覺得她會嫁給他，擺明了就是在利用他過好日子。反過來在索妮雅眼中的托爾斯泰，此時則成了一個臭不可聞的偽君子。他固然放棄了家產與著作權，但日子卻仍過得像個大老爺，而且還為了改不了的惡習跑來向她要錢。他或許把自己打扮成小農，但身體不舒服時卻會大手筆搭私人火車到南部的別墅靜養。他口口聲聲說要禁慾，卻還是一直讓她懷孕。

托爾斯泰渴望簡單而靈性的生活，由此索妮雅成了他眼前的一塊大石頭。他覺得家裡有這個女人，壓迫感好重。由是他給她寫了封信，並在結尾提到：「發生了這麼多事情，妳提到了很多原因，但妳唯獨漏掉了一樣沒講：不知不覺中，妳成了我受苦的原因。我們之間的爭鬥，至死方休。」由於對她追求物質享受的反感日益加深，他寫出了一本短篇小說《克萊采奏鳴曲》(*The Kreutzer Sonata*)。明眼人一看就知道這講的是他的婚姻，而他也在書中對以索妮雅為原型角色極盡詆毀之能事。對索妮雅而言，這種種事情都讓她感覺自己瀕臨崩潰邊緣。最後在一八九四年，索妮雅終於理智斷線。她打算模仿托爾斯泰筆下某個故事人物，以步行到雪中凍死的方式結束自己的生命。所幸家人及時趕上，將她死拖活拖帶回了屋內。她後來又嘗試了第二次跟第三次尋死，依舊以失敗作收。

這之後，這對驚世夫妻的相處模式變得更加劍拔弩張與暴力相向。托爾斯泰會刻意踩她的雷，而她則會在失控中恣意妄為。托爾斯泰會對自身的冷漠感到懊惱，懇求她的寬恕，由此他會在某些問題上對她讓步，包括讓家族保留他早期作品的著作權。但過沒多久，她又會天馬行空地胡作非為來讓他後悔。她會不斷地挑撥子女與托爾斯泰之間的感情，設法讓他們對立。她堅持要讀遍托爾斯泰的日記，她會把被托爾斯泰藏起來的日記翻出來偷看。她會監視著托爾斯泰的一舉一動，而他則痛斥她不該干預自己的生活，有時甚至為此積怨成疾，托爾斯泰因此氣得病倒，她又會後悔自己的行為。這樣的一對怨偶，是怎麼能如此持續交惡又撐了這麼久而不分手？這兩人都渴望對方的愛與接納，但就雙方的互動看來那已是痴人說夢。

在掙扎了這麼些年後，時間來到一九一〇年的十月底，托爾斯泰終於受夠了：在一名醫生友人的陪伴下，他趁半夜偷溜出家裡，並決心離開索妮雅。在翹家的途中，他一路顫抖，因為他生怕自己的太太會出其不意地追上來，唯最終他總算成功搭上了火車，逃離了索妮雅。索妮雅得知消息後，第一個反應又是自殺，這次她選擇跳家附近的池塘，但又被及時救下。她寫了封信給托爾斯泰，求他回來。沒錯，她說她會改，她說她會放棄所有的物質享受，會改而追求精神生活。她說她會無條件地愛他，因為沒有他，她活不下去。對托爾斯泰而言，自由只有很短暫的賞味期，他拋下妻子逃跑的消息已在報紙上傳得沸沸揚揚，火車所到之處都有記者、書迷、好奇的群眾在等著包圍他，同時火車上又擠又凍的環境也讓他快要忍不下去。很快地他就陷入重病，而不得不被扛到一個偏僻的村子裡，因為車站站長在那兒有間蓋在鐵軌旁的小木屋。躺在病榻上，顯然已經回天乏術的他聽聞索妮雅已經來到村內，但他覺得自己實在沒有勇氣見她。家族成員讓她待在門外，但她還是持續透過窗縫瞅著奄奄一息的丈夫。最後，等他失去意識進入彌留狀態了，索妮雅才獲准進屋。她跪在了丈夫身邊，在他額頭上不住地親吻，然後在他的耳邊呢喃說：「原諒我，請原諒我。」他隨即死去。一個月後，有人在造訪托爾斯泰家時聽得索妮雅說：「我到底是怎麼了？我怎麼會這樣鬼迷心竅？我怎麼能做出這種事情？……你知道，是我殺了他……。」

大師解讀

深度自戀者會有的症狀，托爾斯泰一樣都沒少。母親過世的時候他才兩歲，而這在他心上留下了終其一生固然到處留情，卻依舊填不滿的大洞。他年輕的時候放蕩不羈，他以為那樣可以讓他有活著跟完滿的感覺。他時時刻刻懷著對自身的厭惡，也參不透自己究竟是誰。他把這種懸在空中的感受灌注在小說中，把對自身的不確定性化為他筆下的一個個主人翁。五十歲那年，他終於因為支離破碎的自我意識而陷入深度危機。索妮雅在自我中心的量表上，也肯定非常高分，她也是那種滿腦子只想著自己的人。但在看人的時候，**我們往往會過度強調他們的個人特質，而忽略了在一段關係當中，兩人會彼此不斷相互雕塑的複雜過程**。一段關係，就跟人一樣有獨立的生命與個性，也跟人一樣有深度自戀的能力。這樣的關係，會帶出當事人兩造的自戀傾向，並使其獲得強化。

一段關係會出現自戀屬性，一般都是因為缺乏同理心讓交往雙方不斷退縮到自我防線的大後方。以托爾斯泰為例，這幾乎是以讀日記為起點，一下子就開始了的事情。這兩人有各自分歧的價值觀，也用這種各自為政的方式去觀察對方。對成長在傳統家庭的索妮雅而言，托爾斯泰的行為代表他對求婚一事後悔；對托爾斯泰這名以破除傳統為職志的藝術家而言，女方的反應意味著她看不進他的靈魂深處，也無法嘗試了解他對於新婚生活的渴望。他們從誤會走到僵局，然後就這樣水火不容地對峙了四十八個年頭。

托爾斯泰的精神危機，就是這種自戀動能的縮影。要是在問題的一開始，這對怨偶可以嘗試用對方的角度去看待彼此的行為，或許結局就會有所不同。果真如此，托爾斯泰將能準確地預測到她的反應，而她則會一輩子過得更舒服些，進而讓她不必頻繁的懷孕與扶養眾多孩子責任壓得那麼喘不過氣。她一向不是個很追求精神層面的人；他們之間一直是種比較具體而現實的結合。他怎麼能期望她一夕改變呢？他對她的要求根本是虐待。他其實大可以把自己的心態解釋清楚，但不強求太太追隨自己，甚至於他可以表達自己理解太太的立場與需求。如此一來，他的精神面就真正展現出來了。太太不會老覺得丈夫虛偽，反而可以理解丈夫之所以老是不快樂，是因為他從小沒有被真正愛夠，所以此刻才會陷入這樣的中年危機中。果真如此，她當能用愛去支持丈夫想追求的新生活，但又能委婉地拒絕與他一起這樣過日子。

同理心的這種用法，有與這種雙重自戀正好相反的效果。來自其中一方的同理心，往往可以軟化另外一方，讓他或她的同理心也開始蠢蠢欲動。當對方能看到你的內心，理解你的內心，並進入你的內心時，你就沒那麼容易可以繼續堅壁清野，死守住原本的精神防線了。你會收到一股召喚要比照辦理。嘴巴上不說，但人都偷偷地想要棄守自己，停止抗拒。老是提防著人，懷疑著人，是一件很辛苦的事情。

要在交往關係中使出同理心，其關鍵就在於理解對方的價值體系，而第一步就是要知道：對方的價值觀肯定與你不同。他們對於愛、關懷或慷慨的解讀，很可能與你既殊途也不同歸。而他們的價值體系，大致上形成於幼小的童年時期，那不是某人有意識的作品。把他們的價值體系牢記於心，你就能在本來會跟他們槓上的時刻扭轉想法，從而進入他們的心靈與視角。就算是深度自戀者，也可以透過這樣的方法，被你拉出他們的高牆，因為這樣真正看到他們的人，真的太少了。**你所有的交往關係，都該拿去自戀的光譜上剖析；需要調整的不會是關係裡的其中一個人，而是作用在你們之間的那道動能。**

四、健康的自戀者——心情的讀者

一九一五年十月，偉大的英國探險家厄尼斯特・亨利・薛克頓爵士（Sir Ernest Henry Shackleton，1874–1922）在「堅忍號」（Endurance）困於南極伏冰中長達八個月之久，而且在船開始進水之後，下令棄船。對薛克頓爵士而言，他放棄的不只是船，而是放棄了自己能率隊完成人類第一次走陸路橫越南極大陸的偉大夢想。原本他可以讓這樣的壯舉，為自己原已璀璨的探險生涯錦上添花，但如今有個大上許多的責任壓在他的心上，他說什麼也得讓二十七名隊員平安返家。他接下來每一天的決斷，會決定這些弟兄是死是活。

在他與這個目標之間，橫著許多障礙：即將朝他們奔襲而來的嚴冬天候、會把他們紮營其上的浮冰扯向任何方向的詭譎洋流、還有接下來完全沒有照明、食糧慢慢耗盡、缺少無線電通訊，也沒有船隻可來接應的日子。不過比起這些，真而讓他內心充滿恐懼的風險，是船員的士氣隨時會崩潰。只要一兩個人因不滿抱怨，怨懟與負能量就會像病毒一般蔓延。這之後弟兄們會開始鬆懈，而他的領導威信也會隨之冰消瓦解。

他說的話會沒有人聽，下的命令也不會有人執行。到了那步田地，事情就會變成人人只為自己。而在這樣的冰天雪地裡，那很有可能發展成災難般的血腥結局。由此他一隻眼睛要觀測變化莫測的天氣，另一隻眼睛更要去監控有如風中殘燭、危如累卵的團隊士氣。

他首先得做的第一件事，是未雨綢繆地灌輸隊員們正確的觀念，用正能量去感染他們。身為領導者必須展現出可做為表率的風範。他必須要把自身的猶疑與恐懼藏好。在浮冰上求生第一天，他起了個大早，在其他人醒來前泡好了夠大家喝的熱茶。他一邊親自把茶送到隊員們手上，一邊察覺到大家都在用眼神問他該如何看待他們現處的窘況，由此他盡可能讓氣氛輕鬆一點，包括拿他們的「新家」與將至的黑暗開起了玩笑。現在還不是跟大家討論逃生方案的時機，那會讓隊員們太過焦慮。他不想從自己的嘴裡說出對活下來的機率有多樂觀，但他會用態度與肢體語言讓弟兄們覺得希望是有的，就算要用演的他也認了。

他們都知道自己得困在南極度過冬天，所以需要一點什麼東西來轉移焦點，某樣能讓他們不會胡思亂想，而且又能打起精神的東西。為了這個目的，薛克頓會天天擬出一章任務分配表來讓大家知道自己今天要幹嘛。他會盡可能把人跟工作打散，讓弟兄們得在不同的小團體裡跑來跑去，也讓他們不要老是做同樣的事情。而每一天的共同點，就在於都有一個簡單的目標要達成：獵幾隻企鵝或海豹回來、從船上多搬些補給到帳棚裡來、把營地打造得更理想一點，諸如此類。這樣一天到了尾聲，他們便能在營火前圍成一圈，感覺自己在南極的日子又更好過了一點。

日子一天天地過去，薛克頓的頻率愈來愈準，他愈來愈能準確地掌握隊員們的心情變化。在營火前，他會一個個走到弟兄們的面前跟他們聊聊天。若是科學家出身的隊員，他就跟他們聊科學；如果是感性一點、對美有特殊品味的弟兄，他就會跟他們聊自己最喜歡的詩人與作曲家。他會設法與隊員的精神面產生共鳴，並且遇到他們講述各自的問題，他會比平日更加豎起耳朵來聽。隊上廚子對於得親手殺死自己的寵物貓，內心格外難過，但他們實在沒有額外的食物可以餵牠了；薛克頓表示他願意替廚師當這劊子手。隊上的物理學家幹不太了粗活；為此他晚餐吃得心事重重，有一口沒一口，中間還穿插著充滿低氣壓的嘆息。透過與他的對話，薛克頓感覺得到物理學家的狀況一天天變差，為此薛克頓偷偷調整了班表，在不讓物理學家覺得自己偷懶的狀況下減輕了他的負擔，讓他負責體能要求較輕，但重要性一點也不低的事情。

他很快地就發現到團隊中的罩門。首先是船上的攝影師法蘭克・赫黎（Frank Hurley）雖然把工作做得很好且從來不抱怨被分配到的雜務，但他是個需要覺得自己很重要的男人，他的個性裡有虛榮而膚淺的一面。所以冰上人生剛開始的時候，薛克頓針對包含儲糧在內所有重要的事務，都問了一輪赫黎的見解，而且聽完都會恭維他一番。另外他還安排了赫黎跟自己住同一個帳篷，一方面讓赫黎覺得自己與眾不同，一方面也方便薛克頓就近盯住他。導航員胡珀・赫德森（Huberht Hudson）也藏不住自己是個極度自我中心且非常不善於傾聽的傢伙。換句話說，他需要不斷有人注意到他。薛克頓找他講話的頻率要高於其他人，而且也會把他找到自己的帳棚裡。這之外要是再被他發現有人內心潛伏著不滿的情緒，他會將這些人散開在不同的帳棚裡，藉以稀釋他們可能的影響力。

隨著時節更深入冬天，他更是把對人的注意力加倍。在特定的時間點上，他可以感覺到隊員們表現在行為上的百無聊賴，這包括他們彼此間的話變少了。為了對此有所因應，他在沒有太陽的白日裡組織起冰上的運動賽事，晚上則辦起音樂、無傷大雅的搞笑把戲、說故事等餘興節目。每逢佳節也都不馬虎地過，包括會為了隊員們準備饗宴。看不到盡頭的浮冰人生因此意外有了高潮與亮點，而薛克頓也很快地就注意到一件很難得的事情：弟兄們開始活潑起來了，浮冰上的種種挑戰於他們就像一種享受似的。

到了某個點上，他們所在的浮冰小到變得有點危險，於是他下令要隊員們進入他們從堅忍號上搶救下來的三艘救生艇。他們必須要朝著陸地前進。他讓船隻湊在一起，撐過了一道道打來的浪頭，然後成功登上了鄰近的象島（Elephant Island）邊上一片狹窄的海灘。那天當他在探查象島時，他發現島上的狀況顯然還比不上浮冰。時間並不站在他們這一邊。於是登陸的同一天，薛克頓就下令要其中一艘救生艇準備冒險搶上那一帶最可及而且有人居住的土地——南喬治亞島（South Georgia Island），那兒的相對位置大概是他們所在地東北方的八百英哩處。這一趟的成功機率極低，但隊員們在象島上撐不了太久，因為島上提供不了太多對海水與海風的屏障，而且能殺來吃的動物量也不多。薛克頓必須仔細挑選除了自己以外，另外五個要前往南喬治亞島求援的隊員。其中他的一個選擇很耐人尋味。五十七歲的哈利 • 麥可內許（Harry McNeish）是船上的木工，也是隊上最年長的成員。此外他個性不算好，粗活兒也幹不太了。只是雖然這趟航程對小船而言非常兇險，他還是不敢冒險把麥可內許留在島上。他讓麥可內許負責裝配要去求救的船，而有了這項任務在身，麥可內許會覺得船身的安全要由自己一肩挑起，而在航程當中，他的全副心思也得擺在船的適航性上，沒有時間分心。

只是在航程中的某個點上，他還是注意到麥可內許的情緒低落，然後突然間船員們停下了划槳。薛克頓察覺到情勢不對——此時他若對麥可內許大小聲，或是命令他快點划，那船員們可能會變得更想反叛，到時候以這麼少人擠在船上這麼多星期，吃的東西又不多的場面研判，事情可能會一發不可收拾。他於是隨機應變，停下了船，並下令給大家夥煮起了熱牛奶。他說大家都累了吧，反正他是累了，所以需要振作一下。麥可內許逃過了被點名針對的尷尬，而接下來的航程，薛克頓就重複著這種牛奶戰略撐了過去。

就在距離目的地只剩幾英哩時，一場突如其來的風暴將他們阻絕在南喬治亞島外海。就在他們急切地思考著有什麼別的辦法登島時，一隻鳥兒持續盤旋在他們上空，試著要降落在他們的船上。薛克頓用盡一切力量想要保持平日的冷靜，但突然間他爆了。他站了起來，然後開始瘋狂地對著鳥兒又是揮舞手臂，又是口出惡言。但也只在一瞬間，他就因為羞愧而坐了回去。這之前整整十五個月的時間，他都把所有的挫折關在自己內心的壓力鍋中，一切只為了弟兄，為了團隊士氣。他好不容易為這段日子的氣氛訂好了調性，現在自毀長城只等於兩個字：不智。幾分鐘後他又拿自己當材料開了個玩笑，然後暗暗在內心發誓絕不像剛剛那樣爆炸第二次，壓力再大都不行。

於是在歷經了全世界數一數二惡劣的海象之後，小小的救生艇終於登陸了南喬治亞島，同時在幾個月後靠著在那兒工作的捕鯨者幫忙，留在象島上人員也全數獲救。種種不利於他們因素，包括嚴酷的天氣、惡劣的地形、小不隆咚的船體、還有他們資源的拮据，讓他們的經歷成為了史上最不可思議的求生故事。薛克頓在這當中展現出的領導人本色，口耳相傳地散播了出去。一如同為探險家的艾德蒙．希拉瑞爵士（Sir Edmund Hillary）[1]後來所下的註腳：「科學技術上需要指點迷津，給我史考特，旅程要走得有迅捷有效率，給我阿蒙森，但若在絕境中看似萬念俱灰時，請你雙膝跪地，向上天祈求將薛克頓賜予你。」

大師解讀

當薛克頓發現自己在險境中身負多條人命時，他知道眾人生死繫於一件事上：*眾人的態度*。這不是肉眼所能見到的東西，書本中也少見對此的討論或分析，關於這個主題的訓練手冊更是付之闕如。但這卻是生

---

[1] 希拉瑞曾加入大英國協的跨南極遠征隊，其中由他率領的紐西蘭支隊在一九五八年一月四日抵達南極，使其成為繼一九一一年的勞勃．法爾肯．史考特（Robert Falcon Scott）與一九一二年的羅德．阿蒙森（Roald Amundsen），又一位抵達南極的人類，並且是第一位以機動車輛達成此壯舉的人類。

死交關時的勝負關鍵。團隊士氣只要稍見低落，團結的表現就會出現裂痕，接著領導者就難以在感到威脅的狀態下作出正確的判斷。若薛克頓因為失去耐性或感到壓力而輕率決定從浮冰上拔營，那大夥恐怕早已沒命。本質上，薛克頓面對的困境是偕隊員們被拋回到人類最原始、最本能的動物性中——一群人身處危險當中，只能依附彼此生存。**人類最早的遠祖，就是從這樣的狀態中演化出三樣東西。一是卓越的社交技能；二為一種不可思議，能夠讀取旁人情緒與心思的能力；三是與人合作的能力。**而在浮冰上沒有日照的月份裡，薛克頓也在內心發掘出這些沉睡在每個人心中的古老同理技巧，因為他要是不如此，就只能跟著大家一起死。

薛克頓在這項任務上的表現，足供我們所有人當成效法的模範。首先，他了解到自身態度在這當中必須扮演的主要角色。**領袖的心態會感染到整個團隊，而且那是一種只能心領神會而無法言傳的過程。**不論是肢體語言與聲音表情，都會讓領袖的想法不言可喻。為此薛克頓讓自己渾身散發出自信的光芒與樂觀的形象，並觀察著這對弟兄們的士氣帶來什麼影響。

第二，他必須平均地一心兩用去注意個體與團體。在注意團體時，他監控的是大家在吃飯時聊天熱不熱絡、是工作時大家爆不爆粗口、是餘興活動開始時的場子要多快才能熱起來。在注意個人時，他判讀的是聲音語氣裡的情緒高低、是他們吃飯時的胃口好不好，是他們早上會不會遲遲不肯醒來。要是察覺到有人情緒不對，他會設身處地地想像自己會有什麼行為。他會留意隊員的言談舉止裡有沒有挫折感與不安全感的蹤跡。他的做法必須因人而異，因為每個人都有其獨特的心理。他還必須要不斷地調整自身的判斷，因為人的心情改變很快。

第三，只要一發現隊上有低氣壓或負能量，他就必須要把身段放軟。罵人，只會讓人丟臉，讓人覺得被針對，而這種負面情緒是會傳染的。比較好的做法是與當事人詳談，弄清楚他們究竟在想什麼，然後委婉地看是要讓當事人振作起來，還是技巧性將他與其他人隔絕開來。這種能力在薛克頓身上，可以說是用進廢退，熟能生巧。他只要早上瞄上一眼，就能八九不離十地知道弟兄們一整天的表現大抵會是如何。還有些隊員因此認為薛克頓能通靈。

你的人性課題

會讓我們發展出這些同理能力的，是現實的需求。若我們感覺自己的生存有賴於評估他人情緒與心思的能力，那我們就會擠出需要的專注力，開發出自己的同理心。正常狀況下，我們都不會覺得自己需要做到這種程度。我們會自顧自地以為自己很了解身邊需要打交道的人物。大家平時的日子已經很辛苦，一堆事情等著我們去處理，所以我們會懶惰，會寧可倚賴成見度日。但事實上，同理心的運用不是可以開玩笑的事情，我們人生的成敗往往就操之於這些技巧的成熟與否。我們對事情的嚴重性渾然不覺，是因為我們沒有看出人生中各種問題都與我們對人的情緒與意圖的頻繁誤判有關，也與我們不斷因此錯失良機有關。所以首先第一步，也是最重要的一步，就是我們要了解人內心有一個被我們荒廢不用的社交利器。而要讓自己了解這一點，最好的辦法就是親自試試看。**讓持續不斷的內心獨白停下來，加深對人的注意力。調整頻率去聆聽個體或群體中瞬息萬變的情緒。試著讀取每個人獨特的心理與動機。試著採取他們的視角、進入他們的世界與價值體系。**你會突然發現一個由非語言行為所構成的新世界，在你面前赫然出現，就像人眼看不見的紫外線，突然被你看見了一樣。只要能察覺這種能力，你就會理解它重要在哪裡，並覺醒於眾多嶄新的社交可能性。

> 我不會去問受傷的人感覺怎麼樣……我會讓自己變成那個受傷的人。
>
> ——華特・惠特曼（Walt Whitman, 1819-1892），美國詩人、散文家

〈第三章〉

看穿人的面具

角色扮演的法則

人往往會戴上面具來讓自己展現出最好的一面——謙虛、自信、努力。他們會謹言慎行，會看起來對我們說的話充滿興趣。他們會學著隱藏自身的不安全感與羨慕之情。若把外表看到的他們當真，那我們就永遠不會知道他們內心在想什麼。甚至有的時候，我們會被他們突發的抗拒、敵意與操弄所蒙蔽。所幸，這張面具並不是滴水不漏地毫無縫隙。人會持續性地洩漏出自己的本性以及無意識的欲望，因為非語言的線索，如：臉部的表情、音色的轉折、身體肌肉的張力與人緊張時的本能反應等並非他們能完全控制。你必須熟練於這種「非語言的語言」，讓自己面對不論男人或女人都有一雙火眼金睛，不會為他們的浮面所欺。有了這種神功護體，你就能對很多人事物防患於未然。反過來說，由於表象是別人用來評判你的根據，你也必須學著去表現出自己最好的一面，讓角色扮演成為你最好的朋友，推著你向前。

第二語言

一九一九年八月的一個早上，年僅十七歲但未來會成為催眠療法先行者兼二十世紀偉大心理學家的米爾頓・艾瑞克森（Milton Erickson）[1]一覺醒來，發現自己有半邊身體處於麻痺狀態，而且這種麻痺還在接下的幾天持續在全身擴散。不出多久，他就被確診為當時相當流行的小兒麻痺。躺在床上，動彈不得的他聽得母親在隔壁房間與兩名家中請來的專科醫師討論病情。因為以為艾瑞克森睡著了，所以其中一名醫師告訴他母親說，「這男孩只剩下到明天早晨的壽命。」母親來到他的房間，很顯然強忍著傷悲，她渾然不知病榻上的兒子已經聽到了醫生的話。艾瑞克森開口要母親幫他把五斗櫃一會兒搬到床邊這裡，一會兒又要她搬到那裡。她以為艾瑞克森眼中看到了幻覺，但其實他清醒的很，他這麼做，一方面是希望讓母親忙到沒時間傷心，一方面是他真的想要把五斗櫃上的鏡子喬到剛剛好的角度。他希望等自己開始失去意識時，眼裡還能看到鏡中反射的落日，讓自己最後記得的畫面會是燦爛的餘暉。太陽每天都會重新升起，也許自己也可比照辦理，順便證明醫生也是會說錯的，只是幾個小時後他就昏迷不醒。

艾瑞克森恢復意識，已經是三天後的事情。他是怎麼從鬼門關回來的，沒有人知道，但確定的是他從半身不遂變成全身癱瘓，包括嘴唇都無法動彈。他無法移動、無法示意、無法與人溝通。他唯一會動的只剩下能微微掃描一部分房間的眼珠子。被檢疫隔離在威斯康辛州鄉下，他從小生活的農舍裡，艾瑞克森僅存的人際關係包括他的七名姊妹、他唯

---

[1] 1901 -1980 年，被喻為「現代催眠之父」，是醫療催眠、家庭治療及短期策略心理治療的頂尖權威。他在潛意識操作的研究與貢獻極具開創性，被譽稱為至目前為止「世界上最偉大的溝通者」，尊稱他為二十世紀的首席心理治療師，一般認為，若說佛洛伊德對心理治療的貢獻在於理論，而艾瑞克森的貢獻則在於治療實務，他所研發的治療方法已在全球被廣泛應用，並公認對許多高效的心理治療法有著重大的影響。

一的男性手足、他的雙親，外加一名私人護士。對於生性活潑的他而言，那種無聊有如酷刑。但有一天聽著家中的姊妹們彼此聊天，他意會到一件自己不曾意會到的事情。他發現人在聊天時的臉會做出各種動作，而且聊天時的聲音也好像有自己的生命似的。他其中一名姊妹對另外一個姊妹說：「沒錯，這建議不錯」，但這話說得非常平淡，甚至還不難聽出當中有一點在假笑。這種種的線索拼湊起來，你會感覺她實際上說的是：「我才不覺得這是什麼好建議，差多了。」不知怎麼搞的，嘴上的是可以是心裡的不是。

這項發現，吸引了艾瑞克森的注意力。這是種讓人很來勁的遊戲。於是接下來的一整天，他一共聽到並數出了十六種不同的「不」，每一種分別對應不同的強硬程度，也分別匹配了不一樣的臉部表情。在某個瞬間，他曾注意到一名姊妹對某件事情邊搖頭，卻邊說好。那一幕非常微妙，但確實被他的眼睛捕捉到了。**人若口是心非，則往往會在扭曲的表情或肢體語言上露餡**。另外一次是他用餘光仔細觀察到一名姊妹拿蘋果給另外一名姊妹，但前者臉上的張力與緊繃的手臂顯示她只是出於禮貌才這麼做，其實她是想要把蘋果留著自己吃的。收下蘋果的姊妹沒察覺任何異狀，但癱瘓的艾瑞克森看得一清二楚。

在無法加入對話的狀況下，艾瑞克森發現自己的心思完全沉浸在觀察別人的手勢、揚起的眉毛、說話聲音的語調上，還有突然抱起胸來的手臂上。由此他注意到自家姊妹常常居高臨下地站到他身旁，頸上的脈搏就跳得比較強，這顯示有他在場，她們會比較緊張。姊妹們說話時的呼吸模式也令他感到興味盎然。他發現某些節奏可以解讀為百無聊賴，而且最後常以一個哈欠收尾。頭髮似乎也對姊妹們非常重要。很刻意地把一束束頭髮往後梳，會意味著「我聽夠了；可以請你閉嘴了嗎」的不耐煩情緒，但動作俐落而較無意識的撫摸頭髮，則是全神貫注的意思。困在床上後，他的聽力變得較以往敏銳，而這使得他連發生在隔壁房間，說話者不會刻意在他面前演戲的對話，也都能聽得見。而不久他就注意到一種特殊的模式——**人鮮少在對話中直來直往**。某位姊妹可能會花好幾分鐘的時間旁敲側擊、聲東擊西，不直接說自己要幹嘛，但卻留下一大堆線索——希望對方可以聽出來自己是想要借衣服或聽對方道歉。她潛藏的欲望，會大剌剌地展現在她說話的聲調上，包括特定的字句會獲得強調。她的希望，是別人能夠聽出她話裡有話的弦外之音，然後給她一個令人滿意的回應。唯常見的結局都是各種暗示被置之不理，逼著這位姊妹非得把話挑明。陷入同一個模式的對話可以說屢見不鮮。

很快地這就變成艾瑞克森的一種遊戲。他會嘗試用最少的秒數猜出某名姊妹拐彎抹角，葫蘆裡賣的究竟是什麼藥。

這就像是他在癱瘓中覓得了北二高，覺察到了口說語言以外，人際溝通的第二條通道。在這條通道裡，人們像是說著母語外的第二語言，並時而在不知不覺中表達出內心深處的真正想法。要是他能徹底掌握這種第二語言的妙處呢？那會如何改變他對於人的認知呢？他有可能把這種「閱人」的能力延伸到幾乎難以察覺處，比如：嘴唇、呼吸、手部緊繃程度等小地方來見微知著嗎？

數個月後的某日，就在艾瑞克森用家人為他特製的躺椅倚窗而坐時，他聽見自己唯一的兄弟跟諸位姊妹在外頭玩耍（他此時已經恢復了嘴唇的運動能力，所以可以開口說話，但他的軀體仍舊無法動彈）。他非常想要加入大家，而或許是一時忘記了自己不良於行，他仍在內心下令雙腳站起。有那麼一瞬間，他感覺到腿部肌肉的抽動。這是他病倒後第一次感覺到四肢的任何一丁點作動。醫生已經告訴他母親說他再也無法行走，但醫生也說過他會死就是了。而在肌肉有了衝動的基礎上，他決定來實驗一下。他會聚精會神在腿上某條肌肉上，然後努力回想癱瘓前的感覺。他想像著自己的腿恢復正常了，拚了命想讓下肢動起來。他的護士會幫他按摩相關的部位，然後慢慢地，偶爾他會感覺到抽動，感覺到肌肉微微地在收縮。透過這種煎熬而緩慢的過程，他慢慢地重新學會了站，學會了踏出幾步，也學會了繞著房間走，在外頭走，而且愈走距離愈長。

就這樣，憑藉他的意志力與想像力，艾瑞克森改變了自己的生理機能，百分百拾回了運動的能力。他知道很顯然，**心靈與身體的運作是連動的，而且那還是一種我們經常渾然不覺的連動**。為了進一步探索這一點，艾瑞克森決定朝醫學與心理學發展。就這樣到了一九二〇年代尾聲，他開始在多家醫院行醫，專攻精神科。而這之後沒多久，他就發展出一套徹底原創，而且與當時其他線上同業都南轅北轍的方法論。在當時幾乎所有的精神科醫師，都把行醫的重點放在言語之上。他們會想辦法讓案主（病患）開口，其中又把童年早期的際遇走過一遍，是很多醫師看診的重點。透過這種方式，醫師希望的是能進入案主的潛意識。但艾瑞克森不這麼做，他主要把重點放在人的外在表現，並將之視為是進入其精神生活與無意識層面的切入點。語言文字常被用來當成障眼法或擋箭牌來掩蓋實情。為了讓他的病人不會有任何不適，他會透過臉龐、聲音與姿勢去挖掘隱性的緊張與未獲滿足的欲望。在這樣的過程中，他便能更深入地去探索非語言的溝通世界。

他的座右銘是「觀察、觀察、觀察」。而在實務上，他會準備一本筆記本，寫下自己所有的觀察。其中一樣格外讓他著迷的元素是人走路的方式，而這一點或許反映的是他重新學習走路時所經歷的艱辛。他會去觀察社會上形形色色的人的走路方式，他會留意每一個步伐踏出的重量——這當中心堅如鐵者會走得鏗鏘有力而重如泰山、猶豫不決者會走得不動聲色而輕如鴻毛、投閒置散者會走得鬆懈慵懶如流水一般、陷入深思者會走得扭扭歪歪、蜿蜒曲折。此外他還加碼觀察了臀部的搖擺，乃至於自視甚高、走路有風的人頭怎麼抬。有人走路的方式是為了掩蓋自身的弱點或不安全感，比方說，男性會走得大搖大擺，刻意營造雄赳赳氣昂昂之感；叛逆的青少年會拖著腳步裝酷。他會去注意人走路方式的突然改變，不論是因為興奮還是緊張。這種種的線索，都能讓他有無窮盡的資訊可以去判斷人的心情與自信高低。

在辦公室裡，他刻意把辦公桌安放在遠端的角落，以便他的案主得一路走過來。他會去注意上門的病患在諮商前後的腳步有什麼差別，會去審視他們坐下來的過程，會去看他們去抓椅子扶手時的手部緊繃程度，會去看對方在療程中願意與自己面對面或眼神接觸到什麼程度。如此只消數秒鐘，話都還不用說，艾瑞克森就已經對案主的不安與緊繃程度有了深切的掌握，一切都已經攤開在他們的肢體語言上。

在生涯當中，艾瑞克森曾經在精神病院工作過，而當時曾有一名病患讓院內的心理治療師都束手無策。那名病患做過生意也賺到過錢，然後因為一九三〇年代的經濟大蕭條在一夕間失去一切。這男人每天就是哭，然後手放在胸口前前後後地移動。沒有人看得懂他在做什麼，所以也不知道可以怎麼幫助他。要讓他開口說話並非易事，而且開了口也套不出什麼有建設性的東西。唯對艾瑞克森而言，他第一眼就看出了其問題的本質——他的手勢想表達的是，他認為自己的人生白忙了一場。他覺得自己好不容易向前走了一段路，一巴掌就給打了回來，那帶給他的是深深的絕望感。對於這樣的他，艾瑞克森只是走向前說：「你的人生歷經了起起伏伏，」然後邊說邊抓起他的手，將他的前前後後改變成上上下下。這讓這位先生覺得十分生趣，從此上上下下便取代了前前後後，變成了他的新「手」頭禪。

在與駐點職能治療[2]師的合作下，艾瑞克森各放一張砂紙在這個人的左右手裡，然後又擺了一塊粗糙的木材在他的面前。就像乾柴烈火，這人很快就沉迷於替木材打磨，還有那過程中所散發出的木香。他忘記哭泣，學起了木工，雕刻起了可以賣錢的精巧西洋棋組。因為專注在案主的肢體語言上，並巧妙地調整了對方的肢體動作，艾瑞克森成功地解開了案主的心鎖，讓他的人生能夠繼續向前走。

還有一樣讓艾瑞克森覺得妙不可言的東西，是男女之間非語言溝通的差別，以及這一點如何反映兩性之間不同的思考模式。尤其他對於女性習以為常的動作非常敏感，畢竟他曾經在病榻上近距離觀察自家姊妹

---

❷ Occupational therapy，職能治療，亦稱「作業治療」或「職業治療」，是一種使用特定活動來協助心理病患恢復身心機能的作法。

好幾個月。他可以拆解女性肢體語言中每個微小細節。有一回，一名看似年輕貌美的女子跑來看診，她說自己找過各式各樣的醫師，但都沒有一個人能弄懂她想要的是什麼。艾瑞克森會首開先例嗎？她開始講起了話，但都沒有碰觸到她此行真正的目的。艾瑞克森只是默默聽著她說話，然後看著她用手挑掉了衣袖上的毛球。艾瑞克森一邊聽，一邊點頭，然後問了一些看似言不及義的問題。

然後突然之間，毫無徵兆地，艾瑞克森自信滿滿地說自己就是這位小姐遍尋不著的治療師，也是唯一一位能幫得了她的治療師。被這突如其來的自負舉動嚇了一跳，年輕的小姐問了他哪來的自信。這時艾瑞克森說他得問一個問題來確認一下自己的判斷。

「多久了，」他問，「你這樣男扮女裝？」

「你怎麼知道？」這名本尊是男人的「美女」驚訝地問道。艾瑞克森解釋說他注意到對方挑掉毛球的手法，不似一般女性會繞大圈閃過胸部。小姐們是怎麼挑毛球的，那動作他見過太多次了，想騙過他門都沒有。再者，艾瑞克森注意到「她」在提到要先測試一下艾瑞克森的時候，口氣非常果決。那種一個字就是一個鼓點的感覺，一整個就是很陽剛的行為。其他的精神科醫師會沒能拆穿「她」，是因為他非常女性化的外貌，加上刻意練習過的陰柔語調。但肢體的動態是騙不了人的。

另外有一回，艾瑞克森進到辦公室發現一名初診的女病人在等他。對方解釋說她特意來找他是因為她害怕坐飛機。艾瑞克森打斷了她，也沒有解釋什麼，只是請她離開辦公室然後重新進來一遍。她覺得有點火，但還是照辦了，然後艾瑞克森就趁她第二次「進場」時觀察了她的「台步」，還有她是如何在椅子上坐下來的。跑完這個流程，他才再請對方解述來意。

「我老公九月要帶我出國，而我怕坐飛機怕得要死。」

「女士，」艾瑞克森說，「病人既然來找精神科醫師，就不能跟醫生有祕密。我已經知道你的一些事情。而我接下來要問的問題你可能不愛聽……妳先生知道妳外遇嗎？」

「他不知道，」她驚訝地說，「但你是怎麼知道的？」

「是妳肢體語言告訴我的。」他解釋說她翹起的腿夾得很緊，其中一隻腳完全卡到另一邊的腳踝後面。經驗告訴他的是，但凡已婚婦女有外遇，都會用類似的方式將自己的身體「鎖」起來。另外，她在遲疑中很清楚地說了「出一國」而沒有連起來說「出國」，感覺就是老公對她這麼好，讓她覺得很愧疚。還有就是她走路的模樣也顯示出這是一個感覺困在複雜感情裡的女性。在後續的療程中，她找來了自己已是有婦之夫的愛人。艾瑞克森要求要見男性愛人的髮妻，結果等這位太太來了，她的坐姿也是一模一樣的閉鎖狀態，一腳卡在另一腳的腳踝底下。

「所以妳在搞外遇。」艾瑞克森挑明了講。

「嗯，是我老公告訴你的嗎？」

「不是，我是從你的肢體語言看出來的。現在我知道你老公為什麼會長期頭痛而不癒了。」沒多久，他就成了上述這一整掛人的精神科醫師，帶著他們把姿勢放輕鬆，內心也不再苦痛。

隨著年資的累積，他對人際溝通的觀察力也拓展到一般人難以察覺的非語言元素上。他可以僅根據某人的呼吸模式就判斷出他的心理狀態，還可以藉由對這些模式的鏡射，帶領病人進入一種催眠的恍惚狀態，創造出醫病之間一種深度連結。他可以讀取到人下意識或未出聲的發言，包括人會在旁人幾乎無法察覺的狀態下唸出單字或名字。算命師、靈媒與某些魔術或幻術師，就是靠類似的本事在混飯吃。艾瑞克森可以從他祕書打字的力道判斷出她月事來潮，可以根據人手的粗糙與否、走路步伐的強弱、頭頸傾斜的角度、還有聲音成色與語調轉折，猜出對方的職業背景。在病人與友人的眼裡，艾瑞克森簡直能通靈，但他們毫無所悉是艾瑞克森曾下過何等苦工，才得以將這種非語言的第二語言融會貫通。

▌大師解讀

對米爾頓·艾瑞克森來說，突如其來的身體癱瘓可謂塞翁失馬、焉知非福，因為他不僅因此見識到一種前所未見的溝通模式，而且還徹底發掘出一種全新的方式來與人產生關聯。聽著姊妹們說話，從她們的臉上與聲音裡拾得資訊的過程中，他不僅是在感官上留下了相關的記錄，而且還時不時彷彿身歷其境地體驗到姊妹們心中的感受。他得去想像何以姊妹們會口是心非，並在這樣的過程裡短暫體會到她們不願意說出口的欲望。他必須看著姊妹麼頸上的緊繃線條，將之轉換為自身身體上的緊繃感覺，然後藉此去理解何以她們會突然因為看到他而惶惶不安。他發現到非語言溝通不能單靠思考與翻譯成文字來體驗，而必須親自從對方的臉部表情或閉鎖體態來在生理上有所感覺。這是另外一種型態的知識，一種與人類的動物性有所連結，而且牽涉到我們鏡像神經元的能力。

要通曉這種「語言」，他必然得放輕鬆，然後控制住自己想要用文字去詮釋或分類眼前所見的衝動。他需要把自我縮小——少想著自己想說什麼，而將注意力朝外集中在另外一個人身上，同時也把天線頻率對準表現在對方肢體語言反映出的情緒變遷。他慢慢發現這樣的注意力改變了自己。這讓他變得更加朝氣蓬勃，更加能注意到別人持續散發出的徵象與訊號，而這也使得他出落為一名更加卓越的社交主體，有能力與人的內在產生連結，發展出更良性的互動。

隨著艾瑞克森在這種自我成長與轉型上愈走愈遠，他注意到大部分人的走向都與他背道而馳——**別人都愈來愈自我中心，觀察力也一年不如一年**。他很喜歡在工作中蒐集這些人的案例來當作證據。比方說，他曾請自家醫院裡的一群實習醫師去默默觀察一位躺在病床被單下的年長女性，然後觀察有什麼事情可以顯示出她臥病在床的可能原因。他們一看三小時卻一無所獲，沒有一名實習醫生注意到一個顯而易見的事實，那就是這是一位截肢後的老奶奶。又或者在來聽他公開演講的聽眾當中，不少人會問他怎麼都不用他手上那支長相很奇特的棒子來輔助簡報的進行，原來他們都沒發現艾瑞克森一跛一跛地需要手杖。艾瑞克森的觀察是人生的艱鉅，讓眾人只關心自己。再簡單的觀察，他們都已經沒有心思跟餘力去進行，更不可能為了什麼非語言的第二語言去駐足學習。

你的人性課題

我們是地球上最具代表性的社會性動物，因為我們需要靠與人的溝通能力來獲致生存與繁榮。據估計，六成五以上的人際溝通都屬於非語言的形式，但這些非語言資訊僅有百分之五為人所吸收內化。相對於此，我們常用社交行為上的全副關注力在聽對方說話，但對方說的話，往往正好是為了隱藏他們內心真正的感受與想法。非語言的線索會告訴我們幾件事情：他們想用文字來強調什麼事情，以及他們字裡行間的潛台詞等人際溝通中的細微紋理。透過這些線索，我們會知道他們認真地在隱瞞什麼，也會知道他們真實的想望。這些線索會無時差地反應出人的情緒與心境。掌握不了這些訊息，就像是人矇著眼睛在開飛機。這會招致誤會，也會讓你錯失對人產生影響的機會，而這都全都肇因於你無法對他們外在的線索與內心的需求心領神會。

你的任務很簡單：首先，你必須認清你也都只看自己，而很少去觀察事情。承認了這一點後，你便能產生動機去發展自身的觀察技巧。第二，你必須學習艾瑞克森去理解這種非語言溝通形式的特色，這包括你得敞開自身的官能，在生理層面上與人產生更多的關聯，不要光聽其言，還要多多去感受對方身上的能量。你不光是要去觀察他們的臉部表情，還得在內心讓這些表情留下烙印，以便這些印象可以留在你心裡，提供你更多的訊息。隨著你使用這種第二語言愈來愈流利，「字彙量」愈來愈豐沛，你將能把特定的手（姿）勢連結到特定的情緒。敏感度的提高，會讓你注意到自己以前有多少東西沒有注意到。而同樣重要的是，你會發現一種全新而更深刻的方式可以與人產生關聯，而這當中便會挾帶著更強大的社交能力供你運用。

> 只要你還期待著惡魔會頭上長著角或蠢貨手上會搖著鈴，那你就永遠會是這世上這兩種人的獵物或玩物。而有件事情我們理應切記，那就是在與其他人的交流中，人類就像月亮一樣：他們永遠只會讓你看到兩面當中的其中一面。每個人都有與生俱來的能力……用自身的面相製成面具，以方便他們能永遠看起來如他們假扮的角色一樣……而這種面具魚目混珠的能力極強。每當人需要讓自己人模人樣、討人喜歡的時候，他們就會戴上面具，而你也可能看得津津有味，就好像他們戴上的是蠟像或紙板做成的面具似地。
>
> ——阿圖爾．叔本華（Arthur Schopenhauer），德國哲學家

人性的關鍵

身為人類，我們都是影帝跟影后。我們從小就知道該擺出什麼樣的表情，才能誘發爸媽的同情或關愛，進而從他們手中得到我們想要的東西。我們會知道別讓父母或手足知道我們確切的想法或感受，以便在脆弱的時候可以自我保護。我們會熟能生巧地拍重點人物的馬屁，比方說班上的風雲人物或老師。我們會知道如何在打扮與語言上「合群」來融入小團體。而隨著年紀漸長，我們會想要在工作上闖出屬於自己的一片天，由此我們會學著在人前一副好員工的模樣，一切配合公司的文化。不論我們今天的身分是企業高幹、大學教授，還是顧吧檯的酒保，我們都得拿出該有的模樣。

假設有個人不具備上述的任何一點演技，一覺得你說的話不中聽就會苦一張臉，一覺得你無聊就打哈欠，一有什麼想法就搬上檯面，觀念

與行事風格都徹底地隨心所欲，講起話來不論是對老闆或對小朋友都沒有任何差別，那麼不用懷疑，這個人會成為其他人閃避、嘲弄與鄙夷的目標。

我們的演技都好到自己不會覺得自己在演戲。我們會覺得自己與人交往都是那麼誠摯，但你去問精湛的演技派演員，他們都會告訴你，**演出要有說服力，祕密就在於要先說服自己一切都是真的**。演技於我們，自然得就像呼吸，但你若想觀摩一下自身的演出過程，那你可以試著在與家人、老闆和同事互動的時候稍微跳出自己。你會發現自己在精心調整台詞、語調、動作與整副肢體語言，而你調整的根據就是不同的人事時地物。今天如果眼前是你想要討好的對象，你會是一種模樣；今天眼前是熟悉而信賴的對象，你就會卸下武裝。這種轉換是本能反應，幾乎不需要想。

幾百年來，不同的作家與思想家以外部的角度觀察人類行為，都對人類社交中的戲劇屬性感到十分驚訝，其中莎士比亞更是廣為人知地對此有感而發：「世界似舞台／男女皆演員／進出即換角／一生無數遍」。若說戲劇與演員的傳統意象就是面具，那含莎士比亞在內的作家就是想表達我們所有人都從來沒有以真面目示人。當然演技有高下之別，反派如《奧賽羅》裡的伊阿哥（Iago）有辦法把蛇蠍心腸隱藏在友善而無害的笑容後面。另外，有些人則比較放得開，演起戲來自信又勇敢，而這些人往往是領袖的料。我們當中演技精湛的，比較不會在繁複的社交環境裡擱淺，從競爭的角度來看也易於領先。

雖然我們都是專業演員，但同時間我們也神祕感受到非演戲不可是一種負擔。人類是地球表面最成功的社會性動物。數十萬年來，我們靠狩獵採集為生的祖先之所以能活下來，全是因為我們能持續靠著非語言的線索與彼此溝通。正因為早在語言出現之前就有，而且還經過這麼長時間的發展，所以人的臉部表情才會如此生動，手勢也才會如此講究。這是與生俱來，存在於我們內心深處的本性。我們一方面會持續想要表達自身的感受，一方面又得隱瞞情緒來維持社交生活的正常運行。因為有這兩種矛盾的力量在我們內心打仗，所以我們無法完全控制自己所傳達出的東西。**我們真實的感覺，會持續不斷地從手勢、音調、臉部表情與身體姿態中洩漏出來。**唯一般人並沒有經過訓練，所以不知從何去注意人的非語言表現。基於單純的習慣，我們會專注在人說話時的「逐字稿」，而且同一時間還老盤算著自己要怎麼接話。換句話說，我們每個人內在都有的社交潛能，只有很小的比例被發揮出來。

假設，你今天要跟一個認識不久的朋友聊天。藉由把注意力放在他的非語言表現上，你會得知他此刻的心情良窳，並且能把這些情緒鏡射回給他，讓他不知不覺在你面前卸下心防。這樣的對話發展下去，你會察覺到他們也在回應你的手（姿）勢與鏡射。一旦發現這些他對你開綠燈的現象，你就可以大膽地把「電力」轉大。在這樣的正向循環下，你便能與他建立起友情與默契，進而把一位珍貴的盟友收下。反之，若遇到某個對你敵意深重的傢伙，解讀非語言徵象的能力也可以讓你看穿對方虛假而緊繃的笑容，讓你不錯過他們臉上一閃即逝的不耐與因為你在現場而露出的微微不安。把這種種觀察即時刻在心上，你便能不失禮地退場，然後把他們列為重點觀察對象，隨時準備好他們會對你亮出獠牙。及早撤退，你要麼避開與對方的一場惡鬥，要麼省得被人搞破壞。

身為人性法則學生的你，在此有一個雙重的任務：**首先，你必須了解人生如戲是真的**，並大方接受這一點。不要在這件事情上當正義魔人，覺得角色扮演有多麼十惡不赦，畢竟為了讓社交機制能夠順利運行，戴上面具有時也有其必要性。事實上，你的目標就是要在人生的舞台上把自己的角色扮演好，這包括你要展現出十足完美的技巧、吸引眾人的聚焦、引領聚光燈下的風騷，讓自己出落成一名善體人意的男女英豪。**第二，你不能天真地以為人的表象就等於真相**。你不能被人的演技給蒙蔽，你必須要讓自己化身為大師級的感情解碼專家，多多磨練觀察技巧，並盡量在日常生活中操作這些技巧。

而為了做到以上這樣，人性法則有三把刀你必須要磨得又光又亮：**一、你要理解人要如何觀察；二、你必須習得解碼非語言溝通的基本要領；**

三、你必須徹底掌握所謂「印象管理」的技藝，藉此讓你的角色扮演發揮最大的效益。

觀察技巧

身為孩子的我們，幾乎人人都是觀察的高手。當年因為我們又小又弱，所以我們的存活有賴於解讀旁人的微笑與音調。我們經常會因為大人特殊的走路方式、誇張的笑容與矯揉造作的習慣動作而看得目瞪口呆。然後我們會模仿他們並覺得好玩。我們可以從某人的肢體語言中察覺出他對我們是一種威脅。這說明了何以對於狗改不了吃屎的說謊者、詐騙犯、魔術師與打腫臉充胖子的各種人來講，小孩子的出現會是災難一場。他們那一套，對小朋友徹底無效。但慢慢地從五歲開始，這種兒童限定的敏銳度就會慢慢流失，主要是我們會開始把注意力朝內，我們會開始在意別人眼中的我們。

你必須理解我並不是要你從零開始學一樣東西，而是要你把曾經會的東西找回來。這代表你得循序漸進地去逆轉自我關注的過程，然後重拾兒時那種注意力朝外的好奇心。

就像學習任何一種技巧一樣，練習是少不了的。你要做的是透過練習，為自己的大腦重新接線，好讓神經連結獲得新的配置。你不會想要一下子用太多資訊讓自己的大腦過載。你必須要像小朋友學走路一樣，每天都進步一點，不用多但不能沒有。在與某人的日常對話中，給自己設定一個目標是要觀察到他一兩個疑似口是心非或欲言又止的地方。注意力要放在對方的微表情上，對方臉上一閃而逝的緊繃上，乃至於對方硬擠出的假笑上（這部分我們稍後會有更多著墨）。一旦你制霸了第一個目標，下一步就是再找別人練習，而且臉部永遠是你觀察的重點。一旦覺得從臉上找線索不難之後，你就可以開始嘗試對人的聲音進行類似的觀察，這代表你要去留意他們說話時的音高與速率。聲音會告訴我們一個人有沒有自信、對生活滿不滿意。聲音這一課也「畢業」之後，下一關就是肢體語言中的各種元素——姿勢、手勢、腿的位置。這些練習以簡單為宜，目標也不用搞得太過複雜。觀察到任何心得都做成記錄，特別是你注意到的任何模式。

練習中的你必須放輕鬆，必須對看到的事情保持開放的心態。你要避免的，是別急著下定論，別急著用文字去詮釋觀察到的事情。你必須投入對話但少發言，多讓對方開口。試著鏡射他們的發言，用他們出口的話語來衍生出評論，藉此讓他們知道你有在聽他們講話。這會產生的一個效果是讓他們放鬆，同時說話的興致不減。而只要他們繼續往下講，更多的非語言線索就會流洩出來。但你對人的觀察絕不能做得太明顯。一旦感覺到自己成為被觀察的對象，人就會僵住而控制起自身的表現。太多直接的眼神接觸，會讓你的意圖曝光。你必須自然而專注，只用有效率的餘光來偵測對方臉部、聲音或身軀的微小變化。

在長期觀察特定對象的過程中，你必須要建立起他們表現與情緒的基準線。某些人天生安靜退縮，他們的臉部表情會洩露出這一點。相對於此，有些人活潑好動，更有些人臉上永遠抹不去驚慌焦慮。知道了這人平日的模樣，你才能更精準地去掌握他們的「異常」狀況——內向者突然的外放，習慣性緊張的人突然神清氣爽。一旦你知悉了人的基準線，要看出他們在隱瞞什麼或為了什麼事情在傷神就容易多了。古羅馬的馬克・安東尼（Mark Antony）是與生俱來的樂天派，你隨時看到他都是面帶笑顏，到處戳人的笑點。一直要到凱撒遭到刺殺後的會議上，他變得安靜而嚴肅，安東尼的政敵屋大維（後來的羅馬帝國開國君主奧古斯都）才理解到安東尼預謀要對自己不利。

跟基準表現進行對比的另外一種變形，是你可以去觀察同一個人在不同場域下的表現。你要看的是他們在與配偶、上司或員工對話時，非語言的線索有沒有什麼改變。

作為另外一種練習，我建議你去觀察人在令其興奮之事要開始前的表現，比方說：要去嚮往以久的國家觀光、要跟愛慕許久的對象出遊，或是任何讓他們躍躍欲試之事。注意他們迫不及待的表情，包括他們的眼睛如何睜得老大、他們的臉龐如何又紅又燙，還有他們是如何一想到接下來的事情就嘴角失守。將之對照一個即將赴考或前往工作面試的人，你看到的會是緊繃與張力。**透過這樣的對比練習，你的「字彙量」就會增加，你把外在表情跟內在情緒連起來的能力就會變強。**

任何模稜兩可的矛盾訊號，都是你觀察的重點：某人嘴上說你的點子很棒，但臉上卻面有難色，聲音也很緊繃；一堆人恭喜你高陞，但他們的笑容感覺很勉強，甚至還有點憂傷。這種讓人一頭霧水的訊號非常常見，而且可能同時牽扯到身體不同部位。在亨利・詹姆斯的小說《奉使記》（*The Ambassador*）裡，第一人稱的主角注意到有個來訪的女人在大部分對話過程中裡都笑容可掬，但手中的陽傘卻也一直抓得很緊。也因為看到這一點違和處，主角也才對她實則不悅心裡有數。**面對這種令人混淆的訊息，你必須要認知到一點，那就是非語言溝通本就是以負面情緒為主**，所以在判斷對方真實感受的時候，你要給負面線索較高的權重。在某個點上，你可以想想對方有沒有什麼值得感到悲傷或怒氣的緣由。

相關鍛鍊要更上一層樓，這還有一種練習不錯。你可以去咖啡店或公共場所裡坐下，然後在沒有非與人交談不可的輕鬆狀態下，對身邊的人進行觀察。你可以默默聽著旁邊的人聊天，看看能不能聽出什麼端倪。路人行走的風格與整體的肢體語言，也可以是你觀察乃至於做筆記的標靶。熟練之後，你可以嘗試根據各種線索或外顯的個性來推測人的職業。這當成遊戲也蠻有樂趣。

功力提升後，你將能相對輕鬆地一心二用，邊專心聽對方的言語，邊留意非語言的訊息。你會開始注意到自己以前沒注意到的訊號，不斷擴大你這第二語言的單字量。**別忘了，人做每件事都有其意義，沒有什麼手勢是百分百隨意而不含任何訊息**。所以你該注意的包括某人為什麼不說話，某人為什麼做這樣的打扮，某人為什麼會擺出這樣的辦公桌，某人為什麼會用這樣的頻率呼吸，某人為什麼會繃緊肌肉（尤其是肩膀），以及某人在說話時的弦外之音——他沒說出口的是什麼，拐彎抹角想表達的又是什麼。以上種種觀察只要能有發現，都應該讓你得到鼓勵，成為你精益求精的動力。

在使用觀察技巧時，你必須留心自己可能會陷入的常見錯誤。語言表達的是直觀的資訊。我們固然可以對他們某句話的意思各執一詞，但基本上其詮釋還是有個範圍。相較之下，非語言訊息就間接也模糊得多。動作或表情的意義，都沒有字典可以幫你解析。一切的判斷都只有人跟上下文這兩點可以依賴。一個不小心，你就可能會用抓到的訊號去迎合自己對人的情緒與偏見，由此你的觀察不但幫不了你，甚至還會造成一定的風險。若觀察對象原本就不是你會喜歡的類型，或他會讓你想起自己討厭過的人，那你就很容易會把所有的動作都解釋為不友善或帶有某種敵意。反之喜歡的人，你就會全部都做於對方有利的解讀。在任何的練習中，你都要努力去排除個人的偏好與對人的成見。

關於這一點，有一種東西叫做「奧賽羅的謬誤」(Othello's error)。在莎士比亞的《奧賽羅》劇作中，同名的主角奧賽羅只因為妻子德斯迪蒙娜(Desdemona)在被問到若干證據時神色慌張，就認定她通姦罪證確鑿，但事實上德斯迪蒙娜是清白的。讓她緊張的不是心虛，而是丈夫疑神疑鬼、咄咄逼人的問話態度。結果她的緊張，就這樣被奧賽羅逕自解讀為心裡有鬼。在類似的狀況中，我們會從別人的反應中挑選特定的情緒反應——比方說在奧賽羅故事裡的緊張——來聚焦，並自顧自地以為那反應出自於某種原因。我們會衝動地把符合內心想像的理由套在觀察之上，但其實人會緊張的因素很多。包括猛然被問到問題或在於整體環境，我們都可能會一時間不知所措。**所以問題的癥結不在觀察，而在於解碼。**

一九八四年，阿弗烈．德雷佛斯(Alfred Dreyfus)這名法國軍官被以洩密給德國的罪名含冤下獄。德雷佛斯是猶太人，而當時許多法國人都有反猶的情結。第一回公開接受訊問時，德雷佛斯的態度既冷靜，回答起問題也很有效率。他的這種口條是出於他在公門的訓練，也是因為他想要控制自己的緊張情緒。但輿論大多認定無辜的人會大聲喊冤，所以他的表現被解讀為間接認罪。

記住：不同文化背景對可接受的行為有不同的底線或標準。這就是所謂的「情緒表達規則」(display rules)。某些文化出身的人會笑得少，或者身體觸碰較多。又或者某些文化的語言會更強調聲調的起伏。所以說我們在解讀他們的各種外顯線索時，文化背景是一定要考量的因子。

在操演相關技巧的過程中，請你也試著去觀察自己。想想自己有多常假笑，自己的身體也多常顯露出緊張，包括你的聲音有沒有抖、手指有沒有在桌上敲打、頭髮有沒有變成你指間的麻花、嘴唇有沒有不自覺地顫動等。**你愈是能敏銳地察覺到自身的非語言表現，別人的類似作為也會比較逃不過你的法眼。你會更能想像別人某種表現背後代表的是什麼樣的情緒，也會更能控制住自己的非語言行為表現，而這將極為有助於你扮演正確的社交角色**（詳見本章最後）。

最終，在發展上述各種觀察技巧的同時，你也會同步觀察到自己與他人關係上的具體變化。你會對人稍縱即逝的心情變得非常敏感，甚至於你可以因為自個兒的內心也感受到部分別人的內心而獲得一種未卜先知的能力。這種能力一旦足夠強勁，你便能在別人的眼裡顯得像能夠通靈，像米爾頓．艾瑞克森就是一例。

解碼的關鍵

別忘了，每個人都想在世界面前展現出最好的一面，而這意味著他們會隱藏自身潛在的敵意、（想高人一等的）權力慾、想拍的馬屁，以及他們的各種擔心。他們會用文字來掩蓋真正的情緒，讓你因為分心而看不到實際的情形，而其所利用的，正是人對於文字溝通的執著。他們會用自己可輕易換上的特定臉部表情來換取別人相信他們的善意。而你的任務就是要不被這些假象勾引，轉而去捕捉他們控制不了的漏網之魚，因為這些從他們面具縫隙中洩露出的訊息，才多少代表他們內心真正的情緒。說得更精確些，最值得你去觀察並指認的非語言線索有三大類：（一）討厭／喜歡；（二）支配／臣服；（三）欺騙。

線索一：討厭／喜歡

想像一下這種情況：團體裡有人不喜歡你，原因可能是羨慕或猜忌，唯在團體的環境裡他們不能大剌剌地表達出這種敵意，否則不合群的形象會對他們自身不利。存著這種顧忌的他們對你笑容可掬，會跟你相談甚歡有來有去，甚至還會支持你的各種提議。時不時，你可能會感覺有哪裡不對勁，但那些訊號都非常微弱而難以判定，於是你寧可相信他們在你面前的精湛演技。然後突然之間，就像青天霹靂一樣，他們開始成為你行事的絆腳石，態度也一下子差到令人難以置信。他們褪去了面具，而你得付出的代價不光是工作或生活上的某些地方窒礙難行，而是內在也會覺得很不開心。而心裡一旦產生陰影，那就不是三兩天可以恢復的事情。

人對你展現出來的敵意或抗拒，絕對不會沒有原因。同時他們在採取行動之前，也總是會有徵兆可以察覺，因為要徹底壓抑這麼強烈的感覺，對任何人來講都是難上加難。所以我們會措手不及不光是因為自己沒注意，也是因為我們內心排斥這種與人起衝突或意見不合的感覺。我們不願想這件事，而寧可假定大家都是好朋友，或至少無冤無仇。所以很常見的一種狀況是我們會明明心裡有疙瘩，卻還是寧可裝傻。**我們必須學著去信賴自己的直覺反應，找出對方內心與我們為敵的徵兆乃至於證據。**

對我們有反感或敵意的人，會不自覺在肢體語言上露餡，這包括因為你說了某句話而突然斜眼或瞇眼、包括怒瞪、整個含住嘴唇、縮緊脖子，人還在跟你講話卻把軀體與腳轉離面向你的方向，還包括抱著胸聽你發表高論。**總之一個人討厭你，就很難在你面前放鬆。**問題就在於除非對方對你已經不爽到藏都懶得藏，否則你往往會看著這些徵兆卻像瞎了一樣。相對於此，你必須訓練自己到能察覺這些微表情，乃至於種種足以供你未雨綢繆的徵兆。

微表情是心理學者較近期的發現，而他們也已經能將這些表情用影片記錄下來。微表情的長度不到一秒，並且可分成兩種類型：第一種出現在人自覺產生負面情緒但想對其進行壓抑之際，但這當中會有零點幾秒到零點零幾秒的破綻；第二種會出現在我們並不知道對方的敵意，但這敵意還是一瞬間在臉上或身體上顯現出來的時候。這些表情會包括一個瞪眼、臉部肌肉的一緊、雙唇含在嘴裡，微微的蹙眉、冷笑或鄙視，外加狗眼看人低。知道了微表情是一種現象，我們就可以設定目標去尋找它們，而且一旦開始留意，你就會很驚異地發現它們一點都不罕見，因為人想要徹底杜絕臉部的肌肉或任何一種跡象漏餡，基本上是有夢最美。而對於進行觀察的你而言，放鬆與專注必須要是一體兩面。盯著對方看是大忌，為此你必須練就餘光這項利器。只要你抓到對方露餡的記錄開始累積，之後的作業就會愈來愈容易。同樣藏有很多訊息的，還包括那些訊號微弱但時間可長達數秒的徵象，你會在其中觀察到人的緊繃與冷漠。比方說，當第一回要接近在內心否定你的人時，你可以嘗試以一個角度靠近來讓他措手不及。如此一來，你就不難趁他們還來不及戴上面具，假裝和藹可親之前，看見他們的不悅。他們並不歡迎你的出現，但這一幕只會稍縱即逝在須臾之間。又或者當你自覺在仗義執言或據理力爭時，他們會先翻起白眼，然後再以迅雷不及掩耳的速度換上敷衍的笑臉。

突然的沉默，包藏的意涵可以很多。或許你無心的一兩句話，讓某人內心因為欣羨或厭惡而抽動了一下，以至於他們突然間一句話也擠不出來，只能在抑鬱中默默裝傻。他們可能會嘗試用笑意來掩蓋內心的怒不可遏。相對於害羞或單純的找不到話題聊，你會察覺到他們是真的在為了某件事情煩躁。這種情形，你最好先多觀察個幾次，累計些案例後再下論斷。心裡有疙瘩的話，言行不一的狀況總是會把人出賣的——對方總是會嘴裡說著好話來粉飾太平，但肢體語言卻無法跟上。肢體語言會露餡，是因為一直要演好人很累，那樣的壓力也需要紓解。他們所賭的，就是你只會專注在文字上，他們估計自己的鬼臉或假笑不會被你放在心上。另外，你還要注意對方言談中矛盾的組合，有人會嘴巴上尖酸刻薄或與你針鋒相對，但他們會邊如此邊對你微笑，甚至還會感覺在開玩笑，就好像這一切都只是在逗著你玩，無傷大雅似的。搞得好像你生氣的話就是器量太小，禮數不周到。但除非真的只是一次兩次，否則這種做法就由不得你輕忽，而且你還應該反過來注意文字而非肢體表現，因為這樣的人是在用很壓抑的方式宣洩敵意。若有人雖然對你恭維至極但眼神黯淡無光，那便能解讀為他們在默默地妒羨於你。

在法國小說家司湯達（Stendhal）所著的《帕爾瑪修道院》（*The Charterhouse of Parma*）故事裡，莫斯卡伯爵（Count Mosca）收到一封匿名信。這封信的用意是要挑起他對於深愛情婦的醋意。在思索這信出自誰之手時，伯爵想起了當日稍早曾經與他交談過的帕爾瑪親王。親王在對談中論及權力的快感，是如何在愛情能帶來的快樂前相形失色，而親王一邊這麼說，伯爵也一邊察覺到對方眼角閃著帶有惡意的光華，外帶一抹尷尬的微笑。他們的話題是關於愛的泛泛之談，但親王的視線顯然是朝著他而去。由此伯爵很正確地判斷出親王不但就是匿名信的作者，因為無論怎麼努力，他都不可能把毒蠍般的燦笑徹底藏好，事實上他也被伯爵看出了馬腳。這也是「言行不一」的一種變形。**人看似在對大題目暢所欲言，但默默地他們正用眼神在針對著你。**

要判斷敵意，一把很好的量尺是比較某人對你與對其他人的肢體語言有何不同。比方說他們可能會對別人熱情又友善，但一轉來看你就面具一戴來個禮多人不怪。在對話中，他們難免會一閃而過地露出不耐煩與厭惡的眼色，而且都只有你發言的時候會這樣。另外，別忘了人在幾種情況下，會比平日更無法掩藏他們真實的感受，遑論敵意，這包括人喝醉、愛睏，或感覺挫敗、氣憤難當及處在壓力之下的時刻。他們之後會為了自己的行為道歉，一副好像當時說的話都不算一樣。**事實上，失態**

時才是人最真實的時刻。

在搜尋各種徵象的時候，一個很好的辦法是設計對方，讓對方接受檢驗甚或掉入陷阱。這種作法，法王路易十四就很擅長。他會在凡爾賽宮的朝廷最高處，看著滿室貴族對他與他想實施的絕對權威恨得咬牙切齒，但在凡爾賽宮這個文明之境，大家都只能拿出最好的演技，隱藏自己的心情，對國王更是不能有任何失禮之舉。但即便如此，路易十四還是有辦法可以測試這些臣子的忠誠。他會一聲不吭突然出現在某人的身邊，然後觀察他們第一時間的表情。他會明知得舉家遷入凡爾賽宮是一件花錢又討厭的事情，還刻意要某名貴族這麼做。他會小心翼翼地觀察被點名的對象臉上或聲音裡有沒有任何不悅。他會故意在某朝臣面前說與其為盟友的另一名朝臣的壞話，然後注意看前者的第一反應如何，不快的跡象累積到了一個程度，就可以判定為私底下存有敵意。

若你懷疑某人對你心存嫉妒，那你可以用不帶炫耀的態度在他面前說自己最近發生的好事，看對方臉上有沒有顯露失望的微表情。同樣的辦法也可以用來測試隱藏的憤怒與憎恨，而重點一樣是偵測其難以於第一時間遮掩住的情緒性反應。整體而言，人對你的態度可以粗分為三種可能：要麼他們想再多見到你，要麼他們希望最好少見到你，再不然就是見不見都可以，他們無所謂。同一個人可以在這三種狀態中浮動，但他們總是會比較傾向於其中一種。從他們回覆你電郵或訊息的速度、第一眼看到你的肢體語言，乃至於他們整體在你面前表現出的調性，就可以大致看出他們是哪一種。

提早察覺出潛在敵意或負面情緒的價值，在於這情報能增加你進行選擇與調度的時間縱深。你的選項包括安排好陷阱等候來人，包括主動挑起他們的敵意，讓他們因為衝動而做出終究讓自己難堪的行為。又或者你可以加倍努力去中和他們對你的反感，乃至於透過魅力攻勢把他們的心贏過來。還有種可能是你可以單純地拉開與對方的距離——不雇用他們、解雇他們、拒絕與他們互動等等。總歸到底，這情報一定能讓你的人生道路走得更順遂，因為你可以避免掉意外的戰鬥，同時也比較不會遇到有人來搞破壞。

與上述狀況一體兩面的一點，是我們基本上較不需要去隱藏自己正面的情緒，但人卻往往不太喜歡散發出喜悅或受吸引的訊號，特別是在工作場合、乃至於在追求伴侶的過程中。人總是喜歡在社交場合中裝酷，但也因為如此，察覺某人對你有好感是一種極具價值的本領。

根據保羅・艾克曼（Paul Ekman）、E・H・赫斯（E. H. Hess）等心理學者針對臉部線索所進行的研究，對你有好感的人會明顯看得出臉部肌肉放鬆，特別是在額頭線條與嘴角的部分；他們的嘴唇會更完整地顯露出來，眼窩四周也會放寬。這些都是舒適與敞開心房時的自發性反應。若對方的好感屬性較強，比方說是已經陷入了愛河，那血液就會湧到臉蛋上，讓對方的五官變得紅光滿面，另外就是興奮會導致對方瞳孔放大，這是人希望讓更多光線進入眼裡的自發性反應。這幾無例外地代表某人舒服地看著他們喜歡的東西，也就是你。伴隨著瞳孔的放大，人的眉梢也會上揚，由此雙眸看起來會變大。我們不常注意別人的瞳孔，因為熱切地看進人的靈魂之窗，有點擺明了想把對方「怎麼樣」。所以我們必須要訓練自己到可以瞥一眼就注意到對方睜大的眼睛裡，瞳孔是不是有擴張。

在發展這一系列技巧的時候，你必須學著去區別微笑的真假。為了隱瞞自身的負面情緒，假笑是我們最常用的把戲，因為這最容易，而人又常常不會注意微笑真假的微妙差異。由於真笑其實比較罕見，所以你更得在遇到的時候能認得出來。真笑影響所及，眼睛四周的肌肉都會放大，而這最明顯的徵象就是眼角魚尾紋的出現。另外真笑也會傾向與把臉頰向上提。眼睛與臉頰沒有確切改變的，就不會是真笑。有些人會試著笑得很開來模擬真笑的效果，此時也會牽動他們部分的眼睛，所以除了具體的徵象以外，你還必須去觀察對方笑的時機與脈絡。通常真正的笑，都是緊跟在某種作為引信的動作或語言之後，所以真笑是突然的、自然的。所以你可以考量的幾個問題是：剛剛的笑是不是跟現場環境沒有關係，是不是跟剛剛誰說了什麼沒有關係？剛剛是不是個有人會想要引人注目或想達成某種目的的場合？剛剛的笑聲與所謂的笑點之間有沒有「時差」？

或許正面情緒最能彰顯的指標，就是聲音。人要控制臉容易得多，這點照鏡子就知道了，但除非我們是職業演員，否則我們基本上無法隨心所欲的調整音色。人在跟你說話的時候若因投入而興奮，則他們的音調會上揚，這代表他們的情緒是在被撩撥起來的狀態。此時即便他們有點小緊張，說話聲音還是會溫暖而自然，而且不會是業務員那種裝出來的假溫暖。用力聽，你幾乎可以聽到一種像貓咪在呼嚕的聲音，有人形容那是用嘴巴說出來的笑聲。你會注意到緊繃與遲疑之不存。在對話的過程中，雙方的你一言我一語是一種有哏而且有來有往的平衡狀態，且節奏會隨著兩人默契變好而慢慢加快。興奮而開心的心情往往會讓我們也感染到對方的情緒，進而散發出類似的回應。這種感受是騙不了人的，遇到的時候我們多少心裡有數，只是往往我們還是會忘記感覺契不契合才是重點，結果就是被假友善的花言巧語或銷售伎倆給騙得團團轉。

最後一點，在於觀察非語言線索是你想要成功影響人或引誘人時的一大關鍵。非語言線索，可以至為有效地協助我們判斷某人是否吃你這一套。人一旦在你身邊覺得舒服自在，他們就會站得靠你愈來愈近，愈來愈傾向你。此時他們不會雙手抱胸，也不會顯露出任何的緊繃。若你是在說故事或演講，對方會頻頻點頭，會給你注視的眼神，也會發自內心微笑。這些都代表他們同意你所說而且淪陷在你的魅力裡。他們會跟你有更多的眼神交流，或許此時最令人心神蕩漾的訊號是兩人的同步，亦即對方會開始無意識鏡射你的行為。他們會跟你朝同一個方向翹腳，你們的頭會出現類似的傾角，你們會一個人笑完換另一個人笑。同步來到最高境界，一如米爾頓・艾瑞克森所言，你會發現兩人的呼吸開始相互呼應，而這種呼應若條件配合，有時會在一個吻上畫下完美的句點。

你還可以訓練自己在被動監看自身影響力造成的改變之餘，也主動透過自身非語言徵象的正向表現來誘發對方的改變。你可以慢慢朝他們靠過去，盡在不言中地展現出你願意坦誠以對。你可以點頭微笑當個好聽眾。你可以鏡射對方的行為與呼吸的節奏，而在這麼做的過程中，你**也別忘了要觀察對方受你情緒感染的徵兆，只在對方主動卸下心防時才嘗試更進一步。**

遇到專家級的勾引者，他們會使盡渾身解數來展現正向的線索，藉此來看似自己也愛上了你，進而讓你愈陷愈深而無法脫身。此時你要謹記在心的是，很少有人會自然而然在這麼短的時間內掏心掏肺。所以如果理論上是由你造成的影響看似太過倉促而顯得不夠發自內心，可以叫對方緩一緩，然後看看他們有沒有露出失望的微表情。

線索二：支配／臣服

作為地球上最精細的社會性動物，身為人類的我們會根據地位高低、財富多寡、權力大小來建構繁複的尊卑關係。我們不會不清楚這樣的階級關係，但這並不代表我們喜歡大剌剌地把權力的相對性當成話題。當有人把自己崇高的地位拿出來講，我們的感受都不會太舒爽。所以實際上不論強或弱的跡象，我們都更習慣用非語言的方式去表達。我們從黑猩猩等其他靈長類的共同祖先處，承繼了這樣的溝通風格，事實上，黑猩猩裡確實有一套繁瑣的信號用來指涉個別黑猩猩的社會地位。記住，處於優勢社會地位會給人一種自信，而這種自信會透過肢體語言向外輻射。有些人會在飛黃騰達前就流露出這樣的自信，結果就是把旁人吸引過去，造就了一個自我實現的預言。某些具有野心的人，甚至會嘗試去模擬這些外在表徵，但你要這麼做，就一定要有把握做好，因為假裝失敗的自信會讓人相當反感。

自信通常會伴隨著一種高度放鬆的情緒，而這種情緒可以在人臉上與動作的自由程度上一覽無遺。自認大權在握的人，會覺得四周沒什麼不可以看的，更沒有跟誰不能對到眼的問題。但他們的眼皮會閉得緊些，因為那代表著嚴肅的態度與卓越的能力。要是覺得無聊或被打擾，他們會較無忌憚地表現出來。他們笑容比較少，因為太常笑被認為是沒有安全感的表徵。相對而言他們會想碰誰就碰誰，包括友善地拍背或摸摸手臂。在會議場合中，他們會傾向於占用較多的個人空間，亦即他們會拉開與人較長的距離。他們的站姿會比較挺拔，身體各種動作會比較放鬆而不彆扭。更重要的是，別人會不自覺想要模仿他們的風格與行為舉止。作為領導者的人，會在極精微之處對團隊進行某種非語言的溝通。你會注意到人模仿的不只是領袖的想法，他們還會去效法領袖的冷靜或狂妄。

群體中的「男一」（alpha male）會喜歡用訊號來傳達自身在社會排行中的優越地位，方式還好幾種：一、他們講話速度會比其他成員快，而且也自覺有權利打斷別人，會控制對話的流程。他們握起手來會格外有力，幾乎給人一種想把東西捏爆的感覺。他們走進辦公室，你會感覺他們居高臨下，而且走路有風，基本上讓地位低者成為他的跟班。去動物園看看黑猩猩，就能發現他們的老大也是一樣的做法。

對處於領導位階的女性而言，通常最有效的做法是冷靜而自信的表現，有溫度但不失幹練。德國總理梅克爾（Angela Merkel）或許就是現役最好的案例。她的微笑比一般的男性政治人物更少，但這也讓她的笑容變得格外有其意義。她的笑從來不假，而身為傾聽者，她會給人百分百的注意力，臉上除了專注的眼神沒有任何多餘的表情。她有種本事是把話都交給對方去講，但對談的節奏卻掌握在看似一聲不吭的她手上。她不需要靠打斷人來凸顯自身的權威。她要是想攻擊人無須潑婦罵街，百無聊賴、冷若冰霜、與不把人當回事的眼神就足以把人壓扁。俄羅斯總統普丁（Vladimir Putin）曾試著把寵物狗帶到會議中來給她下馬威，因為他知道梅克爾曾經被狗咬過一口，所以對狗有股恐懼。狗的出現讓她明顯繃緊了身體，但她也隨即重整旗鼓，冷靜地望進了普丁的眼裡。藉由對普丁這種把戲的無視，她讓自己相對普丁取得了某種成熟的高度，而普丁相形之下則顯得既幼稚又小心眼。她的風格並不包含所有「男一」會做的肢體動作，她獨特的調調顯得更沉穩、強大、原創。

隨著女性在領導位置上愈來愈常見，這種較不突兀、也較不具侵略性的權威風格，或許能慢慢改變我們對於權力必然連結到若干支配與霸王表現的傳統觀念。

在你所屬團體中占據權力位置者，都值得你去觀察其身上是否存在著支配的表徵。在非語言線索中流露出緊繃與遲疑的領導者，普遍可以判定為對自身權力抱持著不安全感，覺得自己受到威脅。這類指向焦慮與欠缺安全感的徵象，一般要看出來的難度都不高。這類領導人講起話來會比較拖泥帶水，間隔很長。他們會把聲調拉高然後停在那裡。他們會眼神閃爍，但又努力要控制眼球的動作，唯此間他們也往往會眨眼眨得比較頻繁。你看得到他們臉上有許多硬擠出來的緊張笑容，不會真心覺得自己可以想碰誰就碰誰，而會更常觸碰自己，而那也就是所謂的「安撫行為」(pacifying behavior)。他們會摸自己的頭髮、脖子、額頭，但不論摸哪裡，其目的都是想舒緩自己的神經。想掩蓋自身欠缺安全感的個體，會在對話中流於刻意地放大音量、拉高聲調來彰顯自己，而且會邊這麼做邊緊張地東張西望，眼睛睜得老大。又或者他們會一邊口沫橫飛，話說得興高采烈，一邊雙手跟身體卻又異常地一動也不動，而後者基本上就是焦慮的跡象。這類人會無可避免地傳送出口是心非、自我矛盾的訊號，而你必須必須警覺到某些訊息的底下就是說話者的不安全感。

從二〇〇七年幹到二〇一二年的法國總統尼古拉·薩科奇（Nicolas Sarkozy），就是個喜歡透過肢體語言來刷存在感的傢伙。他會拍人的背，會指引別人該往哪兒站，會用眼神去把人「定住」，會打斷人說話，還會想辦法 hold 住全場。在歐元危機時期的一次會議裡，德國總理梅克爾一邊看出了他招牌的倨傲行徑，但一邊又無法假裝沒看到他從頭到尾都緊張地在抖腳。刻意招搖或許可以解讀為虛張聲勢，以便被人看出他心中的不安。這對梅克爾而言，堪稱可以好好派上用場的重要情報。

人的行為舉止中常存有支配與順服的線索。比方說，有人會經常性遲到來突現自己的重要或地位較高，不論這一點是否屬實，總之他們不覺得自己有準時的義務。另外，對話的模式會顯露出人自覺身處的相對位置。比方說，覺得屬於支配一方的人會傾向於話說得多些，打斷人的頻率高些，以此做為他們彰顯自我的手段。遇到針對個人的爭端，他們會惡人先告狀，使出「圈點加註」(punctuation)這一招——他們會去翻出舊帳，說那就是事情的起因，但明明那種行為是兩人互動的一種模式。為此他們會用語調與銳利的眼神去宣告自身的詮釋無誤。找一對情侶或夫妻來觀察，不難看出兩者間誰比誰強勢。去跟他們說說話，你將發現強勢的伴侶會看你而不看自己的另一半，甚至伴侶插話也愛理不理。微笑也可以是供你判斷人強勢與否的一項「跡證」，尤其是你可以注意對方會不會的笑得很「繃」。這通常是在有人說了什麼之後，你的觀察對象就會露出這種又卡又繃的笑容。這種笑容會拉緊人臉部的肌肉，並顯示笑的人對弱勢的一方抱持一種不以為然與鄙夷的態度。他們之所以笑，只是為了表面上與人為善。

最後一種，也是關於強勢伴侶非常難以察覺的一種非語言線索，來自於病症。這指的是其中一名伴侶突然頭痛或身體不舒服，又或是開始酗酒，乃至於陷入某種負面的行為模式。這會迫使關係中的另外一方遵循病人的意志行事，而且還要照顧虛弱的病人。這是濫用別人的同情心來獲得權力的做法，也是非常有效的做法。

總而言之，透過上述線索得到各種寶貴的情報後，你的下一步就是好好評估一下對方自信的程度到哪兒，然後再依計行事。面對那些內心充滿不安全感，非語言的線索猛閃的領導者而言，你確實可以利用這一點去取得與他們互動時的優勢，而更多時候，比較聰明的做法是與這類人保持距離，因為他們的後勢往往並不看好，跟他們走太近會有被拖下水的風險。面對自以為是領導者而用力如此表現的人，你的做法應視他們的人格類型而定。若他們是滿懷信念與使命感的明日之星，則不妨試著與他們同進退，或許彼此可相輔相成。你會注意到這類人身上有正能量的光環。而在另一方面，若他們只是傲慢而器量狹窄的暴君型人物，那就沒什麼好說了，快逃，這種人只是需要人捧，他們不懂什麼叫做食人一口還人一斗。

▍線索三：欺騙

生而為人，我們原本就挺好騙的。總有些事情讓我們想要相信——我們想相信世上有不勞而獲；想相信有新科技可以讓我們輕輕鬆鬆恢復健康或青春，甚至有辦法長生不老；我們想相信人性大致本善，值得我們信任。這種傾向，就是有心人可以想出辦法來欺騙人或利用人的肥沃土壤。為了人類的未來著想，我們真的應該希望自己不要那麼好騙，但人性不是說改變就能改變。所以我們能做的，就是學著去察覺有人想欺騙人，並帶著懷疑的態度來進一步審視證據。

說起欺騙，最明顯也最常見的跡象是有人過度熱情。臉上堆滿笑容加上超級友善，甚至是在那兒想要搞笑來炒熱氣氛。遇到這種人，我們難免會被吸引過去，進而在不知不覺中降低戒心。林登・詹森（Lyndon Johnson）在想要蒙蔽另一名參議員時，他會大費周章地整頓好自己的形象，在衣帽間堵對方，跟他們說一些異色的笑話，碰碰他們的臂膀，看起來誠懇到不能再誠懇，「伸手不打笑臉人」更是在他們的臉上得到了徹底的驗證，因為他們真的整張臉都在笑。同樣地，若有人有事情要掩蓋，他們會情緒異常激動、是非異常黑白分明，同時話也異常地多。他們這是在利用第一章提到過的「信心偏誤」——若我撇清某件事撇清得這麼用力，一副就是受害者的氣息，那你對我也懷疑不下去了吧。謊話說得夠堅定，就有人當真，亦即我們經常把可信度跟真相混為一談。但**事實上你聽到的解釋愈激昂，自我辯護愈誇張，就代表你的警報該響，眼鏡該擦亮，天線要拉長。**

不論是兩者裡的哪一種情形，想掩蓋事實或放軟身段來讓你對某件事買單，騙子的目的都是要你遠離真相。雖然激動的表情與手勢不見得一定等於巧言令色或居心叵測，但只要這種「真情流露」來自於陌生人或感覺有祕密的人身上，那你還是應該小心為上。而所謂小心，就是要為你的懷疑找證據。

面對這類葫蘆裡不知道在賣什麼藥的騙子，你往往會注意到他們某部分的面容或肢體在招攬你的注意力，比如說最常見的嘴巴周圍。笑容可掬加上多變的表情是這種人的正字標章，而嘴巴是人身上最方便操控來創造生動效果的地方，唯手勢或手臂的動作只要足夠誇張，其表現也可以不讓嘴巴獨領風騷。重點是，你得搭配確認對方身體的其他部位是否有著正常的連動，因為人不可能控制所有的肌肉。他們露出燦笑時的眼睛會因為細部的動作而緊繃，但身體其他部位則會異常地一動不動。又或者他們會一邊用楚楚可憐的眼神試著博取你的同情，一邊嘴巴卻微微地顫動。這些狀況都代表他們是在演戲，是很努力在控制自己的身體。

有時候真正有手腕的欺騙者會反其道而行。若有什麼錯誤需要文過飾非，他們會把內心罪惡感藏在嚴肅與幹練的外觀後面，此時他們的臉部會水波不興。聲嘶力竭地否認一切不會是他們的策略；反之，他們會提供一個聽來合理至極的說明，甚至還會跟你一起掃一遍證據，確認他所言不假。由此他們會呈現出一幅天衣無縫的現實即景。若他們圖的是你的錢或支持，那這些人就會給自己一個「高度專業」人設，專業到你會覺得這人有點枯燥乏味，甚至他們會拿一票統計或數據來砸你，這也是形象問題。這種形象或門面是詐騙專家必備，像大師級的騙子維克多・勒斯提格（Victor Lustig）[3]就會用他聽似專業的官腔官調來讓受害者幾近睡著，由此他在對方的心目中儼然就是名當官的或是沉悶的股債專家。伯尼・馬多夫（Bernie Madoff）[4]的外表看來不起眼到極點，根本沒有人會想到他能用龐氏騙局捅出那麼大的婁子（二十年間以短期高報

---

[3] 1890-1947，奧匈帝國騙子，曾兩次策劃出售艾菲爾鐵塔的騙局。此後逃到紐約並製作和出售一種宣稱能複製各種貨幣的箱子。1935 年被捕並被判處 15 年有期徒刑。

[4] 1938-，美國金融界經紀，前納斯達克主席，後成立了自己的對沖基金──馬多夫對沖避險基金，作為投資騙局的上市公司。因設計龐氏騙局（層壓式投資騙局），騙取投資者高達 500 億美元以上的金額。

酬誘騙投資人上鉤，然後用新加入者的本金當作獲利付給舊投資人，造成受害者總計五百億美元左右的損失）。

這類騙局比較難讓人看破，是因為這類騙子能供人觀察的地方不多，你還是應該鎖定對方有沒有過於刻意的舉動。現實永遠不會那麼整齊乾淨，人世間的大小事都會牽扯到突發、隨機的闖入與意外。現實是一堆亂七八糟，永遠拚不出圖案的拼圖。美國總統尼克森的水門案會啟人疑竇而最終被看出破綻，就是這樣來的。當某人解釋事情或慫恿你要幹嘛時的模樣顯得太過勉強或裝模作樣，你就應該起疑了。反過來看這件事情，我想舉杜斯妥也夫斯基小說《白癡》（*The Idiot*）裡的一個角色為例。這名角色的建議是：「說謊的時候，你可以技巧性地在謊言中摻入某件不太尋常的事情，某件怪裡怪氣的事情，某件，你知道，從來沒有發生過的事情，或起碼甚少發生的事情，那你的謊話就會聽起來逼真許多。」

整體而言，當你懷疑對方在拐你或在誤導你的時候，最該做的事情不是直接拆穿對方，反而是興致勃勃地鼓勵他們繼續往下講（或往下做）。**你要的是讓他們多講多錯，多顯露出緊繃與刻意的線索供你確認。**然後等到時機成熟，你再丟出會讓他們覺得不舒服的問題或評語，殺他們個措手不及，讓他們知道你盯上他們了。留意他們此時散發出來的微表情與肢體語言。若他們真的是在騙人，那他們往往會在此時因為不知如何反應而僵住，接著又急急忙忙地想要掩蓋他們內心深處的焦慮。同名電視影集中的《神探可倫坡》（*Columbo*）就最愛用這招——面對有些罪犯想透過對證據的「反向工程」來讓事情看起來是別人做的，可倫坡會先假裝友善且無害得不得了，然後再突然問一個超級尷尬的問題，最後仔細觀察嫌犯的臉部與身體反應。

再怎麼樣老練的騙子，揭穿他們的一個辦法仍舊是經由非語言線索去注意他們如何強調自己說出的話語。這一點是非常難假裝的。說話時的強調，會表現在高亢的音調、堅定的語氣、挑眉、睜眼等動作上。另外，我們還可能在強調事情時墊腳前傾或站起身來，這些都是我們充滿情緒或想要為發言增加爆點時的行為。對於騙子來說，要模仿到這個程度並非易事。騙子在用聲音或肢體來加強語氣時，其動作一來不見得會與口說的內容連動，二者常與當下的語境有些兜不起來，再來是他們可能會慢個半拍，或快上半拍。比方說他們用拳頭捶桌的時間不會完全落在情緒理應被感受到的瞬間，而是會早一點點，就好像是在照劇本演出，求的是效果一樣。這些東西在他們希望投射出的真實表象上都是破綻，而值得我們去加以觀察。

最後我要說關於欺騙，請牢記這當中也有程度之別。在想像的量尺上，最下方的會是人畜無害的白色小謊言，當中包括日常生活中的各種恭維，像「你今天氣色真好」、「我喜歡你的劇本」，都屬於這一類。另外我們不會把生活中的大小事都跟人分享，這一方面別人不見得想聽，二來是我們也需要隱私，而這種選擇也算是一種無害的謊言。這類小謊言只要我們稍加留意就可以知悉，比方說，我們可以看對方的笑是真心還是假意。不過實際上，更好的做法是直接忽視這種低端的謊言。講禮的文明社會本就有賴於一定程度的虛偽來維繫。要是這種無傷大雅的「欺騙」也都要時時搬上檯面，那對人類社交互動的殺傷力實在太強。我們聰明的話，不妨把精力留給那些真正會造成影響，而且別人可能對你有所圖的狀況。

印象管理的藝術

整體而言，「角色扮演」這個詞帶有負面的含意，因為它對比的是「表裡如一」。我們會認為一個真正表裡如一的人，不需要在生活中扮演什麼角色，因為他只要做自己就行，不用演戲。這種概念在友情與愛情的世界裡，有其一定的價值，因為理論上，我們可以在朋友與愛人面前卸下面具，放心地顯露出自己的本性。但在工作上，事情就必然會比較複雜。對於在社會上擔任特定職務或角色的個人，我們會對其「專業表現」有特定的期許。空服員若突然開始表現得像個汽車經銷商，那我們肯定會覺得不太對勁或不太舒服；或者修車的黑手突然表現得像個心理醫生，教授表現得像個搖滾樂手，我們都會有點納悶。若以上這些人通通決定不要扮演自己在工作上的角色，通通要開始做自己，一般人肯定會質疑他們的專業能力。

在我們眼裡比較「真性情」的政治或公眾人物，普遍都是投射出這種人格特質的高手。他們知道對外表現放低身段、討論私生活，或是分享些示弱的小故事，都有助於他們給人一種不做作的印象，但我們看不到他們私下在家裡的模樣，我們看到的都是在鏡頭下的他們，而只要在鏡頭下，在公共場合裡，人的生活就是離不開面具，只不過有些人戴上的是叫做「表裡如一」或「真性情」的面具。就連給人印象不羈或叛逆的嬉皮或憤青，其實也是在演戲，固定的姿勢與刺青就是他們既定的造型。他們沒有突然想穿得西裝畢挺的自由或餘地，因為圈子裡的其他人必會質疑他們的誠信。要讓同伴們相信，嬉皮們也必須要打扮「得體」。人只能先建立起自己的地位，先讓自己的能力不受懷疑，才有機會把本性多帶一點到自己所扮演的角色了。但即便如此，也絕對沒有人可以在自己的角色裡隨心所欲。

在有意無意間，我們多數人都會秉持著自身角色對我們的期待，因為我們心知自己在社會上的成功有賴於此。某些人可能拒絕玩這場遊戲，但到最後他們會因此被邊緣化，或被逼著去扮演局外人的角色，而這也代表他們年紀漸長後的選擇會變少，自由會受限。整體而言，最好的做法是接受這種社會上的動態，然後想辦法樂在其中。你不只是得知曉自己必須呈現出何種適當的外表，你還得知道如何去形塑這些門面來產生最好的效果。能做到這樣，你下一步就可以去改變自己，讓自己出落成為人生舞台上一名優秀的演員，並在聚光燈下享受到屬於你的瞬間。

下方我們來看看印象管理做為一門藝術，有哪些基本功。

熟稔非語言的線索

在特定的環境下，當別人想判定我們是何許人也的時候，他們會很認真去觀察我們散發出的非語言線索。這可能會是工作的面試，可能會是團體的會議，也可能會是你要在公開場合露面。在有心理準備的狀況下，聰明的社交表演者會知道如何控制這些線索到某個程度，並有意識地散發出得體與正向的非語言訊息。他們會知道如何在人眼裡討人喜歡，如何笑起來毫無破綻，如何善用肢體與眼神歡迎人進來，如何鏡射互動對象的動態。他們知道支配者該有的行為舉止，也懂得如何去輻射自信。他們知道若想傳達出內心的鄙夷或受到吸引，特定的眼神勝過千言萬語。整體而言，你會想要對自身散發出的非語言線索有全盤的掌握，如此你才能隨心所欲地去調整並產生出最好的效果。

當個演技派

你的目標是當一個像梅莉・史翠普那樣的演技派，隨時有演法可以叫出來。所謂演技派就是要你設法融入角色，而融入角色就代表你可以視需求召喚出適當的情緒。劇情需要你傷心，你就能存取自己過往的哀戚或想像虛擬的哀戚來表現出傷心。重點是方向盤要握在你的手裡。在現實生活中，我們幾乎不可能把自己訓練到這種程度，但若你一點控制力都沒有，若你都只是當下感受到什麼就表達出什麼，那就等於是在默默地示弱，默默在告訴別人你無法控制自我。你該學著去做的，是有意識地針對場合與你即將做出的「表演」設想出適當的情緒，並且給自己一組方法與理由進入這種情緒，徹底對這種情緒「投降」，以便你的表情與肢體都能自然而然地生動起來。有時候實際笑一下或皺個眉頭，你就能稍微體驗到與這些表情對應的情緒。同樣重要的，是你要訓練自己能不動聲色地回復中性的表情，藉此避免自己透露過多情緒。

配合觀眾來進行調整

在按照你的角色人設去演出之餘，你還是得要有些彈性。大師級的表演者如比爾・柯林頓，就從來不會忘記身為美國總統，他必須要投射出一定程度的自信與力量，但若今天是對著一群汽車工人說話，那他就必須要調整口音與用字去配合觀眾的屬性，就像他與一群企業總經理談話會有專屬的口吻一樣。**思考一下你的說話對象是誰，想想他們有著什麼樣的風格與品味，然後再以此為標準來塑造你的非語言線索。**

創造出合宜的第一印象

事實證明第一印象是人評斷人的重要標竿，而且鮮少有人能從欠佳的第一印象中獲得平反。既然如此，你就必須要為每一回在個人或團體面前的初登場做好完全的準備。一般而言，初見面時最好在非語言線索上低調一些，盡量呈現出比較中性的一面。太過興高采烈會給人不誠懇的感覺，進而讓人質疑你別有用心。輕鬆的笑容與坦誠的眼神接觸，就能在這些第一類接觸中收到奇效，大大降低對方對你這位陌生人的戒心。

善用戲劇效果

這主要牽涉到你戲份的多或少。要是戲份太多，也就是你太常出現在大家面前，尾巴一翹大家就都知道你要幹嘛，那他們就很容易對你感到無聊。你必須知道如何選擇性地缺席，藉此來調節別人看見你的頻率與時機，如此他們才會對你的出現有較高而非偏低的期待。你可以用一點懸疑把自己包裝起來，釋出一些有反差的個人特質。正所謂留一點給人探聽，你不妨學著暗留一些資訊起來讓別人好奇。總而言之，不要讓你的外表與行為模式太好猜。

投射出聖人般的特質

不論我們活在哪個時代，總有些個人特質持續受到肯定，而我們必須要學著去展現出這些特質。比方說，聖人般的氣質就永遠不退流行。當然所謂像個聖人，十六世紀與二十一世紀會有不同的版本，但其本質是不變的：像個聖人代表你要展現出某種免疫於責難的真善美。以現代社會而言，這代表你在別人眼中得是個思想前進、寬大為懷，同時心胸開闊的個體。你會希望在別人的見證下對特定理想慷慨解囊，或是在社群媒體上支持這些主張。投射出誠懇而不打誑語的策略永遠不會讓你吃虧。偶爾在公開場合坦露自身的脆弱或無力感，也能讓人覺得親切。出於某些理由，人類會在謙虛跟率真之間劃上等號，即便大家都很愛裝謙虛。學著偶爾低頭並貌似虛懷若谷。會髒手的工作若不得不做，盡量讓別人去動手。你的手還是保持乾淨為宜。永遠不要大剌剌地扮演只求達成目的而不擇手段的馬基維利式領導人，那只有在電視劇裡才會有人拍手。盡量用適合的支配線索讓你在還沒有大權在握之前就給人這種感覺。你會希望讓人覺得你注定要成功，那種神奇的效果決不會讓你失望。

這種遊戲，玩得最好的莫過於羅馬帝國開國的奧古斯都皇帝（西元前六十三到西元十四年）。奧古斯都知道有個好敵人的價值所在，因為為了凸顯自己他需要身邊有個壞蛋。為了達到這個目的，他好好利用了馬克・安東尼，也就是早期與他爭權的那位來襯托自己的不同之處。奧古斯都以一己之身扮演羅馬社會中林林總總傳統的代言人，為此他甚至特意把住處安排在羅馬城傳說發祥地的附近。正當安東尼遠在埃及，與「埃及豔后」克麗奧佩特拉（Queen Cleopatra）廝混，過著榮華富貴的日子時，奧古斯都天天都能藉此凸顯出自己是如何與眾不同，如何堅守著遭到安東尼背叛的羅馬價值。等到他終於成為至高無上的羅馬領導者，奧古斯都開始公開表現他的謙遜有禮，具體作為包括還權於元老院與羅馬人民。他操持著庶民嘴裡的拉丁語，生活簡樸一如販夫走卒。由此他贏了百姓們的景仰。但這當然都只是在演戲，事實上，奧古斯都大部分時間都住在羅馬城外一處奢華的別墅。他的妻妾成群，而且也出身埃及等異國。至於看似樂於分享權力，他其實把真正要緊的軍權緊握在手裡。平日也是個戲迷的奧古斯都自己也演技精湛，十分善於戴著面具示人。他自己應該也很清楚這一點，因為他在病榻前的遺言就包括：「在人生這場鬧劇裡，我有把自己的角色演好嗎？」

各位要了解：英文裡的人格叫做 personality，而 personality 出自拉丁文 persona，也就是「面具」之意。在公開場合中我們沒有人不戴面具，而這有其正面的功能。如果我們都在外頭以本色示人並且大鳴大放，那我們早就把一堆人都得罪光，並且把不好讓人看見的特質都暴露在外。擁有人格，擁有面具，其實是保護了我們不受一票虎視眈眈的外人威脅，畢竟我們內心總是會有很多的弱點。事實上，你把自身的角色表演得愈好，你就會感覺愈有力量，而具備了這股力量，你就更能有自由去表達自己與旁人的殊異之處。這樣的過程反覆下去，你對外的人格就會愈來愈符合專屬於你的特質，只是會為了做效果而誇張點罷了。

「你似乎能夠讀取到很多關於她，我所看不見的事情。」「不是你看不到，而是你沒去注意，華生。你不曉得該往哪裡看，所以錯失了各種重要的線索。我沒辦法告訴你，你必須要自行去體會衣袖的重要性、拇指指甲在暗示的事情，或者是懸在靴子鞋帶上的重大議題。」

——亞瑟．柯南．道爾爵士（Sir Authur Conan Doyle），
《身分迷案》（*A Case of Identity*）

〈第四章〉

判讀人格強度

強迫症行為的法則

在選擇該與誰合作或建立關係的時候，請避免被他們的名聲所迷惑，也不要被他們投射出的表面形象所欺瞞。你該訓練自身採取的策略，是看進他們的內心深處，一睹他們人格的真面目。個體的人格形成於人生的初期，同時也與他們的日常習慣有關。他們會在生活中重複某些行為，或者陷入某些負面的模式，其背後的動力都是人格。仔細觀察這類模式，並且別忘了人類鮮少從事只做一遍的行為。人無可避免地，都會重複自身的行為。你可以觀察人面對逆境與挫折時的表現、他們調整自我來與人共事的本領，還有他們的耐性與學習能力，然後從這三方面來判定他們人格的強度。永遠要與人格強大者親近，並與人格會毒害你的眾多個體類型保持距離。你要深切了解自身的人格特質，因為唯有如此你才能打破自己強迫性的行為模式，奪回對自身命運的掌控。

模式

對於看著他在德州休士頓長大的眾家阿姨、叔叔還有祖父母而言，小霍華・休斯（Howard Hughes Jr., 1905-1976）是個相當害羞且內向尷尬的男孩子。母親在生他的時候差點難產而死，後來也因此失去生育能力，由此她全心全意地寵愛這個孩子。因為一天到晚擔心他會染上某種疾病，因此做母親的她不曾將眼神稍離小霍華的身上，並且窮盡一切力量去保護他。小男孩似乎對其父親老霍華・休斯非常敬畏。老霍華・休斯在一九〇九年創立了夏普—休斯工具公司（Sharp-Hughes Tool Company），很快就替家裡賺了筆錢。小霍華的父親不常在家，因為他出差的需求很大，所以小霍華的日子幾乎都在母親身邊度過。在親戚的眼中，小霍華看似緊張而高度敏感，但慢慢長大，小霍華儼然出落成一名彬彬有禮、說話輕聲細語的青年，而且對雙親非常有責任感。

然後在一九二二年，他的母親以才三十九歲的年齡驟然辭世，為此他的父親始終沒有徹底走出來，結果才隔兩年也撒手人寰。這時年僅十九的霍華只剩一人孤零零地活在世上，兩名至親都已然不在身旁，無法再像從前那樣一步步陪著他成長，告訴他方向。親戚們覺得他們得填補這個空缺，給年輕的霍華一些人生的指引，但老霍華與世長辭後不過短短幾個月，親戚們突然發現他們得面對的是個他們從來不知道、也沒有猜到其存在的另外一個小霍華。原本那個輕聲細語的年輕人，突然變得相當粗暴。原本對長輩言聽計從的小輩，突然叛逆到骨子裡。親戚們要他繼續把大學念完，他就是不依。事實上，叔伯阿姨不論建議什麼，他都聽不進去。反倒是長輩們念得愈勤，他就愈發激烈地反其道而行。

接手家中的財富之後，小霍華已經可以徹底獨立，而他也打算好好來利用這一點。他第一時間就著手買斷夏普—休斯工具公司的親族股份，徹底把這隻金雞母揣在手中。根據德州的法律，他可以訴請法庭根據實際行為來宣告他是個成年人，由此他結交了一名德州在地的法官，而這門路也讓他如願以償，被法院認證為成年人，而這也代表他可以不受干擾地決定自己的人生與公司的走向。他的親戚們嚇了一大跳，彼此也就此幾乎老死不相往來。可愛的小男孩會變成如此心狠手辣的驚世青年，究竟當中有什麼機轉？這成了一個親戚間始終沒能解開的謎團。

在宣布要走自己的路之後不久，小霍華落腳在洛杉磯，並決心在那裡追逐他兩種新產生的熱情——拍電影跟開飛機。這兩樣嗜好都很花錢，但他不缺這點錢。然後到了一九二七年，他索性把兩種興趣合而為一，砸大預算拍出了一部史詩般的空戰電影，名為《地獄天使》（*Hell's Angels*）。他聘請了一名導演，還有一組團隊來編劇，但之後他跟導演大吵一架，兩人不歡而散。為此他只好另外重請了名叫盧瑟·李德（Luther Reed）的導演來執導此片。盧瑟·李德本身也是飛行迷，所以與這部電影較能心有靈犀，只是沒多久他也辭了這份工作，原因是他厭倦了休斯不斷插手拍攝的過程。他走前對休斯撂話說：「你這麼懂，電影你幹嘛不自己拍？」休斯覺得他說的很有道理，於是就自己當起了導演。

但隨著他追求著徹底的寫實，製片預算開始飆高。月復一月，年復一年，休斯起用數以百計的劇組人員與特技飛行員，其中三位還不幸死在意外的烈焰之中。就這樣在經過了無數次的爭吵後，幾乎各部門的主管都被他開除一空，以至於所有的事情都要他自己經手。過程中他對每一個鏡頭畫面、每一個拍攝角度、每一個故事分鏡都有話說。終於等到一九三〇年，《地獄天使》首映，而票房立刻給了很熱烈的反應，主要是劇情雖然亂七八糟，但飛行與空戰的場面讓觀眾大呼過癮。霍華·休斯的傳奇就此誕生。他成為了眾人眼中敢於照自己的意思衝撞體制，成功創造出票房奇蹟的年輕帥哥。他是那個不怕手髒的硬漢，那個一切親力親為的獨行俠。

夯不啷噹，這部電影燒掉了他三百八十萬美元，扣掉票房還虧損了近兩百萬美元，但沒有人注意這一點。休斯本人非常謙虛地說他上了一課什麼叫做製片：「獨力拍攝《地獄天使》是我犯下最大的錯誤……一個人想做十二個人的工作，是我在耍笨。我用最痛的方式學到了一件事情，那就是沒有人可以懂所有的事情。」

在一九三〇年代，休斯繼續延續著他的傳奇，這包括他駕駛飛機創下了好幾次的航速紀錄，而且數次與死神擦身而過。休斯從他父親的公司延伸出一門獨立的事業叫做休斯飛機公司（Hughes Aircraft），他的雄心是希望休斯飛機可以茁壯成全球首屈一指，規模無人能敵的飛機製造商。在當時，想達到這種境界代表你得爭取到軍機的合約，而隨著美國一腳踏進二戰的戰局，休斯也大動作開始爭取這樣的合約。

一九四二年，美國國防部的諸多官員因為感念休斯本身在飛行上的成就，再加上認同他在受訪時所流露出對於細節的重視，乃至於受到他不眠不休對政府進行遊說工作的影響，因此決定讓休斯飛機公司獲得一筆一千八百萬美元的補助金來生產三架力士（Hercules）型水上運輸機。造出來之後，這三架龐然巨物將負責往返美國與前線來運補兵員與物資。力士型運輸機有飛船之稱，翼展寬於美式足球場，機身高度巍巍然超過三層樓高。若公司能好好地把這件差事辦妥，準時在預算內交貨，那國防部就會追加訂單，休斯飛機也可以順利在運輸機這一塊市場圈地成功。

這之後還不到一年，公司又傳來了更多的好消息。因為被其設計得又美又俐落的 D-2 轟炸機「煞」到，美國空軍下單四千三百萬美元要跟休斯公司買一百架按 D-2 設計走向去改造的攝影偵察機。惟不出多久，外頭就傳出休斯飛機的內部出了問題。該公司一開始只是休斯的一種休閒娛樂，所以公司裡不少高層都是他在好萊塢的麻吉或是一起開飛機的好兄弟。隨著公司的規模慢慢成長，部門數量也隨之增加，但各部門之間的橫向聯繫卻非常差，所有溝通都得經過休斯傳話，而這最後就變成再怎麼雞毛蒜皮的事情都要問過休斯。覺得處處被掣肘而無法好好幹活的幾位高階工程師因此選擇離去。

休斯看到了問題所在，於是就聘了一位總經理，一方面統籌力士型運輸機的計畫，一方面好好把公司組織理出個頭緒，但這位總經理也才幹兩個月就決定回家吃自己。休斯原本承諾讓他大刀闊斧地重整公司的體質與架構，但就職才不過數日，休斯就開始否決總經理的決定，掏空總經理的威信。到了一九四三年的夏末，撥出來指定用於首架力士型運輸機生產的九百萬美元，已經花掉了六百萬美元，但飛機的完工卻連個影子都沒有。國防部裡的休斯派開始慌了。這時有人想起了空軍要的攝影偵察機，畢竟這筆訂單關係到戰事的發展，開不得玩笑。國防部人士開始擔心休斯內部的亂局與力士型運輸機的生產延誤，是否讓重要性更高的偵察機訂單生產變得很不樂觀呢？自己是不是被休斯的個人魅力與公關活動給唬過去了呢？

到了一九四四年初，偵察機的訂單作業嚴重落後，於是軍方堅持要休斯新聘總經理來力挽狂瀾，怎麼樣也得把飛機給生出來。而休斯鴻運當頭的一點，是最適合救火的隊長此時正好有空，這人便是查爾斯・裴瑞爾（Charles Perelle），這名飛機生產界的天縱英才。這活兒裴瑞爾並不想幹，因為業界眾所周知休斯飛機內部是一團混亂。唯此刻已然火燒屁股的休斯開始火力全開地對裴瑞爾灌迷湯。休斯信誓旦旦地說自己知道錯了，而他此時需要的正是裴瑞爾的專業輔佐。他跟裴瑞爾想像的不太一樣——休斯裡裡外外看來都很謙虛，而且一副就也是被公司幹部惡搞的受害者模樣。另外從各種細節看來，休斯對生產飛機的 know-how 並不是門外漢，這一點也頗讓裴瑞爾刮目相看。休斯承諾讓裴瑞爾放手去幹，結果就是裴瑞爾暈了船，接下了這個爛攤。

果然上工不過幾個禮拜，裴瑞爾就覺得自己真的很呆。飛機的製造進度比事前說的還要落後，同時他四目所及，下至飛機那潦草的草圖，簡直看不到一樣稱得上專業的東西。但事已至此，他也只能硬著頭皮去幹。他首先削減了浪費的經費，推動讓組織結構變得流線化一些，但公司內沒有人尊重他的權威，因為大家都知道公司真正的老闆是誰，而休斯扯裴瑞爾改革後腿的動作也沒有停歇。隨著訂單進度落後更多，壓力愈來愈大，應該是精神崩潰了的休斯索性從幕前神隱。直到二戰都打完了，休斯公司連一架偵察機都沒有造出來，空軍因此取消了訂單。身心俱疲的裴瑞爾在一九四五年十二月黯然辭職。

為避免被說得在二戰過程中一無建樹，休斯只能抱著唯一造出來的飛船來說嘴，那也就是後來大家稱為「雲杉之鵝」（Spruce Goose〔其實樺木用量較大〕）的力士型水上運輸機。休斯宣稱這是一個奇蹟，是規模浩大的工程傑作。為了讓質疑他的人閉嘴，休斯決定自行試飛這架原型機。但就在他駕機飛越大洋上空時，難堪的現實是這飛機根本沒有足夠的動力來匹配其龐大的機體，而且是差遠了。於是在勉強飛了一英哩之後，他只能緩緩將之降落在水面上，然後讓人將飛機給拖回去。這是雲杉之鵝第一次，也是最後一次飛行。它後來的命運是停在停機棚裡，每年花一百萬美元的費用供著，因為休斯怎麼也不願意將之拆卸成廢鐵。

一九四八年，RKO 影業[1]的老闆佛洛伊德・歐德朗（Floyd Odlum）打算為自家公司找個好人家賣了。話說 RKO 在當時的好萊塢是數一數二賺錢，而且聲譽卓著的製片廠，而休斯正心癢難耐地想要重回鎂光燈下，進軍電影界看似是一個不錯的突破口。就這樣他買下了歐德朗的持股，取得了公司的控制權。但這一來搞得 RKO 內部人心惶惶，經理級的人物早就風聞休斯愛插手營運，外行領導內行的名聲。但 RKO 此時才正引入了全新的體制要由多爾・沙里（Dore Schary）執掌帥印，大家夥的雄心是要將 RKO 打造成年輕新銳導演心中最熱門的創作園地。但老闆一換成休斯，所有的計畫都亂了套。沙里為免受辱決心自請走人，但出於好奇，他還是答應了在離職前見上休斯一面。

沙里見到的休斯渾身散發著魅力。他緊握住沙里的手，直視著他的眼睛說：「我一點都不想管製片的事情。你想怎麼辦就怎麼辦，一切都聽你的安排。」休斯的誠懇加上他同意沙里準備推動的改革，讓沙里一時受到了蒙蔽而動搖了心意。留下來的頭幾個星期，沙里發現休斯果然沒有食言而肥，一切「劇情」都按照他所答應的在上演。但終於電話還是來了，休斯希望沙里可以換掉拍攝中新片的女主角。知道自己終究還是看錯人了，沙里旋即辭職，並順便帶走了自己的重要班底。

沙里一走，休斯就開始在重要位子上安插對他言聽計從的心腹，演員不分男女也都是找他自己看得順眼的人。他於此時購入了一份叫做《噴射機飛行員》（*Jet Pilot*）的劇本，並計畫將之拍攝成一九四九年版的《地獄天使》。這部片預定由銀幕硬漢約翰・韋恩（John Wayne）領銜主演，大導演約瑟夫・馮・斯登堡（Josef von Sternberg）操刀。但短短幾週，斯登堡已經受不了休斯的奪命連環扣，甩頭走人。休斯順勢接下了導演的棒子，也徹底重蹈了《地獄天使》的覆轍。新片一拍就是快三年，結果是這三年當中突飛猛進的科技，讓用四百萬美元預算砸出來的空戰戲一整個變得非常過時。休斯拍出來的毛片之多，讓他根本不知該從何剪輯起。最後成品出來，又是三年後的事情。此時不但銀幕上的噴射機已經是骨董級，就連約翰・韋恩也已經明顯露出老態。這電影推出後就像石沉大海，無人聞問，不久後曾經門庭若市的製片廠大虧一筆。一九五五年，在憤怒的股東圍剿之下，休斯轉手將 RKO 賣給了將軍輪胎公司（General Tire）。

在一九五〇年代與一九六〇年代初期，美國軍方與時俱進地調整自身的作戰哲學。想在像越南這樣的地方發動戰爭，直升機是一定要的，其中包括偵察用的輕型直升機。一九六一年，美國軍方整理出可能的合作廠商名單，並根據提案的良窳從中選出了兩家最後的競爭者。在鎩羽而歸的設計包商中，也包括休斯再次從休斯工具獨立出來的第二家飛機公司（原始的休斯飛機公司現由他人經營，與休斯已無瓜葛）。休斯拒絕接受這樣的挫敗。他的公關團隊發動了大規模的遊說，到處去與軍方的將領花天酒地，就跟他們二十來年前為了攝影偵察機訂單而幹過的事情一模一樣。不過這樣花錢如流水，效果還真的出來了。他們遊說成功，休斯順利成為了進入決選的第三家企業，而最終由誰雀屏中選，將視哪家業者的報價最低而定。

---

❶ 雷電華電影公司，好萊塢黃金時期八大電影公司之一，成立於 1928 年，涵蓋製作、發行、放映等業務。

休斯提報的價格讓軍方吃了一驚——那價格低到讓人懷疑休斯到底還有沒有賺頭。很顯然，休斯打的如意算盤是先賠錢拿到合約，後續的訂單再來坐地起價。一九六五年，軍方終於把合約交到了休斯手上。對一家原本沒沒無聞，也沒什麼實績的飛機廠商而言，這樣的突破可說是石破天驚。要是休斯可以準時交出品質令人滿意的軍用直升機，那軍方就會持續下訂，而後休斯就可以以此為跳板進軍商用直升機領域，讓公司業績平步青雲。

此時隨著越戰的戰事升高，美軍確定要加碼下訂，而休斯眼看就要大賺一票。但軍方此時卻苦候第一批直升機出貨，之前將訂單交給休斯的軍方高層也開始如坐針氈，主要是休斯的公司完全沒按照承諾的進度來生產飛機。為此想知道是怎麼回事的軍方發動了調查，調查結果嚇壞了美軍，因為他們完全沒看到休斯公司裡有任何像樣的生產線。事實上休斯公司的廠房規模，根本就小到不可能應付這麼大的訂單。至於其他的細節也都一場糊塗——設計草圖非常不專業、作業工具也都不齊全，更別說夠格的技師也看不到幾位。那感覺就好像這家公司對設計飛機是個徹底的門外漢，一切都是摸著石子過河，邊生產邊研究。這樣的困境跟當年做攝影偵察機時的情況如出一轍，但軍方還記得這往事的人也不多了。很顯然，休斯一點也沒有從慘烈的失敗中學到教訓。

按照現況研判，休斯的直升機交貨只能是涓涓細流。所以用機孔急的軍方高層出於無奈，只能另行辦理需求高達兩千兩百架直升機的大型標案，並希望這次能出現具經驗的業者可以用低價來逼退休斯。休斯這下子慌了。要是這後續的訂單沒能拿下來，那對他而言真會是一場災難。休斯的公司還巴望著要靠新訂單漲價來彌補初始生產的鉅額虧損。或者應該說休斯從一開始，賭的就是這第二筆訂單。這下子他要是再用低價去競標，那蹚這套渾水真的就無利可圖了。但要是他不繼續用低價去競標，那這次的大單他肯定拿不到。最終果不其然，第二批訂單被其他公司搶走，休斯公司賠在直升機一役上的數額高達九千萬美元。這個天文數字的虧損，讓休斯的公司壽終正寢。

一九七六年，霍華・休斯也隨與他同名的公司而去，死在了從墨西哥阿卡普爾科（Acapulco）飛往休士頓的飛機上，而驗屍的結果終於讓他最後十年的人生攤開在世人面前，原來他已經長年服用止痛藥與麻藥成癮了。他以緊閉的飯店房間為家，對一點點可能的細菌感染都怕得要死。他死時瘦得不成人形，體重才四十二公斤。為了不讓自己這副模樣在世人面前曝光，他幾乎與世間隔絕，身邊僅存幾名照顧他的助理。一個一輩子容不得生活有一丁點失控的人，晚年只能任由幾個助理與幹部擺布，實在是一種終極的諷刺。這些助理與幹部不僅用藥控制他，讓他沒辦法死得痛快，而且還在斯人逝去後架空了他的公司。

大師解讀

霍華・休斯這一生的行為模式，可以說確立得非常早。他的母親生性易焦慮，在知道自己再也無法生育後，她便將內心的焦慮灌注在獨生子身上。她用不間斷的關注令這孩子窒息；她變成孩子最親密的伴侶，目光不曾從孩子身上稍離。至於身為父親的老霍華，也滿懷著這孩子可以將家族姓氏繼續發揚光大的期許。他做的每一件事情都是由雙親決定——他穿什麼、吃什麼、交（少少的）哪些朋友。爸媽不斷幫他換學校，為的是替這個看來敏感又不擅與人相處的兒子找到最完美的環境。他所有的事情都得依賴父母，而出於戰戰兢兢不想讓雙親失望的心情，他變得極度乖順有禮。

但真相是，他恨透了什麼都不能自理。所以雙親一死，他的本性就從笑容與順從後頭浮現出來。他對親戚毫無感情。他寧可獨自面對未來，也不想再讓誰在他面前展露一點點權威。年僅十九歲的他必須要將自身的命運完全掐在手裡，少一點都不行，否則他兒時的焦慮就會被喚醒。而藉著繼承的遺產，他確實有這個本錢去圓一個徹底獨立的夢。他對飛行的熱愛反映了這種人格特質。只有在空中，獨自一人掌舵，他才能感受到控制一切，從焦慮中解放出來的快感。他可以翱翔在他暗暗瞧不起的眾人之上，也可以對死亡嗆聲，事實上，他也確實在空中多次與死亡擦身而過。就算要死，他也想按自己的意思了斷。

這人的個性，在他於好萊塢與各種創業中發展出來的領導風格裡，獲得了更大的凸顯。任何一位編劇、導演或製作人提出建言，他只會覺得是要挑戰自己的權威，他早年那種無助與無法獨立的焦慮就會傾巢而出。為了對抗這種焦慮，他不得不控制生意上的每個大小地方，包括不怎麼重要的新聞稿都要讓他檢查過拼字與文法。他不得不讓公司的結構鬆動，讓各部門主管為了討好他而內鬥。比起讓所有事情不經過他就這樣流過去，他寧可讓公司裡呈現一團亂局。

這造成的矛盾之處就在於他愈是想控制一切，一切就會更加失控。沒有哪個人可以扮演上帝，什麼事都處理，即便在自己的公司裡也不行，所以一旦有他漏看的地方，各種問題就會一擁而上。而當事業經營出現狀況，火燒屁股了的時候，他就會神隱起來，消失在第一線，不然就是（就那麼）剛好在緊要關頭生病。他需要三百六十度控制環境的需求，甚至將範圍延伸到了他交往的女性身上，他會監控對方的一舉一動，包括找私家偵探負責跟蹤。

於公，霍華．休斯對以各種身分在他身邊工作的人構成了一個問題，主要是他小心翼翼地打造出的公開形象掩蓋了他性格上的刺眼弱點。對外，他不是後來那個不理性的龜毛管理者，而是個不拘小節的性情中人與令人嚮往的美式獨行俠。在他的各種表裡不一的形象中，最具殺傷力的還得算是他善於將自己包裝成事業有成，統領數十億美元企業帝國的大亨。實際上，他自父親手中接手的是一家很有賺頭的工具廠商。而年復一年，他的帝國版圖中唯二有穩定獲利的部分，也就是這家工具公司與他早期從工具公司分離出來的休斯飛機公司。出於種種理由，這兩項事業都徹底獨立在休斯的掌控以外；他對這兩處的營運都沒有加以置喙。但許許多多沒有這麼幸運，由休斯本人主導的事業，包括他後期的飛機部門、他對電影的投資、他在洛杉磯經營的飯店與不動產，全都賠得一塌糊塗，得靠僅有的兩隻金雞母來補。

你的人性課題

事實上，休斯是一名很差勁的商人，一連串的敗績照講有目共睹。但這也就是人性的盲點：我們並不是很善於判斷交手對象的人格強度。他們的公眾形象與名氣，常不費吹灰之力就能將我們擄獲，讓我們被外表蒙蔽。他們只要用某種吸引人的迷思將自己包裝起來，就像休斯所做的那樣，我們就會有衝動想相信對方。相較於去評斷對方的人格，包括他們與人合作的能力、言出必行的能力，以及在逆境中堅忍的能力等，我們往往會迷惑於對方亮麗的履歷、傲人的才華，以及個人的魅力，然後就這樣選擇與他們並肩作戰或將之錄取。但即便是智商這樣正面的特質，也需要強韌的人格來配合，否則就是一文不值。而就因為這樣的盲點，所以我們會在猶豫不決的領導人、吹毛求疵的老闆與欺騙成性的夥伴身邊有過不完的苦日子。歷史上數不清的悲劇會成為人類的宿命，其關鍵就在於我們老是識人不明。

所以不惜一切代價，我們也要改變自己的視角。**我們要訓練自己忽視別人對於外表與形象的經營，轉而深入探索他們人格的輪廓。至於我們要去看的，包括他們一路走來的行為模式，他們決策的品質，他們選擇以何種方式去解決問題，還有他們如何授權跟與人合作，諸如此類。**有著強大人格的個體就像黃金般罕見而珍貴。他們有能力適應環境、從事物中學習成長。由於你的成功也有賴於你身邊的工作夥伴乃至於上司，所以你有理由，也有必要把這些人的人格特質視為觀察重點。事前多一分對同事或上司人格的確認，事後就少一分痛苦與悔恨。

> 性格就是命運。
>
> ——赫拉克利特（Heraclitus, 540-480 BC），古希臘哲學家

人性的關鍵

數千年來，身為人類的我們始終堅信命運：冥冥中有股力量——鬼魂、諸神，或唯一的神——促使我們以特定的方式去作為。從一出生，我們的整個人生就似乎已經排好了行程；我們命定會成功或失敗。但現代人的看法已經不若以往。現在的我們認為世事大致掌握在自己手裡，命運由自己決定。但總有些瞬間，我們會在心中閃過一絲跟遠祖們類似的感覺。或許是某段人際關係出了岔，或許是我們的生涯規劃觸了礁，而這些挫敗都不可思議地讓我們想起自己曾有過的類似遭遇。又或者我們會察覺自己在某項工作上的做法需要改善；我們在工作上有進步的空間。我們會試著改變自己幹活的模式，卻還是陷入相同的窠臼而得不到任何突破，最後得到的也是一樣的結果。我們會一時間感到這世上有種邪惡力量在蠢動，或是有某種詛咒在作用，所以我們才會被逼著在迷宮中找不到出口。

我們常在別人身上注意到這種現象，特別是與我們走得較近的人身上。比方說，我們會看到朋友不斷遇人不淑或不經大腦地把對的人推開。我們會於心不忍地看著他們以各種方式犯蠢，像是把血汗錢拿去亂投資，或在找工作的時候亂跳火坑，然後眼睜睜見證他們在幾年之後全部重來一遍，因為曾經的教訓他們早就忘得一乾二淨。又或者我們認識的某人總是能在最不該惹事的時候惹到最不該惹的人，去到任何地方都能無中生有地創造出敵人。我們還有些朋友會在壓力下崩潰，一回又一回，但事後他們不會檢討自己，只會怨天尤人。還有一種人我們身邊多少都有一兩個，那就是有某種癮頭的人。這種人會看似戒掉了惡習，但遲早還是會舊習復發，或是另外染上別種碰不得的東西。他們的這些模式在我們眼中一目了然，但當事人自己渾然不覺，這道理就在於沒有人願意相信自身的行為是處於某種制約之下，而自己控制不了，那種想法實在太讓人起雞皮疙瘩，想吞也吞不下。

平心而論，我們必須承認生命真的有命運的成分。我們會重複同樣的決斷，用一樣的辦法去處理問題。換句話說，我們的人生是有模式在的，不然我們怎麼會老犯一樣的錯誤，老在失敗的地方重蹈覆轍。然而我們也可以換一個角度來看這件事：**有東西在控制我們的生命沒錯，但這東西不是什麼怪力亂神的牛鬼蛇神，而是我們的性格。**性格的英文 character 有著來自古希臘的字源，它的意思是一種「雋刻」或「鑄印」的工具。所以說**所謂性格，就是一種深刻印在我們內心，迫使我們以特定方式行動的東西，我們常常對此沒有意識，也沒有抵抗的能力。**我們可以想像性格有三個主要的成分層層相疊，而這也就是性格的深度來源。

首先最早出現也埋得最深的性格層次，來自於基因，來自於人腦的迴路設定，這一點事前決定了我們的心境與好惡。性格中的這種基因成分，會讓某些人容易陷入憂鬱，會讓某些人內向而另外一些人外向，甚至還會讓一部分人變得特別貪心，比方說，有人貪圖名，有人垂涎利。精神分析學者梅蘭妮．克萊茵（Melanie Klein）在研究過嬰兒之後認為日後會執著於名利的孩子早在呱呱墜地時，就已經懷抱著這樣的人格特質。另外，像是心懷敵意、焦慮或開放的個性，也都有相關的基因因素與之對應。

性格組成中比基因高一點的第二個層次，源自於人生初期的階段，且特別是源自我們與母親或照顧者所形成的情感聯繫類型。在人生啟動的三四年裡，我們的腦部具備高度的可塑性。我們會體驗到格外強烈的情緒，創造出之後再無他者可與之在深度上比擬的記憶痕跡。在此期間，我們會對他人的影響力極度敏感，這些年的經歷會深深烙印在我們心裡。

學者約翰．鮑爾比（John Bowlby）以人類學與精神分析學的角度切入了母親與孩子間情感聯繫的模式，並整理出四種基本的依附關係基模：自由／自治型、漠視型、糾結—模稜兩可型、紊亂無章型。自由／自治型的印記來自於讓孩子自由去探索自己、持續感受自身的需求，但又同時沒忘了要保護孩子的母親。漠視型的母親比較有距離，甚至會對孩子抱持敵意或有所排拒。在這樣的母親身旁長大，孩子會被鑄印下一種被遺棄的感受，由此他們會持續心存一種必須為自己出頭的想法。糾結—模稜兩可型的母親會在對孩子的關注上顯得不穩定——有時候多到讓人窒息，孩子的一切可說無役不與，但有時候又因為自身的問題與焦慮而對孩子的事情退縮逃避。這類母親會給孩子一種自己應該反過來照顧媽媽，而不是由媽媽照顧他們的感覺。紊亂無章型的母親會對孩子發送自相矛盾的訊號，而這正反映出她們內心的混亂，甚或是早年的情緒創傷。孩子做什麼都會被她們嫌，結果就是她們的情緒問題也會「遺傳」給下一代。

當然這四類基模可能交叉產生綜合型，而任何一種純種或綜合型的基模也分不同的等級，但不論是屬於哪個級別的哪一種基模，不變的是**早年的親子關係品質都會創造出我們內心深層的性格傾向，特別是會影響到我們來日如何利用人際關係來處理或調節壓力**。比方說，在漠視型關係中長大的孩子會傾向於避開所有負面情緒的場合，並在自身四周築牆來阻擋想要依賴人的感覺。他們會比較無法與人建立固定的關係，或是會在無意間將想靠近的人推遠。糾結型關係的孩子會在關係中體驗到嚴重的焦慮，並且會在內心出現相互衝突的情緒。他們對人永遠抱持一種矛盾的態度，由此他們會有一種很特別的模式是先去追求別人，然後又出於本能地撤退。

整體而言，從這些幼年時期，人就會展現出性格的調性——懷有敵意且具有攻擊性、內心篤定且具有自信、焦慮且遇事就逃避、黏人而糾結等等。上述兩層性格的組成，深埋在我們內心，以至於除非非常用力地自省，否則我們將無法意識到它們的存在，或它們是如何在推動我們的行為。

在這兩層性格組成之上，還有一個第三層會形成於我們經年的習慣與經驗中。根據前兩層的性格，我們會傾向於採取特定的策略來處理壓力、追尋愉悅，或是因應人群。而在長大成人的過程中，這些自小的策略會變成習慣。肇因於不同的互動對象——同儕朋友、學校師長、戀愛對象——乃至於這些人給我們的回應，我們性格中的特定天性會有所調整。唯整體而言，這三層性格組成還是會矗立起若干基本而顯著的思考與行為模式，由此我們會做出與旁人不同的決定。這一點就像密碼一樣雋刻在我們的神經迴路裡。我們會被逼著去重複一樣的行為，因為路已經鋪好在那裡了。這條路徑會變成一種習慣，而我們的性格就在從小累積的千百種習慣交織中，有意無意地成形。

其實性格的層次，還有第四種。這第四層通常形成在童年的晚期與青春期，主要是從這階段開始，我們會慢慢察覺到自身性格上的缺陷。我們會盡其所能去掩蓋這些缺陷。一旦發現自己內心深處是焦慮而靦腆的類型，我們會意會到這不是在社交上討喜的特質。由此我們學著去用某種門面來掩飾這一點，會試著貌似外向、率性，甚至目空一切來作為彌補。而這種煙霧彈也會產生混淆視聽的效果，讓人較難判斷出某人的本性。

某些正面的人格特質會反映出人內心的力量。比方說有人的個性就是慷慨大方兼有同理心，而且在壓力下也韌性十足。但這些代表人很堅強而有彈性的特質，必須要人透過意志力與練習才能轉化為可靠的習慣。隨著年齡漸長，生活往往會磨掉我們的堅強，讓我們愈來愈難在同理心的路上堅持下去（見第二章〈化自戀為同理〉）。我們若還是像年輕時那樣反射性地相信每個人，對每個人都大方付出，那我們可能會給自己惹上一大堆麻煩。欠缺自覺與自控的自信，有可能變成自我膨脹。所以說若少了有意識的努力，我們原本的這些強項會被消磨成弱點。換句話講，**我們性格中最弱的一環，往往就是那些會自行發展成習慣與衝動的部分，因為這些部分都不需要透過努力與練習來維繫。**

最後一點，我們有可能會發展出相互衝突的人格特質，比方說我們的基因遺傳可能向左，但早期的外在影響可能朝右，或者雙親的價值觀可能一個往東，一個往西。我們可能一面充滿理想性，一面想追求物質享受，這兩種欲望可能在我們心裡打架。人性的法則是不變的，只是早年發展出的矛盾人格會顯露出一種特殊的模式。在這種模式裡，人做出的決定會反映他內心的衝突，他會在兩種判斷之間徬徨猶豫，始終拿不定主意。

你的人性課題

作為人性的學生，你在此有個雙重的課題。**首先，你得理解自身的性格，盡可能去檢視你一路上累積的性格成分，乃至於你生命中有那些重複出現的（負面）模式**。要擺脫構成你性格的這些印記，是不可能的。那些印記之深由不得人連根拔起。唯透過意志力，你可以學著去讓特定的負面模式減速或徹底煞停。你可以透過努力，將性格中屬於負面與弱點的部分改造成實實在在的優點。你可以嘗試憑藉練習，圍繞著這些優點來創造出新的習慣與模式，由此主動去塑造你的性格，也透過性格的塑造去改變你的命運（進一步說明，可見本章最後一部分）。

第二，你必須發展出讀取身邊不同人性格的技術。為了做到這點，你必須在選擇工作夥伴或人生夥伴的時候，視性格為最高的價值。這意味著你不能只看對方有沒有魅力，吸不吸引人、聰不聰明，跟名氣大不大。觀察人個性的能力，包括他們表現在行動與行為模式上的個性，是重要性無庸置疑的社交技能。這種技術能防止你因為一個誤判而落得苦日子一過好多年：誤跟無能的老闆、有問題的夥伴、居心叵測的助理，乃至於無法磨合的配偶會讓你人生整個變調。唯這種技巧不會憑空習得，你需要刻意練習，因為人天生並不善於進行這樣的評估。

我們會拙於判斷人的性格，主要是因為我們傾向於看浮面的東西。但一如前面所說，人類動不動就會為了掩蓋缺點而刻意進行美化。我們會看到某人自信爆棚，日後才慢慢發現這人不是自信過度，而是剛愎自用加上學不會傾聽。他們可看上去坦白而誠懇，但假以時日，我們才恍然大悟發現，他們只是粗魯無文加上對他人的感受無感。又或者他們看似謹慎且思考周密，但事實證明他們其實是怯懦到骨子裡外加上容不得一點批評。論及創造這些幻象，人類個個都是大魔術師，看到的人幾乎都會受騙上當。同樣地，別人會想要對我們放電、灌我們迷湯，在想要喜歡對方的欲望作用下，我們就會忘記看得更深入，找出對方性格上的缺陷。

還有一點就是，在看人的時候，我們往往只看到對方的名氣、圍繞在對方身邊的迷思、還有他們身處的地位，總之就是看不到他們本人。我們總覺得一個在社會上取得成功的人，一定是一個集慷慨、聰慧、善良於一身的人。我們會假設他們擁有的一切都是實至名歸。但事實上成功的人五花八門，包括有些人的成功是因為他們善於使喚人，也善於掩飾自己的無能。還有些人是城府深，懂得利用人、操縱人。總之，成功的人也是人，也跟我們一樣在性格缺陷上千瘡百孔。另外，我們也常誤以為某人堅持特定的宗教信仰、政治理念或道德規範，就等於這個人的性格等同於這些信仰、理念或規範。但事實上人常會帶著原有的性格進駐到他們如今身處的地位或信仰裡。一個人完全可以外表是思想前進的自由派，或是愛人愛神的基督徒，但內心卻是個容不下異己的暴君。

所以要研究性格，**第一步就是要留意到幻象與表象的存在**，並且要訓練自己看穿這些假象。我們必須仔細檢視每個人的身體動作，看看當中有沒有他們性格的線索，並且在過程中不要受到他們的外表或地位干擾。心頭如此「抓乎定」之後，我們就可以來琢磨這門技巧當中的若干元素：確認對方在特定處境下有沒有散發出某些徵象，可以明顯透露出他們的性格；對某些主要的性格類別有基本的認識（比方說人格的強弱之別），藉此來初步的篩選；了解特定的人物類型毒性非比尋常，必須閃避為上。

性格表徵

人類性格最顯著的指標，就是長時間的行為表現。人嘴巴上都會說他們已經學到教訓了（還記得霍華・休斯嗎？），也都會說自己這些年來已經變了，但你終究會看到他們狗改不了吃屎，在人生中重蹈一樣的作為，作出相同的決斷。而在這些決斷中，他們的性格就會顯現出來。你必須留意他們行為中大大小小的不尋常之處，像是：遇到壓力就人間蒸發、重要的工作不能有始有終、遇人質疑就化身潑婦罵街，抑或反之遇事能堪大任。有了這樣的基本認知，你就可以去研究他們的過往。你要去回顧其他符合其基本行為模式的作為，要仔細瀏覽他們此時此刻的一舉一動，也要將他們的種種行為視為是整體衝動的一環而非個案。他們素行不良是他們的錯，看不出來這當中有個模式，那就是你的錯了。

你必須時時提醒自己這條人性法則的主要推論：事情不會只做一遍。**很多人會主張自己犯蠢是一時沖昏了頭，但你幾乎可以確定他們改天還是會故態復萌，因為他們背後永遠有性格與習慣在作用**。事實上，就連在徹底不符合自身利益的狀況下，他們都還是會忍不住重複同樣的行為，而這也就暴露了他們的衝動與弱點。

卡西烏斯・賽維魯斯（Cassius Severus）是與奧古斯都皇帝同時代一位惡名昭彰的羅馬律師兼雄辯家。他一開始嶄露頭角，是因為用火爆的演說抨擊羅馬高官豪奢度日。他因此累積了一批追隨者，而他的風格在狂轟猛炸之餘也沒少了插科打諢，所以深得庶民百姓的歡心。在累積出人氣後，眾人簇擁的鼓勵之下，他開始吃了熊心豹子膽來羞辱官員，每每口無遮攔而砲火猛烈。高層開始放話要他收斂一點，而新鮮感的流失也讓他人氣漸次下滑，聽眾人數愈來愈少。只是這並沒有讓他知所進退，反而逼著他鋌而走險。

終於，他觸碰到了官方的底線——公元七年，羅馬主政者下令將他的著作焚毀，而他本人則被放逐到克里特島。只不過讓羅馬高層有點傻眼的是到了克里特島，賽維魯斯仍鍥而不捨地繼續「黑」羅馬的統治者，頂多是換了個地方而已，這包括他會把尖酸刻薄的文稿抄一抄，然後熱騰騰送到羅馬給人傳閱。高層再次發出警告，但對這些警語賽維魯斯不但充耳不聞，反而還倒過來言詞騷擾並侮辱克里特島的地方官，搞到地方官吏想要他的命。公元二十四年，元老院很明智地將他二次放逐到杳無人煙，位於愛琴海中間的賽里弗斯岩（rock of Serifos），而他也在那兒度過了八年的餘生。我們可以想見在這八年裡，他依舊天天編造著沒人要聽的聳動講稿。

這種簡直像是有自殺傾向的舉止會有人控制不住，實在令人難以置信，而大多數人也跟古羅馬人一樣會想替他開脫，相信他有什麼不為人知的苦衷。但我們也必須相信《聖經》中出現過的金科玉律：「蠢蛋就是會重複自己的錯誤，就像狗會去吃自己的嘔吐物。」

看人如何處理日常的事務，他們的性格就能呼之欲出。簡單的任務會開天窗，那大計畫要準時也就沒指望；一點點不便會讓他們抓狂，那大麻煩肯定會讓他們整個人全垮；小事情會忘東忘西，粗枝大葉，那重要的事情也難保不會丟三落四，顧此失彼。你可以去看看他們每天上班怎麼對待員工，或看看他們對外塑造出的形象跟他們對後輩或下屬的態度之間，存不存在落差。

一九六九年，傑布・馬格魯德（Jeb Magruder）來到聖克萊門特（San Clemente）面試尼克森政府中的一份工作。面試官是幕僚長包柏・哈爾德曼（Bob Haldeman）。哈爾德曼作為一個很認真，很認同主子理念的尼克森政府成員，對馬格魯德的有話直說、一針見血跟聰明才智印象深刻。但就在他們面試完畢，準備搭高爾夫球車去繞一圈聖克萊門特的時候，哈爾德曼突然因為找不到可以用的車子而發了飆。他對管車的同仁大發雷霆，而他的態度之輕蔑與嚴厲令人吃驚。你甚至可以形容他有點歇斯底里。馬格魯德這時就應該看出哈爾德曼的言行不一，就應該意會到哈爾德曼私底下是個控制不住自己而且性格暴烈的人，但聖克萊門特屬地的權力光環與他對於這份工作的渴望蒙蔽了他的判斷，他因此選擇對這視而不見，但他日後將為此後悔。

在日常生活中，人都頗為善於掩藏自身的性格缺陷，但在遇到壓力或危機的時候，這些缺陷就會突然變得非常明顯。人在壓力下會失去平日的自我控制。他們會擔心起自身的名譽，會對失敗恐懼，會顯現出內心少了一分韌性。反之，某些人會遇強則強，在大敵當前之際下展現出力量。但除非到了緊要關頭，否則我們很難看出某人屬於上述的哪一種，你能做的就是對準鏡頭，在觀察窗口出現的時候不要錯過。

同樣地，人在被授予權力與責任時的表現，也可以透露很多事情。一如林肯所說：「想測試某人的人格，就給他權力。」在取得權力之前，人會阿諛奉承，會溫良恭儉讓，會遵循黨的路線，會無所不其極地往上爬。然而一旦上位，顧忌少了，他們就會顯露出你以前沒有注意到的本色。當然，能夠在出人頭地後繼續謹守初衷的人，不是沒有。這些人會繼續以尊重與同理心待人，但這些人是少數，大多數人的表現會是突然覺得自己不可一世，想怎麼糟蹋人就怎麼糟蹋人。

林登·詹森就是這樣的人。他一在美國參議院坐穩了位子，當上了參議院的多數黨領袖，就厭倦了多年來不得不扮演的馬屁精角色。一朝權在手，便把令來行的他開始挑釁或或羞辱曾經惹到他的人，並且非常樂在其中。具體而言，他會晃到某名參議員同僚的面前，然後故意只跟對方的助理說話。又或者他會起身走人，故意給要上台講話但他討厭的同僚難看，並且還號召其他參議員跟他一起閃。其實整體而言，詹森這類風格的跡象以前就有，只是你得看得更仔細一些（詹森在從政生涯早期就曾經如此張牙舞爪過），但你更需要注意的是人在掌權後的表現。**我們常以為是權力使人腐敗，但其實他們可能本來就這麼腐敗，只是權力將他們的鍋蓋掀開**。

擇偶或選擇對象一事，也可以透露出一個人的性格。有人喜歡找自己能支配或控制的人當另一半，包括沒他們年長、聰明或成功的對象。有人愛英雄救美（或美救英雄）來扮演救世主或公主的角色，但這其實也是另一種形式的控制。也有人會找可以扮演自己媽咪或爹地的對象，因為他們想被呵護，想要受寵。**這些選擇鮮少是出於理性的思考，而多半反映了人早年的生命經驗與對應的依附理論基模**。我們有時候會看不懂某人的擇偶標準，因為他可能身邊站著一位怎麼看都不匹配的伴侶，但其實那背後都一定有不為人知的邏輯存在。比方說，有人會因為嬰兒期的焦慮而害怕被心愛的人拋棄，進而選擇與在外表跟智識上都遠不如他們的人交往。他們知道這樣的另一半怎樣都不會將他們拋下。

另外一個可以觀察人行為的方向，是他們下班後的模樣，比方說在遊戲中或球場上，他們都有可能顯露出壓抑不住的好勝心。這種人怎樣都不願被「超車」，包括真正在開車或與在開車無關的場合裡都是。他們一定要排頭，一定要跑第一。這種衝動在工作上可以透過「合法」的管道抒發，但是下了班，這種情緒就會積壓成層層疊疊的不安全感。去看看人怎麼輸吧。他們能輸得風度翩翩嗎？他們的肢體語言會解開一切謎團。他們會為了勝出而不擇手段，包括鑽漏洞或扭曲規則嗎？下班後的他們會想要從工作的紛紛擾擾中逃開，好好放鬆，還是會想要換個地方繼續證明自己呢？

整體而言，人可以粗分為內向與外向兩種，而這一點也會大大影響到他們性格的發展。**外向者基本上受到外在標準掌控**。他們念茲在茲的問題是：「別人怎麼看我？」他們有一種傾向是別人喜歡什麼，他們就跟著喜歡什麼，而他們所屬團體的意見，也常常會等於他們個人的意見。他們不排斥外來的建議跟新觀念，但前提是這些建議與觀念必須有一定的人氣，或者是得獲得他們尊敬的權威肯定。外向者看重的是外在的事物——漂亮的衣服、美味的食物、扎扎實實的享受，以及與人共度的快樂時光。他們追尋的是新鮮感與新刺激，由此他們對潮流的嗅覺也比一般人敏銳。他們在熱鬧場合中如魚得水，哪裡人多他們就往哪兒跑。他們當中膽子大點的，會去追尋肢體的冒險；膽子小點的，會渴望感官的享受。總歸一句，他們需要刺激，需要別人的注意。

內向者，相形之下就比較敏感而容易因過多的外在活動而精疲力盡。他們喜歡保存能量，然後將之用於獨處或與一兩名摯友的相處上。相對於外向者會不需要理由地為了事實與統計數據著迷，**內向者感興趣的是他們自身的意見與感受**。他們喜歡發明理論，喜歡形塑出自身的觀點。做出了東西，他們不會急於到處宣傳，會覺得自吹自擂很沒品味。他們覺得自己的東西好，別人應該會自動看到。他們會希望自已起碼有部分的人生與世界隔離，然後在那兒藏有自己的祕密。他們的想法，並不來自於別人怎麼想或任何一種權威，而是取決於自己內在的標準，或至少他們內心是這麼相信的。身處於愈大的群眾中，他們就愈發感覺迷惘與寂寞。一旦受到關注，他們會在對人的不信任當中顯得不自在與不知所措。他們同時也比一般的外向者要容易悲觀和杞人憂天。**他們的勇敢，主要表現在不羈的思想與創意上。**

在你自己或別人身上，你可能同時注意到外向與內向的兩種傾向，但整體而言，人都還是會有一個比較明顯的傾向。而我們去觀察別人整體是外向或內向，有一個很重要的理由：內向者與外向者通常很難自然而然地了解對方。對外向者而言，內向者無聊死了不說還非常頑固，甚至給人一種反社會傾向的感覺。對內向者而言，外向者膚淺、浮躁，而且太在意別人的想法。會生而內向或外向，基本上都是基因決定，而內外向之別也代表人看事情的角度會南轅北轍。一旦你確認互動的對象屬於另外一邊，你就必須重新評估對方的性格，而不可以將自身的偏好強加到對方身上。同時，內、外向者有時候可以合作得很好，特別是在雙方均兼具不同比例的內外向性格且條件互補的狀況下。然而更常見的狀況依舊是雙方無法好好相處，溝通過程中誤會不斷。你該記住的是，整體而言，世上的外向者要多於內向者。

最後很重要的一點是，你得去衡量人性格的強度。你可以這麼想：這些力量源自於人最深處的核心，可能源自於特定因子的組合：基因、給人安全感的雙親、一路上的良師益友，以及不斷的自我提升（見本章最後一部分）。總之不論如何，這種性格的強度不會以囂張的氣焰或充滿攻擊性的行為展露於外，而會以整體的韌性跟彈性呈現出來。這種性格強度就有如優質的金屬，具有強大的延展性——強度夠的性格不會說斷就斷，而會保持自身形狀的大致完好。

能讓人散發出這種力量的，是其內心的安全感與自我價值。這股力量讓其擁有者能接受外界批評，並由自身的經驗中學習。這意味著他們做事不容易放棄，因為他們背後有一股想要求取進步的動力，由此他們會憑藉毅力堅持下去。性格剛強者會樂於接觸新的觀念、新的做法，但不會因此犧牲掉他們秉持的基本原則。在逆境中，他們會堅定心志，他們會處變不驚、臨危不亂，會言出必行。他們會展現出耐性與對資料的組織能力，並且會有始有終，不會半途而廢。不會一天到晚擔心自己地位的他們也能放下一己之私顧全大局。他們知道怎樣做最符合團隊利益，也知道團隊的利益最終也能轉化為他們自身的利益。

性格懦弱者的狀況會從另外一端出發。他們動輒會被環境所震懾，由此你很難安心把事情交到他們手上。他們遇事油滑而閃躲。最糟糕的是他們欠缺學習的能力，因為向他人學習對他們而言就等同於被他人批評。而這代表著你在跟他們接觸的時候，會不停地撞牆。他們表面上會一副有在聽你指示的模樣，但其實最終他們還是會想怎麼樣，就怎麼樣。

我們每個人都是強弱性格的綜合體，但有些人很顯然會更偏向其中某一極。而我們能做的，就是盡量在工作上去親近性格上的強者，迴避性格上的弱者。而在以此觀念為基礎來做幾乎每個投資決定的人當中，有一位叫做華倫·巴菲特（Warren Buffett）。巴菲特不會只看公司的財報數據，他更會去看一家公司的執行長有沒有韌性、靠不靠得住，還有個性獨不獨立。要是我們在聘請員工、接納夥伴，甚至投票來選賢與能的時候都採用同樣的標準，那可就天下太平了。

雖然在親密的關係中，左右我們抉擇的因素肯定還不止這些，但我們絕對不能不把人格的強度納入考慮之中。小羅斯福總統會選擇艾蓮娜（Eleanor）作為他的第一夫人，主要的考量就是她的性格。身為身價不凡的小帥哥，羅斯福年輕時大可選擇更年輕貌美的女子為妻，但艾蓮娜在新事物面前的開放心胸，與為人處世時的堅強意志，都讓他甚為景仰。眼光長遠的他知道這種人格對他的助益，會比什麼東西都大，而事實證明他的選擇極其睿智。

在評估人格是強是弱時，你要去看人如何因應壓力的處境跟該負的責任。你要去尋找他們的行為模式：他們最終究竟完成或成就了什麼？此外你也可以測試一下他們。比方說，你可以對他們開一個不帶惡意且無傷大雅的玩笑，這招非常管用。他們被開玩笑後的反應是風度翩翩，一點不覺得被戳到痛點，還是眼神中會閃過一絲怨憤，甚至冒出怒火？為了測量對方是不是個你可以信得過的團隊成員，你可以把重要的情報或某則謠言透露給他們知道，然後看他們口風緊或不緊？也看他們會不會把你的主意說成是自己想到的東西？丟正中直球去批評他、嗆他，看他是會把這話聽進腦子裡，並透過正面思考設法讓自己有所改進？還是他會覺得遭到詆毀而懷恨在心？給他們一個指示不若平日清楚的開放式任務，然後看他們如何組織自己的思緒與空檔。交付他們稍嫌棘手的工作或不同以往的新鮮挑戰，然後觀察他們的回應，看他們如何因應內心的焦慮。

記住：孱弱的性格可能會抵消某人擁有的其他優點。比方說，一個絕頂聰明但性格孱弱的人，或許還是能發想出好的創意，甚至把工作做得很好也沒問題，但他們遇到壓力就會崩潰，接受不了批評，凡事都先想到自己，再不然就是他們傲慢與討人厭的特質會讓身邊的人做不下去，進而傷害到整體的工作環境。與這些共事或雇用這些人，得付出隱形的成本。換一個個人魅力遜色些，聰明才智遜色一點，但性格強度明顯略勝一籌的人，你會發現長期而言，這樣的同事或員工可靠得多。遇到性格剛強的人就像挖到金礦一樣，找到賺到，而且千萬不要放掉。

有毒的性格類型

雖然每個人的性格都跟指紋一樣獨特，但我們還是可以注意到在歷史上有幾類反覆出現的性格絕對碰不得。相對於一看就很邪惡，或你在一英哩外就可以看到他們在利用人的反派，這些「毒物」要狡猾得多。他們往往用「美肌」功能會把自身的缺點美化為優點，然後以這樣的外觀當餌把你勾引過來。假以時日，你才會慢慢察覺到這表象底下的毒害，只是那時通常已經太晚。你最好的防禦就是事前做足功課，告訴自己世上有這種人，然後盡量先躲開，或見苗頭不對就閃，不要戀棧。

超級完美主義者

你會被他們努力工作、追求完美的身影吸引到他們的圈子裡，你會發現他們有比最基層的員工更長的工時。確實，他們可能會忙到爆炸，然後為了底下人沒把事情做好而罵人罵到「燒聲」，但你會覺得那都是因為他們不想妥協，不想放低標準，直到你很不幸地跳入火坑跟他們成為同事或上下屬，到時你才會挖掘出事情的真相。原來他們是無法授權，凡事都要親力親為，但這與標準高低或工作熱忱無關，他們只是想要大權在握，想要控制一切而已。

這種人往往源自於無人可依賴的家庭背景，就像霍華・休斯那樣。任何讓他們覺得自己得為某事而依賴某人的感覺，都會掀起他們的舊傷與焦慮。他們誰都無法信任。只要一轉身，他們就會覺得所有人都在打混。他們這種需要進行微管理的強迫症，會導致旁人的憎恨。大家會在私底下不想配合，而沒有人要配合，正好就是這種人最恐懼的事。你會注意到他們所領導的團體不是非常有組織，畢竟大小事都要經過他們。這會導致混亂，導致組織裡的派系內鬥，因為朝臣們會想要討大權在握的國王歡心。超級完美主義者常有健康問題，因為他們真的是非常操。任何一點事出錯，他們都會找個人來怪，因為他們眼裡沒有人夠努力。他們常見的模式是先做出一點成績，然後因為過勞而燈枯油盡，最後一敗塗地。你最好是能及早發現這種人的存在，然後及早閃開，因為這種人完全不能沾。你不管怎麼做，都無法讓他們滿意，他們的焦慮、精神暴力與控制慾，是一台會讓你屍骨無存的絞肉機。

無可救藥的叛逆者

第一眼看上去，這種人會讓你熱血沸騰。他們厭惡權威、是弱勢者的夥伴。他們有一種我們捫心自問，幾乎沒人有抵抗力的情操。他們的狂野會喚醒我們內在的青春年少，讓我們想起自己曾想跟師長嗆堵的態度。他們不買規定或前例的帳，覺得傳統只適合弱者與老古板。這種人有帶刺的幽默感，包括你也可能被他們戳到，但這也是他們真性情的一種表現，你甚至會替他們開脫說，他們這種人就是需要偶爾對身邊的人嘴賤一下，並不是刻意要貶低你。但若正好得與這種人在工作上朝夕相處，你就會發現他們控制不住自己。他們根本沒有在道德上比我們高尚，只是有一股想要感覺高人一等的衝動而已。

這些人的童年很可能有一個特色，那就是曾經有其中一位雙親或某個扮演父親角色的人讓他們失望過。他們因此對任何有權力的人都不再相信，而且還充滿恨意。到了最後，他們會無法接受別人的任何批評，因為他都會認為對方是在扮演權威的角色而難以忍受。任何人都叫不動他們去做任何事情，所有的安排都必須按他們的意思。若因為某種原因與這些人有交集，你會被抹黑成壓迫者，然後被他們充滿惡意的幽默感灼傷。他們會拿這種叛逆者的姿態去招搖撞騙，然後短短時間內就對旁人的關注上癮。最後這會變成一個權力高低的問題——沒有人可以高於他們，挑戰他們的人就得付出代價。研究一下他們的過往，你會發現他們鮮少與人好聚好散，常看到的都是到了最後還惡言相向。不要被他們看似孤高的文青氣質所吸引，這些人內心依舊鎖定在中二的年紀。想跟他們合作就像想跟彆扭的中學生合作一樣，你不會想跟豬打架。

覺得大家都欠他錢的傢伙

這類人會給人一種敏感而心思縝密的印象，而這也算是一種少見而討人喜歡的特質。他們可能會讓人覺得有點哀傷，畢竟敏感的人日子比較辛苦吧，你會這麼想。你往往會被他們的這種憂鬱小生氣質所吸引，而忍不住想要幫助他們。同時，他們看起來比一般人聰明、體貼、好相處。但時間久了你才會發現的一點是，他們的敏感是朝內而不朝外的單向形式。他們覺得別人不管說了什麼或做了什麼，都是衝著自個兒來的。他們會為了同一件事煩好幾天，你一句無心的話自己都忘了，他們還不住地在舔傷。童年時的他們會被一種沒有被爸媽照顧夠的感覺啃咬，他們老覺得父母沒給足愛、關懷與物質享受。長大了，他們看什麼都會想起自己不曾得到過的東西。他們會一輩子都在怨恨這一點，然後希望別人可以不用他們開口，就自動把東西端到他們手中。他們的心防從不卸下，他們會分分秒秒想著：你在看我嗎？你有尊重我嗎？你有好好服務我這位付錢的客人嗎？就因為他們是如此地敏感而一觸即發，別人最終很難在他們身邊待下，而這又反過來讓他們更加敏感，形成一個惡性循環。過了某個點，他們就會換上一張永遠都在失望的臉。

你會發現他們的生活就是不斷與人爭執，但於此同時，他們也會覺得自己始終是被冤枉或虧待的一方。千萬別無意間讓這種人感覺受辱，他們這方面的記性特好，而且君子報仇三年不晚，你永遠不曉得他們何時會找上門來。你對這種人也一樣是早期發現，早期閃開最好，因為他們遲早會對你使出「讓你產生罪惡感」的大絕招。

戲如人生的傢伙

這種人吸引你，是因為他們一看就很有戲。他們渾身有用不完的能量，嘴裡有說不完的故事。他們臉上的表情豐富，說起話來則機鋒處處。有這種人在身邊很好玩，直到有一天他們的劇情突然變得黑暗。他們從小就知道要獲得持續性的愛與關懷，唯一的辦法就是用自身的問題與麻煩把爸媽牽扯進來，而且這問題跟麻煩還大到足以讓爸媽一時半刻脫不了身。這種做法會變成一種習慣，一種他們用來覺得自己確實活著，覺得有人需要自己的手段。一般人都會設法避免衝突，但他們似乎是為了衝突而活。慢慢認識他們，你會聽聞愈來愈多他們與人唇槍舌戰的故事，但他們總是會設法將自己定位為受害者。

你必須了解他們最大的需求是不擇手段讓你上鉤。他們會將你捲入他們的戲劇情節中，直到你覺得不好意思說走就走。同樣地，這種人也是愈快被你認出來愈好，這樣你才不會有時間陷入他們為你鋪好的陷阱。我建議你去檢視有嫌疑者的過去，找尋相關模式的證據，一發現蛛絲馬跡就趕緊掉頭逃命。

畫大餅的人

你會深感於他們的創意很棒、計畫很強大。他們需要人幫忙，需要人挺他們一把，而你正好很同情他們。但拜託請你不要衝動，請你退一步去看看他們的紀錄，找找當中有沒有具體的實績可以參考。因為搞不好你面對的是一名看似人畜無害，但其實可能相當瘋狂，也可能浪費你寶貴生命的傢伙。本質上，這都是些很矛盾的人。一方面，將創意化為行動所必須付出的努力與承擔的責任讓他們在暗地裡感到恐懼；但另一方面，他們又深深渴望著名氣與權力。這兩面會在他們內心打架，但最終勝出的永遠是焦慮的那一面，所以他們總是會在最後的關鍵時刻抽腿。明明你都承諾要助他們一臂之力了，他們反而半途而廢，而且還理由一堆。這種人從來就完成不了任何事情，而且最後還會怪別人不懂他們的鴻鵠之志，包括現實社會、神祕的反對力量、運氣差等都在扯他們的後腿。又或者他們會嘗試找個想不開的人來替他們辛苦地圓（一個只有模糊概念的）夢，成了算他們自己的，不成則都是這個冤大頭辦事不力。

往往這種人的雙親也是反反覆覆，孩子一點言行不當就會從爸媽的寶貝變成被數落的活靶。長此以往，他們的人生目標就變成不要被罵。一得知某個場合會讓人暴露於檢討與批判，他們就會四處逃竄。他們為此發展出來的求生之道，就是一張嘴練得很會吹牛，說得一口好企劃，但當有人要他們交代計畫的細節時，他們就會逃之夭夭，以各種託辭神隱或遁逃。你最好仔細調查他們的過往有沒有這樣的狀況，有的話就把他們的點子當精彩的故事聽，不用往心裡去。

無性不歡的性愛成癮者

這類人看起來充滿了性能量，你會覺得他們好不壓抑，好令人耳目一新。他們習慣把工作跟享樂混為一談，來模糊掉平日那條性能量適不適合使用出來的界線。你可能會以為這很健康又自然，但事實上他們這是一種類似強迫症的行為，且在其內心有一處黑暗的起源。這些人早年多半曾遭受到某種形式的性虐待，這有可能是直接的身體折磨，也或許是偏心理上的傷害，包括來自雙親其中一位不算明顯但也並不恰當的眼神或觸摸。

這些人的內心有一種扎根甚深而無法由他們控制的思考模式，他們會把所有關係都視為潛在的性關係，主要是性成為了他們自我肯定的途徑。年輕的時候，這類人會敢愛敢恨而四處留情，主要是他們總是能找到人拜倒在他們的西裝褲與石榴裙下。然而隨著年齡漸長，透過性事達成的自我肯定只要欠缺一段時間，就有可能讓他們陷入憂鬱或走上絕路，由此他們對性愛又變得更加飢渴與執著。若在職場上身為領導者，他們會濫用職權來遂行己願，但表面上他們會擺出自然而不壓抑的假象。年紀愈大，他們就會陷入更加可悲與嚇人的狀態，你幫不了他們，更不可能把他們從這種強迫症中拉出來。你只能顧好自己，不要跟他們有任何瓜葛。

公主病或王子病患者

他們會用自身宛若皇家成員的氣場將你拉過去。他們看似沉穩冷靜、而且總是淡淡地發出一種久久不散的優越感，事實上，眼前出現一位流露出自信而自認頭上有一頂隱形王冠的人，感覺是不錯的。慢慢地你會發現自己竟然伺候起了他們，幫他們做這個做那個，也不知道是怎麼回事或為了什麼。他們會在不知不覺中傳達出需要人照顧的意思，而他們也真的深諳讓自己受寵的祕訣。這些人兒時有任何天馬行空的需索，爸媽都會不辭辛勞地滿足他們，同時不會讓他們受到外界一丁點的打擾或傷害。甚至於有些孩子會刻意裝作無助來激發爸媽的這種行為。總之不論成因為何，他們長大後的夙願就是複製那備受呵護的童年，就彷彿兒時是他們人生中的失樂園。你會注意到他們每當欲求不滿，行為就會像個孩子般，要麼噘嘴，要麼鬧脾氣。

他們在任何戀愛關係裡也都是一樣的態度，所以除非你個人對寵愛別人有特殊的需求，否則一定會被他們這種男女朋友搞瘋，因為所有事情你都得配合他們。他們完全不具備因應現實世界各種殘酷的能力，所以找得到人來寵愛他們最好，萬一找不到，這些王子與公主就會墮落成酒鬼或毒蟲，在酒精與藥物中尋求慰藉。要是你會因為沒有服侍他們而感覺內疚，就代表你已經上鉤，此時你就該清醒一點，先把自己照顧好再說。

馬屁精

他們會是你見過最客氣又善解人意的人了，那種處處替人著想的態度會把你迷得不要不要。然後慢慢地，你會開始覺得有哪兒不對勁，但又說不出個名堂。也許是他們沒有依約出現或把工作做好，但這些也都是小事罷了。但時間久了，你會愈來愈覺得他們在扯你後腿，或是在背地裡說你是非。這類人是一等一的馬屁精，他們的貼心不是出於真心喜歡你，而是一種防衛機制。他們可能出生在爸媽非常嚴厲的家庭，由此他們的一舉一動都如履薄冰。笑臉迎人與表面上的退讓謙遜，是他們用來彈開敵意的工具，而久而久之他們就養成了這樣的生活模式。熟能生巧的他們說起謊來非常老練，包括在父母面前也多半是謊話連篇。

從小到大，他們的笑容與恭維背後都是對自身所需扮演角色的滿滿憎恨。他們內心暗暗地渴望傷害他們伺候或討好的對象，又或者他們會想竊取別人的某樣物品。總之，你必須時時對這些八面玲瓏，看似禮多人不怪的傢伙保持戒備，因為沒人知道他們是不是在欲擒故縱，是不是會哪天突然轉守為攻。搞不好你一懈怠，他們的打擊就會迎面而來。

救世主

你不敢相信自己會如此走運，你遇到了一個可以拯救你於各種困難與麻煩的朋友。也不知道怎麼回事，他們完全懂得你需要人伸出援手的需求，然後還順手替你準備好了該讀的書、該使的計、該吃的食物。在初期這一切都美好得讓人不敢直視，一旦你哪一天想要拿回自主權，自己去闖闖看的時候，你才會發現事情不對。

這種人在還是小朋友的時候，就經常得照顧起自己的爸媽與手足。他們的母親可能會把自身的需求置於全家的利益之上，而這種家庭的孩子在欠缺照顧之餘只能自力救濟，而他們讓自己好過一點的辦法就是在反過來照顧人的關係裡獲得力量。這同樣會形成一種模式：他們會從拯救人、照顧人與扮演救世主的過程中獲得至高的滿足。他們會用很敏銳的雷達去偵測周遭有沒有人需要救援，但你也可以反過來偵測他們的控制慾，藉此對他們的行蹤產生預警。若是有人可以在扶了你一把之後讓你頂天立地，那這種人就是真正的為你好而不是內心有什麼扭曲。反之，那他們就不是真心想幫你，而是想透過幫助你來感覺自己掌握了某種權力。當然更理想的狀況，是我們都要學著自立，誰要幫忙都會被我們請回去。

泛道德化的正義魔人

這種人開口閉口都是世界充滿了不正義，而口才便給的他們為此深感義憤填膺。在內心正義感的驅策下，他們會到處開同溫層收幫眾，像你就被他點到了名。但時不時你會發現他們的正義形象並非密不透風。比方說他們可能虐待自己的員工，可能對自己的另一半超不溫柔，可能不小心被你瞥見有祕密的惡習或過著雙面人的生活。兒時的他們常因為自身的強烈衝動或渴望享受而被加諸罪惡感。被懲罰過之後的他們會設法壓抑這些衝動，由此他們會發展出一種自我鄙視的情緒，而且動不動就把負面的特質投射到別人身上。而看著不會這麼壓抑的人，他們的心情是羨慕又嫉妒。他們討厭看到別人為了某件事情樂在其中。但他們不會把心中的羨慕表達出來，而是會選擇去詆毀別人、譴責別人。你會看到他們一點也沒有成年人在行為上該有的拿捏與分寸，旁人在他們的眼中不是大好就是大壞，不存在中間地帶。形同對人性宣戰的他們無法接受人類身上各種的不完美。他們的道德觀簡單明瞭且一觸即發，就像喝酒一樣不用囉嗦，也跟一翻兩瞪眼的賭博一樣下好離手，快意恩仇。他們的正義只需出張嘴，不用犧牲也沒有代價，有的只是一堆漂亮話。政治正確是他們如魚得水的家。

事實上，他們心裡偷偷地嚮往著他們嘴裡罵個不停的東西，而這也說明了何以他們最後都會落得言行不一。只要你跟他們的距離沒有拿捏好，那你變成他們鎖定批判的目標只是遲早。你最好是能及早發現他們在同理心上的欠缺，並及早有所警覺，把距離保持好。

（關於更多會毒害你的人格類型，請參見探討「欣羨」的第十章，探討「自我膨脹」的第十一章，與關於「攻擊性」的第十六章。）

卓越的人格

這條人性法則淺顯但勢不可擋：你與生俱來有固定的性格。這種秉性的組成元素要比你的意識更早出現。從你的內心深處，這種秉性會促使你去重複特定的行為、策略與決定，而人腦的結構就是要讓這種過程更加順遂：一旦你開始思考並採取了特定的行動，神經傳導路徑就會形成，然後你之後就會順著這條路徑不斷「重蹈覆轍」。而跟這條法則相關的一點，是你可以從兩條方向中選擇一條前進，而這個選擇，就會一次一次地，一點一點地，慢慢影響你人生的走向。

第一個方向，是忽視與逃避。這樣的你會不去看自己生命中有哪些模式：你會不願意接受自己的過去在你心上留下了深刻而難以抹去的印痕，也不接受這些印痕會逼著你去以特定的模式生活。你會想像自己的個性具有絕對的可塑性，你會認為自己可以任意重新改造自己。你會以為自己可以按照別人的路徑走向名與利，即便別人有著跟自己完全不同的出身背景與生活環境。這種「秉性」的概念，會感覺像是一種牢籠，而許多人內心會暗暗地想要跳脫自我，而這也是何以有那麼多人會沉湎於毒品、酒精與電玩遊戲的原因。這樣逃避下去，只能產生一種結果：強迫性的衝動行為模式會變得更加根深蒂固。不論怎麼說，**你都不可能從自身的秉性中逃脫，正所謂江山易改本性難移，個性有著難以撼動的蠻力**。

而這分毫不差地就是霍華・休斯的毛病。他以為自己是個卓越的商人，所以奮不顧身地想建立起一個能青出於藍，規模更甚於他父親的商業帝國。但他的個性真的不適合管人，他真正的天分在於專業技能，他對於飛機的設計與工程學都有能一摸就上手的直覺。要是他能早點認知到並接受這一點，那他早就能在飛行器的先進設計上闖出一片天，至於飛機公司的日常瑣事，肯定會有真正適合的人去掌舵。但休斯就是堅持要活在自我想像中，但這想像根本與他的秉性不同。而這當中的差別，也注定了他的一生將反復在失敗與悲慘裡打轉。

所幸，我們可以選擇另外一個方向。**另一個方向或許難走些，但它卻能帶我們通往真正的力量，並讓我們在內心形成卓越的人格**。過程是這樣的：你要盡可能地仔細檢視自己，望進自己內心最深處的性格，然後判定自己究竟性屬內向或外向，並釐清控制你的究竟是高度的焦慮與感性、怒火與敵意，抑或是想要與人產生互動的深沉希冀。你要去凝望自己的原始本性——那些天生會把你吸引過去的活動或主題。你得去檢視自己與雙親建構的依附關係本質，而要做到這點最快的辦法，就是去看看你目前身處的親密關係。你要用近乎殘酷的誠實去面對自身的錯誤，與老是在扯你自己後腿的行為模式，你要知道自己的極限在哪兒——也就是你知道自己發揮不了潛能的地方。你還必須知道在撐過了風風雨雨的青春期之後，你秉性裡有哪些天生的強項被你帶到了成年期。

完成這些準備，有了上述的認知後，你便不再會是自身性格的奴隸，也不再得接受反覆犯錯的宿命。看著自己將陷入某些尋常的犯錯模式，你將能及時在懸崖邊把自己攔下來。你或許無法將所有的錯誤模式徹底消滅，但只要經過練習，一定可以讓相關的症狀舒緩。知道自己的極限所在，你就不會硬去嘗試自己沒有潛力或天分的事情。相對於此，你會選擇適宜你，與你個性契合的生涯發展。**整個來說，你會接受並擁抱自己的人格。你渴望的不是變成別人，而是變成「完成度」更高的自己，這會是一種自我實現的概念。個性在你眼中會變成一種有待你去揉捏的陶土，你會慢慢將自己的缺點整形成優點。你不會去逃避自己天生的缺陷，而是會將之視為力量的來源。**

就以女星瓊・克勞馥（Joan Crawford, 1908–1977）的生涯而言。她早期的生涯看起來是災難一場，怎麼瞧都瞧不出有成功的可能性。她一輩子沒有見過自己的父親，因為她出生不久爸爸就拋家棄子。她在貧困中長大，母親還因為討厭她而老是打她。她後來才發現自己不是繼父的親生孩子，而這位繼父後來也同樣一走了之。她的童年就是無止盡地被父母親懲罰、背叛與拋棄，而這也將成為她內心一輩子的傷疤。很年輕就成為電影女演員的她開始對自己下狠手，她用不留情面的客觀省視自身的缺陷，最後她歸納出的結論是：自己太過敏感，太玻璃心；她內心有太多甩不掉也藏不住的痛苦與悲傷；她迫切地想要有人愛她；她對於父親這個角色有深深的情結。

這些存在於內心的弱點，理應讓她在好萊塢的演藝事業被宣判死刑，畢竟演藝圈是很現實的地方。但沒想到透過深刻的自省與努力，她成功將這些看似會削弱她力量的罩門改造成讓其演藝事業的支柱。舉例來講，她決定把內心的悲傷與被背叛的心情帶進她所扮演各式的人物角色裡，而這也引發了全球廣大女性觀眾的認同與共鳴。她跟許許多多同梯女演員不同的地方，在於別人在銀幕上的喜怒哀樂都是在假裝，膚淺之餘經不起推敲。而她卻能將想被人愛的感情投射到鏡頭上，而觀眾都能感受得到。電影導演成為了她可以崇拜並敬重的「父親」，而她個性裡最突出的部分——敏感性——則被她轉了個方向。她收起對內的糾結，架起了對外的強大天線，飢渴地接收著合作導演喜歡或不喜歡的種種細節。慢慢地她不用看向導演，也不用聽他們嘴裡吐出的任何字眼，就可以判斷出他們滿不滿意自己今天的表演。這讓她有本事把所有的問題問對，也能馬上融會貫通導演的各種建言。她成了導演心中的夢幻演員。她把這種種作法與強烈的意志力合而為一，打造出了前後長達四十餘年的演藝生涯，這對當年的好萊塢女星是前所未聞的里程碑。

瓊・克勞馥的這種功夫，就是我們都應該用在自己身上的「煉金術」。如果你是個超級完美主義者，對大小事情都有控制慾，那你就必須要將這股能量導入到具有生產力的工作上，而不要去針對個人。你對細節的關注與高標準，可以是個優點，但前提是你得用對地方；如果你是個愛討好人的傢伙，那就代表你已經具備當隻花蝴蝶的技巧與魅力。若你能看出自己這種特質的根源，就能進一步控制好這種衝動與防衛性的表現，進而利用這種社交手腕成為社會上的強權；若你是高敏感性格，很容易把事情往自己身上攬的人，那我建議你把這種情緒導入主動的同理心（見第二章〈化自戀為同理〉），並將之從缺陷昇華為資產，進而使其發揮正向的社交功能。若生性叛逆，那就代表你天生討厭傳統與因循沿襲，由此你不妨將這種動能導向某種追求創新的職涯，一定強過你將之發洩在對人的羞辱與疏離上。但凡每項弱點，都會有其相應的強大之處。

最後，你必須要磨練或培養各種可構成強大人格的特質，包括：壓力下的韌性、對細節的注意、有始有終、團隊合作、接納異己的能力。而要達成此一目標，唯一的辦法就是利用你的習慣，因為習慣久了就會變成個性。比方說，你可以反覆讓自己處於高壓或不利的處境當中，讓自己習慣這樣的狀況，以便訓練自己不要遇事就急著反應。在每天無聊的例行工作中，你可以順便磨練自己的耐性與對細節的注意力。你可以刻意接超乎自身能力一點點的工作，逼著自己得工作得比平常更努力一點，最後養成更好的工作紀律與習慣。你可以訓練自己以團隊的利益優先，還可以環顧四周看有沒有誰展現出強大的人格，然後與之親近。透過與這些剛強的人為伍，你可以讓自己沾染上他們的能量與習慣，也就是讓自己被他們同化。而為了在人格裡發展出這種內心強大的經典特質，你時不時得自我搖晃或震撼一下，包括嘗試新的思考方式，或與平日的做法反其道而行。

在這樣努力過後，你將不再是童年形塑人格的奴隸，也不會再苦於該人格所通往的強迫症行為。更重要的是，你將能主動重塑自己的人格，並藉此扭轉自身的命運。

認真說起來，以為人可以畢其功於一役地完成一種行動或採取某種行為，然後有朝一日再也不用這麼做，是一種迷思（心存這種迷思的人會說：我們就先拼命工作，存下每一毛錢，然後三十歲退休去享清福。但真的到了三十歲，他們會變成貪心的工作狂。這樣的人才不會有享清福的一天……）。人的行為是有一就有二，無三不成理，他們今天這樣做，就代表明天也會繼續這樣做，畢竟他們昨天與昨天的昨天也是這樣做的。人生最令人難過的事情就是把我們卡進窠臼，推進車底被輾壓的，就是我們自己，就是我們所下的每個決定（事實是，早在我們做出那些決定之前，我們就已經走在那個方向上了）。任一種決定、一個行為，都萬無一失地指向我們下一次會做出的決定與行為。這不是因為什麼模糊、神祕或可歸於占星術的原因，而是因為那是一種會不斷自我反覆的慣性。

——切薩雷·帕維斯（Cesare Pavese），義大利詩人

〈第五章〉

成爲別人「渴望」而不可及的目標

垂涎的法則

聚與散、有與無，對人類心智具有著強大的原始效應。一樣東西太常在我們眼前出現，會讓人想吐；同一樣東西老是神龍見首不見尾，會使我們心癢。我們有一種天性是會老想得到我們沒有的東西，那是被我們用幻想投射出的物品。你可以學著在你身邊創造出這樣的幻想，利用策略性的失蹤來激發人對你回歸的渴望，乃至於想擁有你的渴望。把別人一輩子最缺少的東西，或被人禁止擁有的東西，拿在他們眼前晃啊晃，他們肯定會因為渴望而陷入瘋狂。外國的月亮比較圓，鄰居的草坪永遠更青翠。你必須要克服自身的這種弱點，然後去擁抱環境、擁抱命運。

欲望的目標

一八九五年，十一歲的嘉布芮兒·香奈兒（Gabrielle Chanel）接連數日坐在她母親的床邊，看著她年僅三十三歲的媽媽死於肺結核。嘉布芮兒的日子過得很苦，但母親死後的日子眼看著將會更苦。她跟兄弟姊妹們在窮困中長大，終日在不同的親戚家來來去去。他們的父親是個四處兜售產品的商人，對任何的羈絆與責任都不屑一顧，基本上鮮少在家。擔任丈夫旅伴的母親是孩子們唯一的安慰。

母親死後沒幾天，嘉布芮兒的父親就一如她所擔心，跑來把她跟姊姊、妹妹送進法國中部的某間修道院。他答應會盡快來看三個女兒，但實際上他一去不回，再也沒有出現過。坐落在中世紀建築內的這所修道院裡有照顧她們的修女，但她們對以孤兒為主的少女收容人都非常嚴厲。

在修道院陰沉而裝飾寥寥無幾的牆垣內，女孩們過起了嚴格的靈修生活。她們一人只有兩件衣服，而且是兩件幾乎一模一樣都沒有腰身的衣服。奢侈品在禁止之列，唯一的音樂只有教堂的聖樂，食物則出奇地平淡無味。在那兒的頭幾個月，嘉布芮兒也嘗試過要適應這個新世界，但她內心總是焦躁到無法安歇。

有一天，嘉布芮兒發現一系列不知被誰偷渡到修院中的羅曼史小說，而這些文字也立馬成為了她僅有的救贖。這些小說的作者是皮耶·德庫塞（Pierre Decourcelle），而情節幾乎千篇一律地是灰姑娘式的故事——原本在貧窮中長大，無人關心也沒人看得起的少女，突然發現自己因為某種迂迴曲折的超展開遭遇而被捲入了富人的世界裡。嘉布芮兒完全可以把自己代入主人翁的心境，而她尤其鍾愛作者對少女各種穿著，鉅細靡遺的描寫。那個充滿宮殿與城堡的世界看似極其遙遠，但只要浸淫在書本的字裡行間，她就能透過一本又一本的書籍感覺到自己身處在故事裡面。這讓她全心渴望著要讓虛構的情節成真。只不過現實是書中的一切於她都在禁止之列，夢幻的日子看似永遠不會有到來的一天。

十八歲那年，她離開修道院求學，而住宿學校同樣是修女負責管理。她在校內接受的是女裁縫師的訓練，隨著對鎮上的一草一木日漸熟悉，她發現那兒有一處令她充滿熱情的地點，就是鎮上的劇場。關於劇場的一切都讓她沉醉，從戲服、布景到上了妝的演員。那是一個充滿各種蛻變的世界，任何人都可以變成任何人。她開始想要成為演員，讓自己的名字閃耀在劇場裡面。她給自己取了個藝名叫做可可（Coco），然後開始把所有劇場的行當都試了一遍：演戲、唱歌、跳舞。她不缺能量與魅力，但她很快就意識到自己欠缺在舞台上發光發熱的天分。

接受了這樣的現實之後，她很快就邂逅了新的夢想。不少跟她一樣無法用演藝工作養活自己的女演員，開始變成被有錢人包養的情婦。這些情婦的衣櫃打開都相當驚人，而且想去哪兒都去得起。雖然被上流社會避之唯恐不及，但至少她們不會被某個像暴君般的丈夫給綁住手腳。這時只能說是運氣或命運吧，有個名喚艾提恩．巴爾桑（Etienne Balsan）的年輕人看上了舞台上的她，便邀請她到鄰近的城堡中做客。他繼承了豐厚的家產，日子過得愜意而自在。此時已經以可可之名在江湖上行走的嘉布芮兒，對這邀約欣然接受。

來到城堡中，嘉布芮兒發現此處儼然是情婦的大本營，彷彿全歐的名女人都在此川流不息。這當中不乏名聲響亮者，而且一個個都生得沉魚落雁而且見多識廣。城堡裡的日子相對單純，基本上就是白天在鄉間騎馬，然後晚上奢華開趴。階級落差不在話下，因為每當有達官貴人蒞臨，如可可之流的女人就得去跟僕役們一同用餐，沒事不准出來亂晃。

煩悶重現加上閒著也是閒著，嘉布芮兒開始思考起自己的未來。她胸懷大志，但也老是好高騖遠，夢想著些不可能就是不可能的事情：一開始是想置身羅曼史小說裡的宮殿，後來則想成為另一名舞台劇與電影雙棲巨星莎拉．博恩哈特（Sarah Bernhardt）。而如今，她最新的夢想在荒謬的程度上一樣不遑多讓。城堡裡的情婦們一個個身材火辣而且貌美如花，可可在她們身旁就像個男孩一樣。她的身形幾無曲線可言，而且也稱不上是古典美人。男人會覺得她有魅力，主要是因為她的舉止與朝氣，但這兩種魅力都難以長久。她總是羨慕著別人有的東西，她總覺得那當中存在著某種寶藏。即便是說到其他女子的男友或丈夫，她最渴望的也一樣是把別人的另一半偷過來。事實上，她還真的好幾次這樣做過。但就算她最後真的得償所願，把別人的男朋友搶過來或展開了在城堡裡的生活，她終究還是會對現實感到失望。究竟什麼東西能給她終極的滿足，可可自己也不知道。

之後有一天，也沒多想自己要幹什麼，她晃進了巴爾桑的臥房，拿走了他的一些服裝。她開始做起了完全是自行搭配出來的打扮——巴爾桑的開領襯衫與羊毛呢大衣，外加一些她自己的單品，最後再用男性的草編平頂船帽畫龍點睛。穿上這些衣服的時候，可可留意到兩件事情：第一，她感覺到脫下馬甲、脫下緊到不行的禮服，再卸下繁複的女性頭飾，讓她感覺到無比的自由，而由此獲得的目光關注也讓她樂在其中；其二，城堡內其他的女子開始對她抱以羨慕的眼光，可可這種雌雄莫辨的中性裝束風靡了大家。這種新的穿衣風格非常適合她的身形，而且眾人都沒有看過有女性這樣裝扮自己。巴爾桑本人也加入了粉絲群，並將可可介紹給自己的裁縫師，由師傅按可可的指示為她量身訂做含窄管馬褲在內的整體騎馬服，但當時並無女性專用的「側鞍」設計（相對於男性的跨騎）。她原本就算有運動細胞，而果然不出數月，可可就成了騎術十分了得的騎士，而這也讓她順理成章以其別出心裁的騎馬服四處現身。

隨著她的新造型與新人格愈趨成熟，可可也愈來愈清楚自己那原本輪廓模糊的渴望是什麼：她要的是男人擁有的那種權力與自由，而這種自由也反映在男性較不受拘束的穿著。她感覺得到，自己的這種想法正得到城堡內其他情婦與一般女性的認同，她嗅得到空氣中有一縷壓抑的渴望可以供她發揮利用。不出數週，幾名情婦找上了門來，試穿了可可加上緞帶跟羽毛妝點的草編帽。相較於平常這些女性得用針別在頭上，設計繁複的華美女帽，這種草編帽設計簡單而且易於穿戴。被包養的女子開始頂著可可式的帽子在市區晃來晃去，很快就引來鎮上的女性詢問這帽子哪裡有賣。巴爾桑將自己在巴黎的公寓提供給可可運用，讓她可以在那兒嘗試量產帽子，甚而能伺機創業。可可欣然接受了這番好意。

沒多久，她生命中又闖進了另外一個男人——亞瑟・卡珀（Authur Capel）這名身價不凡的英國人。亞瑟・卡珀深受可可的新穎外表與雄心壯志吸引，令他內心波濤洶湧，之後便與可可成了一對戀人。卡珀開始將他身邊的女性貴族朋友送來可可的工作室捧場，使得可可的帽子在短時間內蔚為風潮。而除了帽子以外，她也賣起了一些自行設計，且與她身上所穿一樣具有中性風格的服飾。這些衣服其實用料都是最便宜的平紋布，但賣點就是不同於綁手綁腳的主流女裝，可可的衣服散發出一種可以自由活動的魅力。卡珀鼓勵她在濱海城鎮多維爾（Deauville）開店，因為所有巴黎的時尚人士都會趁夏天去那兒避暑。事實證明卡珀的眼光獨到：多維爾地方不大，但因為聚集了時尚指數最高的女性與被她們吸引來的目光，確實很適合可可在此引爆話題。

可可做的第一件讓地方居民看傻了的事情，就是跳進海裡游泳。當年女性是不做這種事的，所以更不會有什麼女性泳裝這種東西。可可身上穿的泳裝，是她自己拿做衣服的平紋布做的。經由她的示範，女性就在短短幾週內擠到她的店內吵著要買一樣的泳裝。她身穿自行設計的獨特衣裳在多維爾逛起大街，一身中性、好活動，而且略顯性感的貼身打扮讓她成為鎮上的話題人物。女性個個都急著想知道可可是從哪兒取得這些衣服，而她則不斷以男性服裝為基底來進行改造，進而創造出新的女性面貌。她取來卡珀的一件毛衣，將之剪開，加上一些鈕扣，現代的女版羊毛衫於焉誕生，而這項創意也一炮而紅。她把自個兒的頭髮剪短，因為她知道短髮更適合她的臉型，而這又引起大家爭相模仿。因為察覺到這股動能，可可於是開始用衣服做公關。她開始把衣服免費送給交遊廣闊，而且全都跟可可留著類似髮型的正妹。這些有如可可複製品的正妹參加的可都是最搶手的派對，由此她們就像活廣告一樣，將多維爾女性對新風格的渴望傳播了出去，帶進了巴黎。

到了一九二〇年，可可・香奈兒已經儼然是全球首屈一指的時尚設計師，同時更是引領潮流的一代時尚教主。她的穿著代表著新品種的女性——自信、主動出擊，外加一點叛逆。雖然造價低廉而且用料並不講究，但她某些作品的高昂售價卻依舊不乏富有的女性搶購，她們買的除了衣服，更是香奈兒傳奇的一份參與感。只是這時，她名為焦躁不安的老朋友又回來了。她想要一點別的東西，或許是更大的某樣東西，也或許是能更快速觸及各階層女性的某種途徑。為了實踐這個夢想，她決定採行一款極不尋常的戰略——她將推出自己研發的香水。

在當時，時尚品牌自推香水是很罕見的事情，這麼大張旗鼓更是聞所未聞。但香奈兒卻是有備而來。這款香水會跟她的服飾產品一樣特立獨行，但又會更加空靈，畢竟香氣在字義上就是飄在空中的東西，而其效果是能讓人不分男女興奮起來，產生一種想要得到這香水的欲望。而為了達成這項目標，她打算與現行的其他香水反其道而行。當時市面上的其他香水都與某種天然花香脫不了關係，但可可・香奈兒想創造的是一種無法直接對應到特定花朵的香味。她希望自家香水聞來是會讓人想到「一束抽象的花朵」，一種讓人舒服歸舒服，卻無法將之歸類的芳香。比起任何一種其他香水，可可・香奈兒的香水更能讓不同女人聞起來不一樣。更進一步，她決定替這香水取一個讓人眼睛為之一亮的名號。在當年，香水的名字大多詩意又浪漫。相較於此，可可・香奈兒決定用上自己的名字，然後簡單配上一個編號，也就是今天世人熟知的 Chanel No.5（香奈兒五號），而這名字聽來簡直就像調製於實驗室裡的某種化學溶液。她給這香水配上了一款俐落而摩登的瓶身，並在標籤上加入她用一反一正的兩個字母 C 手拉手所構成的標誌。最後的結果，是大家誰也沒看過的一種香水產品。

關於這香水的推出，可可決定採用一種潛移默化的方式。她開始在自己的巴黎店內四處噴灑這款香味。就這樣，空氣中瀰漫著香奈兒五號的味道，而來店的女性都好奇著這是什麼味道，但不論大家怎麼問，她都裝傻。後來她又把沒有標籤的香奈兒五號順手放進她口袋最深、人脈最廣的客人購物袋裡。沒多久，外界就開始對這種新奇的氣味議論紛紛，大家都說那味道令人沉迷但又無法明確地拿花做比喻。香奈兒又有新作的傳聞開始如野火燎原般甚囂塵上，女性族群開始湧進她的店頭，說什麼也要買到這香味才肯罷休。到了這個份上，可可才低調地開始把香奈兒五號上架。開始這麼做的前幾週，新產品基本上都是供不應求，來不及補貨。這景況算是讓時尚業也開了眼界，而最後香奈兒五號確實成為史上最成功的香水，可可也因此大發利市。

之後的二十年，香奈兒在時尚界裡成了響叮噹的一方之霸。只是在二戰期間，可可與德國納粹之間牽扯不清，包括德國占領期間她續留巴黎，甚至還明目張膽地與侵略者站在同一陣線。她在戰爭開始時把店給關了，但等到戰爭結束，她在法國人之間的名聲也徹底臭了，主要是她的政治傾向讓法國人不能接受。對這一點心知肚明，也或許是因此有點羞愧的她，逃到了瑞士，並在那兒開始自我放逐。但到了一九五三年，她感覺到是該復出的時候了，而且這次她還想要追求更大的夢想。雖然此時的可可已年屆七旬，但她依舊對當下的時尚風潮深惡痛絕，她覺得女裝又徹底回到了她橫空出世之前的那種緊迫與糾結，而這或許也代表著女性的角色又退回到以往那種只能依附男性，卑躬屈膝的面貌。對香奈兒而言，這會是一次終極的挑戰——歷經了十四年的空窗，她幾乎已經徹底被業界所遺忘。沒有人記得她曾經是潮流的創造者。她幾乎得全部從零開始。

她重出江湖的第一步，是先放出她要復出的傳言，但本人又不受訪。她想要一方面創造話題，一方面讓自己維持著神祕感。一九五四年，她的新時尚秀登場，人群紛紛擠到她的店裡要一窺究竟，多半是出於好奇心。但這復出第一炮的效果並不好，不少人的第一個反應都是大失所望，因為展出的服裝幾乎都是換湯不換藥，大致只是在一九三〇年代的風格上加點料。至於走秀的模特兒則都是以可可本人為模板的骨感身形，就連走路方式也如出一轍。對觀眾而言，香奈兒就像是個鎖在一去不返的過往牢籠中，走不出來的女人。她復出的作品不但存在代溝，而且還遭到新聞媒體的猛烈批評，包括挖出她在戰時曾與納粹眉來眼去的過往。

這樣的打擊換成是打在其他任何一位設計師的身上，恐怕都會相當致命，但可可・香奈兒卻表現得異常鎮定。一如往常，她早就胸有成竹地擬好了計畫，一切都在她的掌握當中。她早在復出首場的巴黎走秀之前，就認定美國才會是她新裝的目標市場。美國女性最能與她的設計心心相印，她們肯定更能認同她服裝理念中強調的運動功能、方便伸展的特性、俐落乾淨的剪裁，還有不打折扣的實用性。再者就是美國人比任何一國人都有花不完的錢。果不其然，重生的香奈兒新裝在美國大賣，搞得來自法國老家的批評也只能收斂一點。就這樣短短復出不到數月，香奈兒就再次成為了世界級的設計師，而時尚潮流也回歸了香奈兒始終推崇的簡約與經典。美國第一夫人賈桂琳・甘迺迪在眾多公開場合身著香奈兒的服裝出席，正是她重拾時尚教主權柄最強而有力的證明。

隨著香奈兒在時尚界重新登頂，她也嶄露出了另外一項與時代暨產業潮流格格不入之處。仿冒在時尚界是個大問題，要知道每次走秀完，當中的產品就會立刻在全世界遭到山寨。

正常來講，設計師會小心翼翼地守護自身所有的商業機密，任何一丁點的模仿都會被他們告上法庭。但香奈兒卻是反其道而行。她歡迎大家來看她的時尚秀，也讓他們盡情拍照。她不是不知道這會方便很多人用她的設計去生產便宜貨來賣，但她正希望這樣。她甚至會邀請貴婦帶私人女裁縫出席，由女裁縫當場繪製草圖來做為複製的參考。除了賺錢，她更想看到自己的設計能無遠弗屆地散播出去。她希望的是自己與自己的作品能夠成為不分階級、不分國籍，所有女性渴望的標的。對於一個從小不被重視、不受關愛、不被正眼看待的女孩來講，這才算得上是終極的平反。她會成為千百萬女性穿衣時的靈感、讓自己的面貌與印記遍及四海，而這樣的目標，她也扎實地在復出之後的幾年內做到。

大師解讀

香奈兒一穿上艾提恩・巴爾桑的男裝，吸引到新的關注的那一刻，她腦裡就喀答一聲，確定了她將走上不凡的人生。在這之前，她只是不住地用離經叛道的渴望刺激著自己的夢想。一個出生低賤的孤女妄想與上流階級產生交集，社會普遍不見得能接受；女優與情婦，也並非適合女性追逐的出路，尤其她還是個出身修道院的丫頭。

但此刻身著馬褲與船帽，騎著馬在城堡四周遊蕩的她，逆轉成為了世人欣羨的目標。可可的魅力，在於她穿衣風格上的不羈，也在於她不把性別角色放在眼裡。她沒有成為自身想像世界中的囚徒，只能與夢境與幻想為伍，她反過來耕耘出一片眾人可以在其中幻想的夢土。為了做到這一點，她需要的只是把角度轉個一百八十度——**先去思考群眾的想法，然後再用計去撩撥他們的想像**。她從小渴望過的事物，全都有那麼點輪廓不清、有點難以言喻，甚至有的根本就是禁忌。但這三點當中自有其魅力，人性欲望就是這麼回事。她只消讓主客易位一下，讓人性欲望的特點為她所用，最後就成功地把這些魅力灌注到她所創作的產品之上了。

可可・香奈兒的魔術就是這樣變的：**首先，她讓自己與自己的產品周圍蒙上一層神祕光圈**。她向來對自己貧困的童年時期隻字不提。事實上，關於她的過往，可可・香奈兒做過無數相互兜不起來的陳述。沒有人斬釘截鐵地知道她過去究竟經歷了什麼。她很謹慎地控制自己公開露面的頻率，同時她也懂得「小別勝新婚」的價值——讓自己消失一陣子。她從不透露香水的配方或她設計的發想流程。她莫名讓人想買東西的標誌，其設計理念就是要讓人各自解讀。這一切的一切，都讓外界對可可・香奈兒之謎有無盡的想像空間。**第二，她總是能讓自家的產品設計與某種模糊而跨界的概念產生關聯**。她設計的服飾會用一目了然的男性元素衝擊你，但骨子裡又毫無懸念的是女性單品。她的作品會讓女性穿上身後彷彿自己好像跨過了某條性別界限，身心都能獲得解放的感覺；同時她的設計更服貼身體曲線，讓女人在行動自如之餘也兼具了性感魅力。香奈兒設計的不是給婆媽穿的衣服。穿上整套香奈兒，就代表你在對世界發表一道名為年輕與潮流的宣言。這種品牌形象深入人心，成功擄獲眾多年輕女性。

最後一點是，從一起步她就致力於確保自家服飾的超高能見度。女人的個性就是看到有人搭上某種潮牌，好勝心就會讓她們深感不能置身事外。可可·香奈兒沒忘記自己曾經何等渴望已經「名草有主」的男性。那些男人之所以可人，只是因為他們已經屬於某個人。這種想與人一較高下的衝動，強烈存在於我們每個人心中，而這當然也包括女人。

實際上，可可·香奈兒最早發想出的船帽，用的不過是誰都能在百貨公司裡買到的材料；她首先設計出來的衣裳，用料一點都談不上高大上；甚至於她享有盛譽的香奈兒五號香水，本體只是茉莉等普通花卉加上化學品，這真相除沒有異國風情之外還挺煞風景。讓這些產品從平凡無奇變得讓人興奮至極，純粹是出於一種著了迷的心理。**因為欲望受到了刺激，所以你才會渴望擁有這些東西。**

你的人性課題

一如香奈兒，你也必須要翻轉角度看事情。相對於滿腦子都是這世上有什麼東西是你想要的，是你垂涎的，**你必須訓練自己專注在別人身上，專注在他們壓抑的欲望與未獲滿足的幻想上。**你必須訓練自己到能看出別人怎麼看你跟你的作品，就好像你在透過他們的眼睛看你自己一樣。能做到這樣，你就能獲得一種「超能力」去形塑別人對人事物的觀感，包括什麼東西能讓他們興奮起來。人渴望的不是真相或誠實，他們把這種謊話掛在嘴上只是為了配合社會的期望。**人真正要的，是有人來刺激他們的想像，讓他們能脫離這個百無聊賴的現狀。**他們要的是令人心癢的幻想，是能把玩於掌中，對其上下其手的寶貝。所以你不妨在你與你的成品周遭創造一種神祕氛圍，最好能讓人聯想到某種新穎、陌生、詭異、前衛與禁忌的感覺。不要把你傳遞的訊息定義地太清晰，而要留一些模糊的空間。創造一種無所不在的幻覺——讓作品不住地現身來撩撥人的渴求，剩下的事情自有潛伏於人心中的欲望會接棒完成，連鎖反應一經發動便會從一而終。

> 終於，我得償所願了。我快樂嗎？似乎沒有。但少了什麼我也說不上來。我的靈魂不再有欲望授予辛辣刺激的擾動……噢，我們不該自欺欺人——愉悅不在於欲望的滿足，而源自於追逐。
>
> ——皮埃爾—奧古斯坦・卡隆・德・博馬舍
>
> （Pierre-Augustin Caron de Beaumarchais）[1]

人性的關鍵

出於天性，身為人類的我們不會輕易滿足於現況。在內在某種扭曲力量的驅使下，我們不會因為擁有了想要的東西或滿足了某項願望而心不再癢。相反地，一項欲望的結束，只是另一項嶄新欲望的開場。我們永遠會覺得自己值得某樣更新、更不一樣、更棒的物品或境地。一項新目標愈是遙不可及，我們對它的想望就愈積極。我們可以將這種「鄰家草更綠」效應理解成心理學版本的「幻視」——若能靠草坪靠得夠近，我們就會察覺那草其實沒想像中綠；同樣的道理要是縮小距離，我也就不會覺得自己渴望的目標有那麼了不起。這種症狀深植人心，包括最早

[1] 1723-1799，法國作家和社會運動家。才華橫溢的博馬舍是法國繼莫里哀之後又一位傑出的喜劇作家。

有記錄的案例是在《舊約聖經》裡的〈出埃及記〉：神選要領著希伯來人到應許地的摩西帶族人來到荒原，結果在那兒一晃就是四十年。在埃及，希伯來人擔任的是奴隸，生活很艱辛。但等來到荒漠中受苦之後，他們突然懷念起之前的奴隸生活。面對飢餓，神從天堂給了他們一種叫做「嗎哪」的食糧，但他們念念不忘的依舊是埃及的瓜果與各種肉類。在上帝演示的其他奇蹟（包括將紅海一分為二）都沒能讓他們振奮起精神之後，希伯來人決定鑄造一尊黃金牛犢來崇拜，唯因此遭到摩西懲戒之後，他們也就立刻捨棄了對這新偶像的興趣。

這些人沿路碎念抱怨，為摩西平添許多困擾。另外他們還垂涎異族的女子，並不斷尋找可改投的異端信仰。上帝被這群人永無止盡的怨懟逼到了極限，於是便禁絕了這一整世代人進入應許之地的資格，包含摩西。但即便等到下一代人都在乳與蜜之地建立起根據地了，他們上一代的怨念也不見稍歇。總之，不論被發到什麼牌，這些人都還是會夢想著有更好的東西藏在地平線的那一端。

即便不說那麼遙遠的事情，我們也可以在日常生活或職場上看到這樣的症狀。我們每天都會看著別人，羨慕別人，覺得比起自己別人樣樣不缺。他們有慈愛的雙親，有不無聊的工作，有不愁吃穿的生活。我們可能身處於一段已經算是很理想的愛情裡頭，但我們的心思總是會飄到新的對象身上，因為比起我們枕邊人身上實實在在的缺點，新的目標似乎從頭到腳都極度美好，或至少我們會把對方想像得沒有得挑。我們會夢想著被帶離自己乏味的人生，前往充滿情調的異國文化中，而那兒的人一個個都在整潔乾淨的城市裡過得幸福美妙。很多人待業中會覺得有工作就好，但等找到工作又會想要騎驢找馬。再來說起政治，我們會覺得自己的政府腐敗得不得了，改革勢在必行，甚至應該發動革命，而在那場想像的革命裡，我們會擘劃一處名副其實的烏托邦來取代這個不完美的真實世界。我們會選擇性地遺忘人類有史以來的一場場革命，其實最後的結局普遍都大同小異，不是換一批混帳上台，就是換一批更混帳的人上台。

大師解讀

在上述的所有例子裡，若我們能近距離觀察我們羨慕的那個人，那個幸福的家庭、那個人人流口水的男人或女人，那個先進國家或度假勝地的居民，那家夢幻企業的員工，甚至於是那座理想中的烏托邦，就會發現一切都是幻覺。甚或經常在這些欲望的驅使下採取行動，我們就會因為真相而感到失望，但這並不會改變我們的行為模式。下一次有不知名的物體在遠方閃閃發亮，下一次有充滿聖光的大師要我們信教，下一次有一夜致富的方案要我們買滿買好，我們還是會很想往火坑裡跳。

這種症狀有一個最顯眼的例子，就是成為遙遠過往的童年在我們心中的評價。我們多數人會記得那是人生中玩得很開心的一段黃金時期。隨著年齡漸長，童年在我們記憶裡的成色也從鍍金進化為純金。當然，我們會適時用遺忘去修剪掉兒時的各種焦慮、不安全感，與當時受到的傷害，但很可能在當年，這些負面情緒遠比一閃即逝的快樂要耗掉我們更多的腦部空間。因為童年距離我們不會更近而只會一天天更遠，所以我們想將之理想化的難度也不會太高，一如愈遠的鄰居草坪就愈綠。

此一症狀，我們可以用人腦的三種特質去解釋它。首先是所謂的「誘導」（induction），也就是一樣正面的東西會在我們腦中創造出對應的反面影像。這最常發生在我們的視覺系統裡。一旦眼中看見某種顏色，比方像是紅或黑，我們對周遭其互補色的感知就會受到強化，以此例而言，就是綠與白。每當我們看著紅色的物體，其周遭常會出現一圈綠色的光暈，也正是這個道理。整體而言，**人的心智運作靠的就是對比。我們能針對人事物建構出各種概念，必得先能意識到這些人事物的反面存在。**人腦二十四小時在做的事情，就包括把各種對比給挖掘出來。

說得更清楚一點就是，我們每用肉眼看到一樣東西，心裡就會不由自主地看到或想到這東西的對立面。若是社會文化禁絕某種思想，或是否定某種欲望，那這種禁忌只會瞬間讓我們想到它們不准我們去想的東西。每一句「不行」，都必然會點燃心中一聲對應的「我要」。（維多利亞時代的英國禁止色情書刊，結果正好催生出最早的性出版品）。**我們不可能控制住人心在反差之間進行的這種擺盪，這種擺盪預設了我們的想法，讓我們把欲望對準自己缺乏的方向。**

第二，對於像人類這種有自我意識的動物來講，志得意滿是一種很危險的演化特徵。若人類祖先動輒覺得自己過得算不錯了，那他們就不會敏感於看似安全的環境中可能潛伏著危險。我們能夠活到今天，在地球上混得還算不錯，正是因為我們始終保持著警覺，亦即我們在任何情況下都會居安思危。現代人已經走出熱帶草原與森林，活在了城市裡，我們身邊已無掠食者與大自然虎視眈眈，但人腦的設定依舊未改，我們仍舊傾向於往壞處想。事實上抱怨與不滿，就是我們這種負面心態的有意識表現。

最後一點，不論是真實發生還是想像出來的事情，在人腦中的體驗其實相當類似。在證明了這一點的許多種實驗裡，受試者會因為想像著某件事，而在腦中產生出由功能性磁振造影（fMRI）捕捉到的電流與化學活動，而這些活動激似他們實際歷經這些事情時的反應。現實可以相當殘酷，而且充滿侷限與問題，同時世人皆有一死，我們每天都在衰老的過程當中。想要功成名就，我們得付出努力與犧牲。但在想像的世界裡，我們可以航行到天涯海角的每一隅，把玩天馬行空的各種可能性。人基本上有無限的想像力，而我們所想像出的東西，可以產生與實際體驗不相上下的效力。也正是因為如此，人才會那麼愛想東想西，這一方面是由於想像永遠比現實美好，一方面是由於想像的快感能讓我們從現實中解放。

這種種原因，使得鄰家草更綠的想法成為了人類心理組成中的固定先發。我們不應該對人性中這種潛在的缺陷有太過道德化的怨言，因為這是我們每個人內心世界都有的風景，而且這還有不少好處在裡面。因為愛胡思亂想，所以我們才有能力發掘出各種可能性。**想像力會成為我們腦中的一把思想利器，就是因為我們能透過想像來創新。而反過來想，我們也可以抓準別人的想像力來感動、刺激、引誘他們。**

知道如何去利用別人天性中的渴望，是歷久彌新的一門藝術，也是我們進行各類說服行為時的成敗所繫。我們今天面對的問題不是現代人突然無欲則剛，因為這顯然並非事實，甚至還剛好相反。真正的問題在於人的欲望變強了，但我們卻忘卻了這門古老且強大的藝術。

我們可以在文化中看到這門技藝失傳的證據。我們活在一個被資訊轟炸到飽和的年代。來自廣告業者的訊息與品牌標誌鋪天蓋地，一會兒要我們點這裡，一會兒要我們買那個；電影用各種特效朝我們的大腦重擊，讓我們五感疲弊；政治人物最會的就是挑動並利用我們對於現況的不滿，但他們對如何引爆我們對未來的想像，也沒有什麼概念。在這種種的例子當中，我們可以看到一個共通點，那就是粗暴。細微處的巧妙，不見了，結果就是我們的想像力也隨之硬掉了。人類想像力所暗自渴望的不是這種嘶吼，而是別的東西。

我們也可以在人際關係中看到這門技藝失傳的證據。愈來愈多人覺得別人應該無條件地渴望自己、喜歡自己，所以他們便盡情地「做自己」，各種好惡都大剌剌地攤在陽光下，美其名為坦蕩蕩，讓人看個光，一點東西都不留給人探聽。換句話講，他們不給人任何一點想像或幻想的空間。心儀的男人或女人若對他們失去興趣，他們的反應會是上網謾罵男性如何膚淺，女性如何軟爛。如此愈來愈聚焦在自己身上的我們（見第二章〈化自戀為同理〉），會愈來愈無法切入旁人的心理，愈來愈無法想像別人想從我們身上得到什麼，我們會變得只知道自己想從別人身上得到什麼。

你的人性課題

會有人指著這一切，說這代表著人類比從前誠實，比從前坦率，但人性才不可能改變於短短幾個世代。要說現代人比較一目了然，比較藏不住話，或許有幾分真實性，但這並不是因為人性受到某種崇高的道德感召，而是單純因為現代人眼裡只有自己，沒有別人，再來就是一個字：

懶。大剌剌地做自己，沒心機，活起來最不費力，如此而已。但活得這麼不勉強自己，也代表你對別人的心理產生不了任何影響力。這代表別人對你的興趣會趴到地上去，說多低就有多低。旁人的注意力不會在你身上停駐，而你不會知道問題出在何處。不要被廉價的道德感綁架，不要覺得自己就算魅力盡失也一定要百分百誠實。調個頭來走走看。**身邊一堆人不懂得神祕感的魅力所在，正好給了你一個可以發光發熱，讓別人壓抑之幻想為你所用的舞台。**

刺激他人欲望的實戰策略

要讓此一人性法則發揮作用，關鍵在於你得「物化」自己跟你的產品。平常的你會鎖在自己的思緒與夢想裡。在你的想像中，別人應該按照你原本的模樣去愛你、尊重你。你相信你生產的東西自然而然應該吸引人。畢竟，為這東西可是費盡了心力，而且你又滿懷著期待與把握可以出人頭地。但這些心情根本沒人看在眼裡。對他們來講，你只是其他人裡的其中一個，而身為一個「其他人」，能從別人身上獲得的反應不外乎是好奇心或興奮感——這算好的，不然就是無動於衷，慘一點的還會有人對你產生莫名的敵意。他們會把自身的幻想與成見投射到你身上。一旦公諸於世，你的工作也會變成與你自身的希望、夢想毫無瓜葛的存在，而這種存在會在旁人心中引發或強或弱的情緒。只要你能「物化」自己與自己的作品，將這兩者理解為別人可以也只會用他們的方式去認知的物品，那你就能獲得能力去改變他們的認知，創造出讓他們「肖想」的標的物。下頭是你能在人心中創造出渴望目標的具體辦法。

知道何時與如何有所保留

這一點，正是這門技術的精髓所在。每個人都有一個外界看得到而且可以品頭論足一番的外貌，而你呈現的方式若是太過透明，讓人一看就能摸清你的底細，或者看出你的希冀，那他們就會下意識地降低對你的敬意，假以時日他們更會對你徹底失去興趣。你呈現出的外貌必須帶著一點高冷，就好像你不需要別人。而這傳遞給人的訊息就是你認為自己理應受到尊敬，而你在旁人眼中的價值便會自然而然提升。這會讓人想要追著你跑，而這一絲高冷，也是你必須上手的第一類矜持。在高冷的基礎上，你可以搭配一些身分上的空白處與模稜兩可。**你對事情的看法、品味、價值觀，都要永遠保持一些神祕感。你的留白，可以讓人有空間去自行發揮，看他們想要什麼就讀取什麼。**最會搞這一套的就是電影明星。他們會把自己對外的形象呈現成一片空白的屏幕，任由粉絲與觀眾投射他們自身的幻想。所以你的基本目標，也大致上是要創造出一種名為神祕感的氣場，藉此來吸引人把想像力揮灑在你身上。

一旦你察覺自己吸引到某人的想像力，也就是對方咬餌了，那你就必須要具體抽身並啟動矜持。你要變得很難找。你要一整天或一整週不見人影。你要在他們心中創造出一個空洞，一種見不到你的痛。你要在他們心中圍出愈來愈大的一塊專屬空間，讓他們對你的渴望因為欲求不滿而愈來愈強。

流行樂之王麥可．傑克森就在全人類的層級上把這一招玩到透徹。他深知讓市場上充斥著他的音樂與他公開露面的畫面，是一件很危險的事情。他刻意讓專輯的發行時間相隔較遠，藉以讓廣大的樂迷感到欲罷不能。他小心翼翼地管理著受訪與登台表演的頻率，並從來不談論其創作歌詞中的意義，也不把任何訊息挑明後傳播出去。他偶爾會讓公關人員把自己最近發生的一些小故事洩漏給媒體，比方說他用高壓氧艙房來維持青春永駐，但被媒體堵到，他又會對這些小故事的真偽不置可否，簡直要把記者逼瘋。他就像長了腳的八卦發動機，而你沒辦法從他那兒獲得任何證明。透過這種「神龍見首不見尾」的刻意操作，麥可把自己打造成一個大家追著跑的渴望目標——大家想更認識他，也想擁有他的音樂作品。

透過各種作品，你也可以創造出類似的渴望。不論是做簡報，還是傳達訊息，都盡量提供一種準開放式的結尾，讓人看著你飢渴效應的作品可以各自有好幾種解讀。千萬不要「教」人家該怎麼去欣賞或使用你的作品。餘韻，正是像莎士比亞或契訶夫等戲劇大家的作品得以流傳上百年或數百年，依舊給人感覺新鮮而刺激的原因，畢竟每一個世代的人都可以重新按自身的需求來對其進行演繹。這些名家透過作品，寫下的是橫貫古今、歷久彌新的人性，而他們沒一個人在故事或劇本中對讀者或觀眾該有什麼感受或想法下指導棋。不論今天你的作品屬於哪個領域或類型，你都可將這些大師的做法當成一種模型。

記住：一個人的想像力愈活躍，他能從中得到的快感強度也就愈高。還是個孩子的時候，若別人跟我們介紹一個遊戲裡有一板一眼的指示與規則，那我們很快就會提不起興趣了。但若那遊戲是我們自己發明的，隨時可以按照我們的想法亂加創意，那我們的興致就會持久得多。欣賞一幅可以激發我們夢境與幻想的抽象畫，品味一部沒辦法一目了然的藝術電影，甚或是聽到一個需要思考的笑話乃至於看到一個燒腦的廣告，我們只能自行決定剛剛看了什麼東西，而這對我們會是一種很令人興奮的想像力練習。而透過你的作品，你也會希望能刺激欣賞者的快感到飛天。

塑造你很搶手的形象

人類的欲望從來不是單獨存在的現象。我們是社會性的動物，所以我們想要的東西也往往反映了其他人想要的東西。這一點可以追溯到我們人生的最初回。小時候當我們看著爸媽給予我們的關懷（我們最初想望的東西），會覺得那對應的是一款零和遊戲，因為爸媽的時間與精神就只有那麼多（或那麼少），所以他們多關心其他手足一分，就肯定會少注意我們一分。兄弟姊妹之間必須相互競爭，才能多得到雙親的愛與關懷。看到兄弟姊妹或朋友得到某樣東西，不管是份禮物或一項協助，我們內心就引爆好勝心，也想跟他們得到一樣的東西。某項物品或某個人若無人青睞，則我們也會對其比較無感，甚至會認為那東西或那個人這麼不搶手，一定是有什麼毛病不為人知。

這種想法，會擴大成為模式而影響人一輩子，只是某些人受到的影響弱，有些人受到的影響強。在談戀愛的時候，受影響強的人會只對已經名花（草）有主的人感興趣，或是只對明顯有情敵也喜歡的人感興趣。這些人渴望的是打敗眾人帶走戰利品，而這種態度肯定與幼年時的經歷有關係。看到別人找到門路賺錢，他們不光會想加入，還會想把市場壟斷。至於受到影響輕微些的人，他們看到別人的新玩具不會想搶過來，只會想要跟對方一起玩。但不論你屬於哪一種人，不會改變的一點是：**別人想要的人事物，價值總是感覺要高那麼一點**。

你必須學著去利用這一點。若你能設法創造出一種形象是自己或自己的作品很搶手，那你就能無須費盡唇舌也不用拋頭露臉，就輕輕鬆鬆讓別人靠過來，加入你的粉絲軍團。你不用求，他們也不會走，但你必須要設法讓自己周遭圍繞著這種光環，或至少要把三分樣建立起來。

要創造出這樣的效果，我這裡有幾招可以傳授。**你可以設法讓能代表自已的物品無所不在，讓人去到哪兒都看得到或聽得到**。為此你甚至可以學香奈兒那樣放任盜版。你無須直接出手干預，因為只要方法對了，病毒式的吸引力會自然被點燃。要讓這道流程加速，**你可以適時拿一些謠言或軼事餵給不同的媒體**。一旦你成為了眾人的話題，相關的口碑就會不脛而行。就算是負面消息，就算是某種爭議，效果也是一樣的，甚至有時候負面新聞才是最好的宣傳。負面消息會凸顯出你本人或產品有一種不安於室或遊走道德灰色地帶的個性。總之，人就是會受到壞事吸引，就是會想去湊個熱鬧。你的沉默，或者是不把話說清楚，都會讓外界瘋狂地自行創作或添油加醋。**你還可以設法讓有頭有臉的意見領袖發表看法，藉他們之手來搧風點火**。讓他們告訴世人你所提供的，是嶄新而革命性的作品，是前所未見、前所未聞的東西；你是在把未來的潮流偷渡到現代。到了某個點上，感受到這股拉力的人數會突破臨界點，他們會不甘寂寞而首先入坑，進而推坑其他人。這種玩法唯一的問題，就在於今日的世界資訊爆炸，所以你想成功讓自己被瘋傳，競爭多很多，再者就是現在的輿論風向瞬息萬變，不容易掌握。你除了必須懂得如何推倒第一張骨牌，還得要善於更新消息，善於創造風向。

作為一個個體，你必須詔告天下自己就是眾人渴望的對象，而這樣的你也有屬於自己的一段過去——關於過去不用全盤托出，以免讓人對你心生懷疑，但你受到追捧喜愛的部分要呈現出來。為免這個過程太過直白，你可以讓他們聽聽你過去的一些小故事，讓他們親眼目睹你如何受到男男女女的關注。重點是這些豐功偉業不要直接由你用嘴巴說出來。炫耀或往自己臉上貼金，會讓你至今的努力成為泡影。

遇到談判的場合，我強烈建議你安排暗樁，由第三方甚至第四方來爭奪讓你服務，藉此創造出大家在爭搶你的模樣，而這也會讓你的價值直線上漲。這不光是讓喊價的時候多一張嘴巴，也是讓你在競標者的眼中變得更加可口。

善用誘導

我們可能以為比起過去，自己活在一個非常自由的時代，但事實上，我們如今生活受到監控的程度是人類歷史上前所未見。我們的一舉一動都會留下數位足跡，我們的每一種行為都有法律相對應。政治正確以前也有，但現在更嚴重，因為社群媒體讓我們的立場更容易暴露在眾目睽睽之下。私底下我們大部分人都對身心受到的侷限感到厭煩或崩潰。我們渴望擦邊球，渴望跨過那條人為的邊界，渴望有人替我們賞黑白分明一個巴掌。

你可以讓自己或自己的作品與有那麼一些些不遵守法律、不沿襲傳統、不政治正確的人事物扯上點邊。香奈兒的做法是用招搖而中性的外貌來衝撞固有的性別角色。世代之間的衝突，也一直是這方面很好的切入點。你該提供的，是與古板的上一代有強烈反差的積極與大膽。約翰・

甘迺迪示範的是對艾森豪代表的一九五〇年代叫陣，是與讓人陷於昏昧的團體及一致性進行切割。他要讓選民感覺投他就是投給年輕，投給活力，投給很久沒看見的男性特質。本質上，他訴求的是選民心中對父親角色的敢怒而不敢言，是一種大逆不道想要擺脫父親的心情。這種欲望永遠默默藏在年輕人的心中，永遠有個禁忌的標籤貼在上頭。

另一種幾乎無人可免疫的壞念頭，就是偷窺。想偷看別人的私生活，是對個人隱私的嚴重侵犯，而侵犯隱私自然是一種社會上的禁忌。但即便如此，大家還是會好奇一扇扇的門後是什麼情形。戲劇與電影會存在，就是要滿足這種偷窺的欲望。戲劇與電影讓我們置身於別人的房間裡，我們邊看戲，也邊覺得自己睜大著偷窺的雙眼。你可以把這種欲望融入到自己的工作策略上，具體而言，你可以設法讓人產生一種你冒大不韙在洩漏祕密的印象，而這種做法肯定會讓某些人暴跳如雷之餘，也會讓更多的人心生好奇。這些祕密可能關乎你是誰，關乎你成功的祕訣，也可能關係到其他人，關係到大人物關起門來的生活，或是他們身體力行的人生法則。

總之無論如何，你提供的要是新鮮、陌生、引人遐思，或起碼給人這些感受的訊息。只要這些訊息與外頭那些沉默乏味的東西有足夠的反差，你就能成功創造出別人想一探究竟的渴望。

最後，你可以把能正常來講得不到的東西或不可能發生的事情，當成肥肉一樣在別人眼前晃呀晃，讓他們覺得這些東西好像唾手可得。人生總是充滿著各種令人生厭的限制與困難。想發財或成名都需要付出很大的努力。我們被鎖在自己的個性裡頭（見第四章〈判讀人格強度〉）而無法變成別人。我們找不回失去的青春或健康，每一天都帶著我們更接近死亡那終點的極限。但被物化後的你或你的作品，卻能提供一夜致富、一夕爆紅、青春永駐、重新做人、或騙過死神等各式各樣的幻想，由此旁人自然會貪婪地撲上來，因為這些東西真的太夢幻了。參考誘導的法則，我們可以想像這種種偷吃步與幻想（就像我們可以想像獨角獸存在一樣），由想像會帶給我們想觸及這些夢想的欲望。想像與體驗其實相差無幾。別忘了：祕密給人前進動力的不是真正擁有，而是想要擁有的心情。一樣東西真的到手了，伴隨而來的反而常是一種失落感，你不會拿著剛獲得的東西把玩，而會開始對新的目標起心動念。**你該視為獵物去追捕的，是人類對於幻想的需求，乃至於對「追夢」過程中快感的渴望。**從這種角度去看，你對於自身與自身產品的形象經營必須不斷更新。因為一旦別人從你身上得到了滿足，或以某種形式擁有了你，你的價值與所獲得的尊重就會馬上開始流失。**你必須要持續利用有所矜持、創造意外，還有引人追逐的方式來維繫能量。只要你能做到這樣，那權力就會繼續握在你的手上。**

至高的欲望

我們向前進的道路，必須永遠保持在朝對人性的意識一天天增強的方向上。我們必須看到自己內心裡有一種「鄰家草更綠」的心情，也必須知道自己會被這種心情推著去做出特定的行徑。我們必須要能夠在自身的渴望當中區分出哪些是正面而有建設性的東西，哪些又是負面而只會搞破壞的事情。在正面而有建設性的這一邊，感覺浮動而不滿於現狀可以讓我們有動力去停止將就，開始對更美好的事物展開追求。這種正面的渴望會擴大我們的想像力，因為我們會去思考現狀以外的更多可能性。隨著年齡漸長，我們往往會有愈來愈志得意滿的傾向，這時若能有年輕時的焦躁不安來中和一下，將有助於我們內心的年輕與活力不至於洩光。

但這種焦躁不安，必須保持在有意識的控制之下。往往我們的各種不滿，都只是一種長期而慢性的症狀；我們對於改變的渴望並沒有一個具體的方向，而只是對無聊生活一種模模糊糊的反抗。這樣的狀況，會導致寶貴時間的浪費。不滿意工作現況的我們會一跳跳很大，而換了工作之後我們得學習新技能，建立新人脈。新鮮感讓我們每一秒都很享受。但過了幾年後，我們再一次覺得無聊的心情又會蠢蠢欲動，所以換工作顯然不是答案。聰明的話，我們就應該更深入地去思考，想清楚前一分工作到底是哪些地方讓我們覺得跟自己不合，然後設法進行微調，包括或許我們可以重選一條與舊行業相關，但又需要調整一下技巧的職涯跑道。

在交往關係中，我們有可能會一輩子都在尋找一百分的男人或女人，最後落得孤單一人。世上沒有完人。所以與其把標準放這麼高，我們不如設法與伴侶的缺陷好好相處，接受他們的不完美，甚至把他們的缺點轉化為魅力的來源。**先讓起伏的欲望平靜下來，我們才能磨練出妥協的藝術，進而讓愛情得以延續下去。**關係的經營，從來都不是件容易或者不需要付出努力的事情。

相對於永無止境地追逐最新的潮流，並以讓別人感到興奮的事情為模板來建構我們的欲望，我們理應把時間花在對自身品味與欲望的了解上，如此我們才能明辨哪些東西是自己真正需要或想要的東西，哪些又是廣告商或病毒式行銷要我們相信自己想要的東西。

人生苦短，我們的精力也並非用之不竭。要是讓隨便一點渴望牽著鼻子走，我們肯定會浪費很多時間在注定失敗的尋求與改變上。整體而言，請不要老等待著或巴望著事情會變好，你該做的事情是把握自己擁有的一切，把現有的生活過好。

這麼說吧：你卡在一個環境裡，這環境裡有你認識的人，有你常去的地方。這是你的現實。你的心智會不斷被吸引著想遠離這個現實，這是人性。你會夢想著旅行到異國的目的地，但要是真的去了，被拖到現場的只會是你那副欲求不滿的心境；你會尋找各種娛樂，讓新的幻想供養你的心靈；你會閱讀書籍，讓你的生活裡充滿書裡那些與你日常生活八竿子打不著，而且充滿對虛無飄渺之事物各種空泛臆測的念頭與想法。這種種庸人自擾與看不到盡頭的欲望，針對的都是與我們距離無限大的事物，我們很難從中得到任何滿足——我們只會讓心中跳出更多不存在的奇珍異獸，讓自己在追逐當中不知所措。到了最後，我們總是無法從名為自己的陷阱中逃脫。

另一方面，現實在對你點頭打招呼。把心思投注在近在咫尺而非遠在天邊的人事物，會給你非常不一樣的感覺。身處於你的生活圈中，你總是能與人產生更深刻的連結。要知道人永遠會有你不知道的一面等著你去挖掘，而這也會是你不會終結的驚喜來源。你可以與生活周遭的環境有更深的連結，這包括你的居住地有看不見底的歷史供你浸淫。增進對生活環境的了解，可以創造機會讓你覺得更有力量。至於關乎你自己，你心坎裡也有很多自己從來都不了解的祕密天地。增進自知，可以讓你從自身天性的奴隸變成主人。你的工作也蘊藏無限的可能性，這包括你可以設法進行改進，進行創新，無止盡地挑戰自身的想像力。以上種種，都是距離你最近的事情，它們為你構成了一個貨真價實的非虛擬世界。

話說到底，你真正應該渴望的是與現實建立深刻的關係，因為只有這種關係可以讓你獲得內心的平靜、專注與行動力，然後你才能用這些工具去改變你能改變的東西。

> 我誠心建議讓每一位你熟識的人——不分男女——都能偶爾感覺到你沒有他們的陪伴也不會怎麼樣。這將會鞏固你們的友誼。不用擔心，多數人都不會因為你偶爾摻雜一點鄙夷去對待他們而感到受傷；反而，他們會因此而更珍惜你的友誼……即便真的對某人評價很高，我們也應該把這事情當成罪大惡極的事情來保密。這或許會讓你心裡不太好受，但這麼做才是對的。此話怎講？狗都受不了別人對自己太好，何況是人來著！
>
> ——阿圖爾．叔本華

〈第六章〉

抬高你的視角

短視的法則

人性中的動物性，會讓我們對立即能看得到、聽得到的東西印象深刻，包括：最近的新聞報導與趨勢、周遭的意見或行動、任何看起來很誇張的事情。你會上當去相信各種騙局，原因就在於它們讓你覺得可以馬上獲取結果或很快賺到錢。同樣地，這也是你會對現狀反應過度的原因——你會隨著事件的發展時好時壞而一會兒狂喜，一會兒狂悲。你要學著根據其視野的寬窄去評斷一個人的長短；不要跟無法判斷自身行為後果的人在一起瞎攪和，那種人的反應永遠處於被動。靠近他們，你也會感染這種負能量。你必須著眼在會左右事件走向，但不見得能一目了然的主要潮流上。千萬不要片刻無視於自己的長期目標。只有把頭抬高，視野放遠，你才會有耐心與澄淨的心去提高達標的勝率。

瘋狂的瞬間

綜觀一七一九年的夏季與初秋，英國人約翰・布朗特（John Blunt, 1665-1733）都緊張兮兮地在追蹤著所有來自巴黎的最新消息。約翰，布朗特何許人？他是南海公司（South Sea Company）中一名主要的董事。法國經濟景氣正好，而賺錢的主要是密西西比公司（Mississippi Company）。創立這家公司的是來自蘇格蘭的外國人約翰・勞（John Law），而該公司主要是活躍在由法國控制的路易西安納領地。勞先把公司股份賣給法國人，而隨著股價上漲，法國人不分階級開始獲利了結，然後一個個都成了大富翁。事實上，英文單字 millionaire（百萬富翁）就是誕生於這幾個月當中，因為當時他們需要新詞來形容這些新富階級。

此等情事布朗特聽聞後既憤怒又嫉妒。他是個忠君愛國的英國人，而隨著密西西比公司的成功，巴黎開始吸引來自全歐的投資湧入。任由情勢這樣下去，法國眼看就要取代阿姆斯特丹與倫敦，成為全球最新的金融中心。要是真這樣讓法國坐大，那對其宿敵英國絕對是災難一場，尤其誰知道雙方戰爭何時會爆發。

民族大義不論，他個人也是個胸懷大志的傢伙。鞋匠之子出身的他從小就想要躋身英國社會的上層。而他相信自己想鯉魚躍龍門的途徑，就在於橫掃歐洲的金融革命，而金融革命的核心又在於風靡各地，類似於密西西比公司跟南海公司的股份公司。相對於傳統上靠擁有土地致富不僅難管理且繳稅多，炒股賺錢相對容易且獲利免稅。這樣的投資在倫敦一時間蔚為風潮。布朗特的計畫是將南海公司轉型成歐洲最大也最成功的股份公司，但約翰・勞用大膽的投資搶了他的鋒頭，而且還獲得法國政府的全力相挺。布朗特只得想辦法玩得更大更狠來為他個人與祖國都扳回顏面。

南海公司成立於一七一〇年，主要業務是經手並管理英國政府龐大債務中的一部分。作為交換，該公司可獨占英國與南美洲貿易的全數權利。但經年下來，南海公司幾乎沒有進行任何貿易行為，而只是擔任英國政府的非正式銀行。作為南海公司的負責人，布朗特與英國的達官顯要建立了關係，其中甚至包括英王喬治一世（King George I, 1660-1727）本人。喬治一世先是成了公司大股東，後來更被邀請擔任起公司的董事局總裁。人生在世，布朗特的座右銘一直是「格局要大」，而他也因此受益良多。於是就絞盡腦汁要幹掉法國人的時候，布朗特在一七一九年十月想到一招不但對得起他的座右銘，而且還絕對可以改變國家命運，至少他內心這麼相信。

在英王主政下，英國政府當時面對最嚴峻的問題，是三十年來與法國跟西班牙交戰所累積出來的龐大債務，這些花掉的錢全都是借來的。布朗特的提議簡單之餘也相當令人驚異：南海公司付政府一筆可觀的費用（賄款），讓政府同意讓他徹底接手這些價值高達三千一百萬英鎊的債務（作為交換，公司可以每年從這些債務上收取利息）。這之後，南海公司會把這三千一百萬英鎊的債務私有化，然後將之以南海公司股票的形式當成商品行銷——南海公司一股等於一百英鎊的債權。之前借錢給政府的人可以持借條換取等值的南海公司股票，沒被換完的股票則向社會大眾出售。

南海公司的起始股價是一股一百英鎊。而既然是股價，就有漲跌。只是在此例中只要操作得當，股票基本上會只漲不跌。南海公司的名聲原本就蠻唬人的，加上他們又端出自己即將開始從南美貿易中大賺其錢的願景，於是投資人紛紛買單。另外就是愛國情操讓英國債權人覺得自己有義務參與這項計畫，畢竟這麼做可以說是一舉兩得：一方面幫助政府將國債一筆勾銷，一方面有機會賺到比向政府收年息多很多的錢。只要股價如預期般順利上漲，那轉手就可發筆小財，另外公司也會有能力發放優渥的股利。就這樣像魔術一樣，政府的債務眼睜睜變成了一筆財富。以後政府的問題迎刃而解，布朗特也可望聲名大噪。

一七一九年十一月，英王喬治第一次聽聞布朗特的提案，當時他就覺得一頭霧水。他不懂何以一個明明是不好的東西（債務）會在彈指間變成一個好的東西。另外，金融界的新術語也讓他有聽沒有懂。只不過布朗特說話的口氣實在太過堅定，搞得國王本人也被他的熱情給呼嚨了過去。認真說起來，國王不心動是騙人的，畢竟這可以一口氣解決他兩大問題，這等好康實在令人難以推卻。

英王喬治的人望非常差，差到史上很少有英王可以跟他比爛。但關於這一點，他其實也有幾分無辜：他的出身並不是英國人，而是德國人。他原本的頭銜是布倫瑞克公爵（Duke of Brunswick）與漢諾瓦選侯（Elector of Hanover）。一七一四年，英國的安妮女王（Queen Anne of England）逝世時，喬治是她在世上關係最親的新教親戚。但喬治一登基，他的臣民卻發現這傢伙一點都不討人喜歡。他說起英文口音非常刺耳，行為舉止也粗魯無文，再者就是他嗜財如命。還有一樣就是都一把年紀了，他卻還是一天到晚追著妻子以外的女人跑，但這些女人還都看不出哪裡美。統治初期他就歷經了好幾次失敗政變，但要是成功，感覺上社會大眾也不會有什麼意見，搞不好民間還會非常樂見。

喬治卯起來想證明給自己的新臣民看，他想讓大家知道他可以用自己的方式當個好國王。對這份新工作，他最痛恨的一點就是自己一上任就得承接前任丟給他的巨債。喬治對債務是非常敏感的，他覺得債務就像水蛭，而錢就是他的血。

而就在他為此夜不成眠的此時，布朗特帶來了好消息。透過布朗特，他有機會讓國債憑空消失，還可以為英國帶來繁榮，順便藉此強化王權。這麼好的事情讓他情不自禁地全力相挺。他指派財政大臣約翰・艾斯拉比（John Aislabie）負責在一七二〇年向國會呈報此一提案，由國會以法案的形式通過此案。幾乎在第一時間，布朗特的提議就在幾位議員之間引發了強烈的反對，好些人都覺得此舉可笑至極。但在艾斯拉比向國會報告完的數週之後，反對派只能失望地看著自身獲得的支持逐漸流失，因為預發的股票已經半買半送地送到了英國有錢有勢者的手上，而這當中自然也包括國會裡的大咖議員。這些人在私利的引誘下，也轉趨對法案抱持樂見其成的看法。

同年四月份等法案通過後，喬治國王的親自現身於南海公司，在那兒存入了十萬英鎊買股的錢。他希望藉此展現出自己對於公司的信心，但這一步實屬畫蛇添足，因為法案的強渡關山早已點燃了輿論對南海公司的關注，大家對這些股票的興致早已被炒上天，其中倫敦一個叫做「交易巷」（Exchange Alley）之處是對活動熱度最高的地區。顧名思義，幾乎所有的股票交易都發生在那裡。以交易巷為中心，周遭的狹窄街道一天天變得車水馬龍、萬頭攢動。

一開始，基本上都是些有錢有勢的達官貴人乘著華美的馬車來到此地搜刮股票，外加當中混雜著些藝術家與知識分子，如詩人兼劇作家約翰・蓋伊（John Gay）、詩人亞歷山大・波普（Alexander Pope）與小說家強納森・史威夫特（Jonathan Swift）皆在列。沒多久大名鼎鼎的艾薩克・牛頓爵士（Sir Isaac Newton）也不敵股票的魅力而拿出一大筆七千英鎊的積蓄來投資。但數週之後，牛頓爵士感覺情況有異。他發現股價漲高，而萬有引力的定律是一樣東西升得愈高，終究會摔得愈重，於是他便獲利了結，至此他正好賺了一倍。

很快地謠言四起說南海公司即將啟動南美貿易，而南美山中蘊藏著數不清的金銀財寶。這種傳言可以說發揮了火上澆油的效果，英國人不分階層開始湧向倫敦買股。布朗特被說成是金融界的煉金師，袖中有點石成金的魔法可以將債務變成財富。在英國的鄉間，農夫從床底拖出了由銅板組成的棺材本，然後派兒子與姪子去盡量多買一點股票回來。這股熱潮甚至連平日不沾染銅臭味的女性都不分階層地無法倖免，你可以在交易巷看到女演員們摩肩擦踵。而就在這段時間裡，南海公司的股價突破了三百英鎊，然後不久又漲破了四百英鎊。

就跟之前的法國一樣，英國的景氣一下子顯得生氣蓬勃。五月二十八日，英王歡度六十歲壽辰，而對於這樣一位知名的守財奴而言，這場壽宴的排場絕對稱得上鋪張，紅酒與香檳盛裝在巨大的缸中。派對上有女子用華服炫富，她穿在身上的珠寶價值足有五千英鎊以上。倫敦四處都見得著有錢人把府邸拆掉，然後重建出更雄偉、更氣派的豪宅。

門房與挑夫紛紛辭去工作，買起了所費不貲的馬車來代步，甚至有人請起了自己的僕役，當起了大爺。一名年輕女演員在賺到錢之後決心退休，但在那之前她先租下了整棟劇院來跟她親愛的粉絲道別。一名貴族仕女某天在歌劇院驚訝地發現她之前的女僕，這一晚竟坐在比自己更貴的包廂裡頭看戲。強納森・史威夫特在給朋友的信中寫道，「我徵詢了一些來自倫敦者的看法，我問他們那兒現在有什麼樣的宗教信仰？他們告訴我倫敦現在信的是南海股票教。我問他們英格蘭現在的政策是什麼？得到的還是同一個答案。現在那兒都在交易什麼東西？他們說現在只交易一樣東西，就是南海公司股票。你問他們那兒現在都做些什麼買賣，答案是只剩下南海股票這樣買賣。」

放眼這種股票買賣的狂潮當中，你會看到布朗特在那兒搧風點火，盡其所能地在刺激群眾對於南海股票的興趣，並設法讓股價不斷上漲。他無所不用其極地用各種方案兜售股票，提供優渥的付款條件，包括有時候你只需要兩成的自備款就可以先進場卡位。基本上有人要投資四百鎊，布朗特就會貸款三百鎊給他。他希望維持需求的熱度，並讓一堆人覺得自己這輩子要發達就靠這次，錯過就沒了。就這樣，股價跨越了五百鎊的高點而漲勢未曾稍歇。到了六月十五日，布朗特已經將股票申購價格訂到了天文數字般的一千鎊，惟本金只需要一成，其餘的九成可以四年分期貸款還清，每期償還一成即可。這樣的條件幾乎沒人能說不。同一個月，英王喬治授予了布朗特騎士爵位（從男爵；準男爵），讓他以約翰・布朗特爵士的身分站上了英國社會的高點。確實，他可以說其貌不揚，而且行事又有點膨風，但他也確實在英國創造了那麼多富人，而這也讓他成了英格蘭視為瑰寶的名人。

就在達官貴人們準備離開倫敦去避暑之際，英國社會上是一片樂陶陶的歡愉氣息。此時的布朗特仍看起來充滿自信且無憂無慮，但私底下他已經開始焦慮，甚至有點慌了手腳，因為有太多事情他沒有能預見。他無意間啟動了一片勇於投機的風氣，當中有些投資題材中規中矩，但也有些標的荒謬莫名，像是有人想發明永動機。民眾受到這股投資熱情的驅使，紛紛把錢拿出來押寶各式股份公司。問題是民眾每在別的地方投資一英鎊，市場上就少了一英鎊可以流向南海公司。這個問題讓布朗特很擔心，畢竟英國的錢就只有那麼些，而他也不可能無上限地提供融資。此外還有人開始把錢拿去買地作為較有保障的長期投資，為此他們動輒得賣掉南海公司股票套現。其實賣股買地的事情，布朗特自己也在做，只是他沒讓社會大眾知道有這麼回事。

更讓人不安的是法國人已經失去了對密西西比公司的投資信心，並開始大舉撤資。這讓法國出現了錢荒，經濟也突然之間一蹶不振。這樣的發展絕不只是法國的家務事，也會影響到倫敦的氣氛。趁股東避暑尚未返回倫敦之前，他得趕緊做點什麼。

在與國會的合作之下，他設法讓其通過了一七二〇年的《泡沫法案》（*Bubble Act*），藉此禁絕所有未經皇家特許成立的股份型企業。氾濫的投機行為確實因此畫下句點，但這項泡沫的解決方案也創造出了意外的後果。數以千計的投資人已經將積蓄丟進這些新事業裡，而這些事業一夕之間變成非法的存在，他們根本沒機會把血汗錢拿回來，由此他們只剩一條路可走，就是把南海公司的股票賣掉來度日。另外有不少融資買進南海公司股票的人，則發現自己還有分期貸款繳不出來。這些人也嘗試套現。在這麼多人要賣股的情況下，南海公司股價開始軟腳。那年八月，憂心忡忡的群眾開始把南海公司團團圍住。

接近八月底，布朗特自己也沉不住氣了。他決定再以一千英鎊的面額發動第四次現金增資，而且這次的條件比以往都還優渥，包括承諾會在聖誕節發放高達三成的驚人股利，接著還有年度股利更高達五成。這種花言巧語讓一部分人被拉回了火坑，包括之前講過，原本已經入袋為安的牛頓。但其他人就像大夢初醒似地開始納悶起這整件事情：南海公司根本還沒有開始做起南美洲貿易的生意，其最像樣的資產不過是政府付給他們的利息，像這樣的公司要拿什麼來付那麼多的股利？事情到了這個份上，原本的煉金魔術露出了欺騙大眾的真面目。到了九月初，股東拋售南海股票的局面已經只能用驚慌失措來形容，因為幾乎沒有人不三步併作兩步去把可能的壁紙換成任何一種金屬鑄成的錢幣。

隨著愈來愈多人跑來擠兌現金，作為英國央行的英格蘭銀行也差點滅頂——行內的英鎊幾乎要被兌換完畢。至此英國人來到了夢醒時分，天下無不散的筵席，只是這場瘋狂宴會讓不少人失去了一生的積蓄，畢竟股價崩跌意味著血本無歸。牛頓一人虧掉兩萬英鎊，此後一聽到有人提到金融或銀行，這位大科學家人就「不爽快」。市場上大家開始有什麼賣什麼，然後不久就出現自殺潮，包括布朗特爵士自己的姪子查爾斯·布朗特也在得知自己損失的情形之後割喉自盡。

布朗特本人在路上成了眾矢之的，甚至差點被人暗殺而橫屍街頭。最後他只得連忙潛逃出倫敦，並在國會褫奪他從南海公司中賺到的大部分錢財之後，於巴斯（Bath）鎮上度過清苦的餘生。或許在離群索居的日子裡，他可以想想這一切有多麼的諷刺——他確實改變了歷史的走向，確保了自己在後世的記憶中有一席之地，只不過大家永遠會記得的是有個叫作約翰·布朗特的人搞出了一個荒謬至極，而且害死不少人的生意經。

大師解讀

約翰·布朗特原是個苦幹實幹的商人，他內心的目標只有一個：為自己與家人創造可以代代相傳的財富。但一七一九年的夏天，原本腳踏實地的他卻像中了邪，被白紙黑字的巴黎投資故事給洗了腦。平凡的法國人因為投資而一夕致富，那生動的情節讓他看了心嚮往之。他之前從沒想過投資股份公司可以讓人這麼快發財，但法國發生的事情看似鐵證如山。他希望這樣的好事也可以發生在英國同胞身上，而在安排把這齣大戲搬到英國上演的時候，他很自然地模仿了約翰·勞的許多原始設計，差別只在於他把規模更加放大。

但這有一個令人百思不得其解的地方是他的腦袋瓜，竟然從頭到尾都沒有想到一個明擺著的問題：南海公司的計畫有賴於股價的不斷上漲。若將政府公債轉成股票的人得每股繳兩百英鎊而非一百英鎊，那他們領到的股數就會變少，南海公司能剩下的股票就會變多，由此公司就可以把這些持股賣給公眾來大賺一筆。若這些以兩百英鎊買進的股票之後繼續上漲到股價超過兩百英鎊，那投資人就有機會可以賣股獲利。這時大家看到股價漲不停，更多的債權人就會受不了誘惑也跑來以債換股。這樣的過程裡要沒有輸家，只有一個辦法，那就是股價一漲再漲。但股價怎麼可能在沒有貿易獲利等實際資產支持的狀況下，漲到天上呢？等到哪一天股價開始下跌——而這一天總是會來的——那恐慌就會開始深入人心，因為大家會對這整個系統失去信心，而信心一崩盤，你賣我也賣的連鎖反應就會把鍋掀翻。這種顯而易見的道理，布朗特怎麼會沒想到呢？

答案很簡單：布朗特內心的時間框架嚴重縮水，以至於他連短短幾個月後的後果都無法想到。被法國的投資熱潮搞得鬼迷心竅，加上他滿腦子都是唾手可得的財富與權力有多麼美好，布朗特的眼界只剩下眼前的方寸之地，他一心只想著要讓計畫有個好的開始，而好的開始又讓他誤以為事情會一路順遂下去。當然隨著計畫開展，他也意識到自己得設法讓股價加速上漲。而要讓股價漲快一點，唯一的辦法就是利誘更多投資人入坑。但利誘人入坑也只是飲鴆止渴，圍魏救趙。此舉解了燃眉之急，卻創造出日後更多更危險的問題。《泡沫法案》與優渥的股利承諾讓風險更加逼近眼前，他的周轉空間已經只剩下幾天。他只盼著能讓船晚一個禮拜沉，然後在那之前找到新的解決方案。當然到了最後，時間還是歸零了，他想拆炸彈的企圖還是失敗了。

人一旦讓行為與後果脫鉤，就代表他們失去了對現實的掌握。由此愈往下走，他們的行動就貌似發瘋。那種瘋狂原本只專屬於布朗特，但沒多久就傳染給了國王、國會與原本以民智大開著稱的整個英國。英國人一看到自己的同胞賺到了大錢，就誤信南海公司不是玩假的——這公司肯定有前途。他們也一樣失去了放眼數個月後的眼光。就以理應是理性典範的牛頓爵士來講，他一開始也中了招，染上了投機的熱病，但數週之後他的邏輯思考看穿了南海公司話術中的漏洞，而這也促成了他第一回賣股出場。但這之後，他眼睜睜看著別人繼續賺到大錢，他落袋為安的一萬四千英鎊相形失色，而這也讓他亂了方寸。到了八月份，他終於忍不住在糟到不能再糟的時機點重新進場。此時的牛頓爵士已經失去了遠見，他每天想到的都只有今天。一如某位荷蘭銀行家對在交易巷之見聞所做的觀察，「（那幅光景）最精準的描寫，就是瘋人院裡的病友集體逃院。」

你的人性課題

身而為人的我們會傾向於「活在當下」，這屬於我們的動物性。我們會優先對眼前看到或聽到的事情做出反應，尤其是事件中愈誇張的部分愈能引發我們對其回應。但關注眼前的動物性並不是全部的人性。人類的現實還涵蓋了過去——每件事情都連結著發生在過去的其他事情，由此組成了永無止盡的因果關係。**眼前的任何問題，都深植於過去的某種根源。人類的現實還涵蓋著未來，因為不論我們現在怎麼做，都會有後果在未來等待著我們。**

由此一旦將思考限縮在感官能提供的資訊上，在立即性的現在，我們就會陷入純動物性的思考水平。我們的理智會失效，我們會看不到事情發生的原因與過程。我們會以為一個計畫既然成功了幾個月，就能一直成功下去，而且情勢只會愈來愈好。我們會忘記去思考自己的行為會導致什麼後果。我們會不假思索地回應各種狀況，看到黑影就開槍。這麼一來，我們的行為就很自然會導致意料以外的結果，包括像遠至南海公司股價崩盤，近到二〇〇八年金融海嘯之類的災難。

讓事情變得更複雜的是我們身邊圍繞著也不斷做出反應的人類，而他們的行為會拉著我們更打不開狹隘的視界。推銷員與民粹政治人物就很善於利用這種人性的弱點來欺騙我們，讓我們誤以為自己真的可以不勞而獲或隨心所欲。**對此我們唯一的解藥就是訓練自己，讓自己可以隨時**

踩下離合器，與事件推演的動能脫鉤，並提升自己看事情的高度。我們要避免膝反射式的反應，而要能退一步擴大對整體脈絡的觀察廣度。我們要考慮行為做下去的各種可能性，也要謹記自身的長線目標。經常在調高視角的時候，我們會判斷出自己應該以不變應萬變，不做反應才是當下最好的反應，由此我們才好靜待局面的發展明朗化（若布朗特能等上幾個月，他就會看到約翰・勞的計畫土崩瓦解，而英國就能避免掉這樣的折騰）。惟人無法憑空獲得這等的理性與平衡，這些都是要靠努力耕耘才能獲致的能力，但一旦獲得，這種理性、平衡代表的將會是人類智慧的高點。

天體的運行我算得出，人類的瘋狂我沒料到。

——艾薩克・牛頓爵士

人性的關鍵

這樣的情形，我們絕大多數人都不陌生：我們需要或倚賴的某一個人對我們不理不睬，電話也不回。感到挫敗之餘的我們，要麼對他攤牌，要麼加倍努力希望得到回應。或者我們遭遇到某種問題，比方說有個案子推展不太順利，於是我們敲定了一項策略，然後依此採取了行動。又或者有個新面孔闖進我們的生命，用她生猛的魅力俘虜了我們，雙方於是展開了一段友誼。

然後時間過去了幾個星期，我們被迫重新評估發生的事情與我們的反應。新的資訊攤在我們面前。對方不理我們是因為他工作突然爆量，要是我們能稍微有耐心一點，不要給對方難堪，也許就不至於逼走一位玻璃心但可靠的夥伴。我們試著解決的問題其實沒那麼急著要有結果，是我們自己匆匆忙忙才讓事情雪上加霜。早知道我們就應該謀定而後動。至於那個新朋友雖然一開始很有趣，但久了你發現她其實還好而已。事實上，你慢慢發現她是個充滿毀滅性的神經病，跟她走太近會弄得遍體鱗傷，沒個三五年難以痊癒。當初要是能先保持一點距離，我們就有機會趁早看出她不對勁。回顧之前的人生，我們都一定可以看出自己會沒耐心而急著做出反應；時間一拉長，乍看容易視而不見的行為模式就會慢慢顯現出來。

這代表著我們在事情發生的當下容易當局者迷，因為我們沒有可以進行思考的縱深。但隨著時間慢慢過去，我們掌握的資訊變多，被遮蔽的真相變少，原本當下看不到的東西也會在成為過去之後進入我們的視野。話說到底，**時間是真相最好的老師，也是假象最好的橡皮擦**。

我們可以將此比喻為一種視覺現象：站在山腳下的濃密森林中，我們會無法得知自己的方位，也不可能繪製出周遭環境的地圖。我們只能看到自己眼前的事物。但只要慢慢從山腳往上爬，能俯視的面積就會愈大，周遭環境與地景的相對關係也會漸漸清晰。腳下的海拔愈高，我們就愈會意識到自己剛剛的判斷誤差有些可笑，畢竟當時你做為判斷根據的視覺曾多少受到扭曲。站在山巔，我們便能讓清晰的全景映入眼簾，掌握住各種地形的東西南北。

對身為人類的我們而言，被鎖在當下就彷彿是身處在山腳下。我們眼前最明顯的事物——周遭的其他人、森林——會讓我們眼中的現實遭到限縮與扭曲。時間的流逝就像是緩慢的登山過程。我們的情緒會從事發的高點慢慢舒緩下來；我們可以跳出自己的框框，讓事情的外觀更加明朗。總之隨著時間過去，腳下的高度愈高，我們心中就愈能藉資訊勾勒出事情的全貌。時隔三個月跟時隔一年看同一件事情，判斷的精確性絕不可同日而語。

不過等時間自然流逝，也代表智慧往往在已無關緊要的時候才姍姍來遲。遲來的正義不是正義，遲來的知識是沒用的知識。所幸，人類有辦法以人工的方式來模擬出時間流逝的效果，讓我們可以在當下就擴大視角。這種人工的「遠視視角」需要用下列的流程來製造。

首先，面對一個問題、衝突，或是某種契機，我們要訓練自己與當下的激情拉開間隙。我們要設法讓自己的興奮或恐懼之情沉澱下來，把距離拉開。

再來，我們就要開始把視界加深加廣。在思慮眼前問題本質的時候，我們不該只是隨手抓起一種解釋，而應該向深處挖掘其他的可能性，想想各關係人內心會有什麼可能的動機。我們得強迫自己去觀察事情的大局，而不要只注意最明顯的東西。我們要盡可能去想像各種策略最壞的後果，要去思考機會與問題之後可能會有什麼樣的開展，還要預判其他暫時不在檯面上的問題會不會突然冒出來成為真正大條的問題。我們得聚焦在自己想達成的長期目標，並以此來校準我們當下的行為的優先順序。

換句話講，這個過程牽涉到與當下這個瞬間的距離，牽涉到對問題根源更深入的剖析，牽涉到對整體局勢脈絡更寬廣的判斷，也牽涉到對未來更有遠見的期盼——包括我們的行為會導致何種後續，以及長期而言處理事情的輕重緩急，都要在這當中考慮進去。

在這個過程裡，我們必然會發現到某些選項與解釋比看似明顯者更加合邏輯且具可行性，而在這樣的基礎上，我們可以再納入經年下來對自身行為模式所學到的教訓。綜合起來，雖然我們無法百分百複製出時間經過的效果，但逼近之是做得到的。時間的經過會帶給我們更多資訊，讓更多的選項浮出水面，**而我們要人工製造這種效果的辦法，就是把思慮放寬、把心靈敞開，你就當作自己在爬山。山上的風景可以讓我們冷靜，讓我們更容易在情勢的發展中維持理性。**

能做到這樣是最理想，但我們必須承認能做到這樣的人可說鳳毛麟角，因為要達到這種境界的毅力，真的有點超乎人的努力所能及。而這理由很簡單：短期思考烙印在我們的系統迴路裡；我們生來就是即時反應，即時讓自己滿意。對於人類遠祖而言，快速注意到環境中的潛在危險性或覓食契機，有其好處與必要性，由此人腦的設計在演化過程裡，除了會去檢視事件的脈絡與全局，更會去鎖定當中最吸睛、最搶戲的劇情演進。這種腦部設計在相對單純的部落環境與社會組織裡，效果可以說令人滿意，但對於今日如此複雜的世界，繼續用這一招就顯得不合時宜。**繼續學習老祖宗，會讓感官與情緒刺激成為我們注意力的重心，我們很容易因此見樹不見林。**

這一點對於我們如何看待某種處境中的潛在愉悅或痛楚，會產生決定性的影響。我們的大腦設計會讓我們注意到環境中即將傷害到我們的事物，但不會太過重視存在於未來的抽象危險性。這就是何以我們常會把（屬於立即性痛楚的）恐攻看得很嚴重，而對（存在遙遠未來的）全球暖化加以輕忽。恐怖分子攻擊當然也很值得我們關注，但溫室效應在某種程度上其實更可怕，因為那威脅到的不只幾條或幾十條、幾百條人命，而是牽涉到整個地球的生存。地球暖化的危險固然感覺比較抽象而遙遠，但等哪天你覺得這危險夠具體了，那大概也就是我們做什麼都沒有用的時候了。我們還可能會一看到可以馬上爽的東西就立刻撲過去，即便我們知道那長期而言會是個錯誤的決定。所以說很多人會抽菸、喝酒、吸毒、熬夜、重油重鹹，就是因為他們雖然知道這樣是自殺的行為，但也覺得這反正是種慢性自殺，而且做起來又過癮。

生在一個如此複雜的世界，前方潛藏著無數的危險，我們的短期表現會對自身的福祉構成持續性的威脅。而由於我們的注意力長度正隨著科技的演進而不斷縮水，這種威脅更是來到前所未見的高點。在很多方面，我們是誰都取決於我們與時間的互動關係。當我們只會因為看到什麼或聽到什麼而有所反應時，當我們會隨著一則則聳動的快訊而一會兒狂喜一會兒驚懼時，當我們的行動都只是在追逐當下最大的快感而不去思考未來要付出什麼代價時，那就表示我們輸了，我們輸給了自己內心的動物本性，輸給了神經網絡中最具殺傷力的原始設定。

反之，當我們努力著要去克制自己的本能，要去深思自己行為的後果與長遠的價值取捨時，就代表我們在奮力實踐自身的人性潛能，畢竟我們雖是動物，但也是會思考的動物。就像短期思考有傳染性一樣，能集遠見與智慧於一身的個體也同樣可以對他周遭的其他人產生巨大的正面效應。這樣的人會讓我們意會到事情的全貌，並且會讓我們服氣地承認他們的心理素質高我們一等。由此我們會想要仿效他們。綜觀歷史的長河，這樣的特質曾出現在不同的人身上，給我們啟發，也給我們方向：《舊約聖經》裡的約瑟（Joseph）可以看進人心，預見未來；古希臘的蘇格拉底教導了我們要如何克制愚昧、更能明辨因果與是非；古代中國謀略家諸葛亮對敵人的一舉一動瞭若指掌；伊莉莎白女王與亞伯拉罕・林肯等領袖均以其長線布局的睿智著名；兼具耐心與洞察力的查爾斯・達爾文向我們揭露了悠遠歲月對生物全體造成的演化效應；華倫・巴菲特作為史上最成功的投資者，其力量是奠基於其遠見。

可能的話，盡量避免與時間框架狹隘的人有過多的接觸，因為這些人長時間處在一觸即發的反應狀態下；你應該試著親近的是那些對時間的感知格局較大者。

短視的四個徵象與超越它們的辦法

我們大多人都會以為自己都還不算太短視，畢竟我們都設定了各自的目標與計畫。但事實上，我們都只是在自欺欺人而已。不信的話，我們可以想想在跟別人聊到他們的長短期計畫與策略之時，是不是常被他們言談中的含糊不清與欠缺深思熟慮而感到震驚？他們所謂的計畫與執行策略，其實更像是希望與夢想，只要一遇到突發事件帶給他們必須有所反應的壓力，這些孱弱的目標與計畫就會輕易成為犧牲品。很多時候，我們都只是根據殘缺不全的資訊在對事件進行臨場反應。基本上，我們很少人真正去面對自己隨波逐流的事實，理由是要對自身的決策過程進行客觀的評估，實在有很高的難度。

要克服這種問題，最好的辦法就是去注意自己在生活中有沒有短視近利的跡象。就跟我們處理其他人性一樣，**處理問題的第一步是要能注意到問題，病識感是很重要的**。只有看得到問題，我們才有可能瞄準問題一一擊破，而以下就是人短視近利最常見的四種具體證明：

一、意料之外的後果

歷史上俯拾皆是數不清的這種現象。在古羅馬，有一群人在忠於共和國之餘擔心大權在握的凱撒會讓獨裁成為常態，於是在公元四十四年，他們決定將其暗殺，藉此來讓羅馬回復共和。但在行刺後的亂局與權力真空中，凱撒的甥孫屋大維迅速奪權上位，並建立了實質上的君主制而徹底終結了羅馬的共和夢。凱撒死後，大家才知曉他從來沒有意圖要建立君主制。換句話說，暗殺凱撒對共和派而言，成了一件搬石頭砸自己腳，適得其反的事情。

十九世紀的印度在殖民統治下，英國當權者突然有天心血來潮地覺得德里街上的毒眼鏡蛇太多，這讓旅居印度的英國家庭很不舒服。為了解決這個問題，他們推出了一個政策是印度人可以拿死掉的眼鏡蛇來換錢。但上有政策下有對策，印度民間開始有眼鏡蛇的養殖場應運而生。這種獎金，成為了某些人的生計。殖民政府知道了這種亂象後，就取消了獎金制度。措手不及而大為光火的養殖業者索性把眼鏡蛇放出去逛大街，結果蛇的族群數量反而變成英國政府插手之前的三倍。

其他讓人大翻白眼的例子還包括美國憲法的第十八號修正案，也就是一九二〇年代的禁酒法案。禁酒令的初衷，原本是要遏止美國人酗酒，但最後反而大大增加了酒精的消耗量；一九四一年，日軍偷襲珍珠港的想法是想先聲奪人，一舉摧毀美國海軍艦隊，迫使美國向日本低頭。但此舉的淨效果卻是讓美國輿論一面倒地支持宣戰，原本的孤立主義一瞬間在美國本土煙消雲散。美國由此在人力物力上精銳盡出，最後讓日本投降不說，對日軍軍力的打擊更是摧枯拉朽。正是因為偷襲珍珠港效果奇佳，日本最後才會被美國打到趴在地上。

或許不會那麼有戲劇性，但這類例子也一樣會出現在我們的生活裡。我們會為了控制叛逆的青少年而限制他的某些行為，但這只會讓孩子益發失控。我們會為了讓憂鬱的人開心一點，而告訴她人生沒有那麼糟，外頭的陽光很燦爛，但結果這反而會刺激到她的罪惡感。她現在除了原本的憂鬱，還得多一條覺得自己真是沒用，別人都不會這樣，由此她會在自己的不開心中變得更孤單。做太太的人可能會希望老公對自己知無不言，因為那會帶給她一種親密的感覺，但她為此問出的很多問題，像是你在想什麼？你今天都忙了些什麼？卻會讓老公覺得她是要干涉他的生活，到頭來反而把心扉關得更緊。什麼都不說的老公讓太太更加起疑，更想探聽，然後一個惡性循環就這樣開始運轉。

這種從古至今都不罕見的事情，有著相對單純的來歷：受驚於當下某件事情的我們會不假思索地抓起身邊隨便一個解決方案來執行，也不去就問題的脈絡、根源，乃至於可能造成的意外後果進行深刻的分析。比起三思而後行，人更習於直接反應，因此我們的行動常欠缺充足的資訊打底——凱撒根本無意搞獨裁；德里的民眾原本就討厭殖民統治者，對其出爾反爾的政策使自己賠錢當然不會有好臉色；美國則是你不犯我，我不犯人，你若犯我，我必讓你死無葬身之所。在觀察角度偏頗的狀況下進行決策，各種想都沒想到的事情當然會發生。事實上，在上述各種實例裡，當事人只要朝山巔的方向走幾步路，就可以獲得比較清晰的視野，可能的災難就有機會被提早發現而獲得避免，畢竟雖然是馬後炮，但那些不好的結果真的不難預見到：像是你要民眾拿死掉的眼鏡蛇來換錢，窮苦的民眾怎麼可能不利用你這一點？

一而再再而三，我們都能從類似的案例中看到人類的思想是如何地又單純又懶：幹掉凱撒，共和就會回來，就好像我做了一件事叫 A，就一定會得到一個結果叫 B。這種思維有一個在現代社會頗常見的變化形，那就是相信只要用心良善，好的結果就會跟著來。政治人物只要童叟無欺，那他不管推什麼政策都會獲得好的結局。但實際上，善良的用心常常會導致前述的「眼鏡蛇效應」，因為人一旦懷抱著崇高的正義，就很容易遭到使命感的蒙蔽，這時旁人各種複雜且惡性的動機都進不到他的眼裡。

不顧後果，是今日世界的一大災禍，而且隨著現在資訊得以快速傳播，這種禍患只會愈來愈嚴重，**因為氾濫的資訊會讓人產生自己「有做功課」，而且也已經思考得很周詳的幻覺**。像是二〇〇三年，美國入侵伊拉克那場自找麻煩的戰爭，就是一例；有人想短暫地讓美國政府關門來獲取政治利益，又是一例；從科技業到不動產市場有發生不完的金融市場泡沫，也是一例。與此相關的還有現代人與歷史之間愈來愈存在隔閡，主要是我們愈來愈覺得現在發生的事情是時光中的獨立事件，與歷史沒有關連。

你的人性課題

世上的任何現象都有其複雜的本質，就跟你每天得打交道的人一樣。任何行為做下去，都會引發一連串無止盡的連鎖反應，A 會造成 B，B 會造成 C、造成 D，然後一路下去，這當中沒有讓簡單存在的餘地。世事如棋，不同的主體會一一被吸入劇情，想預判每個人的動機與反應，是非常困難的事情。沒有人能夠把這些連鎖反應畫成樹狀圖，然後徹底制霸每一路支線。但只要更去在意行為的後果，你就能起碼避開比較明顯會產生的苦果，而這點細節往往就會造成成功與慘敗之間的天差地別。深思熟慮絕對是你會想要的東西，你就是應該要從枝微末節處去思考各種後果可能的排列組合，不要覺得自己在鑽牛角尖。

而往往只要經歷過這樣的思考過程，你就會相信三思而後行、謀定而後動有其意義。誰知道當年的那群人要是別那麼猴急，能好好等到凱撒老死或戰死再看看狀況，我們今天讀的會是什麼樣的歷史？

在對個人重要之餘，這種思考模式對於大型組織更是不可或缺，因為組織一大，其牽涉到的就不是一個人的利益。在任何團體或團隊裡，都得有這樣一個人來負責思考某款策略或行動路線的優劣良窳，而這人還最好在個性上謹慎而多疑。沒有人應該嫌自己太過小心，而時間與金錢花在思考上，永遠都是值得的，因為事前多想一分，你的計畫就能更滴水不漏一分，能避免掉災難的機會也增加一分。

二、戰術上的大災難

你發現自己同時開了好幾個不知如何收尾的戰場。你推不動進度，但又覺得自己的時間精力都已經投入了那麼多，要是現在收手就等於是落得一場空。但此時的你其實已經忘記了自己長線的初衷，忘記了自己為何而戰。你現在繼續撐，已經是為了維持自尊，這儼然已經成為一場證明你沒有錯的戰爭。我們最常看到這種困境的地方，就是在婚姻裡跟另一半吵的架：彼此的磨合已經不是重點，你只是想把你的觀點按到對方身上罷了。時不時在這樣的言詞駁火中，你會感覺到自己的防衛心大作，會覺得自己小心眼，還會覺得你的心情很低落。而這幾乎就代表你已經陷入了戰術上的大災難。**我們的心靈是為了戰略性的思考而設計出來：未來該如何朝著目標前進，一次想好數步，也就是所謂的高瞻遠矚。**但一旦陷入戰術性的地獄，就代表你無法把視角提升所需的高度，只能不斷地在旁人各種刺激的反應中顯得分身乏術，或只能在別人的誇張情緒中原地踏步。

這唯一的解決之道，就是暫時或永久退出這些戰鬥，尤其如果你同時間戰線不只一條的話。你需要的是抽離，是高度。叫你的自尊安靜一點，告訴自己吵架吵贏沒有意義，至少沒有長線的意義。**嘴贏別人又怎樣，做出來能贏人家才是真的。你應該讓心思回歸到長遠的目標上，應該像階梯一樣為你的價值與待辦事項排好優先順序，然後以此來提醒自己該對哪些事情在意。**若你判斷某場戰役真的值得打，此時的你也能更冷靜客觀地進行戰略的擘畫。

不過更常發生的狀況，應該是你會意識到某些戰爭不值得打，打下去只是浪費寶貴的時間與能量，這些重要的資源應該用在價值位階更高的事情上。面對鬼打牆的戰鬥，聰明的人會掉頭就走，不要因為覺得已經投入了很多而捨不得放手。你的能量與心思不應該如此廉價。覺得自己怎麼那麼小心眼，或是內心的挫折感，都可能損及你思考大局的能力與達成目標的機率，而且這種影響還是延續性的，就像繞樑的餘音一般。把「人性的關鍵」裡講述的過程走過一遍，會自然而然讓你的眼界獲得高度，讓你的心思從戰術層面升級到戰略層面。而不論是在刀槍或人生的戰鬥中，戰術高手永遠都不會是戰略大師的對手。

三、股價紙帶狂熱

在一九二九年，華爾街崩盤的前夕，不少人都早已沉迷在名為股市的金錢遊戲裡，而這種「毒癮」具體表現在外，就是以電子方式記錄股價跳動的紙帶，還有紙帶作動時發出的喀答聲響。聽到喀答聲，就代表有事情正在發生，就代表有人在買賣，有人在發財。很多人覺得這種聲音非常性感，還將之比喻成華爾街的心跳聲。現在的股市已經看不到這種骨董機器，但我們還有別的東西可以上癮，比方說，每分鐘更新的新聞週期，各式各樣的「熱門話題」，還有推特的貼文（話說推特有更新的時候，也會發出像毒品讓人上癮的口哨聲。）這些東西就像會讓我們有一種參與感，我們會覺得自己連上了生命的潮流，連上了某個不斷有最新發展的現場事件，也連上了跟你一樣在追同一則新聞的同類。

這種想第一時間知道怎麼了的心情，有其內建的動能。一旦我們開始了想要追「Live」文的週期，大腦就永遠回不去那個或許一年前還可以凡事慢慢來的生活速率。事實上，我們會感覺資訊永遠少一點，更新永遠可以更快一點。這會變成我們的一種需求，讓我們愈來愈沒有耐性，然後這種焦躁還會外溢到生活中的其他層面——開車、讀書、看電影。我們的注意力跨度會愈來愈短，就像我們對生命一路上的大小挫折也愈來愈不耐煩。

見到這種神經質式的不耐煩，我想每個人都會覺得有些面善，因為我們應該都曾與它們在生活擦肩。但我們不見能認出來的，則是這種不耐煩對人類思想所造成的扭曲。當下的最新趨勢——不論在商場還是政壇上——都內建在已經進行了數週到數月之久的中大潮流中。像這種中長距離的時間跨度，往往會讓一筆投資、一項策略、一支職業球隊，或一名候選人的相對優劣或強弱顯現出來，而且這優劣或強弱還經常會跟我們原本一瞬間的印象恰恰相反。我們不太能從單一的民調中知道一名候選人強或不強，單一的股價也不太能讓我們判斷出某筆投資究竟好或不好；事實上，這些單一的資訊會給我們一種錯誤的印象，那就是但凡當下出現的某項特色，之後只會愈來愈獲得凸顯（但其實也可能不進反退）。正常人都會想要掌握最新的消息，但若聽到最新的浮光掠影就跑去下決定，那你冒的風險就會是誤判大局。

再者，人對於現狀任何或好或壞的改變，都有（過度）反應的傾向，由此你想要避免被糾纏到他們的驚慌或激情裡頭，會變得加倍困難。

我們可以看看在那個科技沒有現在發達的年代，亞伯拉罕・林肯得面對什麼樣的狀況。在美國內戰爆發的開端，他就看到了大局的模樣——按照他的估計，北軍應該會贏，理由是北方的人口與資源都較多。唯一的風險來自於時間。林肯需要時間將聯邦軍隊發展成善戰的武力，也需要時間找到擅長帶兵的良將來指揮若定。萬一時間拖得太久，北方遲遲無法取得決定性的勝利，那輿論就有可能轉趨不利於北軍，屆時北軍的內部要是意見分歧，林肯的立場就會更加艱鉅，甚至難以為繼。亦即，林肯一方面需要耐性，一方面需要戰場上的勝利。

在戰事的頭一年，北方在牛奔河（Bull Run）之役吞下了重大的敗績，於是眾人突然間一起質疑起林肯總統的能力。北方陣營中即便是如著名報人霍雷斯・格里立（Horace Greeley）之類的有識之士，都敦促總統與南方各州談和。此外甚至有人要求林肯得孤注一擲地給予南軍重擊，即便主力部隊還未做好決戰的準備也在所不惜。

就這樣時間一天天過去，林肯肩上開始累積起巨大的壓力，因為北方始終無法傳來像樣的捷報。所幸在緊要關頭，尤里西斯・S・葛蘭特（Ulysses S. Grant）將軍在一八六三年終結了維克斯堡（Vicksburg）之圍，不久之後又有喬治・米德（George Meade）將軍在蓋茨堡取得了勝利。一下子局勢翻轉，林肯又成了眾人口中的天才。只是短短六個月後，隨著葛蘭特將軍在追擊李將軍（Robert E. Lee）的南方邦聯部隊時陷入泥淖，傷亡人數不斷累積，北方陣營又開始驚慌。格里立又開始呼籲要與南方上談判桌。那年要連任的林肯一下子變得很不被看好，因為冗長又打不贏的戰事使他顯得非常不具人望。在龐大的壓力下，林肯終於在一八六四年八月底草擬了一封信，信裡不是別的，正是開給南方的議和條件。惟當晚他就深以不能堅持下去為恥而把信藏在了抽屜裡。他堅信局面終將翻轉，南方必然潰敗。果然一週之後，威廉・特庫姆塞・薛曼（William Tecumseh Sherman）將軍成功挺進到亞特蘭大，各界對於林肯的質疑也徹底消散。

透過遠見，林肯正確地判斷出內戰兩造的力量優劣，也預見了戰爭最後的走向與結尾。正當其他人都陷於日常的戰況回報中，有人想要議和，有人想要豁出去大幹一場，但無論如何，這些想法都是根據一時局勢的好壞所做出的判斷。今天林肯的性格如果軟弱一點，恐怕就會在這些壓力下屈服，而內戰的發展也就會大大不同。作家哈莉葉・比徹・史托（Harriet Beecher Stowe）在一八六四年親訪過林肯後，在筆下這麼形容林肯：「在正反意見紛紛擾擾之中，在叛徒、三心二意者、膽小鬼、邊界州（與禁奴之自由州接壤的蓄奴州）人士，自由州人士、極端廢奴主義者、保守派人士的包圍之下，他聽取了所有人的意見，衡諸了所有的人發言，他等待、他觀察、他適時做出讓步，但這都不影響他堅定不移地秉持磊落高潔的志向，美國這艘大船也才得以度過難關。」

林肯提供了值得我們所有人效法的模板，也示範了大腦充血時該如何退燒。**首先，重於一切的是我們必須培養出耐心，耐心就像肌肉一樣需要反覆鍛鍊才會變強。**林肯是一個耐心超凡的人。我們面對問題或阻礙，就必須要像他那樣把步調慢下來，向後退開等個一兩天再行動。**第二，當遇到重大事件時，我們必須要釐清自己長遠的目標為何，還有達成這個目標的途徑為何。**為此我們得評估事件中各方的相對強弱勢，因為惟有清楚了這些東西，我們才能在身邊一堆人反應過度時守住底線。最後，我們得有信心時間終究會還我們公道，由此我們的立場才能屹立不搖。

四、淹沒在枝微末節中

你會因為工作太過繁雜而暈頭轉向嗎？你會覺得自己得掌握所有的細節與全球脈動，才能控制好事情嗎？其實這樣只會讓你在資訊海中溺斃。你會覺得想見樹又見林，說時容易做時難嗎？果真如此，就代表你已經弄擰了自己的優先順序，你已經無法判斷哪些資訊比較要緊，哪些問題或細節又值得你優先處理。

患有這種症狀最具代表性的人物，就是西班牙的國王菲利浦二世（King Philip II of Sapin, 1527-1598）。他超級喜歡文書工作，也超喜歡掌握西班牙政府當中大大小小的資訊。這讓他感覺自己大權在握，但事實上弄到最後，這反而讓他什麼都控制不了。他會為了埃斯科里亞（Escorial）新宮殿裡廁所的地點與其跟廚房的精確距離而吵個老半天；他會為了特定的神職人員應有何種頭銜或待遇而思索好幾天。但對廁所與僧侶如此斤斤計較的他，卻時不時會忘了要去好好理解重要的諜報與國安問題。在鉅細靡遺看過關於土耳其軍隊狀況的無數報告之後，他認定對方顯露出很多弱點，並因此決定要對土耳其發動戰爭。但也不知怎地，他誤判了局勢。這仗一打，打了十八年也沒也分出勝負，只是平白傷了西班牙的國庫。

同樣的狀況也發生在與英國的關係上。這名西班牙國王堅持要把關於英國海軍艦隊、關於英國女王伊莉莎白一世在民間的聲望，還有關於英國財政與邊防的所有報告讀完，然後根據多年的研判，他在一五八八年決定拿自家的艦隊去與英國一拚，他確信以西班牙無敵艦隊的規模，這一戰必然能以勝利作收。只是，他沒注意到與海戰息息相關的天氣預報——海上的暴風雨對艦隊有絕對的殺傷力。另外還有一點，是他沒注意到自身的資訊吸收與分析，都與實際上的土耳其或英國現狀有時間上的落差。等他融會貫通了各種紙上談兵的訊息，現實情勢早已有所更替。這就是何以他表面上看來都有做功課，但對局面的掌握卻一點都不深刻。年復一年，菲利浦絞盡腦汁且案牘勞形，以至於他常苦於頭痛或暈眩。這多少都會影響到他的判斷力，由此他各種不夠周全的決定也注定了西班牙帝國走下坡而不可逆的命運。

但你也不要笑菲利浦國王，因為別不信邪，你很有可能跟他是一個模樣。在生活中，你很有可能都在注意一些看似重要的細節，然後把會摧毀你艦隊的暴風雨預報通通忽略。就跟菲利浦一樣，你會光顧著吸收資訊而忘記考慮目標的優先順序。你會忘記了話說到底，自己究竟想要達成什麼目的。但人的腦力有其極限，吸收太多資訊會讓你的心靈疲憊，進而導致你感覺到混淆與力不從心。你會漸漸分不清事情的輕重緩急——廁所要放在哪裡跟要不要與土耳其作戰會變得好像是同一個等級的事情。對此你需要的是根據長期目標與事情的重要性，在內心建立起一款過濾機制。知道你最後想要達成什麼目標，可以幫助你讓代辦事項去蕪存菁。你無須知道所有的細節，有的時候你必須要將權力下放——讓你的下屬去處理資訊的蒐集。別忘了對大局真正的掌握，始終來自於對狀況有符合現實的評估，而要做到這一點，你最該避免的就是讓自己被細節淹沒。

具有遠見的人類

我們多數人都活在相對狹隘的時間框架裡。我們普遍將時間的流逝連結上某種負面的意涵——時間過去就等於變老，等於朝死亡更接近一步。直覺告訴我們不要過分思考未來跟過去的事情，因為這只會提醒我們時間在流逝。關於未來，我們可能會嘗試去思考未來一兩年的計畫，但這種思考說穿了更像是一種白日夢，一種祈願，而不是具有深度的分析。關於過去，我們或許會有童年一些美好或痛苦的回憶，但整體而言，過去只會讓我們一頭霧水。我們一年年累積出太多改變，以至於五年前的我們、十年前、二十年前的我們，感覺就跟陌生人沒有兩樣。我們對自己是誰並沒有一個一以貫之的概念，五歲與三十五歲的「我」在我們心中並沒有明顯的連結。

不想回頭或向前看得太遠的我們，只會活在現在。我們只會對現在看得到、聽得到的事情產生反應，要不然就是只會對別人有反應的事情有反應。我們會為了馬上可以得到的樂趣而活，以免自己花太多心思在時間的流逝上，我們說這叫讓自己感覺活著。但想過這種日子是要付出代價的。**壓抑對死亡與老化的思考，會讓我們長期處於不間斷的隱性焦慮之中，因為這代表我們沒有去面對現實**。不斷地只對現在發生的事情有反應，讓我們彷彿身處在雲霄飛車的座位裡——命運的起伏會將我們甩上拋下。這只會讓我們的焦慮惡化，因為迎面而來的連串事件會讓我們覺得時間過得好快。

若想更深入地發揮你做為人類這種生物的潛能，你身為人性法則學生的課題就會是要重塑你與時間的關係，使其廣度放寬，速度減緩。這意味著你得停止視時間的流逝為敵，而應該轉而視之為自己最重要的盟友。人生中的每個階段都有其獨具的優勢，年輕時的優勢或許比較顯而易見，但年長者見多識廣。老之將至也不該讓你驚慌，甚至凡人皆有一死也是你的朋友（詳見第十八章〈思索我們共同的生而有涯〉），因為生之有涯會給你動力去把握一分一秒，你會因此覺得有些事不能一直拖下去。話說到底，時間是你最好的老師與主人。像這樣的體悟，將會對現在的你產生深遠的影響。知道你現在的困擾會在一年之後算不了什麼，將有助於減輕你現在的焦慮，並讓你知道要如何去調整生活的優先順序。知道時間能讓你的計畫慢慢露出破綻，你就會更謹慎小心地去進行規劃，讓你的計畫更經得起時間的磨難。

關乎到未來，你會更去深思長期的目標。這些目標不會再是模糊的夢想，而會是具體的目的地，而且你還會為此安排好前進的路徑。關於過去，你會感覺到自己與童年有更深刻的聯繫。是的，你會不斷改變，但那些都是表面上的改變，它們創造出的是一種你真正有所改變的幻覺。事實上，你的性格深植於你生涯的早年（見第四章〈判讀人格強度〉），那當中包括你會對於特定活動的偏愛，也包括你的各種喜歡與不喜歡。隨著年齡漸長，這些性格只會愈來愈浮上檯面。感覺跟你過去是誰有一種一體性，會讓你的自我意識更將清楚。你會更能掌握自己的好惡，更知道自己是個什麼樣的人物。在這樣的基礎上你會更懂得自愛，而自愛可以防你落入自戀的陷阱，也可以幫助你發展出同理心（見第二章〈化自戀為同理〉）。同時這樣的你也會更留心自己犯過的錯誤與學到的教訓，而這些是「當下限定」的人生所觸摸不到的境地。

就跟其他人一樣，你也樂於活在當下，畢竟當下有許多不斷更迭的樂趣。怎麼說你也沒有要出家，所以你會去與現下的趨勢與生活的潮流保持同步，這些都是開心的事情，但克服困境去實現長線目標會讓你更開心。放大你在與時間互動上的格局，絕對會產生讓你有感的正面效應。你會感覺到自己更冷靜、更腳踏實地、更知道那些事情應該優先關心。你會更知道怎麼下人生這盤棋，會在世事變化中對旁人無可避免的過度反應更有抵抗力，也會展現出更有遠見的洞察力。這些都是人類才剛剛開始在摸索，還不是很多人能用得出來的潛力。

> 歲歲年年，能教會我們很多一天兩天感覺不出來的事情。
>
> ——愛默生

〈第七章〉

肯定人的看法，軟化人的反抗

防衛心的法則

生活很艱辛，人與人之間的競爭很激烈。我們無可厚非地得照看自身的利益。我們也希望能感覺到自己的獨立性，會希望自己操盤自己的人生。就是這種天性，讓我們在有人想說服我們或改變我們的時候產生想抗拒的防衛心。要放下防衛心，挑戰的是我們想要當家作主的本能。所以要讓人從守勢中走出來，就一定要讓他們覺得那不是被誰所逼，而是他們根據自由意志做出的決定。創造出雙方都覺得溫暖的感覺，會有助於軟化對方的立場，讓他們想要幫你的忙。攻擊別人的信仰或想法，或讓他們懷疑自身的智商或善良，都是永遠的大忌——這都只會讓他們的防衛心加重，讓你的努力更不可能成功。聰明如你，就該設法讓他們覺得自己配合你的行為很高尚，很無私而利他——這才是令人無法抗拒的終極誘餌。此外，你也要學著去克制自身的固執，讓你的心靈從防衛與閉鎖中獲得解放，也才能讓自己的創造力展翅飛翔。

影響力遊戲

一九四八年十二月，德州參議員湯姆．康納利（Tom Connally）迎來一位訪客是德州新當選的第二位參議員林登．貝恩．詹森（Lyndon Baines Johnson, 1908–1973）。詹森之前在眾議院裡擔任民主黨議員長達十二年，期間他獲得的評價是野心有餘但沉不住氣。他時不時會操之過急，剛愎自用，甚至會有點咄咄逼人。

康納利對這一切都有耳聞，但他還是願意親自見見詹森，算是給他本人一個平反的機會。為此他仔細研究了一下這名年輕人（康納利比詹森年長三十一歲）。事實上這之前，康納利就已經跟詹森見過面了，當時他的印象是這年輕人相當精明。但這一次，在禮貌性寒暄之後，詹森就開門見山地表達了他見面的動機：他希望能在參議院最具動見觀瞻的撥款、財政或外交委員會裡，擇一取得一席之地。康納利曾經在這其中兩個委員會裡是資深的成員。詹森的意思似乎是同為德州老鄉，康納利道義上應該協助他得償所願。對此康納利感覺詹森很顯然沒弄清楚參議院體系的運作模式，於是他決定當場給詹森一個下馬威。擺出好像在對詹森施恩一樣的架式，康納利熱情地表示他願意幫詹森進入農業委員會，他知道這對詹森而言會是一種侮辱，畢竟農業委員會說多不搶手，就有多不搶手。算是補刀，康納利還說他一直都有在關注詹森在競選參議員的過程，並說他不只一次聽到他高喊自己是農家的朋友，所以進入農業委員會算是為他量身打造了一個實踐政見的機會。詹森藏不住一臉的不悅，開始如坐針氈。「然後林登，」康納利下了一個結論，「等你在參議院待一段時間，再轉到外交或財務委員會吧，到時候你再好好發揮。」而所謂一段時間，康納利指的是扎扎實實的十二到二十年，這算是菜鳥參議員想累積足夠影響力的「行情」，或者也可以說是一場比年資的遊戲。至少康納利自己就花了將近二十年，才來到今天這個令人垂涎的地位。

兩人見面之後經過數週，參議員間開始盛傳詹森這個人不得不防，因為他是個腦充血的傢伙。但等大家夥見到宣誓就任後的詹森本人時，許多人覺得他沒那麼糟糕嘛。傳言似乎是誇張了，因為詹森表現得禮數周到而且虛懷若谷。他會很殷勤地去各議員的辦公室拜碼頭。他會在外層辦公室向其他議員的祕書報上大名，然後耐心地在外頭「等候叫號」，有時一等就是一個小時。對此他似乎並不在意，他會看書或做筆記來打發時間。進了辦公室，他會問候資深議員的妻小好不好，會關心議員喜歡的球隊今年戰績如何……他顯然來之前都有做好功課。他可以把身段放得很低，也很樂於自嘲，為此他常自我介紹說他是 Landslide Lyndon（壓倒性勝選的林登），但眾所周知他打敗對手的差距小到不能再小。

不過最終他還是會言歸正傳，丟一兩個法案或議事程序的問題出來求教前輩，然後用令人折服的專注力跟魅力來聆聽，你會覺得他簡直像個孩子般在聽老師上課似地。他棕色的大眼睛，會一動不動地聚焦在發言的老議員臉上，手則會托著臉頰，然後偶爾點個頭，追加一些互動。參議員前輩們會感覺詹森來向自己請益並非敷衍，而是真的有把話都聽進去，因為他們會注意到詹森照他們的建議去做，甚至於詹森會給人二手的建議，但也沒忘了要把功勞歸給前輩議員。他在離開時會很有家教地感謝前輩撥冗給予建言，並表示自己獲益良多。這怎麼看，都不像是個被議員頭銜沖昏頭的傢伙。傳言終究還是傳言，當中的反差讓他形象變得相當正面。

參議員最常見到他的場合，是參議院的議會廳。而不同於其他任何一位參議員，他幾乎所有的議程都不會缺席。他甚至連早退都不曾，而會在開會時從頭坐到尾。他勤於作筆記，對參議院的議程展現強烈的學習慾，但那明明是很無聊的東西，他卻似乎相當著迷。喜歡無聊的東西，不代表他本人也很無聊，事實上正好相反。其他參議員在走廊上或衣帽間遇上他，他都能隨手抖出幾個笑話或八卦。他早年在貧困的鄉間長大，而雖然他後來受到了不錯的教育，但他說話的口氣仍有幾分德州農民與移工的葷腥不忌。參議院的同仁們都覺得他很風趣，就連康納利都坦承自己或許錯看了他。

當時有著「老公牛」(Old Bulls)渾名的資深參議員們,對林登·詹森更是格外欣賞。這些老公牛們雖然德高望重,但他們總對自己的年齡與身心狀況有幾分忌諱,畢竟當中不乏有人已經年逾八旬。但這會兒來了個小伙子動不動就來串門子,而且還很受教,自然討這些老公牛們的歡心。

這當中有一名民主黨的老議員對詹森尤其欣賞,他是喬治亞州的李察·羅素(Richard Russell)。其實說老,李察·羅素也只比詹森大十一歲,但他進參議院是一九三三年的事情,而這也讓他在參議院裡的權力不容小覷。羅素與詹森會從陌生而熟識,是因為詹森成功申請加入了參院的軍事委員會,而羅素正是該委員會裡第二資深的議員。羅素會經常在衣帽間、走廊上和議事廳與詹森有所交集,簡直像是走到哪裡都躲不掉詹森。而雖然詹森幾乎每天都會去其辦公室找羅素,但羅素一點都不嫌他煩。就跟羅素一樣,詹森也幾乎不講廢話,而且他找羅素問的盡是些晦澀的參院內規。漸漸地他開始稱呼羅素為「老大爺」,比方說詹森會說:「是咧,這是老大爺的教誨,我記下了。」羅素是少數孤家寡人,沒有成家的參議員。他從來不承認自己寂寞,但他確實大部分時間都泡在參院辦公室裡,包括禮拜日。由於詹森常在羅素的辦公室裡跟他討論事情到晚間,因此有時做為後輩的他也會順便請羅素到他家裡吃個便飯,畢竟詹森告訴老大爺說他外號叫做 Lady Bird(小瓢蟲)的太太很會做菜,尤其南方料理她特別拿手。詹森頭幾回開口,都讓羅素出於禮貌而婉拒了,但久而久之他終於卸下了心防,成為了詹森家裡週週上門的常客。小瓢蟲果然魅力十足,深得羅素欣賞。

就這樣,羅素與詹森的關係日益深厚。羅素是個棒球痴、棒球狂,而讓他很開心的是詹森也承認自己對棒球運動毫無抵抗力。確認了彼此是棒球同好後,他們便開始會晚上相偕去看華盛頓參議員隊的職棒比賽。他們沒有一天不見面,整個參院會經常週末仍繼續在辦公室裡加班的,就屬他們這一對。他們有太多共同的興趣,包括南北戰爭的話題,另外,他們在許多南方民主黨員會很在意的議題上,看法也都非常相近，包括他們都反對民權法案。

沒過多久，羅素就開始開口閉口都說詹森是個幹勁不輸給自己，「苦幹實幹的年輕人」。羅素幹了這麼久參議員，詹森還是第一個獲他以「門徒」相稱的後進議員。但他們的關係可不只是師徒之誼而已。在參加完詹森辦在德州的一場打獵派對之後，羅素便提筆寫信給他說，「我一回到家，就納悶起自己是不是做了一個夢，夢裡我去了德州玩了一趟。這一次的行程實在是無懈可擊到讓人覺得太不真實了。」

一九五〇年韓戰爆發，參院軍事委員會有壓力要組成小組委員會來調查美軍的備戰狀況。這類的小組委員會曾經在二戰期間組成過，當時是由哈利・杜魯門（Harry Truman）擔任召集人，而也就是透過出任此一職務，讓杜魯門後來知名度大增並登上總統大位。當時在任的軍事委員會主席是馬里蘭州參議員米拉德・泰丁斯（Millard Tydings），所以由泰丁斯出任小組委員會召集人算是順理成章，而泰丁斯本人也有這個意願，畢竟媒體寵兒誰不想當。

詹森在此時去找了泰丁斯談：他提議由自己暫代小組委員會召集人，等那一年要連任的泰丁斯專心選完回來，他再把召集人的位子還給泰丁斯。泰丁斯出於對自身權力的保護，拒絕了詹森的提議。但迪克（李察・羅素的外號）跑去跟泰丁斯見了一面，說了些事情，泰丁斯於是改變了主意。就這樣，進參院才一年半的菜鳥詹森大爆冷門，被任命為小組委員會的召集人，而且他這召集人的工作還會一直做下去，主要是禍不單行的泰丁斯連任失利。

身為小組召集人，詹森突然有了全國性的曝光機會，而跑參議院的記者發現這人與媒體周旋很有一套。他會小心翼翼地守護小組委員會的調查發現，不對記者外洩。他讓自己的工作蒙上一層濃厚的神祕色彩與戲劇性，藉此給人一種印象是委員會挖到了軍方什麼不可告人的事情。他會把資訊與報告提供給寫過的文章讓他認可，且具有影響力的一小群記者。至於其他的記者則都只能爭搶他高高在上丟出來的新聞碎屑。

記者大軍開始迷上了這名年輕參議員。他面對記者有不假辭色的一面，但也偶偶會很體貼他們的工作。更重要的是，他知道如何丟出東西讓記者好發揮。很快地，就有人寫出了他是個堅定愛國主義者，也是政壇明日之星的新聞。這時羅素想繼續提拔詹森，感覺也理直氣壯多了——這名來自德州的年輕議員已經拿出了成績，參議院終於在美國民眾面前顏面有光了。

一九五一年的五月與六月，詹森與羅素聯手從韓國召回了麥克阿瑟將軍。羅素可以第一手看到詹森的幕僚，而他很驚嘆地發現這群團隊的效率之高。比起他自己的手下，詹森團隊的規模更大，組織性更強。這讓羅素感覺有點與時代脫節。但詹森就像是看穿了他的心思一樣，開始協助羅素建構屬於他自己的現代化幕僚團隊。他讓羅素盡情使用自己培養出的法務與公關團隊，以便讓前輩知曉這些團隊對從政有多大的幫助。在詹森與羅素就這方面進行合作的過程中，兩人之間也變得更加關係匪淺。羅素曾在某天對一名記者這麼說，「這個林登・詹森，是當總統的料，而且還會是個很不錯的總統。」記者聞言大吃一驚，這完全不像是羅素平日會讚賞人的說詞。

一九五一年春的某天，明尼蘇達州參議員修伯・韓福瑞（Hubert Humphrey）在等著搭地鐵到國會山莊，結果林登・詹森突然跑來說要一起邊搭車邊聊天。這邀約讓韓福瑞感覺非常受用，他壓根想不到詹森會這麼熱情。他們倆在參議院算是同梯，而且原本極具個人魅力的韓福瑞才是備受期待的自由派明星。當年不是詹森，而是韓福瑞被認為有總統命。但一個問題阻礙了韓福瑞登上青雲之梯：他太過執著於自由派的理想，以至於跟所有人都產生了距離。在他第一次的參院演講中，韓福瑞批判了體制沉湎於自身的舒適圈中，改革腳步過於牛步。沒多久他就嘗到了苦果——他被貶至最邊陲的委員會。他什麼法案都推不動，在衣帽間裡也好像透明人，大家像他得了瘟疫似地躲著他。這種排擠，這種無形的放逐，讓韓福瑞一天天更加抑鬱失志。他甚至會在開車回家的路上靠邊停，因為他忍不住想哭泣。若就用開車來比喻，那他的政治生涯可以說是徹徹底底轉錯了彎。

在地鐵車廂裡，詹森對他不住地誇獎。「修伯，」詹森告訴他，「你或許不相信，但能跟你像這樣一起搭車到參議院，對我來說實在是再開心也沒有了。你有太多優點讓我非常欣羨。你辯才無礙、口若懸河，你上知天文、下知地理。」聽詹森這麼說的韓福瑞才剛鬆了一口氣，就馬上因為詹森的批判火力而大吃一驚。「但該死的，修伯，你花太多時間在演講上了，難怪你沒時間好好幹些正事。」話說韓福瑞確實必須更加腳踏實地，也必須更融入參議院的人際關係。等兩人終於要分道揚鑣時，詹森邀請韓福瑞找一天來他辦公室喝兩杯。以此為契機，韓福瑞成為了詹森辦公室的常客，而詹森這位原本惹北方自由派討厭，而且還被保守派大老羅素罩的南方的參議員，就這樣一整個俘虜了韓福瑞。

首先，詹森這人非常幽默風趣。他不管聊什麼話題，都可以扯出某個往往口味偏重的鄉野傳說，但最後又能讓人覺得結論一針見血，讓你聽了覺得還真有點收穫。坐在他的辦公室裡，酒一定讓你喝個夠，而詹森本人則會負責點你笑穴，保證哈哈聲響徹參院走廊的另外一頭。能讓你這麼開心的同伴，教你如何能拒他於千里之外。他的氣勢很強。就像韓福瑞後來寫到的，「他不論去到何地，都能像海嘯一樣橫掃千軍，感覺牆都擋不住他。他只要一推門進來，整個房間就被他接管。」

第二，他手握珍貴的資訊可以與人分享。他把在參議院打滾的眉眉角角還有各參議員被他觀察得到的弱點，都傳授給了韓福瑞。他是參院史上最了不得的投票操盤手，預判法案表決的結果就像彈不虛發的神槍手。而就連這門絕學，他也不吝惜與韓福瑞互通有無。

最後，他教給了韓福瑞一種能力，一種透過妥協、腳踏實地，以及避免過於理想化而換得的力量。他會跟韓福瑞分享（小）羅斯福總統（Franklin Delano Roosevelt）的故事，而羅斯福總統正是韓福瑞的偶像。詹森在眾議院服務的期間結識了小羅斯福這位摯友，而按照他的說法，小羅斯福是個完美的政治家，因為他知道如何以退為進，甚至做些妥協來達成目的。這有一個作為插曲的背景是詹森本人其實也是個隱藏版的自由派，暗地裡小羅斯福也是他的偶像；換句話說，詹森希望民權法案通過的程度不下韓福瑞。他們倆其實是尚未相認的隊友，為了同一綑崇高理想在奮鬥。

與詹森合作，讓韓福瑞的天花板不論在參議院或更高的領域都突破了天際。一如詹森所料，韓福瑞確實有志於總統大位。詹森自認當不了總統，至少他對韓福瑞是這麼說的，因為他說美國還沒有準備好接受一位來自南方的總統。但他說他可以替韓福瑞抬轎，讓韓福瑞登上九五之尊。兩人聯手，他們會是無敵的組合。

但真正讓韓福瑞下定決心的，不是詹森說了什麼，而是詹森確實讓他後來在參議院的日子好過了不少。詹森會與同樣出身南方的參院民主黨人介紹韓福瑞的聰明才智與風趣幽默，讓他們知道自己誤會了韓福瑞。在透過這種方式讓參院同僚軟化後，詹森會把韓福瑞重新介紹給這些參議員一遍，而這些參議員也果然重新發現了韓福瑞的魅力所在。其中最重要的是一言九鼎的羅素改變了想法。能與大咖參議員把酒言歡，讓韓福瑞感覺不再孤單。為此他感覺自己欠詹森一份情得還，於是他禮尚往來地讓北方各州的不少自由派改變了對詹森的觀感，而這也讓詹森的影響力像看不見的煙霧一樣，開始在參院中擴散。

一九五二年，共和黨人隨著艾森豪當選總統而橫掃國會，參眾兩院盡入其手，民主黨候選人紛紛中箭落馬，而這發展的其中一名苦主就是原為民主黨參議院黨鞭，來自亞利桑那州的厄尼斯特・麥克法蘭（Ernest McFarland）。而黨鞭一落馬，競逐參議院民主黨領導者的比賽也就鳴槍起跑了。

詹森提議由羅素繼任，但羅素不願意，因為他在幕後操盤更好呼風喚雨。羅素提議詹森應該當這個民主黨在參院的領袖，而且羅素有辦法將詹森送上這個位子。詹森欲拒還迎了一番，說他會考慮，但前提是羅素要繼續當他的老大爺，而且繼續不吝於在一路上給他指導。詹森言盡於此，但果然不出數週，羅素已經基本上幫他搞定了一切，他只要等著上任就行了。就這樣在外界的驚呼聲中，年僅四十四歲的詹森成為了不光是民主黨，而是民主共和兩黨有史以來最年輕的黨鞭。

上任幾個星期，詹森就對羅素提出了一個很特別的要求。幾十年來，重要委員會的主席位子都是看年資決定。但把年資當成唯一標準常造成主委之位所託非人。七老八十的老議員當上主委，所有想法都給人活在過去的感覺。他們根本沒有胃口大幹一場。而如今隨著共和黨完全執政，他們滿腦子就是想推翻小羅斯福總統在新政與外交政策上達成的成就。在下一次期中選舉前，他們得先熬過這艱辛的兩年。

詹森想要獲得身為參院民主黨領袖的權力，然後用這種權力來改變委員會的生態。他並沒有主張什麼極端的議題，他只是會在各委員會或主席位置上這裡搬動一下，那裡調整一下。他會引進新血，包括新科議員約翰・甘迺迪與修伯・韓福瑞，然後希望這一對能進軍外交委員會。這些年輕人會讓民主黨在民眾心中產生新的面貌，讓他們有新的能量去與共和黨抗衡。羅素能夠認同這當中的思想脈絡，由此他也默許了這樣的策略，但羅素也不是沒有警告詹森說：「你碰的這是參議院當中至為敏感的事情……（你這是）在把玩炸藥。」

詹森去接觸了其他的資深參議員。有些比較好說話，像是勞勃・伯德（Robert Byrd）就非常喜歡這位新的民主黨黨鞭。自由派在韓福瑞的運作下，也紛紛加入了改革的陣線，要知道此時的韓福瑞已經非吳下阿蒙，他已儼然是詹森與北方各州議員間舉足輕重的聯絡橋樑。當然也有些人比較難以馴服，但詹森並未輕言罷休。對於始終不肯就範的同仁，詹森的反應是一路向上換檔，發狂似地遇強則強。他會在辦公室裡一閉關就是數小時，自言自語地在那兒演練在固執的參議員面前要如何回應、再回應，直到他確信自己可以兵來將擋、水來土掩為止。對於某些議員，他打的是純粹的「實務主義」牌——要打敗共和黨就絕對不能內亂。對於其他議員，他則扛出小羅斯福這塊神主牌，他要同志回想起小羅斯福總統在任時的光輝歲月。對南方各州的參議員，他挑明了說民主黨愈團結強大，自己的差事就愈好辦，而同樣身為南方囡仔，自己會是他們在日後需要戰鬥時最可靠的盟友。

他讓辦公室裡的美酒傾巢而出，在個人的聰明才智與魅力上也使出渾身解數。他會在一天當中的任何時候打電話過去找人，要是遇到死都不肯讓步的參議員，他會奪命連環扣，白天不行晚上再一通。雖然在態度上鍥而不捨，他的口氣並不會咄咄逼人，也不會用吵的迫使對方就範。他會從對方的立場去看事情，會提出一樣又一樣的交換條件。最終隨著參議員一位一位地入列，他終於讓最堅守陣地的同仁也解開心結。不知不覺中，詹森已經成了一個值得敬畏的對象；若這些死硬派再不舉手投降，他們知道未來幾年，詹森不難讓他們的日子痛苦到難以想像。

等到事情終於曝光後，共和黨與新聞媒體都很吃驚於林登・詹森能做到這種程度。就任民主黨黨鞭短短數週，他已經取得了前所未見的權力。他架空了排資論輩的傳統，將委員會的主席任命權揣在懷中。此時的他儼然已毫無疑問地是「參議院之主」，而同僚間的口耳相傳的話都是「讓林登做做看吧」。被吸入他影響力圈的盡是些看似不可能的卡司陣容，從李察・羅素到修伯・韓福瑞都赫然在列。

但說到最沒想到會看到這一天的，還得算是湯姆 ・ 康納利。短短四年，詹森不僅出人頭地成了一線議員，而且還一步一腳印地靠著影響力的匯集，爬到了民主黨在參議院的山頂，這樣的成就已經遠超乎康納利長達二十年的累積。

▍大師解讀

從政治生涯的開端，詹森就一心一意只想完成一件事情——有朝一日能成為美國總統。為了達成這個心願，他必須相對快速地平步青雲。他早一天躋身政壇的領導階層，就多一天可以打開知名度，並在民主黨內獲致影響力。年僅二十八歲就當選眾議員的詹森看似一帆風順，但他其實在眾議院裡走得跌跌撞撞。對他來講，進眾院就像劉姥姥逛大觀園，暈頭轉向，加上年輕的他其實不善於置身大團體裡頭。他不是個能帶動氣氛的演講者，而是要在一對一的狀況下才有魅力得多。為此他感覺到氣餒，焦躁。終於在四十歲時進入參議院，他的行李中有一樣東西是他不耐煩的個性，如他與康納利的會面就是證據。但就在他即將宣誓就職前，他先參觀了參議院的議事廳，然後在那兒頓悟了一件事情：比起整間參議院，議事廳這地方其實小得多；這兒就像是紳士可以悠遊其中的俱樂部。換句話說，他可以在此發揮一對一的人際魅力，然後透過影響力的累積去掌握權力。

但要做到這一點，他得讓自己有所蛻變。他天生有一種攻擊性，他必須替這種個性繫上韁繩，必須放慢腳步然後退後一步。他得閉上嘴巴少說兩句，避免讓自己陷進激辯當中，並藉此把話語權讓給別人。讓他們覺得自己是明星，是主角。他得停止想著自己，他得徹底把心思放在參議院的同仁身上，由著他們滔滔不絕。他會擺出人畜無害、虛心受教的菜鳥參議員樣子，讓人感覺他是勤勤勉勉地想學習議事規則與立法程序的好學生，嚴肅中透著一點乏味。他可以拿這種外貌當幌子去觀察人事物，但不會讓人覺得過於積極或有威脅性。透過這種方式，他可以慢慢地摸清參議院運作的眉眉角角與生存之道，包括：表決的結果如何沙盤推演、法案如何確實通過等，還可以細細觀察各個參議員同僚的弱點與罩門在哪兒。到了某個點上，他對於體制的深度了解便能轉化為某種他能用以交換影響力與好處的商品。

在這麼努力了幾個月後，詹森終於扭轉了自己在眾議院的名聲。他不再讓人感覺是一種威脅，而隨著參議院同僚卸下防備，詹森也就有了將行動升級的條件。

他開始把心思放在關鍵的盟友身上，希望能爭取到他們支持。畢竟他一路以來的信念都是天下無難事，就怕你在山上或山巔沒有關鍵的盟友。為此他一開始鎖定的完美目標是羅素——這名抱持理念的寂寞參議員大權在手，就少一名門生。詹森倒也是真心喜歡羅素，畢竟他一直在找身邊有沒有像父親一般的角色，但這並不代表他注意羅素、接近羅素沒有他自個兒的盤算。他刻意被指派進軍事委員會，就是因為他想要跟羅素有接觸的機會。他們老是在走廊上或衣帽間碰面，說是巧合也太巧了。事實上，是詹森刻意在慢慢增加他與羅素相處的時間，只是他做得比較不露聲色。詹森根本沒喜歡過棒球，對南北戰爭更是興趣缺缺，但為了羅素，他硬是短時間內把這兩方面的知識惡補起來。他把羅素的保守價值與工作倫理鏡射回去，讓這位寂寞的老參議員感覺他不只多了一個朋友，更多了一個崇拜他的兒子與門徒。

詹森謹守分際地從不要求任何好處，反而默默地做一些有利於羅素的事情，包括幫助老人家完成其幕僚的現代化。等詹森真的有了想要的東西，像是小組委員會的召集人一職時，他也不會挑明了說，而會拐彎抹角地傳達出線索。羅素慢慢將詹森視為是自身政治野心的延伸，為此他會幾乎不計代價地為這位追隨者發聲。

短短幾年間，大家都知道了詹森很善於在表決中沙盤推演，而且還深知不同的參議員的好惡與弱點；這些知識，讓他在需要通過法案時占盡優勢。到了這個份上，參議員們已經會跑來跟他討教這些事情，而他也會大方地分享出去，因為他知道這些人情將來都可以討得回來。就這樣慢慢地，他的影響力開始擴散出去，但他並沒忘記自己想稱霸黨內，稱霸參議院，還有一群最大的阻力，那就是北方各州的自由派議員。

再一次，詹森眼光精準地選擇了最完美的標的——參議員韓福瑞。在詹森的解讀裡，寂寞的韓福瑞在需要肯定之餘也充滿野心。因此想打動韓福瑞的心，他得完成三件事情：讓他受歡迎，讓他自認能當總統的信念獲得肯定，還有給他能去實現理想的工具。就像在「處理」羅素的時候一樣，詹森給了韓福瑞一個自己默默與他站在一起的印象，包括詹森會陪著韓福瑞崇拜小羅斯福，藉此把韓福瑞內心最深的價值鏡射回給他。經過幾個月的照料，韓福瑞也已經幾乎可以為詹森兩肋插刀。在攻下了韓福瑞這個北方自由派的橋頭堡後，詹森的影響力已經拓展到參議院的各個角落。

於是等到領袖的位子有開缺，詹森也做好了準備。他已經讓大家相信他是個恩怨分明、使命必達，而且不缺強力盟友的可靠傢伙。他渴望把委員會主席任命權抓在手上，但這代表的是體系中一種激烈的變革，由此他小心地將之包裝成讓民主黨更團結，讓個別同志在與共和黨對手捉對廝殺時更有利的手段。所以對參議院的這些民主黨人來說，把權力交給詹森是符合其利益的作法。就這樣一步步，他從來無須大聲嚷嚷，更無需張牙舞爪或斯文掃地，但還是把影響力拿到了手上。等到黨內同志回過頭來發現是怎麼一回事後，木已成舟，他們也改變不了什麼了——詹森已經徹底控制了棋局，成為了「參議院之主」。

你的人性課題

想獲致對人的影響力，以及此影響力帶來的權力，你必須與自身的想像反其道而行。正常來講，我們會想用自己的想法去迷倒別人，我們會想在別人面前展現自己最好的一面。我們會提當年勇，會許下美好的承諾。我們會請別人幫我們做這個做那個，我們相信誠實為上策，想要什麼就說。但我們沒有意會到的一點是，在這麼做的過程中，我們把所有的焦點都集中在了自己身上。在一個每個人都愈來愈覺得自己最重要的世界裡，你的這種做法只會讓他們更加把注意力向著自己，更加去思考他們的而不是大家的利益。

詹森的故事告訴我們，**通往影響力與權力的康莊大道是你得逆向思考：把焦點放在別人身上，把麥克風遞給人家。**若這是一場秀，那主角就讓別人去領銜擔綱。他們的意見與價值值得效法，他們支持的理念崇高到令人無法抵擋。注意力是一種很稀有的東西，大家對其都渴望莫名。但只要給他們以注意力，他們就會覺得獲得肯定，然後他們的防護罩就會降低，這時你想灌輸什麼觀念他們都會敞開心靈。

所以說你的起手式永遠要是退一步，擺出低姿態，行為舉止要內斂，要總是虛心求教，莫忘人都好為人師，好把自己的智慧與經驗分享出去。等你覺得他們對你的這種關注上癮了，你就可以從零開始再巴結他們一波，重點是你要提供他們一些服務，讓他們的日子變輕鬆。這會讓他們立刻想有互惠之舉，但不會有自己被操弄、利用或強迫的感覺。等到別人也習慣給你方便之後，他們就會變成你的一股助力。這是因為他們一開始願意照你的意思辦事，就代表他們覺得你值得，之後他們若不幫你忙了，就等於是在否定自己初始的判斷與智慧，而一般人都不會想要這樣打臉自己。慢慢循著這種邏輯去經營人脈，你就能不露聲色地擴大自己的影響力範圍，別人也不會覺得你過於躁進或別有用心，**以退為進正是你內在野心的終極保護色**。

> 對話的精髓，更在於帶出別人的聰明，而不在於凸顯你自己有多了不起；讓別人志得意滿地離開，他們也會在走時心懷對你的鍾愛。大多數人……追求的都不是被指導、甚至不是被娛樂，而是被稱頌或鼓掌叫好。
>
> ——尚．德．拉布魯耶（Jean de La Bruyère, 1645-1696），法國哲學家、作家

人性的關鍵

從生命的開端，我們身而為人就會發展出一種防衛性的自我保護人格。這包括從很小很小的時候，我們就會培養出具體的個人空間不容他人侵犯。這種個人空間，日後會慢慢擴大成一種個人尊嚴——別人不應脅迫或操縱我們去從事我們無意從事的行為。我們應該有自由選擇自己的想望。凡此種種，都是我們成長為社會化動物的歷程中，不可或缺的發展。

但隨著年齡漸長，這些防衛性特質常會日益僵化，但這不是沒有理由的。身而為人，我們總是會不斷地被身邊的人打分數或給出評價——我們夠不夠能幹？夠不夠好？夠不夠有團隊精神？我們很少有能夠不受這種感覺制約的時候。生命中只要一個表現沒達到期待，旁人的批判就會排山倒海而來，我們就會一蹶不振好一段時間。再者，我們永遠會覺得別人要從我們這兒拿走什麼——他們想要我們的時間、我們的金錢、

我們的靈感，還有我們的體力。面對這一切，我們很自然地會變得自我中心且防衛心大作——畢竟日頭赤炎炎，隨人顧性命，只有我們自己能顧好自己的權益。我們會為此在自身四周築牆，把對我們有所圖的入侵者擋在城外。

來到二十來歲之際，我們多半已經發展好了各種防衛機制，但在特定的狀況下，我們的心牆有可能坍下來。比方說，在跟朋友一夜狂歡後，或許灌了一點酒的我們會覺得跟別人關係拉近，然後對別人的眼光就不在意了。此時我們的心思會放鬆，嶄新而有趣的想法會一股腦兒湧出，甚而我們會做出一些平時絕對做不出來的事情。又或者我們可能會跑去參加某個公眾集會，聽到一篇鼓動人心的演說，那種跟現場數百人產生共鳴的感覺，會讓我們陷進一種集體意識中。我們會突然覺得受到行動的召喚，會覺得自己也應該為了演說者訴求的理念而戰，但其實平日的我們應該比較想要明哲保身。

但說到最經典的例子，還得算是我們與某人兩情相悅時。正所謂情人眼裡出西施，我們的優點伴侶都看得到，而且他們都會透過回饋讓我們知道自己有多好。我們會感覺自己有被愛的價值。在這種愛的魔力下，我們會放下平日的自尊與我執；我們會難得一見地讓把影響自身意志的權柄交到對方手上。

這些卸下心防的瞬間有一個共通點是安全感會進駐我們的內心——因為我們相信朋友、所屬團體與愛人不會批判我們，而會接納我們。我們會從他們身上看到自己的倒影。我們可以放鬆，可以在內心深處感覺受到認可。**一旦因此不再需要老看著自己，拉高防護罩，那我們就可以把注意力朝外，超越自己的驕傲——去關注他人的理念、創見或幸福快樂。**

你的人性課題

創造這種肯定的感覺，是解鎖他人防衛心的黃金鑰匙。而少了這種力量，我們就很難在這個高度競爭的世界上存活下來，遑論發光發熱。

我們會不斷發現自己處於得讓人卸下心防的狀況之中，我們需要他們的協助，需要有能力去改變他們醜陋的行為。萬一我們只是亂無章法地隨機應變，就想要用求的、用拐的、甚至想用罪惡感讓他們就範，那很有可能我們只會讓他們的防衛心不減反增。就算我們運氣好，歪打正著地達成了讓他們聽話的目標，他們的支持也會顯得蒼白虛弱，甚至會有壓抑的怨忿潛藏其中。我們占了他們便宜——拿了他們的時間、金錢或創見——由此他們會把心門鎖上，拒絕再接收我們的任何影響。而要是我們長時間與人的防衛心硬碰硬，然後一無所成，那我們就會陷自己於負能量的險地，我們會因為旁人的無動於衷而累積挫折感。這一點會在潛移默化中感染我們的態度。遇到我們得設法影響別人的場合，對方會察覺到我們的獨立性與自信心不足。我們會太努力想要討好別人，會得失心重了那麼一點而還沒出發就自己把自己打敗。這有可能轉變成一種負面的自我實現預言，讓我們被長期邊緣化，但自己也不清楚問題出在哪。

在一切還不算太遲之前，我們必須讓這種惡性循環獲得逆轉，就像詹森在他四十歲時所做的事情一樣。我們必須意會到有種力量叫做「給人肯定與降低他們的防衛心」。而要獲得這種力量，讓這種力量確實為我們所用，關鍵就在於對人性的法則有根本的掌握。

這條法則是這麼說的：人都對自己有一種認知，我們姑且稱之為「自我評價」(self-opinion)。這種自我評價可能準，也可能不準，但這都不重要，重要的是每個人都會以類似的方式去理解自身的性格與價值，所以說這種「自我評價」可以幾乎沒有例外地分成三節：我獨立自主且按自己的自由意志行事；我有我獨特的聰明才智；我基本上是個善良正直的人。

說起第一種全人類共識（我按照自由意志行事），我們都會覺得自己不論是加入某個組織、秉持某種理念、購買某樣商品，都是因為我們選擇這麼做。但真相可能是我們受到了某種操弄或同儕的壓力影響，但我們不會這麼告訴自己。若我們意識到自己受到壓迫，像是被老闆下令說要做什麼，那我們要麼會催眠自己，讓自己相信我們是自願這麼做，要麼會因為被逼著做事而心存不滿。若是後者，則我們可能表面上會笑著把事情完成，但私底下會想辦法去抵抗。換句話講，我們會不斷感覺有需要去表達、去伸張自由意志。

再來講到第二種人類共識（我有我的聰明才智），我們或許知道自己比不上愛因斯坦聰明，但在自身的領域裡，我們會覺得自己有專屬於自己的聰明才智。水管師傅會自豪於自己對居家的管線走法瞭若指掌而且技術精湛，而這也是一種聰明才智。他也會覺得自己的政治分析超有常識的，而這又是一種聰明才智，至少他自己會這麼想。人鮮少願意接受自己又笨又好騙。就算有人被逼著承認自己不具備傳統意義上的高智商，他們也起碼會自認不是最笨的那一個。

關於第三種放諸四海而皆準的想法（我是好人），我們會希望看著自己屬於正義的一方。為此我們會對人好，會表現團隊精神。要是我們不小心當上老闆，所以必須要要求紀律的時候，我們會稱之為「愛之深責之切」。我們會表現出自己每件事都是出於善意的模樣。

除了這些「共識」以外，人還有一些比較「個人化」的自我評價，而這些評價的作用就在於安撫個體獨具的不安全感。比方說，「我是獨一無二，自由的靈魂」或「我很獨立，凡事都不需要人幫忙」或「我很好看，可以靠臉吃飯」或「我很叛逆，所有的權威我都看不起」。這種種不同的自我評價，都隱含著一種我（在某方面）鶴立雞群的感覺，「我很叛逆，這點是你比不上的。」不少這類個人化的自我意見，都起源於童年早期的發展問題。比方說叛逆型的人，可能小時候有過一位讓他失望過的父親角色，又或許他曾經被霸凌過，而無法承認任何一丁點低於人的感覺。看不起所有權威，於他而言是一種需求。凡事靠自己的類型可能有過一位非常疏遠的母親，可能長年苦於一種被拋棄的感覺，所以他才會為自己創造出一種打落牙齒和血吞的獨立形象。

我們的自我評價是很原始的反應：它決定了我們許許多多的思想與價值觀。與我們自我評價相衝突的看法，我們是很難去欣賞的。比方說自認非常強悍而獨立的自我評價，就會讓我們受到腳踏實地、硬派作風、與對弱者不假顏色的觀念跟人生哲學靠攏。如果這樣的我們又剛好具有基督徒的身分，那我們就會重新詮釋基督教的信條來符合自身強悍的自我形象，包括在基督教信仰中找出強調自立自強、愛深責切與對敵人趕盡殺絕等各種元素。整體而言，我們在選擇加入團體是會選擇那些能配合我們，讓我們身在其中能覺得自己才智兼備者。我們可能會以為自己有不帶條件的想法或價值，但實際上我們都是倚靠自我評價在行事。

想在某件事上說服別人時，你會遇到三種狀況：首先，你可能在無意間挑戰到他人的自我評價。比方說在半爭辯的討論中，你可能會讓他們感覺到自己很笨、覺得自己被你洗腦，或覺得自己沒有自己原本想得那麼好。就算你的態度與用語並無挑釁之處，其潛台詞依舊是你比他懂。事情來到這一步，你會讓對方的防衛心拉得更高，抗拒的反作用力也會愈強，而且心牆這一升起來就不會再降下。

第二，你可以對他們的自我評價保持中立，既不去挑戰這些自我看法，也不去加以確認。通常這種態度，會出現在你想要刻意在他們面前呈現理性或冷靜的時候，你的目的是避免互動中出現極端的情緒反應。在這種狀況下，人會保持對你的抗拒與懷疑，但你起碼可以避免讓他們進一步緊繃起來，便能為你爭取到一點用理性論述去影響他們的空間。

第三，你可以積極地回應並確認他們的自我評價。這種作法，可以讓你去滿足對方一種很重要的情緒需求。我們可以想像自己很獨立、很聰明、很斯文、很有門路，但確認的工作只能由另外的個體來替我們完成。而在一個高度競爭的嚴酷世界裡，人都會不斷地自我懷疑，因為我們想得到朝思暮想的肯定，真的沒那麼容易。給人這樣的肯定，你就能創造出那種喝醉了、參加造勢活動，或愛上某人的神奇效果。你會讓人放鬆，讓人不再為不安全感所苦。他們會把注意力的焦點從朝內轉成向外，他們的心靈會敞開，會對你的各種建議或引導產生反應。這時即便你帶風向成功，他們答應幫助你，這些人也會覺得那是他們用自由意志做出的決定。

你的工作很簡單：**在這些人心中埋下安全感。把他們的價值觀鏡射回去；讓他們感受到你喜歡他們、尊敬他們。讓他們覺得你肯定他們的智慧與經驗。**你要創造出一種能相互取暖、相濡以沫的氣場，讓他們跟著你笑，在他們內心注入一種相互扶持的感受。要讓這些做法達到最好的效果，最好的辦法就是以假亂真，假中有真。透過同理心的操練，潛入對方的視角（複習可見第二章〈化自戀為同理〉），你就更有機會能真切體會到他們起碼一部分的感覺。透過熟能生巧，確認別人的自我評價就能成為你預設的立場，你會對所有遇到的人產生一種放鬆的效果。

但這有個前提是：多數人都對自己有著相對較好的評價。因為實際上，也有些人對自己的評價偏低。後者內心的旁白會是「我不值得任何好的東西」或「我算不上什麼好人」或「我問題實在太多了」。因為他們真心期待壞事會發生在自己身上，所以一旦壞事真的發生了，他們的感受會是鬆了口氣跟非常合理。在這種狀況下，他們的自我評價正好可以用來安撫內心關於人生能不能成功的不安全感。如果你的目標對象就有著這種偏低的自我評價，那這條規則就可以適用。若你堅持他們只要聽你的話，就可以讓人生好過一點，那這反而會與他們認為世界都在與他們作對的想法起衝突，因為他們不覺得自己值得這麼好的際遇。這麼一來，他們就會對你的想法打個問號，對你產生排斥。所以對你來說，**正確的做法，應該是從他們的自我評價著手，用同理心去理解他們生命中各種委屈與困境。**這樣，等他們慢慢感覺自我評價受到確認了，想法被你鏡射回來了，你就能有一些著力點去改變他們，甚至可以在他們身上使出一些逆向心理學的手法（見下方說明）。

最後，你在發展上述各種影響力時會遭遇到最大的阻礙，來自於「影響力」這種概念所受到的一種文化偏見：「我們大家為什麼不能就老老實實地坦誠以對就好，為什麼不能想要什麼直說就好？為什麼我們不能讓人做自己，不要老想著要去改變誰呢？與人相處心機這麼重，真的很醜陋，而且就是在利用人。」首先，聽到有人對你講這些話，你就該立刻有所提防。我們身而為人，絕對不可能受得了無力感。人就是要有影響力才能活得好好的，不然我們就會心情非常差，包括那些宣揚誠實為上策的人也一樣。不過就是因為他們需要相信自己像天使一樣從來不說謊，因而造成自我評價跟對影響力的需求產生對打的狀況。這樣的他們，變成常常只能靠以退為進，欲擒故縱來進行情緒勒索，動不動就臭臉來讓人感覺內疚，藉以讓他們想要的東西到手。所以說聽到有人把誠實掛在嘴上，千萬不要傻傻地就相信他。

第二，我們身而為人，總是會對人產生影響力，這是免不了的。我們說的每一句話或做的每一件事，都會被人聽在耳裡，看在眼裡，想進心裡。他們會思索我們話中或動作中的意圖。我們一聲不吭？是否這代表我們不高興，而且希望別人知道我們不高興。或者我們會很專心聽人說話，藉此讓人覺得我們很有禮貌。總之，不論我們怎麼做，旁人都會去分析我們想達成何種影響力。而他們這麼想並沒有錯，因為作為社會性的動物，我們不可避免地得加入這場遊戲，差別只在於你有沒有玩家的自覺。

多數人並不會想花力氣去思考別人，或是去研究有什麼策略可以突破對方的心理防線。這是因為多數人都很懶。他們只想做自己，只想有話直說，或什麼都不做，然後說這是因為他們道德高尚而且有所為有所不為。

由於這場遊戲大家都得玩，所以我們還不如面對現實，好好把技術練好，不要逃避，也不要想著船到橋頭自然直。話說到底，有影響力比起你道德純淨，前者更有利於你在社交場域上受益。擁有影響力，我們就可以讓抱持危險或反社會觀念的人改變想法。想變得善於說服人，我們首先得讓自己沉浸到他人的視角中，藉此來操練同理心。外在我們或許得遵照文化偏見，對人應該要徹底誠實的說法連連點頭稱是，但內心裡我們必須知道這是一種幹話。**我們要知道去把影響力練好，才是真正為自己好。**

想成為大師級說服者的五招

下面要介紹的五招，是從史上最強大的影響者案例裡濃縮再濃縮，淬鍊出的菁華，目的是設計來幫助你更專注在自身的目標上，並讓你能創造出特定的情緒效應來幫助降低人的抗拒心。五招齊發會是你最聰明的選擇。

一、讓自己蛻變為深度的聽衆

在正常的對話流動中，我們的注意力並不會集中於一處。我們會聽到對方說的某部分內容，好讓對話得以持續下去。但在此同時，我們會盤算著自己等下要說什麼，包括我們可能會準備精彩的故事來分享。或者我們甚至會做起白日夢，想著跟對話完全無關的事情。我們會這樣三心二意，有個很簡單的原因：我們最感興趣的永遠是自己的想法、感受與經驗，別人的這三樣東西永遠次一級。若非如此，要我們全心全意聽人說話應該會簡單一點才是。老生常談是我們要少講多聽，但只要我們對自己內心的獨白繼續偏心，那這種建議就沒有什麼意義。要解決這問題唯一的藥方，只有想辦法去獲得動機，進而讓這動能可以獲得逆轉。

你可以這麼想：你對自己的各種念頭都知之甚詳。你鮮少會被自己的想法嚇到。你的心思很容易就會繞著同樣的一批主題打轉。但你遇到每一個別人都代表一個充滿驚奇的陌生國度。你可以想像一下自己獲准登堂入室，進入他人的內心，那會是一場何等精彩的冒險之旅啊。有些人乍看之下沉靜無趣，但他們往往埋藏著最奇妙的內心等著你去探尋。即便是莽漢或笨蛋，你也可以把與他們的交談當成一種進修，藉此去了解這些傢伙是從哪冒出來，行為上又有哪些缺憾。**讓自己蛻變成深度的聆聽者，不但會比你以為的有趣，因為你將得以一窺他人的內心世界，而且也代表著一種你可以上一課寶貴人性心理學的機會。**

一旦你讓自己獲得了聆聽的動機，剩下的就相對容易。別讓你用心傾聽背後的心機太一目了然，你該做的是讓對方感覺在與你進行一場朝氣蓬勃的交流，即便最後結算，八成的話都是由他們說出口。為了達到這個目的，你必不能用問題對他們狂轟猛炸，搞得他們好像是來面試工作一樣。**正確的做法，是你要去觀察他們的非語言線索。你要去注意看他們會因為何種話題而眼睛為之一亮，然後你就得引導對話朝那個方向前進，他們會因此在不知不覺中打開話匣**。幾乎所有人對喜歡討論自己的童年、家庭、工作的裡裡外外，或是他們對某種理念的關懷。你可以偶爾丟出個問題或評語來呼應他們的說話內容。

你要一方面沉迷於他們所說，一方面又看起來很放鬆。你要傳達出的訊息是你有在聽，而做法上你要維繫相對持續的眼神接觸，並且不時點個頭。要顯示出你聆聽的深度，最好的辦法就是偶爾說點什麼能鏡射他們說話內容的東西，但當然你不能當隻鸚鵡，你得換句話，而且所說還要本於你自身的生活經驗。這樣累積下來，**他們說得愈多，你就更能對他們的不安全感與欲望有所掌握**。

你的目標是要讓他們走時比來時更加自我感覺良好，因為你讓他們當了一場秀的主角，你勾出了他們內心更慧黠，更風趣的人格。他們會為此對你銘感五內，會開始期待你們的下一場相會。隨著他們在你面前愈來愈放鬆，你也會有更多機會在他們體內植入你的觀念，左右他們的行為。

二、用適當的情緒去感染人

作為一種社會動物，人都非常有感於旁人的情緒。而這一點，也讓我們有辦法用潛移默化的方式去感染別人以適當的情緒，藉此影響他們。如果你很放鬆，而且一副好像有很爽的事情在等著你的模樣，那這種氣質就會自動散發出去，別人就會跟你一樣放鬆而且開朗起來，就像是你在照鏡子一樣。要達到這種目的，很適於你採取的一種態度就是徹底的「寵溺」對方，意思是你不去批判誰，你接受他們本來的模樣。

在小說《奉使記》(*The Ambassadors*)裡，亨利・詹姆斯就刻劃出了一個這樣的理想角色，名叫瑪莉・德・韋歐奈(Marie de Vionnet)，她是一名禮儀無可挑剔的法國熟女，且偷偷利用一名叫蘭伯特・史崔哲(Lambert Strether)的美國人幫她談戀愛。從蘭伯特第一回遇見瑪莉，他就成了她的奴隸。她看似「一目了然又充滿謎團」。她會用心傾聽他的話語，而且不需要特定回應，就能讓他覺得她完全懂自己。她用同理心將蘭伯特徹底包覆。她從第一眼就表現得一見如故，但這都只是她表現出來的，而不是她真的說了什麼。他形容她包容的態度是一種「美麗而有意識的溫柔」，而這讓蘭伯特有一種被催眠的感受。就這樣，她根本不需要開口要蘭伯特幫忙，這男人就已經拜倒在她的石榴裙下，她想幹嘛他就去幹嘛。瑪莉的這種態度，完美複製了理想中的母親角色——無條件地愛一個人。這種「準母愛」比較不靠說話，而是會表現在眼神與肢體語言之上。話說男女都吃這一套，而且任誰中招都很難不暈陶陶。

這一招有個變化型是透過笑聲與共同的樂趣去感染人以溫暖的友誼，與人稱兄道弟。林登・詹森就是這種變化型的大師。當然，他用上了辦公室裡無限量供應的酒水來幫忙，但他的目標們所不知道的是自己喝的是酒，而詹森喝的基本上是水，所以詹森根本沒醉。他開的黃腔與說的笑話，都是為了創造一種夜店般的舒緩氛圍。對於詹森這種「氣氛攻擊」，一般議員很難有抵抗力。肢體接觸詹森也很會，他經常會跟男性同僚勾肩搭背或碰他們的手臂。**不少以非語言線索為題的研究都顯示，簡單碰一下手(臂)，可以在互動中產生巨大的力量，被碰的人會在不知不覺中對你產生正面的印象。這種輕微的觸碰可以建立起有感的情誼。**惟這種觸碰要與眼神接觸分開服用，免得讓人誤會你是在(性)暗示什麼。

時時要謹記你對人的預期會透過非語言的線索溝通出去。比方說經過驗證，教師只要心中對學生的期望變高，那即便老師沒有把這話說出口，學生的表現與成績都還是會進步。與人見面的時候表現出格外的興奮，他就能非常清楚你的想法。如果有個人你終究要請他幫忙，那你不妨預先試著用意象練習，盡可能想像他是個慷慨又溫暖的大好人。

有人宣稱說他們會想像對方是大帥哥（或大美女），最後果然在開口求助時獲得了理想的回應。

三、確認對方的自我評價

還記得自視甚高者的自我評價裡有三種舉世皆然的特質嗎？以下是我建議各個擊破的辦法。

自認獨立自主。遇到這種處變不驚、自立自強的人，你任何想要逼迫他們或操控他們的努力都不會生效。你唯一的一條路，就是讓他們選擇配合你，也就是你要讓他們感覺一切都是出於他們的自由意志。你愈是能創造出這種印象，你想影響這群人就會更加有勝算。

在小說《湯姆歷險記》（*The Adventures of Tom Sawyer*）裡，十二歲的主人翁湯姆的形象是個古靈精怪的孩子，由姨媽撫養長大，而湯姆對人性就敏銳到不可思議的程度。聰明歸聰明，湯姆也一天到晚闖禍。小說的第二章一開始，就是湯姆因為打架被罰。因此炎夏的週六午后他沒有跟狐群狗黨鬼混在溪中游泳，而是在粉刷屋前非常大的籬笆。而他正打算上工時，他的小夥伴班．羅傑斯（Ben Rogers）正好路過，而且還拿著顆看起來很美味的蘋果邊走邊吃朝湯姆走過去。班的頑皮程度不輸湯姆，所以一看到湯姆做著這麼無聊的工作，他便立刻決定好好折磨湯姆一番。班打算去問湯姆下午有無計畫去河邊游泳，好好刺激他一下。

湯姆先是假裝自己超投入在粉刷的工作上。而這就讓班好奇了起來。他問湯姆對粉刷籬笆的興致大於玩耍，是認真的嗎？吊了班一番胃口後，湯姆終於一眼盯著籬笆，一邊認真給班解答。他說像粉刷籬笆這麼重要的工作，姨媽可不會隨隨便便託付給阿貓阿狗，畢竟籬笆是他們家的門面，外人一來第一眼就是看到籬笆漂不漂亮。而且籬笆刷一次就是好多年，如此重要的工作可不是天天會出現。再說以前湯姆跟朋友本來就會在籬笆上塗鴉，結果都會被罵，此刻卻能光明正大，盡情地想怎麼刷，就怎麼刷。這是一種挑戰，是對刷油漆技術的考驗，所以沒錯，他樂在其中。哪一個週末都可以游，但就是這個週末要稍候。

班問了聲他能不能試試看，他想體驗一下湯姆說的是什麼感覺。經過班的三求四請，湯姆終於答應讓他試試，畢竟班把蘋果都給了湯姆，誠意算是很夠。過沒多久，整幫小屁孩都來了，而湯姆把同樣的直銷話術也複製貼上到他們身上，藉此換到了一手拿不完的水果跟玩具。一個小時後，我們看到的光景是湯姆躺在樹蔭下翹腳乘涼，整群朋友人仰馬翻地在替他把籬笆漆好。湯姆可以這樣把朋友耍得團團轉，靠的是基本的心理學。首先，他讓班在內心重新詮釋起漆籬笆的工作，但他靠的不是用嘴巴講，而是用他工作時專注的眼神與肢體語言來「告訴」班說：這份工作太有趣了。第二，他透過不一樣的「取景」角度，讓油漆工作變成一種技術的挑戰，一種難得的機遇，而會讓稍微有點好勝心的男孩子都難以抗拒。而最後如他所料，附近的男生一看到別人在忙，就會想跑來摻一咖，最後讓漆籬笆變成一場團康，沒有人想被打槍。當然在某個平行宇宙裡，湯姆也可以哭爹喊娘地要朋友幫忙，但那效果恐怕會非常不彰，或根本不會有人理他。但透過他所示範的重新包裝，大家突然都搶著要幫忙，不讓幫他們還會不爽。

沒有例外地，你想發揮影響力的努力也必須遵循相同的邏輯，你要捫心自問的是：我要如何能讓別人覺得我想請他們幫的忙，其實是他們本來就想做的事情？把事情重新上框，讓同一幅畫看起來變得更加令人渴望，讓同一件事情從雜務變成千載難逢的良機，使其變成別人也會想做的事情，基本上都能為你創造出比較理想的效應。

另外一種變化型，是直接訴諸人本能的好勝心。一九四八年，導演比利・懷爾德（Billy Wilder）正在為新電影《柏林艷史》（*A Foreign Affair*）選角。顧名思義，這是一部故事設定在戰後柏林的作品。卡司中的一名主角是個叫做艾瑞卡・馮・史魯托（Erika von Shluetow）的女子，她是戰時與多位納粹份子牽扯不清的一名德國駐唱歌手。懷爾德知道最適合這個角色的女星是瑪琳・黛德麗（Marlene Dietrich），但黛德麗已經公開表示過她非常討厭跟納粹有關的主題，反之若是跟盟軍有關的工作她都非常熱衷。所以說導演一開始跟她招手，她的反應是這角色太令她反感，而雙方的溝通也就此中斷。

雖然被打槍，但懷爾德既沒有抗議，也沒有低頭懇求，不過反正求也是白求，因為黛德麗在圈內是出了名的硬石頭，一槍打不透。懷爾德選擇反其道而行。他讓黛德麗知道自己已經找到兩個美國演員很適合軋這一角，他只是猶豫不決，想聽聽黛德麗的意見，看用哪一個比較好，為此他想請黛德麗看看兩名候選人的試鏡過程。因為回絕老朋友的邀請讓她有點內疚，所以她很自然地答應了幫懷爾德選角。但懷爾德其實很聰明地挑選了兩個他明知非常不適合這個角色的知名女星來試鏡。基本上找這兩個人來演性感的德國歌姬，就是很鬧的一件事情。而果不其然，這一招下去可以說藥到病除，黛德麗被兩人慘不忍睹的演出嚇得倒退三步，而看不下去的她也立即自覺這角色非她莫屬。

最後，在想透過送禮或回報來拉攏人成為盟友時，你永遠應該在禮品的選擇上寧小勿大。大禮會讓你想收買人心的意圖太過顯著，而那會讓個性獨立的人覺得受到羞辱。一部分人會出於現實需求而收下大禮，但事隔一段時間他們還是會心生怨懟或質疑起你的動機。所以說小禮物的「預後」比較好，收禮的人比較不會有無功不受祿之感，比較不會覺得自己為了一份禮物出賣自己，也比較不會有在收賄的感覺。事實上，小禮物或輕度的回饋，也能經年累月地為你爭取到人心，而且效果比砸大錢的 CP 值高很多。

自認聰慧過人。遇到與人意見相左時，請不要把自身的看法加諸對方身上，因為那等於在告訴對方你比他們懂，你比他們把事情想得更理性、更透徹。人被這麼一激，只會本能地把原本的看法抱得更緊。要避免陷入這種僵局，你可以試著中性一點，讓自己給人一種你只是覺得某種意見還不錯，但這也不表示你一定是對的感覺。不過比起假中性，你還可以一不做二不休：你可以去理解他們的觀點，然後認同對方的觀點（吵贏對方於你又能怎樣）。拍拍他們智商的馬屁，能讓你有些空間可以稍微改變他們的想法，或讓你有機會跨越低上一些的心牆請他們幫忙，何樂而不為？

十九世紀英國的小說家班傑明·迪斯雷利（Benjamin Disraeli）想到了更殺的一招，對此他曾如此寫道：「若你想要贏得一個人的心，就由著他證明你錯。」你可以先針對一個主題與你的目標對象唱反調，甚至小吵一番都好，然後再慢慢被對方說服，由此你不但確認了對方的智慧，而且還承認了他們的影響力。他們會因此覺得比你厲害一點點，而這也正是你的目的。此刻的他們會不設防於你的雙重操控。想創造出類似的效果，你還可以向人討教建議，因為這隱含著你景仰他們智慧與經驗的弦外之音。

一七八二年，法國劇作家皮耶—奧古斯坦·卡隆·德·博瑪舍（Pierre-Augustin Caron de Beaumarchais）通過最後幾筆，完成了《費加洛婚禮》（*The Marriage of Figaro*）這偉大的作品。法文路易十六的認可是一定要的，但讀完手稿的路易十六卻怒火中燒，因為他覺得這作品會導致革命，「這個人嘲弄了政府裡每一樣需要被尊重的東西」。後來是受到不少壓力後，他才同意讓這劇本在凡爾賽宮的一處劇場進行私人演出，結果此劇在來觀賞的貴族間大獲好評，國王於是核准了追加的場次，但審查員在國王的指示下對劇本下手，把他最受不了的地方加以修改，然後才對民眾開放演出。

但上有政策下有對策，博瑪舍組成了一個由學者、知識分子、朝臣與政府部會首長所構成的法庭，由眾人一起對劇本進行審查。結果出席審查會議的其中一人寫道：「博瑪舍大人宣布他將欣然接受在場先生乃至於女士們認為應該的每一處刪減與修改……（結果）大家都想在裡頭加進一點自己的創意……德·布雷特伊先生（M. de Breteuil）建議了一句妙不可言的雋語，博瑪舍先生不但接受而且還謝過對方……『這會把第四幕給救回來。』瑪提紐女士（Mme de Matignon）建議了戲中少年男僕做女裝時的緞帶應採用某種顏色，結果這建議也獲得接納，而且還一舉流行了起來。」

博瑪舍無疑是個腦筋動得非常快的朝臣。透過讓一堆人對他的傑作上下其手，進行各種微調，他大大滿足了各界人士對自尊與自以為聰明的需求。當然，對於路易十六後來所要求的大改，博瑪舍並沒有讓步，但那時他已經贏得了法庭成員的支持，而這些人也紛紛跳出來捍衛博瑪舍，最後路易十六也只能知難而退。**用無關緊要的地方去降低人的防衛心，會讓你獲得籌碼去導引真正要緊的事情朝你要的方向前進。**

自以為正直。在日常的思緒中，我們會不間斷地肯定自身行為的道德屬性。若我們是某家公司的員工，那我們會自認懂得團隊合作；若我們是老闆，那我們會自認對員工不錯，或至少我們會覺得我們薪資福利上沒有虧待他們。我們會站在歷史正義的一方，會支持正確的理念與主張。整體而言，我們不會把自己看成是個心胸狹隘只顧自己的傢伙。同樣重要的是，我們會希望在別人眼裡，自己也是個不自私的好人。打開臉書看看，是不是大家都會高調支持各種政治正確的理念。匿名捐錢的人是少數，比較多人還是為善也欲人知。

你絕對要小心別踩到這種雷，因為人的自命清高就像皇后的貞操，不容質疑。反之，你要好好利用這種人性來幫助自己，**把你要人幫的忙包裝成他們所支持理念或行動的一部分，那他們就會很樂於出一分力。**他們不只是買了一件衣服，他們是在做環保，會是在幫忙創造在地的就業機會。這些行動會讓人自我感覺良好。但你做的時候手腕要高，手法要低調。若你需要人手來完成一項工作，不要自己去吵，你要讓消息口耳相傳出去，讓別人去傳說這理念有多崇高。令這工作感覺有助社會公益而且頗具人氣。讓人主動想要共襄盛舉，而不要去跟他們低聲下氣。遣詞用字與使用「標籤」時要有所警惕，比方說最好能避免稱呼人「員工」，而要稱呼人是「隊員」或「夥伴」。

為了讓自己感覺矮一截，你可以故意犯些無傷大雅的差錯，甚至於頂撞或冒犯對方一下，然後再求取對方原諒。這麼做，代表你默認他們的道德高度，而那是一個人見人愛的位子。被捧高高之後，他們就會比較好擺布。最後，愈是需要人的幫助，你就愈別提你替他們做過什麼，一副好像你希望他們感激涕零似地。想讓人感激可沒那麼容易，因為感激這種情緒是對我們曾經多麼無助且無法獨立的一種提醒。我們都希望能感覺獨立。所以正確的做法是讓他們想起曾經為你做過什麼，這才能讓他們確認自我評價：「沒錯，我就是這麼樂於助人。」而一旦這種想法回來了，他們就會想要繼保持這種自我形象，繼續當個好人好事代表。另外一種效果類似的做法，是突然與敵人盡釋前嫌，並建立起不打不相識的友誼。這麼做所掀起的情緒波瀾裡，他們會突然有一種不想讓你失望的感覺，畢竟你對他們的評價似乎一下子拉高了，他們會有突增的動機想證明你是對的。

四、舒緩對方的不安全感

每個人都有專屬的不安全感，只是大家討厭自己的地方都不一樣——有人在意自己的長相，有人覺得自己創意不足，有人覺得自己不夠陽剛，有人覺得自己的位子爬得不夠高，有人覺得自己不夠獨特，有人覺得自己不夠受歡迎……，族繁不及備載。**而你的每日任務就是透過攀談與搭訕，找出他們的死穴是哪一點。**

一旦你確診了他們的自信不足處，下一步就是要避開這些馬蜂窩，千萬不要沒事亂捅。任何對他們外貌或人緣或其他罩門有所質疑的語言或動作，都會被他們超級敏感的天線接收。一定要注意這一點，而且要保持警戒。第二，上上策是去肯定、讚賞別人最擔心自己不夠好的地方。這是我們都想遇到的事情，即便我們多少知道對方有點唬爛，但這些好話我們還是會很受用，畢竟我們生活的世界是一個不斷給我們打分數的殘酷舞台，昨天的衛冕者今天就可能慘遭淘汰。所以不安全感隨時會在我們身邊縈繞，從無真正的終點。馬屁只要拍得好，拍得對，我們就會感覺對方喜歡我們，然後我們也會相應地喜歡上他們。

話說馬屁的成功必須倚賴策略。若我已知自己籃球打得極爛，但你還硬要說我籃球很棒，那我只會覺得你言不由衷，你的馬屁就會效果不彰。但如果我今天對自己的籃球技術不很確定，或者我自認不算太差，那任何人的奉承就都能獲得很大的迴響。因此，**你的好話應該要針對對方沒把握的部分來提供確認**。切斯特菲爾德爵士（Lord Chesterfield）曾在其一七七四年出版的家書中建議兒子：「樞機主教黎胥留（Cardinal Richelieu，路易十三的首相）身為同時代公認最幹練的政治人物……心懷一種虛榮心是想同時被視作當代最高竿的詩人：他對劇作家高乃依（Corneille）享有的盛譽感到欣羨。所以善於恭維者較少在他面前提他治國的才能，就算提也只是順道一提，不會特別講，畢竟以他的身分很自然會提到這一點。眾人給他的薰香，那種他們知道會讓黎胥留轉頭對他們示好的煙霧，是……詩人的稱謂。」

如果你的目標是有權有勢的馬基維利型暴君者，那他們可能會對自身的道德表現有些許擔心。拿他們善於操弄權術來進行宮鬥，搞不好討不到便宜還會引火自焚，但直率地說他們是好人又太容易被看破手腳，因為他們也知道自己跟好人二字實在沾不上邊。所以，比較聰明的做法會是讓他們知道你因為他們的建議而受益，或因為他們的批評而有所成長，這樣會比較符合他們認為自己嚴酷但公正，面惡心善的自我形象。

讚美人的努力永遠勝過讚美人的才華。讚美人的天分，聽起來總有那麼一點明褒暗貶的感覺，因為那就好像在說他們只是有幸生得比較聰穎。相對於此，**幾乎沒有人不喜歡聽到有人肯定他們用努力換來了好命，而這也是你讚美人時要瞄準的靶心**。

面對與你旗鼓相當的人或是同輩，你能恭維對方的空間會大一些；至於面對身分地位都高於你的人，你不妨就是點頭附和他們的意見，汲取他們的智慧便罷，因為拍他們馬屁很難不被懷疑動機。

誇獎完人馬上請對方幫忙，任何一種忙，都是一項大忌。你對人的恭維，應該被視為是在鋪哏，是在埋下伏筆，而任何伏筆都需要一段時間的發酵。另外也不要頭一兩回見面就猛誇對方。最好能先以一點點高冷開場，讓你有時間與對方的關係增溫，然後相隔數日要是真的喜歡對方這個人，再針對對方的弱點來予以肯定，藉此來融化他們的抗拒。辦得到的話，透過第三方來傳遞你的誇獎，讓對方就像是在偶然間聽到自己被褒揚一樣。稱讚人的用語切記勿太過火或太絕對。

要把讚美做到渾然天成，看不出整過型，有個不錯的辦法是在當中混入些對他們作品的小小批判。這些批判不會大到觸發他們的不安全感，但又足以讓你的讚美刷一波真實感與存在感。你應該說「我喜歡你的劇本，只是我覺得第二幕要再修一下」，而不要說「你的新書比上一本進步超多」。**遇到人跑來問你對關係到他們的作品或性格或外貌有什麼看法，一定要謹慎回答，因為他們想聽的不是真相；他們要的是支持與溫暖，是不要與事實脫節太遠的好聽話**。你就當個好人，讓他們開心吧。

你要努力看起來誠懇一點。所以非到山窮水盡，不要誇你不真心覺得對方好的地方。因為不論怎麼說，非語言的線索都可以將你出賣，因為邊說好話但一邊身體太僵硬、笑容太詭異、眼神太飄移，都會讓人對你產生質疑。盡可能讓你的正面表述發自內心，這樣對方才不會覺得你演得太用力。別忘了確認你的目標要自視甚高。若對方是自信低落的那種人，那你的讚美就會與他們的自我評價格格不入，不論講的人或聽的人都會感覺心虛。反之，若對方確定是眼睛長在頭頂上的人，那你的肯定就會只是剛好而已。

五、善加利用人的抗拒與固執

有些人天生對影響力有較強的抗體。他們通常是不安全感最深，自我評價最低的一群。表現在外，這種人的態度會顯得叛逆。他們會覺得全世界都與自己為敵。為此他們必須不計代價地堅定立場，抗拒大大小小的各種改變。他們會別人說東他們偏要往西，到處拿問題或症狀去問人的建議，但問完又會找千百種藉口去推說這些建議不合他們所用。

與這種人交手，上策是與他們進行一場心靈的柔道比賽。柔道中人不與對手硬碰硬，不來你打我我打你那一套，而是會鼓勵對方攻擊（此例中的抗拒與叛逆），藉此來讓對方自己失去平衡。以下是我們可以在日常生活中實行的策略。

善用對方的情緒。在《與改變共舞：問題如何形成？如何突破和有效解決？》（*Change*）一書裡，身為治療師的保羅・瓦茲拉維克（Paul Watzlawick）、約翰・H・維克蘭（John H. Weakland）與李察・費許（Richard Fisch）等三位作者討論了一名叛逆青少年的案例。這名少年因為販毒遭逮而被校長要求不准來上學。他還是得做功課，但人不能在校園裡現身。不能上學，對這名少年毒販的生意是很大的打擊，復仇的意念在他內心熊熊燃起。

少年的母親諮詢了治療師，治療師請她做下面這些事：向兒子解釋校長認為只有親自上學的學生才有機會成功，所以校長不讓兒子上學，心裡盤算的就是要讓他沒機會成功。換句話說要是他在家自學的表現比上學還好，那就是打臉了校長，校長會顏面無光。為此媽媽建議兒子這學期就順著校長的意思，別太努力，校長說不定一開心就讓他回去。當然，媽媽這麼說是在反串，是抓住兒子想復仇的心理在欲擒故縱。少年這下子變得一心想讓校長下不了台，於是他卯起來開始念書，而這從一開始就是治療師打的主意。本質上，其用意**不是要與目標對象的強烈情緒硬碰硬，而是要四兩撥千斤地導引他們的動能，讓這股動能為我們所用。**

順著他們的話講。治療師米爾頓・艾瑞克森（見第三章〈看穿他人的面具〉）這麼形容他治療過的一個案例：一名人夫來找他諮詢，但其實他似乎已經相當篤定自己要怎麼做了。他跟他的太太出身宗教信仰非常虔誠的家庭，兩人結合主要是在討父母親歡心。這對夫妻本身也信教信得很深，但兩人婚後的蜜月卻是災難一場。他們性事極為不合，兩人之間也沒有戀愛的感覺。老公認為這不是誰的錯，所以「和平離婚」是最好的結果。艾瑞克森第一時間就同意了他的看法，並建議了他可以如何推動和平離婚。他指示老公去訂飯店，為的是在離婚前和平地共度最後一夜，和平地共飲最後一瓶香檳，和平地最後一次擁抱相吻，乃至於和平地最後一次做許多事情。這些指示，幾乎確定了老婆會被老公勾引，而不出艾瑞克森所料，老公照辦了他的計畫。結果這對夫妻共度了一晚良宵，離婚之事也就不了了之了。

艾瑞克森的直覺是老公並不是真心想離婚，他判斷兩人之所以相處尷尬，是因為宗教背景不同。他們都很擔心自己的情慾會顯露出來，但又抗拒做出任何改變。艾瑞克森順著老公的話講，也不去阻止他的離婚計畫。他只是發揮創意把老公的動能導向一個非常不一樣的地方。**順著別人的話講，會讓你的訊息產生一種催眠的力量。你說的話跟他們說的一模一樣，叫他們怎麼能不聽？**

善用他們的固執。當鋪少東跑去找十八世紀禪修大師白隱慧鶴（Hakuin），[1] 丟出了一個這樣的問題：他希望他父親能夠信佛教，但他父親總是拿記帳來裝忙，連念一會兒經或禱念一下的時間都堅稱沒有。白隱大師認識這名當鋪老闆，他知道他是個守財奴，喊忙只是他不想信教的藉口，畢竟他覺得信仰很浪費時間。白隱建議少年去跟父親說禪師想跟他做一筆生意。他要少年請父親天天禱念與誦經，然後由禪師來收購這些念誦，但這就只是一筆交易而已。

有錢可以賺，當鋪老闆當然非常開心。他一方面可以堵上兒子的嘴，一方面還有錢可拿，一舉兩得何樂而不為。就此他開始天天念經，然後把念經明細跟帳單拿給禪師，而禪師也很守信地付了錢給他。但到了第七天，原本都會來送帳單的當鋪老闆放了禪師鴿子，好像是因為他念經念到忘我而忘了要數自己念了多少句。又過了幾天，老闆向白隱禪師承認自己已經愛上誦念，誦念讓他快樂很多，所以他不需要再跟禪師

[1] 1685-1768，俗名長澤 岩次郎，生於日本，江戶時期臨濟宗著名禪師，開創白隱禪一派。19 世紀，明治天皇追封為正宗國師。

收錢了。反過來，老闆還開始捐了不少錢給白隱的禪寺。

人會抵死不從地抗拒某樣東西，害怕改變與不確定性常是主因。他們一定得各種條件都按他們的要求，才會覺得自己對局面有所掌控。要是你呆呆地提出各種建議要他們改變，那就正好落入他們的陷阱。你這麼做，只會讓他們有很多的著力點可以合理化自己的固執。原本就剛愎自用的他們會更加堅定。遇到這種人，你犯不著去跟他們死纏爛打，你**應該善用他們固執的點去催化小改，然後讓小改成為大改的契機**。讓他們有機會自行去測試新鮮事物合不合胃口（就像此例中的佛經與誦念），再由他們自行去決定要不要更進一步，你身為柔道大師只要把環境創造出來就好。

記得一件事：人大都不喜歡做別人叫他們做的事情，因為人都喜歡按自己而非他人的意志行事。所以若你熱切地同意他們的叛逆，叫他們繼續做他們在做的事情，那他們反而會覺得我才不要聽你的建議咧。由此他們可能會再叛逆一回，故意跟你唱反調來彰顯自己的意志，然後正中你的下懷，這便是「逆向心理學」的精髓所在。

有彈性的心靈——各種自我檢討

別人出於本能的固執而抗拒你的好意，或許會讓你覺得有挫折感，但你可能沒有意會到的是自己也有一樣的毛病：你也會出於牛脾氣而限制了自己的創意。

從小我們的腦袋瓜其實是很有彈性的。我們學習新事物的速度會比大人快上很多。我們可以將這種「超能力」歸因於一種自覺無能或弱勢的感受。感覺自己比起大人什麼都不會，我們會產生想好好學習的動機。我們會發自內心產生好奇心與求知慾。我們會虛心以待雙親、同儕與師長的影響力。

進入青少年期，我們不少人都會有受到某本書或作家影響很深的體驗。我們會被書中新鮮的主意迷住，因為我們對影響力懷抱開放的心胸，因此這些早年與嶄新想法的邂逅，會深深滲入我們的心靈，成為我們自身思考方式的一部分，進而影響我們數十年之久。這一類的影響，會充實我們的心靈地景。事實上我們的智識與智力，也確實在很大程度上取決於我們從年長者與有智慧者身上汲取教訓與創意的能力。

一如人體會隨著年齡增長而失去彈性，人的心靈也會在老化的過程中變硬。而相對於弱勢的感覺會賦予我們動力去學習，變強的優越感會在不知不覺中入侵我們，讓我們把新點子跟影響力拒於門外。有些人會主張我們活在現代世界裡，警覺心本來就應該要高一些，不好隨便相信人，**但比起被詐騙，更大的危險其實來自於心靈的封鎖**。人愈年長，就愈是這種危險的高風險群，同時這也是一種廣見於現代人類文化中的現象。

首先讓我們來定義一下何謂理想的心靈狀態，**那是一種未成年的彈性與已成年的理性可以並存的狀態**。這種兼具彈性與理性的心智，不會輕易對外來的影響力說不。而就像你得善用策略去融化他人的抗拒，你自己的心靈也需要同樣的軟化處理，以免你的思緒經久變硬。

要達到這樣的理想境地，我們首先必須採納蘇格拉底哲學中的金科玉律。蘇格拉底早年有位崇拜者是個名叫凱勒豐（Chaerephon）的年輕人。凱勒豐因為雅典人愈來愈不如他一般尊崇蘇格拉底而深感挫敗，於是他走訪祭祀太陽神阿波羅的德爾菲神廟（Oracle of Delphi）去問了一個問題：「放眼雅典，還有人比蘇格拉底更具智慧嗎？」先知回答沒有。

凱勒豐覺得先知果然識貨，便興高彩烈地衝去把這好消息告訴他的恩師。但生性謙遜的蘇格拉底並不開心聽到這個消息，於是他決心要證明先知這麼說是錯的。他去拜訪了許多人，從政壇、藝術界、商場上，每一位都是在各自的領域中有頭有臉的人物，然後問了他們許多問題。如果是回答本業的問題，他們每個人都講得頭頭是道，聰明得不得了，但問題一旦牽扯到他們很明顯一無所知的主題，他們雖然還是會長篇大論，但所說內容都是陳腔濫調，顯見不是深思熟慮過後的心得。

最後，蘇格拉底只得承認先知是對的——他確實是比其他人都有智慧，理由是只有他一人認知到自身的無知。一次又一次，他再三確認了自身的想法，看到了自己的不足之處與卡在內心幼稚的情緒。他活在世間的座右銘是「未經審視的人生不值得活」。蘇格拉底的魅力所在，包括他之所以會在年輕人之間所向披靡，就在於他有一顆高度開放的心靈。本質上，蘇格拉底占據了有如無知小兒般弱勢而無助的立場，永遠有問不完的問題。

你可以這麼想：我們會嘲笑十七世紀的祖先有各種迷信而不理性的想法，那二十五世紀的人又會如何嘲笑我們呢？科技雖然日新月異，但我們對世界的了解是有限的，我們的很多想法都受到上一代人所灌輸的偏見制約，受到文化的制約，也受到所屬歷史時期的制約。另外，人類心靈的日漸僵化，也讓我們的想法受到進一步的限縮。**對我們所知抱持多一分的謙遜，將有助於我們多一分好奇心，也會讓我們對各式各樣的想法抱持多一分的興趣。**

關於你所抱持的觀念與意見，你應該視其為自己手中的玩具或積木。有些你可以保留，有些將被你推倒，不變的是你得在精神上維持著彈性與一顆赤子之心。

更進一步，你可以採用由尼采所宣揚的一種策略：「某人若真正想了解一樣新事物（不論是一個人、一件事或一本書），他就應該擠出所有的愛去欣賞這樣事物，遇到當中有讓他覺得看不順眼的、討厭的、虛假的元素，他都應該盡速將目光轉開，甚至該將這些元素從內心放逐：唯有如此，他才能讓一本書的作者有最長的時間慢慢開場，然後就像在看一場賽跑一樣，一顆心蹦蹦蹦地渴望著能見證作者抵達終點。只有通過這種流程，人才能滲透到該新事物的核心，才能直搗這新事物的動能來源：這才是真正所謂的『了解一件事物』。要是能做到這種地步，那理性在事後也能低頭；這樣地無條件高估一件事物，這樣地把批判的鐘擺暫時停住，才是唯一能把事物靈魂給勾出來的技術。」

即便在與你想法相衝突的書面文字裡，也常常會有聽起來很有道理的東西，而這東西就代表著「事物的靈魂」。對這東西的影響力敞開心靈，是你應該要養成的習性，因為這能強化你理解事物的能力，讓你更有能力去正確地批判這些事物。但有的時候，這顆靈魂也會主動觸動你，對你產生影響力，讓你的心靈在過程中變得充實。

三不五時，我們應該放下自己內心最深處的規則與自我限制。偉大的十四世紀禪師拔對得勝（Bassui）在他禪寺的門上張貼了三十三條門下僧人必須遵守，否則就會被逐出寺門的戒律。不少這些戒律都與酒水有關，畢竟飲酒是修道者嚴禁的大忌。一晚，為了給那些把戒律字句當成金科玉律的僧人一點刺激，他故意喝得醉醺醺地跑來講經，事後他既沒有道歉，也沒有重來一遍。但他想要傳達的教訓很明顯：這些規則只是一個大方向，我們必需時不時打破它們來展現我們的自由意志。

最後一點，談到你對自身的評價，試著拉出一點彷彿事不關己的距離。讓自己像靈魂出竅一樣看到自己的存在，看到自我評價在你內心是如何在運行。面對現實，認清你不如自己想像般或希望地自由與自主。你確實會讓自己去配合所屬團體的意思，你確實會被洗腦而去買某些產品，你確實是可以被操弄的個體。不要自欺欺人，你並沒有你自我評價中的那麼理想，那麼美好。就跟芸芸眾生一樣，你也非常自我中心，也非常自私自利。有了這點認知，你就不會老覺得自己需要外人的肯定，相對於此，你會開始把力氣花在讓自己真正獨立上，你會開始關心旁人的福祉，你會就此放下自我感覺良好的幻象。

> 影響力的存在，內含著一種令人無法自拔的魅力。沒有其他活動可以與之比擬。將自身的靈魂投射成一款優雅的型態，然後令之暫停亮相；聽得自身聰慧的觀點像回音一樣反射回來，當中還錦上添花地加入了各種熱情與青春的樂音；在這個追求肉欲快感，眾人目標一致到如此不堪的時代裡，這或許是僅有最令人滿足的喜悅了。
>
> ——王爾德 (Oscar Wilde)，《葛雷的畫像》(*The Picture of Dorian Gray*)

〈第八章〉

改變你的心境，改變你的處境

自我破壞的法則

我們每個人都有獨特的世界觀、價值觀，我們會以不同的方式去解讀周邊的事件與人類的行為。這代表我們的態度，也決定了我們人生大抵的境遇。若我們的態度在本質上是驚懼，那我們就會在各種情境下抱持悲觀的態度。我們會阻止自己冒險，我們會拿別人犯的錯去責怪他們而不去從中學習。若心生敵意或懷疑，我們會讓人感受到我們身上有這種情緒。我們會一手創造出自己最恐懼的情境，進而在職場或關係上自毀前程。所幸人類的這種態度，是具有可塑性的。藉由讓自身的態度更正向、更開放、更包容，我們將可以點燃一種前所未見的能量——我們將能從逆境中學習，將能無中生有地創造出機會，能將人吸引到我們的身邊。我們必須去探索自身意志力的極限，看看這股意念能把我們帶得多遠。

終極的自由

還是個孩子的安東．契訶夫這位未來的大文豪，就得每天早上與一種恐怖的感覺面對面：父親今天會狠打他一頓，還是會放他一馬呢？他的父親帕維爾．葉戈洛維奇（Pavel Yegorovich）會毫無前兆甚至毫無原因地拿手杖或鞭子，狠狠打在契訶夫的手臂上。令人加倍不解的，父親打他並非出於任何顯而易見的惡意或怒氣。他告訴安東說自己打他是因為愛他。小孩要被打是上帝的旨意，是上帝要藉此灌輸孩子們謙遜之心。父親說他自己也是被打大的，現在不也是好好的？被父親打完，年輕的安東會親吻父親的手，請求他的原諒。唯一的安慰是他不是一個人被打，他的四個兄弟與一名姊妹也都接受了同樣的待遇。

但契訶夫恐懼的事情不單單是被打。時間來到午後，他會聽得父親接近的腳步聲從自家簡陋的木屋外傳來，然後他就會為此瑟瑟發抖。多半他這個時候回來，只是要安東去他開在塔甘羅格（Taganrog）這個俄羅斯偏僻鎮上的雜貨店裡接班，塔甘羅格也正是他們全家居住的故鄉。一整年大多數的時候，雜貨店裡都冷得不像話。在櫃檯顧店時，安東會試著寫點作業，但沒一會兒他的手指就凍到毫無知覺，事實上，連他用來蘸的墨水都會凍僵。在那亂七八糟，聞起來像哪裡有肉臭掉的店裡面，小安東得忍受在附近工作的烏克蘭小農口中不堪入耳的黃色笑話，得看著鎮上來買伏特加的猥褻酒鬼種種行為不檢。在這樣的牛鬼蛇神環伺下中，他還得確保每一塊錢盧布都沒被短少，否則少不了會挨父親一頓毒打。但那也要他父親醒著，很多時候他都會被一個人晾在雜貨店裡，也不知他的父親在何處喝得醉醺醺。

他的母親會試著干預，但溫柔婉約的她無法與丈夫抗衡。她會說孩子還太小不適合工作，她會說孩子需要時間念書，而且在寒風刺骨的店裡坐著會損害他的健康，但父親會回嗆說安東這孩子生性懶惰，只有工作能讓他學會當一個負責任的大人。

他父親的魔掌可以說無所不在，讓安東找不到一點空檔喘息。來到主日，這是雜貨店唯一不開門作生意的一天，父親會在清晨四五點就叫醒孩子，讓他們練唱詩歌，因為他是唱詩班的指揮。等望完彌撒回來他還得自行排演所有的儀典，然後再回頭出席午間的彌撒。等到午間的彌撒也告一段落，孩子們早就都疲累到無力玩耍。

偶爾真的可以自己安排時間時，安東會去鎮上亂逛。塔甘羅格是個很不適合成長的地方。幾乎家家戶戶的門面都殘破不堪，就好像一整排搖搖欲墜的古蹟似的。馬路都沒有鋪面，雪一融化到處是泥濘，巨大的坑洞可以讓小孩掉進去只看得到頭。街上沒有紅綠燈，監獄犯人會被叫去抓野狗，然後再將牠們活活打死。唯一能讓人耳根子清靜一下，又算得上安全不受打擾的地方，只剩下郊外的墳場，那也正是安東常去造訪的地方。

在出來晃的時候，安東會胡思亂想起自己跟這個世界。他真的有下賤到得這樣每天被爸爸打嗎？或許吧。但他父親也是個很矛盾的人——他懶散、酗酒、做生意不老實，但信神又信得充滿熱忱。事實上不只他父親，而是整個塔甘羅格的居民都一樣莫名其妙而偽善的不得了。安東會在墓地觀察村民，他發現村民會在男人葬禮上裝得一副虔誠的模樣，但隔一秒又會興高采烈地竊竊私語，他們聊的是等一下要去寡婦家吃美味的蛋糕，就好像他們是為了這一點才來參加葬禮似的。

安東面對生活中不曾稍歇的痛苦與枯燥，一笑置之的能力成了他唯一的依靠。他成了在家中耍寶的開心果，這包括他會模仿塔甘羅格鎮上形形色色的人物，並且拿他們的私生活編起劇本。有時候他的幽默感會變質而摻雜暴力。他會作弄鄰居孩子到殘酷的程度，他會在被母親遣去市場買東西的時候虐待他放在袋子裡要帶回家，活生生的雞鴨。他開始搗蛋，開始真的變懶。然而，在一八七五年，契訶夫一家發生了劇變。安東的兩個哥哥亞歷山大與尼可萊受夠了他們的父親，於是決定一起搬去莫斯科，亞歷山大會在那兒念大學，而尼可萊則想成為藝術家。這種大逆不道的行為激怒了父親，但他也擋不住兩個兒子。就在大約同一個時間，帕維爾・葉戈洛維奇終於得面對自家雜貨店經營不善的問題。他多年下來累積了不少債務，現在人家都找上了門來。面對破產的命運且幾乎確定會因為欠債不還而被關進監獄，他連太太也瞞著就連夜潛逃出鎮上，跑到了莫斯科，打算去找兩個兒子收留他。

安東的母親因此被迫得變賣家中的財產來還債。一名借宿的房客在此時跳出來說要幫他們跟債權人打官司，沒想到這人包藏禍心，運用了他與法院的關係把契訶夫家的房子也給騙去。這下子幾乎身無分文又無處棲身的母親只得前往莫斯科投奔孩子，只留下安東在家鄉完成學業好取得文憑。母親交代他把僅餘能賣的東西變賣，然後盡快把錢寄到莫斯科。搖身一變成為屋主的那位房客，給了安東房間的一隅睡覺，但也就如此而已了。就這樣年僅十六歲的少年安東，只能在沒錢花也沒家人照料的狀況下，一個人想辦法在塔甘羅格活下去。

在這之前，安東從沒有真正一個人生活過。好壞姑且不說，但他的家庭是他生活的全部沒錯。現在的感覺是生活沒了個底，身邊能幫他的人連一個都沒有。他把自己會如此命運多舛地被困在塔甘羅格，歸咎於自己的父親。他會前一日感覺到忿忿不平，後一天滿心抑鬱。但沒多久他就意會到自己沒有時間傷心，沒錢也沒資源的他必須要想辦法活下去，為此他盡可能以家教的身分把自己推薦給每個有需要的家庭。家教的家庭若是出門去度假，他就得捱餓好幾天。他僅有的一件夾克綻了線，遇上下大雨也沒有雨鞋，由此進別人家總讓他自慚形穢，因為他不但冷到渾身發抖而且腳上都是水，但家教的收入起碼讓他不致斷炊。

他決心成為一名醫師，這一方面是因為他覺得自己的性向偏向理科，一方面是看上醫生的優渥所得。為了進醫學院，他必然得加倍用功。為此他老往鎮上的圖書館跑，因為那兒是他唯一能安靜讀書的地方。利用待在圖書館的時間，他也順便瀏覽起文學與哲學的部分，由此他很快就發現自己的心靈飛上了天，超越了塔甘羅格的範圍。因為有了書，他不再感覺那麼侷限，那麼困頓。一天來到晚間，他會回到自己的房間角落寫作跟睡覺。他沒有隱私或祕密，但他可以把自己的角落弄得乾淨整齊，讓那成為不受契訶夫家庭厄運侵襲的一隅。

慢慢地他終於安頓了下來，新的想法與情緒開始萌生。工作與學習不再是他害怕的事情；他喜歡念書，喜歡吸收新知，家教則讓他獲得驕傲與尊嚴——有錢代表他可以自立，可以照顧好自己。寄來的家書裡，哥哥亞歷山大碎念父親又讓全家烏煙瘴氣；小弟米凱爾則覺得自己樣樣都無能為力而很不開心。為此安東給亞歷山大回信說：不要再滿腦子都是父親了，開始為自己打算打算吧。他給米凱爾的回信則說：「為什麼你要對我自稱是『沒用又不重要的小弟呢』？你知道自己應該在什麼地方覺得自己沒用嗎？或許在上帝面前吧……但在人的面前絕對不要。在人群中你應該要體認到自己的價值。」寫完了信，連安東都驚訝於自己能拿出這樣正面的口氣。

接著有一天，事隔他被一個人丟下好幾個月後，他在塔甘羅格街上晃著晃著，突然感覺內心湧出對雙親的同理心與熊熊愛意。這是怎麼回事？他從來沒有過這樣的感覺。在這爆發瞬間之前的幾天他曾長時間深思過父親的問題。他真的家裡各種問題的罪魁禍首嗎？帕維爾的父親，葉戈爾·米凱爾洛維奇（Yegor Mikhailovich）生為一名農奴，一名打契約替人耕作的奴隸。事實上，契訶夫一家好幾代都是農奴。終於有能力給全家贖身的葉戈爾，讓三個兒子各司其職，安東的父親帕維爾負責當家裡的商人，但帕維爾對此應付不來。他生來是藝術家的秉性，原本有機會成為一名出色的畫家或樂師。由此帕維爾對自身的命運感到不滿——他不想當雜貨店老闆跟六個小孩的父親。他的父親打過他，所以他也跟著打自己的小孩。雖然不再是個農奴，但帕維爾還是得低頭親吻每名地方官員與地主的手。他內心依舊是名農奴。

安東看得出自己跟手足正陷入相同的模式——憤世嫉俗、私下覺得自己是渣、想要把怒氣發在別人身上。如今成功獨立的安東想要徹底體會自由的意義。他想要自由於過去，自由於父親。對此時漫步在塔甘羅格街上的他來講，這些嶄新而突然的情緒裡藏著他要的答案。理解他的父親，代表他可以接受父親，甚至用愛去面對父親。父親不再是個咄咄逼人的暴君，而是個無助的老人。只要拉開一點距離，他就能感覺到對父親的溫情，就能原諒被他弄痛的過去。他不再糾結於源於父親的各種負面情緒，也終於可以珍惜他的母親，不再覺得她的軟弱是一種過錯。在把來自童年心中的怨念與偏執排空之後，安東感覺就像內心一塊大石頭砰然墜地，整個輕鬆了許多。

他向自己立誓：再也不向人低頭鞠躬或道歉；再也不遷怒或埋怨；再也不虛擲人生或浪費時間。人生一切問題的答案不外乎努力與愛，或愛與努力。他得把這訊息分享給自己的家人，讓他們一起得救。他必須要把這訊息分享給全人類，比方說通過他的筆下的故事與劇作。

最終在一八七九年，安東搬到莫斯科去與家人團聚，並進入醫學院就讀。但他在莫斯科目睹的光景令他內心為之一沉。契訶夫一家跟幾名寄宿的人一起擠在廉價公寓地下室的單一房間裡，而且那公寓還坐落在紅燈區。那個房間通風很差，而且還沒有燈。不過真正最慘的，還得算是這群人委靡的精神。安東的母親因為地下室惡劣的環境與一天到晚為錢憂心而形容枯槁。安東父親的酒喝得比從前更兇，而且比起從前當個老闆，他現在變成只能打零工。尤其他打完零工回家仍然會打小孩，這習慣他到了莫斯科也沒改。

安東的弟妹覺得自己很廢，因為他們已經沒在上學（家裡供不起）。米凱爾尤其又比以往更加頹廢。亞歷山大找到了雜誌寫手的工作，但他仍覺得自己大材小用，開始借酒澆愁。他覺得自己會這樣都是父親害得，都是父親窮追不捨跑來莫斯科，他才會繼續這樣霉運纏身。藝術家性格的尼可萊每天都睡到很晚，幹正事有一搭沒一搭，而且長時間在酒館裡泡著。整個家庭正以驚人的速度向下沉淪，而他們所身處的社區更是讓事情雪上加霜。

事實上，契訶夫家的帕維爾與亞歷山大剛搬出上述的住處沒有多久。對此安東覺得他必須要與父親跟大哥反其道而行，他要搬進母親與其他手足的狗窩裡，扮演改變的引信。他並沒有對家人說教，而是對他們進行了身教。對他而言真正重要的，是把家人聚攏在一起，讓他們的精神振奮起來。面對已經不堪負荷的母親以及妹妹，他表示自己會挑起家務。而看到安東一會兒打掃，一會兒燙衣，他的兄弟們也終於同意「共襄盛舉」，一起把家弄乾淨。家計上他除了把醫學院獎學金的每一塊錢都打二十四個結，省吃儉用，還設法從父親與大哥那兒多要到了一點生活費。集合這些錢，他讓米凱爾、伊凡與瑪莉亞三位弟妹通通成功復學。他想辦法替父親找到了一個好一點的工作。接著用父親的部分薪水跟自己的積蓄，他終於順利讓全家搬進一間寬敞許多而且有點景觀的公寓裡。

他為了讓家人在各方面過得更好可謂不遺餘力。他讓兄弟姊妹讀他指定的書籍，會跟大家一起論辯科學與哲學問題的新發現到深夜。慢慢地，契訶夫家的手足之間有了更深層的連結，而安東則儼然以一家之主之姿成了家人口中的安東沙爸爸（安東沙是安東的筆名）。他早先看到的那些怨天尤人與自憐自艾的態度，幾乎都在家人身上消失了。他的兩個弟弟現在會興高采烈地聊起他們的未來。

不過說起安東最大的挑戰，還得算是大哥亞歷山大的改造，因為在安東的眼中，全家人裡最有才華跟天分的是亞歷山大，但內心糾結最嚴重的也是亞歷山大。有回亞歷山大喝得爛醉如泥回到家中，接著就開始辱罵母親與妹妹，還威脅要打爛安東的臉。家人對亞歷山大發酒瘋已經見怪不怪，但安東堅信此風不可長，於是隔天他跑去警告亞歷山大說不可以再對家人大小聲，否則他就要把亞歷山大鎖在門外，而且跟他斷絕兄弟關係。他要亞歷山大對媽媽跟妹妹放尊重一點，要他別再把自己花天酒地的責任往父親身上推。他要亞歷山大自重一點，儀容該注意要注意，其他方面也要自己照顧自己。他告訴亞歷山大這是新的家規。

亞歷山大立即道了歉，行為也終於開始改變，但這仍舊是一場需要安東投入全副耐心與愛意的長期抗戰，因為自我毀滅的傾向深植於契訶夫家族的基因中，如尼可萊就因為酗酒而英年早逝，亞歷山大要是不看緊一點也難保不會走上這條路。所幸假以時日，安東成功讓他脫離了對酒精的依賴，並幫助他展開了記者生涯。就這樣，亞歷山大慢慢進入了安適而愜意的生活軌道。

一八八四年，安東的身體出現狀況。他開始咳血，而這很顯然是肺結核的初期症狀。但安東固執地拒絕接受醫師同仁的診斷，他寧可把自己蒙在鼓裡，然後過一天是一天地繼續寫作，繼續行醫，以後的事以後再說。但隨著劇作與短篇小說讓他愈來愈出名，安東開始適應不良——文人相輕讓他成為嫉恨與批判的焦點。作家之間以不同的政治立場各立山頭，然後無止盡地相互攻訐，就連不想選邊站的安東也無法置身事外，而這也讓安東對文壇感受愈來愈疏離。他用心在塔甘羅格培養出的正能量，如今正一點一滴地在消散當中。他變得抑鬱，甚至連完全放棄寫作都被列為選項之一。

然後時間來到一八八九年底，安東想到一個辦法可以解放自己，讓自己走出日益深重的憂鬱。從還在塔甘羅格的時期開始，社會上最貧賤的一群就讓安東覺得非常有意思。他喜歡在筆下描繪小偷、郎中，藉此深入他們的內心世界。話說俄羅斯社會最低下的成員是犯人，他們的生活條件可以想見極為惡劣，而俄羅斯用來監禁人犯的地點中最惡名昭彰的一個，就是日本北邊的庫頁島。島上罪犯的流放地有五處，夯不啷噹有數十萬受刑人與家屬在那兒生活。你可以將之想像成一個陰影當中的國中之國。俄羅斯本土無一人知曉島上的狀況，而那兒或許就有他眼下問題的解答。他打算排除萬難跋涉穿過西伯利亞，去到庫頁島上。他打算在島上訪問吃過最多苦頭的犯人，然後鉅細靡遺地寫成一本書籍記錄。安東與文壇的矯揉造作拉開了最遠的距離，他打算去親炙再真實也沒有了的生活，然後在心中復甦他最初點燃在塔甘羅格的那支慈愛之火。

親朋好友都勸他別去。他的身體愈來愈虛弱，長途跋涉難保不會要了他的命。但身邊的人愈是反對，他反而愈確信自己唯有走這一遭方得自救。

於是經過三個月的旅行，安東終於在一八九〇年七月抵達了庫頁島，而他也第一時間就整個人浸淫在新世界的氛圍當中。他給自己的任務是盡可能採訪每一位犯人，包括窮凶惡極的殺人犯。他調查了諸多犯人生活的各個面向，他觀察了犯人被刑求折磨時最駭人的橋段，他尾隨人被鐵鏈鎖在推車上的犯人到礦坑裡上工。即便是服刑完畢的囚友，通常也得留在島上的勞改營內，所以庫頁島上不乏等著與丈夫在營中團圓的妻子，而這些女人與她們的女兒會為了生活賣淫。總之，島上的一切，都是為了踐踏人的精神面而存在，都是為了讓人的尊嚴蕩然無存而存在。這讓安東想起自己家裡的情形，只不過這裡的規模要大上非常多。

在他足跡能夠到達的範圍裡，這兒肯定是最底層的地獄，而這環境也讓安東感受到了深刻的影響力。他現在所渴望的是要回到莫斯科，寫下自己的見聞。他腦中對諸多世事孰輕孰重的比例尺，恢復了運作；他終於將自己從原本令他心情低落的瑣碎恩怨與煩惱中解放出來，找回了自我。現在的他終於可以跳脫執念，再度待人以寬。他所寫下的那本書《庫頁島》（暫譯，*Sakhalin Island*），引發了大眾的關注，也促成了島上獄政的大幅改革。

一八九七年，安東．契訶夫的健康再度亮起紅燈，而這回他咳血變得相當頻繁。他再也無法對世人隱藏自己的肺結核病情。主治醫師建議他放下所有工作裸退，然後永遠離開莫斯科。他需要休養。若是能住進療養院裡，或許他還可以多活個幾年。但這些話安東完全不予採納，他要活得好像自己完全沒病一樣。

此時，安東開始以契訶夫之名，成為了一股個人崇拜的中心，成員有年輕的藝術家後輩與欣賞他的粉絲，而這些人的簇擁也讓契訶夫一舉成為俄羅斯數一數二的知名作家。他們會成群地來拜訪安東，而雖然安東已經很明顯拖著病體，但他人還是盡可能擺出神采奕奕的氣場，讓每個來訪的人都非常驚艷。這種風采是哪裡來的？這是他與生俱來的氣質嗎？安東徹底沉浸在每位訪客人的故事與問題裡，沒人聽他提到任何一句生病的事情。

一九〇四年的冬季，隨著安東的病情更加惡化，他突然有股欲望想要去鄉間進行一場雪橇之旅。雪橇的鈴聲與冷冽的空氣一直是他的人生至樂，他無論如何想再體驗一遍。那種渴望讓他情緒昂揚，後果他一時間也顧不上了，但事實證明那代價非常高昂。幾個月後他便撒手人寰。

大師解讀

母親將他獨自一人留在塔甘羅格時，年輕的安東・契訶夫覺得自己困住了，就彷彿自己被扔進了監獄一樣。當時他除了念書以外還得拼命工作，隻身一人在這落後的鎮上孤立無援，棲身之所還只是被奪走的自家中陋室的一隅。對自身命運多舛與童年沒有得到滿足所懷抱的怨念，讓他在僅有的自由時間裡也感覺內心受到啃嚙。但隨著日子一週週過去，他注意到一件怪事——他其實還蠻喜歡自己的家教工作，即便待遇不怎麼樣，而且他還得為此在鎮上四處奔波。父親之前老是說他懶惰，而他也信以為真，但成為家教後的他有了不一樣的想法，主要是靠家教度日的每一天都代表著新的挑戰，他得四處去尋找案子，那天才不會餓肚子。他在求生這一點上做得很成功，他不再是需要被人用手杖或鞭子提醒的懶惰蟲。另外，學生的種種需要他處理的問題，也讓他得以跳脫自己的處境。

閱讀讓他的心思可以遠離塔甘羅格，並讓他一連數日都滿腦子迴盪著有趣的想法。這麼一來他感覺塔甘羅格也沒有那麼糟糕。每一家店鋪，每一棟住屋，這下子都充滿了各種極具特色的人物，讓他有源源不絕的故事題材可以發揮。而他僅有的那房間一隅，則成為了他的王國。他不再有被困住的感覺，反而覺得獲得了解放。在這些表象背後，是什麼東西真正改變了？很顯然他的環境沒有變，塔甘羅格沒有變，他房間一隅的大小也沒有變。**真正改變的，是他的態度，新的態度讓安東得以接受新的經驗與可能性**。而當他感受到這種態度改變的好處之後，他便想要更進一步，而這種自由感受所僅存的最大阻礙，就是安東的父親。不論怎麼試，他都甩不開源自父親的那種深沉怨恨，就好像被打的痛還隱隱感受得到，父親的尖銳批評也還在耳邊縈繞。

最後不得已，他決定試著把父親當成故事中的角色來分析。這麼做讓他想到他父親的父親，還有之前一代代的契訶夫家族。想到父親不羈的個性與狂放的想像力，安東便不難理解到他一定也曾覺得自己被環境所困，也可以理解他為什麼會借酒澆愁和在家裡像個暴君。他會這樣是因為他無助，是因為他也曾經被壓迫過。以這層理解作為基礎，他終於在某一天迸發出對雙親一種無條件的愛。有了這種嶄新的情緒在他體內作動，他終於能帶著聖光將怨憤跟怒火徹底擺脫。過往的負面情緒終於從他身上脫落。他的心靈終於徹底打開，而那種歡欣鼓舞的感覺讓他無法一個人獨享，他非得將之與手足共享，讓他們也享受到自由不可。

首次讓安東．契訶夫成功抵達這個境界的，是他年紀輕輕就被單獨拋下時所面臨的危機。而相隔十三年，他又再一次面臨到類似的危機，此時他是因為文壇其他作家的雞腸鳥肚而覺得抑鬱。對此他的解決之道是複製他在故鄉塔甘羅格的遭遇，只不過作法上稍加顛倒——這次他決定主動拋棄其他人，迫使自己變得孤單且脆弱，由此他將能第二次體驗塔甘羅格時期的自由與同理。肺結核提前為他宣判的死刑，是他的第三次，也是最後一次危機。為了放下對死亡的恐懼，還有對生命被迫提前劃上句點的恨意，他決定不改其志地去繼續過他想過的日子。這最終的自由與光輝，讓幾乎每一位見過他最後一面的人都牢記心底。

你的人性課題

安東．契訶夫的故事，其實是我們每個人的人生典範。我們每個人都會帶著兒時的創傷在身上。在長大之後的社交生活裡，我們會累積失望，會累積被貶低的經歷。我們也經常會覺得自己是個廢渣，會覺得自己沒資格擁有生命中美好的一切。我們都會有強烈懷疑過自己的瞬間。而這些情緒會導致執念接管我們的心靈，讓我們把體驗人生的規模加以縮減，藉此來控管我們的焦慮與失落感。這些情緒會讓我們轉頭向酒精或各種惡習來尋求慰藉，我們會想藉此麻木自己的痛楚。在不知不覺中，我們會開始採取一種負面而膽怯的人生觀。這會變成我們自我宣判的牢籠。但其實我們不用走到這一步。契訶夫所體驗到的自由來自一種選擇、一種嶄新的世界觀、一種態度的轉換。這是一條我們每個人都可以選擇的道路。

這種自由在本質上源自寬大容人的靈魂——放過別人，也放過自己。在接受別人本來的模樣，在理解他們甚而愛護他們身而為人的本色之際，我們將可以解放自己的心靈，讓自己不再糾結於執著與繁瑣的情緒當中。我們將不會再對別人的一句話或一個動作隨便起反應。我們將可以拉出一段縱深，讓自己不會再輕易覺得每件事都是針對自己。我們的心靈將可以騰出空間來，供等而上之的追求來運用。寬以待人，人就會為我們所吸引，就會想回應我們的心意。容得下別人，我們就不會再覺得需要去卑躬屈膝地巴結別人，去玩假裝謙虛的遊戲，但其實內心憤恨不平於自己的懷才不遇。能透過自身的努力得到自己想要的東西，不倚靠別人，我們就能抬頭挺胸，頂天立地，就能實現自我。負面情緒的循環將嘎然而止，不再繼續複製。而一旦感受到這種新態度的振奮能量，我們就會本能地想要令之發揮出最大的效果。

離開塔甘羅格的多年之後，契訶夫曾在一封給友人的信中以第三人稱指涉自己，然後概述了他在故鄉的體驗：「他寫的是這名年輕人如何一滴滴把自己體內的奴隸擠乾淨，乃至於這年輕人如何在某個美麗的早晨一醒來，就發現川流在自己血管中的血液已經不再屬於一名奴隸，那血屬於一個真正的人。」

> 我這一代人最偉大的發現，便是人類可以調整自己心態的在前，改變自己的人生在後。
>
> ——威廉．詹姆斯（William James）[1]

---

[1] 1842-1910，美國哲學家、心理學家。十九世紀頂尖思想家，被譽為「美國心理學之父」。

人性的關鍵

我們身而為人，總以為自己對世界有客觀的認識。我們會想當然耳地認為自己每天感受到的都是現實，而每個人認知到的真實也都大同小異。但這其實是一種幻象。任何兩個人，都不可能看到或體驗到完全相同的世界。我們所感知到的，只是我們個人的現實，那是一種我們的個人創作。**接受不同人有不同的現實，我們才能在理解人性的路上跨出重要的一步。**

想像一下這樣的場景：有一名年輕的美國男生得在巴黎念一年書。他生性略顯羞澀而謹慎，有憂鬱的傾向，而且自尊偏低，但即便如此，他依舊真心對有這次的機會感到興奮。到了巴黎，他發現法文沒有那麼容易學，而且他犯的錯誤和巴黎人若有似無的嘲弄，都讓他的學習之路更加困難重重。他發現當地人對他一點都不友善。天氣又潮濕又陰暗，外加食物口味太重他吃不習慣。甚至連盛名在外的聖母院都有點不如他的期望，因為觀光客根本已經包圍了那個地方。當然他也不是時時刻刻都這麼不開心，但整體來講，他確實是在巴黎感受到疏離與不悅。於是乎他的結論是：巴黎真的是見面不如聞名，這裡根本不是個宜人之地。

現在再想像一下同一個場景，但主角換成比較外向而喜愛冒險的年輕女性。她不在意自己法文說得零零落落，也不會因為被巴黎人酸個兩句就顯得意興闌珊。她很享受學習法文過程中的挑戰，而旁人則覺得她的好個性會把人吸過來。交朋友於她不難，而朋友一多，她的法文進步也開始變快。她覺得這裡的天氣十分浪漫，跟巴黎的這座城市的氣質非常合拍。對她而言，巴黎代表著無盡的冒險，讓她欲罷不能。

在此例中，男女評判的是同一座城市，但兩人看事情的角度正好南轅北轍。作為客觀的現實，巴黎的天氣並沒有真正的正面或負面之別。雲朵只是剛好飄過。巴黎人的友善或不友善也是主觀判斷，這要看你遇到的是誰，也要看你母國或故鄉的同胞好不好客，這樣才能做出比較。聖母院只是石材與雕刻的集合體。這個世紀只是按其本來的模樣存在著

——事物本身沒有好與壞、對跟錯，美或醜。是我們人按著特定的主觀角度，在為人事物增顏減色。有人看到的是瑰麗的哥德式建築線條，有人看到的是觀光客的喧鬧。是我們帶著我們焦慮或開放的心境，決定了別人給我們友善或不友善的回應。**我們感知到的現實，大部分都是自己形塑出來的，也是我們的心態與情緒所指定出來的。**

大師解讀

我們每一個人都會穿過不同的透鏡看到這個世界，所以會感知到不同的顏色與形狀。這些透鏡，就是我們的態度。瑞士心理學者卡爾・容格（Carl Gustav Jung）[2]如此定義態度：「態度是心理上準備好要以特定方式行動或反應的狀態……擁有一種態度，相當於準備好了要接受某種確切的事物，即便這事物本身並無意識；因為擁有一種態度，就等於對特定事物抱持一種先驗的傾向。」

對此我們可以做如下的理解：在一整天的日常中，我們的心靈會對數千次環境刺激產生反應。肇因於大腦的迴路與我們的心理組成，特定的刺激，比方天空中的雲、擁擠的人潮等，會導致我們爆發出較強的反應。而腦部與心理的反應愈強，就愈能引發我們的關注。同樣的刺激有些人視若無睹，我們卻可能對其敏感至極。若我們在無意識中有悲傷的傾向，不論出於什麼原因，那我們就會比別人更可能接收到會促成悲傷感受的訊號。若生性多疑，那我們就很容易主觀認為別人的神情有異，並將其朝負面放大解讀。這就是容格所謂的「心理上準備好要以特定方式反應」的意思。

我們不會感覺到這種過程正在發生。我們只會在自己敏感完，大腦「開完槍」之後，感受到這些反應的後效；這些效果累積起來，就會形

[2] 1875-1961，瑞士心理學家、精神科醫師，為分析心理學的創始者。

成一種整體的心情狀態或情緒背景，然後我們會給這些心情起名字叫憂鬱、叫敵意、叫不安、叫熱忱、叫冒險精神。人可以體驗到各式各樣不同的情緒，但整體而言，我們可以說自己會用某種特定的方式在看待、詮釋這個世界，而這種世界觀會取決於某一種或某一組情緒，比方說敵意或恨意，而這一種或一組情緒，就是我們的態度。態度上主要顯露出憂鬱的個人，也一樣會有開心雀躍的時刻，但這改變不了他們最傾向於體驗到悲傷的事實；他們在日常生活的遭遇中，期待的也是會持續感受到悲傷。

容格對於這樣的現象，有如下的描述：想像在爬山的時候，一行人來到一條不跨過去，行程就無法繼續的溪邊。其中有一個人想都沒想就三步併兩步跳了過去，即便過程中得踩踏一兩顆石頭，這人也一點兒都不擔心會掉進河裡，因為他只是單純喜歡跳躍的快感。另外一個人也很興奮，但這個女生的興奮與運動的快感無關，她有感的是溪澗代表的心理挑戰。她會快速心算出過河最有效率的辦法，然後從解決問題的過程中獲得滿足。第三名個性謹慎的登山客，會花更多時間去想這件事情。他對過河一事沒有好感，事實上他對這樣障礙物非常不爽，但即便如此他還是想要繼續登山之行，所以他會盡最大的努力去安全通關。第四個人會二話不說掉頭就走。她看不出自己有什麼非涉險不可的理由，並且會拿自己已經走夠了的想法來合理化內心的恐懼。

沒有人會純然只看到或聽到水流撞擊岩石的聲音或光景。我們的心靈不會只看到客觀的人事物，我們每個人面對同一條溪流，都會看到不一樣的東西，產生不一樣的反應，而造成這些差別的就是我們的態度，端視你內心懷抱的是冒險、是膽怯，還是其他不同的感覺。

我們帶著度過一生的態度，有好幾處來源：首先，**我們來到這世上時就會帶著特定的基因傾向——我們會天生傾向於存有敵意、會貪心、會同理、會對人關心**。我們不難注意到這些個別差異，就像從契訶夫家的小孩子身上，我們會發現他們對父親相同的體罰有不同的回應。從很小的年紀，安東就顯示出一種早熟世故的態度，亦即他會笑看世界，好像自己是無關的第三者似地。但這種態度讓他比較能在獨立後去重新評價自己的父親。契訶夫家其他的孩子就欠缺這樣的能力去拉開自己與問題的距離，所以也比較容易陷在父親的暴力中走不出去。這似乎代表著安東腦部接線與其他人不同。契訶夫家有些孩子就是天生比較貪心，他們從小就會表現出特別需要人關心。他們會更看到自己沒有的東西，別人沒有給予他們的東西。

第二，我們早年的人生經驗與「依附基模」（見第四章〈判讀人格強度〉）在態度的塑造上扮演要角。我們會把母親與父親角色的聲音內化到心裡。若他們非常威權而主觀，我們就會傾向於嚴以律己，並對看到的每件事情都想要批評。同樣重要的還有我們長大之後在家庭以外獲得的經驗。愛一個人或崇拜一個人，我們會傾向於把一部分的他們內化成自己，由他們來形塑我們正面的世界觀。這人可以是我們的老師、啟蒙者，或是同儕。負面經驗與心理創傷會限縮我們——任何可能讓我們再一次歷經這些不愉快的事情，都會被我們拒於門外。我們的態度，會持續受到各種體驗的塑造，但我們最早期的態度還是會留下殘跡。不論在人生的路上走了多遠，契訶夫都還是能感受到早年那種抑鬱與自我厭惡。

關於態度，我們要了解的不只是它們會讓我們的感知產生不同的色彩，我們還得知道態度也是決定我們人生境遇的重要因子。**我們的生理健康、人際關係、事業成功與否，都取決於態度；我們的態度，就是一股自我實現的預言與動能。**

再回到剛剛那位到巴黎的年輕男生。因為感覺到有點緊張與欠缺安全感，年輕人開始對自己在語言上犯的錯誤產生自我防衛的心態，他的法文學習之路因此變得益發困難，而語言學不好，交朋友的難度也一併升高。朋友交不到，他在巴黎就顯得更加孤家寡人。隨著憂鬱讓他的精神愈來愈委靡，一種惡性循環開始不斷輪迴。他的玻璃心讓人更不敢與他接近。我們對別人的看法，往往會產生同性質的反作用力。我們對別人存著敵意與批評，別人就會受「啟發」而也對我們懷抱著敵意與批評。同樣地我們的防衛心，也會誘發別人對我們的防衛心。巴黎年輕人的態度，像一把大鎖把他鎖進了負能量的監獄裡。

相對於此，年輕女子的態度就推倒了正能量的骨牌。她既學好了法文，也擴大了交友圈，而這一切都讓她士氣更昂揚，能量更高漲。而外表陽光，會讓她的魅力產生更誘人的氣場，大家都會有興趣來認識她。這就是一種良性循環。

雖然態度有五花八門的面貌，但我們可以大致將其區分為兩種，一種是負面與狹隘的態度，另一種是正向而開放的態度。態度偏向負面的人面對人生，基本上是抱著一種畏懼的立場。他們會不知不覺想要限制自己的視野與經驗，好讓自己能獲得更多控制力。態度偏向正面的人則較為無懼。他們對新的體驗、觀念、情緒都會比較願意接受或嘗試。若按剛剛說態度像是濾鏡的比喻，那負面的態度就是種會縮小鏡頭光圈的鏡片，而正面的態度就能把光圈放到最大。人會在這兩極間游移，但整體而言，我們看世界的鏡頭規格總會是大小光圈中的其一。

你的人性課題

你身為人性法則的學生，要完成的是一道雙重的作業：**首先，你必須體認到自己的態度，乃至於你的態度如何左右你的感知**。要在日常生活中觀察到自己的這一面，並不是件容易的事情，畢竟當局者迷，但你還是有一些辦法可以捕捉到態度在作動時的樣子。你可以想想自己是如何在別人一離開時對他們品頭論足。你是會立馬數落他們的缺點與粗淺的意見，還是會寬大地包容或接納他們的不足之處？你可以想想自己在面對逆境或不順時的樣子。你會急著遺忘或粉飾自己的失誤嗎？你會本能地把發生在自己身上的壞事怪到別人身上嗎？你會一聽到改變就緊張地一顆心蹦蹦跳嗎？你會習於走老路來避免任何意外發生嗎？你會一遇到人挑戰你的想法或推論，就怒髮衝冠、氣得跳腳嗎？

你還可以從別人對你的反應中去觀察自己的態度，特別是非語言的反應。別人在你面前會顯得緊張或防衛嗎？你會比較吸引那些在你生活中扮演父親或母親角色的人嗎？

對自身態度的組成有所掌握後，也知道自己偏向負面或正面之後，你就能有更大的力量去改變態度，讓態度能盡量朝正向的那一端去移動。

第二，你不能只是知道態度所扮演的角色，你還要相信態度有至高的力量可以改變你的處境。你不是他人棋局中的一顆卒子，你是可以任意決定布局、甚而改寫規則的棋手。你要認知到身體健不健康，很大一部分取決於你的態度。拿出興奮、刺激與開放的態度去面對冒險，你就能開發出自己都不知道自己擁有的能量蘊藏。身心是一體的，你的心思與想法會影響到你的生理反應。只要想要好起來，發揮意志力，你就能更快地從病體中康復。你的智力與極限並非與生俱來就已經固定住。你要視自己的大腦是一種神奇的器官，其設計就是要讓你活到老學到老，永遠沒有停止學習與進步的一天。**你大腦中豐富的神經連結，還有你內心的創造力，這兩者能被開發到什麼程度，端視你能對新體驗與新觀念開放到什麼程度。**遇到問題與失敗，要將之視為學習與變強的機會。你要相信只要你有心，天下就沒有困難你過不去。不管別人怎麼對待你，你都要相信感覺來自你的內心，來自你的態度，而你的態度是自己可以控制的東西。

不要擔心，而要勇於去誇大意志力扮演的角色，因為這是一種有目的的誇大。這種誇大可以帶你獲得自我實現的正向動能，而這才是你唯一需要在意的點。你應該把這種態度的形塑視為是你生命中最重要的創作，永遠不要讓那當中存在運氣的成分。

緊縮（負面的）態度

生命具有混亂而不可預測的本質，但人類這種動物並不善於因應不確定性。弱者採取的人生態度，往往會是盡可能去限縮他們的體驗，以便讓意外發生的機率降到最低。這種負面與狹隘的心態，往往可以追溯到童年的早期。有些孩子在面對這個恐怖的世界時，並沒有獲得太多的慰藉或支援。他們會因此發展出各種心理策略來限縮自己會看到什麼跟體驗到什麼。他們會建構出繁複的防衛機制，讓與自己不同的觀點不得其門而入。他們會一天天更加把心思放在自己身上。在多數的狀況下，他們都會悲觀地預期壞事發生，而他們的人生目標就是圍繞著對壞事的預判與中和，藉以獲得更強的控制力。隨著年齡漸長，這種態度會變成根深蒂固，他們的心胸也會更加狹隘，由此心理成長於他們也就會更成為一種不可能的任務。

這類態度，內建著一種自我破壞的動能。這一類人會讓身邊的其他人感覺到相同的負能量，而這又會反過來強化他們對於旁人的看法。他們看不到自身行為所扮演的角色，也不會察覺到自己往往正是旁人對其負面回應的成因。他們只看得到自己被人迫害，只看得到自己厄運纏身。在把人推開的過程中，他們也會讓自己想在人生中成功的難度加倍，而在孤立之中，他們的態度也會愈變愈差。就這樣，他們陷在了自己一手創造出來的惡性循環裡。

接下來我要介紹的是五種最常見的緊縮態度。負面情緒有一種活性會去結合其他的情緒，而一個人在氣頭上，會比較容易去連帶感覺到懷疑、深度的不安全感、恨意等其他負面情緒。這就是何以常常這些不同的負面態度會連袂出現，且彼此會相互滋養、相互強化。你的目標是要能從各種徵象中看出潛伏在你內心，還沒有茁壯起來的負面態度，然後趁早徹底將它根除。另外，就是你要去觀察已經壯大起來的這類態度是如何在他人身上運作，藉此更進一步去了解他們的人生觀；你要學著去與心存這些態度的人周旋。

有敵意的態度

有些孩子從很小就會展現出有敵意的態度。對於斷奶與跟與雙親慢慢脫離這種自然的程序，他們會將之解讀為具有敵意的行動。還有些孩子得面對有父親或母親喜歡體罰或傷害他們。而不論在哪一種情形裡，孩子都會發現自己身處在一個看似充滿敵意的環境，而他們對此的因應之道就是尋求掌控，而具體的做法就是將自己也化身為敵意的來源。這麼一來，敵意起碼就不會是他們生命中突然的意外，而會變成是一種常態。隨著年齡漸長，這些人會愈來愈善於激發出別人的憤怒與挫折感，而這又會反過來證明他們的敵意態度並沒有錯——「看吧，大家都針對我，都莫須有地討厭我。」

在一段關係當中，具有敵意的丈夫會指控妻子不愛自己。若她抗議並產生防衛心，那丈夫會將之視為是她心虛而惱羞成怒。若她被嚇到說不出話來，那丈夫會認為這是她被說中了而無法回應。在被如此指控而造成的混亂當中，妻子很可能會在不知不覺中產生敵意，進而坐實了丈夫的想法。懷抱敵意態度的人有各式各樣的花招可以激起他們暗暗希望自己遭受到的敵意，比方說在最不適合終止合作的時候終止合作、一天到晚遲到、不把負責的事情做好、故意給人不好的第一印象。但即便如此，他們卻從來沒有這一切都是自作自受的自覺。

他們的敵意會瀰漫在自身的各種行為中，包括他們的言語挑釁（他們永遠是對的）、他們笑話裡的攻擊性、他們在需要人注意時所表現出的貪心、還有他們從批評別人與看到別人失敗時所獲致的欣喜。要看出他們是什麼樣的人，你可以去注意他們是不是會動不動就在這些情境中被點燃怒火。他們會形容自己的人生充滿了戰鬥、背叛、迫害，但自己都沒有錯。基本上，他們就是在把自身的敵意投射到別人身上，並且反射性地覺得別人任何一點無辜的動作都用心不良。他們活著就是為了要感覺受迫害，然後完成某種形式的報復或平反。這種人普遍在職場上生存不易，因為他們太常會爆發出怒氣與敵意。而在工作上的不順遂，又會變成他們可以發牢騷的題材，讓他們新增一個可以怨天尤人的平台。

若你注意到自己有這種態度，那是好消息，因為**注意到問題存在就是解決問題的第一步與一大步**。你可以嘗試一個簡單的實驗：接近一個你初次見面的人，或是你只間接認識的人，並在過程中不斷想著正面的念頭：「我喜歡他們」、「他們看起來很聰明」等。不用把這些念頭說出口，只要盡你所能去感受到這些話語中的情緒。要是你都做到這樣了，對方依舊對你充滿敵意與防衛心，那或許這個世界真的在跟你過不去。但比較可能發生的狀況是你會完全感受不到對方有一丁點可以做負面解讀的表現。事實上，你遇到的情況可能與此恰恰相反。所以很顯然，之前任何敵意反應的來源，都是你自己。

焦慮的態度

這種人不論面對什麼狀況，都會期待著遇到阻礙與困難。與人相處，他們總覺得自己會被批評或背叛。而這些情緒都會在結果出爐前導致他們難以想像的焦慮感。他們真正害怕的，是失去對局面的控制。而他們對此的解決之道是限制結果的可能性，限縮他們必須有所接觸的生活圈。這意味著他們有些地方不能去，有些嘗試不能進行。在交往或婚姻關係裡，他們會不露聲色地掌控家中的各種儀式與習性。他們會玻璃心，會非常需要人的關心，而這會導致別人不願意給他們建設性的批評，反正所有事情都得照他們的意思。在工作上，他們會是拚死命的完美主義者與吹毛求疵的微管理者，而這最終會讓他們因為開太多戰線而自我崩毀。一旦出了舒適圈——溫暖的家或他們能夠主導的人際關係——他們就會變得極為焦躁不安。

有時候他們會把對控制的需求掩藏起來，偽裝成愛或關懷。一九二一年，三十九歲的小羅斯福因為小兒麻痺而不良於行時，他的母親莎拉便盡其所能限制起兒子的生活，讓他在家裡的一個房間裡足不出戶。他幾乎就要放棄政治生涯，讓自己下半輩子都讓母親照料。但小羅斯福的妻子艾蓮諾（Eleanor）知道丈夫是什樣的人，她知道小羅斯福想要也需要的是按部就班回到或至少逼近舊日的生活。這場婆媳之戰，最後是以艾蓮諾勝利作收。但莎拉作為母親，確實得以將她的焦慮態度與想控制兒子的需求，偽裝成表面上的母愛，為此她需要小羅斯福扮演無助殘障者的角色。

另外一種偽裝，跟偽裝的愛很像，是設法透過討好或哄騙讓任何可能出現而無法預測且不友善的行動，能夠卸下武裝（見第四章〈判讀人格強度〉，有毒的性格類型裡的馬屁精）。

若你注意到自身有這樣的傾向，最好的解藥就是把精力投注在工作上。把注意力對外集中在某個專案上，會有讓你平靜下來的效果。只要能抑制住自身完美主義的傾向，你就能將控制慾導向具有建設性的方向。面對人，試著慢慢讓自己接納別人做事的習慣與步調，而不要讓別人來習慣你。這會讓你知道自己不需要害怕失去控制。你要刻意將自己置於最害怕的環境中，認清你的恐懼遠不如自己想像中的誇張。一點一滴地，你將能把混亂介紹到自己過度有秩序的生活當中。

在與有這類態度者交手之時，你要避免被他們的焦慮感染，反之你應該試著給一些他們童年幾乎無緣的撫慰。用一舉一動去輻射出沉穩的氣場，會比你說破嘴的影響力更大。

逃避者的態度

持這種態度的人，會透過由其各種不安全感所構成的濾鏡，去觀察並形塑出其世界觀，而這種世界觀裡主要的居民，是他們對自身能力與聰明才智的懷疑。或許在兒時，這些人曾因為想要表現出卓越或想努力超越手足，而被強加以罪惡感或不適感，又或許他們曾因為一點錯誤或可能的不當行為而被迫自責。**父母的批評，成為了他們內心最大的恐懼。**隨著這些人慢慢長大，他們活著最大的目標會變成是避開大小責任或挑戰，因為他們不想讓自尊面對威脅，也不想讓自己成為被檢討的目標。他們的想法是人生不用太努力，也就不會被批評。

為了把這種人生哲學執行到底，他們永遠會在有意無意間尋找逃生之路。他們會用無懈可擊的理由提早離職或轉換跑道，也總會有言之成理的藉口與人分手。遇到輸贏很大的工作計畫，他們會突然身體不適到得臨時中斷。他們面對各式各樣的「身心症」疾患都是高風險群。又或者他們會染上程度不一的酒癮，然後總在緊要關頭因著「癮頭犯了」於是半途而廢，為此他們會責怪自己有這些惡習，或怪自己出身不好才染上這些惡習。他們會說自己太愛喝酒，不然早就成了大作家或大企業家。其他被他們用來逃避事情的招數，還有不好好利用時間，不把握好的時機趁早出發，而且他們還會準備相應的理由來合理化這樣的結果。種種的作法，都是為了讓他們能安於平庸而刀槍不入。

這種人沒辦法承諾事情，理由很簡單，畢竟只要一樣工作做得夠久，或一段關係維持得夠久，他們的缺陷就會展露在別人面前。所以最好在素顏還沒有被看見之前，就趁早脫身，這樣他們就可以讓幻覺繼續保持在自己心裡，也讓別人繼續以為要是運氣好點，他們原本是可以不只如此的。話說除了普遍害怕失敗與害怕遭到批判，這類人也暗地裡害怕成功，因為成功會帶來責任，而有責任要盡就是一種壓力。成功也可能會觸發他們對於鶴立雞群的預警。

這種人並不難認，因為他們的履歷表常顯得五花八門，前男女朋友的名單也「落落長」。為了隱藏問題的根源，他們可能會表現出聖人般的清高，他們會對功成名就或懷著抱負的人擺出一副看不起的樣子。他們會表現得好像自己是崇高的理想主義者，就是四處宣揚擺明做不到，但可以為他們增添聖光，投射出理想形象的理念。真的捲起袖子去實踐理想，會讓他們暴露在批判與失敗的風險中，所以他們掛在嘴上的往往是那些高度超前當代太多，所以完全沒有可行性的理念。不要被他們那種自視甚高，視世俗為無物的外表給蒙蔽了，你要去看他們的行為，要去看他們是如何一事無成，看他們是如何永遠在畫大餅，看他們如何永遠理由一堆。

要是你發現自己也疑似有上述的態度，那有一個辦法是找個再小都好的企劃去扛，而且要有始有終地做到最後，就算迎接自己的是失敗也要接受。若案子真的以失敗作收，你也不會摔得太重，畢竟你已經有心理準備了，所以說到最後，你並不會如想像中地受傷那麼重。你的自尊會提高，因為你終於好好把一件事做完了。一旦你壓下了這種恐懼，進步就會變得相對容易。你會想要再試第二遍。而如果這次你成功了，那當然很好，但不論結果如何，其實對你都是一種成功。

遇到別人有這種態度，你對與他們建立夥伴關係要格外三思。他們是在關鍵時刻抽腿的大師，也是把所有工作跟成敗責任都推到你身上的高手。你不惜一切代價，也要忍住想幫助或拯救他們的誘惑。他們真的是太擅長當一個不沾鍋了。

抑鬱的態度

這類人從還是個孩子，就沒有感受到被父母親愛護或尊重。對這些無助的孩子而言，你不可能要求他們去懷抱爸媽可能犯錯或教養方式有問題的想法，那真的超乎他們的能力。即便爸媽不愛他們，他們還是得依靠爸媽活著，所以他們的防衛機制常常是把收到的批評內化，然後想像自己真的就是那麼差，就是那麼不值得被愛。他們會覺得自己是真的有毛病。這麼做，可以讓他們維持爸媽能幹又強大的假象。這一切的過程，都會大致在不知不覺中發生，但那種欠缺自我價值的感覺會糾纏人一輩子。在內心深處，這類人會一邊以自己為恥，但一邊又不知道自己為什麼會有這種感覺。

長大成人後，他們會依據經驗覺得被人拋棄、還有失去與悲傷，都是自己應該要有預期的常態。他們會放眼四周，覺得到處都是令人抑鬱的蛛絲馬跡。他們會暗地裡受到世上陰鬱事物的吸引，會想去過見不得光的生活。因為若能一手打造出自己內心所感受到的抑鬱，那起碼他們能得到局面在控制之下的感覺。他們一想到這世界是個淒涼的地方，內心就會覺得安慰。他們終其一生會採行的一種策略，是偶爾從人生與人群之間抽離。這能讓他們內心的抑鬱獲得滋養，同時也讓他們能相對於被動遭到創傷，反而能有一種主動掌握的感覺。

這種類型一個很好的例子，是才華洋溢的德國作曲家兼指揮家漢斯．

馮・畢羅（Hans von Bülow；1830–1894）。一八五五年，馮・畢羅邂逅並愛上了珂希娜・李斯特（Cosima Liszt；1837–1930）這名充滿個人魅力的女子，她是匈牙利作曲家法蘭茲・李斯特（Franz Liszt）的女兒。珂希娜受到畢羅的憂傷氣質吸引，而畢羅則與其兇悍跋扈的母親同住，這讓珂希娜很是同情。她想要扮演馮・畢羅的救世主，將他轉化成偉大的作曲家。他們很快就結為連理，而隨著時間過去，珂希娜看出了他覺得自己不論要比才智高低或意志強弱，都跟太太差上一截。沒多久他就開始質疑起珂希娜對他的愛。此後每歷經一輪憂鬱，他就把跟妻子的距離多拉開一點。等她有了身孕，他也突然得了一種怪病而使得他無法陪伴妻子。他會在毫無警訊的狀況下變得非常冷淡。

受到如此的冷落，得不到愛的珂希娜開始有了外遇，且男方正是知名作曲家理查・華格納（Richard Wagner），馮・畢羅的朋友兼同事。珂希娜的感覺是馮・畢羅在無意識間鼓勵著這段婚外情。等她終於拋下馮・畢羅去與華格納同居，馮・畢羅便開始用信件轟炸她，且信中盡是自責。他筆下會先把一切責任都攬在身上，並說自己不值得珂希娜的愛，然後會長篇大論地說起他的職業生涯如何急轉直下、他如何大小病纏身，如何有自殺傾向。惟雖然他通篇都把矛頭指向自己，但看信的珂希娜仍不免感到內疚與心情低落，因為她總覺得自己難辭其咎。表面上馮・畢羅是在數落自己的時運不濟，但這實則是他拐彎抹角在對珂希娜進行攻擊。她把這一封封信比喻成「插在心上扭動的一支支劍」。而且這信還年復一年，接連著來。直到再娶，馮・畢羅故技重施去對付新的妻子，珂希娜才得以喘一口氣。

這類人往往暗藏著想傷人的心理需求，為此他們會有意無意鼓勵他人的背叛與批判，以此來餵養他們的抑鬱心情。他們也會一有點成就就扯自己後腿，因為內心深處他們不覺得自己有這資格成功。他們會在工作上發展出瓶頸，或者會一聽到批評就覺得別人是要他們放棄這一行。抑鬱型的人也常能吸引到人，因為他們的敏感天性會刺激人想幫助他們。但就像馮・畢羅一樣，他們會去傷害與批評那些想拉他們一把的人，然後從關係中抽離。這種拉扯很令人混淆，唯一旦你掉進過他們的吸引力範疇，想不帶著內疚脫身就難以辦到。他們有一種天賦是讓人在他們的面前也感覺到抑鬱，而這些旁人的抑鬱，又可以讓他們對這種情緒的需求不至於斷炊。

我們大部分人都有（過）抑鬱的傾向或瞬間，而對此最好的因應之道，就是要了解到抑鬱有其必要性：我們的身體與心靈需要靠抑鬱這種情緒工具，來迫使我們把步調放慢下來，也讓我們把活動力降低並得以抽離。沒錯，週期性的抑鬱有其正面的意義。所以說**面對抑鬱，解決之道是要了解其能發揮的作用與其非永久的特性。你今天感覺到的抑鬱，不會跟著你到下星期，撐過去人生就還是你的**。可以的話，想辦法提高你的活動力，活動力可以具體將你拉出低潮的情緒。**反覆發生的抑鬱有個最好的解方，就是把你的精力灌注在工作上，特別是藝術類的工作上更好**。既然抽離與獨處是你的習性，那就善用一個人的時間來切入你的無意識狀態。將你過人的敏感度與黑暗的情緒，都一併外部化到藝術作品裡。

千萬別傻到用人生多美好那一套，去試著讓抑鬱的人振作或開心起來。正確的做法是順著他們憂鬱的世界觀去走，然後潛移默化地把他們拖進正向積極的體驗裡，由這些體驗去無言地代你發揮作用，進而讓抑鬱者的情緒不再低落，活動力能夠升空。

怨憤的態度

孩提時期，這些人從沒有過被爸媽愛夠了的感覺，他們總是貪婪地想獲得更多的注意力。他們帶著這種欲求不滿與失落感進入成年期，至死不改其志。他們總是得不到自己認為應得的肯定。他們是從人臉上去尋找跡證，藉此判斷你不尊重或看不起他們的高手。他們眼裡的一切都跟自己有關；若有人擁有的比他們多，他們就會覺得不公不義，就會覺得這是對他們個人的挑釁。一感受到不被尊重或未獲認可，他們不會爆發出怒火，而多半會小心翼翼，會希望能控制住自己的情緒。這麼一來，傷害會在他們內心進行培育，不公平的感覺會隨著他們每溫習一回就每壯大一回。他們不會輕易遺忘事情。到了某個點上，他們會用精心設計的橋段去進行主動的破壞或被動的不配合，算是一種復仇。

他們長久覺得受到打壓，所以很自然地會投射出這種世界觀，這代表他們不論往哪兒看，壓迫者都無所不在。這麼一來，他們往往會成為失望不滿與受壓迫者的主帥。這種人若掌握了實權，那復仇心切的他們出手會很重，畢竟他們的怨恨終於有了出口，而這時候他們手下的苦主恐怕不會只有一位。整體而言，他們會流露出一種目中無人的傲慢氣質；他們會自認高人一等，即便並沒有別人這麼想。他們永遠感覺像用下巴在瞪人，還動不動就會假笑或狗眼看人低。年紀漸長後，他們會很容易與人發生衝突，因為累積太久的怨憤已經快要掀鍋。他們的壞脾氣會把很多人推開，所以他們往往只能落得跟同類型的人在一起取暖，進而形成其專屬的同溫層。

羅馬帝國皇帝提比略（Tiberius；42 BC–AD 37）或許是這類型最經典的例子了。提比略童年時期，他的家教就注意到這孩子有點不對勁。「他就像是個用血跟膽汁塑造出的倒水壺。」家教在信裡對朋友這樣說。與提比略相識的作家蘇埃托尼烏斯（Suetonius）形容他：「站在外頭，他可以把頭仰的高高的⋯⋯惜字如金的他只偶爾會說個隻字片語⋯⋯即便真的開了口，他也顯得百般不願，因為他會在同一時間用手指擺出看不起人的手勢。」「他那充滿傲慢，令人不敢領教的態度」，讓他的繼父奧古斯都皇帝（屋大維）為此得再三向元老院賠不是。提比略恨他的母親，因為她從來沒有好好愛過他。他從來也沒有覺得受到繼父奧古斯都，或他的士兵，乃至於羅馬百姓的肯定。登基之後，他便按部就班、有條不紊地開始對曾經小瞧過他的人報仇，而說起他的復仇那可是既冷血又殘酷。

慢慢變老，提比略變得益發不受歡迎。除了他的敵人成群，臣民對他藏不住的恨意更讓他決定退隱到卡布里島（Capri），並在那兒度過在位的最後十一年，幾乎徹底撒手羅馬的事務。據悉他曾在晚年多次說過，「在我之後，讓火毀滅大地！」他的死訊一出，羅馬陷入瘋狂的慶祝。群眾甚至有感而發地喊出那句名言：「把提比略丟進台伯河（Tiber River）吧！」

若你注意到自己內心有憤恨不平的傾向，最好的辦法就是學著放手，讓生命中的傷害與失落離你遠去。寧可當下讓不理性的怒火炸開，也不要多半是你幻想或誇大出來的羞辱在你內心細火慢燉。旁人一般都不把你的死活當回事的，所以不要自以為他們都對你有敵意。他們不論做什麼事情，基本上都鮮少是衝著你而來，所以請別再覺得樣樣事情都與你有關。尊重必須靠你的努力與成就換來。你必須要懂得掙脫憎恨的循環，而為此你首先必須要對人跟人性心胸更寬廣。

在與這種人交手的時候，你必須小心再小心。雖然這類型看起來人很好又會笑，但其實他們很仔細在注意你有沒有對他們不敬。要認出這種人，你可以去了解他們過往是不是會四處引戰，是不是會閃電與人決裂，還有是不是很愛批評人，給人貼標籤。你可以嘗試緩步取得他們的信任，降低他們的戒心，但也請注意你在他們身邊的時間愈長，你就會給他們愈多的素材去恨你，而這種恨可能會導致狠勁十足的反應。所以跟這種人的接觸，最好還是能免則免。

擴張（正面的）態度

約莫五十年前，許多醫學專家開始以嶄新而革命性的角度來思考健康這件事情。他們不再專注於特定的問題上，比方說消化不量、皮膚病變或心臟健不健康，他們開始覺得人體應以整體視之。人若能在飲食與運動習慣上有所提升，那其全身上下的器官就都能一體受益，畢竟身體各部分的運作都是連在一起的，沒有各自為政這種事情。

我們現在會覺得事情不是本來就這樣嗎？但這種整體性的思考其實不只有助於生理健康，它也可以應用在於我們的心理健康上。比起從前任何時刻，我們現代人會專注在特定的心理問題上——憂鬱、提不起勁、社交不足、感覺無聊。但這些看似東一個西一個的問題，其實全由一樣東西統轄，那就是我們的態度，是我們日常的世界觀，是我們看待事件、解讀事件的方式。**整體的態度能夠好轉，其他的一切也就會跟著好轉，像是創意、抗壓力、自信心、人際關係，都會自動跟上來。**第一個在一八九〇年代提出這種概念的，是偉大的美國心理學者威廉·詹姆斯，但革命的號角並未在當時響起。

緊縮的負面態度，是為了限縮生命的豐富性而存在，為此我們會賠上創造力、成就感、與人社交的快樂，乃至於我們的生命力。為了避免在這樣的狀況下再多浪費任何一天，你的目標是要突破，是要擴大你的視野與經驗。你會想要把鏡頭的光圈開到最大，而你的擴張路徑圖理應如下。

如何看世界

你自己就是一名探險家。意識是你獲得的一份禮物，你站在廣大而未知的宇宙面前，人類完成的調查進度不過一點點。多數人會寧可緊握著從小養成的觀念與原則，他們暗暗地害怕不熟悉跟不確定的事情，為此他們會用信念來蓋過好奇心。等年紀來到三十而立了，他們會表現出一副自己什麼都懂了，還沒懂的他們也不需要懂的模樣。但若以探險家自居，你會把一切的不確定性都拋諸腦後，反正你永遠都處於搜索靈感與新意的過程中。你不會覺得心思的徜徉需要畫地自限，也不會擔心自己對照幾個月前顯得今是昨非或昨是今非。靈感就是玩具，玩久了自然會膩。你該做的是重拾赤子之心，回到那個充滿好奇，好玩比答對重要，與世界的聯繫也比尊嚴更重要的年紀。你該去探究古今中外各種形式的知識，該讓自己從內心想去迎接挑戰。

透過這種方式將心打開，你將能解除創造力的封印，並讓自己獲得心理上極大的快感。這種開放的態度不僅可以對外，也可以對內用於來自你無意識中的見解，這包括：你做夢夢到的東西，你疲倦時冒出的念頭，你在特定時點沒能壓抑住而滲漏出來的欲望。你在無意識的維度中不需要害怕什麼，也不需要壓抑自己。無意識只是另一個你可以優遊其中的樂園罷了。

如何看待逆境

人的生命無可避免，會遭遇到關卡、挫折、痛苦與離別。**我們在人生早期如何處理逆境，會在很大程度上決定我們整體人生態度的發展的形成**。對許多人而言，這種困境會讓他們去限縮自身的視野與體驗。他們會終其一生努力避開各式各樣的挫折，即便那意味著他們將永遠不去挑戰自己，也沒有機會在職涯上發光發熱。他們不會從失敗跟錯誤中學習到教訓，而只會想要去壓抑負面情緒。你的目標是要反其道而行，是要去擁抱所有的挫折，將之視為你學習進步的契機，你變強的捷徑。**擁抱挫折，你就能真正擁抱生命**。

一九二八年，女星瓊・克勞馥（Joan Crawford）已經在好萊塢小有名氣，但她總覺得自己戲路愈來愈窄，並為此產生了挫折感。眼睜睜看著許多才華不如她的女演員跑到她前面，她感覺問題或許出在她不夠有主見。於是她決定去找米高梅（MGM）幫裡聲勢最高的製作人厄文・塔爾伯格（Irving Thalberg）來一抒己見。她沒想到的是，小心眼的塔爾伯格覺得她此舉非常突兀而失禮，於是他故意將她安排到一部西部片裡，他知道瓊最討厭的就是西部片，也知道很多女星會因為演了西部片而走進演藝生涯的死胡同裡。

但瓊從過往挑戲的經驗中學到了教訓，於是這次她決定擁抱自己的命運。她讓自己試著去喜歡西部片，把馬術學到一個境界，並且去把老西部小說都翻出來看過一遍，讓鄉野傳奇對她而言不再食不下嚥。她想如果想翻身非靠西部片不可，那她就讓自己成為西部片中最具代表性的女演員吧。如此就算不能大紅，起碼她的戲路跟演技也會進步。這成了她終身面對工作的態度，也是她以女演員身分在好萊塢闖盪的態度。女星在好萊塢的發展普遍不長命，但每次的挫敗都是成長與發展的契機。

一九四六年，二十歲的馬爾坎·李托（Malcolm Little；後來的馬爾坎 X〔Malcolm X〕）開始服八到十年的有期徒刑，罪名是竊盜。監獄一般都會讓罪犯心態變硬，並限縮其原本已經不寬的世界觀。但馬爾坎是個例外，他決定趁著身陷囹圄重估自己的生命。他開始往獄中的圖書館裡跑，並在那兒愛上了書本與學習。回過頭看，他認為服刑給了他一個天賜良機去改變自己，也改變自己的生活態度。因為多出了時間可以運用，他認真念書並拿到了學位。另外他也補足了自己從前付之闕如，做人處事的道理。他開始自我進修成為一名優秀的演講者，並心無罣礙地接受牢獄之災的洗滌，結果這樣的他反而出落地更加強大。出獄之後的他也繼續視各種大大小小的困難為對己身的一種測試，一種磨練。

雖然逆境與痛苦通常不是你能控制的，但你有能力決定自己的反應與後續的命運。

如何看待自己

隨著年齡漸長，我們往往會開始畫地自限。我們會開始限縮自己的人生能夠去到什麼地方。經年下來，來自外界的批評與質疑早已內化，我們接受了自己的才華與創意存在一個邊界，而這也是一種自我實現的動態。**你相信極限，極限就存在。**

你不用這麼當個小媳婦兒，也不用這般隱姓埋名。這種所謂的謙遜不是美德，而是被別人說成是美德，然後用來打壓你的工具。不論你現在做到什麼程度，你的天花板都一定都不止於此，而只要你能想到這一節，那你就可以創造出一款非常不一樣的動能。

在古時候，不少偉大的領導者像是亞歷山大大帝與凱撒，都覺得自己是神的後裔所以具有神性。**這種「不知哪兒來的自信」，會昇華成真正的自信，然後讓旁人買單。這是一種自我實現的預言。**你不需要學帝王將相一樣把自己想成神，但你可以覺得自己生來有要完成某件偉大或重要的事情，而這便能讓你在遇到反對或抗拒的時候多些抗壓力，由此你便不會聽到別人說啥就相信啥，也不會把別人的質疑內化。你會產生事業心，你會不斷地嘗試新玩意，包括涉足險境，因為你會相信自己有能力從失敗中反彈回來，最終獲得命定的勝利。

當契訶夫對他能為自己創造出的終極自由有所頓悟時，他所體驗到的是美國心裡學者亞伯拉罕・馬斯洛（Abraham Maslow）所稱的「高峰經驗」（peak experience）。**高峰經驗指的是你從平日的生活常軌中被提升起來，然後意會到自己終於不再錯過了生命中一種格局宏大而臻入化境的體驗。**以契訶夫的例子而言，他的高峰經驗燃起於一場危機，一種孤獨，而後導致他對人與世界產生一種徹底接納的感覺。這些高峰經驗瞬間的出現，有可能是因為你奮力超越了自己原本認定的侷限，有可能是因為你跨越了重大的障礙，爬了座大山，旅行到與故鄉殊異的文化當中，或是因為任何形式的人際關係而體驗到愛的深度聯繫。你應該要嘗試去主動出擊，尋覓這些超凡入聖的瞬間，甚至想辦法將其刺激出來，因為就像在契訶夫的例子裡，**高峰經驗有徹底扭轉你人生觀的效果。高峰經驗會讓你擴大對你自身與人生可能性的想像，而這段記憶也會永遠成為你需要啓發時的後盾。**

整體而言，這種看待自己的方式正好與後現代世界中許多人喜歡裝酷與憤世嫉俗的態度背道而馳——現代人總喜歡一副對未來不太奮發向上、對各種追求與生活不太積極正面，老裝作無所謂與假謙虛的模樣。這類人認為正面擴張的態度代表你天真爛漫頭腦簡單。但實際上他們裝酷，只是為了善加遮掩他們內心的恐懼——他們怕尷尬、怕失敗、怕顯露出太多情緒。而就像文化中各種類似的趨勢一樣，裝酷的態度是不可能天長地久的。這遲早會變成退步的代表，成為來自二十一世紀初期的末流。只有勇敢地反其道而行，你才能成為進步行列的一員。

如何看待你的活力與健康狀況

雖然凡人皆有生老病死，且吃五穀雜糧的我們也難免會生病，但這並不代表我們不應去認清意志力在身體健康中具有的影響力。我們多多少少都會感受到這股影響力的存在。我們都曾因為陷入愛河或受到工作的激勵而覺得渾身充滿活力，或者就算生了病也可以很快地重新生龍活虎。反之，當我們覺得抑鬱或壓力過大的時候，各種病痛也會找上門來。我們的態度會在很大程度上左右我們的健康，這是科學界剛開始注意到，並會在未來幾十年中持續深入研究的現象。整體而言，你可以藉由某個計畫或目標所激發出的興奮感與鬥志來突破主觀上的體能極限。**接受自己的體能極限，只會讓人老得更快甚至未老先衰，這是一種自我暗示。**有人能老當益壯或青春常駐，乃因他們不為自身的體能活動設限，而頂多是稍加調整。你內在其實有股精力與健康之泉，正等待著你去汲取。

如何看待其他人

首先你必須放下覺得別人做什麼或說什麼都跟你有關的直覺，特別是那些讓人不舒服的發言或舉措。有人即便是批評你或與你作對，其反映的也常只是他們早年體驗過，現在又回來困擾他們的痛苦；你只是他們順手用來發洩挫折感與恨意的目標，畢竟他們內心的負面情緒都經過了多年的累積。他們只是把這些負面情緒投射在你身上。能夠不把他們所說所做都看做是衝著你而來，你就比較不會與他們一般見識，要做到心如止水或不動氣也會比較容易。即便對方真的抱持惡意，冷靜也可以讓你更有條件去策畫反擊。你將能饒過自己，不會在內心累積過多的斲傷與恨意。

你可以把人當成自然界的事實來看待。人之形形色色，就跟花卉與岩石無異。世界上有傻子與聖人，就會有殺人魔與自大狂，有崇高的戰士，就會有人敏感，有人無動於衷。這每一種人，都在社會生態系中有該扮演的角色。這並不代表我們不能努力去改變我們身邊或影響圈中的人，我們當然可以設法改變他們的行為，讓他們不要對我們造成傷害，但無論如何我們不可能改變人性，何況即便我們千辛萬苦改變了人性，其造成的後果也可能有如弄巧成拙。你必須接受人性的多元，也必須接受江山易改本性難移的事實。別人與你想法不同，不該被視為是對你的挑戰甚至挑釁，反而應該受到你的擁抱與歡迎。

從這種比較中性客觀的角度出發，你可以試著更深一層去理解與你有交集的人，就像契訶夫去理解他的父親一樣。你愈是這麼去做，就愈能對人與人性多一分包容。你**開放而寬大的心靈會讓你的社交互動減少阻力，更多人會因此受到你的吸引而聚集。**

最後，我們可以用古代靈魂的角度去思考態度的概念。靈魂的概念廣見於各原住民文化當中，也鮮少在前現代的文明中缺席。靈魂原本指的是瀰漫在整個宇宙中的外部精神力量，然後這力量會以靈魂的形式包裝在個別的人體裡。靈魂不等於心智或身體，而是我們這個人所對應的整體精神層面，亦即**靈魂是我們體驗世界的管道**。人之所以為人，就是因為擁有靈魂，而靈魂的概念也涉及人類最早的人格觀念。在這樣的概念下，人的靈魂是可以具有不同深度的。某些人的這種精神力量比較強，靈魂比較有存在感；有些人的人格中比較欠缺這種力量，我們會說這種人相對少了點靈魂。

提到靈魂，是因為這與我們講述態度的概念有關。在現在的靈魂概念中，我們將外在的精神力量代換為生命本身，又或者是一種可以形容為生命力的東西。生命本質上就是個複雜而無法預測的東西，其力量遠超過任何我們可以徹底理解或控制的東西。這種生命力反映在自然界與人類社會中，就是我們在這兩個領域中所見證的無窮多元性。

一方面，我們發現有人的生命目標是要限制並控制這種生命力。這帶領人走向自毀性的策略。這種人必須限制自己的思想，忠於已經過時的各種想法。他們必須限縮自身的體驗，大小事都必須跟他們有關，也必須跟他們雞毛蒜皮的需求與個人問題有關。他們經常會糾結於某個特定的目標，然後任由此一目標掌控他們所有的思緒——包括他們會執著於賺錢或想要出名。這種種作法都會讓他們內心失去生氣，因為他們自絕於豐富的生命與多變的人類體驗。在這樣的過程中，他們會失控朝著沒有靈魂的境地而去，他們的內心會失去深度與彈性。

因此你的目標是要堅定地反其道而行。你要找回兒時的好奇心。每件事與每個人都要讓你覺得驚異。你要不斷學習，不斷擴展所知與體驗。與人相處時要寬容大度，就算對敵人或對困在靈魂荒漠的人也是如此。你不會坐視自己被怨懟與怒火所奴役。與其怨天尤人，你會看到自身態度與行為在失敗中所扮演的角色，你會開始適應環境而不是光抱怨環境。你會接受並擁抱不確定性與無法預期的生命境遇，視之為有價值的東西。如此一來，你的靈魂會擴大成為生命本身的形狀，並讓生命力在靈魂中滿溢。

學著以靈魂深度為量尺去測量你交手的每一個人物，並盡可能與人格進行擴張的人交往。

這就是何以同樣的外在事件或環境，不會對不同兩個人產生相同的影響；即便在相同到不能再相同的環境中，每個人都依舊活在自己的世界裡……人活在什麼樣的世界裡，主要由其世界觀所形塑，所以不同的人，不同的世界觀，就會有不同的世界；有人的世界荒涼、沉悶而膚淺，有人的世界則豐富、有趣且充滿意義。一聽到有人體驗到了有趣的事件，不少人的反應會是羨慕，是希望同樣的事情可以也發生在他們的生命裡。但他們徹底忘記了的一件事情是，他們該羨慕的不是這些發生的事情，而是別人在講述這些事情時所帶有的熱情。

——阿圖爾·叔本華

〈第九章〉

面對你的黑暗面

退化的法則

人鮮少表裡合一。潛伏在他們禮貌與和善的外表下，無可避免地會是陰影中的黑暗面，當中存在著不安全感與攻擊性、存在著他們小心壓抑著而不被公眾目睹的自私衝動。此一黑暗面一旦外洩，就會展現為讓你百思不得其解且對你造成傷害的行為。學著去看懂陰影人格的特徵，讓這些人格在產生毒性之前就能為你所避免。看著人的各種外顯特色如強悍、聖光等等，你要警覺到那可能是反面特質的障眼法。你也要留意到自身的黑暗面。只要能意識到自身的黑暗面，你就能對其進行控制，並將潛伏在你無意識中的創造性能量加以疏導。將黑暗面融入到你的人格中，你就能出落為一個更完整的人，並由此散發出一種真誠而誘人的吸引力。

黑暗面

一九六八年十一月五日，共和黨的理查・尼克森（Richard Nixon）完成了美國政壇史上極知名的一次東山再起，驚險地擊敗了他的民主黨對手修伯・韓福瑞，成為了第三十七任美國總統。短短八年前，他才很不甘心地敗給甘迺迪，輸掉了第一次問鼎總統大位的嘗試。那場選戰結果非常接近，但很顯然在芝加哥的民主黨黨機器在伊利諾州選務中主導了一些小手段，多少導致了他的敗選。兩年之後，他在加州州長選舉中慘敗。不爽於媒體對他緊迫盯人且在選戰中一路挑釁他，尼克森在敗選隔日就直接對媒體發言，並在結論中說：「想想你們損失了多少，你們以後再沒有尼克森可以生吞活剝了，因為各位媒體先進，這就是我最後一場記者會了。」

外界對他這番發言的反應極為惡劣，他被貼上了搖尾乞憐的標籤。美國廣播公司（ABC）新聞做了一個半小時名為「尼克森的政治訃聞」（The Political Obituary of Richard Nixon）的專題報導。《時代雜誌》一篇關於他的文章則直指：「除非有奇蹟，否則理查・尼克森應該不用再妄想能選上任何公職了。」

不論橫看豎看，尼克森的政治生涯都應該結束在一九六二年。但尼克森的人生就是一系列永無休止的危機與挫敗，而他的心智也就在這樣的過程中磨練得益發堅毅。年輕的時候，尼克森的夢想是進入長春藤盟校就讀，因為那是要在美國從政的敲門磚。年輕的尼克森野心十足，但他的家庭並不富裕，不可能負擔得起讓他去接受這種教育。但他靠著將自己變身成優等生來克服了這原本看似高不可攀的障礙，並因此獲得了「鐵屁股」的外號，因為他真的非常坐得住。由此他拿到的杜克大學（Duke University）[1] 法學院的獎學金。他得保持班上前幾名的成績才能保住獎學金，但這一點他也靠非人的用功程度做到了。

在參議院待了幾年之後，艾森豪在一九五二年挑中他擔任競選夥伴，成為了他選票上的副總統候選人，但艾森豪很快地就後悔做出了這個選擇。尼克森設了一筆共和黨不知道的基金作為私人用途，雖然各種指控事實上都是空穴來風，但私設基金的作法仍讓艾森豪覺得無法再信任尼克森，於是便藉故打算甩掉尼克森。這樣被放生，幾乎會等於宣判尼克森政治生命的死刑。但他再一次接受了挑戰，在電視直播上發表了一生中最重要的演說，捍衛了自己的清白，駁斥了各種指控。這場演說的效果之好，輿論開始轉向要艾森豪留下尼克森，而尼克森也自此在副總統的任上做了八年。

同樣地，一九六〇與一九六二年的兩次重大挫敗也成為了讓他更加堅強且東山再起的契機。他就像九命怪貓一般，沒有東西殺得死他。他沉潛了幾年，然後在一九六八年的選舉中強勢回歸。他此時化身為「新尼克森」，更放鬆也更親民，同時還喜歡說冷笑話跟打保齡球。從之前的失敗中記取教訓後，他執行了美國近代最不彆扭也最少失誤的一場選戰，也順利在擊敗韓福瑞後讓所有的政敵跟懷疑者臉上不只三條線。

在成為總統之後，尼克森看似登上了權力的頂峰。但在心中他還有一項困難等著他去挑戰，而且那或許才真正是他最險峻的難關。尼克森的自由派政敵視他為「政治動物」，意思是他們覺得尼克森會為了勝選而不擇手段。對於對他恨之入骨的東岸菁英而言，他是來自加州惠提爾（Whittier）的鄉巴佬，野心一整個寫在臉上。尼克森決意要這些人通通認錯。他要這些人知道自己不是他們以為的那個人。他內心其實充滿理想性，而不像其他政客那樣權慾薰心。他摯愛的母親漢娜（Hannah）是名虔誠的貴格派信徒（Quaker），[2] 因此灌輸了他對人一視同仁的態度，還有就是世界和平的重要性。他想要創造史上最偉大的總統政績，並以此留名青史。為了紀念他剛在一九六七年九月去世的母親，尼克森想要貫徹她的貴格派信仰，並讓反對者知悉他們是如何誤會了自己。

---

❶ 為美國最頂尖的學府之一，位於美國北卡羅來納州德罕，有「南方哈佛」之稱。

❷ 又稱公誼會或者教友派，是基督教新教的一個派別。該教會堅決反對奴隸制，在美國南北戰爭前後的廢奴運動中起過重要作用。在歷史上也倡議過某些進步思想，部分至今仍廣被接受。

他在政治上的偶像是法國總統戴高樂（Charles André Joseph Marie de Gaulle）[3]一般的人物，事實上，他見過戴高樂本人。戴高樂外顯的人格特質會散發出權威感與愛國情操，而尼克森也在這一點上效法他。由此尼克森開始在筆記本裡用縮寫自稱 RN，作為尼克森的世界領袖版本。RN 會是個強大、堅決、博愛且十足陽剛的存在。他即將領導的美國裡有辦不完的反戰示威，有城市中的暴動，還有日益上升的犯罪率。對外他將讓戰爭告一段落，讓世界和平更接近人類一步；對內他將帶給美國人繁榮，將讓法治重新豎立，也將為美國重新注入其失去已久的做人處事之理。等這些目標都完成之後，他自然會躋身最受美國人崇敬的總統之列——與林肯、威爾遜等前輩並駕齊驅。他將靠著意志力讓這一切成真，就像他例無虛發的做法一樣。

上任頭幾個月的他雷厲風行。他組成了第一流的內閣，當中有聰明絕頂的季辛吉出任他的國安顧問，有他所偏好一板一眼的年輕人擔任他的心腹幕僚。這些幕僚因為絕對忠於他，所以可以為他所用，成為他打造偉大美國的左右手。具體而言這當中有尼克森的幕僚長包柏・哈德曼，有替他籌劃內政政策的約翰・艾利希曼（John Ehrlichman），有白宮法律顧問約翰・狄恩（John Dean），還有白宮機要查爾斯・柯爾森（Charles Colson）。

他不希望身邊圍繞著知識分子，他要的是能捲起袖子幹活的人。但尼克森並不天真，他了解在政治上，所謂的忠誠就像晨霧般稍縱即逝。所以早在他執政的初期，他就在白宮各角落安裝了僅少數人知道存在的聲控監聽系統。透過這種方式，他就可以祕密監聽手下的人有沒有背骨想對他不利，並能視情況先發制人。另外若有人想假傳聖旨，扭曲與他的對話過程，他也將拿得出證據來證明自己的清白。還有一點最重要的是等他卸任之後，所有編輯過的音訊將可以作為他曾身為偉大領導者的鐵證。大家將可以從音訊中聽到他是如何清明而理性地做成各項決定。有了這些錄音，他的歷史定位就可以獲得確立。

總統任期的頭幾年過去，尼克森兢兢業業地執行著他的計畫。他是個很活躍的總統。他簽署了各種法案去保護環境，維護勞工的健康，捍衛消費者的權益。在外交陣線上，他努力讓越戰的局勢下降，但成效不彰。不過很快地他就為第一趟出訪蘇聯與著名的中國之行奠定了基礎，並讓與蘇聯簽下的限制核武擴散條約入法。這些都還只是他初步的政績而已。

惟雖然他頭幾年的執政相對平順，有個奇怪的東西開始在尼克森的體內孳生。他變得無法甩開焦慮感，畢竟他從小到大都是個「愛操心」的人。幾杯黃湯下肚後，他會在深夜與機要幕僚進行的閉門會議中展露出這一面來。尼克森會開始跟他們說起自己「精彩」的過去，包括時不時會跟他們一起溫習他在政壇路上受過的中傷。說著說著，他內心深處的恨意也會浮到水面上。

最讓他放不下的過往，得算是阿爾傑・希斯（Alger Hiss）一案。阿爾傑・希斯作為美國國務院的重要幕僚，在一九四八年遭控是共諜，但希斯本人否認相關指控。帥氣而溫文儒雅的希斯是自由派的寵兒。而尼克森當時作為加州出身的資淺議員，嗅到了騙子的氣味。於是當其他議員決定放希斯一馬的同時，尼克森以眾院非美活動委員會（Un-American Activities Committee）的代表身分，鍥而不捨地繼續調查。在與希斯進行的一次訪談中，尼克森提醒了希斯作偽證是犯法的行為，而對此希斯回答說：「法律我很熟，我是哈佛法學院畢業的。我沒記錯的話，你是在惠提爾念的書？」（意思是尼克森念的大學很遜）。

在對希斯窮追猛打的過程中，尼克森成功讓希斯因為偽證罪被起訴，最後希斯也被關進了監牢。這場勝利讓尼克森一戰成名，但按照他對幕僚的敘述，這次的事件也讓他在東岸的菁英之間背負了永世的罵名。在這些菁英的眼裡，尼克森成了來自惠提爾一個油腔滑調的政治暴

---

❸ 1890-1970，法國軍事家、政治家，二次大戰期間領導自由法國運動，戰後短暫出任臨時總統。1958 年成為法蘭西第五共和國第一任總統。

發戶。在一九五〇年代，這些不少是哈佛校友的政治菁英都會默默地排擠尼克森跟他的太太帕特（Pat），不讓他們進入自己的社交圈，而這也限縮了尼克森在政壇的人脈建立。這些菁英在媒體圈的盟友會無情地嘲弄他的大小失言或失態。確實，尼克森本身也不是什麼小天使，他喜歡贏，但這些自由派的偽善讓他不齒——像巴比．甘迺迪（Bobby Kennedy）就是政治手段最下流、最骯髒的一個，但一個個記者卻隻字不提。

隨著他一個個晚上對幕僚傾吐的故事愈來愈深入，尼克森也沒忘了提醒他們這些過去並沒有真正過去。他的宿敵依舊千方百計想要對他不利。像哥倫比亞廣播公司（CBS）的特派員丹尼爾．肖爾（Daniel Schorr）就似乎恨尼克森恨到骨子裡。他發自越南的報導總是能讓越戰展現出最醜惡的一面，進而讓尼克森顏面無光。另外像凱瑟琳．葛蘭姆（Katharine Graham），則是長年與尼克森槓上的《華盛頓郵報》老闆。凱瑟琳算是華府郊區喬治城社交圈的女性耆老，而她老給尼克森跟帕特難看也不是一天兩天的事了。不過真的討人厭的，還得算是賴瑞．歐布萊恩（Larry O'Brien）這名現任的民主黨黨主席。歐布萊恩作為甘迺迪政府當中的重要幕僚，曾經成功讓尼克森接受美國國稅局稽查。在尼克森的眼裡，歐布萊恩是政壇的邪惡天才，一個說什麼也要讓尼克森在一九七二年連任失敗的傢伙。

換句話說，尼克森的敵人不但多，而且狠，他們有的在媒體置入負面消息，有的從政府內部購買內情來讓尼克森難堪，有人整天盯梢，一有醜聞就要朝他撲上來。為此他會問自己的幕僚說，*那我們這一邊又做了些什麼呢？*如果他的團隊一點反應都沒有，那他們也怪不得別人下狠手了。他的歷史定位，他的雄心壯志都岌岌可危。隨著愈來愈多故事的分享是關於反戰示威與政府關於越戰政策的情資外洩，尼克森變得怒不可遏，而與幕僚的交談變成兩造都很激動。有一回當柯爾森談到要好好報復某些格外給他們添麻煩的對手，尼克森也熱切地呼應說，「總有一天我們會逮到他們的，我們會讓他們倒在我們選擇的地上，然後我們會把鞋跟頂上去，用力踩下去，然後轉啊轉，你說是不是，小柯，我的建議不錯吧？」

當聽聞勞工部勞動統計局（Bureau of Labor Statistics）中眾多同仁都是猶太人之後，尼克森有種恍然大悟的感覺，他覺得這就難怪這單位會出具一些難看的數據了。「政府裡到處都是猶太人。」他告訴哈德曼說，「猶太人大多靠不住。」尼克森認為猶太人是東岸菁英體制的骨幹，而那又是個處處與他為敵的體制。還有一回他告訴哈德曼說，「勞煩你幫我找齊猶太人的名單，你知道，民主黨的大咖猶太金主……我們可不可以去查一查這些馬屁精的底細？」查稅勢在必行，而他另外還有別的狠招可以讓凱瑟琳・葛蘭姆受傷，讓丹尼爾・肖爾下不了台。

尼克森開始愈來愈擔心起自己的公眾形象，因為對外形象好壞攸關他的歷史定位。他開始去騷擾他的幕僚，甚至包括季辛吉，要他們去向媒體推銷他強勢的領導風格。尼克森要求在進行訪問時，記者要稱呼他是「和平先生」，還說他覺得功勞不應該都被季辛吉攬走。他想知道喬治城派對上的菁英們是怎麼說他的。他們終於對理查・尼克森有任何一絲改觀了嗎？

雖然他本人如坐針氈，但一九七二年看來是他一切都很順遂的一年。他競選連任的民主黨對手會是參議員喬治・麥高文（George McGovern）這名死硬派的自由主義者。尼克森在民調中領先，但他覺得這樣不夠。他想要的是壓倒性的勝選，藉此來取得民意的絕對授權。因為確信歐布萊恩等人一定會出招，所以尼克森開始碎碎念要哈德曼去蒐集情報，尤其最好能抓到民主黨人的小辮子。他要哈德曼籌組一支「關鍵致勝」團隊，由這些人以非常手段與最高效率去挖出他政敵的醜事。此間所有細節他都交給哈德曼去辦。

然而讓他十分懊惱的是在同一年的六月，尼克森赫然在《華盛頓郵報》上讀到一則新聞是有人私闖水門飯店遭逮，報導並指出被捕的那組人是要到賴瑞・歐布萊恩的辦公室裡安裝竊聽器。更精確地說，失風的詹姆斯・麥考德（James McCord）、E・霍華・杭特（E. Howard Hunt）

與G・高登・里迪（G. Gordon Liddy）等這三人，都與總統尼克森的競選連委員會脫不了干係。話說這次擅闖辦公室的行動執行是如此拙劣，尼克森甚至起疑這是一切都是民主黨的陰謀。說好的關鍵致勝呢？

數天之後，日子來到了六月二十三號，尼克森與哈德曼就水門飯店遭侵入一事交換了看法。聯邦調查局已經著手在調查此案，而被捕者當中有人是中情局幹員出身。或許，哈德曼建議說，他們可以讓中情局的高層去對聯邦調查局施壓，藉此讓調查工作就此打住。尼克森同意了這個提議。他對哈德曼說：「這不好牽連到我。」哈德曼回答說：「不會的，總統先生，我們也不希望你被捲進去。」但尼克森這時又補上了一句：「跟他們來硬的吧。他們不仁在前，休怪我們不義在後。」尼克森讓他的白宮顧問約翰・狄恩負責內部調查，並明確指示他與聯邦調查局接觸時要堅壁清野，並掩蓋好任何與白宮的關聯。反正話說到底，尼克森從未直接下令要人闖進水門飯店的房間。所以他相信水門案只是件微不足道的事情，傷不了他的一世英名。他相信水門案會跟其他不見天日或未載入史冊的齷齪政治手段一樣，大事化小，小事化無。

而確實他的判斷也沒有錯，至少一開始是如此。輿論起初並沒有太注意水門案。尼克森也順利贏得了大選史上極具說服力的一次勝利。他橫掃了麻州與華府以外的各州，甚至在民主黨選民當中都囊括了比例不低的選票。這下子他有了又四年的時間可以鞏固他的歷史定位，他可以想幹嘛就幹嘛，他的聲望調查達到了前所未見的高點。

但水門案就像打不死的蟑螂，一而再再而三地回來糾纏。一九七三年的一月份，美國參議院決定展開調查。時至三月，麥考德終於吐實，並讓白宮的不同成員沾染上了下令擅闖的嫌疑。杭特於此時開口要封口費，否則就要把他所知都說出來。事情至此，出路已經再清楚也沒有了，尼克森只能聘請外部律師來進行內部調查，尼克森與其團隊必須充分與律師合作，最後將調查的細節公諸於世。這麼一來，尼克森的名譽會受損，有人得去吃牢飯，但起碼尼克森的政治生命可以保住，而留得青山在，尼克森就不怕未來沒柴燒。

但尼克森並沒有做出這樣的決斷，因為這一做下去，要吃的眼前虧實在太大了。一想到要把事情全盤托出，包括要承認自己知道什麼跟命令了什麼，尼克森就嚇得不知所措。在與狄恩會面的時候，尼克森與其討論的依舊是如何掩蓋真相。尼克森甚至在思考要從哪裡把封口費擠出來。狄恩警告主子說他最好不要涉入這麼深，但尼克森似乎對他一手造成的亂局起了興趣，一時間顯得無法自拔。

只不過很快地，尼克森就被迫要開除哈德曼與艾利希曼這兩名左右手，因為他們都深陷於水門案的罪嫌中。對尼克森而言，得親自開除這兩名心腹是一種酷刑。甚至於在要把壞消息告訴艾利希曼時，尼克森終於崩潰落淚。惟事情來這步田地，尼克森似乎已經無計可施。不論他再怎麼做，都不可能力挽狂瀾了。水門案的風暴愈逼愈近，尼克森則愈來愈感覺自己像隻無法脫困的老鼠。

一九七三年的七月十九日，他收到了一件壞到不能再壞的消息：調查水門案的參院委員會已然得知白宮內部有監聽錄音帶，而他們要求白宮要將這些錄音帶交出來，當作呈堂證供。此時尼克森滿腦子，都是錄音帶公諸於世後會讓他如何地顏面無光。他會成為舉世的笑柄。想想錄音帶裡他說話的口氣與用語，想想他私底下如何出言不遜。他的形象、他的歷史地位，他所有想要實踐的抱負與理想，都會隨著錄音帶的曝光而毀於一旦。他想起了自己的母親與家人，因為連他們都沒有聽過自己在辦公室裡私下的驚世談吐。錄音帶裡的他就彷彿是另外一個人似的。亞歷山大・海格（Alexander Haig）作為他此刻的幕僚長，告訴尼克森說他必須撤除整個監聽系統，並立刻將所有的錄音帶銷毀，而且要快，要趕在法院傳票送達白宮前。

但尼克森好像僵掉了：毀掉錄音帶就等於是承認自己作賊心虛，承認自己做了不該做的事情。反過來想，搞不好這些錄音帶可以證明他的清白，因為他確實沒有親口下令要人闖進水門飯店的辦公室。只是到了最後，將任何一卷錄音帶公開的念頭還是嚇壞了他。他反反覆覆地拿不定主意，直到最終才決定把錄音帶保留，惟他引用了總統的行政特權而拒絕將其提供出去。

此後隨著外界排山倒海的壓力襲來，尼克森才在一九七四年的四月份決定釋出編輯過的錄音帶譯文，那是一本足足有一千兩百頁後的書冊，也是尼克森盼能平息眾怒的希望所繫。但這本譯文內容釋出之後，引發了與論譁然。沒錯，尼克森原本就在不少民眾心中有一種圓滑與奸巧的形象，但記錄中顯示他遣詞用字的強硬、不堪入耳的髒話連發、時而歇斯底里或有受迫害妄想的對話口氣，還有在下令從事各種非法行為時那種毫不內疚與毫無猶豫的感覺，都顯示出尼克森還有民眾從來沒預想到的另外一面。即便是尼克森的家人，都對監聽記錄的內容感到大驚失色。在水門案的處理上，他顯得異常軟弱與無法決斷，一點都不符合他意欲投射出來的戴高樂形象。他從頭到尾都沒有表現出一絲想要讓真相水落石出，然後懲奸除惡的欲望。原本那個言必稱法治的人，哪裡去了？

七月二十四日，尼克森被壓上了最後一根稻草：最高法院命令他交出錄音帶本體，且當中必須包括一九七二年六月二十三日的對話錄音，因為他就是在那一天核准了利用中情局去打壓聯邦調查局進行調查工作。這對他而言會是「一刀斃命」的證據，因為這將證明他從一開始就涉及掩蓋真相。尼克森終於走到了末路，於是雖然百般不情願，他還是在八月初作出了辭職的決定。

在對全美發表辭職演說後的隔天早上，尼克森最後一次對幕僚發表了談話。他壓抑著激動的情緒，做了這樣的結語。「永遠不要氣餒，永遠不要心胸狹小；永遠要記得別人可能恨你，但只要你不回恨他們，不要因為恨而毀滅了自己，那恨你的人就沒有贏。」語畢，他便在家人的陪同下上了直升機，政治放逐是他的目的地。

大師解讀

對於與理查・尼克森合作密切的人來說，這個人是個謎。按照他首席文膽雷・普萊斯（Ray Price）的說法，尼克森這人其實可以一分為二，一面光明，一面黑暗。光明面的尼克森「甚是體貼、甚是溫暖、甚是感性、寬容而良善」。黑暗面的尼克森則「心浮氣躁、憤世嫉俗、凶神惡煞」。他覺得尼克森這兩面處於「永遠的衝突中」。但或許對尼克森觀察最精闢的，最接近解開尼克森之謎的人，還得算是亨利・季辛吉。季辛吉特意研究過尼克森，以便自己可以對兩人的互動進行管理，甚而將尼克森玩弄在股掌之間。而根據觀察如此細膩的季辛吉，尼克森與其雙重人格的關鍵必然在於其童年。「你能想像嗎？」季辛吉曾有感而發，「要是能有人好好愛過他，尼克森會多麼不一樣？」

還在襁褓中時，尼克森似乎就「需索」很大。他是個令人頭大的寶寶；難帶不說，而且還動不動就會哭，任何時候都可以哭。他要人關心他，注意他，哄著他，還會為了想得到的東西而去控制人，使喚人。他的這一面並不討爸媽歡心。成長在草創期的南加州，尼克森的爸媽想要的是堅忍獨立的孩子。尼克森的父親會動手打人而且個性冷漠，他的母親雖較有愛心，但也常有憂鬱跟情緒化的毛病。她一方面得面對丈夫經商失敗的困境，一方面又得照顧尼克森兩個多病（後來也早逝的）弟弟。事實上，為了照顧弟弟，母親經常得拋下尼克森長達數月之久，那在尼克森幼小的心中感覺必然就跟被拋棄了很像。

就在無心的父親或無力的母親之間，尼克森帶著獨特的性格長大了。為了克服並掩藏自身的弱點，尼克森創造出了一個他最初在家中，後來出社會，兩階段都很受用的人格。這個人格中的尼克森會凸顯他的原本的長處並嘗試開發新的優點。此時的他非常強韌、非常果斷、非常理性，而且非常不好惹，特別是你不會想跟他辯論（季辛吉說過，「他〔尼克森〕最害怕的就是被人看成弱者」）。但他內心那個脆弱與需要關心的孩子，從不曾神奇地消失。**沒有得到滿足或處理的需求只會沉降到無意識之中，或進入到人格的陰影之中，然後在那兒等著用很怪誕的方式冒出頭來。人的黑暗面，於焉形成。**

以尼克森而言，每當他感覺到壓力或異常的焦慮，這個黑暗面就會化身深重的不安全感（沒有人知道我好在哪裡）、疑神疑鬼的情緒（敵人就在我身邊）、突發的脾氣爆炸，還有想要控制人或報復人的強烈欲望等形式，在他內心深處蠢蠢欲動。

尼克森狠狠地壓抑著、否認著自己內心的這一面，即便到了最後與白宮幕僚道別時，他都沒有把那口氣鬆開。他常跟人說自己從來不哭，或從來不記仇，也從來不會在意別人怎麼看他，但事實正好恰恰相反。確實大部分時候，那個縮寫為 RN 的尼克森都在人前表現得恰如其分。但當陰影一擾動，尼克森就會出現怪異的舉止。他會讓每天跟他見面的人覺得今天的尼克森怎麼跟平時判若兩人。對季辛吉而言，這就是那個不被愛的孩子跑出來了。

在錄音帶上，尼克森的黑暗面終於被捕捉到其具體的存在。尼克森知道他說的每一句話都在被錄音，但他從來不曾因此而不敢暢所欲言，也從來不覺得措辭要謹慎一點。他背地汙辱了親近的朋友，他恣意讓被害妄想與復仇的妄想發作，他在簡單到不行的決策中忽右忽左。他對內鬼洩漏消息非常恐懼，因此幾乎身邊的每個人都有叛徒的嫌疑，但這樣的他卻把命運交在錄音帶的手裡，因為他相信未經剪輯的版本絕不會流出去。即便到了出現這種疑慮的時節，也有人提醒他要趕緊把帶子銷毀了，他還是捨不得這些寶貝，他捨不得的是自己被錄下來的那另外一個人格。那就像是他暗地裡希望被懲罰，就像是他的幼年與黑暗面在長年被壓抑之後，終於想在此時討回公道。

你的人性課題

你不要以為尼克森的故事跟你或你的現實面相距很遠，其實你跟他很像的。話說跟尼克森一樣，你也建立了一個公眾的人格來對自身「隱惡揚善」；跟尼克森一樣，你也把從小就有但不為社會所接受的特質壓抑了起來。你變得超級客氣，超級有禮。跟尼克森一樣，你也有黑暗面，一個你恨到不願承認更不想直視的黑暗面。那當中有你最深沉的焦慮，有你暗暗想要傷人，連你最親近者也可能成為攻擊目標的私慾，有你想要報仇的幻想，有你對於旁人的懷疑，有你對於名利與權勢的飢渴。這道黑暗面會成為糾纏你的夢魘。在你莫名感到抑鬱、焦慮、極度敏感、突然感到脆弱或疑神疑鬼的時候，這黑暗面就會滲漏出來。它會讓你口無遮攔，讓你脫口做出讓自己後悔莫及的發言。

而有的時候，就像尼克森那樣，個性的黑暗面會讓你自尋死路。你會把黑暗面的情緒與行為怪到環境或旁人身上，但就是因為你弄擰了這些情緒與行為的來源，所以這些脫序的狀況才會反覆出現，畢竟你沒有能對症下藥。**抑鬱與焦慮會出現，是因為你一直在「角色扮演」，所以你的自我常常不是「完全體」。你得非常費勁，才能讓黑暗面乖乖待在巢穴裡，但百密總有一疏，你總有失控的時候，而那就叫做「正常能量釋放」。**

你做為人性學生的功課，就是要確認出自己人格的黑暗面，並加以細究。只要經過一番有意識的審視，其殺傷力就會消失殆盡。只要學著去觀察黑暗面在你身上存在的跡象（我接下來會教你怎麼做），你就能把這股黑暗的能量導引到具有建設性的活動上。**你可以把自身的需索與脆弱昇華為同理。你可以把那股積極的衝動投入到值得的理念上，投入到工作上。**你可以坦承不諱自己的野心，你對權力的欲望，然後不要一副好像做錯事或偷偷摸摸的模樣。你可以用客觀的立場去觀察自身的疑神疑鬼與投射到他人身上的負面情緒。你可以看出自私與攻擊性也存在於你的心裡，所以你也不如自己所想像的那麼天使、那麼堅強。有了這樣的自覺，你自處起來內心會比較平衡，對外也會比較能寬以待人。

有人會以為人一定要無時無刻不投射出力量與聖光，才有可能走到成功的最後一步，但事實完全不是如此。角色扮演到這種程度，逼著自己一定要隨時隨地都當個完人去符合不切實際的理想，你只會讓人感覺你假。大人物裡像是林肯與邱吉爾，都具有省察自身缺陷與錯誤，外加自嘲的能力。他們都予人以真誠的感受，而真誠正是他們魅力的源頭。相形之下，尼克森的悲劇就在於他兼具政治長才與且聰明過人，但就是少了反躬自省並評估自身人格黑暗面的能力。同樣的悲劇，也橫在我們每個人面前，逃避是我們每個人都在做的事情。

> 這種想要行出瘋狂之舉的渴望，終生都會在內心與我們相伴。誰不曾在與人並肩站在萬丈深淵邊或高峰之上時，有一股突然的衝動想要把對方推下去過？我們會明知不該卻又傷害所愛的人，事後果然後悔，這又該怎麼說？人生在世，無非就是在與自身內心的黑暗力量抗衡。要活，就要與靈魂裡的巨怪作戰。要寫作，就要坐下來自我批判。
>
> ——易卜生（Henrik Johan Ibsen），[4] 挪威劇作家

人性的關鍵

想想我們認識並會固定見面的人，有一點你可能無法否認，那就是他們往往都很和藹可親。整體而言，他們似乎很樂於與我們相處，並相對坦誠而有自信，社交上他們會展現責任感，可以進行團隊合作，會照顧好自己，也會考慮別人感受。但總有時候在跟這些朋友、熟人與同事互動的時候，我們會瞥見他們與平日形象相衝突的行為舉措。

這有幾種可能性：他們會沒來由地批評我們，甚至酸我們一句，包括他們會對我們的工作表現或個性給出相當嚴苛的評語。難不成這才是他們真正的心聲，平常都是很辛苦地在裝好人？不然怎麼會有一瞬間兇成那樣；或者我們會聽聞他們關起門來對家人或員工都很不客氣；或者有如青天霹靂，他們會傳出跟很誇張的對象出軌的消息，而且最後的結果也很令人遺憾；或者他們把錢丟進莫名其妙的投資方案；或者不經大腦地做了讓職涯發展岌岌可危的事情；或者我們會抓到他們說謊或利用人。再者我們也知道公眾人物或名人會有行為脫序或與平日風評相差甚遠的表現，結果就是他們得不斷地道歉，因為他們也不知道自己怎麼會

突然一股情緒上來。

我們以上看到的，全都是人格的黑暗面，也就是瑞士心理學家卡爾．容格所稱的「陰影」（the Shadow）。關於自己，人會想要否認或壓抑的各種特質加總在一起，就會構成這道「陰影」。這種壓迫既深且強，以至於人普遍察覺不到陰影的存在。陰影的運作不經過意識。根據容格所說，這種陰影有其厚度，個別差異則要視壓迫的強度與受到掩藏的特質數量而定，如尼克森的陰影恐怕就相當之厚。當別人的黑暗面出現，我們會看到他們的臉上閃過一道不知什麼東西；他們的聲音與肢體語言也會有所改變，一瞬間幾乎判若兩人，你會看到一張孩子不開心的臉，而那就代表蠢動的陰影已然浮上檯面。

人的陰影都埋在內心深處，但遇到壓力過大、心傷復發，或不安全感被點燃的時候，陰影就會受驚擾而啟動。另外隨著年齡增長，黑暗面出動的頻率也會變高。年輕的時候，我們會覺得每件事都很新鮮，包括各種我們不得不去扮演的社會角色。但到了人生的中後期，我們會對各種面具感到厭煩，這時候的陰影也會比較容易滲漏出來。

因為我們鮮少目擊人的陰影，所以很多人我們雖然認識但感覺陌生，就像我們眼前的只是一個二次元的扁平人物，也就是說，我們看到的只有他們與外界水乳交融的一面。只有當我們知曉了人陰影的輪廓，他們才能在我們面前充滿立體感。**這種把人三百六十度給看個透徹的能力，是我們在理解人性上必須踏出的關鍵一步。有了陰影的概念，我們就能對人在壓力下的行為有所預期，就能理解他們隱藏的行為動機，也就能不被他們自我毀滅的趨向性給拖下水。**

陰影是在我們人生的早期被創造出來，並源自於我們感覺到的兩股互斥力量。首先，我們來到這世上時，身上充滿了張力與能量。我們不

---

❹ 1828-19065，生於挪威希恩，是一位影響深遠的挪威劇作家，被認為是現代現實主義戲劇創始人。

懂可接受的行為與不可接受的行為之間有什麼區別；我們能體驗到的只有自然的衝動，包括部分衝動具有攻擊性。我們會想要獨占雙親的注意力，會想要比兄弟姊妹獲得更多關心。我們會體驗到什麼叫很喜歡一樣東西，也會體驗到什麼叫討厭或憎恨一樣東西，包括我們可以因為爸媽不滿足我們的需求而厭惡他們。我們會想獲得某種形式的優越感，會想因此得到認同與肯定，而外表、力量、聰明才智是常見的目標。要是提出的要求遭到拒絕，我們會在強烈自私的驅使下去動歪腦筋，無所不用其極地去操控人來達成目的。我們甚至能從傷害別人或想像復仇的過程中得到某種快感。我們會體驗到並表達出光譜上所有的情緒。我們根本不是大人想像中有如天使般天真爛漫的孩子。

在此同時，我們又極為脆弱，又完全得倚靠雙親才能存活。這種依賴會延續許多年，期間我們會用鷹眼觀察爸媽的一舉一動，注意他們的臉上所透露出的肯定與否定訊號。爸媽會斥責我們精力過剩，希望我們靜靜坐著。他們有時候會覺得我們太過自私任性而不考慮別人。他們會覺得旁人會視孩子的行為來決定看他們的眼光，因此他們會希望我們能表現得彬彬有禮，在外人面前飾演甜美的小天使。他們會敦促我們要跟人好好配合，要守規矩，但其實我們偶爾會想要犯個規、作個弊。他們會鼓勵我們要收斂自己的需求，要多體諒父母親的生活壓力很大，多照他們的意思去做，少讓他們擔心。他們會明講希望我們別鬧脾氣，別在那兒「鬧彆扭」。

慢慢長大，這些要呈現出特定樣貌的壓力會來自於父母以外的地方，比方說同儕或老師。我們可以適當地表達出野心，但也不能太過，否則就會讓人懷疑我們是不是反社會。我們可以流露出自信，但也不能太多，否則就會被人感覺我們是在耀武揚威。融入群體的必要性成為了我們行事的主要動機，於是我們學會了去打壓、節制我們人格中的黑暗面。我們將所屬文化中的各種理想特質加以內化，比如：溫文有禮、符合社會價值等。人的這種社會化，對社會生活的良好運行至為關鍵，但這過程也會在很大程度上將我們的天性趕到不見天日的地底下，陰影下

（當然有人總是學不會控制自己黑暗的衝動，最後終於將之表現在現實生活中，這些人就會成為我們之中的罪犯。然而，即便是犯罪者，也會盡量努力表現出正常的模樣，並合理化自己的行為）。

我們多數人都會成功變成正向的社會動物，但這是要付出代價的。我們最終會與兒時體驗過的張力天各一方，會與那一整片的情緒光譜隔水相望，甚至會與這種寬廣能量連動的創意失之交臂。我們會暗地裡渴慕這些兒時的心情，希望與之重聚。我們會受到外在世界所禁絕之事物所吸引，不論這禁忌是關係到性交還是社交。我們會訴諸對酒精或毒品或其他興奮劑的依賴，是因為我們覺得感官變鈍，覺得心智受到傳統的侷限。而隨著創傷與憤恨的不斷累積，加上我們又努力地想在別人面前粉飾太平，結果就是陰影愈變愈厚。一旦獲得過成功，我們就會對名利與肯定像毒品一樣上癮，並在藥效退潮後陷入無可避免的低潮。這時，陰影就會被吵醒而採取行動。

掩藏黑暗面是需要能量的；一直要保持開心自信的外表，會讓你的電量流失非常之快。你會想要釋放內心那種疲累緊繃的感覺，而這便會讓陰影甦醒過來。一如古羅馬詩人賀瑞斯（Horace）說過的：「你可以用稻草叉把自然給扔出去，但她永遠會不斷地跑回來（Naturam expellas furca, tamen usque recurret）。」你一定要練習到能看出別人正在進行這種能量釋放，能對其進行正確的解讀，並能看出陰影現身後的輪廓。以下就是幾種最常見的能量釋放訊號：

矛盾的行為

這是再清楚也沒有了的一種信號。這種行為會與人驚心排演出來的外表相違背，比方說平日滿口仁義道德的人，赫然被逮到在做一件非常沒有原則的事情。或者某人平常看似一條硬漢，但卻在眾目睽睽下顯露出歇斯底里般的不安全感。再來有人可能老把自由戀愛主義與開放行為掛在嘴上，主張政府退出人的私生活，但這傢伙卻在某天突然變得威權而跋扈。這些怪異而矛盾的行徑，是陰影在說話的直接證明（想看更多這樣的例子與解讀方法，見本章後面單元「解讀陰影：矛盾的行為」）。

情緒噴發

某人突然失去了平日的冷靜，尖銳地表達出深刻的恨意，或說出非常尖酸或傷人的言語。在這樣的情緒釋放後，當事人可能會將之推給壓力；他們會說那些話並不是自己的本意，但其實那當然是他們的真心話——**陰影的真心話，字字屬實**。比這個場面好看一點點的狀況是，有人會突然變得比平常敏感與玻璃心，這代表他們來自兒時一些最深的恐懼感與不安全感，突然不知怎地被啟動了，而這也讓他們變得有如驚弓之鳥，一觸即發，經不起人對他們有一絲不尊敬。

發狠否認

根據佛洛伊德所說，某樣不愉快或不舒服的事情要從無意識界進入人的意識中，唯一的一條路就是透過主動否認。我們對外表達出來的東西，往往與藏在內心的想法相互對立。有人可能在外對同性戀火冒三丈，但內心卻恰恰不這麼想。尼克森就很常進行這類的否認，就像他會信誓旦旦地對人說自己從來不哭，不記仇，不對軟弱低頭，也不在乎別人覺得他是什麼樣的人。反正聽到人否認什麼事情，你就反過來想就對了，**反過來就是陰影真正的念頭**。

「意外」的行為

人可能會說自己要戒掉種癮頭，工作希望稍微放鬆，或是要跟恐怖情人分手。但言猶在耳，他們卻又陷入自己說要避免的行為當中，然後再說這都是自己有病無法控制或有依賴性的錯。他們這麼說，是為了讓沉浸在黑暗面中的自己好過一點。他們嘴上說不要，但身體卻是相當誠實。請忽略他們說出的理由，直視陰影的運作與能量釋放。另外，**要記得當人喝醉酒而行為異常的時候，十之八九都是在借酒裝瘋，你眼前的人只是其陰影的傳聲筒。**

過度理想化

理想化對陰影而言是極有效的障眼法。假設我們相信並支持某種理念，比方說我們認為人的行為應該要更透明，尤其是政治人物。或者我們崇拜而追隨此一理念的領導者。又或者我們認定某種新型投資代表最新最潮的致富之路，如：金融危機時爆紅的房貸抵押證券（MBS）。在這些狀況下，推著我們前進的動能不光是單純的熱情，而是貫注於全身的強力信念。我們會為自身信仰中的種種錯誤、矛盾與可能的不良後果打上蘋果光。我們會非黑即白地去看事情——我們相信什麼，什麼就符合道德、跟得上時代，而且代表進步；跟我們唱反調的，或甚至只是跟我們想法不同的人，就都很邪惡而反動。

進入這狀態的我們會覺得為了理念，我們有權利不擇手段，說謊、欺騙、利用、當間諜、偽造科學數據、尋仇樣樣都來。領導人做任何事情都有他的理由。若是扯到投資的事情上，那懷抱著信念的我們會覺得平常太冒險的東西，現在投資卻是剛好而已，因為這次的投資工具是新發明的東西，所以不適用平常的規則。所以我們可以盡情的貪婪，不需要擔心不好的後果會隨之而來。

我們一不小心，就會為信念的力量所折服，我們會把沒有節制的行為解讀為單純的熱血過度。但其實我們應該換一個角度去看。經由對某種理念、某個人或某件物體的過度理想化，人會讓陰影獲得完全的控制權。那是他們在無意識界中的一種動機。但凡是為了這個理念，或這種產品，所衍生出想要欺壓人、利用人，或想貪圖什麼的欲望，我們都應該對其做出實際的解讀，而不應該被信念的障眼法所混淆或蒙蔽。欺負人就是欺負人、利用人就是利用人、不知足就是不知足。**看似強大的信念只是讓被壓抑的情緒方便出來走動的遮羞布。**

與此相關的是在與人爭論時，人會使用自己強力的信念來完美掩蓋自己想要欺負人跟威嚇人的欲望。他們會丟出統計數據與故事花絮（這些東西有心都不難找）來鞏固自己的立論，然後再進一步去汙辱人或抨擊對方的人格完整。他們會說這不過是在交流心得，但你要去注意的是他們有如惡霸般的說話口吻，千萬不要被漂亮話給騙了。念過書的人會稍微講究一點。他們會用各種讓人聽了霧煞煞的術語與高大上的觀念來將我們一軍，讓我們在自慚形穢之餘覺得低他們一等。但不論是有念過書還是沒念過書，惡霸就是惡霸，你要正確解讀這是他們內心壓抑的攻擊性終於藏不住了。

投射

這無庸置疑是最常被拿來處理陰影的方式，因為投射提供了一種我們可以天天為之的釋放管道。性、金錢、權力、地位，很多欲望我們是無法向自己坦承的，所以我們只好將這些欲望投射到他人身上。有時候我們只靠想像，就無中生有地將這些欲望投射出去，為的只是詆毀別人、貶低別人。有時候我們會遇到有人以某種形式表達出這一類禁忌的欲望，這時我們就會將之放大來對這些人的厭惡與憎恨合理化。

比方說，我們會指控衝突中的另外一方有想妄自尊大的欲望。但事實上，他們只是在捍衛自身的立場。我們才是偷偷希望一切由我們說了算的那一方，但若我們率先在對方身上看到與這種想法有點神似的狀況，我們就可以把自己被壓抑的欲望化為對另一方的批判，然後藉此合理化自身想要扮演權威的盼望。這麼說吧，我們從小就會壓抑對一個孩子而言再自然也沒有的一股想要表達自我與想到什麼就做什麼的衝動。在無意識中，我們會希望能找回這些特質，但長大後的我們已無法克服這些禁忌。我們會去注意身邊有沒有行事比較不羈的人，比較敢於忠於自我的人，比較敢於公開自身野心的人，然後我們會誇大他們的這些傾向，藉此來鄙視他們。我們會以他們為目標來進行投射，藉以抒發我們自欺欺人，不敢承認自己也有的特質。

偉大的十九世紀德國作曲家理查·華格納經常表達出反猶的情緒。他責怪猶太裔用大雜燴式的品味、傷感的風格與對技法的強調，毀滅了西方的音樂。他渴望一種更純粹的德國音樂，而這也是他創作的目標。惟事實上，大部分他在音樂上怪罪猶太人的東西都是無中生有，而且說來奇怪，他自己的身上就看得到很多他自稱所以憎恨猶太人的特色。他的品味有著相當多元的來源，他的音樂風格也相當感傷，另外他合作的許多鋼琴家與指揮不僅技術高超，而且根本就是猶太裔出身。

你的人性課題

記住：愈強烈的恨意，就愈常是一種不可告人或當事人自身無法接受的*欣羨之情*。沒錯，**恨一個人常常就等於羨慕一個人**。因為不用恨的方式去呈現，人內心深處的欣羨之情就無法從無意識界被釋放出來。

在把別人的陰影模樣給拼湊起來的時候，要把自己想像成一名偵探。透過觀察或接收到的不同跡象，你便能勾勒出某人壓抑著什麼樣的欲望與衝動。由此你便能預期到他們將來會有情緒壓抑不住的時候，也不會被他們陰影現身時的怪誕表現嚇到。你可以放心的是怪異行為絕不會只發生一次，而且還會在分散在不同場合出現。所以你如果發現有人在爭論事情時有點像惡霸，那你肯定能從其他活動中也觀察到他的這種表現。

你可能會暗暗覺得這種陰影的概念有點老掉牙。畢竟我們活在一個理性、科學發展都甚於以往的文化當中。我們會認為現代人普遍更好理解，也更有自覺。我們比起祖先，內心壓抑的程度理應低很多，我們不像他們得面對宗教組織的各式壓力。但事實可能與這種想法恰恰相反。在很多方面，我們在有意識的社會化自我與無意識的陰影自我之間，都比起古人有著更大的斷層。活在現代的我們會需要面對更多的「政治正確」，我們要是不遵守就得面對指責，不然你以為社群媒體上的口誅筆伐是在幹嘛。我們會覺得有義務要活的無我無私，但那又是不可能的任務，畢竟我們是人而不是天使。而這種種的壓迫，都會一步步把我們人格的黑暗面趕到地底更深處。

從每個人是多麼祕密而深切地受到文化中黑暗面的吸引，我們就可以觀察到這種壓迫存在的證明。各種馬基維利式的自私角色在當中相互利用、欺騙與壓制的故事，讓我們看得血脈賁張；負面行為的社會新聞與後續的打落水狗，都讓我們覺得欲罷不能。連續殺人狂與惡魔般的邪教領袖對我們有一種莫名的魅力。看著這些黑色戲劇與犯罪新聞，我們總是能化身為正義魔人，大言不慚地說著我們有多看不起這些人，但真相是我們渴望，也需要這些故事與新聞來當作表達黑暗面的出口，而因為有需求，所以當代文化才會不斷地拿這些負面人物來餵給我們。正因為有這些管道讓人內心的張力獲得大小不等的抒發，我們才有辦法繼續在現實中以天使之姿循規蹈矩。

追劇、看新聞然後或許罵個兩句，其實無傷大雅，但真正像在玩火的紓壓方式也不是沒有，這一點在政壇尤其明顯。我們會發現自己愈來愈受到在發洩黑暗面的領導者吸引，愈來愈喜歡看這些人替我們表達出內心暗藏的敵意與恨意。他們會替我們說出我們不敢說的話。在造勢活動中，在群體提供的保護傘下，我們會放下自制，恣意地在替罪羔羊身上發洩我們的怒氣。透過對帶頭大哥與團體理念的理想化，我們會放下平日的矜持，開始隨心所欲地想到哪裡做到哪裡。這些民粹領導人很善於誇大我們面對的威脅，他們會把這世界描繪得非黑即白，非友即敵。他們會撩撥恐懼、擔心與復仇之慾，把這些潛伏在內心但就等待著在造勢活動中噴發的岩漿燒熱。隨著現代人感覺到的壓抑愈來愈強，內在的張力愈來愈大，這類民粹政治領袖也會愈來愈有市場，愈來成為我們生活的一環。

作家羅伯特・路易斯・史蒂文森（Robert Louis Stevenson）在一八八六

年出版的小說《變身怪醫》（*The Strange Case of Dr. Jekyll and Mr. Hyde*）中，就表達出了這種人性動能。主角傑柯博士（Dr. Jekyll）是個有頭有臉而且也不缺錢的醫師兼科學家，包含待人處事都無可挑剔到可以做為社會上的好人好事代表。但這樣的他，卻發明了一種藥品可以將他變成海德先生，也就是他的黑暗面與陰影。作為他的陰影，海德先生無惡不作到強姦殺人不放心上，官能享受更是不在話下。史蒂文森的創作理念是我們外在愈文明、愈道德掛帥，人性黑暗面的潛在危險性就愈大，但對這一點我們卻死命否認。一如傑柯博士所說：「我心中的惡魔久居牢籠，他一自由就要放聲怒吼。」

這個問題的解決之道不在於更多的壓迫與道德教育。我們永遠不該妄想用強加的道德與良善來改變人性。稻草叉並不管用。我們也不該寄希望於在團體中釋放能量，因為人一多就容易失控而造成危險。**這個問題的正解，應該是要由自己去觀察我們陰影的作動，然後強化我們的自覺**。只要能察覺到自己內心運作的機制，我們就無法輕易地把祕密的衝動投射到他人身上，也無法輕易地將特定的目標理想化。透過這樣的自知之明，我們將可以找到辦法，**用建設性與創意去將黑暗面整合到意識當中，在這樣的過程中，我們會變得更加真實，更加完整，必更能徹底發揮出我們與生俱來的潛能**。（想多知道這方面的事情，詳見本章最後一部分。）

解讀陰影：矛盾的行為

在生命的過程裡，你會遇到有人的特質非常凸顯，而這些特質也似乎成為了他們力量的來源，讓他們表現出超乎常人的信心、禮貌、親和力、正義感、聖光、韌性、陽剛的魅力，還有足以震懾人的智力。拉近距離去看，你會注意到這些特質都有一點誇張，就好像這人很用力在演戲一樣。作為人性的學生，你必須要認清一項現實：**愈是被強調的特點，**

其底下就愈有可能是相反的東西，因為強調 A 就是為了隱藏 B，這是一種聲東擊西，障眼法的概念。而關於這種障眼法，我們可以觀察到兩種形式：一種是某些人會在人生早期察覺到自己的罩門或弱點，為免這些東西讓自己尷尬或不舒服，他們會在無意識間發展出與之恰恰相反的特質，那會是一種包在外頭有如保護殼一般的堅韌與強悍。另外一種情境是，有人會生來有一種他們自認屬於反社會的特質，像是野心太強或太過自私。他們也會為此發展出恰恰相反的特質，他們的表現因此變得極度與社會期待相符。

不論是哪一種狀況，他們都會經年去琢磨並完善這種公共形象。他們內心深處的弱點與反社會情節會被否認並壓抑下來，然後化身為其陰影的主要成分。但人性的法則終究會證明你壓迫得愈深，陰影的不穩定性就愈強。隨著人年紀與壓力慢慢累積，人的表象總會慢慢出現裂痕，因為用力演戲是會令人疲乏的。真實的自我會以情緒波動、執念、私藏的惡習、與跟自身形象相違背的行為等形式揭竿而起，而最後導致的結果往往就是自我毀滅。

你的功課很簡單：在表現出這些誇張特質的人身邊要格外小心。我們很容易被人的表象所蒙騙。所以一定要花時間去觀察異常的跡象。只要看破這些人的手腳，想應付他們就會簡單許多。下面我們就一起來看七種最常見的誇張表現，然後一起來學著指認出這些人，面對這些人。

硬漢

他會投射出粗獷的男性特質來嚇唬人。他會走起路來大搖大擺，然後顯露出種不好惹的氣息。他會很愛提當年勇，包括：他征服過的女性、打過的架、在談判中打敗過的對手等。雖然他這些往事似乎頗有說服力，但聽著聽著又會覺得有點誇張到令人難以置信。不要被他們的外表給騙了，這些人已經學會如何去隱藏其心中讓他們嚇得皮皮挫的軟弱之處。偶爾你會能看到他們這樣敏感的一面——他們會哭、會鬧氣、會突然展現同情心。但只要一感覺到尷尬，他們就會立馬用強悍或甚至冷酷的行動或發言來掩蓋實情。

美國職棒選手瑞吉·傑克森（Reggie Jackson）與其所屬的紐約洋基隊總教練比利·馬丁（Billy Martin）就是這類的莽漢。傑克森可以看出馬丁在跟人大小聲時那背後的軟弱之處，相關的線索則包括馬丁的自尊心、他陰晴不定的情緒（不算很 man 的一種特質），還有他那會以極大反差凸顯出其不安全感的各種敏感個性。這種人往往會因為感情用事而做出非常糟糕的決定，主要是他們嘗試隱藏與壓抑的情緒總會有浮上檯面的一天。**他們表面上是大男人，但最後卻常被太太妻管嚴，因為後者才是他們內心真正的渴望。**

你絕對不能被他們的表面給嚇唬住，但也要小心別戳破他們編的故事與自尊心，免得他們內心的不安全感被喚醒。這種人最為人所詬病的就是玻璃心與臉皮薄，所以你必須留意他們不悅的微表情，破口大罵之前那若有似無的噘嘴就是他們不安全感被擾動的證明。若他們正好是你的對手，那你將不難放餌讓他們上鉤，讓他們因為反應過度而讓硬漢的形象破功。

聖人

這群人是良善與純淨的表率。他們力挺所有最崇高、最進步的理念。若是身處於信仰的圈子裡，那他們會表現得極為虔誠；在政壇打滾，他們會像不沾鍋一樣徹底不貪腐、不妥協；任何類型的受害者都會獲得他們無盡的垂憐。這種超凡入聖的表現，會甚早出現來掩蓋他們對於權力、名利與官能享受的強烈渴望。這當中的諷刺之處就在於透過「聖光普照」，他們往往能讓權力順利到手，包括他們會成為某種教主或政黨的領袖。而一朝大權在握，陰影就會有空間可以運作。他們會開始容不下異己，會開始對不純淨的人事物大放厥詞，甚至必要時候出手懲戒。在法國大革命時期掌權，小名「腐敗絕緣體」（the Incorruptible）的馬克希米連．羅伯斯皮耶（Maximilien Robespierre)，就是這類型的人。在他的恐怖統治之下，斷頭台前的冤魂可以說絡繹不絕。

這類人也會暗暗地受到女色、金錢、名聲與會讓其聖賢形象毀於一旦之禁忌吸引。那股張力與誘惑真的太強，所以我們會看到新聞報導上有大師跟女學生「雙修」。他們會在大庭廣眾下十足是個聖人，但他們的家人與配偶會看得到他們私底下的斑斑劣跡（見第二章〈化自戀為同理〉托爾斯泰的故事）。這世上當然有一些聖人是真貨，但他們這些正港的聖人並不會覺得有需要靠大肆宣傳來出名或奪權。**要辨別出聖人的真偽，你就不要去管他們口中的台詞或頭頂的光圈，你要看的是他們的行為與生活的細節：**他們在名利雙收中是否顯得如魚得水，他們是不是對財富在進行聚斂，他們是不是打滾於女人堆，他們是不是異常自戀。一旦你指認出這種人的存在，就千萬不要天真地追隨之。你要與之保持距離。若他們是你的敵人，那就把光往他們身上打，讓世人看到他們的偽善。

這類型的一種變形，是你會發現有人打著自由戀愛主義與百無禁忌的哲學旗號行走江湖，但其實他們汲汲營營想追求的是權力。他們偏好與依附他們存在的人發生性行為，而他們所謂的百無禁忌其實是以「我」作為主詞。由他們發號施令，事情自然應該百無禁忌。

以退為進的萬人迷

這類人在與你初次見面時會出奇地親切與沒有架子，讓你很快地放下心防讓他們進入你的人生。他們笑容可掬，他們似乎沒有低潮而且總是樂於助人。在某個點上，你會禮尚往來地雇用他們擔任某個職務，或在工作上拉他們一把。但在這一路上，你會發現他們的演出中有某個漏洞，或許他們會不小心耍起嘴皮子酸人，或許會耳聞他們在背後說你壞話。然後他們就開始惡行惡狀——情緒大爆炸、搞破壞、背後捅你一刀，與你第一面見到的好好先生／小姐跟萬人迷，完全是兩碼子事情。

事實是，這類人從人生早期就知道他們具有攻擊性與見不得別人好的個性，而且他們幾乎控制不住這些心情。他們渴望權力。他們直覺判斷這種個性會讓他們的人生過得很辛苦。所以年復一年他們開始培養出對外呈現的另外一面——他們會對人親切無比，但在他們親切的邊緣隱約可以瞥見名為攻擊性的鋒芒。透過這種策略，他們將能成功在社會上獲得權力。但他們仍暗地裡憎恨自己得戴上這種謙遜的面具來對人低聲下氣。長此以往他們終究會難以為繼。一旦壓力或疲憊持續累積，他們就會對你惡言相向或不惜對你造成傷害，畢竟他們對你已經熟識，也知道了你的弱點所在。但當然在罵完了你之後，他們也會順便把錯歸到你的身上。

你最好的自保之道，就是慎防有人太快示好、太快對你推心置腹，太過客氣或太百無禁忌。客氣過頭的人絕對不自然，絕對值得你合理起疑。保持好距離，開始注意對方有沒有以退為進等跡象在示警。若你注意到他們一反常態地開始對人毒舌並樂在其中，你就可以確信他的陰影人格已經取得了發言權，而你成為他數落的對象也只是時間早晚的問題。

瘋子

你會對他們的狂熱印象深刻，不論他們所支持的理念為何。他們說起話來鏗鏘有力，半分妥協都不容許。他們會努力去撥亂反正，讓壞事收拾乾淨，好事重返榮耀。他們會散發出力量與信念，由此他們會圈粉不少追隨者。他們渾身是戲而能吸引到注意力。只不過到了可以實踐諾言的時機，卻會意外地馬失前蹄。他們會在影響最大的節骨眼上變得猶豫不決、精力耗盡、一病不起，或是誤判情勢而讓局面一夕變天。那感覺就像他們一瞬間失去了信念，又像是其實突然失去了求勝的動機，成為了一名獨孤求敗。

事實是這類型的人從小就有嚴重的不安全感。他們對自我價值存在懷疑。他們沒有被愛夠或被肯定夠的感覺。在恐懼與不確定感纏身的狀況下，他們會對外表現出對自己與理念抱持極大的信心，這是他們為了保護自己而做的包裝。你會發現他們過往出現過信仰體系的轉移，當中有些還非常極端與激烈。這是因為信仰的種類於他們而言不是重點，他們在意的是有一個目標可以表現出其信仰的堅定，所以這個目標當然可以「與時俱進」，來來去去。信仰一件事情於他們就跟服藥一樣，但藥效一退，自我懷疑總是會不斷回歸。他們內心裡知道自己說的是一套，做的又是一套，所以遇到壓力他們就會變成完全不同的另外一個人——優柔寡斷而毫無自信。他們會莫名其妙開除自己的助理與幹部，好給人一種知道自己在幹嘛的感覺，但其實他們正無意識地在用莫須有的改變扯自己後腿。他們必須要想個辦法讓一切炸開，好讓他們有東西可以往別人身上怪。

絕對不要因為看到人充滿信心或渾身是戲就被拐走。**一定要相信人性的鐵則就是：話說得愈是斬釘截鐵，他們內心的不安全感與自我懷疑就愈深刻。**千萬不要被這種人圈粉，不然就等著被他們莊孝維。

剛愎的理性主義者

我們每個人內心都有程度不等的不理性，這是我們原始本能的遺緒。我們不會有擺脫這點的一天。我們會沉溺於迷信，會在明明毫無瓜葛的兩件事情之間看到連結，會被巧合耍得團團轉。我們會把無生物擬人化，會把感受投射到其他人與世界之上。我們暗地裡去查星座表，會不由自主地相信卜卦。事實上，我們將常會把不理性當作是一種休閒、放鬆的途徑——耍冷、耍廢。偶爾算個命，全天候理性會讓人累得要命。但對某些人來說，偶爾讓理性休息會讓他們渾身不對勁。不理性這種原始思維在他們的認知中是一種軟弱的表現，是在裝神弄鬼，是反科學、反科技的行為。對這種人而言，大小事都得沒有例外地一清二楚且經得起分析。他們會是虔誠的無神論者，他們不理解神是一種無法證明或推翻的概念，而神的信與不信都是一種信仰。

但凡一樣東西遭到壓抑，其終究的反彈也是免不了的。他們對科學與科技的信念，其實也有一種宗教信仰的氣息在裡頭。遇到與人爭論時，他們會使出十二萬分的智識，再加入少許的怒氣，以強行讓對方接受自己的想法，而這也顯示出他們內心原始本能受到了擾動，想霸凌別人依舊是他們情緒上的一種隱性需求。推到極致，他們會縱情於與自身形象天差地遠的不理性當中，比方大學教授跟年輕小模私奔。又或者他們會做出生涯規劃上的誤判，會聽信鬼話連篇的理財話術，會沉浸於某種陰謀論的世界觀中。他們也很容易會有情緒起伏或爆發的狀況，這也是陰影在作祟。你可以誘使他們進入這種反應過度的狀態，然後一舉戳破自以為比人聰明的泡沫。**真正的理性應該伴隨著冷靜，應該對自身的能力有所懷疑，而不是像這些人老覺得自己最了不起。**

愛慕虛榮的人

這類人非常需要感覺自己與眾不同，藉此獲致他們追求的優越感。說起藝術、影評、美酒、美食、經典的龐克搖滾唱片，他們會展現出最高超的審美品味。他們累積了傲人的精品知識，也對外表極為強調——他們會比一般人更「非主流」，他們身上的刺青會比一般人更獨一無二。很多時候他們會有著非常有趣的出身背景，包括他們可能有異於常人的血統。關於他們的一切都不平凡。當然，事後你會發現他們誇大了不少事情，或甚至於騙了人很多事情。波・布倫美爾（Beau Brummell）作為十九世紀初很出名的花花公子四處宣揚自己出身高貴，但其實他根本來自於標標準準的中產階級；前香奈兒創意總監卡爾・拉格斐（Karl Lagerfeld）家族的資產根本不是他們宣稱的繼承而來，而是跟一般資產階級一樣自己賺來的。

事實是，平庸無奇也是人類存在的一部分。我們大部分的人生都花在做很無聊、很乏味的工作上。對大多數的我們而言，有一對平凡父母跟做一份談不上光鮮亮麗的尋常工作，都是很正常的事情。我們不論是在人格與技能上，都一定會有平庸、不出眾的一面。但愛慕虛榮的人會非常敏感於這一點，他們會非常不安於自己的出身平凡，而他們對此的因應之道就是用外表去誤導人、欺騙人（相對於用工作上的創意與表現去證明自身的傑出），就是用各種奇特的人事物或知識將自己包裝起來，但其實在底下等著露出破綻的，依舊是那個不怎麼特別的普通人。

話說到底，真正突出而特別的人是不用敲鑼打鼓地宣傳的。事實上，特別的人才不想太出風頭，因為那會讓他們覺得不好意思，所以他們往往學著變得更加謙遜（你可以參考等一下會出場的亞伯拉罕・林肯，他就是寧可低調的人）。拚了命要凸顯自己與眾不同的人，值得你小心再小心。

極端的創業者

乍看之下這類人擁有非常正向的特質，特別是在工作上。他們會長期對自身要求極高，而且對任何細節都不會落掉。這種人往往願意親力親為，而若再加上有點天分，他們少年得志算是很正常的事情。但在成功的表象下，失敗的種子已然種下。這首先會反映在他們無法傾聽別人的意見上。他們無法接受建言，也不覺得自己需要任何人的輔助。事實上，他們會變得誰也不信任，除非對方的自我要求跟他們一樣高。而隨著功成名就，他們需要肩負的責任也愈來愈大。

如果他們是真的百分百獨立，那就會知道將基層工作授權出去的重要性，因為只有把相對低階的責任分出去，他們才能專心將較高階的工作控制在手裡。問題是他們體內會有另外一樣東西在蠢蠢欲動，就是內心的陰影。他們的不願放手會讓其事業變成一團亂局而難以為繼，其他人不得不介入來接手。再來他們的健康與財務狀況會變得一場糊塗，非得倚賴醫師與外部的金融家方得以力挽狂瀾。換句話說，他們會從什麼都管變成什麼都讓人管（還記得曾經的流行樂之王麥可・傑克森，他的人生走到最後階段是什麼模樣嗎？）

往往他們外在的獨立自主，只是掩藏了他們內心想要退回到兒時給人照顧的那種欲望。他們絕不可能承認這一點，也不可能以任何形式示弱，但他們會在無意識中產生一種想要創造出足夠的亂象，以便迫使自己崩潰然後進入不得不以某種形式依賴別人的狀況。這在事前會有其徵兆：反覆出現的健康問題、日常生活中突然出現雞毛蒜皮但卻需要人去安撫的「微需求」。惟真正令人無法忽視的跡象，發生在局面失控而他們無法採取行動去停損的時候。我們要盡量避免在其職涯後期與這些人牽扯太深，因為你一不小心就會被失控的他們給掃到「颱風尾」，跟著一起陪葬。

整合成功的人類

在生命的旅程中，我們總有些時候會認識到「跟自己處得很好」的人。當然他們一定是展現出某些特徵，才會讓旁人對他們產生這樣的印象，這包括：他們懂得自嘲、願意承認自己個性上的缺點與犯過的差錯。他們有一種玩心，一種時而如搗蛋鬼一般的鋒利，就好像他們還殘留著高於平均值的赤子之心；他們在扮演人生中角色的時候，似乎可以與自身拉出一點點的距離（見第三章〈看穿人的面具〉的最後一部分）。時不時他們會散發出一種自由奔放，身隨心轉的魅力。

這種人所傳達給我們的訊息，不光是表裡如一。若說我們多數成年人都已經在社會化的過程裡失去了天生自然的特質，那這群率真的人就幸運地保留下本我的生命與活性。我們不難拿他們去跟另外一個極端比較：那些碰一下就會爆炸，自尊心脆弱得像蛋殼，好像跟自己也處得很不好，而且好像有什麼事情不可告人的傢伙。身而為人，我們對差異的嗅覺都是很敏銳的。我們不難從人的非語言行為中察覺到種種異狀——他們的肢體語言是放鬆還是緊張、他們的語調是頓挫還是流暢、眼神是在瞪你還是在歡迎你、笑容是真心誠意還是虛情假意。

然而，有一件事情可以確定：我們會受到真誠的吸引，並在無意識間排斥人的惺惺作態。我們會有這些反應的理由很簡單：我們都在暗地裡追悼著自己的童年不再——小時候的我們是那麼不羈、那麼率性，一點小事就能讓我們感動半天，那時我們的心是敞開的。而因為失去了童年的天真，我們的整體能量也遭到削弱。此時能散發出真誠氣息的人出現在我們面前，會讓我們感覺到生命有另外一種可能：我們說不定可以雖然長大了，但依舊把內心的小孩與大人整合為一體，把黑暗與光明整合在一起，把無意識跟有意識的心靈整合在一塊。我們渴望待在他們身旁，是因為我們希望他們的能量可以多少沾染到我們身上。

若說理查・尼克森在各方面都代表了不誠懇的那種人，那不少與之相反的典範都曾經在歷史上啟發過我們，比方，政治上有邱吉爾與林肯、藝術上有卓別林與約瑟芬・貝克（Josephine Baker）、[5] 科學上有愛因斯坦、一般的社會上有像賈桂琳・甘迺迪・歐納西斯（Jacqueline Kennedy Onassis）[6] 這類人物。這些人都用自覺為我們指出了一條明路。自覺我們的陰影存在，我們就可以控制、疏導、整合好這道陰影。**知道我們失去了什麼，我們就能重新與陷入陰影中的那部分自己回復聯繫。**

至於如何達到這個境界，下面我提出四種清楚可行的做法。

看見陰影

這是整個過程裡最困難的一步。陰影原本就是我們否認跟壓抑的東西。要挖掘出並道德化他人的黑暗面，相較之下要容易許多，但要我們去看進自己的內心，則幾乎是一種反直覺、不自然的事情。所以要記住一件事情：**要是你不把自己的黑暗面挖出來，那你永遠都不會是完整的人，你會永遠都缺了一半。**所以面對這個過程一定得勇敢。

踏出第一步最好的辦法，就是去觀察上面提到過的間接訊息。比方說你可以去注意自己有沒有任何一面倒而被特別強調的特色。要是有，你就可以假定與之相反的特質被埋在你心底，然後由此出發去觀察你自身的行為中有沒有這種隱性特質的其他跡象。觀察你自身的情緒爆發與極端敏感的瞬間，是不是某個人或某件事撩動了你的心弦。某項發言或非難會讓你很敏感，是否反映出陰影正化身為你內心深處的不安全感，並開始蠢蠢欲動。若是，則引日光照之。

用心去觀察你想把情緒跟負面特質投射到熟人甚至於所屬團體上的傾向。比方說，自戀跟不尊重人的人真的讓你很討厭，就很可能代表著你是在與自己的自戀跟想更有主見的欲望擦身而過，而表現在外就是激烈的否認與憎恨。**我們的情緒反應會大，常常是因為在別人身上看到我們自己內心壓抑的特徵**。想想你年輕時（十來歲或二十出頭時）是不是曾經表現得很白目、甚至有點殘酷。這是因為小時候我們對陰影或黑暗面的控制力較弱，所以它們會自然而然地常跑出來活動，這時的陰影還不具有其日後被壓抑的力量。

在其生涯的後期，生於一九二六年的作家羅伯・布萊（Robert Bly）開始感到憂鬱。他的寫作遇到瓶頸，思緒變得貧瘠。關於自身人格陰影的思索，在他的腦中益發頻繁。他決意要把陰影的徵象找出來，然後有意識地去仔細觀察。布萊在藝術家裡是屬於「波希米亞」的那一型，非常活躍於一九六〇年代的「反文化」（counter culture）裡。他的藝術創作根源可以回溯到十九世紀初的浪漫主義藝術家，還有浪漫主義者不分男女所推崇的自發與自然。在其筆下大多數的作品裡，布萊都會對兩種人大加撻伐：廣告人與商人。因為在他看來，這兩種人都太善於算計，謀劃起事情無所不用其極。他覺得這些人太害怕生活中的紊亂，所以沒事就喜歡操控人。

但隨著他開始反躬自省，布萊會瞥見自己內心也有這樣愛算計、愛

---

❺ 1906-1975，移居法國的非裔美國藝人與演員，一九三七年成為法國公民。

❻ 1929-1994, 美國第三十五任總統約翰 ・ 甘迺迪的妻子，一九六一至一九六三年為美國第一夫人。後與船王歐納西斯再婚。

操控人的一面。他私底下也害怕生活的雜亂無章，也喜歡把事情都計畫好然後加以掌控。他對他認為跟自己話不投機的那些人，經常不假顏色，但其實他內心也有像是股票營業員或廣告業者的那一面，只是或許埋得比較深而已。有人說在他們心中，布萊是有著頗為古典的品味與寫作風格（意思是事情結構都會安排得有條不紊），但這讓他心裡很不是滋味，因為他完全不覺得自己是那樣的人，事實上他覺得自己應該是正好相反的人才對。但慢慢不再自欺欺人之後，他才意會到別人是對的（旁觀者清，我們的陰影在旁人的眼裡往往一目了然，所以在這個問題上去向他人虛心請益，往往是明智之舉）。

一步一步地，布萊挖掘出了自己內心剛愎、嚴以待人等的黑暗特質，而這種挖掘也讓他感覺到跟另外一半的自己回復了連結。他終於可以誠實面對自己，然後發揮創意去疏導內心的陰影。就這樣他擺脫了憂鬱，也擺開了寫作的瓶頸。

進一步去應用這個流程，你可以去重新檢視過往的自己，想想你小時候原本具有哪些個性，而你父母親又硬生生地挪走了你哪些特質——我賭這當中肯定某些弱點、某些罩門，或其他他們告訴你那很丟臉的特質。或許你爸媽會不喜歡你內向自省的個性，或者他們會不欣賞你對於特定事物的興趣。為此他們會硬帶著你去追求其心儀的事業或興趣。你可以去看看那些自己曾經熟悉的情緒，那些曾引發你內心讚嘆與興奮，但而如今已成往事的東西。你愈是長大，就愈不像原本的自己，所以你該做的是去重新發現自己，找回失去的自己。最後，**請記住你的夢想就是內心陰影最直接也最清晰的倒映**。只有在夢裡，你才能邂逅你在有意識的人生中小心翼翼避免的各種行為。陰影會以各種方式與你對話。不要花時間去注意有沒有象徵或隱藏的意義，**你該留心的是陰影所啓發的情緒調性與整體感受，試著一整天都與這些情緒與感受亦步亦趨，「貼身採訪」它們**。那可能是連你自己都沒想到自己會有的大膽行為，可能是由特定情境誘發的強烈焦慮，可能是身體被困住或騰空時帶來的感官體驗，也可能是你去禁地探險或跨越邊界。這些體驗中的焦慮，可能會對應到你不曾與其直視的不安全感；騰雲駕霧與深入禁區可能代表的是你隱藏的欲望嘗試上升到意識界。養成把夢境記錄下來的習慣，然後認真地去感受夢境中的氣氛與調性。

你愈是反覆這個流程，愈是去釐清自身陰影的輪廓，繼續這麼做的難度就會一次次降低。隨著你用來壓抑心情的肌肉放鬆，就能發現愈來愈多的線索。到了某個點上，進行這個流程的痛苦就會慢慢代換成獲得新發現的興奮感。

擁抱陰影

你對於發現與面對自身黑暗面的自然反應，會是覺得不舒服，會是只想要蜻蜓點水地知悉其存在就好。**但你的目標應該要正好與此相反：你不僅要徹底接受陰影的存在，而且還要有意願將之整合進你現行的人格。**

林肯從早年就喜歡自剖，而他在自省時一個反覆出現的主題是他的人格一分為二：其中一個他野心勃勃到幾近殘酷，而另外一個他則動輒因敏感纖細而陷於憂鬱。他的這兩面都讓他覺得渾身不對勁。像是在粗獷的那一面，他喜歡拳擊，喜歡在擂台上痛扁對手；而在法律圈與政壇裡，他的幽默感也出了名地相當鋒利。

有一回他匿名投書報紙去攻擊他覺得是個笨蛋的政治人物，結果他一針見血的文筆讓對方氣得跳腳。後來對方查出這些信出自林肯之手，於是對方要求與他一對一對決。這項挑戰在輿論之間鬧大之後，林肯覺得相當尷尬。他後來勉強讓自己從決鬥一事中解套，但也立誓從此不再縱情於自己殘酷的那一面。他認清並棄絕了自己的這項特質，轉而將那股攻擊性與好勝心導向辯論與選戰上。

而在他柔軟的那一面當中，林肯喜歡詩詞，熱愛動物，厭惡任何型態的肢體暴力。他討厭喝酒、討厭人酒後亂性。最嚴重的時候他曾苦於一陣一陣的憂鬱來襲，還有對死亡的驚懼。整個說起來，他覺得自己纖細敏感到壓根不適合在政治的世界裡打滾。儘管如此，他也沒有否認自己的這一面，而是將這種心念導入對基層民眾不分男女，一種高度的同理心。深感於內戰造成的人命犧牲有多可觀，他窮盡所能讓和平早日到來。但他並沒有把南方抹黑成邪惡的一方，反而對他們的苦難感同身受，由此他所擘劃的戰後，是一個沒有復仇，沒有冤冤相報的未來。

他另外還將健康的幽默感整合到自身的人格裡面，動不動就拿自己的其貌不揚開玩笑，順便自嘲自己的聲音像鴨子叫，個性又陰沉得不得了。

透過擁抱與整合黑暗面，林肯的公眾形象給人一種表裡如一的印象。在他之前，百姓從來沒有見過這樣讓他們發自內心認同的政治人物。

探索陰影

你可以想像陰影擁有深度，而這深度中又含有強大的創意能量。所以你不妨去探索其一層層的深度，去品評那當中比較原始的思考模式，外加發自於人動物天性的暗黑衝動。

小時候我們的心靈比較不是一攤死水，也比較不會密不透風。我們會用令人驚喜的創意在觀點之間進行連結與跳躍。但慢慢長大，我們會開始愈來愈動彈不得。我們活在一個精密的科技世界裡，很多事情都是從大數據揀選出的數據與觀念說了算。創意、夢境、直覺之間的自由想像與串聯，看似不理性而且流於主觀。但放棄想像卻會讓我們的思想變得無菌而單調。就在我們心靈的無意識界與陰影之中，蘊藏著我們必須去開發利用的力量。事實上我們當中最以創意著稱的一些人物，都很懂得善用這方面的思考能量。

愛因斯坦的其中一支相對論，據說根據的就是夢中的一景。數學家雅克・阿達瑪（Jacques Hadamard）做出各項重要發現，都是在公車上或洗澡間突然冒出直覺，或是像他自己說的有靈感來自無意識界。路易・巴斯德（Louis Pasteur）能在接種技術上獲致重大突破，是因為他在實驗室的一場意外後讓想法天馬行空。賈伯斯說他最有用的創意都來自於直覺，來自於他讓思想紛飛的瞬間。

我們平日依賴的有意識思考，其實天花板不高。我們靠長短期記憶能抓住的東西，也就是那樣一點點而已。但無意識界卻能幾乎沒有上限地收納我們的記憶、經驗、資訊與學習心得。在長期研究一個問題之後，我們或許會放鬆心情去作夢或從事其他不相干的無聊活動，而此時心靈的無意識界就會上工去把各種隨機的想法連結起來，然後當中一些比較有趣的東西就會像泡泡一樣飄到水面上。**我們每個人都有夢想、直覺跟自由聯想的能力，但我們往往選擇拒絕去注意或嚴肅看待這些東西。其實我們真的要養成習慣去善用這種思考模式，包括我們可以利用某些不刻意規劃的時間去隨興地胡思亂想，擴大選項，並認真對待在較無意識狀態下出現的靈感。**

依循同樣的脈絡，你也應該要去探索內心最黑暗的衝動，包括那些看似犯罪的念頭，然後想辦法在你的創作中表達出來，或是用某種方式將之展現在外，比方說寫在日記裡，將之化為文字。我們每個人內心都有攻擊性與反社會的欲望，甚至於對我們所愛的人都不例外。我們每個人也都有過往的創傷與情緒令我們寧可遺忘。各種媒體中最頂級的藝術形式，總是能設法體現出這些深沉的情緒，讓我們看了之後產生強烈的反應，畢竟我們平日都極為壓抑。這種力量你可以在英格瑪・柏格曼（Ingmar Bergman）的電影裡看到，也可以在杜斯妥也夫斯基（Fyodor Dostoyevsky）的小說作品裡發現。事實上，只要你能成功把自身的黑暗面外部化，那這種力量也可以來到你的身上。

顯露陰影

大部分的時候，我們都會暗地裡覺得社會規範多到遵守不完，簡直讓人滿身大汗。我們總是得毫無破綻地看起來斯文有禮、和藹可親，總是得善體人意地配合團體。就算有自信與雄心，我們也會提醒自己在外頭不要鋒芒太露，不要過於囂張。我們會要自己謙虛地融入大家，不要跟別人不一樣；這就是遊戲的規則。在按照遵行方向前進的過程中，我們會慢慢獲得信心成為團體的一員，但我們也會慢慢地產生防衛心與恨意。我們會慢慢習慣當好人，然後習慣當個膽小、沒自信、無法決斷的人。與此同時，陰影在趁我們無意識時現身，然後在一次次令人無法掌握的噴發中造成我們的傷害。

聰明的我們不妨可以參考各領域中佼佼者的示範。無可避免地我們會發現這些人大都不曾被社會規範綁得動彈不得。他們普遍不會有話悶著，也不吝於展現自己的野心。他們不是那麼在乎別人的看法，必要時也會公開而驕傲地挑戰傳統。他們不但沒有因此吃虧，反而還滿載而歸。賈伯斯就是他們當中最有名的一員。賈伯斯在工作並不以「好人」著稱，反倒是會在與人接觸時展現他的黑暗面。社會大眾在評價賈伯斯這類人的時候，常見的態度是覺得他們的創造力很了不起，但會覺得他們沒有必要這麼壞。這人要是個性稍微好一點，他就會是個完美無缺的聖人了。但事實上，名為陰影的黑暗面對賈伯斯這種人的才幹與創意而言，是神聖不可分割的一部分。剛愎自用不聽人言，態度上也不特別修飾，其實都是賈伯斯之流的一種「能力」。少了這些能力，賈伯斯就不會變成我們投以崇拜目光的賈伯斯了，而這一點也適用於其他才智過人或權傾一時的人物。閹割掉他們壞壞的陰影面，那他們就只是與我們無異的凡人了。

你的人性課題

當一個處處配合人的濫好人，比起有意識地展現出你的陰影，前者會讓你付出更大的代價。首先，選擇後面這條路走，你踏出的**第一步就得是多一點對自身選擇的尊重，少一點被別人的意見所迷惑**，尤其如果爭論的場域是你的專業、你的主場、你長年在其中打滾的地方。相信你與生俱來的才華，還有你發想出的點子。**第二，在日常中養成習慣不要動不動就妥協**，在你有主控權且時機適當時盡量有主見點。**第三，從今天**

開始別那麼在意別人的想法，你會突然懂得什麼叫做解放。**第四，認清人不可能都不得罪人，都不傷害人的事實**。有時候你就是得說該說的話，做該做的事，才能讓人知道他們在擋路、他們醜陋的價值是一種錯誤，以及他們對你的批評你一點都不認同。利用這種你明顯受到不公待遇的時候，大大方方讓你的陰影出來透透風。**第五，不要不好意思扮演那個白目又妄為的屁孩**，看到人的愚蠢與偽善就盡量去酸。

最後，把被其他人當成聖旨的傳統觀念，當成活靶往死裡打。從幾世紀以來到現在，性別角色都稱得上是最難以撼動的社會傳統。男人跟女人分別能做什麼、說什麼，又不能做什麼跟說什麼，都受到高度的管制，以至於久而久之，我們會忘記了男女之別時常是人為的約定俗成，而不見得真正是生物上難以跨越的界線。而在兩性當中，女性又特別被強化了其應該要溫柔婉約的印象。她們無時無刻不感覺有一股壓力要她們去符合這種形象，彷彿女人聽話是一種生理上的自然現象。

歷史上最具影響力的若干女性，都是故意去打破成規的人，比方：表演藝術家如瑪琳・黛德麗與喬瑟芬・貝克、政治人物如艾蓮諾・羅斯福，還有商場女強人可可・香奈兒，都是這種不認命的女性類型。她們帶出了自己的陰影，並用傳統上屬於男性的作風去展現自己的另外一面，並在這過程中混淆、打破了性別角色的界線。

甚至是賈桂琳・甘迺迪，歐納西斯，都因為不甘於當個傳統政治人物之妻而獲得了極大的權力。她出了名的不好惹。一九六〇年，美國作家諾曼・梅勒（Norman Mailer）與她第一次見面時，她就開起了他的玩笑，而梅勒說當時他看到「有一種滑稽跟強悍閃爍在她的眼裡，就像她其實是個八歲大的淘氣小女孩。」遇到有人讓她不開心，賈姬不會悶在心裡，而會擺臉色給人看。她似乎並不太在意別人怎麼看她。而自然不做作的作風也讓她的旋風橫掃了美國。

整體而言，你可以將之想成一種驅魔儀式。一旦你展現出個性中的欲望與衝動，它們就會走出原本躲藏的陰暗角落，大大方方地出來行動。如此你將釋出內心的惡魔，強化你實實在在身為一個活人的存在感。這麼一來，陰影就不再是你的阻礙，而會成為幫助你的夥伴。

> 很可惜關於身為人，我們有一點無法否認，那就是我們整體而言，都不若自己想像中或希望中的那麼好。每個人都帶著陰影在生活，而這陰影愈是沒能在有意識的生活中表現出來，它就會變得益發黑暗、益發稠得化不開。
>
> ——卡爾·容格

〈第十章〉

留意脆弱的自尊

欣羨的法則

我們身而為人，很自然地會受到驅使去跟人比來比去。我們一天到晚在估量別人的身分地位，別人掌握的名望，然後會非常敏感於他們與我們的任何一點差別，什麼東西他們有而我們沒有。對我們某些人來說，這種與人比較的需求可以激勵我們在工作上尋求突破。但對另一些人而言，其心態可能會從比較變為欣羨，那是一種集自卑與挫折感於一身，而可能會讓人去偷偷攻擊人或扯人後腿的心情。沒有人會承認自己把羨慕當作是行為的動機，所以你必須熟知預警的訊號——過於熱情的褒揚與交際、在善意與幽默的掩護下明褒暗貶、明顯因為你的成功而失去平常心。最可能出現這種反應的，就是你的朋友與同事。你要學著消弭自身獲得的注意力，藉以彈開別人的「羨慕攻擊」。另外，你也要學著用內在標準來肯定自我價值，以跳脫老是想跟人比較的輪迴。

驚世友人

一八二〇年底，瑪麗・雪萊（Mary Shelley, 1797-1851）作為小說《科學怪人》的作者，偕其二十八歲的詩人夫婿波希・畢歇・雪萊（Percy Bysshe Shelley）遷居義大利的比薩（Pisa），結束了他們若干年對於義國的遊歷。此時的瑪麗剛歷經了厄運，主要是她的兩名幼兒都剛因為熱病而死在義大利，其中瑪麗跟兒子威廉尤其親，失去他讓她陷入了深沉的憂鬱。她不久前才生下了另一個孩子是與其丈夫同名的波希，而新生兒的健康也讓她沒停止過擔心。圍繞著兩個孩子辭世所產生的罪惡感與陰鬱，終於導致她與丈夫之間產生了摩擦與嫌隙。他們曾經那麼親密，曾經一同體驗過好長一段生命，照理講應該心靈相通，但如今她的先生卻與她漸行漸遠，心思全跑到了其他女人身上。她寄望來到比薩之後，兩人的生活可以安頓下來，夫妻感情可以重來一遍，然後她自己可以認真提筆寫作。

一八二一年初，一對年輕的英國夫妻珍與艾德華・威廉斯來到比薩，而他們來到此處的第一個行程就是要拜訪雪萊夫婦。珍與艾德華跟波希・雪萊的一名表親是好朋友，而且兩人有意在比薩定居。至於能跟瑪麗與波希這對知名文壇夫妻檔見面，兩人很顯然都有像是小粉絲的興奮感。像這種不請自來的訪客，瑪麗已經很習慣。她跟先生都是有爭議的人，所以全歐洲但凡嚮往不羈生活的藝術家都會像好奇寶寶一樣跑來看看熱鬧，順便和他們攀親帶故一下。

威廉斯夫婦很合理地就跟其他類似的不速之客一樣，理應了然於胸雪萊夫婦的過往。他們理應知道瑪麗有全英格蘭最才華洋溢、知書達禮的一對父母。她的母親，瑪麗・沃史東克拉弗特（Mary Wollstonecraft, 1759-1797），很可能是史上第一位舉足輕重的女性主義作家，其傳世的除了她的作品，還有她轟轟烈烈的風流情事。她為了生瑪麗難產而死，而瑪麗的父親則是威廉・葛德溫（William Godwin, 1756-1836）這位知名的作家與激進哲學家，他曾主張私有財產制的終結。文壇的人都曾上門來看過還是孩子的小瑪麗，因為遺傳了母親一頭紅鬃色秀髮，外加深邃大眼與早熟智慧，想像力無窮的她，自出生以來就是眾人矚目的焦點。

威廉斯夫婦應該知道瑪麗在十六歲那年邂逅了詩人波希·雪萊，也應該知道兩人禁忌的愛情。貴族出身且可望繼承父親財富的雪萊原已迎娶了哈莉葉這名年輕的美女，但他卻為了瑪麗而拋棄了這位髮妻，然後連同瑪麗父親再娶後生的妹妹克萊兒，三人一起遊歷歐洲，生活在一起，也一起把爭議帶到各地。波希本人篤信自由之愛，而且也是立過誓的無神論者。他的妻子哈莉葉後來自盡身亡，瑪麗為此愧疚一生，甚至覺得這讓她後來跟波希生育的孩子受到某種詛咒。畢竟在哈莉葉死後不久，她跟波希就正式結了婚。

威廉斯夫婦也無疑知曉波希結交了當世的其他狂人，包括詩人拜倫（Lord Byron, 1788-1824）。他們一夥人曾經在瑞士待過一段時間，而也是在那兒以恐怖故事為題，一次直至午夜的交流之後，瑪麗得到了靈感，並以十九歲的年紀寫成下《科學怪人》。拜倫自己也是爭議纏身且處處留情，由此他與雪萊夫婦三人成了八卦傳言的吸塵器，而且這時的拜倫也來到了義大利定居，於是英國新聞界給了這三人一個封號，叫作「亂倫與無神論連線」。

對於這對跑來找他們的英國夫婦，瑪麗一開始並不以為意，而這想法到了一起吃過幾次晚餐後，也沒有改變。瑪麗覺得珍·威廉斯有點無趣，有點裝模作樣。如瑪麗在寫給得離開數週的丈夫信中所說，「珍無疑艷光照人，但她欠缺的是活力與常識；跟她談話相當沉悶，她說起話慢吞吞又單調無趣。」珍沒怎麼念過書，她僅有的興趣就是插花、彈踏板豎琴、唱小時候住在印度時記得的歌曲，再來就是擺美美的姿勢。她真的就這麼膚淺嗎？時不時瑪麗會發現珍用不悅的目光盯著她看，但一被瑪麗發現就會換上開心的笑容。更重要的是，有一名他們共同朋友曾在威廉斯夫婦的歐洲行程中與其相識，而這名友人來信警告瑪麗說要離珍遠一點。

相較之下，艾德華‧威廉斯就還蠻有魅力的。他似乎相當崇拜波希，而且也希望自己能更像波希一點。他也有心想要成為一名作家，為此他很願意獻殷勤，能幫的忙都盡量幫。有一天，他甚至跟瑪麗分享了他與珍的愛情故事，讓瑪麗聽了頗為感動。

威廉斯夫婦其實並沒有正式結為夫妻。實際上，出身中產階級的珍是嫁給了一名英國的高階軍官，但嫁過去之後才發現對方是個會動粗的莽漢。後來她邂逅了同樣出身軍伍但風流倜儻，而且也跟珍一樣住過印度的艾德華，馬上就愛上了他。一八一九年，雖然跟第一任丈夫的婚姻關係還在，但珍還是偕艾德華以夫婦的名義前往了歐陸。就跟雪萊夫婦一樣，他們也先在瑞士住了一陣，然後才來到義大利尋求冒險與豔陽天。此時身懷六甲的珍肚子裡是她與艾德華的第二個孩子，就如同瑪麗又懷了孕。一切都像是命運的安排，她們有著許多的共通點。更重要的是，瑪麗對珍與艾德華的關係很有共鳴，她很能理解他們為彼此做出的犧牲。

然後珍生下了老二，而這讓兩人又多了一個都是年輕媽媽的共同話題。終於，在異鄉養小孩的難處有人可以傾訴了，畢竟波希對聽瑪麗講這件事情可是一點都沒興趣。此外，雪萊夫婦在義大利完全沒有其他的英國朋友，畢竟英國人對他們這對驚世夫妻都是避之惟恐不及，活像他們是某種瘟疫。在人生的低潮能夠有同胞天天與她相知相惜，著實讓瑪麗深深鬆了口氣。很快地，瑪麗開始依賴起珍的陪伴，之前對她的疑慮早已不知丟到哪裡去。

波希似乎也慢慢調到了跟威廉斯夫婦相同的頻率，畢竟艾德華常自動跑來說他什麼忙都願意幫。艾德華熱愛海航，而且很自豪於他的航行技巧，而航海也是波希很著迷的事情，即便他連游泳都一直沒學會。波希想著艾德華或許可以幫忙他設計出最完美的帆船，而相處久了，就連珍也讓波希覺得興味盎然。珍跟瑪麗非常不一樣。珍從來不會跟他爭辯什麼，不論他說什麼，她都只會用崇拜的眼神看著他、附和他。她總是那麼開朗，而他可以當她的老師，教她寫詩，而她則可以扮演他的繆思女神，那是他憂鬱的妻子已經無法再勝任的角色。波希給珍買了把吉他，讓她彈她知之甚詳的印度歌曲來取悅自己。她的嗓音非常優美，而他則寫了獻給她的詩句，並在不知不覺中開始為她癡迷。

這一切瑪麗都看在眼裡。她深知丈夫的套路。他永遠都在找跟枕邊人不一樣的典型來給他靈感，來打破單調的老夫老妻生活。他的第一任妻子哈莉葉就曾是像珍那樣的女人，美麗而單純，而他就在那時愛上了較諳世事的瑪麗。如今這個模式正好又反了過來，有了瑪麗的他又回頭愛上了一點都不難懂的珍。但她怎麼能認真把珍視為情敵呢？珍是那麼地平凡。波希只不過是用詩句美化了她，最終他還是會看出她就是個普通的女人而變得意興闌珊。因此瑪麗並不擔心自己的老公會被珍奪走。

一八二二年，此時已然形影不離的雪萊夫婦與威廉斯夫婦決定一起往北搬到一間可以俯視萊里奇灣的濱海別墅裡。瑪麗打一開始就討厭那個地方，也一直懇求丈夫換個目的地。她覺得那個地方太過偏僻，除了不易獲得生活補給，還有就是那裡的小農感覺有點粗魯無文又不是很客氣，這兩對夫妻對外只能全靠僕役。在家中唯獨瑪麗對家事有興趣，而最懶惰的則非珍莫屬，但比起這些，最糟糕的還是瑪麗對這地方有不祥的預感。她很擔心才三歲的兒子小波希會在這裡出事情。在他們所住的獨棟別墅四壁裡，瑪麗嗅到了災難的氣息。她感到緊張且歇斯底里了起來。她知道自己的行為讓其他人都很反感，但她就是無法讓自己的焦慮平息下來。果然，波希・雪萊的反應就是與瑪麗愈來愈疏遠，跟珍則有愈來愈多的時間相處。

在海邊別墅落腳幾個月後，瑪麗小產還差點送了性命，為此丈夫照顧了她幾個禮拜，而她也慢慢好了起來。然而也在此時，波希也似乎迷上了一個讓她嚇出一身冷汗的新計畫。他與艾德華設計了一艘船，是一艘美侖美奐、俐落矯捷的快船。那年的六月，雪萊夫婦的一些老朋友來到義大利，其中包括雷・杭特（Leigh Hunt）與他的妻子。杭特是名很樂於提攜年輕詩人的出版商，而波希・雪萊就是他的最愛。波希計畫偕艾德華沿著海岸航行，然後再去與杭特夫婦會合。瑪麗懇求著他別去。

波希試著安撫她：艾德華是行船高手，而且他造的船不是普通的適於航行。瑪麗一句都聽不進去。那船看起來弱不禁風，怎麼會經得起當地海域的惡水襲擊？

但無論如何，波希與艾德華還是於七月一日偕第三名船員啟航出發。七月八日，就在返航途中，他們遭遇了該地區才有的暴風雨，艾德華設計其實並不周全的船隻於是慘遭滅頂，船上三人的遺體也在數日後被發現。

噩耗傳來，瑪麗當下便陷入了悔恨與自責中。她在腦中回想起自己氣頭上對丈夫說過的每一句話語，自己對他詩作的每一句批評，還有自己讓他心中對髮妻愛不愛他所產生的每一絲懷疑。承受不了這一切的她，當下就決定自己要用餘生去把波希的詩作發揚光大。

一開始，珍似乎也被這場悲劇撕裂得不成人形，但事實證明她恢復得比瑪麗快。她必須要更實際，畢竟瑪麗可能繼承雪萊家不錯的遺產，但珍可是孑然一身。於是珍決定要搬回倫敦，然後在那兒設法養活自己的兩個兒子。瑪麗很能理解她受的苦，於是給了珍一張在英格蘭的重要人脈清單，當中包括波希年少時代最好的朋友，湯瑪斯・哈格（Thomas Hogg）大律師。哈格有自己的問題，他老是會愛上波希身邊的人，一開始是波希的妹妹，後來是波希的首任太太，最後是瑪麗，他甚至為此誘惑過瑪麗。但那已經多年前的事了，他們後來友誼依舊，而做為律師，哈格應該多少幫得上珍的忙。

瑪麗決定留在義大利。她朋友已經所剩無幾，但杭特夫婦仍在義大利。然而，令她難過的是雷・杭特對她變得冷淡到不行。在她最脆弱的時分，雷・杭特似乎對她一點都不同情，而她完全想不出原因，而這對她簡直是雪上加霜。他不可能不知道她有多愛自己的老公，也應該看得出她的哀傷有多深刻吧？她本來就不是像珍是那種習慣顯露情緒的人，但內心深處她比誰都煎熬。其他的老朋友都跟雷一樣冷若冰霜，只有拜倫對她不離不棄，於是她與拜倫便愈走愈近。很快地她發現波希的雙親因為震驚於自己兒子生前的放蕩不羈而不願意承認小波希是他們的孫兒，至少只要小波希還在瑪麗的照顧下就不認。失去了經濟來源，瑪麗想著自己只能回倫敦了。或許波希的家人看到小波希，看到瑪麗是多麼盡責的母親，應該就會回心轉意。她寫了信給珍跟哈格，請他們給點建議。結果這兩人現在已經過從甚密。其中哈格似乎認為瑪麗得再等等，他在信裡語氣也很冷淡，所以對瑪麗來說，突然翻臉的人又多了一位。不過說起讓瑪麗最措手不及的，還得說是珍的反應。珍建議瑪麗放棄小波希，別回英格蘭了。瑪麗試著解釋那在感情上有多麼無法讓她接受，但珍似乎非常堅持這樣的看法。珍的考量或許是出於現實，她認為瑪麗在倫敦不會受到歡迎，到時雪萊家族會對她更加反感。但珍的話聽起來就是非常沒有同理心。

在義大利，在兩人的丈夫剛共赴黃泉的哪幾個月裡，瑪麗與珍變得很親近。珍成了瑪麗與她已故丈夫僅存的現實連結。她不但原諒了珍與丈夫有染，反而覺得要是失去珍的友誼，猶如丈夫死第二次。瑪麗決定帶著兒子回到倫敦，並重啟與珍的友情。

瑪麗在一八二三年八月返回倫敦，而她驚訝地發現自己在家鄉好像蠻紅的。《科學怪人》被改編成劇本，而劇本凸顯了故事中的恐怖元素，結果一炮而紅。事實上，《科學怪人》自此滲入英國社會，成為了通俗文化中一部分。瑪麗的父親成為了書商兼出版商，發行了新版的《科學怪人》，並於上頭註明了作者是瑪麗（初版是匿名發行）。瑪麗、瑪麗的父親與珍，三人一同去看了改編的戲劇，而他們也才見識到瑪麗如今在大眾心中是什麼樣的偶像地位——就是這個嬌小而柔順的女子，寫出了這麼撼動人心的恐怖故事？

等拜倫在瑪麗返回倫敦不久便於希臘去世之後，瑪麗的名氣又更大了，因為她是拜倫生前的其中一名密友。英國有頭有臉的知識分子全都想見見她，都想藉此對她、對拜倫、對詩人雪萊有進一步的了解。此時就連珍都變回了那個友善的版本，只不過她時不時好像還是會躲著瑪麗。

雖然出了名，但瑪麗並不開心。她並不希望這麼出名，因為出了名就會被八卦個不停，包括她的過往、還有她的德行，都會被傳得繪聲繪影，被穿鑿附會地說得煞有介事。她受夠了像眾矢之的般遭到批評。她只想躲起來把兒子撫養長大。因此她決定搬到比較偏僻的倫敦郊區去當珍的鄰居。到了那裡，小波希將可以與珍的孩子重聚。他們兩對母子可以相依為命，一起追憶過去。珍生性開朗，而瑪麗也正需要有人讓她開心。作為回報，瑪麗會盡她所能去照顧珍的生活所需。

一八二四年的夏天，這兩名女性可以說愈來愈形影不離。此時還有一件事也愈來愈浮上檯面，那就是哈格追求起了珍，但他實在是個尷尬又不討人喜歡的傢伙。瑪麗根本無法想像珍對哈格的心意有所回應，何況珍的先生根本屍骨未寒。但就在一月份的一個晚上，瑪麗突然意會到她被騙了好長一段時間。那天在珍的住處，時間已經有點晚了，她與小波希待得久了些，主要是讓小波希跟珍的孩子一起玩耍，而她則想跟珍多聊一會兒。就在此時哈格突然來到，而珍的情緒則突然爆發，臉上露出了瑪麗從來沒有在這位朋友臉上看到的表情。她突然粗魯地對瑪麗下起逐客令，原來她早已跟哈格暗通款曲，而覺得瑪麗很煩人的她再也沒辦法繼續演戲。瑪麗老覺得珍的感覺有點怪，而一切在這一晚終於真相大白。

她們並沒有因此絕交。瑪麗可以體諒珍身為寡婦的孤單，也懂得她確實會需要一名丈夫的陪伴。此時的珍已經懷有哈格的骨肉。瑪麗掙扎地要忘卻自身的恨意，然後盡自己所能地去協助珍。但即便如此，以她們見面的次數而言，也確實較以往疏遠。

為了讓自己不要感到那麼孤單，瑪麗另行結交了一名美麗的少婦，名叫伊莎貝爾·羅賓遜（Isabel Robinson）。伊莎貝爾也需要人幫忙，因為她剛產下了一名私生子，而且她自己的父親要是知道了實情，肯定會跟她斷絕父女關係。有好幾個禮拜的時間，瑪麗都左思右想地要協助伊莎貝爾，包括她計畫讓伊莎貝爾去巴黎跟一名願意扮演孩子父親的「男人」同住，但其實那名「男人」是一個喜歡女扮男裝的爭議人物兼蕾絲邊，名約達茲小姐（Miss Dods）。

瑪麗很樂於推動這樣的計畫，但在陪著伊莎貝爾前往巴黎之前的某個午後，她受到了人生中最大的打擊：伊莎貝爾鉅細靡遺地坦露了珍這幾個月來是如何對她描述瑪麗的——珍說波希．雪萊從來沒有愛過瑪麗，波希對她有尊敬但沒有愛意，瑪麗不是波希．雪萊需要或渴望的女性，最後珍說自己才是波希一生的摯愛。珍甚至對伊莎貝爾暗示說瑪麗讓波希不快樂到他那天出航其實是暗暗地想要了結一生，還說瑪麗因此得為波希的死負起責任。

瑪麗幾乎不敢相信自己聽到的事情，但伊莎貝爾沒有理由編造這些故事。而隨著她進一步深思，瑪麗突然想通了這當中的道理。哈格、雷．杭特等人對她的態度突然轉為冷淡，一定都是因為他們聽到了這些故事；珍偶爾對瑪麗成為矚目焦點時所投以的眼神；她把瑪麗逐出家門時所顯露的神色；她要瑪麗遠離倫敦並放棄孩子、放棄遺產時那種咬牙切齒的激動情緒。這麼多年下來，她根本不是瑪麗的朋友，而是瑪麗的競爭對手，而如今看來瑪麗的丈夫並沒有追求珍，而是珍用她的曼妙身材、羞怯外表、吉他、還有裝出來的行為舉止在誘惑波希。她假到了骨子裡，這樣的彌天大謊是在丈夫死後，瑪麗受到最大的打擊。

珍不僅說服了自己相信這些誇張的故事，還讓別人也跟著她一起相信了這些鬼話。瑪麗深知與自己相知相惜多年的丈夫愛她，而珍散播她間接害死丈夫之謠言，對她的傷害既深且大，那感覺就像一把刀插在了舊傷之上。她在日記裡寫道：「我的朋友原來既虛假又不忠誠。我是不是很傻？」

在沉澱了幾個月之後，瑪麗終於去與珍面對面。結果珍崩潰哭了出來，當下非常尷尬。她想知道誰散播了她背叛瑪麗這種誇張的故事，因為她說自己根本沒有做這種事情。她反而倒過來指控瑪麗對自己的冷淡與疏遠。但對瑪麗而言，這就像是大夢初醒。她現在已經能看穿珍的演技，此時的珍不論是生氣、示好，還是混淆視聽，瑪麗都已經回不到過去了。

接下來的幾年，瑪麗也沒有徹底切斷與珍的關係，惟兩人的友誼現在完全是照瑪麗的條件在走。瑪麗看著珍的生活慢慢崩解，看著她與哈格的交往關係變成災難一場，心裡有一種莫名的快感。隨著瑪麗因為自己的小說與出版丈夫雪萊的詩集愈來愈出名，她開始與一流的作家與政治人物往來，跟珍的聯繫也慢慢減少到近乎中斷，畢竟她已無法再信任珍。事隔多年，瑪麗在日記中寫到這段往事時說：「當你發現自己寧可忘卻過去的時候，就代表你的人生真的走偏了。是珍透過對那些年月的玷汙，教給了我這個道理；是她將記憶中的甜美奪去，僅賦予之以毒蛇的利齒。」

大師解讀

以珍・威廉斯為例，我們可以來看看羨慕之情對人心造成的各種扭曲。當珍剛認識瑪麗的時候，她曾經心懷矛盾的情緒。一方面她覺得瑪麗有很多地方讓她喜歡與欣賞。她覺得瑪麗顯然聰明有禮，是個跟兒子很親的媽媽，而且對人也相當大方。但另一方面她讓珍深感自卑。瑪麗擁有很多珍沒有，但又覺得自己理應擁有的東西，包括：才華與名氣、願意為愛犧牲的情操、以及個性上的魅力。無可避免地，她從受瑪麗吸引變成了羨慕瑪麗，她想擁有瑪麗擁有的一切，也覺得自己有那樣的資格，但現實上她又無法輕易或光明磊落地得到那些東西。從這種羨慕出發，珍開始有了想要傷害對方，從對方那兒竊取東西，並把高高在上的對方給拉下來的心情。

珍有很多理由想把在內心蠢蠢動動的羨慕之情給壓下來或藏起來。首先，大剌剌地羨慕是社交上的自殺之舉。這會讓人看出你的自信不足與敵意，也是個會讓你黑到不能再黑，朋友跑到一個不剩的行為。第二，她跟丈夫未來的生計都有賴於雪萊夫婦，畢竟珍已經決心要艾德華以朋友、助理與航海專家的身分跟著波希・雪萊，要知道波希可是出了名的不把錢當錢。這樣的狀況下要是與瑪麗為敵，珍的這些如意算盤可就都得落空。最後，羨慕是一種會讓自己痛苦的心情，羨慕別人等於承認自卑，而人最受不了的就是承認自己不如別人。簡言之，羨慕不是一種我們會想要與之面對面的情緒。**我們會寧可自欺欺人，也不會想提醒自己羨慕是我們行事的真正動機。**

顧及這一切，珍很自然地採取了下一步行動：她結交了瑪麗這名朋友，禮尚往來地回應了瑪麗示好的行為，甚至還錦上添花地追加了一些表示。她說起來也多少是真心喜歡瑪麗，加上被這麼有名的人注意，內心很難不覺得開心，畢竟珍是真的很欠缺關心。照講是她自己選擇成為瑪麗的朋友，這樣還要去羨慕人家好像有點說不過去，但愈是跟瑪麗相處，她內心的不平衡就愈發明顯：才高八斗、外貌又英俊的丈夫，是瑪麗的；可能繼承的龐大遺產，是瑪麗的；與傳奇詩人拜倫的深刻友誼，是瑪麗的；讓她得以盡情創作小說的豐富想像力，還是瑪麗的。愈是在瑪麗身邊晃來晃去，珍內心的欣羨之情就愈發無法壓抑。

想要繼續自欺欺人，珍現在只能進行很合理的下一步：她必須要在心理上把瑪麗變成一個無情無義之人。此外，瑪麗其實並沒有那麼高的才華，她只是運氣比較好；若非她父母親是名人，加上身邊有那麼多貴人，她才不可能成為眾人眼中的天之嬌女；她在文壇是浪得虛名；她是個難搞的傢伙，情緒起伏大就算了，還抑鬱又黏人，外加一點都不有趣；她對待老公一點都不溫柔，也沒有半點女人味。透過這樣的自我催眠與在內心對瑪麗的詆毀，恨意開始在珍心中壓過了善意。她完全感覺不到自己背著瑪麗去誘惑波希．雪萊有什麼問題，也不覺得自己隱藏真實的情緒會對不起瑪麗。其中對瑪麗的婚姻關係傷害最大的，是每次波希對珍抱怨瑪麗，珍都會添油加醋去推波助瀾，藉此深化兩人之間的嫌隙。

當然，在把瑪麗想成是個壞人的同時，珍必須要刻意無視瑪麗的處境：剛痛失兩個孩子的瑪麗得面對丈夫的冷漠與外遇。然而，為了讓自己因為羨慕而採取的行動有正當性，珍不得不在內心編造出一套論述：對方做的每一件事都代表某種心術不正；對方沒資格擁有他們擁有的一切。而最後珍也如願以償，她得到了波希的關愛，也讓波希徹底疏遠了瑪麗。等波希死後，她洩恨的方式則變成惡意散播瑪麗看來並不很傷心的謠言，而這一點讓聽聞的人都非常介意，結果就是包括雷．杭特等人都開始與瑪麗保持距離。

等珍回到倫敦，而後瑪麗又來與她會合，這種模式就又重演了一回。珍內心有一部分仍受到瑪麗的吸引，畢竟她們這些年來共同經歷了很多。但珍愈是跟瑪麗相處，她就愈被逼得去見證瑪麗的名氣愈來愈響亮，而她的朋友圈也愈來愈非等閒之輩。另外，像瑪麗是如何善待吃過苦的其他女性，還有瑪麗是如何一心一意為了兒子與先夫的記憶而活，珍都看在眼裡。瑪麗的這種種表現都與外傳的謠言格格不入，於是珍只得在內心進一步說服自己：「瑪麗是個偽君子，她還在靠著死去丈夫與許多人留下的東西而活，她的行為不是出於善意，而是因為需要拉攏人來陪伴她。要是別人也能看穿她就好了。」於是她駕輕就熟地開始把哈格這個朋友從瑪麗身邊偷走，就像她之前把瑪麗的丈夫偷走一樣。而後她也繼續散播關於瑪麗的假消息，而且這一次還更惡意地僭越說自己才是詩人雪萊最後的摯愛，說波希．雪萊從未愛過瑪麗，甚至說逼波希走上絕路的正是瑪麗。信口開河到這種令人髮指的程度，就是為了讓瑪麗的名聲在倫敦徹底破產。

珍這些年究竟讓瑪麗承受了多少痛苦，實在難以估算，包括：因為珍的搧風點火而跟丈夫吵的架，摯友莫名其妙地疏遠她，還有珍本人對瑪麗的忽冷忽熱，包括總是在瑪麗想拉近距離的時候退開，還有最終由第三者口中得知的背叛。當然有那麼多人相信珍的謊言，恐怕也是瑪麗要很多年才能放下的心結。凡此種種，全都是單一羨慕者可以讓對方造成的內傷。

你的人性課題

羨慕最好發於朋友之間，也是在朋友之間具有最大的殺傷力。我們一般會以為朋友與我們反目，是因為在雙方互動關係中出了什麼事情。而有時候我們唯一感受到的，只有最後被背叛、被扯後腿、被惡言相向的結果，我們沒有意會到在這些行為的底下，燒著的是名為羨慕的熊熊妒火。

我們必須要了解的是這當中的矛盾之處：人會因為一開始的羨慕而想要成為我們的朋友。就像珍一樣，這些人會發自內心地對我們感興趣、受我們吸引，但又同時對我們懷抱著羨慕之情，主要是我們有某些特質讓他們覺得自卑。會想跟我們交朋友，是因為這麼做可以隱藏他們內心的羨慕之情。甚至於他們會很積極地對我們示好，迫不及待地強化與我們的友誼。然而，隨著這些人與我們愈走愈近，他們代表的問題也會更加惡化。藏於底下的羨慕之情會不斷被擾動，因為成為密友的他們會開始照三餐目睹我們身上那些撩撥他們自卑感的特質，不論那是好個性、扎實的工作倫理，還是某種討人喜歡的氣息。

就像珍一樣，這種人會逐漸開始編故事告訴自己：他們羨慕的人根本沒那麼了不起，他們只是運氣好加上野心大而已。作為我們的朋友，這些人會知道我們的弱點，也會知道怎麼做會傷我們最深。從友誼的內部出發，他們比誰都更能破壞我們的計畫、搶走我們的伴侶、把我們的生活攪得天翻地覆。一旦受到他們的攻擊，我們會同時感到內疚自責與莫名其妙，我們會想「也許他們有些點罵得也沒錯」。如果我們大發雷霆，那就正好符合了他們誣陷我們個性不好的論述。因為攻擊我們的他們是朋友，所以我們會覺得加倍受傷，加倍難過，加倍有被背叛的感受。而我們傷得愈深，羨慕我們的人就愈感到滿足。甚至於可以合理懷疑這些人一開始有意無意地接近我們，就是為了獲得弄痛我們的能力。

雖然這種驚世友人很難辨識而且詭計多端，但總還是有警訊可以供我們查看。我們要學著去留意各種第一印象（要是瑪麗有這麼做就好了）。往往我們會在第一時間因為直覺，而意會到對方很虛偽，但一旦他們表達出友善的假面，我們就會把這樣的直覺給忘卻。有人喜歡我們，永遠都會讓我們的警覺鬆懈，而羨慕者便深諳此道。由此我們應該要多比對其他朋友或第三方的觀點。事實上，瑪麗有不少其他的朋友都早就察覺珍在搞鬼而且有點危險。另外，這種扭曲的羨慕心態也會從瞬間的表情與貶低人的言語中流露出來。羨慕者會給人讓人聽了一頭霧水的建議，就是看似言之成理但有損所我們利益的建議。他們會希望我們犯錯，而且會想方設法帶我們走上錯誤之路。我們即便只是多功成名就一點，都會讓他們的馬腳多露出來一點。

我的意思並不是要你變得疑神疑鬼，只不過我希望你在察覺到有人羨慕你的跡象時要提高些警覺。要學著去辨識哪些人是會羨慕人的高危險群（下一單元有進一步的說明），以免被他們的演技所迷惑而無法脫身。避開羨慕者可以為你帶來多少實質的好處，實在不好量化，但你可以這麼想：少一個這樣的朋友在你身邊搖晃、毒害你的人生，你起碼可以免受好幾年的辛苦日子。

> 每回有朋友功成名就，我內心就又死了一點點。
>
> ——戈爾·維達爾（Gore Vidal, 1925-2012），美國小說家

人性的關鍵

在各式各樣的人類情緒裡，羨慕絕對是最讓人頭痛也最不好對付的一種。要真正辨識出做為人行為動機的羨慕情緒，乃至於要認知到我們遭受到了某人的「羨慕攻擊」，都不是件容易的事情。所以說迎戰羨慕會讓人挫折感這麼重，而且危險性如此之高，原因就在於此。

羨慕這東西會如此滑溜而不好掌握，原因很簡單：人鮮少會把羨慕的情緒直接表達出來。若我們因為某人說了什麼或做了什麼而生氣，我們可能會出於不同的理由嘗試掩蓋自己的怒氣，但同時間我們會認知到自己心中存有敵意。最終這怒火會以某種非語言的行為模式洩漏出去。而如果我們按照怒氣去採取行動，對方會感覺到我們在生氣，也多半會知曉我們在氣什麼東西。但羨慕就不是這麼回事情了。

我們每一個人都會羨慕別人，因為別人擁有更多我們也想要的東西，比方說財產、名氣、尊榮等。理論上我們覺得自己理應跟他們擁有得一樣多，但實際上又不知道該從何著手。惟如上所述，羨慕的另外一層意義就是認輸，就是承認自己在看重的某件事上不如別人。承認這一點不僅痛苦，在別人面前承認這一點更是難過。

所以基本上一感覺到羨慕帶來的刺痛，人就會產生動機去粉飾太平——我們會告訴自己那不是羨慕，而是不公，是上帝沒有把有形無形的好康平均分配，是我們吃了虧，而為此我們有可能會滿腔的怒火。再者，我們會告訴自己對方其實沒有那麼好，他們只是鴻運當頭，只是愛出鋒頭，只是臉皮比較厚。他們能有今天都是因為不擇手段。說服完自己我們不是因為羨慕才行動之後，我們還會設法讓別人也看不出來我們內心深處的羨慕，正所謂自欺欺人。由此別人看到的只會是生氣的我們、憤恨的我們、滿口惡意批評的我們，還有用強酸明褒暗貶的我們。

在古時候，那些妒恨到極點的人或許會訴諸暴力，他們會出手把對方擁有的東西奪走，甚至化身為殺人兇手。在《舊約聖經》中，該隱就是出於羨慕而殺死了亞伯；約瑟被眾兄弟扔進沙漠的溝渠中等死，只因為他們的父親似乎偏愛約瑟；以色列的掃羅王（King Saul）數次想謀害俊美又有才華的胞弟大衛，最後自己卻因為嫉妒而發瘋。

時至今日，人類已經學會拐彎抹角的政治手腕，我們變得有能力去控制自己的暴力傾向，並把真實的想法加以埋藏。不走暴力路線，羨慕者會改而設法去破壞我們的工作，摧毀我們的人際關係、玷汙我們的名聲，用鎖定我們弱點的批判去折磨我們。這麼做的好處是他們可以不用斯文掃地，但一樣可以傷害到人，而被傷害的人也不會懷疑到他們的動機是羨慕。他們可以合理化自己的行為是要撥亂反正，是要讓事情盡量公平一點。

要是有人生我們的氣，並且因此做了什麼事情，我們可以去分析這人所感到的怒氣，並設法去化干戈為玉帛或起碼保護好自己。但要是我們看不出底層的羨慕，那我們就無可避免地會覺得對方的敵意莫名其妙，而這種莫名其妙會讓我們受到的傷害加倍痛苦。比方說：「為什麼別人突然對我們冷淡？」「為什麼計畫好好地會突然失敗？」「為什麼我會丟掉工作？」「為什麼這個人老看我不順眼，老是要跟我唱反調？」

你的人性課題

你做為人性學生的課題，是要讓自己蛻變成羨慕的解碼大師。而身為大師的你將能夠一針見血，而且直搗黃龍地拆穿對方的動機。羨慕的氣場固然不易察覺，但總歸有跡可循，而你就應該要能透過一些努力與鑑別力去掌握相關的「語言」。你可以將之想成是一場鬥智的遊戲。透過對人的正確解碼，你就不會覺得如入五里霧中，不知自己身在何處。你會在事發後理解到自己遭受了羨慕的攻擊，而這層理解便能幫助你振作起來。你說不定還可以預先警覺到羨慕攻擊來襲，然後設法加以排除或有所因應。知道你內心的隱隱作痛是肇因於某人針對性的羨慕攻擊，你就能饒過自己，讓自己免受經年的情緒創傷。這並不是要你變得有被迫害妄想，而是要你在朋友圈或同事圈子裡去蕪存菁，僅留下值得你信任的真朋友。

在浸入需要抽絲剝繭的奧妙情緒迷宮之前，很重要的一點是你必須要能區別羨慕可分為主動與被動兩種。我們每個人在一天的作息當中，都無可避免地會感覺到某種羨慕之苦，主要是我們會無意識地去監測周遭人物的狀況，然後會察覺到他們在某方面擁有的比我們更多。除非我們都不社交，否則一定會遇到在身價、智商、人緣等特質上比我們優越的對象。這種痛楚如果高到一個程度，一個我們可以意識得到的程度，那我們就會變得有點尖銳，就可能會說出傷人或惡毒的話語來發洩情緒。惟整體而言，在歷經這種被動的羨慕情緒之際，我們並不會真正做出會衝擊友誼或與同事感情的傷害性行為。在察覺到他人身上存有被動羨慕情緒的時候（像是對方會不經意地損你兩句），你正確的反應就是包容，畢竟這是我們做為社交動物一定會遇到的狀況。

但有的時候，這種被動的羨慕會變質成主動的羨慕。這底下有如暗潮的自卑感，會強到讓人產生無法用幾句損人之語來宣洩的敵意。長時間與自己的羨慕心情相處，會讓人覺得非常痛苦與挫敗。但對你羨慕的對象抱持天經地義的怒氣，卻可以讓你醍醐灌頂。按照羨慕的心情去行事、做點什麼去傷害羨慕對象，都可以帶來滿足的感受，就像珍對瑪麗所做的事情那樣，只不過這種滿足感會相當短暫，因為人總是能不斷找到新的點去羨慕。

你的目標是去察覺這種更尖銳的主動型羨慕，並在危險真正來臨前未雨綢繆。你有三種辦法達成這個目的：熟稔滲漏出來的羨慕情緒跡象；對有羨慕人傾向的個人有所提防；了解有哪些情境或行動會觸發人心中的主動羨慕。你不可能滴水不漏地盯上所有由羨慕之情驅動的行為，因為人真的太善於掩藏這一點了。所幸你只要能按我所建議的三管齊下，那你搶得先機的勝率就可以扶搖直上。

羨慕的徵象

雖然這些徵象都非常細微，但羨慕之情總是會滲漏出來，供觀察力夠敏銳的你察覺。以下的徵象若個別出現，則代表的主要是被動或較微弱的羨慕之情。你要去注意的是「組合技」或不斷重複的模式。你不妨先確定對方是主動性的羨慕，然後再進入戒備狀態。

微表情

第一時間產生羨慕之情時，人還來不及自欺欺人，這時候他們露出馬腳的機率就很高。這說明了第一印象何以最準確，何以應該在觀察微表情時獲得最高的權重。羨慕之情與稱為靈魂之窗的眼睛牽扯最深。「羨慕」的拉丁文單字 invidia，其字根的意思就是「以有如利刃的雙眼去看穿、探索」。事實上這個單字最初的意思，就跟「邪惡的眼睛」有關，意思是人可以靠一雙眼睛完成對人的詛咒，甚至造成其身體上的傷害。

眼睛確實是非常很大的觀察重點，但其實羨慕的微表情會影響整張臉的範圍。遇到羨慕你的人，你會發現對方的眼神有一瞬間像鑽子一樣鑽來，而之後留下的是不屑，是有如仇敵般的針鋒相對。那會像是孩子被欺騙後的表情，而伴隨著這種表情，你會發現對方的嘴角下垂，狗眼看人低的鼻子微微翹高，下巴則有如戽斗般略顯突出。即便這表情會相對比較直接而且維持得久一點，但其實前後也不過就一兩秒而已。這之後通常伴隨的會是僵硬的假笑，而你看到這種表情通常是出於意外，比方說你可能正好轉頭到他們的方向，又或者是你用餘光感受到他們灼熱的視線。

德國哲學家叔本華設計過一個簡便的辦法可以搜尋出這些表情並加以測試有無羨慕的成分。對羨慕的嫌疑犯說些自個兒的好消息，像是升遷、戀愛、有人找你寫書等。你會注意到他們臉上閃過一抹失望的表情。他們恭喜你的口氣會掩藏不住當中的緊張與用力。另外再告訴他們一些壞消息，然後留意他們的微表情是否不自覺地在幸災樂禍，也就是英文外來語 schadenfreude 的那種感覺，其中 schaden 的部分意指「傷害」，freude 則意味著「快樂」。他們的眼神會一瞬間亮起來，那是羨慕你的人無論如何，都無法徹底掩蓋的一種爽感。

如果你在初認識朋友頭幾次打照面時就遇到上述的狀況，就像瑪麗遇到珍時那樣，而且頻率多到並非偶發，那你就應該要警覺到這人並非善類。

有毒的誇讚

羨慕的總攻擊在發動之前，往往會先出現前導的騷擾——看似不經意但其實經過精心設計，目的就是要讓你介意的白目評語。混淆而矛盾的明褒暗貶就是其中一種很常見的形式。假設你工作上有個案子大功告成，不論是寫成了一本書、拍了部電影、還是發揮了某種創意，而外界初步的反應都相當正面，這時羨慕者便可能會湊過來恭喜你要賺大錢了，彷彿你創作的初衷就是發大財而已，但其實你希望聽到的是對方肯定你的作品與努力。對方這種讚美會讓人錯愕，是因為他們拐彎抹角地在說你是個銅臭味很重的創作者，是個有錢就行的人。被這麼稱讚，你的心情會有些許複雜——他們確實是在誇你，但這種誇怎麼聽起來不是很痛快。事實上，為了讓你的自我懷疑與內傷最大化，他們很會挑時間對你說這種話，比方說他們會在你剛喜孜孜地得到好消息時，就跑來潑你這盆冷水。

同樣地在注意到你的成功之後，他們會哪壺不開提哪壺地把你最不討人喜歡的那一群觀眾／聽眾／讀者召喚出來，因為他們知道跟這些人牽扯不清，對你的形象最不利。「嗯，我相信華爾街的大老闆們一定會喜歡你作品的。」他們會在一堆人畜無害的評論中插進這一句，搞到你措手不及，而那種跟某些人沾上邊後不舒服的感受，就這樣縈繞在你心裡，揮之不去。又或者他們會專挑你無緣的好東西來讚美，像是一份差點被錄取的工作、一處差點買到的房子、一名與你仳離的伴侶。「那個建案真的設計得很漂亮，可惜了。」他們會說得好像自己是在關心你，是在為你不值，是在安慰你，但你不但沒有被安慰到，反而還覺得有點被在傷口上撒鹽。有毒的讚美幾乎是羨慕的代名詞。這種人老覺得自己應該要說點什麼來表示支持，但他們說話的內容總是會被深植在心中的羨慕給牽著鼻子走。如果這種怪怪的表態已是他們的習慣，而你也已經不止一回被他們這樣「稱讚」，那你就可以下一個他們內心有強烈的情緒在醞釀的判斷。

背後中傷人

若你身邊有人喜歡八卦，特別是八卦熟人的事情，那不用懷疑，你也一定躲不過被這種人品頭論足一番。很多人內心隱藏著羨慕之情，而表達出來的行為經常就是道人長短。透過把不懷好意的謠言分享出去，這些人能很便利地抒發情緒。這些人在背後數落人時會雙眼炯炯有神，聲音也一點都不會死氣沉沉，而前述的幸災樂禍就是他們最好的寫照。他們會四處索求對某名熟人的負面新聞，而他們口中定番的主題便是某某人其實沒有那麼好，大家私底下都是另外一套。

如果你耳聞他們是怎麼說你的，不論那些話是曲球還是直球，你都要在第一時間把天線打開來提高警覺。至於主動型羨慕的判斷標準，就是他們明明跟你有朋友的名義，卻還是忍不住要去找第三方發洩他們內心壓抑不住的敵意。若你注意到原本熱絡的友人或同僚突然莫名其妙對你冷冰冰的，那背後的原因就有可能是某些閒言閒語，而你也有必要為此去當個福爾摩斯。總而言之，**八卦的慣犯不具備當忠心好友的潛質**。

在忽冷忽熱之間拉扯

就像珍・威廉斯的故事，羨慕者往往會把親密的友誼當成利器來傷害他們羨慕的對象。他們會異常熱情地想巴上來當你的朋友。會在你身上投注全副的關注。若你的自信有任何缺口，他們便會趁虛而入。他們會交情還不到就過度地對你甜言蜜語。透過人為拉近與你的距離，他們將能蒐集到更多關於你的情報，並從中分析出你的罩門所在。然後突然之間，在你投入真感情之後，他們會很尖銳地批評起你。這種批判會讓你覺得丈二金剛摸不著頭腦，因為你似乎也沒有對他們做過什麼啊。但既然被罵了，你的罪惡感還是會油然而生。而就在這時，他們又會回復最初的暖度。像這樣忽冷忽熱的模式會不斷反覆，而你便會被困在友誼的爽跟被冷落的痛之間，反覆擺盪而無法自拔。

在批評你的時候，他們會像達人似地挑出你人格中小到不能再小的缺陷，或是你曾後悔過的發言，然後小題大做一番。他們會像伶牙俐齒的律師一樣羅織你的罪名，抹黑你的名譽，直到你覺得忍無可忍，準備捍衛自己、反擊回去，或是跟他恩斷義絕的時候，他們便會順水推舟地扣你一頂個性差甚至狠心的大帽子，然後到處去幫你宣傳。你會注意到他們過去也曾跟其他朋友不歡而散，而且事情在他們口中永遠是對方的錯。而這種模式很隱晦的根源，便是這些人選擇與他們因為某種特質而心生羨慕的人為友，然後又手法高超地折磨這些「朋友」。

一般來講，這些對你似是而非的批評，就是他們心懷強烈羨慕之情的證據。人就是會想要用負面的東西去欺壓或撼動你，這一方面為了傷害你，一方面是要模糊他們羨慕過你的足跡。

愛羨慕的類型

根據心理分析學者梅蘭妮・克萊恩（1882–1960）所言，有一種人會終其一生都特別容易羨慕他人，而這傾向可以追溯回他們還在襁褓中的時期。才幾週或幾個月大的時候，寶寶會與他們的母親形影不離。但隨著寶寶慢慢長大，他們也得開始面對並消化媽媽較長時間離開他們視線的問題，而這會衍生出很痛苦的適應與調整，而其中又有某些嬰兒會對母親偶爾的抽離感到格外敏感。他們會貪婪地需索更多的哺育與注意，會變得非常在意父親的存在，因為父親也會跟他競爭母親的注意力。他們也可能會非常在意手足的存在，因為手足同樣地會被視為對手。專門研究嬰兒與幼童時期的克萊恩注意到，某些孩子會對父親與手足展現較高的敵意與恨意，原因就是他們會分享母親原本可以給予他（羨慕者）的關心。甚至羨慕者還會對母親產生敵意或恨意，因為他們會覺得關懷自己不夠的母親不公平。

當然，有些為人父母者會刻意偏心來創造或強化這種羨慕的情緒，這包括他們會刻意退開，藉此讓孩子更強烈地渴望父母。但無論如何，體驗過這種羨慕情緒的孩子不會感激父母還是給了他們一部分的關心，也不會有被愛的感受，他們會終其一生覺得受到剝奪與欲求不滿。這會成為他們終身的感受模式：他們會先變成兒童、少年，然後長大成人，但不論幾歲，這輩子都不會有東西讓他們覺得「夠了」。任何再怎麼正向的體驗，他們的反應都會是我原本可以不只如此，我原本可以拿得更多，拿到更好。他們的心裡永遠會缺一樣東西，而為此他們永遠只能認定別人作弊，別人占了他們的便宜，別人拿走了原屬於他們的東西。他們會長出鷹眼，銳利地盯著別人有而他們沒有的一切，這會成為他們一生的「志業」。

我們都當過孩子，也不少人體驗過別人比我們受重視的時候，但我們可以用確信自己深刻被愛過而且心存感激的記憶去抵銷這一點。隨著年齡增長，我們可以把這種正向的體驗轉移到一系列人身上——手足、老師、恩師、朋友、戀人、另一半。我們可以藉此在想要更多跟相對滿足與感恩之間找到平衡。而那些容易羨慕人的人，就是年幼或年少時沒有存到這些「本錢」的人。因為覺得沒被愛夠，所以他們轉移到旁人身上的會是內心最初的妒意與敵意，他們會覺得周遭的人都在讓他們失望，都在傷害他們。他們鮮少會覺得滿意或感激。「我需要更多，我想要更多」，是他們永不下檔的內心戲。

因為羨慕會帶來痛苦，所以這些人的人生會不斷地需要執行各種策略來緩解或壓抑這些啃噬著他們內心的感覺。他們會詆毀天底下所有的良善，因為這樣的話世上就沒有什麼真正值得羨慕的人了。又或者他們會變得獨立到不行，因為愈是不需要人，就等於他們愈不會遇上需要羨慕人的場面。到了某個極端，他們會貶低自身的價值，彷彿他們本來就沒資格獲得世上任何的美好，所以也不需要費心去與人競爭關愛或名聲。按照克萊恩所說，這些常見的策略都是易碎品，經不起任何壓力的打擊——我說的是職涯上的不順利、一陣陣來襲的憂鬱，或是受傷的自尊心。他們早年體驗到的羨慕之情，會始終停留在潛伏期，隨時準備要對著人噴發。他們名副其實地在尋找人羨慕，以便自己可以重新體驗人生早期的那種原始情緒。

按照每個人心理組成的不同，這些人可以再區分為不同屬性的羨慕者。能盡早判別出他們的屬性，對你絕對是有百利而無一害，因為這些人肯定是從被動型羨慕者惡化為主動型羨慕者的高危險群。所以以下五種是最常見的羨慕者屬性，我會一一說明他們如何偽裝自己，又會如何採取攻擊。

平衡者

與他們初見面時，平衡者會看似風趣。他們會展現出一種壞壞的幽默感，會顯得很善於貶低當權者，並且給裝模作樣的人漏氣。他們還似乎配備有很強大的雷達可以偵測出世界各地的不公不義。然而，他們與真正關心弱勢者的不同之處，在於他們幾乎看不出或見不得任何人的優秀表現，除非那個人是古人或死人。他們的自尊心非常脆弱。那些人生卓然有成的人，會帶給他們極高的不安全感。他們心懷一觸即發的自卑感。而每當有功成名就者令其欣羨，他們就會第一時間用怒火將之掩蓋起來。他們會斥責人生勝利組鑽體制的漏洞，會說他們眼睛長在頭頂上，會乾脆直接說他們是幸運的精子，而不是真正有實力。他們的心態已經扭曲到把優秀跟不公平畫上等號，藉此來緩解他們內心的不安。

你會發現他們固然愛貶低別人，但反過來他並沒有被人酸的雅量。他們往往會把掌聲給予低俗的文化與毫無價值的垃圾作品，因為平庸的東西就不至於刺痛他們敏感的內心。除了悲觀或悲憤的幽默感以外，你會發現可從人討論自己人生的口吻中去確認平衡者的身分：他們喜歡用故事告訴大家自己有多委屈；而他們自己則一點錯都沒有。這類人會很適合當專業的評論員，他們可以把自己暗暗羨慕的人罵到屍骨無存然後還可以領錢。

他們活著最大的動力，就是把所有人都拉低到跟他們一樣平庸的境地。這有時代表他們不光是會把成就斐然或身居高位的人拉下來，還會把日子太開心、太幸福、太知道為什麼而活的人也拉下來，因為快樂、幸福與人生目標正好都是平衡者最缺乏的東西。**在平衡者身旁你要小心為上，特別是在職場上，因為他們會讓有上進心的你產生罪惡感。**他們會用綿裡針一般的發言來汙染你，讓你覺得「野心」是個骯髒的字眼，讓你覺得自己怎麼變成壓迫者階級的一員。他們會用最醜陋與鋒利的方式去批判你，甚至會身體力行地去破壞你的努力，然後說那是他們很合理地在向你討公道而已。

自命不凡的懶鬼

有很多人自認有權利成功而享有人生中的一切，但他們內心其實多半清楚成功必須有所犧牲與努力。惟有些人會覺得他們什麼都不用幹，就有各種好事會自然而然找上門來。這種自命不凡的懶鬼通常非常自戀。他們會為自己想寫的小說或劇本勾勒出一個簡陋到不能再簡陋的大綱，或是為創業的想法提出一個模糊到不能再模糊的概念，然後就覺得大家要起立為他們鼓掌。只不過在內心深處，這些懶鬼也擔心自己沒有能力實現想要的一切，而這也是何以他們從來不會身體力行地去培養應有的紀律。發現身邊圍繞著努力不懈而且廣受好評的高成就者，他們會意識到自己始終壓抑著的自我懷疑，然後心態就會快速地從羨慕別人換檔成為仇視別人。

克里斯多福·雷恩（Christopher Wren, 1632–1723）是他所屬年代的天才，身兼知名科學家與一流建築師的雙重身分，而其在建築上的代表作就是位於倫敦的聖保羅大教堂。雷恩還有一項長處是他的好人緣，與他共事過的人幾乎都喜歡他。他的熱情、無庸置疑的能力，還有工作起來不眠不休的毅力，都讓他不論在社會大眾間或工作的同僚間都深受好評。但有一人例外，這人就是深深羨慕雷恩一切的威廉·塔爾曼（William Talman），這名在好幾項重大建案上被指派為雷恩助理的基層建築師。自視甚高的塔爾曼覺得他跟雷恩的位子應該調換一下，但其實他的態度很差，而且幹起活來還出了名的懶散。

有回雷恩的兩個案子分別出了意外，若干工人不幸喪生，塔爾曼藉機大作文章，指控身為他上司的雷恩怠忽職守。他翻出了雷恩漫長生涯中其他疑似失誤的例子，希望藉此證明雷恩沒資格享有如此崇高的聲譽。其實經年累月，塔爾曼一直都在設法抹黑雷恩，包括到處說他草菅人命而且花錢如流水，還說他的專業能力實屬過譽。他不斷混淆視聽的結果，終於讓國王把一些重要的案子委託給才華遠遜於雷恩的塔爾曼負責，而這可把雷恩給惹毛了。不僅如此，塔爾曼還變本加厲地盜用不少雷恩的創新。為了與塔爾曼打這場斯文掃地的戰爭，雷恩有好幾年的情緒都低迷不振。

在職場上面對塔爾曼這種寧可靠巧言令色的政治手腕，也不願意靠實績來維繫自身地位的人，我們除了小心還是只能小心，因為他們有很強烈的傾向會去妒恨努力耕耘而收穫豐碩的人。他們會動口污衊你，更會動手去搞破壞，而且沒有任何警告。

地位狂魔

身為社會動物，人對自己在團體中的階級跟地位都非常敏感。我們會把獲得的關注與敬重視為地位的指標，我們努力不懈地透過監控去拿自己跟別人比較。因為對某些人來說，地位不光是社會位階的量尺而已，地位於他們是自我價值最重要的決定因子。這些地位狂魔會追問你月入或年收多少，會問你是租房還是買房，住處在市區或郊區的什麼地方，出國是搭經濟艙還是商務艙，乃至於大大小小他們可以用來比較的資料。若是你的社會地位比他們高，他們會用崇拜來掩藏對你的羨慕。但若你是他們的平輩、同儕或同事，那他們就會像靈犬萊西一樣搜尋你享有榮寵或特權的任何一絲氣息，然後在水面下攻擊你，在群體中暗地打擊你。舉美國職棒名人堂球星瑞吉・傑克森（Reggie Jackson, 1946 -）為例，他的洋基隊友葛雷格・奈托斯（Graig Nettles）就符合地位狂魔的人格描述。對傑克森而言，奈托斯感覺非常在意別人擁有而他得不到的肯定與讚賞。他一有空就在那兒比較每個人的薪資，而尤其讓奈托斯不爽的是，傑克森的薪資規模與媒體名氣。傑克森能夠名利雙收是因為他的打擊威力與活潑個性，但只會羨慕的奈托斯卻不這麼想。奈托斯覺得傑克森只是善於跟媒體打交道，而且跟洋基老闆喬治・史坦布瑞納（George Steinbrenner）關係打得好。傑克森在他的認知裡，就是棒球界的「花蝴蝶」。他的羨慕之情會在開傑克森難聽玩笑的時候展現出來，再不然就是在明褒暗貶時或銳利眼神中流瀉出來。他煽動洋基球團裡的每個人去反傑克森，讓傑克森的日子難過。如傑克森在自傳中所說，「我老覺得他在我背後陰魂不散，隨時準備捅我一刀。」傑克森另外還覺得在奈托斯的羨慕中，默默地有一點種族歧視的成分，似乎他很不開心黑人運動員賺得比他多很多。

想認出誰是地位狂魔，可以去觀察對方是不是把每件事都簡化為金錢與物質的考量。聊起你穿的衣服或你開的車子，他們在意的永遠都是價錢。他們會表現得很幼稚，會讓人想起手足間因為誰的東西比較好而上演起的家庭倫理鬧劇，而你就是那個背叛他們的姊妹或兄弟。不要因為看到他們開老車或外表不修邊幅，就給騙走了，這類人常會扮演入定老僧或覺醒嬉皮來證明自己淡泊名利，但其實他們內心對無法靠努力得到的各種奢侈品垂涎不已。身邊有這類人，你要對自己擁有的東西低調處理，以免讓他們的羨慕之心被點燃，並順便強調出對方擁有的財物、能力跟地位，給這些人高帽子戴。

依附者

身處於任何有如宮廷一般的權力環境裡，你都無法避免地會發現有人受到有權有勢者的吸引，但這種吸引力並非來自於有權有勢者有什麼地方值得佩服，而是因為我們內心不足為外人道的羨慕。這一類人會想辦法去依附當權者，成為他們的友人或助理，為此他們會想辦法讓自己「有用」。他們表面上會覺得老闆的某些特質好棒棒，但自己也應該跟老闆一樣享有某種光環才是他們心底的真實想法，而且他們還不想為此進行任何努力。這些人依附在能人的身邊愈久，內心就會被羨慕之情啃噬得愈嚴重。他們不是沒有才華或天分，也不是沒有想追求的夢想——為什麼老天爺就獨厚他們的上司，不眷顧自己呢？依附者很善於扮演馬屁精來隱藏自己內心的羨慕之情。而他們之所以選擇依附，是因為他們想湊近去傷害他們眼中的幸運兒，那能帶給他們某種滿足感。所以說他們受有權力者吸引，是因為他們看著對方，心中會油然而生一股傷害慾。

尤蘭達・薩爾迪瓦（Yolanda Saldivar, 1960-) 就是非常典型而極端的依附者。她替德哈諾人（Tejaho；西班牙文意思是「德克薩斯人」，意指居住在德克薩斯州的西語居民後裔）歌手賽琳娜（Selena）成立了一個浩大的粉絲俱樂部，然後藉由擔任賽琳娜名下服裝店的經理，她成為了賽琳娜的心腹跟事業幫手，而這也讓尤蘭達累積了某種權力。在賽琳娜面前，沒人說話比尤蘭達更中聽，但對賽琳娜名氣的羨慕讓她由愛生恨，於是尤蘭達開始良心一點都不會不安地侵吞公款。等到賽琳娜的父親找上門來，她的想法竟然是把賽琳娜除掉，而最終她也真的在一九九五年犯下了這起謀殺案。

依附者有一樣所有羨慕者都不陌生的特質：**他們欠缺活著的意義與目的**（這一點第十三章會細談）。不知道自己天職所在的他們會覺得自己什麼都可以，由此他們會去嘗試不同的領域，但最終他們會覺得舉目無依而內心空虛。他們會本能地欣羨起那些知道自己想做什麼的人，甚而會朝對方的人生依附上去。這一方面是他們想靠對方補足自己缺少的那一塊，一方面是因為他們想對對方造成傷害。

基本上太積極想黏著你，太急著為你所用的人，都要小心。他們會想靠巴結與拍馬屁而非經驗跟能力來靠近你，與你建立關係。他們的攻擊方式是先蒐集關於你的祕辛，然後當成閒話洩漏出去，傳播出去，藉此來傷害你的聲譽。為此你不論是雇用人還是選擇工作夥伴，都要以對方專不專業而非討不討人喜歡來做為取捨的標準。

心虛的大師

對某些人而言，爬到一定高度的位置是一種自我實現的證明，是一種自信的營養品。但對另外一些容易焦慮的人而言，身居要職會讓他們小心翼翼隱藏著的不安全感探出頭來。夜深人靜時，他們會對自己撐不撐得起這個頭銜充滿懷疑。這樣的他們會用充滿羨慕的眼神看著那些比他們有才華的人，包括位階可能還低於他們的人。

在這些老闆手下工作，你會以為他們都很有自信，很清楚自己在做什麼。要是沒有自信，他們是怎麼當上你老闆的？你會這麼想。由此你會加倍認真工作，希望能讓他們看到你的努力與上進，但幾個月後他卻貶了你的職或直接炒了你的魷魚。這沒道理啊？你明明都有交出成績。但你所不了解的，是你面對一個沒有安全感的老闆，而你在不知不覺中按下了他們自我懷疑的開關。他們暗地裡羨慕著你的年輕、你的青春活力，你的無限可能性，還有你的才華橫溢。萬一一個不小心，你還很有他們不具備的社交能力，那你就更會成為他們的肉中刺、眼中釘。他們會開除你、將你的職務貶低，然後再為此編一套似是而非的原因，但真相他們則永遠不會告訴你。

以執行長之姿，在迪士尼呼風喚雨了二十載的麥可．埃斯納（Michael Eisner），就是這樣的類型。一九九五年，他開除了自己的左右手兼製片部門主管傑佛瑞．卡曾柏格（Jeffrey Katzenberg），檯面上是因為卡曾柏格的個性太衝，而埃斯納說卡曾柏格不是個懂得團隊合作的人。但實際上，卡曾柏格在崗位上的表現可圈可點，他監製的電影全都成了迪士尼的重要收入來源。他能點石成金。雖然內心不肯承認，但埃斯納顯然先是羨慕卡曾柏格的才能，後來更是由羨慕而生出恨意。這種模式一而再再而三，發生在他與他所招募來的創意人才之間。

你要留意你的上司身上有沒有欠缺自信或羨慕你的跡象，比方說，他們是不是動輒會莫名其妙地開除人，或是看到超優秀的報告交上來也不是很開心的模樣。你要小心翼翼地以老闆為尊，讓他們有面子，贏得他們的信任。把你的點子弄得好像是他們的點子似的。即便是你在努力，但功勞就任由他們拿去。你要發光發熱之後會有機會，但在那之前要先維護好老闆的尊嚴。

羨慕之情的開關

雖說特定類型的人，容易羨慕人的傾向比較明顯，但你也必須留意到在某些情境下，即便是一般人的羨慕心情也會覺醒。一旦身處於這樣的狀況下，你就要如履薄冰。

最常見的羨慕催化劑，就是你在地位上突然平步青雲，身分與過往不可同日而語。這種變化顯然會影響到你與朋友、同儕的關係，尤其是會影響你的同業至深。人類熟知這種現象，由來已久。早在西元前八世紀，海希奧德（Hesiod）就曾提及「陶工會羨慕陶工，匠人會羨慕匠人，作家會羨慕作家」。但凡你成就了同業都渴望但尚無法如願的功績，他們很自然的反應就是羨慕。你對此應該要合理地予以包容，不要太過計較，因為如果今天處境對調，你也不會比較清高。聽到他們有氣無力地恭喜還有呼之欲出的批評，你都不用往心裡去。只不過有些人會在羨慕之餘產生想傷害你的動機，這你確實需要小心。

文藝復興時期，突然獲得委任的藝術家們會成為對手羨慕的活靶，而且當時的人一旦羨慕起人，都還蠻狠的。米開朗基羅就藏不住他對於年輕天才拉斐爾的羨慕，而盡他所能地去摧毀拉斐爾的名譽，阻擋他接案子。文人相輕或文壇中的相互猜忌，也算非常有名，尤其是牽扯到重大的接案或出書利益。

遇到這種狀況，你最理想的回應就是拿出自嘲的幽默感，一笑置之，切記不要用你的功成名就去在別人的傷口上撒鹽，畢竟每個人能成功都有運氣成分。事實上，**在跟可能羨慕你的人討論你的成功時，你應該盡量把一切都推給好運**。若是對方關係跟你比較親近，那你可以在不傷及對方自尊心的前提下，主動並盡力協助對方突破瓶頸。按此道理，在A作者前面讚美B作者是大忌，除非B作者已經不在人世（作者可以代換為藝術家或其他身分）。要是你發現有同業對你的羨慕已經不只是單純的羨慕，那你就要盡可能與他們保持距離。

你要牢記在心的是，生涯開始走下坡的長輩往往內心非常脆弱，他們很容易對後輩產生羨慕的情緒。

有時會引起強烈羨慕的是人與生俱來的條件。我們可以苦練去習得一項技能，但我們沒有辦法改變自己的身心狀態。有些人天生就是比較好看、比較有運動細胞、比較有想像力，比較寬容大度等。若是有人天生就兼具才華與敬業態度，再加上幾分運氣，那羨慕之情就會在他們身邊如影隨形。要命的是這些人往往又比較天真爛漫而不設防。因為他們不會沒事去羨慕別人，所以他們也無法理解別人會羨慕自己。因為沒能察覺到人世間的凶險，所以他們往往會很自然地展現出自己的天賦，結果就是導致了更多人的羨慕。瑪麗．雪萊就集合了這所有的條件——具有想像力的天賦，聰明過人，但又相當天真。更糟糕的是愛羨慕的人會偷偷厭惡那些對羨慕情緒免疫的人。看到有人對羨慕免疫，愛羨慕的人會加倍意識到自己的羨慕天性，而這便會撩撥起他們想要傷人的欲望。

但凡因為某種天分而鶴立雞群，你就不能不去在意這類危險，並且要避免太過拋頭露面。相對於此，你應該要策略性地「突槌」來鈍化旁人對你的羨慕，並讓自己天生的鋒芒黯淡一點。若你在理科上的性向很明顯，很突出，那你就要讓人知道你多希望自己的待人處事能更圓融一點。除了明顯很擅長的科目以外，其他領域的你可以表現的笨拙一點。

甘迺迪在美國民眾的眼中是天之驕子般的總統。他英俊、聰明，有魅力，而且還附帶一位美麗的第一夫人——理論上你很難認同或喜歡這樣的人。但就在就任初期的豬玀灣古巴危機差一點釀成美蘇大戰後，他承認自己犯下大錯並願意全權負責。這反而讓他的民調直衝雲霄，因為會犯錯代表他是活生生的人。雖然這樣的發展並不在甘迺迪的計畫之內，但我們依舊可以從中學習到一個教訓，**那就是我們可以透過討論自身犯過的錯誤，透過凸顯我們在特定領域的笨拙，來顯示出我們的人性，但這並不會有損於我們整體的聲譽。**

功成名就的女性尤其容易受到羨慕與敵意的攻擊，惟這類攻擊都不會直接指向她們的能力。這些女性會面對各種人指控她們冷漠、野心勃勃，或是少了女人味。不考慮性別因素，我們一般會選擇對卓然有成的人心懷崇敬，而崇敬之情就落在羨慕的對立面。我們一般不會因為看到這些人的成就，就覺得自己遭受到挑戰，也不會心生不安全感。我們甚至會油然而生一種「有為者亦若是」的情懷，以他們為榜樣去奮發向上。但很遺憾的是這種佳話，比較難發生在女性身上。遇到優秀的女性，不分男女都會感覺到比較強烈的自卑感（*我竟然不如一個女流之輩？*），而這種自卑感會導致羨慕與敵意，而非欽佩之心。可可．香奈兒作為同時代最優秀的女性企業家，而且又有著孤兒的出身背景（見第五章〈成為別人「渴望」而不可及的目標〉），就一輩子都沒有擺脫這樣的羨慕眼光。一九三一年，在她聲勢的頂峰，可可邂逅了保羅．伊里巴（Paul Iribe）這名生涯正在走下坡的插圖與設計師。伊里巴非常善於勾引女性，而且他跟可可之間也有很多共通點。但兩人交往了幾個月後，伊里巴開始批評可可太過招搖鋪張，此外，看到她其他的缺點也會對可可不假顏色，讓她很不好受。可以說，他想要控制她方方面面的人生。雖然受到這樣的待遇，但可可實在太孤單，太希望有人陪伴，所以她還是勉為其難撐了下去，但後來她曾經在筆下這樣形容過伊里巴：「我蒸蒸日上的名聲，使江河日下的他顯得更加黯淡了……伊里巴在愛我之餘，也暗暗地希望毀滅我。」愛與羨慕，是並不互斥而可並存的兩樣東西。

成功的女性想卸下這種重擔，只能等到根深蒂固的這種價值觀有所更替。在那之前，她們只能自求多福，自行學著去打出謙虛牌來讓羨慕攻擊無法近身。

勞勃．魯賓（Robert Rubin, 1938-）這名在美國總統比爾．柯林頓手下擔任過兩任財政部長的政治家，就是靠大智若愚來解除羨慕威脅的高手。他的職業生涯始於一九六六年的高盛投資銀行，之後慢慢高升到成為高盛的共同主持人，這年是一九九〇。高盛能躍居在華爾街執牛耳的投資銀行，魯賓正是關鍵之一。他對金融工作兼具了熱情與才幹，但就在他在高盛體系中日益嶄露頭角之際，這人也學著在各方面表現得更加虛懷若谷。在很顯然沒人比他懂的會議中，他仍會不厭其煩地徵詢在場最菜同仁的意見，而且對方一旦開口還會聽得入神。當底下的人問起他該如何因應某項危機或問題，他會冷靜地先問對方「你是怎麼想的呢？」，然後對方的回應他也不會等閒視之。

高盛一名同事曾這麼形容過他：「鮑勃（勞勃的暱稱）比誰都善於打謙虛牌。『這只是我個人意見而已』這句台詞，他一天得說上十來遍」。魯賓厲害的地方就在於他可以讓這麼多人佩服他，但卻幾乎沒有人對他有任何不滿，這在廝殺很激烈的高盛內部是很罕見的事情。這代表你**只要能不敷衍地把注意力多放在別人身上，羨慕這種負面情緒的迴路就能被你弄到短路**。

若是發現自己正遭受羨慕攻擊，那你最好的對策就是控制好自己的情緒。而要想控制好自身情緒這點，先知道攻擊的來源是羨慕會讓你事半功倍。要是你反應過度，那就正中了羨慕者的下懷，因為你的情緒反應會讓他們不愁沒東西批評你。他們會利用你的反應來合理化自身的行徑，然後讓你在這場鬧劇中被糾纏得更緊。你要不惜一切代價維持好自身的冷靜。可以的話，與對方保持好距離——不論是解雇他們或與其切斷聯繫，你都可以加以考慮。不要妄想你可以透過某種方式來修補關係，你的好意只會強化他們的自卑情緒。他們只會找機會再度反擊。你只需要專心捍衛自己，不要讓自己陷於他們發動的公開或謠言攻擊。但同時你也不要幻想什麼報復他們的劇情，因為羨慕者人生原本就很淒慘了，你只要遠遠地讓他們泡在自己的「冷毒藥」裡，確定他們未來沒辦法傷到你就好，就像瑪麗對待珍那樣。他們長年的不快樂，就已經是一種酷刑了。

最後，你可能會以為羨慕這種事情在現代已經相當稀奇，畢竟羨慕是一種相當原始而幼稚的情緒，而我們理論上已經活在高度發展的二十一世紀。再者，也鮮少有人會拿羨慕當成重要的社交因子來進行討論或分析。但真相是現今羨慕之氾濫超越史上任何時代，而社群媒體最應該為此狀況有所交代。

通過社群媒體，我們會二十四小時有機會對朋友、偽朋友與名人的生活進行窺探。但我們看到的並不是未經修飾的個人世界，而是經過理想化後的公關形象。我們只會看到他們興奮地去度假，只會看到他們跟親朋好友同歡時的開心笑顏，只會看到他們日起有功地一天進步過一天，只會看到他們跟不得了的人見面，只會看到他們為了了不起的理念與計畫沒日沒夜，只會看到他們耕耘之後的豐碩成果展現。我們有跟他們一樣時時刻刻笑容滿面嗎？我們有跟他們一樣充實度過每一天嗎？我們會不會正在錯過了什麼？我們一般都會很合理地認為自己有資格享有美好的人生，所以萬一有誰比我們享有的更多，很正常的反應就會是哪裡出了差錯，我們就會覺得某人或某事是罪魁禍首。

我們在此所體驗到的是一種整體性的不滿，低度的羨慕之情在我們內心端坐著，等待著我們因為讀到或看到的東西而產生強烈的不安全感，這時單純的羨慕就會被激發成更尖銳的型態。這種羨慕的情緒若在人群中蔓延開來，甚至可能會變化成一股政治勢力，因為民粹主義者可以利用這點，搬出日子過得比這群人爽的對照組來進行挑撥。人們會團結在共同的羨慕對象之後，但就像我們個別擁有的羨慕情緒一樣，沒有人會承認這一點，而外界也不敢冒大不韙去貼這樣的標籤。公眾的羨慕之情可以轉瞬間瞄準公眾人物，特別是看到公眾人物落難，社會大眾更會一整個幸災樂禍起來，如瑪莎・史都華（Martha Stewart）捲進內線交易疑雲時就面臨到外界鋪天蓋地的敵意鎖定。名人的八卦，真的是一門好生意。

這帶給我們的教訓很清楚：我們只要一個不留神，身邊滿滿的羨慕之情就可能從被動變質為主動，從無害變成有毒。我們必須要提防這樣的效應來自於朋友、同事，或是社會大眾（如果你具有公眾身分）。在現今這個紛亂的社會環境裡，能夠從蛛絲馬跡中確認出羨慕者蹤跡，是一種不可或缺的生存能力。反過來說，我們現在也比以往更容易產生羨慕別人的心情，所以如何做好這方面的情緒管理，將羨慕昇華為正面而有建設性的進步動力，也是我們該學習的課題。

超越羨慕

就跟多數人一樣，你也會很自然地否認自己在羨慕別人，尤其你不會承認自己的羨慕之情有強到讓你想採取行動，但這樣的你只是在自欺欺人。如前所述，你能意識到的只有自己用來掩蓋羨慕之苦的怒氣與恨意。你必須要設法克服人性天生的阻力，才能在羨慕之情一開始蠢動時就看清其本質。

沒有人不跟人比較，也沒有人不會因為有人在我們看重的領域中比我們優秀而心生動搖，更不會有人在有所動搖後還不產生名為羨慕的反應（羨慕是一種被寫入到我們天性中的本能；已有研究顯示，猴子也懂得羨慕）。你可以從一個簡單的實驗做起：下一回聽說或讀到跟你同領域的人瞬間爆紅，你可以注意自己是不是有一種希望自己也能得到相同際遇的（心痛）感覺，然後是不是會接續產生一種羨慕之餘的微微敵意。這整個過程稍縱即逝，你一不小心就會錯過那當中的轉折，但還是請你嘗試去捕捉那種心境。歷經這樣的心路歷程，是人類很自然的反應，你不需要為此懷抱著罪惡感。一次次這樣的自我觀照與省察，將有助於你一步一腳印地超越羨慕、克服羨慕。

但話說回來讓我們實際一點，我們得了解要徹底擺脫想跟人比較的衝動是不可能的事情。作為社會動物，比較的本能在我們天性中可謂根深蒂固。但我們仍不能放棄努力的，是慢慢地把比較心轉化為一種正面、有建設性、並且有利於社交關係的動力。下面有五種簡單的練習可以幫助你達成此一目的。

拉近與羨慕對象的距離

羨慕的溫床是相對近的距離，比方說天天見面的公司環境、家庭裡、社區鄰里，或是任何一種同儕團體。但人的天性是在自身的事務上隱惡揚善。大家都喜歡把自己的問題掩蓋起來，以最好的一面示人。這就是何以在有點近又不會太近的距離下，你能看到跟聽到的都只剩下他們的捷報、喜訊、創意，還有發大財的消息。但是你能再湊近一點瞧，你就能看到門後的爭吵與新公司裡的慣老闆，然後你就不會那麼羨慕人家了。世上所有人事物的完美，都只是表象而已，很多時候你沒發現自己看走眼，只是因為你距離隔得太遠。假設你覺得朋友的家庭好到你想跟他交換，你就想辦法去跟他們相處看看，搞不好你馬上就會有所改觀。

要是羨慕的人比你出名或鋒頭更健，請提醒自己人怕出名豬怕肥，因為樹大招風，人一出名就容易被敵視，被針對，而被人用放大鏡觀察的感覺其實相當不好。有錢人往往滿腹苦水，不信你去讀看看船王亞里斯多德・歐納西斯（Aristotle Onassis, 1906–1975）人生最後十年的生活史。歷史上能比他有錢的人，手指數得出來，然後他還娶了風姿綽約，卸下第一夫人光環的賈姬為妻，理論上他的人生應該了無遺憾，但實際上財富所帶給他的只是無盡的夢魘，包括一群被寵溺到毫無骨肉親情的後裔。

這裡所謂拉近距離，是一個雙重的過程：一方面，你要嘗試去看到人光鮮亮麗的表象下是什麼情形；而另一方面，你要想像身處於羨慕對象的位置上，會伴隨哪些避免不了的問題。這並不是要你去酸葡萄，去貶低他們達到的成就，而是要你**別過度美化或羨慕別人的私生活**。

比上不足，比下有餘

你正常的反應會是去看那些比你好的人，但其實聰明的你應該去看那些比你差的人。不如你的人肯定不會難找，他們的生活環境比你差，生存的競爭比你嚴酷，對未來的徬徨也更甚於你，而他們不少都是你身邊的朋友。看著這些人，你一方面可以刺激出惻隱之心，一方面可以對自己的狀況心存感激。而這種感激，正是羨慕之情最好的中和劑。

作為相關的練習，你可以寫出生命中所有不被你當回事兒的好東西，像是那些對你好，幫過你忙的人、你很少生病的健康身體。感激的心情就像肌肉一樣，不運動就會萎縮。

練習與有榮焉

幸災樂禍，也就是前面提到過的 schadenfreude，與羨慕有直接的關係，這一點已經獲得好幾項研究的證明。羨慕的對象吃鱉，會讓我們有興奮，甚至於是喜悅的感覺。但其實聰明如你，應該反其道而行去練習哲學家尼采所說的 Mitfreude，也就是與人一同開心。尼采曾寫道過，「毒蛇螫咬我們，是想要傷害我們，並在這過程中獲得快樂；最等而下之的動物都能想像別人的痛苦，但要想像別人的喜悅，並與他們一同開心，則是最高等動物獨享的最高尚的行為。」

所謂 Mitfreude，意味著我們不光是要在別人走運的時候說聲不痛不癢、船過水無痕的恭喜，而是要試著去感同身受他們的喜悅，那是一種同理的概念。這有點反人性，我同意，畢竟人的天性就是會因為別人比我們好而感受到羨慕的痛苦，但透過訓練，我們可以引領自己去想像別人的幸福與滿足。這不僅能將醜陋的羨慕之情請出我們的腦中，而且還可以創造出人與人之間少見的水乳交融。若今天是我們有了成就，別人與有榮焉，那我們也同樣能從言語中感受到對方真心為我們高興的感覺，而這會讓我們也想祝福對方一切順遂。因為這種真心為人開心的場面真的太罕見，所以那當中會有一股強大的力量可以將人連結。而在將別人的喜悅內化為我們的喜悅之際，我們也可以強化為自己感到欣喜的能力。

有為者亦若是

我們不可能不去跟人比較，那是沒有煞車可踩的大腦機制。所以比較務實的作法，是導引這種情緒去變成一種有建設性跟創造性的東西。與其放任自己產生想傷害人或竊取別人智慧的念頭，我們更應該讓自己進入「有為者亦若是」的心境。這麼一來，羨慕就會變成追求卓越的跳板。我們甚至可以主動去接近比我們強一點的人，讓他們來刺激我們變得更加好勝，更想自我提升。

要能夠如此正面思考，我們需要一些心態上的調整。首先，我們必須說服自己我們有能力變得更好。**對自身學習能力與進步能力的信心，可當作羨慕之情的強力解毒劑。與其希望得到別人得到的東西，然後氣急敗壞地去破壞別人的好事，自信會讓我們更想去靠自己的力量去一償宿願，因為我們相信自己有這樣的能力，不用羨慕別人。**再者，我們必須發展出堅實的工作倫理來做為自信的強力後盾。只要我們夠堅持，不放棄，那就什麼障礙都能夠跨過去，登上我們想要的位置。懶散又無法自我約束，只會讓你更加擺脫不了羨慕。

由此延伸出去，有天職在身的使命感會讓我們在覺得活著很有意義之餘，也對羨慕免疫。你會對自己的人生與計畫專心一意，很清楚自己要往哪兒去。如此充滿衝勁的你，根本不會有去羨慕旁人的餘裕。能讓你感到滿意的，會是實現你自身的潛力，而不是稍縱即逝地出點小名。你跟人比較的需求會變得很低，因為你的自我價值來自內心，而不是外在的虛名。

對人類的偉大心存崇敬

如果說羨慕在南極，那崇敬什麼的心情就在北極。崇敬代表我們肯定、讚賞著他人的優異表現，但並未因此對自身的欠缺感到羞愧。我們承認有人在事業上、藝術上、科學研究上比我們高出一截，但我們感覺到的只是敬佩，而不會痛苦地覺得自慚形穢。但崇敬的內涵還不只如此。在承認他人的偉大之際，我們其實是在讚頌著人類作為一個物種的潛力。我們是在對人性中至高水準的表現感到與有榮焉，是在分享著人類偉大成就的驕傲與喜悅。**這種崇敬之心，可以提升我們，讓我們超越日常生活的瑣碎與糾結，並從中獲得平靜下來的感覺。**

雖然說崇敬死人比活人容易得多，但我們仍必須要嘗試起碼把一位活人給請到我們的私人萬神殿中。如果我們還年輕，那崇拜的對象也可以作為我們在某個程度上效法的對象。

最後一點，人生中有些我們覺得無比滿足與幸福的瞬間其實不涉及世俗的成功或成就，而這些瞬間也值得我們去好好孕育。這類型最常見的狀況，就是我們發現自己身處於絕美的地景中，如崇山峻嶺、海洋、森林。我們感受不到旁人窺視比較的目光，也忘記了要出名跟證明自我的事情。這時的我們只是單純地震懾於美不勝收的地景，而那感覺出奇地療癒。會進入這種忘我的境界，也可能是因為我們思慮到宇宙之廣大無垠，意會到自己的誕生是匯集了多少時空條件的奇蹟，或念及時間之逝者如斯夫，不捨晝夜。這些都是超凡脫俗的瞬間，都距離羨慕這種庸人自擾且毒害身心的俗念，說多遠就有多遠。

> 因為並不是很多人做得到……去愛鴻運當頭的朋友而不會心生羨慕；而在這顆懷著羨慕之情的腦袋四周冷冽的毒藥會在其上附著，讓生命帶給他的痛苦全部倍增。除了自身的傷口必須自己去舔舐癒合，還有朋友的快樂讓他感覺就像詛咒。
>
> ——埃斯庫羅斯（Aeschylus），古希臘詩人

〈第十一章〉

自知之明

自我膨脹的法則

我們身而為人，內心深處都有一種自視甚高的需求。若那種自認有神性、偉大而且聰明的自我認知偏離現實太遠，我們就會變得是在自我膨脹。我們會想像自己優於常人，而往往一丁點的成就就會讓我們得意忘形到危險的境地，因為我們會覺得事實擺在眼前，我們的能力就是如此優越。我們會忘記自己的成功裡有運氣，有旁人助我們一臂之力，我們會想像著自己能點石成金。如此與現實脫節的我們會在決策上變得不夠理性。而這就是何以我們的成功往往只是曇花一現。你要去注意自己跟他人有沒有自我膨脹的跡象，如：傲慢地確信自己的計畫一定能成事；對外界批評展現出的玻璃心；對任何形式之權威的鄙夷。要中和掉自我膨脹的拉扯，你必須要對自身與自身的極限保持符合現實的評估。任何偉大的感覺，都請你連到你的工作表現上、成就上，與對社會的貢獻上，而不要扯到你本人的身上。

成功的幻象

時間來到一九八四年的夏天，麥可．埃斯納（Michael Eisner, 1942-）身為派拉蒙影業（Paramount Pictures）的總經理，再也無法對讓他忍受了數個月的焦躁心情視而不見。他急於更上一層樓，在更大的舞台上撼動好萊塢的根基。這股想要躁進的心情，一直是他人生的主題曲。他的生涯始於美國廣播公司（ABC），但他從來沒有在任何一個部門裡找到舒適圈。就這樣在九年當中的各種升遷後，他來到了黃金時段節目編排的主管職位置。但就在此時，他開始覺得電視是個讓他手腳施展不開的小池子。他需要一個更大、更華麗的舞台。一九七六年，埃斯納在 ABC 的老長官貝瑞．迪勒（Barry Diller）以派拉蒙影業董事長的身分邀他擔任派拉蒙製片廠的部門主管，而他也二話不說朝機會撲了上去。此時派拉蒙也沉寂了很久，但與迪勒成為搭檔之後，埃斯納順利將派拉蒙打造成好萊塢當紅的片廠，接連一部部電影都叫好又叫座，包括：《週末夜狂熱》（*Saturday Night Fever*）、《火爆浪子》（*Grease*）、《閃舞》（*Flash Dance*）、《親密關係》（*Terms of Endearment*）等都是經典。雖然迪勒在這樣的逆轉中也扮演了一定角色，但埃斯納總認為自己才是片廠成功的關鍵功臣。畢竟讓拍電影百分百賺錢的公式，是他發想出來的。

電影要賺錢，首要在於壓低成本，而成本也是他的執念所在。另外就是拍電影一定要先有一個好的構想，一個原創、新穎、劇情好梳理，而且具有戲劇張力的構想。其他環節像是編劇、導演、演員，公司都可以找最貴的，但要是打底的構想不夠強，那其他地方花再多錢也只是放水流罷了。反之電影的構想只要對了，那行銷起來就會事半功倍。一家片場可以大量拍出這種成本相對低廉的電影，而就算最後的票房表現只是中上，也起碼可以確保公司的穩定收益無虞。這種思維，與一九七〇年代後期追求暢銷的主流想法背道而馳，但埃斯納為派拉蒙賺錢是事實，誰好跟他對著幹？事實上，埃斯納把這種暢銷電影公式整理成了一份備忘錄，而這份備忘錄也如同福音一般，讓這公式在好萊塢圈子裡傳誦不朽。

只不過，在與迪勒共享派拉蒙的光環這麼多年，有那麼多執行長要討好，有那麼多行銷總監還有財管人員要去抬槓之後，埃斯納真的受夠了。要是他可以自立門戶，無拘無束，不知道該有多好？有他自創的賺錢公式跟他拼命三郎般的衝勁當靠山，他肯定可以打造出放眼全球最偉大也最好賺的娛樂帝國。他厭倦了讓其他人搭他的便車，沾他的光。將來，制高點上若只有他一個人發號施令，一切的布局都依他，一切的功勞也全歸他。而就在埃斯納撥著如意算盤，準備進入職涯下一階段的一九八四年夏天，他鎖定了自己雄心壯志的目標——華德迪士尼公司。乍看之下，這是個非常令人玩味的選擇。自從華德・迪士尼本人在一九六六年死後，華德迪士尼片廠就像是被時間給凍結住了一樣，隨著一年年過去而愈來愈不合時宜。那地方愈來愈像個沉重無趣的男性俱樂部，很多員工過午即不工作，午后時光要麼在牌局中度過，要麼在公司附設的三溫暖裡消磨。但即便如此，迪士尼以每大約四年一部動畫片的龜速在運作，公司內也幾乎沒有聽說誰捲鋪蓋走路。另外在一九八三年，他們出了三部品質普普通通的真人電影。他們上一次有電影大賣，已經是一九六八年的《萬能金龜車》(*The Love Bug*)。迪士尼在加州柏本克（Burbank）的總部片廠活像個廢墟。金獎影帝湯姆・漢克曾於一九八三年在柏本克拍過戲，而他形容那裡像是「一九五〇年代的灰狗巴士站」。

但也正因為迪士尼的現狀十分破落，所以埃斯納覺得此處正適合他一展長才。已經陷入谷底的迪士尼片廠與企業本身，都只剩下向上的空間。迪士尼的董事會成員都急於要扭轉公司的頹勢，免得最終落得被惡意併購的悲慘命運，由此埃斯納可以按照他的意思去領導公司。帶著救世主的光環來到華德的姪子暨公司最大股東洛伊・迪士尼（Roy Disney）面前，埃斯納提出了非常詳細而且充滿幹勁的救亡圖存之計（其規模可把當年拉起派拉蒙的計畫比下去），而洛伊相信了他。而有了洛伊的背書，董事會核准了這筆人事案。於是在一九八四年的九月，埃斯納被提名通過成為華德・迪士尼公司的董事長兼執行長，而原本主掌華納兄弟的法蘭克・威爾斯（Frank Wells）則被提名為總經理跟營運長。這樣的分工是由在上位的埃斯納負責所有策略的擬定，威爾斯單純負責執行。

新官上任三把火的埃斯納毫不浪費時間，一劈頭就揮出了組織重組的大刀，一口氣資遣了千餘名員工。他開始在幹部階層安插原本派拉蒙的人馬，其中最具代表性的就是傑佛瑞・卡曾柏格（1950-）。卡曾柏格在派拉蒙時期是埃斯納的左右手，此時則被叫去當華德・迪士尼製片廠的董事長。卡曾柏格的個性並不圓滑，甚至有時候根本就相當衝，但放眼好萊塢，沒有人工作比他更努力、更優秀。事情交到他的手上，你可以非常放心。

果然短短幾個月，迪士尼就起死回生開始紅了一票影片，且全部都是按埃斯納的公式，一個模子打造出來的東西。說得更精確一點，改朝換代後的迪士尼在前十七部影片中，就有十五部賺錢（包括《乞丐皇帝》〔暫譯，*Down and Out in Beverly Hills*〕與《威探闖通關》〔*Who Framed Roger Rabbit*〕等電影），這是好萊塢當時幾乎任何一家製片廠，都不曾見識過的榮景。

有一天，埃斯納正在跟威爾斯巡視柏本克總部的環境時，他們進到了迪士尼圖書館，並在那兒發現了源自公司黃金時期的數百部卡通，而且都是未曾公開發表過的。在館內看似無止境的架子上，存放著迪士尼所有偉大的暢銷經典。埃斯納看著這片寶藏，眼睛為之一亮。他可以把這些卡通與動畫片全部重新發行為錄影帶（當時家庭影帶市場正處於爆炸的成長期），所以這每一部作品都代表白花花的銀子。另外，以這些卡通作為主題，公司還可以開店來行銷各種迪士尼人物的周邊商品。這樣的迪士尼基本上就是個等著人去開挖的金礦，而埃斯納絕對不會跟錢過不去。

果然很快地，周邊商品的店頭開了起來，錄影帶也賣翻了天，電影票房更是不斷為公司賺到錢，迪士尼的股價有如火箭起飛，一下子就取代派拉蒙成為了好萊塢最炙手可熱的片商。此時為了讓迪士尼的名號更響亮，埃斯納決定復刻每集一小時，播出於一九五、六〇年代的老電視節目——《迪士尼的奇想世界》（暫譯，*The Wonderful World of Disney*），當年原本的主持人，就是華德・迪士尼本人。而在復刻版中，埃斯納決定親自上陣。他並不是天生就上鏡頭的人，但他覺得自己會慢慢累積出觀眾緣。他覺得自己跟華德・迪士尼一樣，都會讓小朋友覺得親切。事實上，他慢慢開始覺得自己跟華德・迪士尼之間很有緣，彷彿他不單單是經營著華德・迪士尼留下的公司的人，而根本是像義子一般繼承了華德・迪士尼的傳奇。

然而就在一切看似一帆風順的此時，他不安於室的個性又死灰復燃。他覺得自己需要一個新的冒險，一個更大的挑戰，而這次他鎖定的是公司想在歐洲新建主題公園的計畫。此前公司最後一個開幕的主題樂園，是一九八三年的東京迪士尼樂園，而遊客們的反應頗為熱烈。然而這一次，負責主題樂園業務的單位選定了兩個候選地點：一個靠近西班牙的巴塞隆納，一個在巴黎郊區。雖然巴塞隆納的預定地比較符合經濟效益，主要是那兒的氣候比較宜人，但埃斯納還是選了巴黎，因為這次的計畫不單純是主題公園的建立，這還代表了一則文化聲明，為此他打算不惜重金聘請世界最頂級的建築師。較之其他主題樂園常見的玻璃纖維城堡，後來被稱為「歐洲迪士尼」（Euro Disney）的巴黎主題樂園會以粉色的石材打造，並搭配手工鑲嵌玻璃的窗櫺來展示童話故事裡的場景。那會是一個連眼睛長在頭頂的法國菁英都興奮地想去玩的夢幻園地。埃斯納熱愛建築，而巴黎就會是他如願成為二十世紀梅迪奇（Medici）[1]的地方。

一年年過去，歐洲迪士尼的造價不斷累積。但這時埃斯納一反常態地不再堅持預算控管，他覺得這錢花得很應該，因為只要他把東西蓋好

---

[1] 發跡於十三世紀的義大利豪門，對文藝復興中的建築有卓越貢獻。

蓋對，遊客就會絡繹不絕，到時候成本回收就可以水到渠成。但等樂園好不容易在一九九二年如期開幕，大家才赫然發現埃斯納有多不了解法國人的品味與度假習慣。法國人並不怎麼喜歡為了遊戲設施排隊，尤其是頂著不太好的天氣。另外，就跟在其他主題樂園裡一樣，啤酒或葡萄酒都不在販賣的項目之列，而這對法國人來說就像度假感少了最重要的一味。再來，飯店的房間貴到一家子來玩頂多只能住一晚。至於精心打造的粉紅石材城堡作為一大賣點，仍擺脫不了庸俗的廉價感，滿足不了遊客對於原版童話的憧憬。

因著這種種因素，來訪的遊客人數只有埃斯納預期的半數。但此時迪士尼公司已經為了打造主題樂園而債台高築，光靠入園費的收入連利息都還不出。這個樂園眼看著，就要變成一場大災難，讓他光榮的職涯首次沾上汙點。慢慢發現現實無法迴避之後，他決定把錯往法蘭克・威爾斯身上推，因為監督計畫的財務健全度，是法蘭克的職責所在，而他顯然怠忽了職守。相較於之前他對於兩人的合作關係讚不絕口，此時的埃斯納對自己的副手充滿了嫌棄，甚至於對要不要繼續用他產生了顧慮。

在這場漸起的風暴當中，埃斯納還感覺到另外一股威脅迫近，就是傑佛瑞・卡曾柏格。卡曾柏格在埃斯納的口中，曾經是他的黃金獵犬，忠心耿耿而且工作勤奮。迪士尼之前一連串的票房成功，都得感謝卡曾柏格的督軍，當中包括最具商業成就，也讓迪士尼動畫部門開始起死回生的《美女與野獸》。然而，即便有如此傲人的工作表現，卡曾柏格就是有某些地方讓埃斯納愈來愈放心不下。或許是卡曾柏格寫於一九九〇年的備忘錄吧，因為卡曾柏格在當中剖析了迪士尼一連串在真人電影的敗績。「從一九八四年以來，我們慢慢偏離了經營自家企業的初衷。」他寫道。卡曾柏格批評片廠決定走大預算的路線，拍出了像《迪克崔西》（*Dick Tracy*）這樣的東西，只因為他們想要做出能成為眾人討論的「事件型電影」（event movie）。他認為迪士尼落入了「賣座鉅片」的思維陷阱，並在這樣的過程中喪失了靈魂。

這封備忘錄讓埃斯納看了非常不開心。《迪克崔西》是很受埃斯納寵愛的作品，所以卡曾柏格批評《迪克崔西》，讓埃斯納懷疑他在指桑罵槐，批評自己的頂頭上司。而且仔細一想，卡曾柏格很明顯是在模仿自己，因為埃斯納也在派拉蒙發過一封極具爭議的備忘錄。埃斯納當時倡議派拉蒙應該拍些便宜但故事概念好的電影。如今的卡曾柏格似乎把自己視作是新一代的埃斯納。或許卡曾柏格打算藉此掏空自己的權威，然後看有沒有機會取而代之。諸如此類的胡思亂想，讓埃斯納心神不寧，他甚至納悶起卡曾柏格為何不再讓他參加編劇會議？

隨著《阿拉丁》與《獅子王》等賣座電影的相繼出爐，動畫部門很快就變成迪士尼片廠的搖錢樹，其中《獅子王》更是卡曾柏格的心血結晶，從故事發想到最後拍成電影，自始至終他都有所參與。此時雜誌媒體開始力捧卡曾柏格是迪士尼動畫回神背後的創意天才。那洛伊．迪士尼作為動畫部門的副董呢？理論上在主持大局的埃斯納自己呢？對埃斯納而言，卡曾柏格的行為是在操弄媒體，是在為自身造神。有名幹部甚至跑去跟埃斯納打小報告，說卡曾柏格到處對人說：「我就是華德．迪士尼再世。」於是埃斯納原本的猜忌，變成了對卡曾柏格的恨意，由此他連站在卡曾柏格的身邊都不願意。

然後在一九九四年三月，法蘭克，威爾斯不幸在滑雪假期中因為直升機意外而喪生。為了安撫公司股東與華爾街的投資人，埃斯納隨即宣布他將接任總經理一職。但此話一出，卡曾柏格就開始用電話跟備忘綠對他奪命連環叩。卡曾柏格的意思是要埃斯納別忘了自己曾經承諾過他：只要威爾斯離職，總經理的位子就是他的。但埃斯納此時的想法是這傢伙也太冷血了吧，威爾斯屍骨未寒，你就來討承諾。這麼一想，埃斯納索性電話也不會回了。

最後在一九九四年八月，埃斯納開除了卡曾柏格，消息一出震撼了好萊塢，因為他開除的不是可有可無的雜魚，而是製片圈內最拿得出績效的幹才。《獅子王》此時早已躋身好萊塢有史以來最賺錢的電影之列不說，後來為迪士尼貢獻了《黑色追緝令》（*Pulp Fiction*）這部大片的Miramax 影業能順利被迪士尼像肥肉一樣吞進嘴裡，卡曾柏格也居功厥偉。開除這樣的優秀人才，外界普遍認為埃斯納要麼吃錯藥，要麼就是瘋了，但埃斯納仍舊一意孤行，因為只有甩開卡曾柏格的陰霾，他才能放鬆緊繃的神經，一馬當先而不受干擾地率領迪士尼更上一層樓。

為了證明自己身手依舊，他很快就以收購美國廣播公司（ABC）之舉撼動了娛樂圈，而這麼大手筆的交易也確實讓他再次聲名大噪。他正著手打造的，是從來沒有人嘗試過或想像過的娛樂帝國。但如此孤注一擲也給他製造了麻煩，主要是迪士尼的公司規模瞬間翻倍，架構也更加複雜，其管理壓力大到他根本無法獨挑大樑，畢竟他不到一年前才動過開心手術。

很顯然，他需要補進一名新的法蘭克．威爾斯，而為此他的腦筋馬上就動到了老朋友麥可．歐維茲（Michael Ovitz），也就是加州藝人經紀公司（Creative Artists Agency, CAA）共同創辦人兼負責人的身上。歐維茲是好萊塢史上最能把事情談成的商場高手，也是圈內喊水會結凍的大咖。跟他聯手，埃斯納有機會在業內獨霸。雖然不少同業都勸他不要找歐維茲，他們說歐維茲不像法蘭克．威爾斯那樣精通財務與細節，這一點就算歐維茲自己也不諱言。但埃斯納充耳不聞這樣的建言，他覺得外界這樣想，是因為他們的思想太傳統。他決定要重金從 CAA 那兒把歐維茲挖過來，並讓他坐上總經理的寶座。他多次保證雖然歐維茲過來之後，名義上是第二把交椅，但總有一天他會讓歐維茲與自己平起平坐，共同領導迪士尼。

最後在一通電話中，埃斯納終於讓歐維茲同意了所有的條件，但埃斯納一掛上電話，他就意會到自己犯下了這輩子最大的錯誤。他在想什麼？他們或許是很麻吉的朋友，但兩個氣場如此強大的人要怎麼在一起工作而不會起衝突？歐維茲是有權力慾的人，所以他一來，問題會是卡曾柏格的狀況直接乘以二。但事已至此，他已經獲得董事會首肯要起用歐維茲。他在業界的口碑，還有他作為執行長的決策品質，現在都跟歐維茲綁在一起了。他怎麼樣，也得讓這次的人事布局以成功作收。

他很快就決定好了一個策略——他會限縮歐維茲的職責，然後牢牢地看住他，讓他設法證明自己是當總經理的料，而這也是給歐維茲一個機會去贏得埃斯納的信任，然後用信任去換取更大的授權。從上任的第一天起，埃斯納就打算讓歐維茲搞清楚誰是老闆，由此他沒有讓歐維茲直接接收法蘭克・威爾斯位於迪士尼總部六樓的舊辦公室，跟自己當鄰居。而是把他放在五樓一處相對不起眼的地方。歐維茲喜歡買禮物、辦派對來拉攏人心，對此埃斯納安插了人馬去監視歐維茲花的每一分錢與一舉一動。歐維茲有背著他與其他幹部串連嗎？埃斯納可不想養虎為患，重複卡曾柏格的慘案。

但事情很快又有了新的動態：歐維茲會拿著有潛力的提案跑來找他，而埃斯納也不會對興致勃勃的他潑冷水。但等到真正要一翻兩瞪眼，決定案子命運的時候，埃斯納還是會斬釘截鐵地加以拒絕。慢慢地，業界開始傳言歐維茲的表現大不如前，案子到他手中總是虎頭蛇尾。歐維茲開始慌了，他迫切地想要證明自己絕對不是假貨。他主動請纓要去紐約幫忙掌管 ABC，主要是迪士尼與 ABC 的整合過程並不如預期順利，但埃斯納也沒有如他所願。埃斯納要他手下的人別與歐維茲走得太近，因為他說歐維茲不是個值得信任的人——他是聖費爾南多谷一名賣酒業務員的兒子。有其父必有其子，歐維茲只不過是另外一個八面玲瓏的推銷員，喜歡被媒體追捧。此時在迪士尼內部，歐維茲已經徹底遭到孤立。

隨著此一商場風雲錄一演就是幾個月，歐維茲也慢慢看出了苗頭。他於是跑去找埃斯納攤牌。歐維茲說自己可是拋下了老東家，跑來迪士尼助埃斯納一臂之力。歐維茲說他把自己在業界的口碑，都押在了總經理一職的表現上，而埃斯納的做法就是要毀掉他。確實，此時歐維茲已經找不到業內有人尊敬他，埃斯納對他就像個十足的虐待狂。但在埃斯納看來，歐維茲只是沒有通過他安排的測試，沒有能證明自己夠沉得住氣。他畢竟不是另一名法蘭克・威爾斯。一九九六年的十二月，歷經僅僅十四個月的任期，歐維茲遭到了解聘。雖然迪士尼給的資遣費並不小氣，但這感覺仍像從從天堂掉到地獄。

終於從重大誤判解脫出來後，埃斯納開始著手整合公司內的勢力。ABC 的狀況還是不太好，所以他必須要介入來控制局勢。他開始參與節目編排會議，開始在 ABC 提到他以前在此的黃金歲月，包括他在 ABC 時期做過的精彩節目，比方說情境喜劇《拉雯與雪莉》（*Laverne & Shirley*）跟《歡樂時光》（*Happy Days*）。他認為 ABC 必須要回到初衷，重新製播老少咸宜的好戲。

此時隨著網際網路開始普及，埃斯納覺得公司在這一塊也不能缺席。但底下人所力推的雅虎購併案遭到他的否決，因為他的盤算是由迪士尼自創一個名為 Go.com 的入口網站。經年來他學到的一個教訓，就是自己的表演要自己設計，自己營運。他相信迪士尼將成為網路時代的霸主。他之前已經兩次證明自己是讓企業轉危為安的天才，而陷入低潮的迪士尼就是他第三次示範如何力挽狂瀾的舞台。

但過沒多久，迪士尼的開始禍不單行，災難紛至沓來。首先是跟埃斯納不歡而散的卡曾柏格就紅利的問題向迪士尼提告，他認為以他的績效表現，合約上應該有積欠的獎金要給他。歐維茲擔任總經理的期間曾嘗試以九千萬美金的金額與卡曾柏格和解，但最終遭到埃斯納打槍，因為埃斯納確信自己不欠卡曾柏格一毛錢。二〇〇一年，法官裁定卡曾柏格勝訴，結果和解金暴增到兩點八億美元。再來，迪士尼砸重本弄出來的 Go.com 完全不行，最終只能狼狽收場。第三，歐洲迪士尼樂園的成本支出讓公司繼續失血。第四，迪士尼與皮克斯原本有夥伴關係，兩家公司曾一起製作出《玩具總動員》這樣的賣座強片，但如今皮克斯的執行長賈伯斯（沒錯，就是蘋果的賈伯斯）撂話說他這輩子再也不跟迪士尼合作了，理由就是覺得埃斯納管太多。第五，ABC 的表現低迷。第六，此間迪士尼拍的電影不但是沒人看的爛片，而且都還是很貴的爛片，其中爛到不能再爛的當屬二〇〇一年五月的《珍珠港》。

突然之間，洛伊・迪士尼失去了對埃斯納的信心。公司股價一落千丈，洛伊於是告知埃斯納說他最好自行請辭。這讓埃斯納覺得洛伊・迪士尼也太不知好歹，太目中無人了吧。他，埃斯納，可是僅憑一己之力就把公司從懸崖邊拉回來的人耶。要不是他，洛伊・迪士尼現在不知道會有多慘，怎麼可能還家財萬貫。洛伊，曾經是很多人眼中華德・迪士尼的笨蛋姪子，而如今在埃斯納人生最黑暗的時候，洛伊竟然想著要背叛他？埃斯納這輩子沒這麼怒過。於是他二話不說做出反擊，逼迫洛伊辭去董事職務，只不過這麼做唯一的效果，似乎只是讓洛伊更豁出去。洛伊於是組織起一支打著「拯救迪士尼」旗號的股東，在二〇〇四年三月的股東會上投票反對埃斯納的領導，讓埃斯納吃了一記重拳。

過沒多久，董事會就決定解除埃斯納的董事長職務。他一手打造的帝國眼看著要分崩離析。二〇〇五的年的九月，幾乎可說眾叛親離的埃斯納正式向迪士尼請辭。原本不可一世的埃斯納與職涯崩壞的距離，何時變得這麼近？走時他對朋友說大家會懷念他的，整個好萊塢都會懷念他的，因為世上不會再有第二個埃斯納。

大師解讀

我們可以說在麥可・埃斯納職業生涯的某個點上，他臣服於了權力的假象，他的思考模式與現實脫節太遠，以至於他的商業決策產生了災難性的後果。現在就讓我們來回顧一下他一路以來歷經了哪些幻覺，這些幻覺又是從何而生，又是如何將他玩弄在股掌之間。

在初出茅廬，還在 ABC 任職的時期，年輕的埃斯納曾經牢牢地把現實握在手上。當時的他腳踏實地到不行。他既了解，也在最大程度上善用了自身的力量——他的雄心壯志、好勝心、嚴謹的工作倫理、對於美國民眾娛樂品味的敏銳第六感。埃斯納的腦筋動得很快，而且也懂得如何去鼓勵旁人發揮創意。憑藉著這些長處，他開始迅速地往上爬。他對自身的才華充滿自信，而他在 ABC 所獲得的一連串拔擢，確認了他的想法無誤。他可以稍微臭屁一點也無妨，畢竟他已經在工作上學習到了很多，而且他身為節目編排的能力也有了長足的進步。他已經躋身了公司高層的接班團隊，而最後他也才年僅三十四歲就成為了美國廣播公司在黃金時段的節目編排。

對心懷鴻鵠之志的埃斯納而言，他很快就覺得在電視圈施展不開，畢竟電視上能夠提供的娛樂形式就是那些，其他的東西也由不得他編排進去。相較之下，電影就能提供更寬廣、更壯觀、更璀璨奪目的娛樂效果。由此他很自然地接受了派拉蒙的工作機會。但進了派拉蒙，有件事悄悄地啟動了他心態失衡的進程。由於舞台變大了，而他又是片場的頭，因此他開始受到更多的媒體與社會關注。他開始登上媒體封面，開始成為好萊塢最炙手可熱的影視大亨。這與他在 ABC 也擁有過的光環與成就感，從本質上就不在一個量級上。現在的埃斯納有數以百萬計的人對他投以欽羨的眼光。而千百萬人會同時看走眼嗎？對外界而言他就是一個天才，一個讓製片體系得以改頭換面的救世主。

這種集眾人寵愛於一身的感覺讓他飄飄然，造成他無可避免地高估了自己的能力。但自信過剩是很危險的事情。埃斯納在派拉蒙的成功，並非百分百源自於他一個人天縱英才。他就任的當下，就已經好幾部電影進入前製階段了，而這包括打響公司回神第一炮的《週末夜狂熱》。貝瑞·迪勒適時輔佐了埃斯納，他會不眠不休地與埃斯納討論想法，逼著埃斯納去把構想的輪廓釐清。但名氣帶來的大頭症，讓埃斯納以為一切都是自己過關斬將的成果。他忘記了是有機遇跟貴人的幫助，他的績效才能水到渠成。他的心思開始與現實脫節。他忘記了關注娛樂的初衷，開始滿腦子都是他自己的光芒。他相信了外界對他的吹捧，他開始覺得自己真的可以點石成金。

進了迪士尼，這個模式在他身上變本加厲。他沉浸在自己的豐功偉業中，忘記了自己能在錄影帶租賃與家庭影音娛樂爆發的年代繼承了迪士尼的資料庫，是多麼受到老天爺的眷顧。他對於外界提到威爾斯能與他互補，因此也貢獻良多的說法嗤之以鼻。自以為了不起的心情讓他陷自己於不義。透過驚人之舉來譁眾取寵的快感，讓他樂此不疲，他已經無法滿足於光是把公司經營好，讓公司賺到錢。他必須要不斷地向自身的傳奇中灌水，讓迷思高懸不墜，於是他心中浮現了歐洲迪士尼樂園。

他要世界看見自己不光是個生意人，希望眾人眼中的他更是個文化人。

在打造主題樂園的時候，他拒絕聆聽過來人的建議去選擇巴塞隆納，也不採納在設計上考量成本的折衷作風。他對法國特有的國情視而不見，只一廂情願地從柏本克總部遙控一切。他的每個決定都反映了他相信自己身為製片廠負責人的本領，可以傳達到主題公園與建築物之上。但這很顯然是他高估了自身的創造力，而如今他的商業決策已經不光是偏離現實，而是根本就自在我催眠了。而這種心態的失衡一旦啟動，想拉回來就不太可能。因為要產生妄想的人回到現實之上，就等於要他們承認自己一路以來都太自以為是，而這無論如何都是強人所難。相對於此，他們更可能把挫敗怪到別人頭上。

此時已經鬼迷心竅的埃斯納犯下了他最大的錯誤，就是解雇卡曾柏格。迪士尼體系的命脈就在於穩定輸出新的動畫大片，然後由動畫片去滋養周邊商品店面與主題樂園以新的人氣角色、商品、遊戲設施，乃至於曝光機會。而卡曾柏格很顯然證明了自己有能力替迪士尼顧好這一塊本業，像空前成功的《獅子王》就是出自於卡曾柏格之手。開除他，就等於置整條動畫生產線的安危於不顧。卡曾柏格走了，重要的工作要由誰來接手呢？很顯然不會是洛伊・迪士尼或埃斯納自己。再者，埃斯納應該要想到開除卡曾柏格有「資敵」的問題，因為卡曾柏格會到別處一展長才，而事實上，他後來也確實與人合夥成立了「夢工廠」（DreamWorks）來繼續製作火紅的動畫片，而且夢工廠還高薪挖角優秀的動畫師，結果是動畫片的製作成本變貴，迪士尼的整個獲利模式都遭受威脅。但對現實掌握能力大降的埃斯納現在關心的不是這些，而是他的鋒頭有沒有被人搶走。現在的卡曾柏格已經另闖出一片天，而這讓目空一切的埃斯納很不是滋味。這也讓他必須要犧牲獲利、犧牲務實的考量來安撫他的自尊。

就這樣，他啟動了向下沉淪的螺旋。因為相信大就是美而收購了美國廣播公司，顯示出他對現實的掌握度愈來愈低。電視在新媒體時代已經是夕陽西下的商業模式，所以說他此舉並不是出於業績的考量，而是想要譁眾取寵，增加自己的媒體曝光。他創造出了一隻娛樂圈的巨獸，一個不知道能幹嘛的龐然大物。歐維茲的雇用與開除，更加顯露出他在決策時已經亂了分寸。人對於他已經變成供其利用的工具。歐維茲被認為是在好萊塢最受敬畏，最有權力的一號人物，而或許埃斯納在無意識中是想把他找來羞辱一番，因為要是他有辦法讓歐維茲跪在地上求他，那就能證明好萊塢的一哥不是歐維茲，而是自己。

很快地，所有源自他的各種幻覺的問題都使情勢每況愈下，包括：不斷燒錢的歐洲迪士尼、卡曾柏格的紅利訴訟、真人與動畫電影部門的暢銷片乾旱期、美國廣播公司造成的資源不斷流失、歐維茲的巨額資遣費。董事會成員對公司股價的下跌已經看不下去。開除卡曾柏格與歐維茲，讓埃斯納在好萊塢的人緣墜入谷底。而隨著他的運勢一落千丈，所有他的敵人也紛紛跳出來落井下石，給他致命一擊。他從雲端墜入谷底的速度快到令人不可思議。

▍你的人性課題

麥可．埃斯納的故事絕不是跟你毫無關係。他的命運，也很可能會成為你的命運，頂多是規模小一點而已。我會這麼說的理由很簡單：身而為人，我們內心都潛伏有一種弱點。這種弱點會推著我們去產生幻覺，但自己卻渾然不覺。這種弱點源自於高估自身能力的天性。我們的自我評價會高於實際狀況，是很正常的事情。我們內心有一種需求，就是要感覺自己在某方面比別人優秀——聰明、美貌、魅力、人緣、品德。這種自戀不見得是壞事。**一個程度内的自視甚高可以讓我們帶著自信去迎接挑戰，去突破自我，去有所學習。然而一旦我們體驗到了某種成功比方說受到衆人或團體的矚目，獲得升遷、創意與獲得金主投資等，這種自信就會一下子上升太多，而這時我們的認知就會與現實產生過大的落差。**

我們人生中任何的成功，都一定有運氣的成分，都一定有貴人、恩師在一路上協助我們，要不然就是我們生逢其時，社會上剛好有某種需求提供了我們所需的機遇。但人性就是會忘記這一切，然後自顧自地認為一切都是自己天縱英才。我們會明明沒有做好準備，就覺得自己一定可以應付得了各種挑戰，畢竟我們已經出名了，也想繼續出名下去。我們會覺得自己可以點石成金，可以神奇地把自己某方面的能力複製到其他的媒介或領域上。在不知不覺中，我們會被自我感覺與幻想牽著鼻子走，而忘記了自己在為誰工作，忘記了自己應該要服務的觀眾。我們會與想幫助我們的人漸行漸遠，把他們視為我們可以利用的工具。而一旦失敗了，我們會把錯怪到別人身上。成功會產生一種我們抗拒不了的牽引，而這股引力會蒙蔽我們的心靈。

你的功課很簡單：在每次成功後，你都要去對其進行成分的分析。你要去看看無可避免的運氣成分在哪裡，還有就是恩師等人所扮演的角色。透過這樣的思考過程，就能讓妄自尊大的情況獲得中和。你要提醒自己一件事情，那就是**成功會讓你得意忘形，同時隨著名氣的累積，你會愈來愈在意別人怎麼捧你，並在此間忘記了工作的本質與不斷自我突破的重要性**。所以說，愈是向上爬去，你就愈要小心翼翼、如履薄冰。你要不斷在每一次新挑戰來臨時把黑板擦乾淨，讓自已不斷地歸零。對於愈來愈熱烈的掌聲，你要學著充耳不聞。你要看到自己能力的極限，然後心無罣礙地接受自己並不是超人的事實。不要被大就是美的迷思給騙了。把你的力量整合起來，集中起來，通常才是你最好的選擇。千萬不要用大頭症去得罪人，因為「盟友」到用時方恨少。永遠要用腳踏實地的心態去抵銷成功之後的飄飄然。靠自己一步一腳印累積出來的實力，會更加深刻而長久。記住：拿翹而飛高，不會被眾神輕饒，祂們會讓你付出的代價一點都不小。

> 存在本身對他從來就不足夠；他總是想要更多。或許只是因為內心欲望的力量，才讓他覺得自己有權比別人享有得更多。
>
> ——杜斯妥也夫斯基，《罪與罰》

人性的關鍵

假設你有一個計畫要實現，或是有一個或一群人等著你去說服。要想達成這些目標，你應該要有以下這樣一個踏實的態度：想讓事情照你的意思去發展，從來不是一件容易的事情。成功需要九成的努力跟一成的運氣。為了遂行你的全新計畫，你多半必須要捨棄上一次讓你成功的模式——**人生瞬息萬變，你永遠要打開心胸去考量新的策略**。不論你想接觸誰，對方的反應都絕對不會符合你的劇本去走。事實上，被人嚇一跳或打槍都是很正常的事情。他們有他們自身的需求、經驗、心態，畢竟你是你，他們是他們。要讓對方印象深刻，你必須要把重點放在他們的想法上。要是你最終沒有能達成目標，你該做的事情是檢討自己做錯了什麼，然後從經驗中有所學習。

你可以想像自己眼前的計畫或任務，就像是要把一塊大理石雕刻成精準又美麗的造型。這塊石頭要比你大得多，而且材質本身又相當堅硬，但這並不是項不可能的任務。只要努力、專注與韌性足夠，你肯定可以一刀一刀將之鑿成你需要的形狀。但你必須從一開始就對作品的比例尺有正確的概念，因為天底下沒有容易的事情，沒有什麼都會配合你的人，你也不是什麼都辦得到的超人。先對現實展現如此務實的覺醒，你才能召喚出必要的耐性來開始努力。但你可以想像自己的大腦得了一種心理疾病，而受到這種疾病的影響，你對於規模與比例尺的認知會有些失常。你會因此不覺得自己面對的挑戰有多強大，而會因為這種疾病而覺得自己眼前的石材相對不大而且有可塑性。因為對於比例尺的認知失調，你會相信自己可以在短時間內把石材雕塑成自己理想中的作品。你會以為自己要面對的人不會太抗拒，而會照你的意思去反應。你會以為每個人都非常好預期，每個人都一定會對你的創意一見鍾情。甚至於你會覺得他們需要你跟你的作品勝過你需要他們，他們才應該主動來找你。你會覺得重點不在於你該如何努力才能成功，而在於老天爺理應賜給你什麼。你會期待著外界把光環集中在你跟你的計畫之上，但萬一你失敗了，錯的一定是其他人，因為你集各種才華於一身，又是正義的化身，所以擋你路的只能是蛇蠍心腸或見不得你成功的壞人。

這種心理疾病，就是所謂的「自我膨脹」，俗稱「大頭症」。這種病一旦發作，現實的比例尺度就會翻轉成大頭症，你會以君臨天下之姿俾倪周遭的各種人事物。這種心態會變成一種透鏡，而你便會透過這副有色眼鏡去看待你的工作與需要接觸的人物。這不光是第二章所提的自戀而已，自戀只是全世界圍繞著你打轉。自我膨脹是你眼裡的自己會變大（其英文 grandiosity 的本意就是大），會變得比誰都了不起，會理應被當成偶像般關注。你會覺得自己超凡入聖，鯉魚躍龍門。

聽到這裡，你可能會以為這種病症專屬於眾所矚目而且大權在握，自命不凡的各種領袖級人物，要是真的這麼想，那你就大錯特錯了。確實很多像埃斯納這樣的大人物會身染末期的大頭症，這點自然不在話下，畢竟他們身邊有太多馬屁精灌他們迷湯，所以他們被沖昏頭也很正常。但其實另外有一種輕度的大頭症會像小感冒一樣感染我們每一個人，因為大頭症深植於人性，而人性每一個人都有。每個人都有被當一回事、被尊敬的需求，都有想感覺自己在某方面優於別人的需求。

你很少會注意到自己生病了，因為大頭症的本質就是改變你對現實的認知，所以病了的你根本無法準確地產生病識。輕度大頭症會讓你高估自己的技術與能力，讓你低估你面對的障礙與阻力。而這一來一回，就會讓你跑去接下超乎自己能力的任務指派。你會認定外界一定能接受你的想法，而當他們接受不了時，你就會生氣，就會怪東怪西。

此時的你會在衝動之下轉換跑道，卻不知道自己是在被大頭症帶著跑——你目前的工作無法回應你的強大與優越，是因為要成為真正的強者，你必須要歷經多年的訓練與技術的開發，而與其這麼辛苦，你會覺得不如半途而廢吧，畢竟新崗位的新鮮感是那麼誘人。換了新位子，你又能在無盡的可能性中幻想自己有多厲害。在這樣的輪迴中，你什麼事情都永遠不會精通。你或許會想出幾十個很棒的主意，但一個也不會去執行，因為執行就要面對現實，就要接受檢驗。就這樣一點一滴，你會朝著被動的人格靠近——你會期待別人要主動懂你，主動滿足你的需求，主動對你好。你壓根不會想去付出，你覺得一切都應該送上門來。

在這種種狀況中，你的輕度大頭症都會讓你無法從錯誤中學習，遑論有所成長，畢竟光是站在起點上，你就覺得自己很了不起、很棒了，這樣還有什麼東西好學的。

你做為人性學生的功課有三樣：首先，你必須對大頭症這種現象本身有所理解，包括自我膨脹何以會是人性的一環，現下大頭症的人數又為什麼比以前都多。第二，你必須要能指認出大頭症的徵象，並知道如何因應發病的人。第三點跟最重要的一點，是你必須要能看出自己有沒有得病，並要能在不幸染病時一方面知道如何控制病情，一方面知道如何把這股負能量轉化成正面的建設性力量（詳見後面的「務實型的大頭症」）。

根據知名心理學家海因茨・柯胡特（Heinz Kohut, 1913–1981）的看法，大頭症的根源在於人生的最早期。才幾個月大時，我們多數人會跟母親產生徹底的連結。我們沒有獨立的身分認同，而母親可以滿足我們的每一項需求。我們會覺得給我們以食物的乳房是自身的一部分。我們會覺得自己無所不能——我們只消感覺到飢餓或有任何需求，母親就會出現來滿足我們，就像我們有一種魔力可以控制她的行動一樣。只不過慢慢地，我們會歷經人生的第二個階段，期間我們會被迫面對現實：母親是獨立於我們以外的存在，她們要照顧的不只我們。我們不但不是無所不能，反而還相當脆弱、相當弱小、相當需要依賴別人。這樣的現實會讓我們感到痛苦，也會讓我們開始不安於室——我們內心深處有一種需求，想證明自己的能力，想讓外界知曉自己並不無助，還有就是想幻想擁有自己明明沒有的能力（孩子們常會想像自己有能力透視牆壁、有能力飛，或是有能力讀取別人心思，而那也正是他們覺得超級英雄故事好看的原因）。

慢慢長大，我們或許會變高變壯，但我們擔心自己無關緊要的焦慮反而會愈來愈強。我們會意會到自己作為分子只是一個人，但底下做為分母的卻是一個家好幾個人，一間學校數百或上千人，一座城市幾十到幾百萬人，一整顆地球更是滿滿的幾十億人。我們的生命相對短暫，我們的技能與腦力又不是不會用完。我們不能控制的事情實在太多，特別是關於我們的工作發展跟全球性的各種趨勢。我們很難接受自己生而有涯，而且死後很快會被忘懷、吞沒於無窮盡之時空裡，所以我們會希望自己能起碼在某方面巍然聳立，好藉此用擴大了的自我意識來抗議我們竟生來有如螻蟻。我們年方三四就在無意識中體驗到的事情，會糾纏我們一輩子。我們會在察覺到自身渺小與想要否認一切之間不停游移，而最終這便會推著我們去想像自己很了不起。

有些孩子跳過了前述的第二個階段，也就是沒有去面對自身的相對渺小，由此這些孩子在後來的人生中面對到更深層的大頭症，就會顯得更加沒有抵抗力。他們是被寵溺、被慣壞的一群。他們的母親與父親會持續不斷地讓孩子以為自己是宇宙的中心，替他們擋子彈，不讓他們感受到現實的痛苦戕害。孩子的願望爸媽使命必達。這些爸媽要是哪天不對勁，突然想要管教一下孩子，孩子的脾氣就會爆發。再者，這些孩子離開了家，也會排斥任何形式的權威。比較起自己的頤指氣使與要什麼有什麼，他們身邊的父親角色都會顯得相形失色。

這種從小的溺愛，會對孩子造成一生的傷害。他們會習慣被捧在手掌心，會全身都是王子病或公主病卻不以為意，他們會隨時隨地都要受到眾人注意。他們會自然而然地覺得高人一等，包括明明比他們強的人。要是真的有點才華，那他們倒是可以順利地往上爬，因為他們本來就自認為是貴族，所以登峰造極於他們只是剛好而已。與眾不同的是他們不會在渺小與偉大的自我感覺之間跳來跳去，他們只知道自己很偉大而已。埃斯納顯然就出身這種家庭背景，因為他有一名任他予取予求的母親。他媽媽不只會幫他做作業，還會隔在他與他冷漠到有點冷酷的父親中間。

在過往，人類可以把這種需要獲得肯定的需求轉移到宗教信仰上。古時候，自身渺小的感受在多年依賴父母之後，已經根深蒂固，而且相對於大自然的各種殺傷力量，古人本來就相形見絀，事實上鬼神所代表的，就是這些讓人自慚形穢的自然力量。我們敬拜鬼神，就能得到祂們的庇佑，進而連結到大於我們個人的存在上。跟大於我們的力量有所連結，我們就能順勢感覺有所提升。畢竟諸神或上帝關心部落或城市的命運，祂們關心個別的靈魂，這便是我們舉足輕重的證明。我們不再只是平白無故來世上走這一遭，死後便虛無飄渺。相隔千百年後，為了類似的理由，我們會把需要覺得自己重要的心情投射到偉大的領袖上。這些領袖心懷偉大的理念，並提倡一個美好的烏托邦，法國大革命的拿破崙一世與共產主義的毛澤東，都能讓追隨者感覺自己跟領袖一樣偉大。

今日在西方世界中，宗教信仰與偉大的理念已不再具備這股聚攏人心的力量；我們很難把自己付託到宗教或理念手中，也不可能藉由對這些偉大力量認同，而讓我們對自我意義的需求得到滿足。但希望自己的生命與存在有意義，不是一種說消失就能消失的心理需求。事實上，我們對意義的需求還更甚於以往。需求猶在但又沒有抒發管道，人於是開始把對意義的追求對準自己。我們會想方設法去膨脹自我，去讓自己感覺比別人偉大，比別人優秀。雖然很少有人察覺到這一點，但其實我們這就是在理想化自己，把自己當成偶像崇拜。而也正因為如此，我們當中出現了愈來愈多的自大狂。

自命不凡者的增加當然還有其他因素。首先，溺愛小孩的爸媽愈來愈多，造成爸寶媽寶較以往氾濫。人只要體驗過什麼叫自己是宇宙的中心，就回不去了。他們會這一輩子都覺得自己的所有行為跟作品都應該會得注意與獎勵。再者，不把權威或專家當回事的現代人愈來愈多了，即便人家受過專業訓練而他們沒有，這些人也不願意低頭。他們會說，「他們的意見憑什麼比我的值得參考？」他們會說，「沒有人真的那麼好啦；所謂的強者不過是出身背景比較好罷了」，或是「我寫的小說或音樂不會輸給任何一個誰」。只要拒絕承認有誰比他們了不起或更懂，他們就可以繼續趾高氣昂。

第三，科技的發展給了我們一個人生不難的錯覺，畢竟現在什麼東西都可以上網查。一門技術要學好幾年感覺是很老掉牙的事情，學幾個小技巧然後抱幾個小時佛腳，看起來有模有樣才叫做潮。同樣的道理，很多人會以為自己只要弄懂一套東西，就可以觸類旁通，以至於萬事亨通，這是一種「我會寫劇本，就代表我可以導戲」的概念。不過真正要說到大頭症蔓延的罪魁禍首，還得算是病毒般的社群媒體。經由社群媒體，我們的分身變得無所不在，我們會產生一種自己受到千萬人矚目甚至愛戴的幻覺。無人不知無人不曉，在過往是帝王將相或甚至諸神明才有的際遇，但如今臉書讓人感覺自己一不小心就會出名。

集合這種種元素，你現在要任何一個人對自己有現實而客觀的評價，真的都比以往更加是強人所難。

在觀察周遭人物時，你必須了解到他們的大頭症（還有你的）都可以呈現出不同的姿態。最常見的情況，是人會透過崇高的社會地位來獲致滿足。**他們會宣稱自己樂於工作，樂於貢獻自己來回饋社會，但其實他們真正感興趣的，是能夠受到注意，是能夠讓自視甚高的自己獲得崇拜者的肯定，是能夠讓自己有一種可以呼風喚雨的感覺**。這類人若當真才高八斗，則他們往往能夠連年如願地鋒頭頗健，但正如埃斯納的例子所顯現，對光環的需索終究會讓他們把手伸得太遠。

如果有人對自己的職業生涯感到失望，但又仍堅信自己只是懷才不遇，那他們就可能會去尋求各種不同的慰藉——吸毒、酗酒、濫交、爆買，或擺出一副桀驁不馴的態度。大頭症未獲滿足的人，往往會身懷巨大的瘋狂能量，前一分鐘還在高談闊論著他們要寫出有如曠世巨著的劇本，或是他們要去迷倒多少女人，下一分鐘又因為現實跑來攪局而陷入憂鬱當中。

人還是會去理想化跟崇拜領袖，而你也必須正確地將之視為一種大頭症的變形。在相信某人會讓一切都變好的同時，追隨者也分享了這種偉大。此時的他們會隨著主事者的慷慨陳詞而一同義憤填膺，心情也彷彿騰空而起，達到了常人所不可及的高度。這樣的他們會產生優越感，非我族類尤其讓他們看不慣。在比較個人的層次上，我們則很常會去理想化我們所愛的人，他們會成為我們心中的男神或女神，而愛上神的我們也會因此沾點光，得到他們的一些神力。

在今天的世界裡，你還會注意到「負向」的大頭症也非常普遍，亦即很多人會覺得有必要把自己的大頭症給藏起來，而且他們想蒙騙的不光是別人，也包括自己。沒錯，他們要的就是自欺欺人。他們會經常演出虛懷若谷的橋段——一副毫無權力慾，也不想出人頭地的模樣，至少他們會把這類說法掛在嘴上。他們會看似安於自己的小日子，不想發大財，不想買車，不為俗世的身分地位所動。問題是，你會發現他們老在眾目睽睽下謙虛。換句話說，裝作謙虛只是另一種大頭症的變形，這些人一樣想要引人注目並感覺高人一等，他們跟一般的大頭症患者只是殊途而同歸。

還有一種大頭症的變化形是扮演受害者——他們會擺出一副歷劫歸來，資深受害者的樣子。雖然他們會強調自己只是運氣不好或遇人不淑，但你會發現他們的戀愛運也太不好了吧，怎麼所有的渣男渣女全給他們遇上了，要不然就是所有的霉運都會朝他們身上集中，簡直是負運磁石。說穿了，這類人會忍不住去編寫宇宙無敵社會倫理大悲劇，然後義無反顧地跳進去自導自演。弄了半天，跟他們交往的人都要配合他們的需求與條件，因為他們之前的人生太苦了，所以現在要輪到他們享福。宇宙得繞著他們轉，重溫並講述他們的不幸，就是他們用以凸顯自我重要性，並感覺高人一等的終南捷徑。

你有幾種辦法可以測量人的大頭症到什麼程度。比方說，你可以注意他們如何面對外界對他們本人或作品的批評。當然受到批評，稍微展現一些防衛心或有點不高興，都是人性之常。但有些人被指正會暴跳如雷或歇斯底里，因為他們覺得自己的偉大遭到質疑，此時這些人有大頭症就無庸置疑。有些人在有大頭症之餘會隱藏住自身的怒氣，唯獨展現出一張痛苦的神情來讓你內疚。他們不在乎自己被批評了什麼，有沒有值得改進之處，他們在意的是自己受委屈了。

遇到人功成名就，你可以去觀察他們私下的表現。他們有辦法沒有架子地自嘲嗎？有辦法褪去公開場合的面具嗎？還是他們仍緊抓著自己的公眾光環而模糊了公私之間的界線，從鏡頭前一路ㄍㄧㄥ到鏡頭後面？若很不幸他們是最後一種表現，那就代表他們已經發自內心相信自己編的神話，他們的大頭症已經病入膏肓。

大頭症的人會很愛講大話。他們會只要沾上點邊，就把功勞「整碗捧去」，另外談起當年勇，他們也會編劇魂爆發，添油加醋不在話下。他們會說自己多有遠見，多早之前就看到趨勢的演變或預知了特定事件，但那全是些無法證偽的空話。這種話聽多了，你只應該要加倍懷疑他們的誠信。要是有人在公眾場合失言，因而深陷政治不正確的風波中，你便可以懷疑那是因為他們的大頭症藏不住了。他們覺得自己的意見實在是太棒了，別人一定都會站在他們的角度去想，然後欣然同意他們的說法。

大頭症愈強，同理心就相對地愈弱。他們不會是好的聆聽者。一旦現場的焦點不在他們身上，他們就會眼神渙散到很遠的地方，手指則會抽動來顯示出不耐煩。只有聚光燈打在他們身上時，才會一整個活過來。他們習於把旁人視為其延伸，也就是附屬品，別人只是其用來凸顯自己的工具，只是他們潛在的聽眾或觀眾。最後，他們會展現出可以做大頭症解讀的非語言行為。這些舉措會明顯而戲劇化。在開會的時候，他們會一個人占去很大的空間，他們說起話來會比誰都大聲，速度也快，所以誰都沒有辦法插嘴。

遇到大頭症中等的人，你不妨就得饒人處且饒人，因為正常人都會在得意忘形與腳踏實地的天堂與地上輪流生活。只要別人在偶爾大頭症之餘也會有實際的時候，那就代表他們只是正常的凡人。但要是遇到自我感覺良好到破表，容不下任何懷疑的人，你最好避免與他們有任何瓜葛。在親密關係中，他們會失衡地要求你一面倒關心他們，崇拜他們。若這種人是你的員工、事業夥伴、老闆，那他們會把自己說得要多厲害就有多厲害。他們展露出的自信，會讓你分心，讓你忘了去注意他們在創意、工作習慣與個性上有什麼問題。若實在沒辦法跟他們一刀兩斷，那你起碼要留心他們容易自滿的毛病，永遠對他們保持懷疑。不要被他們充滿誘惑力的自信勾引，一定要親身去確認他們的點子沒問題。別妄想你可以投直球把他們拉回地面，萬一他們爆炸，你第一個倒楣。

這類人若是你的對手，那恭喜你走運了。他們很好挑釁也很容易上鉤而反應過度。質疑他們的偉大，只會讓他們更生氣，更不理性。

最後，你也必須要控制好自己的大頭症。大頭症其實並非一無是處，它也有可以為我們所用的地方。因為**大頭症而衍生出的激昂情緒與高度自信，可以經過引導來成為我們工作的動力，甚至有人會因此得到靈感的啓發（見後面「務實型的大頭症」）**。只不過整體而言，你最好還是接受自己的極限，善用手邊的資源，而不要妄想自己會突然被神明附身而無所不能。你面對大頭症最好的疫苗，就是保持腳踏實地的心態。你知道自己天生受到哪些主題與活動的吸引，也知道自己不可能樣樣都精。聰明如你要知道如何善用自己的優勢去發揮，而不要真以為有志者事竟成或人定勝天。你必須要對自己身心的合理極限有深刻的體驗，也必須知道這一點會隨著年齡而改變。同時你對於自身的社會地位高低也得心知肚明——哪些人是你的盟友、哪些人跟你關係最親近、哪些人是你死忠的樂迷／書迷（看你創作的是什麼作品），都要一清二楚。你要讓這些人開心，而你不可能讓每一個人都開心。

這種自知之明，會連結到一種你必須要學著去感受的身體反應。一旦從事與自身性向相契合的活動，你就會覺得得心應手。你學起東西來會變得很快。你會更加精神奕奕，而且更有能力去抵禦學習重要事物時的無趣。而一旦你貪多開太多戰線，人會疲累不說，就連不耐煩與緊張都會上身，而且還會易於頭痛。一旦人生中獲得一些成功，你很自然會感覺到一絲恐懼，你會擔心好運來得快去得也快。伴隨這種恐懼，你會察覺到有種彷彿飛太高或覺得自己了不起所衍生出的危險（你可以將之想成一種「懼高症」）。你的這種焦慮，就是在告訴你要降落回地面上。當身體顯示你在逆天而行，生理跡象在跟你打 pass 的時候，你就要乖乖聽。

有了自知之明，你就會接受自己的侷限性。世界上有幾十億人，你不過是其中之一，沒有誰天生比誰了不起。你既不是神，也不是天使，你就跟大家一樣都是個不完美的血肉之軀。你要承認自己控制不了任何人，天底下也沒有什麼萬無一失的絕招，因為人性本來就是極難預測。**有了自知之明，加上坦然面對自身的極限，你就會體察到現實的比例尺。你會踏實地在工作中尋求卓越，任何時候忍不住想要自以為是超人、是神人，這種自知就會像萬有引力一樣把你拖回地球表面，並指出最適合你天性的行動與決策方向。**

實事求是與腳踏實地，才是人類一路以來力量的根源。我們能在千萬年前克服體能的劣勢，學習與人合作，建立起強大的社群，最終在惡劣的環境生存下來，靠的就是務實二字。雖然現代人已經偏離了這種務實主義，畢竟我們已不再需要每天絞盡腦汁地保住小命，**但身為地球上最顯赫的社會性動物，務實確實仍是我們真正的本能。所以務實很正常，人現實一點也只是回歸人性而已。**

有大頭症的領導人

若有重度大頭症的人剛好有點才能，加上說服力達到一定程度，他們就會攀爬到權力的高峰。他們的果敢與自信，會吸引眾人注意，並讓他們獲得一種光環。惑於他們的形象，我們往往會忽視了他們在決策時的昧於理性，並因而隨著他們走向災難。這種人，具有很強的毀滅性格。

關於這類人，你必須了解一項簡單的事實：他們之所以能夠呼風喚雨，靠的是我們給的關注。少了我們的關注，少了大眾的錯愛，他們就無以確認自身的評價，而一旦走到這一步，他們賴以為生的自信就會凋零。為了震懾住我們，轉移我們對現實的注意力，他們用上的是特定的戲劇手法。所以我們非得看穿他們的演技不行，非得把他們拉下神壇，把他們打回原形。經由這樣的過程，我們就能抗拒他們的魅力，避免掉入跟他們一同踏進險地的下場。下方整理了六種他們經常為自己創造出的戲劇人設。

我是天選之人

有大頭症的領導人常愛建立一種形象，那就是讓人覺得他們與生俱來有偉大的命格。他們會把小時候與年輕時的故事拿來說嘴，並藉此強化他們的與眾不同，就好像命運將他們揀選出來一樣。他們會引用事件來顯示自己的堅忍與創意向來異於常人，但他們其實很愛捏造或扭曲歷史。他們會說起自己生涯早期是如何披荊斬棘，以符合偉大領導人是如何從年輕時發跡的主題。這種故事一聽你就要小心，因為他們是在造神，是在把謊話說到連自己都相信。**你要去注意這些命中注定背後的柴米油鹽，退可自我警覺，進則能公諸於社會。**

我是凡夫俗子

少數有大頭症的領導人確實會出身中下階層，但整體而言他們仍舊要麼來自相對優渥的環境，要麼已經在出人頭地後長久與尋常人的憂慮有所隔離。不過儘管如此，他們還是覺得有必要在公眾面前展現出基層代言人的風範，因為只有把表面工夫做足，才能吸引到廣大群眾的關注與愛戴來自我滿足。

英迪拉．甘地（Indira Gandhi）擔任印度總理兩次，一次是從一九六六到一九七七年，一次是從一九八〇到一九八四年。出身政治世家的她，父親是賈瓦哈拉爾．尼赫魯（Jawaharlal Nehru），也就是印度史上第一位總理。英迪拉在歐洲受教育，人生大多時候都不知道印度最底層的民間疾苦。但身為一位有大頭症，而且後來相當獨斷的政治領袖，她給自身的定位仍是與百姓站在一起，為民喉舌的那個人。她只要上台講話，就會改用庶民的語言；去到鄉間考察，也會選擇接地氣的比喻。她穿起傳統服飾紗麗，風格就有如地方上的女性，吃飯也是用手抓而不用餐具。她樂於扮演「英迪拉媽媽」的角色，希望用一種親切而慈愛的風格來統治印度。事實證明這種風格固然多半是演技，但確實很有利於她贏得選舉。

大頭症領導人所玩的花樣，是低調處理他們真正的出身位階，但大肆強調他們的文化品味。他們搭飛機坐的是頭等艙，正式場合穿的是最昂貴的套裝，但此外他們會強調自己飲食是大眾口味，看的電影也與一般人無異。至於文化菁英的各種氣息，他們則會避之惟恐不及。事實上，他們會刻意去對菁英階級酸言酸語或出言不遜，即便他們多半很需要這群專業人士給予執政上的指引。乍看之下，他們還真的就跟老百姓是一個模樣，只不過他們口袋裡的錢多很多，外加有權有勢罷了。由此即便明明有很多矛盾之處，但普羅大眾還是可以認同他們是基層的一分子。只不過裝模作樣在此，並不光是把民眾的注意力吸引過來這麼簡單。這些注意力代表民眾對領袖的認同，而這種認同會被領袖拿去膨風。由此有男有女的政治領袖不再只代表自己，而是代表整個國家或利益團體。追隨他們就是效忠團體。批評領袖就是想迫害領袖，就是背叛理想。

即便在一板一眼的商業界，我們也可以看到這種宗教式認同：像埃斯納就喜歡擺出一副他一個人扛起了整體迪士尼精神的模樣——姑且不論什麼是迪士尼精神。要是你注意到這種矛盾又原始的穿鑿附會，請退一步去分析其現實是長怎樣。你會發現其核心是一種幾近於迷信、高度不理性，且具有相當危險性的東西，因為大頭症的領袖會在此覺得他們有權以公眾之名去恣意蠻幹。

我會照顧你

這種人往往崛起掌權於紛亂與危機的時代。他們的自信會讓民眾或股東覺得安心。他們會是眾人面對各種問題或困境時的救世主。為了讓人願意把事情託付給他們，他們得做出一些誇大的承諾但又模糊其詞。

誇下海口，會讓人覺得有夢最美；而模糊其詞，則可以讓人抓不到他們的小辮子。目標稱不上具體，也就無所謂失不失信。承諾與願景愈是膨風，他們就愈能激發出一群有如鐵粉的群眾。他們的語言與訊息一定要淺顯易懂，能夠「口號治國」是再好不過，並且做出的承諾一定要讓人情緒激動。而為了策略執行方便，這種人會需要一個方便他們當成靶子攻擊的替罪羔羊，像菁英分子或非我族類都是很適合的人選。共同的敵人可以凝聚團體的認同，讓大家的情緒更加高漲。由此領袖周圍的騷動會愈來愈清晰地反映出對祭品的恨意。群眾裡的每一個人都會把自己的痛苦與委屈，徹底投射到代罪羔羊的身上，而領袖一邊承諾要把這無中生有的敵人繩之以法，藉此伸張正義，一邊就可以收割以等比級數擴張的權力。

看出來了嗎？這些人搞不清楚到底是在領導政治運動或企業運作，還是在號召一幫邪門歪道？你會發現他們的名字、樣貌與口號變得到處看得到，簡直就像他們是神，沒有地方到不了一樣。特定的顏色、象徵與或許音樂會被用來強化團體的認同，或被用來訴諸最等而下之的人類本能。原本已經被領袖迷惑過一次的人，現在會被這異端邪教迷惑第二次，他們會變得沒有什麼事情做不出來。一到被洗腦到這個程度，這些死忠者就病入膏肓、無可救藥了。但即便如此，你還是要把內心的距離保持好，維持好你腦中分析的力道。

規則我改寫

人類內心都有個祕密的心願，就是打破所有的規則與傳統。我們都希望自己能不按牌理出牌但依舊大權在握。所以當膨風的領袖宣稱他們擁有這樣的力量時，我們會暗暗竊喜而為其加油。

麥可．西米諾（Michael Cimino）是一九七八年奧斯卡最佳影片《越戰獵鹿人》的導演。但對於與他共事或為他工作的人來說，他不但是一位電影導演，更是一名胸懷使命感的天才。他肩負的任務，就是要打破好萊塢商業體系的緊箍咒。一九八〇年，在拍攝得獎後新作《天堂之門》（*Heaven's Gate*）的時候，跟片商談出了一張在好萊塢歷史上絕無僅有的合約，讓他可以視情況增加預算，好拍出一部得意之作，而且沒有任何附帶條件。在拍攝現場，西米諾花了數星期排練某幕戲裡他希望演員能做出的滑輪動作。某一日他空等了數小時才開工，只為了等待形狀完美的雲朵通過鏡頭。龜毛到這種程度，拍攝成本自然爆棚，而且毛片還長達五小時之久。到了最終，《天堂之門》成為了好萊塢史上的一大慘案，西米諾的導演人生基本毀於一旦。這麼看來，傳統的合約確實有其必要性，因為導演不按牌理出牌的「浪漫」需要被控制在一個範圍以內。多數規則的成形，背後都反映著常識與理性。

作為這種狀況的一種變形，大頭症的領導者會經常依直覺行事。這樣的他們會無視於焦點團體（focus group）或科學性的回饋。他們內心會自有一套標準來衡量真實，而且還老愛塑造一種神話是他們的直覺例無虛發，好像照著做就會收穫滿行囊。但事實上你只要仔細觀察，就會發現他們所謂的直覺也只是時靈時不靈，沒有什麼統計學上的意義。但凡聽到領導者自詡是百發百中的獨行俠，無須也不應該受到規則或科學的拘束，你就必須要確信這個人不是神，而是神經病。

我能點石成金

嚴重大頭症患者會嘗試把自己塑造成對失敗免疫的傳奇。就算他們真的遇到失敗或挫折，也都是因為有無能之人或叛徒在扯他們後腿，對他們來講是非戰之罪。美國的麥克阿瑟將軍（Douglas MacArthur）就是把過錯一推二五六的天才。按他所說，這人一輩子沒有吃過敗仗，但事實上他打過的敗仗並不少。但透過自吹自擂與不斷地找理由，包括遭人背刺，他依舊成功創造出自己是常勝將軍的神話。大頭症的領袖到了最後，都免不了會成為自我行銷的高手。

而由此衍生出去，這些領袖會產生一種觀念是他們可以輕易地轉移自己的能力而無往不利，比方電影製片可以跨界去設計主題公園，生意人可以搖身一變成為國家領導人。因為他們有不可思議的天賦可以到處「沾醬油」，只要他們有興趣，那就沒什麼領域該是禁地。但他們這麼做經常是自取滅亡，因為不屬於自身的專業，所以他們做沒多久就會被各種難處與亂局搞得一個頭兩個大，而他們根本沒有處理這些問題的經驗。遇到這種人，你要仔細去確認他們的履歷，看看他們嘗過哪些慘烈的敗績。雖然有大頭症的人本身可能聽不進去，但你還是應該盡可能客觀中立地把這樣的事實公諸於世。

我百毒不侵

大頭症的領導人愛冒險，冒險是他們最初吸引人的魅力所在。而一旦暴虎馮河讓他們矇到幾次成功之後，他們的氣場就會強大起來。但這種愚勇其實並不受控。他們必須不斷地盲動來興風作浪，藉此讓外界的關注為他們內心提供滋養，讓他們可以繼續自我膨脹。他們不能休息，也不能退卻，因為退縮會讓他們的人氣下滑。更糟糕的是，他們會慢慢覺得自己百毒不侵，因為一而再再而三地冒險但又全身而退，讓他們產生了這樣的誤會。由此在真的遇到挫敗時，他們的反應會是「我要愈挫愈勇」。再者，這些玩命之舉會讓他們上癮，他們會覺得只有鋌而走險才有活著的感覺。這會變成一種毒品，他們會開始愈賭愈大，否則即便贏了也不會有自己像神一般有主角威能的快感。在這種壓力下的他們可以一天工作二十個小時，水裡來火裡去都不成問題。

事實上在出事之前，他們也確實會給人一種吃了無敵星星都不會死的感覺。唯一旦他們真的越過了那條線，致命的傲慢會讓他們全線崩潰到無法挽回。比方說麥克阿瑟在韓戰後的全美巡迴就是一例，期間他對於名氣的不理性需求變得顯而易見，讓人看了非常不舒服，而他的聲望也直直落。又或者像是毛澤東發動文化大革命，也是一例。再者像是美林證券的執行長史丹·歐尼爾（Stan O’Neal）在所有人都在逃跑的時候仍緊握房貸抵押證券，結果就是讓一家歷史悠久的美國金融機構去了半條命。轉眼之間，他們的金鐘罩穿了，鐵布衫破了。而事情會走到這步田地，都是因為他們決定事情沒有依循理性，而是只想著要出名，結果就是現實追了上來，從背後給了他們致命的一擊。

整體來講，在與這種大頭症領導人過招的時候，你得試著讓他們那高高在上的形象消風。假象一旦被戳破，他們首先會反應過度，然後他們的支持者會像瘋狗般亂咬。但讓子彈飛一會兒後，某些粉絲還是會展開思索，然後才驚覺到自己之前不知道在做些什麼。植入「病毒」，讓這種領導人的粉絲開始一個個回到現實中，會讓有你最大的勝算突破其封鎖。

務實型的大頭症

大頭症是一種每個人都有的原始能量。這種能量會推著我們，讓我們貪心不足蛇吞象，讓我們想要獲得肯定與尊敬，讓我們想要平步青雲。但有問題的不是這股能量，因為我們可以燃燒這股能量去實現理想；真正有問題的，**是我們靠著這股能量所前進的方向**。一般的大頭症會讓我們高估自己的能力，我們可以稱之為*幻想型的大頭症*，因為這種大頭症的本質就是我們因為受到外界矚目，因而對自身能力產生的幻想——一種扭曲的自我評價。另外一種大頭症，我們姑且稱之為*務實型的大頭症*，則是一種不那麼容易達到，也不會自然而然發生的境界。唯一旦我們達到這個高度，這種務實的自我膨脹就可以為我們所用，成為自我實現的一大推手。

務實型大頭症所根據的不是幻想，而是*現實*。這股能量會被引導入我們的工作中，還有我們想要達到目標、解決問題，或是改善關係的欲望中。這股力量會推著我們去把技術磨亮、磨光。而做出成績來之後，那股成就感會讓我們覺得自己很棒。作品會為我們帶來名望，而如此收穫的光環會給人一種滿足感，讓我們在繼續前進時能量滿滿。這是一種主要來自於作品本身的能量，想要被人看到的欲望只是次要，所以也不會有失控問題。

我們的自尊會隨之提升，但這種自尊是連結到有具體可見的實績上，而非虛無飄渺的主觀幻想上。**我們看得起自己的根據是作品，是我們對社會貢獻的助益，而不是個人的意氣。**

雖然說具體而言要如何將這種能量加以導引到正途，要視每個人的專業領域與技能水平而定，但我在下方還是提出五點基本原則供大家參考，大家可以加以利用來善用務實型的大頭症，藉此在實績與成就感上有令人滿意的斬獲。

與自己想自我膨脹的需求面對面

你必須要在出發點上對自己誠實，必須要對自己承認你想要升官發財加出名。這是天性。沒錯，你就是想要高人一等，你就跟其他人一樣都充滿野心。在過往，你的大頭症作為一種需求，可能會帶著你去誤判形勢，而如今你可以把這些錯誤當成案例來學習、分析。逃避現實是你的大敵。**只有面對自己、面對現實，你才能把想追逐名利的野心昇華成務實而有建設性的衝勁。**

集中能量

幻想型的大頭症會讓你天馬行空地想個不停，你會白日夢做很多但完全沒有執行力。你必須要反其道而行，必須養成專注並有始有終把工作或問題解決掉的習慣。你必須要把目標安排得相對容易完成，並把計畫的長度設定在幾個月而非幾年。你必須把工作拆解成一個個的嬰兒步，然後一路上收集短期成果。你的目標是要進入心流，讓自己的心靈被吸納到工作中，由此靈感會在你想不到的時候跑來報到。心流應該要讓你感覺到享受而沉迷。你不該讓自己對遠在地平線上的其他計畫抱持幻想，而應該全心投入在手邊的工作。不能進入心流，就終將難免開始分心，開始多工，最終失去專注力。這是你要去設法克服的問題。

那可能會是你在本業以外從事的專案，而重點不在於你花了多少時間、多少小時在這個案子上，而在於你在工作時的強度與專注力。

在這方面，你會希望這個案子可以牽涉到你已經具備或正在發展的技能。你的目標是要看到自身技術水平的持續成長，而此一成長的前提絕對是你要足夠專注。技術有了進步，你的信心就會同步提升。而自信提升又會讓你有走下去的動能。

與現實保持對話

你的案子始於一個創意，而在你琢磨這個創意之際，你應該讓自己的想像力起飛，對各式各樣的可能性展開雙臂。而在某個點上，你會從計畫階段過度到執行階段。此時的你必須積極向你尊敬的人，也向天生屬於你觀眾群的人尋求批評與回饋。你會希望聽到自己計畫中的缺點與不足之處，因為**只有知道缺點在哪兒，你才能進步**。若是計畫最後的執行成果不如人意，或是問題沒有獲得解決，你應該要開心地撲上去，因為你有了最好的機會去學習。你要深度去分析自己哪裡做錯，愈狠愈好，千萬不要對自己客氣。

一旦取得了回饋，也完成了分析，下一步就是重新來過，再一次讓你的想像力放鬆，但加入你從失敗中學到的教訓。你要不斷在這樣的過程中循環，並為了自身取得的進步感到振奮。在想像階段待得太久，你只會把目標訂得太高，高到脫離現實。但若是你只聽回饋，只按照別人的意見去做，那你弄出來的東西會變得傳統至極而毫無激情。透過與現實（他人的回饋）跟想像力進行持續的對話，你便能創造出在實際之餘又充滿衝擊力的作品。

哪天你在案子上得到了成功，那也就是你該從名氣中退後一步來沉澱的時候了。該去看看運氣在自己的成功中扮演了多少角色，貴人們又都幫助了你到什麼程度。千萬不要被成功的幻象所迷惑。在專注於發想出下一個創意的時候，你必須要讓自己歸零，讓自己回到由此去的原點。每回的新案子都是新的挑戰，都需要新的做法，而失敗也都是正常的。你必須要拿出跟前案相同的專注力，千萬不要有了一點小成績就得意忘形，也千萬不要頭上頂著一點光環就忘記了手要繼續動。

精確設定挑戰的難度

幻想型大頭症的一個問題在於，你會想像自己將出發去完成一個遠大的新目標，那或許會是一本預約經典地位的小說，也可能是一次一本萬利的創業。這項挑戰會難到你會起了頭之後不久就虎頭蛇尾地草草收手，因為你會察覺到自己根本不是這項挑戰的對手。又或者你會雄心萬丈地自信出擊，可能會從一而終而沒有半途而廢，但這樣的你會陷入跟埃斯納打造歐洲迪士尼時一樣的毛病。你會不知所措而一敗塗地；然後會怨天尤人，在失敗中一無所獲。

要是能總是從務實型的大頭症出發，那你設定的目標就會剛好比自己的能力上限高出一點點。因為要是你設定的案子難度比你的能力低或剛好與你能勝任的能力相同，那你很快就會因為無聊而精神渙散。但要是設定的難度過高，那你又會因為失敗而信心崩盤。所以最好的做法就是把難度設在比上次高一點點的地方，這樣你忙起案子來就會興味盎然而精神抖擻。你必須還要算能勝任這項挑戰，這樣你的專注力才不會下降。這會是你最能學到東西的狀態。這樣的案子即便失敗了，你也不會覺得一頭霧水而莫名其妙，而會覺得自己學到很多。而要是幸運成功了，你自信將會有所提升，但這種自信會是因為你的努力與作品，那種成就感會讓你在大頭症那邊交代得過去。

鬆開大頭症的轠繩

一旦馴服了大頭症的能量，你便可以讓它去服務你的抱負與目標。你應該要偶爾放心讓它去自由活動一下。你可以將之想成是你當成寵物在養的野生動物，偶爾讓它出去遛遛，免得它把家裡搞得天翻地覆。具體而言，這代表你可以偶爾讓自己沉溺在過去不曾考慮過的偉大挑戰中，畢竟隨著自信的累積你也會想要考驗自己。你可以考慮在不相關的領域中發展新的技能，或是你曾想過要當成業餘休閒來創作的小說。又或者你可以單純在計畫事情時鬆開想像力的轠繩。

如果你是公眾人物，必須要在眾目睽睽下執行職務，那你可以解除原本自行加諸己身的封印，讓大頭症的動力充滿你，讓你渾身都是自信。這會讓你舉手投足都散發出個人魅力。若你是領袖人物而你所帶領的團體遇到困難或危機，你可以刻意讓自己的大頭症爆棚，以便在面對任務時顯現出必勝的信心，藉以提升手下團隊的士氣。二戰時的英相邱吉爾就是一位深諳此道的領袖。

總之隨著能力的進步與履歷的累積，你偶爾也可以自以為是神，反正只要已經融會貫通了關於大頭症的其他原則，那你終究還是會在膨風幾小時或至多幾天之後，回到地面上來。

最後，在我們幼稚大頭症的根源處，是一種與母親的強烈連結。那種連結是如此地徹底，如此地令人感到滿足，以至於我們會想方設法找回那種連結的感覺。我們會想從平凡無奇的自我存在，躍升到對無以名狀的偉大產生欲望，就是出於對童年、對母親連結的渴望。我們曾經在人生早期，猶如吉光片羽地瞥見過那種親密關係、那種無條件的愛、那種獨一無二的聯繫，只可惜既然是吉光片羽，那我們對這樣的體驗就是稍縱即逝。在工作上進入心流的狀態，或是在人際間培養出深度的同理心（見第二章〈化自戀為同理〉），將能帶給我們更多這樣的瞬間，讓我們的衝動與欲望獲得滿足與紓解。我們會感覺與工作或人合而為一。在這樣的基礎上，我們可以更上一層樓地去體驗與人生的深度連結，也就是佛洛伊德所說的「汪洋般的感受」(oceanic feeling)。

你可以這麼去想:數十億年前的生命本身能在地球上形成,其所憑藉的就是各種不可能的事件集體變成可能。生命的開端就是薄如蟬翼的孱弱體驗,原本在任何一個點上都可能斷線。一路以來各種生命型態的演化令人驚嘆,而在演化的終端是已知唯一有能力感知這整個流程的動物——人類,也就是我們。

在這世上,你存在的機率也一樣地低到不可思議,那需要一連串恰到好處的因果連鎖,才能導致你父母親的相遇,你的誕生,而這任何一件事都不是必然如此。在此同時,在你閱讀這段文字的同時,你跟幾十億人一同意會到了生命的可貴,而生命在你死前也是須臾轉瞬而已。對這項現實的徹底理解,我們姑且可稱之為「臻入化境」(第十八章〈思索我們共同的生而有涯〉對此會有進一步的探究)。那種境界無法形諸文字,因為你會被震懾到瞠目結舌。感覺到自己是一場脆弱生命實驗的一部分,就像是大頭症的反向工程——你不會因為自身的渺小而感到苦惱,反而會狂喜於自己是大海裡的涓滴。

然後，在震懾於我與兒子們共同承受的各種苦難後，我再次派人去詢問上神，我想知道自己剩餘的人生要怎麼過才會快樂，而他給我的回答是：「認識自己，喔，克羅伊斯 (Croesus)[2]——自知就能讓你幸福地活著。」……（但）我被寵壞了，寵壞我的是我曾經擁有的鉅富，是那些祈求我擔任他們領袖的人，是他們送給我的禮物，是那些阿諛奉承我的人，他們說若我願意帶領他們，他們全部都會聽我的指示，而我將成為最偉大的人類——受到這樣的言詞鼓勵，當身邊的王公貴族要我在戰爭的時候統領他們時，我接受了，我以為自己真的是最偉大的英雄豪傑，但事實證明我不夠有自知。我以為自己可以在戰爭中與您打對台；但我其實不是您的對手……由此沒有自知之明的我，得到了應有的報應。

——色諾芬（Xenophon），

《居魯士的教育》（*The Education of Cyrus*）

[2] 595-546 BC；利迪亞王國〔Lydia〕最後一任君主，非常富有，直到被波斯的居魯士大帝打敗為止。

〈第十二章〉

重新與內心的男子氣概或女人味搭上線

男女有別的法則

我們每一個人都有男性或女性的特質，有些是出於基因遺傳，有些是來自於父母親或異性的深刻影響。但為了在社會上展現出一致的形象，我們往往會去壓抑這些男性或女性特質，轉而去過度認同我們受外界期待該展現的男子氣概或女人味。而這會讓我們付出代價。我們會失去自身人格中重要的稜角。我們的思考方式與行為模式會變得僵硬。我們與異性成員的互動關係會受到挫折，主要是我們會把自身的幻想與敵意投射到他們身上。你必須要去意識到自身在這些男性或女性特質的佚失，並慢慢地與之重新建立連結，進而在此過程中釋放出創造力。你會在思想上變得更加活潑、有變化。在讓這些男性與女性的基調重新浮出水面的過程中，你會以真我在旁人面前展現出魅力。總之，你該做的不是去扮演別人期待你擁有的性別角色，而是去創造出真正適合你的性別角色。

貨真價實的性別

身為一位少女，卡特琳娜・斯佛札（Caterina Sforza）有遠大的夢想，她希望成為米蘭光鮮亮麗之斯佛札家族成員。生於一四六三年的卡特琳娜是一名私生女，她的母親是米蘭一名美麗的貴族，父親則是加里佐・瑪麗亞・斯佛札（Galeazzo Maria Sforza）。一四六六年，加里佐在其父親去世後繼任為米蘭公爵。身為公爵，加里佐下令讓他的女兒進入他與新妻居住的波特喬維亞城堡（Porta Giovia），並讓女兒獲得跟其他斯佛札家族成員一樣的教養。新任公爵夫人以繼母的身分將她視為己出，並打算讓她接受最好的教育。

由此原本曾經是加里佐公爵家庭教師的知名學者法蘭切斯柯・費賴爾弗（Francesco Filelfo），現在也將成為卡特琳娜的家庭教師。他教她的科目包括拉丁文、希臘文、哲學、科學，甚至連軍事歷史都在課程範圍內。

經常得獨處的卡特琳娜幾乎天天在城堡內巨大的圖書館裡遊蕩，話說那可是間規模不下於歐洲任何一處的大型圖書館。喜歡的書她會一讀再讀，而其中一本正是由恩師費賴爾弗以荷馬史詩體例所撰寫的斯佛札家族史。這本巨著裡有豐富的插圖，而她就在其文字中知悉了斯佛札家族的崛起過程，包括斯弗札一族是如何從傭兵隊長（condottiere）躍居米蘭的執政公爵。斯佛札一族以在戰場上的足智多謀與英勇善戰而聞名。除此之外，她還喜歡閱讀書裡那些真人真事，包括盔甲騎士的英雄事蹟，或者是偉大領袖的歷史傳奇。而在這類書籍當中，她很熱中研讀的是薄伽丘（Boccaccio）所著的一本《名女人傳》（暫譯，*Illustrious Women*；拉丁文書名為 *De Mulieribus Claris*），書中講述了史上許多知名女性做過的事情。而就在她於圖書館裡排解無聊的過程，書中內容在她的心思中集結，她會做起白日夢，想像起家族未來的光輝與榮耀，而她正是那些光榮前景的主角。在這些幻想的正中央，是她父親的形象，畢竟她父親的偉大一點也不輸她在書裡讀到的那些歷史人物。

雖然能與父親見面的機會並不多，而且時間都不長，但對卡特琳娜來講，每一次的見面都令她刻骨銘心。父親從來不把她當孩子，而是與她以對等的方式互動。他驚歎於她的智慧，也鼓勵她繼續學習上進。從年紀還很小的時候，她就各方面充分認同自己父親——父親的創傷與勝利也就是她創傷與勝利。就跟斯佛札家不分男女的所有小孩一樣，卡特琳娜也從小就要學習劍術並接受扎實的體能訓練。這方面具體而言，她得與家族一同前往鄰近帕維亞（Pavia）的森林進行狩獵。她得接受捕殺野豬、公鹿等動物的訓練，而在這些戶外教學中，她總是對父親的示範抱以崇拜的眼光，畢竟父親的馬術極其優異，馬背上的衝勁讓父親感覺所向披靡。在狩獵的過程裡即便與大型動物對陣，父親也毫無懼色。在朝堂之上，他是個無懈可擊的外交家，遇事總是能占得上風。他會把自己的手法當成祕訣告訴她——與人交手一定要先行盤算好，一定要比對方棋先數著，**先機比什麼都重要**。

但父親能獲得她如此大的認同，是因為他還有另外一個面向。他對視覺享受非常講究；由此他就像個藝術家一樣。她永遠記得舉家前往佛羅倫斯一帶旅行，當時他們還不忘帶著各種劇團前行，而團內盡是身著怪誕戲服的演員。身在鄉間，他們會在精雕細琢的華美帳篷內用餐。行進過程中，打扮光鮮亮麗的馬匹與隨侍在側的士兵——全都妝點著斯佛札家的代表色，即緋紅與白色——會在地景上看似一望無際。那副光景看了令人沉迷，令人驚異，而這全都得歸功於她父親的巧手設計。他樂於身著屬於米蘭最時尚的服裝，像是做工精緻且有珠寶綴飾的絲質袍子。耳濡目染的她也對珠寶與服飾萌生了相同的興致。他或許在戰場上雄赳赳氣昂昂，但她也會目睹父親在聆賞合唱時如嬰孩般落淚。他充滿了對生命各個環節的熱情，而她對於父親的摯愛與崇拜也有如山高水長般沒有止盡。

於是在一四七三年，當父親告知十歲大的卡特琳娜說她已經被許配好要婚嫁之時，她唯一的想法就是要盡到斯佛札家成員的職責，藉此來取悅父親。加里佐為卡特琳娜挑選的夫婿是三十歲的吉羅拉莫·黎亞里奧（Girolamo Riario），而他另外一個身分是教宗思道四世（Pope Sixtus IV）的姪子。由此這場婚姻的重要意義，就在於建立起羅馬與米蘭之間價值非凡的聯盟關係。而做為這場婚姻的條件之一，教宗從斯佛札家手中買下了他們於數十年前拿下位於羅馬涅（Romagna）的義北城市伊莫拉（Imola），將之贈予這對新人，並將他們命名為伊莫拉的伯爵與伯爵夫人。後來教宗更加碼把鄰近的弗利鎮（Forlì）也歸入了這對伯爵夫婦所有。由此就在威尼斯南端，極具戰略意義的義大利東北部，便盡落入兩人之手。

剛認識的時候，卡特琳娜覺得這位夫婿很不討人喜歡。他感覺很憂鬱，只在意自己，而且個性繃得很緊。他對她唯一感興趣的地方似乎就是性事，由此他巴不得卡特琳娜趕緊成年。所幸婚後他依舊住在羅馬，而她則留在米蘭娘家。只不過成婚數年後，她摯愛的父親死於米蘭一名情緒失控的貴族之手，而斯佛札家的權力基礎貌似岌岌可危，由此她作為政治聯姻棋子的地位，其重要性在此時獲得了前所未見的凸顯。她馬不停蹄地前往羅馬落地生根，並在那兒扮演起模範妻子的角色，盡可能討丈夫歡心。只不過她愈是看見吉羅拉莫私底下的模樣，她對丈夫的尊敬就江河日下。他是個極不穩重，到處樹敵的男人。此外，她也沒有想到一個男人可以如此軟弱，跟父親比起來他簡直一無是處。

她於是轉而將希望寄託於教宗。她努力爭取教宗與其朝臣的眷顧。卡特琳娜如今已出落為一名金髮美女，這在羅馬算是相當珍稀。她會不惜重金從米蘭訂購華服，力求不讓人看到她衣服穿第二遍。哪怕是帶著頭巾與長面紗出門，那也會隨即變成一種時尚。她樂於以羅馬時尚教主之姿獲得眾人矚目，畢竟連名畫家波提切利（Botticelli）都用她當模特兒繪製了不少大作。知書達禮的她是在地藝術家與作家的美好想像，而在一般羅馬人心中她也累積了不少好感。

但未出數年，這一切就都崩解了。她的丈夫與義大利世家科隆納（Colonnas）結怨，然後在一四八四年，教宗猝然崩逝。沒了教宗庇護的卡特琳娜與丈夫處境變得十分凶險。科隆納一族開始計畫復仇，而羅馬人對吉羅拉莫也心懷憎恨，新任教宗更是幾乎確定會是科隆納家的盟友。而這麼一來，卡特琳娜與丈夫就會淪落到一無所有，包括弗利與伊莫拉這兩塊屬地都會失去。而若再考量到她娘家在米蘭居於弱勢，卡特琳娜的處境就更加堪憂了。

在新任教宗選出來之前，吉羅拉莫仍保有教宗衛隊隊長的頭銜，而衛隊如今正駐守在羅馬近郊。連著數日，卡特琳娜看著眼前的丈夫因恐懼而無法動彈或決斷。想到羅馬有科隆納與其諸多盟友的部隊，他就因為畏懼巷戰而不敢進城。他只想低調等待風頭過去，但愈是枯等，他們的選項就愈來愈少，壞消息則愈積愈多。他們居住的宮殿遭到暴徒洗劫，他們在羅馬僅有的朋友背棄了他們，紅衣主教則開始集結要選出新的教宗。

此時適逢溽暑的八月，而這讓正懷第四胎到第七個月的卡特琳娜感覺暈眩而不時反胃。但一想到大敵當前，她便滿腦子都是自己的父親，那感覺就像父親的靈魂進駐了她的心神，用他的角度去思索了她的立場，而這也讓她在一股熱血當中想出的一個大膽的計畫。在只有她自己知道這計畫的狀況下，卡特琳娜趁夜摸黑上了馬背，溜出了衛隊的營區，並快馬加鞭地朝羅馬而去。

一如預期，她挺著大肚子的落魄模樣沒人認得出來，進城因此並不困難。進入羅馬後她直奔聖天使堡（Castel Sant'Angelo）這個羅馬最具戰略意義的據點，隔提伯河與羅馬城中心遙遙相望，且緊鄰梵蒂岡。藉其堅不可摧的牆垣與可以瞄準羅馬任何一處的炮火，控制此咽喉要地之人就可以控制羅馬城。當時的羅馬亂成一片，巷弄中盡是流竄的暴民，惟聖天使堡仍由忠於吉羅拉莫的軍官掌握，而對方一認出來者是卡特琳娜，便開門讓她入內。

一朝進入城內，卡特琳娜便以丈夫之名義占領了城堡，把她信不過的軍官趕了出去。接著她透過聖天使堡向外頭仍效忠她的士兵喊話，並把願意增援的士兵悄悄偷渡進堡內。在將聖天使堡的炮口全數對準通往梵諦岡的要道之後，她便確保了紅衣主教無法聚集於一處來選出新教宗。為了讓人知道她並不是虛張聲勢，卡特琳娜讓士兵開炮來作為警告。她不是在開玩笑。要她放棄聖天使堡，卡特琳娜開出的條件很簡單——丈夫吉羅拉莫名下的財產要全部回歸他們夫妻所有，包含弗利與伊莫拉兩地。

在占領聖天使堡數日後的一個晚上，她在華服外披上了盔甲，然後沿著城堡的壁壘巡視了一番。繞著一圈讓她覺得自己大權在握。傲視整座城市的她看著底下瘋狂的民眾，他們根本無力對抗她這樣一個挺著大肚子而步履蹣跚的孕婦。終於，在遭圍羅馬城中策畫新教宗選舉的紅衣主教差了特使要來跟她談判，但特使傳達的意思卻是主教不太能接受她所提的開城條件，為此她從城牆邊向所有人怒吼，「所以（紅衣主教）是要跟我鬥智囉？他難道不知道我遺傳了加里佐公爵的頭腦，他多聰明我就有多聰明嗎？」

在她等待主教回應時，卡特琳娜知道自己已經控制住了局面，她唯一怕的就是那個沒用的老公會莫名其妙投降來背叛她，或是八月的酷熱會讓她等不下去。最後是因為發現她的決心難以撼動，一群紅衣主教才親自來到聖天使堡協商，並且接受了卡特琳娜的條件。隔天早上，隨著吊橋緩緩放下讓卡特琳娜離開城堡，她才注意到廣大群眾擠著要上前爭睹這位伯爵夫人的丰采。羅馬人上至皇宮貴族下至販夫走卒，大家都想要看看是什麼樣的女子有辦法讓羅馬連著十一天動彈不得。他們本以為這位伯爵夫人會是個風花雪月，每天只知道拍教宗馬屁的千金大小姐，但如今他們瞪大了雙眼，不敢置信地看著眼前的畫面：卡特琳娜身著她的一件絲質禮服，男用腰帶上懸著一把沉甸甸的劍，懷孕的肚子看得出比之前更圓。這種組合真的是令人看得瞠目結舌。

名銜獲得保證之後，伯爵移居到弗利來統治其領地。因為斷了來自教宗的金援，吉羅拉莫開始擔心起錢要從哪兒來的問題。為此他對臣民加稅，但也因此招致了民怨，更別說他還很有效率地得罪了附近非常強大的歐爾西（Orsi）家族。因為擔心小命不保，公爵終日繭居在宮殿裡，於是卡特琳娜接管了領地上大部分的日常治理。而算是未雨綢繆，她安插了一名心腹的盟友接任拉瓦迪諾（Ravaldino）城堡的新任指揮官，藉此掌握區域的動態。她盡了一切努力來與地方人士交好，但她的丈夫仍在短短幾年內發揮了極大的殺傷力。

一四八八年四月十四日，一群人身穿盔甲，在魯多維科・歐爾西（Ludovico Orsi）的率領下衝入宮殿，殺死了伯爵，並將其屍首扔出窗外的市廣場上。其時正在隔壁廳室與家人用餐的伯爵夫人聽到了呼喊與聲響，便立刻將六個孩子趕進宮殿高塔上一個比較安全的房間裡。她閂上了門，然後透過窗戶對底下幾個趕來的心腹給出指令，要他們去通知米蘭的斯佛札家與這一帶的其他盟友，敦請他們派兵來救援，而不論在何種情況下，拉瓦迪諾城堡的守將都不會投降。不過眼下的狀況是短短幾分鐘，刺客已經闖入了她的房間，俘虜了她跟她的孩子。

事發數日後，魯多維科與其共謀加科莫・德爾—隆奇（Giacomo del Ronche）把卡特琳娜押到拉瓦迪諾——兩人要卡特琳娜下令守將開城投降。作為卡特琳娜欽點的指揮官，湯瑪索・費歐（Tommaso Feo）從牆邊往下看，只見命在旦夕的卡特琳娜顯得非常害怕。她用抖到句不成句的聲音懇求費歐棄城歸降，但費歐堅持不肯從命。

看著卡特琳娜與費歐這對主僕的對話一來一往，隆奇與歐爾西察覺到他們似乎在用暗語玩著某種把戲。忍無可忍的隆奇於是將銳利的槍尖抵到卡特琳娜的酥胸前，他威脅費歐趕緊投降，否則就讓卡特琳娜一槍穿心，並狠狠地瞪了卡特琳娜一眼。就在此時，伯爵夫人的表情丕變。她朝著刀鋒不退反進，讓自己的臉跟隆奇只剩幾英吋的距離，並用滴淌著不屑之情的聲音喝斥說，「喔，加科莫・德爾—隆奇，你不用嚇唬我……你要殺要剮都行，但我不是被嚇大的，我有一位無懼的父親，而有其父必有其女。你想怎樣就怎樣吧，反正我的夫婿早已遭你所害，你想殺我也無所謂了。畢竟我只是個女流之輩罷了！」被這豪氣干雲的一席話鎮住，隆奇與歐爾西決定暫且留她一命，找別的辦法對她施壓。

數日之後，費歐與刺客溝通說他也不是不能交出城堡，但條件是伯爵夫人得把積欠他的薪餉結清，而且要白紙黑字切結說她不追究自己的降城之責。於是又一次，歐爾西與隆奇領她到城堡前，仔細看著她與費歐進行某種談判。最終費歐堅持要伯爵夫人進城簽下切結書，並說為了怕這兩名刺客搞鬼，夫人得獨自進城。費歐表示只要夫人把文件給簽了，他就會遵守承諾把城交出來。

合謀的兩名刺客因感覺自己別無選擇，於是便答應了費歐的請求，讓伯爵夫人短暫進城把事情搞定。而說時遲那時快，就在她進城的身影即將消失於吊橋背後之際，卡特琳娜轉身用當時義大利的傳統方式對隆奇跟歐爾西「比了中指」。搞了半天，她跟費歐這幾天都是按計畫在演戲，他們之間一直都有密使在傳遞訊息。她知道米蘭方面已經派了援軍前來，所以自己需要的只是緩兵之計，為救兵爭取趕過來的時間。幾個小時後，費歐站在城牆邊怒斥說伯爵夫人已經是他的人質了，叫外頭的人自己看著辦。

羞憤的隆奇跟歐爾西感覺是可忍孰不可忍。於是隔天他們重返城下時，帶上了卡特琳娜的六個孩子，然後把她叫到牆邊。孩子們被用利刃與尖矛以極嚇人的方式抵著，一個個只能哭號著求饒。弄出這副場面後，隆奇與歐爾西喝令卡特琳娜獻城投降，並威脅說不從就等著替六個孩子收屍，畢竟他們已經證明過殺人對他們來講沒有什麼疙瘩。她身為斯佛札的女兒或許視死如歸，但沒有一個當母親的人能受得了眼睜睜看著孩子送死。卡特琳娜對城下喊話說：「殺啊，怎麼還不殺，你們這些豬頭！我肚子裡還有一個黎亞里奧伯爵的骨肉，而且將來我還可以繼續生更多個！」言盡於此她還掀起裙襬，就像要證明自己所言不虛似的。

卡特琳娜早料到對方會用孩子要脅她，也早已看穿對方的優柔寡斷，因為他們當天沒有趁亂將人趕盡殺絕，就注定了會有今日在城下的場面。拖到今天，他們根本沒有膽子將孩子冷血處決。他們深知殺了孩子，正在趕來弗利的斯佛札軍會將他們大卸八塊。反過來說，若卡特琳娜現在投降，那她跟孩子都會被打入天牢，然後因為食物裡「意外」摻了毒藥而死得莫名其妙。別人要怎麼視她為一個狠心的母親，她不在意，演戲拖延時間才是她們母子現在最有可能的生機。為了凸顯自己的決心，卡特琳娜甚至在拒絕投降後令城堡的火炮向歐爾西的宮殿開轟。

十天之後，某支米蘭援軍終於開抵現場，解除了卡特琳娜之危，刺客紛紛作鳥獸散。伯爵夫人隨即重新掌權，包括新任教宗也確認了她在大兒子歐塔維安諾（Ottaviano）成年前的攝政之權。隨著她臨危不亂的種種故事，包括她如何義正詞嚴地斥退拉瓦迪諾城下的亂賊，慢慢在義大利傳開，卡特琳娜·斯佛札這名來自弗利的美麗伯爵夫人便以女戰士的形象，成為了在民眾心中不脛而走的傳奇。

守寡不到一年，伯爵夫人便接納了與拉瓦迪諾守將是親兄弟的加科莫·費歐（Giacommo Feo）為她的情人。加科莫比卡特琳娜小七歲，內外條件則與吉羅拉莫天差地遠，俊美而陽剛的他出身卑微，早年還幹過黎亞里奧家的馬廄小弟。不過比起這些，更重要的是他深愛卡特琳娜，並對自己的這位女神呵護備至。話說伯爵夫人把前半輩子都花在控制情緒上，她一直在做的事情是把個人興趣限縮在實用的事情上。這樣的她突然受到萬般寵幸，便一時間失去了平日了自制力，無可救藥地掉進了愛河。

她令加科莫成為拉瓦迪諾的新任指揮官。由於就職之後的加科莫得住在城堡裡，所以卡特琳娜索性在城堡內部修了一座行宮，然後就開始幾乎足不出戶。加科莫對自身地位很沒有安全感。卡特琳娜賜予了他騎士的身分，並在不為人知的典禮中與他私下成了婚。為了安撫滿心不安的他，卡特琳娜慢慢地不再插手政務，並把弗利跟伊莫拉的統治權都拱手讓給他。她對內外臣子的警告充耳不聞，她不相信加科莫接近她是為了他自己，也不相信他權慾薰天。她不聽幾個兒子的話，不相信加科莫計畫除掉他們。在她眼裡，自己的丈夫不可能有錯。然後在一四九五年的某天，她與加科莫離開城堡去野餐的時候，一群惡煞圍住了加科莫，在她眼前殺害了他。

感覺青天霹靂的卡特琳娜做出了盛怒下的反應。她把共謀者一概捕獲後處決，其眷屬也紛紛下獄。這之後的幾個月裡，她陷入了深切的憂鬱，包括她曾考慮要自我了結。這幾年來她是怎麼了？她怎麼會偏離了原本的風格，放棄了權力？她從還是個少女以來的夢想，還有她繼承自父親的強韌精神，都到哪兒去了？顯然什麼東西遮蔽了她的心靈。在這之後她開始投身於宗教信仰並重新執政，身心狀態才慢慢地好轉。然後有天她接待了一名客人是喬凡尼・德—梅迪奇（Giovanni de' Medici），這名來自知名梅迪奇家族的青年才俊。雖然年僅三十，但他已然在佛羅倫斯經商有成。他此行前來的目的，是為了要建立城際間的貿易關係。梅迪奇跟其他人不同之處，在於他讓卡特琳娜想起自己的爸爸。梅迪奇瀟灑、聰明、知書達禮，但又沒有硬邦邦的個性。更重要的是，他不論在知識、權力與世故的程度上都可以與卡特琳娜匹敵。兩情相悅的他們隨即變得如膠似漆，並在一四九八年成親，而這也讓義大利最耀眼的兩個家族結為連理。

此時的她，終於可以重拾成為一方之霸的夢想，只可惜計畫總趕不上變化。再婚的同一年，喬凡尼就因病而天不假年。而卡特琳娜還來不及難過，就得趕緊因應對她權力最大也最新的威脅，因為弗利已經被新教宗亞歷山大六世（Alexander VI；俗名羅德里亞哥・波吉亞〔Roderigo Borgia〕）給盯上。他想要透過征伐來擴張教宗的領地，並由他的兒子切薩雷・波吉亞（Cesare Borgia）擔任大軍總指揮。弗利對這樣一位教宗而言是兵家必爭之地，而為此他也開始在政治上動作頻頻，目的是要讓卡特琳娜在盟友間遭到孤立。

為了迎接將至的入侵，卡特琳娜與威尼斯人組成了新的聯盟，並在拉瓦迪諾建立起了一系列繁複的防線。教宗嘗試了威脅利誘，一方面給她壓力，希望她能主動獻出領地，一方面又承諾她各式各樣的甜頭。但卡特琳娜不笨，她知道波吉亞家人說的話能聽，那很多東西都能吃。但到了一四九九年的秋天，事情似乎總是得有個結果了。教宗已經與法國結盟，由此找上門來除了切薩雷親率的一點二萬大軍，還得再加上兩千名身經百戰的法國士兵。在這樣的大軍壓境下，伊莫拉與弗利相繼淪陷，拉瓦迪諾成了卡特琳娜僅存的據點，但到了十二月底，波吉亞的部隊也已經將拉瓦迪諾團團圍住。

十二月二十六日，一身黑色勁裝的切薩雷身跨白駒，英氣逼人地親赴前線。而卡特琳娜從城牆上俯視戰場，她腦中浮現的是自己的父親。那日正好是父親遭到刺殺的忌日，而父親代表了自己所珍視的所有價值，由是她不願意讓父親失望。在所有的孩子裡，就屬她跟父親最像。而她早盤算過這天如果是父親在現場，他會有什麼樣的做法。卡特琳娜的計畫是再一次用上緩兵之計，把時間拖到足以讓盟友前來馳援。她很聰明地在拉瓦迪諾築起了一道又一道的防線，每層城破都還能一退再退。直至最後關頭，她也不打算讓敵人好過。只是最後實在退無可退，卡特琳娜也手握刀劍，做好了最後一搏並以身殉城的準備。

聽著波吉亞對她喊話，她發現這傢伙根本是在挑逗她，風流成性的他花名在外，可謂無人不知無人不曉，而義大利不少人也覺得卡特琳娜不是什麼太正經的女人。她聽到笑出來，而且還沒忘了提醒波吉亞一下她身為斯佛札家一員的感情史有多精彩——她的意思是，若波吉亞真的要她歸他所有，那他就得再加把勁才行。惟這番話倒也沒有把波吉亞嚇退，甚至他還加碼要與卡特琳娜在交涉中面對面。

終於，卡特琳娜貌似拜倒在波吉亞的男性魅力下，畢竟她始終是個女人。由此她下令把城門的吊橋放下，決定與他會會。把握機會，波吉亞繼續窮追猛打，而卡特琳娜的眼神與笑容已經說明了一切，她愛上了他。與佳人相距不過數吋的波吉亞把手伸向她的玉臂，而她欲拒還迎像是在與他嬉戲調情。她羞怯地提議兩人可以到城堡內討論事情，並開始一邊表達邀請之意，一邊自個兒也朝城堡走回去。但沒想到波吉亞腳一踏上吊橋，橋身就開始上升，惟反應夠快的他及時跳了回來。被耍的波吉亞羞憤填膺，當場立誓要討回顏面。

之後的數日，波吉亞發動了暴雨般的砲轟，最後也終於打開了一處缺口。在較具作戰經驗的法軍帶領下，波吉亞的部隊蜂擁而入，戰事於是進入了短兵相接的近戰階段，而此時站在剩餘兵力最前線的，正是卡特琳娜本人。而後就在法軍統帥伊夫・達萊格爾（Yves d'Allegre）所行的注目禮下，這位美麗的伯爵夫人以華服外套著精緻的胸甲，身先士卒地朝敵軍衝鋒而去。她使起劍來相當稱手，臉上也並無絲毫懼色。

經過一番廝殺，她與手下正準備撤退回城堡更內層，希望按計畫把戰局再拖個數日，沒想到她自己的一名士兵從身後抓住了她，把劍抵住了她的咽喉，然後押著她去到了敵方。原來波吉亞發出了懸賞，而這名士兵就是為了賞金背叛她。拉瓦迪諾之圍於是以卡特琳娜被俘收場，稱心如意的波吉亞當晚就強暴了她，然後將她軟禁在房中，藉此讓世人覺得這位驚世駭俗又英勇善戰的伯爵夫人是自願獻身。

但即便已經失去自由，她仍拒絕簽字放棄自己的領地，於是乎她被押到了羅馬，並被打入了令人膽寒的聖天使堡監獄，度過了漫長的一年。這一年中身處在狹小而無窗的監牢裡，她得忍受的除了孤單寂寞，還有波吉亞精心發想出的一系列酷刑。堅決不肯低頭的她健康江河日下，眼看著就將在監獄中走到人生盡頭，所幸在緊要關頭，集騎士精神與對卡特琳娜之愛於一身的伊夫・達萊格爾跳了出來，強烈以法王之名要求釋放卡特琳娜，而他最終也成功讓她恢復自由之身，並得以全身而退地返抵了佛羅倫斯。

自此急流勇退之後，卡特琳娜開始從歐洲各隅收到男性的情書，這當中有些人已經遠遠地愛慕她多年，有些人是近期才聽聞她這名奇女子。但同樣的是他們都對她的故事非常著迷，都傾訴了愛意，也都懇求她能慨允某樣紀念品供他們稍解思慕之情。一名男子曾在她初訪羅馬時瞥見過她一眼，而他在信裡說的是，「即便在夢鄉中，我也感覺與你相依；用餐之際，我也寧可滴米不進與你甜言蜜語。你就是如此讓我刻骨銘心。」

可惜因為在監獄裡被折磨得不成人形，卡特琳娜在一五〇九年香消玉殞。

大師解讀

在卡特琳娜・斯佛札的時代，女人能扮演的角色極為受限。當時的女性基本上就只能努力在婚後當個稱職的母親與妻子，要不然就是獻身給宗教信仰，乃至於少數人會成為在歡場打滾的女人。那感覺就像是每個女人一出生，身邊就被人拉起了一條管制線，線外是她們不敢涉足的禁地。她們會從小在家庭與教育的養成中，就把這樣的侷限內化到自己心裡。事實上，只要讓女性學習的科目受到限縮，讓她們擁有的技能無法更加全面，那即便她們有心探索世界，也只能心有餘而力不足——知識，就是力量。

卡特琳娜是特例中的特例，因為她有幸集各種有利於她的環境條件於一身。在她幼年時，斯佛札家成為強權的時間還並不長，而在其崛起的過程中，斯佛札家體會到強大而能幹的妻子或女性不光是賢內助，而會是家族整體的重要戰力。他們於是發展出一種傳統是讓女兒參與狩獵與劍術的學習，藉此讓她們強悍而勇敢——須知這樣的閨女在政治聯姻的市場上，是炙手可熱的交易籌碼。而且卡特琳娜的父親還一不做二不休，讓頗有乃父之風的愛女跟他共享一位家教老師。這多少代表父女之間的一種認同。

於是乎在波特喬維亞城堡裡，一場獨特的實驗啟動了。因為與外界隔絕但在家中有很大的自由空間，卡特琳娜可以隨心所欲的發展。智識上她可以自由自在地吸收各種新知，與生俱來的興趣也可以不需要壓抑。以她而言，她喜歡時尚與藝術。在體能鍛鍊上，她可以讓身體帶著心靈去狂放不羈。換句話說，卡特琳娜從小所接受的，不啻是一種讓性格獲得完整啟發的全人教育。

這樣的卡特琳娜在以十歲的稚齡進入公眾生活時，她很自然地沒把社會對女人角色的包圍網當一回事，因為她有能力從容地勝任各種角色。作為一名有責任感的斯佛札家成員，她可以是個忠心耿耿的太太。憑藉天生的同理心與愛心，她也可以是個眷顧孩子的母親。她樂於在教廷上扮演最時尚、美麗的年輕少婦，但眼看著丈夫的行為陷自己跟親人於危難之中，她覺得自己有義務轉換成另外一個角色。受過獨立思考訓練且深受父親啟發的卡特琳娜，可以在需要的時候變身成為英勇的戰士，令整座城市聽她的號令與指示。她深諳謀略，可以在危局中棋先數著。她也可以在需要衝鋒陷陣時身先士卒，在刀光劍影中以命相搏。少女時代的她就遐想過這種一人分飾多角的人生，由此一旦在現實中得償所願，她很自然地會有一種親切感與滿足感。

我們可以說卡特琳娜個性裡有與生俱來的女性靈魂，也帶有無法忽視的男性基調，而這組合就像與她陽剛中帶著陰柔的父親左右對調。男女特質融合在她體內，讓她能夠以與眾不同的方式去行動與思考。身為統治者，她展現出高度的同理心，這在當時絕對不是理所當然的事情。遇到瘟疫侵襲弗利，她懂得去撫慰病患，而那可是玩命的事情。她寧可在牢獄中吃盡苦頭，也要讓孩子們的未來不要落得一場空。這種自我犧牲對一個擁有過權力的人來說，是很難能可貴的抉擇。惟在此同時，她也是個工於心計且不輕易讓人占到便宜的談判對手，再者就是她對笨蛋與弱者都無法忍受。她是個有野心的人，也是個以野心為榮的人。

面對衝突，她總能用計去騙過比她強大的男性，兵不血刃地取得勝利。在與切薩雷交手時，她曾嘗試用女性限定的狡詐去勾引他渡過城下的吊橋；後來城堡內短兵相接時，她也曾反覆執行誘敵深入的計畫，讓切薩雷陷入泥淖而無法速戰速決，而這也為她爭取到了等待盟軍馳援的時間。雖然結果不如人意，但其實她的兩次計謀都不是沒有成功的機會。

這種一人分飾多角的能力，把男女性特質融會貫通的能力，是她力量的泉源。她唯一一次捨棄這種能力不用，是在與加科莫・費歐的婚姻中。深深愛上費歐的她極為不設防。她當時的壓力極大——得面對一個無可救藥且有暴力傾向的丈夫，得撐過讓她身心俱疲的多次懷孕，還得如履薄冰的維繫她好不容易建立起來，但互信薄如蟬翼的結盟關係。這樣的她突然受到費歐的熱切關注，會想要尋求慰藉而為了愛放棄權力，也是人之常情。惟在把她的角色扮演縮小到好太太的同時，卡特琳娜就必須得壓抑她樂於向外發展的天性。她必須要把精力耗在安撫丈夫的不安全感之上。而在這樣的過程裡，她付出了失去衝勁的代價，歷經了幾乎要了她性命的低潮。所幸她經此一劫學到了教訓，後來仍能終其一生忠於自己的個性。

卡特琳娜故事裡或許最讓人吃驚的一點，是她對於同時代男性與女性所產生的效應。看著她一路上把傳統性別定位弄得天翻地覆，你可能以為她會被人罵成巫婆或悍婦；你可能以為以她如此驚世駭俗的行徑，世人對她避之惟恐不及只是剛好而已。但實際發生的狀況卻是她讓所有與她有所接觸的人，都深深地為她著迷。女性崇拜她的力量。同時代的伊莎貝拉・迪斯特（Isabella d'Este）作為曼圖亞（Mantua）的統治者，便深受卡特琳娜感動，並在她被波吉亞俘虜後寫道，「法國人若是知道要批判我們家沒種的男人，那他們起碼是不是也應該讚美一下這位果敢英勇的義大利女人。」男性不分職業與貴賤，從藝術家、士兵、神職者、貴族到僕役，都深受她的吸引。就算是想要毀滅她的人，像是波吉亞，都難免一看到她就心生愛慕，產生想占有她的欲望。

男人可以跟她像跟其他男人一樣暢談戰略與戰術，這是其他女人做不到的事情。事實上跟其他女人在一起，有些男人可能根本什麼都不能聊。但更重要的是，男性可以從她身上感受到一種讓人熱血沸騰的自由奔放。這是在說男人也不是沒有得扮演的性別角色。男人或許不像女人一樣被角色設定綑綁得那麼緊，但男人的角色也不是都沒有缺點。男人受到的期待是永遠要控制大局，要堅毅不屈。雖然只能當成祕密放在心裡，但男人都受到這種會讓他們失控的危險女人吸引。她不是嬌弱的玩偶，也不會為了取悅男人而完全放棄主動。她懂得不受羈絆而忠於自我，甚至會感染身邊的男人也放手一搏，在自身的角色上有所突破。

你的人性課題

你會以為十五世紀與現在相隔數百年，此一時彼一時也。你會以為就性別角色而言，卡特琳娜的世界與我們十分遙遠，所以沒什麼值得我們現代人參考的點。但果真這麼想，就大錯特錯了。性別角色的特定細節或許會隨著文化跟時代的不同而起起伏伏，但其基本模式不脫以下的描述：我們生來都是完整的生命，有許多不同的面向存在於我們身上；我們擁有異性的某些特質，有些是先天遺傳而來，有些是後天受到異性雙親的影響。人的性格有其天生的深度與廣度。以男孩子而言，研究顯示他們小時候其實比女生更感性。小男生具有高度的同理心與敏感性。反過來說，女孩子也自有其天生的冒險與探索精神。她們有強大的意志力，並樂於藉此從根本上改變身邊的環境。

惟隨著年齡增長，我們必須要對外保持一致的形象。我們必須扮演特定的角色並符合特定的期待。我們必須對著自己的天性修修剪剪。男生會告別他們調色盤一般的情感，並在相互推擠的競爭中壓抑起自己的同理心。女生會必須要犧牲自己的強勢與主見，因為她們理應溫柔婉約，理應帶著微笑配合別人，理應搶在別人前面替他們著想。女生可以當老闆，但她得是個溫柔有彈性，不能是個太悍的老闆。

在這過程中，我們會變得愈來愈沒有稜角，愈來愈沒有形狀可言；我們會跳進文化與時代為我們設好的角色模具，最具有價值的豐富個性會離我們而去。有時候我們會注意到這一點，得等到邂逅了比起自己沒那麼壓抑的人，我們會覺得這些人怎麼會如此趣味橫生。卡特琳娜顯然就是這樣的人，而歷史上男版的卡特琳娜也不在少數，如十九世紀的英國首相班傑明．迪斯雷利（Benjamin Disraeli）、爵士樂傳奇艾靈頓公爵（Duke Ellington, 1899-1974）、美國總統甘迺迪、英國搖滾歌手大衛．鮑伊（David Bowie, 1947-2016）等人，都無疑是潛藏有女性特質，所以也讓人更感覺有趣的人物。

你的功課，就是斷開讓你手腳施展不開的僵固枷鎖，不要過度去認同你被期待扮演的性別角色。**你要違反世界的期待，去探索男性與女性特質的中間地帶，因為那兒正是你力量的寶藏所在，去那兒把你失去或壓抑的強悍或柔軟特性找回來。**在與人接觸或互動的過程中，記得要去拓展你會的招術，為此要去發展出更寬廣的同理心，或是學著不要那麼像個小媳婦低聲下氣。在遇到問題或來自他人的阻力時，你要訓練自己以不同的方式做出回應：平常採取守勢的你，也可以嘗試主動攻擊，反之亦然。在思考事情的時候，你要學著去混用直覺與分析的能力，藉此來變得更有創造力（詳見本章的最後一部分）。

不要害怕表現自己性格中比較敏感或有野心的一面。你心中這些被壓抑住的部分，正巴望著能出來透透氣。在人生的舞台上，你要讓自己的戲路變廣。別擔心別人察覺你的改變而出現什麼反應。你會變得不那麼好分類，不那麼好被貼上標籤，而這樣的你會更有魅力，更有能力去玩弄別人對你的認知，你想是誰，就可以是誰。

> 愛情最可怕的幻覺，在於我們陷入愛河的對象不是現實世界中存在的那個女人，而是我們腦中塑造出的玩偶——那是我們唯一可以招之即來，揮之即去的女人，也是我們唯一可以真正擁有的女人。
>
> ——普魯斯特（Marcel Proust），
>
> 《追憶似水年華》（*À la recherche du temps perdu*）

人性的關鍵

身而為人，我們會覺得自己一路走來始終如一，而且成熟穩定。我們會覺得生命的走向大致掌握在自己手裡。我們覺得自己是根據理性的思慮在做出各種決定，而我們判斷的標準是怎樣對自己最為有利。我們自認擁有自由意志，且多多少少知道自己是誰。然而這種自以為的理性會在人生命裡的一方天地碎成一地——那個地方叫做愛情。

戀愛中的我們，會被自己控制不了的情緒追著跑。我們會選擇跟某些人成為伴侶，但理由自己也說不清，而且以結果論而言，這些選擇好像並不能很令人滿意。大部分人最終都會走入婚姻，那代表他們人生中起碼有一次成功的交往關係，但在那之前（或之後），我們往往會有許許多多一點也不成功的交往關係，把我們弄得很不開心。而且有時候，我們還會被同一型的伴侶氣到不只一次，就好像鬼迷心竅，老是去找到同一種爛桃花。

我們喜歡在事後檢討時對自己說人戀愛就是這樣，戀愛中的人都不正常。我們會覺得戀愛的時候理性會去放假，那對我們的性格而言是一種例外而非常態。但此處讓我們姑且思考一下反之方為真相的可能性：在有意識的日常生活裡，我們其實都在夢遊著，我們其實一直不知道自己到底是誰；我們只是擺出一副自己理性掛帥的模樣去敷衍世界，我們把自己平日戴著的面具，當成了自己原本的長相。戀愛時的我們看似失常，其實或許那樣才更接近我們的正常。戀愛時的我們面具會自動脫落。我們會意會到其實無意識的力量決定了多少行為。這時的我們會更加與自己不理性的本性處在同一個頻率波段上。

一起來看看戀愛時的我們會有哪些常見的變化。

正常來講，我們平日的心靈會處在一種持續分心的狀態。但隨著我們在愛河裡陷得愈深，我們的注意力就愈集中在同一個人身上。我們會變得非常執著。

平日我們都會希望在世人面前呈現出一種能凸顯出優勢的模樣。但在戀愛的時候，我們另外一面的特質會通通反客為主地跑到台前。一個平常既堅強又獨立的傢伙，會一瞬間變得徬徨無助、許多事無法自理，而且情緒顯得歇斯底里。一個平常喜歡照顧人而且充滿同理心的人，突然間會變成頤指氣使、自我中心的小暴君。

身為成年人，我們會覺得自己相對成熟而實際，但在戀愛中的我們會在短時間內退化到做出幼稚的行為。我們會感受到被放大燈照過的恐懼與不安全感。我們會一想到可能被甩就驚慌到不知所措，就像寶寶被置之不理幾分鐘後的反應。我們會有瘋狂的情緒起伏，從愛到恨，從信任到被迫害妄想症。

平常的我們自認頗會看人，一旦迷戀起人，我們就會把自戀者誤認為是天才，把緊迫盯人誤解為關懷，把打混解讀為隨興，把控制狂誤認為是呵護備至。身邊人會一眼就知道我們鬼迷心竅，並想要把我們拉出來，但忠言逆耳，我們會一個字都聽不進去。更糟糕的是，我們會一而再再而三地重複選錯戀愛對象。

在看待這些狀態改變時，我們可能會想要將之描述為鬼附身。我們平常是個理性的路人甲，但進入迷戀狀態後，我們會變成不理性的路人乙。一開始，路人甲與路人乙還會在我們心中跳來跳去，甚至會相互融合後誕生出路人丙，但我們深陷於愛情裡，路人乙就會慢慢掌握大局。路人乙會在別人身上看到明明不存在的特質，會做出不利於自己甚至自我毀滅的行為，會很不成熟，會產生不切實際的期待，會做出日後讓路人甲無法理解的決定。

這些行為模式下的我們從來沒有真正理解到自己在做些什麼。太多的無意識在產生作用，而我們又沒有辦法用理性去參與這些過程。但在其漫長學術生涯中分析過數千名男男女女失戀者的心理學大師容格，對何謂陷入愛河提出了或許是最深刻的解釋。據容格所言，戀愛中人都處於被附身的狀態。控制住我們的路人乙，被他取名為「阿尼瑪」（anima；男性心中的無意識女性特質）或「阿尼姆斯」（animus；女性心中的無意識男性特質）。這類主體存在我們的無意識中，但會在某名異性「電」到我們的時候浮出水面。下面我們來看看阿尼瑪與阿尼姆斯的起源與它們的運作方式。

我們體內都有異性的賀爾蒙與基因。這些異性特質在我們體內屬於少數（確切多寡因人而異），但不會有人完全沒有，由此這些異性特質會像少數元素一樣成為我們性格的成分之一。**同樣重要的還有異性雙親對我們心理的影響，因為我們會從異性雙親處取得女性或男性的特質。**

在人生的早期，我們會對旁人的影響來者不拒而且有很強的吸收力。異性雙親代表我們與異性的第一類接觸，而在與他們接觸與互動的過程中，我們一大部分的性格於焉成形，我們會在這樣的過程中產生出立體而多面的人格（同性雙親提供的主要是安撫與立即性的認同，與他們互動不需要耗費太多能量去適應）。

比方說，小男孩往往會很自然而不彆扭地表現出他們從媽媽那兒學到的情緒與特質，包括外顯的愛意、同理心與敏感性。反之，小女孩也能很大方地表現出她們從父親處習得的特質，比方說攻擊性、膽識、學習上的毅力，還有對體能的強調。每個孩子都很自然地會在體內擁有異性的特質。此外，每名雙親都有孩子得加以選擇與之同化或設法處理的陰影，比方說，某一名母親可能很自戀而欠缺同理心，一名父親則可能大男人主義或過於軟弱而無法提供強大的保護力。

對於異性雙親的種種情緒，孩子們都必須加以適應。但總而言之，男孩與女孩都會針對異性雙親的正反面特質進行無意識但深刻的內化。與異性雙親的連結，會充滿各式各樣的情緒：生理上與情緒上的連結、滿腔的興奮、迷戀，以及沒有被給予某樣東西的失望之情。

但很快地，我們就會來到人生中必須與父母親脫離而建立起自我身分的關卡。而要建立自我身分最簡單也最有力量的途徑，就是沿著男性或女性的性別角色進行。男孩會與母親之間有一種影響他一生的曖昧關係。一方面他渴望母親給予的安全感與關愛；一方面他覺得自己受到母親的威脅，就像是她會用女性特質讓他窒息，讓他失去自我一樣。她的權威與權力會凌駕在自己的人生之上，這點讓他害怕。從某個年齡開始，他就會覺得自己有必要分化自己，讓自己與母親有所區隔。他會想要建立起自身的男性身分。比方說像青春期的身體變化，就絕對會強化他認為自己是男性的想法。只不過在這樣的過程裡，這種對男性身分的認同會時而變成脫韁野馬（有些男性會認同自己是女性，但那又是另外一個故事了），這些男生會刻意凸顯自己強悍而獨立的一面，藉此強調母親是母親，自己是自己。他性格中的其他部分——吸收自母親或與生俱來的同理心、溫柔、對連結的需求，會受到壓抑而沉入無意識中。

女孩兒可能原本有顆冒險的靈魂，並可能會將父親的意志力與決心融入到她的個性組成裡，但隨著年齡漸長，她很可能會覺得有壓力要符合社會的常規，進而圍繞著一般認為的女性特質來形塑自身的身分認同。女生理應客氣、甜美外加配合度高。她們理應把別人的興趣置於自身的興趣之前。她們理應把所有的稜角都磨平，理應把自己打扮得漂漂亮亮，成為眾人可以投射欲望的目標。對個別的女子而言，這些外界的期待會凝結成她們在腦中反覆聽到的聲音，而這些聲音會不間斷地給予她們批判，讓她們對自身的價值產生懷疑。這些壓力與批判在我們身處的現在，或許沒有那麼明目張膽，但它們產生的影響力仍無庸置疑。她性格中愈是與探索、進取、攻擊、或黑暗面有關的部分——不論是天生擁有或吸收自父親的部分，都會在她接受傳統女性角色的過程裡被壓抑到無意識中。

男孩或男人無意識中的女性部分，就是容格所稱的阿尼瑪。女孩或女人無意識中的男性部分，則是容格所稱的阿尼姆斯。由於這兩部分都在我們內心埋得很深，所以我們平日並不會真正意會到它們的存在。唯一旦我們迷上某個異性，你內心的阿尼瑪與阿尼姆斯就會蠢動起來。我們受到另一個人的吸引，有可能完全是出於外貌，但其實更多時候我們會莫名受到吸引，是因為對方的內外在與我們父母親相似。**別忘了在這種與雙親的原始關係裡，充滿著受到壓迫但渴望掙脫的能量、興奮感與執迷。所以誰能觸發開關，釋放這些壓迫，誰就能像磁鐵一樣吸引到我們的注意力，即便我們並不清楚這種吸引力源於何處。**

如果這種與母親或父親的關係偏向正面，那我們就會投射雙親比較多的優點到交往對象身上，希望藉此能重新體驗到兒時的天堂。比方說一名年輕男性可能會在兒時被慈愛的母親疼愛過，當時那個貼心的小男生會追隨著母親，跟母親一樣喜歡照顧人，但慢慢長大，他會壓抑自己內心的這些特質來追求獨立，並建立起陽剛的氣質。在喚醒他與母親關係的女性身上，他會看到自己再次受到疼愛的希望，而這種有機會得償所願的想法，會激發他與交往對象間更大的興奮感與生物吸引力。另外從女方身上，他會接觸到那種自己沒有能發展出的面向。換句話說，他愛上的是化身為自己心愛女人的阿尼瑪。

如果與母親或父親的關係好壞參半（父母親對他們的關愛時有時無），那我們就會傾向於愛上那些讓我們想起不完美雙親的對象，並藉此來模擬

修復與雙親的關係。我們會想把對象的缺點消除掉，藉此彌補早年在與父母相處上的缺憾。若與雙親的互動關係多屬負面，那我們就會去找跟父母親特質相反的對象，這往往代表你的異性雙親曾經很黑暗，很陰沉，而你長大了會想找個個性陽光的對象。比方說，父親若疏遠而嚴厲，女兒想叛逆但又沒有勇氣，那麼她長大之後就會受浪子吸引，因為這種男人身懷自己以往不敢表達出的野性，而且跟父親也是一個天一個地。她的阿尼姆斯就是叛逆的孩子，具體化後就變成她所愛的年輕男子。

總而言之，不論與異性雙親的關係是正面、負面，還是一言難盡，不變的是強烈的情緒會被觸動，我們會覺得自己穿回年幼時與父母親的原始關係，由此我們的行為會與平日表現出的樣子大相逕庭。我們會變得歇斯底里、緊迫盯人，並爆發出強迫症等級的控制欲。阿尼瑪與阿尼姆斯也有它們各自的人格，所以一旦它們甦醒過來，我們就會表現得像路人乙。另外，由於我們愛上的並不是對象的本尊，而是我們的投射，所以遲早我們對他們感到失望，就像不能符合我們的想像是他們的罪過似的。這樣的交往關係會開始崩解，往往是因為雙方的誤會與溝通不良愈積愈多。且由於並不知道問題出在哪邊，所以我們跟下一個對象還是會重複相同的輪迴。

這種行為模式有無限多種變形，因為每個人的出身背景都不盡相同，男女性格的組成比例也不一而足。比方說，有些男性在心理上比女性更女性，也有女性在心理上比男性更男性。這些人如果是異性戀，那其中的男性就會受到像男人的女人吸引，因為這些女子擁有他們本身沒有能發展出的男性特質。他無意識中更多的部分是阿尼姆斯，而不是阿尼瑪。相對之下，這當中的女性會受到陰柔男性的吸引。這種有點性別翻轉的情侶所在多有，而且只要雙方都能得到他們想要的東西，那也是有機會可以長遠地走下去。就像作曲家費德列克·蕭邦（Frédéric Chopin）跟他的作家太太喬治·桑（George Sand）就是很經典的案例，其中桑更像是丈夫，而蕭邦的定位更接近妻子。這些人即便是同性戀，也依舊會追尋自己內心沒有能發育完全的異性特質。總之整體而言，人內心幾乎都存在某種失衡，都會過度認同男性或女性，並都會受到反差極大的另外一端吸引。

你的人性課題

你身為人性法則學生的功課，有三個：**其一，你必須嘗試去觀察人展現出來的阿尼瑪與阿尼姆斯，特別是在親密關係中的情形**。透過觀察他們在親密關係中的行為模式，你將能讀取到他們平日不為你所知的無意識。你將能一睹他們平時所壓抑的部分，並讓這些情報為你所用。你要特別注意那些格外陽剛或格外陰柔的個體，你肯定會在這類男性的外表下發現非常女性化的阿尼瑪，而在這類女性的外表下發現非常男性化的阿尼姆斯。**遇到人拚了命要壓抑他們的女性或男性特質，就代表這些特質一旦浮出表面時，面貌會非常猙獰**。

比方說表面看來超陽剛的男性，會在私底下很在意於自己的穿著與外表。他會對他人的搭配，包括其他男性的打扮，莫名地超級在意，且動輒會為此出言不遜。尼克森於總統任上念茲在茲的，就是要在其屬下面前表現出陽剛的一面，但他其實很愛對幕僚的西裝顏色碎碎念，同時對自己辦公室裡的窗簾顏色也老是看不順眼。這種大男人會聊起車子、科技、政治就沒完沒了，然而他們的意見並不是基於他們在這些方面有什麼真才實學。但你要是戳破他們這一點，他們就會歇斯底里地自我防衛。為此他們會鬧脾氣，會噘嘴。這種人會一天到晚想控制自己的情緒，但這些情緒往往彷彿自有其生命似地無法管控。由此他們往往會明明自己也不想，但卻還是會突然感情用事起來。

極度女性化的女人會對自己被迫扮演的角色充滿壓抑的怒氣與恨意，但她們會把這些怨恨壓抑得相當徹底。她在男人面前擺出一副嬌滴滴而勾人魂魄的模樣，其實是一種奪權的策略，一種挑逗目標對象、設陷阱讓他跳，最終讓他受到傷害的行為。她心中陽剛的那一面會在以退為進、欲擒故縱的行為中顯露出來，包括她會在人際關係中用曲折迂迴的方式支配別人。在甜美、退讓的表現之下，她可以相當的恣意妄為，可以極度地自認比別人高貴而正確。她永遠隱藏在表面下的自以為是，會在雞毛蒜皮的小事上呈現為相當不理性的固執。

你的第二項功課是要意識自身內心的投射機制。（我們下一部分會提到常見的投射類型）投射在你生命中有正面的角色可以扮演，而且即便有人想停止投射，也絕對不可能辦得到，因為心理投射對人來說是種自發性而無意識的行為。少了投射機制，你會順道發現自己忘記了該如何去在意人，如何去當誰的迷弟迷妹，如何去把人美化，還有如何去愛上某個她或他。所以投射機制還是很重要的，只是說在關係展開後，**我們要有能力與理智去把投射的心態給收回來，因為惟有如此，你才能看清楚自己真正愛上的是什麼樣的男人或女人，而在這樣做的過程中，或許你會意會到自己究竟與對方合或不合。**與真正的她或他連上線之後，你仍可選擇繼續美化對方，但此後的美化會是基於對方真正的優點。搞不好連對方的缺陷都會讓你為之瘋狂。想做到這一切，你得對自己的行為與思考模式有所掌握，並且得知道自己會投射什麼樣的特質到別人身上。

即便是牽涉到你與異性的純友誼，上述的道理也並非無用武之地。假設在辦公室裡，有個同事對你的工作表現有所批評，或者是對你要求召開的會議一拖再拖。若這名同事正好是個異性，則各種情緒如：憎恨、恐懼、失望、敵意等，都會全部被撩起，外加各個異性特質的投射。反之，今天如果這名同事並非異性，你就不會有這麼大的反應。能夠在日常生活中看出上述的端倪，你就能把局面控制得更好，更不會在與異性同僚的互動上出包。

你的第三項課題是要把眼光放遠，未雨綢繆地看見自己內心壓抑了哪些未經發展完全的女性或男性特質。你可以在與異性交往的關係中瞥見自身的阿尼瑪或阿尼姆斯。你渴望在男性身上看到的霸氣，或渴望在女性身上看到的同理心，其實正是有待你在自身內心發展，藉此帶出你潛在男子氣概與女人味的東西。這等於是要你在自身的日常人格中融入你壓抑在內心的潛質。能做到這一點，這些潛質就不會再是獨立於你之外的自走砲，在你身上有如鬼魂附身。**這些潛質會變成你日常人格的一部分，讓你變成充滿個人魅力的完全體**（更多說明可見本章最後一部分）。

最後提到性別角色，我們會一廂情願地認為那當中存在著學習曲線，而曲線的終點就是完美的人類社會。在此基礎上，我們會以為自己距離終點已經不遠。但真相完全不是這麼回事。雖然在某個層面上，我們確實能看到人類社會達成了確切的進步，但在另一個更深入的層面上，我們會發現兩性關係比從前更加緊張而極化，就好像過往的男女不平等仍在無意識中影響著我們。

這種緊張關係，有時會感覺像是一場性別戰爭，而其成因，是因為兩性之間存在著心理上不斷拉大的差距，由此我們會覺得異性彷彿外星生物，習慣與行為模式都讓人毫無頭緒。這種距離，會在某些案例中變質為敵意。雖然這種事情不分男女，但一般來講男性的性別敵意會較為強勁。這或許與許多男性對其母親角色的潛伏敵意有關，也就是跟母親可能無意識中觸發的依賴感與無力感有關。男性心中對於何謂男人的認知，往往在邊緣帶有反映其內心不安全感的防衛心。這樣的不安全感，會因為性別角色的變遷而遭到激化，進而讓男女之間出現更多的猜忌與敵意。

但這種外顯的兩性衝突，不過是反映了內在未解的男女矛盾。只要我們內心的女性與男性特質無法水乳交融，則外在的距離感就只會繼續放大。反之，若我們能將內在的距離感給銜接起來，那表現於外，我們對異性的態度就會跟著改變。我們會感覺到內心有一種深層的連結，我們會學著像跟自己內心一部分交流似地去跟異性交談或互動。男女兩性之間依舊存在極性，而這種極性中仍能生出吸引力與戀愛的心情，惟此時的極性屬於良性，當中存在著想要與異性接近的欲望。這已經不是之前那種惡性的極化，仇男仇女的敵意已不再會於關係中浮上檯面，所以雙方的距離也不再會被愈推愈遠。**內在的和解會大幅改善外在的連結，而這也是我們應該鎖定的理想。**

各種類型的性別投射

雖然性別投射有無窮無盡的變化，但底下我們會簡單介紹六種比較常見的狀況。而了解完之後，你必須要以三種方式來使用這些知識。**首先，你必須要確認自身有沒有任何一種投射的傾向。**這麼一來，你將對自身早年的狀態有更深入的理解，進而降低你撤回性別投射的門檻。**第二，你必須要視之為珍貴的工具，藉此來讀取旁人的無意識，觀察旁人心中活生生的阿尼瑪或阿尼姆斯。最後，你必須要注意別人會如何把他們的需求與幻想投射到你身上。**記住，一旦成為他人投射的目標，緊接而來的誘惑就是你會想要真正成為他們理想中，甚至是幻想中的你。你會被他們拱到騎虎難下，你會想相信自己真的像他們以為的那麼偉大、強大，或將同理心開外掛。在不知不覺中，你會開始配合他們的劇本演出。你會變成他們渴望的母親或父親角色。但不可避免地，你會慢慢地覺得這樣很討厭，因為你沒有辦法做自己，更沒有辦法認同因為不是真正的自己而獲得肯定。所以說你一定要知道世界上有這樣的事情，避免掉入這樣的陷阱。

浪漫的惡魔

對於處於這種情境中的女性而言，這名令她心神蕩漾且往往年長而事業有成的男性對象，可能乍看之下會是一副花花公子，看到年輕女生就想追的模樣。但他同時又浪漫得很。被他愛上的女人，會沐浴在他滿滿的關注中。由此她會決意去勾引他，成為他關懷的對象。她會迎合這男人的幻想，然後心想這男人怎麼可能不跟這樣的自己穩定下來並洗心革面？等他浪子回頭，她一定可以徜徉在他滿滿的愛裡頭。然而最終他還是不如她期待的堅強、陽剛跟浪漫，反倒是有一些些自我中心。她得不到想要的關懷，或是得到了卻不持久。狗改不了吃屎的他最後還是離開了她。

這種投射，常見於與父親之間存在緊張甚至曖昧關係的女子。這類父親會嫌自己的妻子無趣，一旁的年輕女兒則顯得趣味盎然且魅力十足。由此做父親的會把女兒當成精神支柱，而女兒則會對父親的關注成癮，變得極擅長於飾演父親想看到的少女，並藉此滿足她的權力慾。長大之後，找回父親的注意力與隨之而來的權力會成為她一生的「職志」。任何與父親形象扯上邊的聯想，都能觸發她的投射機制，讓她去憑空生出或誇大某個男人的浪漫本色。

這類型投射一個經典的案例，當屬賈桂琳・甘迺迪・歐納西斯。傑克・波威爾（Jack Bouvier）作為她的父親，非常疼愛自己的兩個女兒，但他內心絕對還是比較偏心賈桂琳。傑克本身也是風流倜儻，帥到犯規。他是個覺得自己身材與打扮無懈可擊的自戀狂。他覺得自己是男人中的男人，是真正的冒險家，但在這樣表象底下，他其實品味相當的女性化而且個性長不太大。他出了名愛拈花惹草，暱稱賈姬的賈桂琳於他與其說是女兒，不如說更像個玩伴或情人。而對賈姬來講，他則是個一百分，不會犯錯的父親。她扭曲地為父親的女人緣感到自豪，而在爸媽之間的三天一小吵五天一大吵裡，她也總是站在父親這一邊。相對於生活多采多姿的父親，母親於她顯得保守古板又冥頑不靈。

不論在雙親離異之前或之後，賈姬待在傑克身邊的時間都很長，而且平時總是一天到晚想著他，因此她耳濡目染地吸收了不少父親的精神與能量。身為一名年輕女性，她把全副注意力集中在各種年長、有權力而且離經叛道的男性上，因為她想找個對象來重現與父親的互動——她忘懷不了那個可以在父親身邊撒嬌，任由父親憐愛的少女時代。而在一個個嘗試過的男性都令她失望之餘，只有甘迺迪與她的理想比較接近。不論就外表或內在而言，甘迺迪都最神似她的父親。問題是，甘迺迪無法滿足她對注意力的渴求。他太過自我中心，而且出軌紀錄太多，說到底他其實算不上是個浪漫的人。賈姬在與甘迺迪相處的過程中，挫折接連不斷。但這樣的模式她又走不出來，因為她的第二任丈夫亞里斯多德・歐納西斯也是個年長、權力很大，然後也喜歡不按牌理出牌的男人。歐納西斯看似瀟灑浪漫，但其實私底下他對賈姬並不珍惜，而且一樣是常態性的外遇。

這種處境中的女性就像掉入了陷阱，而讓她們爬不出來的那樣東西，正是父親早年給予她們的關愛。她們覺得自己得永遠是那個可愛、有靈性而且讓男人心癢的小女孩，才能夠在長大之後繼續獲得相同的關注。她們的阿尼姆斯在善於魅惑之餘，也沒少了男性特有的攻擊性與銳利，畢竟她身上有很多特質來自她的父親。但話說到底，她們終其一生想要找尋的，是一種不存在於世間的男性。一個男人要是真的對她一心一意而且浪漫到底，那她們又會反過來覺得這男人很無趣。死心塌地的男生等於軟弱無能，所以會被她們嫌棄，而吸引她們的，始終都是其私密幻想中的壞東西。她們的真愛，就是那些自戀的壞胚子。經年累月，這些困在自我投射中走不出來的女性會變得恨意滿點，她們會不滿於自己為了滿足男人的幻想，付出了那麼多，卻沒有多少回收。**而想要跳出這個陷阱，唯一的辦法就是她們得看破這個輪迴，停止神化父親，認清楚父親之異常關心對自己造成的負面效應。**

幻影般的完美女人

他會覺得找到了完美的女人。她會給他在之前的對象身上都得不到的東西，不論那是某種野性、某種安慰與暖意，還是對他創意的刺激。雖然與這位完美女人的候選人，相交並不深，但他可以想像跟她在一起會有多麼棒。他愈是左思右想，就愈確定自己不能沒有她。談起這個完美的女人，你會發現他提不出太多具體的細節可以來解釋她完美在哪裡。真的開始交往了，他會光速幻滅。她根本不是他以為的那個人，是她誤導了他。這麼一來他會甩掉她，另外找人去滿足他的幻想。

這是一種好發於男性的心理投射，而投射的內容包含了所有他覺得沒有從母親身上得到的東西，或生命中其他女人沒有能給他的東西。這種理想的伴侶，會縈繞其心於午夜夢迴，但不會有血有肉地以熟人的面貌出現在他面前；她是個只活在男人想像中的女子：青春洋溢、捉摸不定、但就是莫名地使人有所希冀。在現實生活裡，特定類型的女性會比較容易觸動男性的這種想像力。這種女人通常不好搞定，而且比較符合佛洛伊德筆下自戀的女人類型——自給自足、不需要男人或任何人讓她覺得完整。她的內心會有點冷若冰霜，外在則像張白紙一樣可以讓男人的投射與想像自由揮灑。另外一種可能，是她會是個自由的靈魂，渾身散發著能量創造力，惟給人感覺身分成謎。對男人來說她有如繆思女神，在她身邊想像力會被點燃，僵硬的心也容易變得鬆軟。

會有這種投射心態的男性，往往有位不是很常在他們身邊守候的母親。反過來說，有些這種母親會期待兒子可以給她從丈夫處得不到的注意與肯定。母子之間這種期待的落差，會造成兒子長大後會老覺得內心空虛，不斷地想要拿什麼東西去填補。他無法明言自己究竟想要什麼或缺了什麼，因此他的幻想也是朦朦朧朧的。他會終其一生找尋這名謎樣的女性，但卻總是不能在有血有肉的對象身上塵埃落定。「下一個女人會更好」，會成為他的座右銘。要是愛上了自戀的女性，那他便會重複起跟母親有過的問題，也就是憧憬起一個不能讓他內心得到滿足的女性。他無意識中的阿尼瑪會有點夢幻、有點內向、有點憂鬱，而這也會是他在談戀愛時給人的感覺。

這類男性必須意會到自身的行為模式。他們真正需要的，是跟真正存在於現實中的女人互動，是要去接受人都有缺點，並更真誠跟人交流。他們往往寧可在幻想中捕風捉影，因為他們樂於在幻想中當王，樂於在幻想中可以隨時逃避現實。想打破這種模式，這類男性必須要犧牲一點控制欲。遇到創意出現瓶頸，他們不應該老是期待繆思，而應該要學著去求助於自己的內心，讓阿尼瑪有機會跳出來提供靈感。他們與自身的女性靈魂實在太過疏離，需要的是去解放自己的思緒。**唯有停止靠幻想女子身上的狂野能量度日，他們才能與現實中的女子進行良好的互動。**

讓人討厭不了的反抗軍

對於受這類型吸引的女子而言，這些男人有趣在他們有一種對權威的不屑。他會是個不照著主流社會價值走的傢伙，但跟浪漫的惡魔不同的是他往往比較年輕，與事業有成尚有距離。他通常會落在女性的熟識圈以外，而與他交往會給人一些甩不開的禁忌感——做爸爸的肯定會皺眉，朋友與同事也不見得會站在贊成的一邊。然而真正交往了，她會看到他完全不同的一面。他沒一份工作待得住，但這並不是因為叛逆，而是單純因為他懶散而無能。刺青跟光頭底下的他，其實是個目中無人又傳統的控制狂。女方會與這樣的他停止交往，但這不代表她會停止幻想。

會進行這種投射，代表這名女性很可能有過一位強勢而父權主義的父親，這名父親於她既疏遠，又嚴厲。父親代表的是秩序、規定與傳統，並會對女兒多有批評——她在他眼中永遠不夠好、不夠美麗，不夠聰明。她會把這種批評的聲音內化到心裡，然後在腦子裡不斷重播。少女時代的她會夢想著反抗這一切，會希望對抗父親的「魔掌」，讓自己的想法獲得伸張。只不過想歸想，她最後往往還是會屈服在父親的權威之下，扮演一個乖順的女兒。她對於反抗的想望，會被壓抑到無意識的阿尼姆斯身上，讓那變成一個憤恨中帶著怒火的阿尼姆斯。惟她不會在內心發展這股反叛之心，而會試著將之外部化到某個看似叛逆的男人身上。一旦根據外表判斷出某個男性有這種特性，她就會夾帶能量與性慾把這種幻想投射出去。她往往會選擇一個相對年輕的男性，因為這代表他可能比較不具威脅性，比較不會有大男人的傾向。但年輕人的缺點就是不夠成熟，而這也會讓兩人之間難以穩定交往。一旦過了熱戀期，吸引力弱了，女方心中的怒火就會傾巢而出。

女性一旦察覺自己有這種投射的傾向，就一定要認清簡單的事實：**她真正想要的不是叛逆的男性，而是讓自己成長到夠獨立、夠堅強，夠有本錢不聽別人的命令。**想擁有這些特質永遠不嫌晚，但其發展得按部就班。你得少量多餐，每天在生活挑戰自己，練習說不也練習違反規定。

有朝一日變得更有主見，她與男性的交往關係就會變得更加平等，更加不用委屈求全。

墮落的女子

這裡要討論的男人，會被一種他從未見過的女性迷住。或許她來自不同的文化背景或社會階級，或許她的教育程度比他來得低，或許她有某部分的個性或過去儼然成謎，但可以確定的是她在肉體上沒有多數女性來的矜持或嚴謹，由此他會覺得她很肉慾。她給人的感覺是缺少保護，缺少教育，缺少金錢花用，而他就會是那個去拯救她、讓她獲得提升的男人。只不過愈是與她沒有距離，她的狀況就愈脫離他的預期。

在普魯斯特《追憶似水年華》的第一冊《在斯萬家那邊》（*Swann's Way*）裡，現實中存在原型的主人翁夏爾．斯萬（Charles Swann）是個唯美主義者，一個藝術鑑賞家。他另外一個身分是再世「唐璜」，也就是怕與女人定下來甚於怕死的花花公子。他勾搭過不少跟他階級相當的女子，但有天他邂逅了一個女人叫奧黛特。跟他完全不在一個社交圈裡的奧黛特沒受過什麼教育，甚至有點粗鄙，在某些人的嘴裡她更形同是個高級一點的妓女。她讓他覺得非常有趣，然後在命運的那一天，在盯著文藝復興藝術家波提且利（Botticelli）浮雕上所複製的聖經場景時，他認定了她就像畫中的女子。而這也成為了他開始對她著迷，將她理想化的開始。奧黛特肯定苦過，而她值得苦盡甘來。雖然害怕承諾，但他依舊娶了她為妻，並開始帶她學習各種高檔的享受。但他所不知道的是，奧黛特一點也不是他幻想中的女人。她一點都不笨，而且執拗的程度跟他比起來是有過之而無不及。她最終會讓他變成自己的一個被動奴隸，而她自己則會持續不斷在外頭與人相好，而且男女都行。

這種男人小時候會有一位強悍的母親，而他們則會長成乖巧聽話的孩子，在學校也是優等生。他們會有意識地被受過良好教育的女性吸引，因為她們知書達禮，無懈可擊。但在無意識中，吸引他們的反而是

那些全身都是毛病、個性也令人起疑的女性，因為他們暗地裡渴望與自己相反的東西。這代表一種典型的母親／妓女的分裂與矛盾情節——他們一方面想娶良母做為賢妻，但另一方面又強烈受到妓女的外表吸引，因為妓女是那種樂於展露自己胴體的「墮落女人」。他們一面壓抑著自己性格中想縱情聲色的肉慾，但一面又太過僵硬而有禮。他們唯一能讓欲望出來透透氣，讓自己與各種禁忌有所聯繫的管道，就是通過感覺跟自己南轅北轍的女人。跟斯萬一樣，這類男人會想辦法把用高大上但脫離現實的典故，來把這些女人理想化。他們會把自己的脆弱投射到這些女人身上。他們會告訴自己我是要去幫助、去保護這些女人，但實際上他們只是被這些危險女人身上那若有似無的淘氣與樂趣所吸引。因為低估了這些女人，所以他們常淪落為對方的工具人。他們的阿尼瑪兼具被動跟受虐狂的雙重特性。

想破除這類投射，這些男人需要去開發他們性格中較不傳統的那一面。他們得跳出自己的舒適圈，靠自己去嘗試新的經驗。他們需要更多挑戰，甚至需要一點點的危險來讓他們的緊張獲得舒緩。也許他們需要在工作上承擔多一些風險，或是得去發展自身偏向生理與性慾的一環。他們不需要為了欲望去與墮落的女人廝混，而可以直接去找任何一種正常的女人來合理發洩。他不用被動地讓墮落的女人帶他們誤入歧途，而可以主動為了這種帶有點罪惡感的快樂去投石問路。

優越的男性

這種人看似聰明、手巧、強壯、穩重。他散發出自信與力量。可以是個呼風喚雨的生意人，可以是個學富五車的教授，可以是藝術家，也可以是某個領域的大師。他雖然上了點年紀而且也沒有特別出眾的外型，但光自信這點就可讓他輻射出光環般的吸引力。某些女性會受這類型男人吸引，是因為跟他們在一起，女人便能間接獲得力量與優越感。

在喬治·艾略特（George Eliot）的小說《米德鎮的春天》（*Middlemarch*）

裡頭，芳齡十九的主人翁多蘿西雅·布魯克（Dorothea Brooke）是名由富裕叔叔扶養長大的孤兒。多蘿西雅頗有幾分姿色，照講不難找個好人家婚嫁。事實上，在地一位名叫詹姆斯·查譚的年輕爵士（Sir James Chettam）也確實熱切地在追求著她。但某天晚間，她認識了一名年長許多的艾德華·克索本（Edward Causabon），其身分是一生致力於學術研究的有錢地主。多蘿西雅對艾德華產生了興趣。她開始做球給他，而他也在回應的行動上有所表達，但這可嚇壞了多蘿西雅的妹妹與叔父。在妹妹與叔父看來，臉上有黑痣且面容憔悴的艾德華超級不帥，更別提吃飯聲音超大但聊天時又擠不出話。只是對多蘿西雅來講，他的臉並非老態龍鍾，而是充滿了智慧。他之所以不拘小節，是因為他的層次高過一般人太多。他沉默寡言，是因為他高深莫測的意見說了也沒人能理解。要是能嫁給他，豈不跟嫁給帕斯卡或康德這等的巨賢大哲一樣。她可以去學希臘文跟拉丁文，然後幫著他完成《所有神話的關鍵》這部代表作。而他則能教育她，讓她獲得提升。他會成為她在無意識中錯失了的那位父親。但真正成為他的妻子後，多蘿西雅才赫然發現實際的狀況：他內心根本是個死人，沒血沒淚，而且對人的控制慾極強。他只把多蘿西雅當成升級版的祕書，而她就此困在沒有愛的婚姻中。

雖然細究起來，每一段婚姻的相處之道都不盡相同，但上述對另一半的投射其實在女性之間相當普遍。女性會有上述的投射心理，主要是出於內心的自卑。此例中的女性內化了父親等人的批判聲音，任由這些聲音告訴她妳是誰、妳該怎麼做，而這個過程也貶低了她的自尊心。由於從未發展出自己的力量與自信，所以她會傾向於在其他男性身上尋找這些特質，並看到一點點蛛絲馬跡就予以誇大。不少對她有回應的男性，都是觀察到她的自尊偏低，所以才對她產生興趣。他們喜歡被女人崇拜，尤其是被年輕的女人崇拜，因為女人年輕才好被老爺控管。事實上《米德鎮的春天》就是教授吸引俏學生的典型故事。因為這類男人鮮少如同女生起先所以為的聰明、睿智且在心理上自給自足，所以最終她們不是失望透頂地離去，就是繼續因為低自尊而困在不幸福的婚姻裡由丈夫操控，而且還覺得這一切都是自己的錯。

這種女人想要脫困，首先她得了解到自身不安全感的來源是別人的批評，而且是被她接受並內化的批評，至於她本身的聰明或價值並沒有什麼問題。她必須積極地採取行動，培養自己成為一個有主見跟自信的女性，她可以請纓負責專案，可以創業，可以學一門手藝。面對男人，她必須自視甚高，她必須知道自己在心理素質或創意上都可以跟男性並駕齊驅，甚至更勝一籌。自信有了，她才能去判斷一個男人有沒有值得她交往的價值與人格。

崇拜自己的女性

他有衝勁，有野心，但生活很艱辛。外頭是個對其不假顏色的嚴酷世界，他幾乎沒辦法找到安慰。正當他覺得自己的生命有所空缺，一個女人突然出現，對他投以溫暖又專注的視線。她似乎很崇拜他。他鋪天蓋地地覺得受到她的人跟能量吸引，這分明就是可以完滿他、安慰他的女性。但慢慢隨著兩人的關係演進，她似乎對他不再那麼好聲好氣，也不再對他那麼注意，更談不上有麼崇拜之情。對此他的結論是她欺騙了自己，或是她變了。而這樣的背叛讓他氣憤難平。

這種常見於男性的投射，普遍源自於他與母親的一種特殊關係——她把兒子捧在手掌心，對他呵護備至。而母親這麼做，經常是為了彌補自己從來未從丈夫那兒得到想要的東西。她會為男孩注滿信心，而男孩則會對她的關注上癮，進而瘋狂地需索她溫暖而毫無空隙的陪伴，而那正是母親一開始這麼做的目的。

男孩長大後，往往會變成一個野心勃勃的人，他會不斷地想要符合母親的期望，並為此把自己逼得很緊。他會選擇追求特定類型的女性，然後悄悄地將她的人設設為母親——由此包括安慰他、崇拜他、鼓勵他，都成了伴侶的責任。在很多狀況下，女方會意會到他是如何在操控自己去扮演特定的角色，並覺得這算什麼。一旦察覺到自己是男方母親的替代品，她就會停止供輸安慰與尊敬。他會責怪她怎麼變了，但其實是他一開始就不應該強迫中獎地把女方沒有的東西給投射過去，硬要人家配合演出。後續的分手會讓男方非常煎熬，因為他投入的東西包含兒時的記憶，所以此時的分手感覺更像一種母親的拋棄。事實上，即便成功找到一個願意入戲的女伴，他也不會開心，因為他會恨自己為什麼這麼依賴對方，就像他曾經恨過自己對母親依賴如此之深，為什麼對母親又愛又恨，由此他可能會自行破壞這段交往關係，或是從關係中抽離。他的阿尼瑪有著鋒利的攻擊性，要抱怨或責怪人他可以隨時開機。

這種男性必須看清自己生命中的上述關係模式，然後必須認清自己需要的是在內心發展出那些他投射到女人身上的母性。他必須釐清自己的野心來自於想要討好母親，讓母親滿意的欲望，所以他才會這麼拚。他必須學著自己安慰自己，自己給自己「呼呼」，必須偶爾跳脫出來為自己的成就感到心滿意足。他必須要自己照顧好自己，而這也將大大地改善他與女人的關係。他會變得更能付出，而不會只等著人家來捧他，照顧他。他會更能把女人當女人，而不是當成媽媽，而這時沒有壓力的女人搞不好反而會對他母性大發。

回歸原廠設定的男人跟女人

人類普遍的一個共同經驗是在人生的某個點上，通常像四十歲是一個關卡，我們會歷經所謂的中年危機。我們的工作變得像當機器人一樣單調乏味，感覺不到靈魂。我們的親密關係不再有令人躍躍欲試的激情。我們渴望改變，為此會轉換工作跑道或嘗試跳脫原本的交往關係。我們想要新的經驗，也不排斥一點點危險。這些人為改變或許能讓我們迴光返照一下，但因為這都是治標不治本，所以即便像被電擊而跳個兩下，我們最終還是會回歸奄奄一息的模樣。

且讓我們換個位置，用個「身分認同危機」角度來切入這個現象。

小時候的我們，會在自我認同上展現較大的可塑性，就像水去配合容器，我們會吸收身邊人事物的能量，我們能體驗到各式各樣的情緒，同時面對新經驗的態度也比較開放。但慢慢朝青少年期前進，我們開始得為自己在社會上建立一個具有一致性，且可供我們藉以融入人群的身分。為了做到這一點，我們必須把原本自由奔放的靈魂拿來綁縛與裁剪，而在把自己綑緊時的參照座標系，就是所謂的性別角色。我們必須要壓抑內心屬於男性或女性的部分，以便讓自己站出去有一種一以貫之，沒有矛盾的起承轉合。

在十八九到二十初的階段，我們會持續為了融入社會而調整自己，此時的我們還不是成品，而建立身分也會帶給我們一些樂趣。我們會覺得自己的人生充滿了各種可能性，往哪個方向走都可以，而那有一種魔力會讓我們感覺不能自已。但隨著歲月漸漸過去，性別角色會讓我們慢慢定型，會開始覺得自己失去了什麼很重要的東西，會想到年輕時的自己就像想起個陌生人似的。我們的創造力會枯竭，而很自然地會向外尋找危機的起源，但其實問題來自我們的內心。我們的問題在於失去了平衡，在於過度僵化地認同了我們在別人面前的人設與面具。**我們原本的天性，應該要包括吸收自雙親的各種特質，也要包括我們與生俱來的異性特質才是**。所以失衡到某個境地，我們內心便會不滿於自己靈魂的流失而揭竿起義。

在世界各地的原始文化裡，都有所謂被稱為薩滿的男性或女性巫醫，他們被視為是部落裡最有智慧的一群，因為他們可以與神靈的世界溝通，藉此來醫療病痛。其中男性巫醫會聆聽內心一名女性「妻子」的聲音，並接受其指引，而女性巫醫會在內心有一個「老公」，作用相同。這名只存在於其內心，但互動起來一如真人的虛擬配偶，正是薩滿巫醫的異能來源。**這種內在人格所反映的，正是我們原始祖先所能接觸到的心理真實面**。事實上，在許多古老文明的傳說裡，包括在波斯、希伯來、希臘、埃及的神話中，人類的先祖都曾因為雌雄同體而強大無比，逼得神祇不得不將他們分成一男一女。

你的人性課題

返璞歸真回到本性，你會看到那兒藏著一股渾然天成的力量。透過與內在原有的女性或男性特質恢復連結，你將能釋放出被壓抑的能量；你的心靈將恢復固有的流動性與可塑性，你將能與異性分享更多的理解與共鳴。去除跟性別角色脫不了干係的防衛心，你對自己究竟是誰將會很安心。但要成功回復這種「原廠設定」，你必須要視自身的失衡狀況來靈活把玩或男或女的各種思考與行為模式，藉此來回復你特有的心理平衡。惟在探討這樣的一種過程之前，我們必須先與一個深植於人心的男女偏見面對面。

數千年來，定義男女不同角色與對雙邊加諸價值判斷的權力，都握在男人手裡。女性的思考風格被連結到非理性，女性的行為模式被描述為軟弱而低等。關於性別平等，人類在外觀上似乎累積了長足的進步，但其實腦子裡，傳統的價值判斷仍舊屹立不搖。人類依舊以男性被認為較優越的思考模式為尊，女性特質依舊擺脫不了軟弱無能的標籤，而不少女性也內化而接受了這些價值觀，於是乎女性誤以為所謂的性別平等，指的是可以跟男生一樣強悍而有戰鬥力，但現代世界需要的是公平去看待男性與女性的特質，認清男女在邏輯性與行動力上並沒有誰高誰低，大家只是風格不一樣而已。

確實，男女在思考、行動、事物的學習跟人際的互動上，都有不同的風格，而這些風格幾千年來，都反映在男女各自的行為模式上。這些差異有些是源於生理上的設計，有些是肇因於文化上的歧異。秀氣一點的男性或 man 一點的女性自然都不難看得到，但絕大多數人都會明顯偏向一邊，而我們的功課就是打開心胸去接納另外一邊。開放的態度不會為我們帶來任何損失，除非你捨不得自己僵硬的心靈。

男女大不同：思考方式

男性思考事情喜歡去把不同的現象加以區分，然後分別將它們歸到不同的類別。男生會去尋找事物間的差異，以便在貼標籤時有所依循。男性喜歡把事情拆開來看，就像他們喜歡拆解機器，把零件分析一番，然後再一一組裝回去。他們有著線性的思緒，他們會去思索一件事情的進行順序。他們喜歡抽離情緒，從外而內去看事情。男性的思考會在「同中求異」，會去挖掘性屬特異的事情。男性會因為挖掘出現象的順序而獲得樂趣。他們熱衷於建構繁複的結構性，而其成品可能會是一本書籍，或是一門生意。

女性的思考方式有著不同的方向設定。她們喜歡專注於整體，喜歡去觀察部分如何連結成一體，她們喜歡心理上所謂的「完形」(gestalt)。一群人出現在女性面前，她們看的是這些人以什麼關係構成一個群體。她們不會想凍結事件來供她們分析，她們有興趣的是過程的連續性，是事情A如何蛻變為事情B。在想要解決謎團的時候，女性風格的人會選擇從多面向去思考，去領悟出當中的模式並加以吸收，然後讓答案或解決之道隨時間慢慢浮出水面，來到思考者的眼前，就像一道佳餚會需要時間入味。這種型態的思考，能讓人直擊事物間的隱性關聯如春雷般現身的瞬間。相對於男性愛在「同中求異」，女性思維比較喜歡在「異中求同」，她們想知道的是不同領域或形式的知識可以如何相互連動。比方說在研究異國文化時，女性會想要盡可能與之拉近距離，並由內而外去理解身處該文化中是什麼樣的體驗。她們比較敏感於來自於五感的資訊，而不會只參考抽象推理的指引前進。

在很長的一段時間裡，男性思考都被認為贏在科學與理性，但這並沒有反映出實情。歷史上所有偉大的科學家，都在男女兼具的思考模式組合中顯得非常強大。生物學家路易．巴斯德（Louis Pasteur）的各項偉大發現，都來自於他開放的心靈。任何可能性，都可以在他來者不拒的心中獲得一席之地，在那裡休養生息。巴斯德會讓各種答案在他的腦子裡沉澱醞釀，讓線索慢慢連結起看似八竿子打不著的各種現象。愛因斯坦將他最偉大的發現都歸因於直覺，因為數小時的苦思有時一無所獲，但瞬間的靈光乍現卻能讓他豁然開朗，一下子看見事實背後的脈絡。人類學者瑪格麗特·米德（Margaret Mead）會使用最先進、最抽象的模型去分析著各種土著文化，這方面的工作她稱得上努力不懈，但同時她也沒忘了要親身去當地住一住，而且一住就是好幾個月。她相信只有站在當事人的角度，所有的觀察才能真正有感受。

在商場上，股神華倫·巴菲特是在男女思維上左右逢源的知名案例。在思考要不要買一家公司的時候，他會將投資標的按營運部門進行拆解，並按財務數據進行深度的分析。但在此同時，他也會試著去體會公司整體給人的氛圍，包括：員工之間的互動良窳，高層管理者所灌輸的團隊精神等各種遭到多數同業忽略的無形因子。換句話說，他會同時從裡外去檢視一家公司的體質。

幾乎所有人都會較偏向其中一種思考模式，而你的目標就是要朝另外一邊偏回去，藉以稍微恢復平衡。若你平日較偏向男性的思考，那你要做的就是放寬觀察的視野，找到不同形式知識之間的連結。在尋求解決方案之際，你會需要去考慮更多的可能性，用更大的耐心去沉澱思緒，並讓聯想力自由紛飛。你會需要更認真地去面對思考過後，自己腦中冒出的直覺，不要輕忽情緒在思考中占有的地位。因為少了興奮跟靈感，你的思想就會流於陳腐而毫無生氣。

若平日傾向於以女性方式的思考，那為求平衡，你就應該去專注在特定的問題上去進行挖掘，讓你想要四處開設戰場並一心多用的衝動獲得節制。你必須要在問題單一面向的鑽研上找到樂趣，重建事物的因果關聯，並不斷地精益求精，由此你的思想將能斬獲深度。結構跟秩序在你眼中甚為無趣，你更在意的是把受事物啟發而產生出的想法與感受表達出去。為了平衡這一點，你必須要學著去留意一本書、一段論述、一項企畫中的結構，並試著樂在其中。面對結構能再補足創意與明晰，會讓你的作品獲致對人的影響力。有的時候你就是得拉開情緒的距離，才能去理解一個問題，而這也是你有時候得強迫自己去做的事情。

男女大不同：行為模式

說起採取行動，男性的習慣是積極進取、掌握局面，然後征服一切。途中要是遇到阻礙，男性會硬碰硬地突破，就像古代軍事將領漢尼拔（Hannibal）所言：「我會找到前進的路，不然我就自己開一條路。」採取攻勢並冒險為之，會讓男性獲得快感。男性的行為模式傾向於保持自身的獨立，並為自身保留運籌帷幄的空間。

遇到需要採取行動的問題時，女性不會輕舉妄動。她們會先從問題中抽離，對所有選項進行深思熟慮。她們相信事緩則圓，為此她們會想方設法去避免衝突，希望能不戰而屈人之兵，兵不血刃地解決問題。有時候最好的對策就是沒有對策，最好的反應就是沒有反應。她們覺得讓事情跑跑看，可以增加我們對局勢的掌握，她們會覺得就讓敵人去作繭自縛，搞不好他們是在自掘墳墓。

英女王伊莉莎白一世就是這種風格，她最愛的戰略思維就是靜觀其變：遇到西班牙海軍無敵艦隊的侵略威脅，認為戰略先不用急著決定。她評估當務之急，自己應該先掌握西班牙海軍何時下水跟當下的天候狀況等戰情。由此她打算以各種方式拖緩無敵艦隊的行進，然後不費一兵一卒地讓大自然去收拾敵軍。相對於猴急地衝出去，女性會為敵人設下陷阱。獨立不獨立不是她們在行動中最重要的考慮；事實上，她們更在意的是自己與他人在全局中的相互依存關係，她們會思索自己的一舉一動會不會有損於盟友，會不會讓雙方的結盟關係受到衝擊且餘波盪漾。

在西方，這種常見於女性的策略與行動風格，常被直覺性地評價為弱者的膽怯行為。但換到其他的文化裡，這種風格也可能獲致不同的評價。對中國古代的謀略者而言，「無為」常代表一種智慧的巔峰，而暴虎馮河則會被認為是愚蠢的冒動，因為貿然行動會讓人的視野受到侷限。所以細究之，你會發現女性的行動風格不論就其耐心、韌性與彈性而言，都蘊藏著強大的力量。對於偉大的日本武士宮本武藏而言，能夠沉得住氣，慢慢等待對手在心理上變得疲憊，然後再做出反擊，是一種在對決中成功的關鍵能力。

對於習於採取積極作為，偏向男性心態的個體而言，平衡來自於訓練自己在行動前先退後一步。這類人要先思考自己是不是應該要先停看聽一下比較好，甚至是不是一動不如一靜，完全不做反應更好。未經深思熟慮就貿然行動，只會讓你暴露出自己的弱點跟自我控制力不足。比方說，你永遠要想到自己跟那些人有唇齒相依的關係，要想到你的行動會對這些團體或個人產生哪些影響。若是在職涯晚期遇到了瓶頸，你必須要學著去以退為進，去反思自己是誰、有什麼需求、具備哪些優勢與弱點，還有你真正的興趣，然後再去做出重要的決定。這可能需要你進行數週或數月的自我反省。歷史上一些最偉大的領導者，都是在入獄期間琢磨了自己的心志。法國人說 reculer pour mieux sauter（退後助跑，才能向前遠跳），就是這個意思。

對於習於做女性思考與行動的個人而言，讓自己習慣不同程度的衝突與對抗是有必要的。因為唯有如此，我們才能做到策略性的避戰而不畏戰。我們必須要一點一滴累積出這樣的能力，包括先在日常小事上表達不同的看法，慢慢再升級為與人全面對抗。不要永遠覺得自己要顧及別人的感受。有時候遇到壞人，你就是要去制裁他們，同理心氾濫只會便宜了這些渾蛋。你必須要習於說出不字來拒絕別人。有時候你跳出來當和事佬，並不是出於同理心或策略性的考量，而只是因為你不想惹人不開心。你一路以來受到的教育，都是要忍讓於人，而你現在就是要克服這股衝動。你必須要重新與那個敢於冒險的自己恢復聯繫，把攻勢與守勢同時納入自己的三十六計。有時候你會想得太多而在太多選項當中不知所措。這時為了行動而行動會有一種療癒的效果，而主動出擊更會讓你把對手殺個措手不及。

男女大不同：自評與學習

研究顯示男性在犯錯的時候，會傾向於向外檢討旁人或環境。男人的自我意識深植於其成功中。一旦失敗，他們並不會很想反躬自省，但這有礙於他們從錯誤中學習。反過來說，男人一旦功成名就，會覺得那完全都是自己的功勞，但這會讓他們無視於運氣的成分與旁人的襄助，而這又會助長他們的大頭症（詳見第十一章〈自知之明〉）。同樣地若遇到挫折，男性風格者會希望憑一己之力找出解決之道，因為開口要人幫忙就等於承認自己沒用。**整體而言，男人會高估自己的能力，並對自身的能力充滿不知道哪兒來的信心。**

女性風格者則通通顛倒：遇到失敗，她們的第一反應會是自責，然後自省。得到成功，她們會首先想到一路上有那些貴人相助。她們覺得要請人幫忙不是難事；她們不覺得需要人幫忙等於自己有什麼不足之處。**女性傾向於低估自己的能力，所以不像男人一樣那麼容易信心爆棚而自我膨脹。**

男性風格者若想要學習並自我精進，最好的辦法就是按平常的習慣反其道而行——犯錯的時候先反躬自省，成功的時候看外頭有誰幫了你。不要因為自尊心太強而覺得每次的行動與決定都要成功，這樣你才能從錯誤中學到東西。把這種逆向操作變成一種習慣。不要怕開口請求協助或回饋，反而要讓這也變成你習以為常的事情。不懂不是弱點，不懂又不敢問、不願學，才是弱點。降低你的自我評價，你沒有自己想像中的那麼偉大或優秀。把身段放低，你才能獲得刺激去提升自己。

對於女性風格者而言，為了失敗或錯誤而狠批自己是很輕而易舉的事情。她們很容易自省過頭，也動不動就會把自己的成功都歸功給別人。**女人遠比男人更容易有自尊偏低的問題，而這絕對是後天造成而非與生俱來的毛病。**女性經常會把別人的批評聲浪內化到心裡，容格稱這類批評是阿尼瑪的聲音：年復一年，所有曾經為了長相與智商而批評過女性的男性發言。你要能在這些聲音出現時看出端倪，然後讓自己不受其牽引。一旦失敗或批評往你心裡去，你就會膽怯於嘗試而不想繼續。而停止嘗試的你，學習與成長的潛力也會降低。你必須要增加自身屬於男性但清除掉愚蠢的自信。在日常生活中，你要嘗試去拋下或縮小對事物的情緒反應，用距離感去創造出觀察的客觀性。你要訓練自己別覺得每件事都是衝著自己來的。

男女大不同：人際關係與領導統御

一如在雄性黑猩猩的群體設定裡，男性的思考模式就是非得有一位領袖不可，大家要麼拚著去當上領袖，要麼就是做為最忠誠的追隨者來取得權力。在男性的圈子裡，身為領袖會分配不同的下屬去完成他指派的任務，由此底下的人得從結構上聽從上位的主，脫隊的人則會遭到懲處。男性對於地位高低極具敏感性，他們非常在意自己以何種定位參與團體。領袖會傾向於將恐懼作為一種工具，藉此讓團體的凝聚力獲得維繫。男性的領導風格是確立清晰的目標，然後設法加以達成，其強調的是不擇手段獲致結果。

女性的風格則較著重在維持群體精神，保持氣氛的和諧與融洽，個體間的差別並非其強調的重點。女性的領導風格更強調同理，她們在意每一名成員的心情，並會希望決策過程能更獲得所有人的參與。結果很重要，但達成結果的過程也同樣重要。

對於呈男性風格的領袖而言，你該做的是擴大自身的領導概念。能更把團隊成員們放在心上，更花心思去增加他們的參與感，你就能收穫更好的成果，讓團隊的能量與創意更加被激發出來。研究顯示男孩其實跟女孩一樣有同理心，也一樣高度與母親的情緒處於同一個頻率。但隨著男孩漸漸地發展出以強悍為尊的個性，這種同理心就會被慢慢在其心裡失去立足之地。惟歷史上某些最偉大的領袖，都設法保留住了同理心的種，令其在心田上繼續開花結果。像厄尼斯特·亨利·薛克頓爵士（第二章〈化自戀為同理〉）這樣的領袖，並不會因為他顧慮到每個手下的情緒與安危而英雄氣短，他依舊是男人中的男人，事實上，這還讓他出落為一個更強大、更有效率的領導者。同樣的描述也可以用來形容亞伯拉罕·林肯。

若你身為帶有女性風格的領袖，那我就必須要請你學著別去害怕帶頭，特別是在遇到危機的時候。為了顧及每個人的感受與意見而瞻前顧後，只會讓你的策畫跟行動力變弱。雖然女性絕對是比較好的聽眾，但有時候你也要懂得摀住耳朵，照著計畫去做。一旦你認出了誰是蠢蛋、誰是肉腳、誰是群體中的自私鬼，最理想的狀況就是開除他們。最好你還能很開心地表現出你樂見害群之馬再也不能在團隊中作祟，讓你的手下有一點害怕，有一點緊張，不見得是壞事一樁。

最後，你可以這麼想：我們都會在天性的趨勢下朝女性或男性的特質移動，這說明了何以我們會受到異性吸引。但只要夠聰明，你就會發現我們內心也有一位這樣的異性可以靠近。幾百年來，男性都會把女性當成啟發他們靈感的繆思女神，但真相是不分男女，我們都在內心有一位專屬的個人繆思。**朝你的阿尼瑪或阿尼姆斯靠近，你就能更接近自己的無意識界，而無意識界裡就有你尚未發掘的無限創意。**你不用再從別人身上尋找那讓你驚為天人的女性或男性特質，你自己的工作表現、思緒與生命整體就能讓你耳目一新。就像薩滿巫醫，內在的妻子與丈夫將賦予你不可思議的能力。

> 男子漢身上最美的，就是其有點女性化的地方；女人家身上最美的，就是她有點男性化的地方。
>
> ——蘇珊·桑塔格 (Susan Sontag)[1]

---

[1] 1993-2004，美國著名的作家、評論家、女權主義者，她被認為是近代西方最引人注目、最有爭議性的女作家及評論家之一，作品以其敏銳的洞察力和廣博的知識著稱。

〈第十三章〉

帶著使命感前進

無頭蒼蠅的法則

不似飛禽走獸有本能導引他們避開危險，我們人類必須依賴有意識的決定。來到職涯中需要抉擇的時候，或是生命中有挫折不得不處理的時候，我們都得盡其在我地去做出最好的判斷。但在心靈斗室的最後頭，我們總是能感覺到一種完全沒有方向感的力量在拉著我們一會兒向西，一會兒朝東，那是我們自身的情緒與別人的意見在挑弄。我們怎麼會落得做這樣的工作？怎麼會落腳在這樣的處所？這種四處漂流會讓我們走向死胡同。想避免這種命運，你就得發展出屬於你的使命感，找到你人生的天職，並運用這樣的領悟去引導自己做出各種決定。我們會因此更深入地了解自己——我們的品味與性向。我們會信賴自己，知道自己該避開哪些戰鬥與遠路。即便是自我懷疑或失敗的瞬間，也都是有意義的，因為天將降大任於斯人者，必先苦其心志，勞其筋骨，空乏其身。有了這樣的能量與方向感，我們的行動方能銳不可擋。

聲音

在美國喬治亞州的亞特蘭大，穩若磐石的中產黑人社區中長大，小馬丁・路德・金恩（Martin Luther King Jr., 1929–1968）度過了無憂無慮的甜美童年。他的父親老馬丁・路德・金恩，在亞特蘭大發展蒸蒸日上的埃比尼澤浸信教會（Ebenezer Baptist Church）裡擔任牧師，所以一家子的日子算是還蠻好過。他的雙親都很有愛心，對孩子的照顧也很投入。在家的日子相當安泰穩定，而且加上很寵愛他的奶奶，年輕的小馬丁可說有著相當寬廣的交友圈。他在社區外遇到的少數種族歧視，固然讓他天堂般的童年稍微留下汙點，但整體而言，他還是得以全身而退。然而不變的是，小馬丁對周遭所有人的感受非常敏感。而隨著年齡的增長，他察覺到父親有些許異狀，而那也啟動了他內心的一些不安與緊張。

老馬丁・路德・金恩是個嚴父，他為家中三個孩子設立了不可撼動的行為界線。小馬丁要是行為稍有偏差，父親就會拿鞭子抽他，並告訴他人就是這樣不打不成器。一直到小馬丁十五歲了，父子間都還是維持這種互動模式。有一回小馬丁被父親逮到在教堂的社交活動上跟女孩子跳舞，結果父親在朋友面前把他罵了個狗血淋頭。自此小馬丁決心不再這麼做，免得惹父親不悅。不過話說回來，這些嚴厲的家教並不帶有任何一絲敵意。小馬丁對父親自然流露的舐犢之情毫不懷疑，因此對父親的管教只感到歉疚，覺得是自己讓父親失望了。

事實上父親對他期望甚殷，所以這種罪惡感在他心中可以說是變本加厲。在此同時，少年馬丁展現了語言的天分，靠著三寸不爛之舌，他沒有事情不能把朋友推坑，這是他在口才上極早的表徵。他的冰雪聰明不在話下，於是老馬丁有了一個想法是這個大兒子會追隨自己的腳步——進入亞特蘭大的摩爾豪斯學院（Morehouse College）就讀，並在畢業後接受任命，先與他在埃比尼澤教會裡組成牧師的父子檔，最終繼承其衣缽，就像老馬丁也曾從小馬丁的祖父手中接棒成功。

父親有時候會一臉驕傲地跟他分享這個計畫，但他感受最深的卻是父親期待的重量，而這焦慮進駐了他的內心。他對父親充滿了崇敬——老馬丁是個具有高度原則的人。但小馬丁總免不了察覺到父子在品味與秉性上的差距。做兒子的小馬丁生性比較隨意，喜歡參加趴踢，在意穿著，喜歡追求女性，跳舞作為興趣也很合他的心意。年齡漸長，他開始發展出嚴肅而內省的一面，並在此間開始熱中起閱讀與學習。這就像他內心有兩個人格一樣——一個外向而喜歡社交，一個獨立而習於反思。相對之下，做父親的老馬丁則質樸許多，沒有這麼多複雜的面向。

說起宗教信仰，小馬丁做不到徹底的心無罣礙。老馬丁對上帝的信仰純粹而堅定，是個相信聖經字面意義的基本教義派。他布道的風格是訴諸教眾的情緒，而台下的反應也確實洋溢著感性。相對之下，小馬丁就顯得冷靜許多，比較適合用理性務實這樣的字眼去形容。相對於父親較關心教眾的來世，小馬丁更在意的是現世，他覺得教友應該設法先把這輩子過得更好、更幸福才是。

成為牧師的想法，讓這些內在的矛盾變得更強。有時候他確實可以想像自己走上父親的道路，因為對各種苦難不公高度敏感的小馬丁而言，牧師一職確實是宣洩他助人渴望的第一志願。但同時他又覺得自己對宗教信仰如此薄弱，真當得了牧師嗎？他完全不想與父親產生任何衝突，而且橫豎也不可能說服父親什麼。於是他開始在父親面前變成一位好好先生，什麼都說好。他處理內心緊張焦慮的辦法，就是拖著不做任何可能造成親子嫌隙的決定。於是乎，十五歲高中畢業之際，小馬丁為了討父親歡心，乖乖進入摩爾豪斯學院就讀。但此時他在內心也悄悄下了另外一個決心：他計畫學習所有自己感興趣的東西，然後獨立決定自己人生要走的路徑。

入學後的頭幾個月，他一下子想學醫、一下子對社會學感興趣，一下子又有志當律師。他不斷在主修的選擇上跳來跳去，這麼多科系可以選擇讓他興奮不已。同時間他也修了一門課在講《聖經》，而其不乏智慧深度但卻也腳踏實地的內容讓他非常驚喜。摩爾豪斯有教授會以非常智識性的角度切入去談《聖經》，而這對他甚具吸引力。到了摩爾豪斯的最後一年，他又改變了心意：他決定受命成為牧師，並打算進入賓州的克羅澤神學院（Crozer Theological Seminary）攻讀。這個決定讓他父親感到歡欣鼓舞。他知道給小馬丁自由空間去自行探索宗教，是正確的事情，只要他最後能加入埃比尼澤教會就好。

在克羅澤的期間，小馬丁徹底發現了基督教信仰的另外一面，一個非常強調入世與參與政治活動的面向。他把各大哲學家的作品都讀了一遍，大快朵頤了卡爾・馬克思的東西，另外就是聖雄甘地的故事也令他非常驚豔。因為覺得學者生涯頗得他歡心，小馬丁決定到波士頓大學繼續深造，並在那兒獲得諸位教授的肯定，認定他是學術界的明日之星。然而就在一九五四年，他即將從波大畢業，並成為「系統神學」（systematic theology）新科博士的前夕，有個決定他終於再也拖不下去：父親已經替他安排好一條他難以拒絕的完美出路——在埃比尼澤教會擔任聯席牧師，外加一份摩爾豪斯學院的兼任教職可供他延續鍾愛的學術生涯。

當時的馬丁已經成家，而妻子柯瑞塔（Coretta）希望留在日子比較好過、環境也比較單純的北方，畢竟當時的南部比較亂，而馬丁又不難在任何一所大學裡謀得教職。這兩條路都非常誘人——埃比尼澤或留在北部的大學任教。所以說不論如何決定，他的日子應該都會相當愜意。

只不過在畢業前的最後幾個月裡，他對於自身的前途有了迥異以往的展望。他無法合理解釋這想法從何而來，唯一確定的是他很肯定自己想這麼做：他要回到南方，因為他強烈地感覺那裡是自己的根。

回到南方，他打算到有點規模的城市裡擔任大型教眾的牧師，重點是他要能在那裡幫助到人、服務社區，創造出某些改變。惟這地方不會是他父親所希望的亞特蘭大。他的天命不會是在大學安穩任教，也不是按父親的模子在家鄉布道。他必須要抗拒安逸，而這股抱負也慢慢地增強到他無法再壓抑——他騙不了自己，他無法避免讓父親不高興，但他會盡可能婉轉地說出這壞消息。

距離畢業剩下數月之際，他耳聞阿拉巴馬州蒙哥馬利的戴克斯特浸信教會有個職缺。他走訪了這間教會，並在那兒布道了一遍，結果教會裡的長老們對他的表現非常驚豔。他發現比起埃比尼澤，戴克斯特的教眾更為嚴肅而喜歡思考，因此也與他更為氣味相投。柯瑞塔想說服他打消這個念頭，因為她老家距離蒙哥馬利不遠，她既知道那裡的種族隔離有多嚴重，也知道還沒浮出表面的族群關係有多緊繃、多醜陋。一路以來被呵護備至的小馬丁，會在那裡歷經他從來沒有體驗過的惡性種族歧視。對老馬丁而言，去戴克斯特與蒙哥馬利就是自討沒趣。但當戴克斯特教會向小馬丁招手時，他很反常地沒有像平日那樣舉棋不定，也絲毫沒有瞻前顧後。不知什麼緣故，他很確信去戴克斯特是符合命運的正確決定。

在戴克斯特安頓下來後，小馬丁開始努力建立自身的威信（他知道對這個職位來講，自己略嫌年輕了點）。他投注了大量的時間與心力在布道的準備上。布道成了他的熱情所在，而他也很快地成為了區域內最出名的新銳布道家。然而不同於其他不少牧師的是，他的布道內容充滿了想法，而且是他受閱讀啟發而得到的想法。透過創意，他讓這些觀念與想法觸及教眾的日常，其中他慢慢開始發展出的一道思想主軸，是愛有足以改變人的力量。他認為放眼全世界，愛都是極少獲得使用的一種力量，而黑人更是應該用這種力量去面對壓迫他們的白人，如此局面才有改變的希望。

懷抱著這樣的理念，他開始活躍於美國全國有色人種協進會（NAACP）的地方分會，但當地方分會提議由他來擔任主席時，卻遭到了他的拒絕，主要是柯瑞塔剛產下兩人的第一個孩子，他身為父親與牧師的責任已經不算小。小馬丁依然熱中於地方政治，但職責所在他仍以教會跟家庭為重。當下簡單而充實的生活讓他樂在其中，而他也同時擁有一批愛戴他的教眾。

一九五五年的十二月初，已在眾人口中被尊稱為金恩博士的小馬丁關注著一件事情——更精確地說，那是在蒙哥馬利市內漸成氣候的一場抗議。眾人抗議的原因，是一位名喚蘿莎・帕克斯（Rosa Parks）的黑人婦女拒絕在公車上根據歧視性的法律讓座給白人乘客。當年四十二歲的帕克斯也是 NAACP 地方分會中的活躍成員，而對於公車上的種族歧視與白人司機的惡行惡狀，她早已義憤填膺了許多年。最後忍無可忍，她終於在那一天爆發出來。帕克斯的被捕，在蒙哥馬利市引爆了抗議活動，眾人最後決定共同抵制市區的巴士一天，來象徵他們的團結。只不過原本說好的一天，後來延長為一星期，然後是好幾個星期，主要是運動的主辦方弄出了一個替代性的運輸系統，讓抗議的人不會沒有車坐。說起杯葛公車的主辦方，其中一名幹部是 E・D・尼克森（E. D. Nixon），而尼克森開口要金恩在運動中擔任領袖，但金恩對此躊躇不前。服務教眾都已經忙不過來了，哪有餘力再跳到民權運動的第一線。所以他只答應尼克森他會盡力而為。

隨著杯葛行動風起雲湧，抗議的幹部們意會到光靠 NAACP 分會的力量，不足以駕馭這麼大的抗議能量。由此他們決定另起爐灶，成立一個新的組織叫「蒙哥馬利進步協會」（Montgomery Improvement Association），縮寫為 MIA，而這一次他們又想起了金恩，畢竟金恩的年輕、口才便給，還有就像是與生俱來的領導能力，都讓幹部們引頸企盼。於是就在地方的一場市民大會上，MIA 的領導班子提名金恩出任協會主席。不過話說回來，MIA 原本也沒指望金恩一定會同意這項邀請，他們多少也是碰碰運氣而已——畢竟金恩的苦衷他們也心知肚明。最後只能說是金恩感受到了在場的能量與眾人對他的期許，他放下了平日的小心翼翼，點頭答應了這項任務。

眼看杯葛活動持續推進，在蒙哥馬利市執政的白人官員反而益發堅拒在市公車上停止種族隔離。僵持不下，讓兩造間的緊張關係不斷升高——不只一名參與杯葛的黑人運動分子成為開槍與攻擊的對象。在開始於 MIA 集會上對廣大群眾發表的演講中，金恩以聖雄甘地之名傳達了他的非暴力抵抗理念。他說他們會用和平理性的抗議去讓另外一方認輸，而這也能讓杯葛行動獲致正當性；他說他們會以和平運動向前邁進，讓蒙哥馬利市不只在公車上，而是所有的公共場域都可以打破種族的藩籬。這下子地方官員可把金恩當成了肉中刺、眼中釘，一個從別州跑來管閒事的外地人。官方開始帶風向詆毀金恩，悄悄地散播起金恩年輕時行為不檢的謊言，其中主要是影射他是個共產黨員。

由此幾乎每一天晚上，他都會接到要取他跟他家人性命的恐嚇電話，而這種威脅在蒙哥馬利可由不得你掉以輕心。另外金恩平日個性內斂，所以出名之後被媒體緊迫盯人讓他心裡很不是滋味，尤其他已經具有全國性的名氣。此外 MIA 的領導班子內部吵個不停，而白人當權者更是滿腹詭計，這跟他答應承擔 MIA 領導之責時的預期根本是兩碼子事情。

就任滿幾週後，金恩在開車的時候被捕，表面上是因為超速，但為此他卻被關進監牢與重刑犯為伍。交保後的金恩被排定在兩日後受審，而天曉得法院會羅織出什麼樣莫須有的罪名？開庭的前一晚他又接到一通來電說：「黑鬼，我們受夠你跟你的胡搞瞎搞了。限你三天離開這裡，不然我們就轟掉你的腦袋，炸翻你的房子。」來電者的口氣讓他背脊竄過一道寒意。對方是認真的。

那天晚上他一夜無眠，只能在床上翻來覆去，來電的男人聲音在他腦海裡不停重播，字字句句都那麼清晰。他去廚房泡了杯咖啡，想讓發抖的自己冷靜下來，因為此時的他不僅沒了勇氣，也沒了自信。他能不能想個辦法優雅地辭退主席職位，退出抗議的前線，回到陽春牧師的舒適圈呢？經過一番自省與回顧，他發現在這紛紛擾擾的幾個星期之前，自己從來沒有與真正的挫折打過照面。他的人生比上不足比下有餘，幸福而順遂。父母從沒讓他缺過什麼東西，而他從不知道一個人可以焦慮到現在這種境地。

進一步深思，他意會到宗教信仰只是他來自於父親的一種繼承。他從來沒有親自與上帝進行過交流，也從來沒有感覺到神存在於他的內心。他想起自己初生的女兒，還有他深愛的髮妻。他覺得自己真的撐不下去了，但大半夜的他也無法打電話向父親請益或聽聽他安慰的言語。

一時間他感覺恐慌如海浪般來襲。

然後他靈光一閃，發現要脫困只有一個辦法。他低頭在咖啡之上，用從未有過的緊張感禱告了起來：「主啊，我必須承認自己的軟弱，我內心動搖著，我的勇氣不見了。而我不能讓人看見我這副模樣，因為要是被他們看到我這麼沒出息，他們的勇氣也會難以為繼。」在那個當下，他清清楚楚地聽到內心有一道聲音說：「馬丁．路德，快快站出來，為了公義，為了正義，為了真理。聽著，我會與你同在，即便到了路的盡頭也不會離開。」那股聲音——他確信是神的聲音——承諾了與他寸步不離，也承諾了會在他需要的時候助他一臂之力。他瞬間鬆了口氣，自我懷疑與焦慮的壓力從他肩頭獲得提取。他忍不住放聲哭泣。

數日後的晚間，適逢金恩在 MIA 開會，他住處的房子在轟然巨響中被炸，所幸上天保佑，他的妻女倖免於難且毫髮無傷。得知這件事時，金恩顯得相當鎮靜。他覺得現在已經沒有什麼事情可以動搖他的決心。面對一群黑人支持者義憤填膺聚集在他家外頭，金恩對他們說：「我們不倡導暴力，我們要愛我們的仇敵。我希望你們去愛敵人，善待他們，而且要讓他們知道我們愛他們。」爆炸發生後，身為父親的老馬丁懇求金恩回到亞特蘭大與家人團聚，但因為有柯瑞塔的支持，所以金恩決定在蒙哥馬利堅持下去。

接下來的幾個月裡，金恩不畏艱難地努力讓杯葛活動繼續進行，只為讓政府持續感受到壓力。最終在一九五六年底，美國最高法院確認了下屬法院的一項決定，那就是終止在蒙哥馬利市搭乘公車時的種族隔離政策。十二月十八日早上，金恩上了公車，成為了第一個想坐哪裡就坐哪裡的黑人乘客。這是一場偉大的勝利。

但這場勝利也為金恩帶來全美更大的聲望與名氣，而出名就會衍生出很多問題跟頭痛的事情，包括有人繼續威脅要他的命。MIA 與 NAACP 裡較年長的黑人幹部開始對出了名的金恩心生妒恨，內鬥與各種瑜亮情節幾乎就要炸鍋。由此，金恩決定另立門戶，而他創辦的組織名叫「南方基督教領袖會議」（Southern Christian Leadership

Conference），成立宗旨是帶領黑人民權運動走出蒙哥馬利。然而對金恩而言，這還是不能讓他將所感受到的猜忌與羨慕徹底拋諸腦後。

時間來到一九五九年，金恩回到了老家。返鄉後的他一面在埃比尼澤擔任聯席牧師，一面領導南方基督教領袖會議以亞特蘭大總部為中心，推動各項運動的進行。對民權運動的許多成員而言，金恩的個人魅力有點過頭了。這些人覺得金恩霸氣外露，主張也激進了些；但也有些人覺得他太過軟弱，太樂於與當權者妥協。這兩方面的批評砲火都非常猛烈，但真正最讓金恩覺得肩上負擔沉重而且氣憤難平的，是白人當權者的詭計多端與不擇手段。白人一點也沒有打算要讓步，這包括他們不願意大幅修改種族隔離的法律，也不願意在實務上提供黑人方便，讓黑人仍因為過程窒礙難行而不去登記投票。這些白人會在跟金恩談判時虛與委蛇，表面同意妥協，但只要杯葛與靜坐一停歇，他們就會玩文字遊戲來食言而肥。

在喬治亞州阿爾巴尼（Albany），金恩曾經領導過一次活動想解除該市的種族隔離，而當時的市長與警察首長都刻意對此採取冷處理，好讓金恩與他的南方基督教領袖會議變成從外地跑來這裡鬧事，不講理的壞人。

阿爾巴尼的活動難言成功，而這也讓金恩深受打擊且氣力用盡。而這時的他已經養成一種習慣，凡是遇到挫折，他就會渴望過往那種單純而平凡的生活——他無憂的童年、他愉快的大學生涯、還有他在戴克斯特的頭一年半。或許他應該要辭退運動領袖的職位，離開第一線，然後把時間花在布道、寫作與演講上。這樣的想法，開始愈來愈頻繁地扯動他的衣袖。

然後時間匆匆來到一九六二年的年終，金恩又接到了要他出手的請求：佛列德・夏托斯沃斯（Fred Shuttlesworth）作為阿拉巴馬州伯明罕（Birmingham）的一名黑人運動領袖，懇求金恩與南方基督教領袖會議能幫助他打破伯明罕市區商店街的種族藩籬。伯明罕是全美種族隔離的重災區，那兒為了不在游泳池等公共空間配合聯邦法律禁止種族隔離，索性就讓這些公共設施停止營運，來個關門大吉。任何形式的抗議辦在那裡，都會遭到暴力與恐怖主義的激烈反擊。由此伯明罕得了個渾名是「爆明罕」（Bombingham），意思是像炸彈一樣的危險城市。而捍衛這個南方種族隔離堡壘的大將，就是當地的警察首長——布爾・康納（Bull Connor）。康納對暴力的使用非常沒有節制，甚是給人感覺他樂在其中。鞭子、攻擊犬、高壓水柱、警棍，在他的指揮下都會傾巢而出。

由此這次的活動，可以想見會比之前的每一次都更加危險。金恩內心的每一個細胞都呼喊著要他拒絕，那古老的自我懷疑跟恐懼通通在他心中重聚。萬一出了人命怎麼辦？萬一暴力傷害到他自己跟家人怎麼辦？要是活動失敗了怎麼辦？苦惱的他這次失眠得更嚴重了。

然後七年前的聲音也回來了，而且其音量與清晰都一如以往：他再次被神賦予了要為正義站出來的任務，神要他別想著自己，而要想著任務與使命。他怎麼又第二次犯蠢地害怕起來了？沒錯，前進伯明罕是他的任務。但就在他思前想後的時候，他不禁更深刻地去思索起了神的聲音告訴他的事情。為正義站出來，代表你得讓正義實實在在地實踐出來，而不能只是流於空談，或妥協於一些聊勝於無的折衷或讓步。他對於失敗，對於讓別人跟自己再次失望的恐懼，讓他變得謹慎莫名。這次他得端出更好的謀略，拿出更大的勇氣。他必須要拉高賭注，而且只能贏，不能輸。恐懼跟懷疑都必須要在這次行動中讓路。

他接下了夏托斯沃斯的請託，而在與團隊進行規劃的時候，他很明確地說大家得從過去的錯誤中學到教訓。金恩把面對的難題攤開在團隊眼前。執政的甘迺迪政府對敏感的民權問題非常小心翼翼，總統擔心一個不小心，他就會為此與國會裡的南方議員產生嫌隙，而那可是會動搖他執政基礎的風險。由此論及民權問題，甘迺迪會一邊打高空，一邊兩腳卻完全沒動。

所以金恩等人在伯明罕所需要達成的目標，是挑起全國性的危機，而且要是一場血腥而醜惡的危機。美國南方的種族歧視與種族隔離，對溫和派的白人來講可以說是眼不見為淨。伯明罕於這些白人而言，只是一個並不特別，典型慵懶的南方城鎮。金恩的目標必須是讓種族歧視被人看見，尤其是要讓在電視機前的白人看見，看到讓良心未泯的他們看不下去了，壓力才會大到讓甘迺迪政府的腳動起來。而金恩的計畫裡，布爾．康納的角色非常關鍵。金恩就巴望著康納能夠被挑釁成功而反應過度，這樣他就能指導出劇本裡要求的「大場面」。

一九六三年的四月，金恩與團隊開始把計畫投入行動。他們以靜坐跟示威的方式分進合擊。雖然因為害怕監獄而有稍有遲疑，但金恩最終還是按計畫讓自己遭到了逮捕。他被捕有助於運動的能見度，並可能激起在地黑人民眾模仿他的行動。然而，這也是一個隨著時間一天天過去，抗議活動暴露出的一個致命弱點：在地的黑人社群並沒有對金恩的運動展現太高度的熱情。在伯明罕，許多黑人非常不滿於夏托斯沃斯的專擅風格，因為不願配合，而還有些黑人則是因為康納的「威名遠播」而不敢輕舉妄動。金恩把希望寄託在群眾人數與聲量上，但熱鬧的現場並沒有為他帶來冀望的輿論影響力，主要是這活動吵歸吵，卻沒有真正的新聞性或故事性。時間一久，全國性的媒體於是紛紛選擇離去。

這時金恩團隊裡的一名幹部，詹姆斯．貝沃（James Bevel）想到了一個主意。貝沃認為他們可以號召在地學校裡的學子們來參與。對此金恩有所疑慮，他認為無論如何，這麼危險的事情不該波及不滿十四歲的孩子。貝沃提醒金恩這次的勝負至關重大，而他們需要人數來維繫人氣，否則就只能坐以待斃，這才說服了金恩同意。組織不少內部的成員與外頭的同情者，都很震驚於金恩會這麼「識時務」地把年輕孩子當成一張牌來打，但運動眼看已來到危急存亡之秋，眾人也顧不了這麼多，要脆弱等運動贏了之後再來脆弱。

事實證明，學生對抗議活動的號召給予了熱烈的響應，而這對抗議活動就像一場及時雨。勇敢的學子們擠滿了伯明罕的大街小巷，而且聲量比他們父母一輩更加震天價響。這之後監獄很快就人滿為患，媒體通通跑了回來。為了控制局面，警方把高壓水柱、攻擊犬、警棍等法寶通通拿出來用，而且對青少年與兒童都不放過。不消多久，現場風聲鶴唳而充滿戲劇張力的血腥畫面，就登上了整個美國的電視新聞版面。金恩的演說開始擠得水洩不通，而他也利用機會努力地累積支持群眾。

聯邦官員被迫介入來調停紛爭，金恩不是第一天出來混，他知道自己必須趁勝追擊去給予壓力，未到最後關頭絕不能輕易鬆手。代表白人權力結構的那些人，不甘不願地開啟了與金恩的協商，而在此同時金恩依舊對示威者開著綠燈，要他們繼續在市區遊行，而且還要弄到遍地開花，好讓康納領導的警方疲於奔命，終至被徹底拖垮。驚慌失措的在地商家失去了耐性，紛紛開始要求白人談判代表與黑人領袖全面妥協，而這便相當於市區的商店將全面打破種族藩籬，黑人勞工也將獲得在市中心受雇的權利。

這是金恩展開民權運動生涯後最大的勝利；他完成了自己的宏願。來到這一步，白人當權者會不會出爾反爾已經不重要，反正他們說話不算話是早已司空見慣。甘迺迪政府已經徹底被捲入，不可能置身事外了，不過事實上身為總統，甘迺迪的良心也確實受到了伯明罕抗議即景的刺激。雙方和解後不久，甘迺迪便在電視上對發表演說，藉此對全美民眾說明何以美國需要立即在民權運動上有所進展，並順勢提出了一些相當遠大而積極的立法計畫。而這，也就是一九六四年《民權法案》(*Civil Rights Act*)的濫觴，而《民權法案》又為隔年一九六五的《投票權法案》(*Voting Rights Act*)舖設出很好的開場。接二連三的突破，讓金恩成為民權運動無可爭論的共主，不久後更榮獲諾貝爾和平獎。金錢捐助開始朝南方基督教領袖會議大量湧進，民權運動的動能看似所向披靡。唯一如以往，每一場勝利似乎只會為金恩帶來更多的麻煩與負擔。

在伯明罕之後的年月當中，金恩察覺到保守派與共和黨人開始集結成為一股不滿於民權運動進展的強大力量。這些人運用各種方式，就是要阻礙民權運動的繼續推動。金恩得知聯邦調查局在他的飯店房間裡放置了監聽裝置，並連著幾年都派人跟監他。另外，反動力量還四處散布不實消息給不同的報紙，期間金恩只能眼睜睜看著美國淪入暴力的輪迴，而甘迺迪遇刺就是一切的開始。

他看著新一代的黑人運動分子打著「黑色力量」(Black Power)的旗號崛起，金恩因而飽受抨擊，因為他對非暴力路線的堅持被認為軟弱而過時。有段時間金恩把運動重心遷至芝加哥，希望終止那兒具有歧視性的住房實務，而最終他也與有關當局談出了一個協議，但此舉卻受到全美來自黑人運動分子的尖銳批評——他認為金恩放棄得太多，換來的太少。這之後沒多久，他在芝加哥浸信教會受到一群教眾在台下猛噓，讓在台上想講話的他被淹沒在「黑色力量」的呼聲當中。

他變得抑鬱寡歡。一九六五年初，他在雜誌上看到越戰的影像，那畫面令他深惡痛絕。美國病了，而且病得不輕。那年夏天他走了趟剛歷經過暴力動亂蹂躪，某種程度上寸草不生的洛杉磯瓦茲(Watts)地區。鋪天蓋地的貧困與破落讓他看得怵目驚心。洛杉磯明明是美國極為繁華的大城，好萊塢明明是幻想力爆發的電影產業大本營，但這當中卻挾藏了這麼大的一顆黑洞，有這麼多美國人在當中得不到溫飽，看不到希望。說這裡是黑洞，是因為這地方沒有人看得到。美國社會就像生了顆惡性腫瘤，病灶是難以弭平的貧富差距、是政府寧願任由市中心的黑人同胞陷於暴動中被摧殘，也要在一場莫名其妙的戰爭上花錢不手軟。

他的抑鬱，現在又摻雜了幾分慢慢燃起的怒火。觀察他與朋友的對談，你會注意到金恩新長出了尖銳的邊刃。在某次與工作人員的私下交談中，金恩說到：「太多人以為權力與愛應該是位於光譜的兩極，一個東一個西……(但)這兩者其實可以互補。少了愛的權力會讓人倒施逆行，沒有權力的愛只是多愁善感。」在另外一次私下的場合裡，他論及了新的戰術。他絕對不會放棄非暴力的路線，但公民不服從的實務必須要有些調整與強化。「非暴力的路線必須要與時俱進，必須要成熟到一個新的層次……群眾量級的公民不服從。我們的活動不能只是一種不痛不癢的社會宣言，我們必須要集結成一股力量，在某個點上讓社會的運作被迫中斷。」

金恩的運動宗旨不是要把黑人融入到美國社會的主流價值裡，而是要直搗黃龍，從根源去扭轉這些所謂的美國價值。

他打算在民權運動的內涵中加入兩種新的元素，其一是強調處理都市中貧窮問題的必要性與急迫性，另一就是要針對越戰來進行抗議。一九六七年的四月四日，他在演說中表達了這種要將民權運動擴大辦理的意願，結果引發了幾乎一面倒的負面反應，就連金恩的鐵粉都挺不下去而反過來批評，他們說把越戰問題扯進來，會讓民權運動遭到社會大眾切割。另外金恩這麼做，也被說成會激怒詹森政府，而民權運動甚需要詹森政府與他們站在同一邊。民權運動陣營說他們沒有授權金恩扯這麼多。

這讓金恩第一次感覺如此孤軍奮戰，第一次感覺萬箭穿心。一九六八年初，他陷入了前所未見的深度憂鬱。他感覺末日將近——他的言行會讓諸多敵人對他產生殺機。緊張的生活讓他精疲力盡，他在精神上顯得失落而空虛。那年三月，田納西州曼菲斯的一名牧師邀請金恩移駕到該市來聲援黑人清潔工的罷工行動，主要是抗議清潔工的工作條件太差。作為當地罷工活動的一環，清潔工們分別已經辦理過示威遊行、杯葛與抗議，而警方也都非常不人道地暴力回擊。當時的局勢可以說是一觸即發。但金恩第一時間推託了這樣的請求，因為他感覺自己已被掏空。惟一如以往，他最終還是體認到身為精神領袖，自己對有難的同志義不容辭，所以思考到職責所在，他還是接下了這樣的請託。於是乎三月十八日，他在曼菲斯對廣大群眾發表了演說，而台下熱烈的反應也讓他精神為之一振。他再次聽到敦促、鼓勵他向前的那股聲音。曼菲斯將是他任務中不可或缺的一塊拼圖。

之後的幾週，他不斷返回曼菲斯去提供聲援與協助，希望協助在地同志與頑強的地方政府周旋。四月四日星期三晚間，他對另外一群群眾演講說：「我們前方有一場硬仗要打，但現在的我真的不害怕，因為我已經登上過山巔⋯⋯跟大家一樣，我也希望長命百歲⋯⋯但我此刻真的不會去想到自己的安危。我只想讓上帝的意志得到彰顯。而祂讓我登上了山巔，讓我從高處俯瞰，結果我看到的是應許之地。我或許不一定能與大家到達終點，但今夜身為同胞，我希望大家知道，我們終將抵達主承諾我們的那片應許之地。」

這次的演說讓他通體充滿了能量，心情也整個好了起來。隔天他對一場即將進行，但有可能失控發生暴力的遊行，表達了憂慮，但他也說恐懼不會妨礙他把運動進行到底。「與其在害怕中活下去，我寧可慷慨赴義。」他對一名助理表明。同一天晚上，他偕幾名助理著裝準備赴一場晚宴，而當快要遲到的他終於出現在汽車旅館房間的陽台上時，一支長槍發出了槍響，子彈貫穿了他的頸部，一小時後金恩便宣告不治。

大師解讀

小馬丁·路德·金恩是個有著好幾面個性，稱得上內在相當複雜的人。在他心中，首先有一個是熱愛享受的金恩，那是一個喜歡華服、美食、跳舞、美女與愛惡作劇的金恩。再者你會看到一個務實的金恩，那是個永遠想要替人解決問題，把問題的來龍去脈想清楚的金恩。最後金恩心中還有很敏感、習慣於內省的一面，而也正是這一面的存在，讓他慢慢走上了精神的追求之路。這些面向，經常會隨著情緒的轉換而在他心中起衝突，讓他在要下決斷時痛苦不堪。同事們常會因為看到他深沉的猶豫與自我懷疑而擔心不已，他們會不禁覺得把自己的理想交給金恩去領導，是否所託非人。

金恩的複雜性，與他和父親的關係相互輝映。一方面他是發自內心熱愛與尊敬父親，以至於他願意成為一名牧師，並且去模仿父親的領導風格。另一方面，他從還很小的時候就意會到自己若任由父親的巨大身影去影響自己，會是一件多麼危險的事情。但他的胞弟阿弗瑞·丹尼爾·金恩（A.D. King）就欠缺這樣的覺醒，而這點讓金恩終其一生都很痛心。阿弗瑞也成為一名牧師，但他從來沒有能確立自身的獨立性。他的職涯在教會與教會之間跳來跳去，始終沒能穩定發展。事實上，他後來染上了酗酒的毛病，並在中年後明顯地自暴自棄，而這也讓做大哥的金恩見了於心不忍。阿弗瑞始終沒有走出父親的陰影，更沒有活出自己。

相形之下，小馬丁內心深處的某樣東西，促使了他去拉出與父親的距離，建立起自身的獨立。這並不是說金恩會無腦地在父親面前叛逆，因為反抗父親只會證明他真的就是深深受到父親的定義所影響。真正的獨立對金恩而言，是要去理解父子之間究竟有何不同之處，然後把這種差異當成槓桿，去撬開兩者間真正的空間距離。這意味著他會繼承父親的優點，比方說自我要求的紀律分明、有為有守的原則堅定，還有關愛人的天性——也意味著他會聽從內心的聲音走自己的路。他要自己去傾聽這些內心的直覺，而這些直覺也帶著他先在蒙哥馬利展開了公眾生涯，後於 MIA 接下了領袖的職責。在這些關鍵的時刻，他總是能預見自己的天命，捨棄鑽牛角尖的習性。

然後在成為 MIA 領導者幾週後，就在他開始覺得到身處高位的緊張感之際，金恩人格的各個面向又開始角力，讓他的內心再次陷入混亂。自我懷疑的金恩、怕東怕西的金恩、被沒完沒了的阻礙與內鬥弄得很挫折的實務取向金恩，還有渴望回歸平靜生活的，想要開心過日子的單純金恩。這幾種金恩在心裡打成一團，讓他的行動力陷入了癱瘓。而就在他失眠跑進廚房的那天晚上，也就是這團混戰達到最高潮之際，所有曾經指點過他迷津的那些傾向與直覺突然集結成了一股聽得到聲音——上帝的聲音，而上帝也為他釐清了命運，並當起了他最忠實的啦啦隊。上帝的聲音在令他振聾發聵之餘，還是那麼地如雷貫耳；**祂的話語在他心中不只繞樑三日，而是迴響了一輩子。**

從那之後不論是私下對話或公開演講，金恩都會不斷提到有這股「聲音」在為他指引方向。只要這股聲音能夠延續，他的懷疑、恐懼、與削弱他力量的內心掙扎，都會一一地自動消弭。他可以感到身心的整合達到一個前所未見的高點。當然情緒與焦慮還是會偶爾降臨，但聲音不會在關鍵時刻缺席，上帝總是在任務的關鍵時刻跑來對他耳提面命。

很多人會驚異於，甚至會不滿於金恩在升格為全美級的民權領袖後，作法上變通了許多，也多出了許多充滿取捨的政治性考量。在每一次的民權運動之中與之後，他都會深度去分析交手對象的行動與反應，並從中學習，藉以讓他的謀略蛻變得更加銳利。但對某些人而言，這似乎並不符合他身為宗教型領袖該有的本色。比方說在伯明罕，他就決定了讓小孩與青少年去衝鋒陷陣，甚至讓他們小小年紀就進入了監獄。這怎麼會是一個牧師該有的心思呢？但對金恩而言，這麼做不叫不擇手段，而叫實事求是，而他的任務就是要做出實績。光是用演說去賺人熱淚，可以說是感情過剩而為德不卒，而他對此深感厭惡。這樣做半套的民權運動只是在炒作知名度，讓某些人看起來彷彿公義的化身，但只要沒有去顧及真正的成果要如何達成，那這些動作都不過是自我滿足罷了。金恩要的是讓改變發生，讓南部黑人的生活處境有感提升。

由此他理解到這場遊戲，關乎的是如何找到施力點去讓當權的白人無論再不甘願，也得向黑人的請求屈服。他得用上靜坐與杯葛去讓白人感覺到痛，即便是在談判進行中也不歇手。他必須要讓運動的媒體曝光度達到最高，並讓美國白人即便身在舒適的客廳裡，也能透過電視目擊南方黑人的慘狀。他的戰略性目標是要訴諸白人民眾的良心。面對年輕黑人想以暴制暴的欲望愈來愈強，他必須要設法讓運動團結起來，不要分崩離析。因為有那股聲音在提醒他毋忘最終的目的，要他挺身而出實踐真正的公義，金恩很自然地覺得有動力要把民權運動升級為公民不服從的群眾運動。

在某種程度上，你可以把金恩想成是美國黑人需要聽到的那股聲音，就像上帝是金恩需要聽到的那股聲音一樣，因為他一路努力的都是要把黑人運動的理念團結起來，都是要讓運動專注在實際的成果上，而不要把力量消耗在無益於目標的內鬥上。

一陣陣襲來的憂鬱，在他生涯後期愈發強勁，而這不光是因為他深感於身邊眾人的嫉妒與批評，也是因為他有感於種種時代精神的變遷。早在他人之前，他就接收到美國的整體氣氛，也看到了越戰的慘烈、市中心的破敗與絕望、躁動的年輕人想透過毒品來逃避現實的心情，乃至於領導階層的懦弱無能。他把這些社會現狀與自身的絕望感連結了起來——他早料到了自己會被刺殺。這樣的情緒將他徹底淹沒，但多年前在蒙哥馬利聽到的那股聲音讓他撫平了內心的恐懼，也帶著他超越了憂鬱。只要那股使命感一上線，他就會深感於內心的充實，他就能繼續去從事他生來該做的事情，那是一樣他寧死也要貫徹，不願為了苟活而放棄的使命。這種使命感在他生命的最後變得益發深刻而強烈：他決心要將改變帶給曼菲斯的人民，只可惜壯志未酬是他最終的命運。

你的人性課題

在很多層面上，金恩所面臨的困境，也是我們每天所面臨的困境，因為這當中包含著人性裡一種基本的元素。沒有人不複雜。我們都喜歡在外頭呈現出一副表裡一致而成熟穩重的模樣，但我們內心很清楚自己會受到不同的情緒影響，也會在不同場合把不同的面具戴上。我們都會因為當下的氣氛而時而看重實際、時而善於交際、時而懂得自省、時而失去理性。而這種內在的自相矛盾，往往會給我們帶來痛苦。因為這種矛盾，所以我們會感覺生命中少了一種脈絡，少了一股方向。我們會因為情緒的轉換而覺得在一條條路徑中無法決斷，結果就是我們會有種內心要被「五馬分屍」之感。為什麼往東而不往西呢？我們會不停地自我質疑，結果就是我們永遠與想到達的目的地有一段距離，也永遠無法實現自身的潛力。我們能感受到明晰與意義的瞬間可謂稍縱即逝，而為了要舒緩那種人生漫無目標的痛苦，我們有人會去吸毒酗酒，有人會去縱情聲色，有人好一點會在各種熱度只有數月到數週的興趣中來來去去。

要掙脫這樣的困局，金恩給我們示範了唯一的正解——向上覓得某種意義，一種讓我們知道該朝著哪裡去的使命，而這便能讓我們不用照著父母的意思去做，也不用在朋友與同儕間隨波逐流。這種使命會與我們的獨特性緊密相依，而我們也會因著這股使命而出落地與眾不同。一如金恩所說，「我們有責任出發去尋找自己的本質，去發現我們人生的志業，去釐清我們命定的天職。而在鎖定了這樣的目標之後，我們便應該不遺餘力去完成這個使命。」這種一生的志業，是我們生來該完成的事情，是我們具備特定技能、天分與性向的理由。這是我們來到這世上的天命。而以金恩為例，他生來就是要找到自己的人生路徑，要把實務與性靈面合而為一。覓得這種高層次的人生意義，可以讓我們把身心整合完畢，讓我們朝著渴望的方向而去。

你可以把這種人生志業視為是一種會在內心與你對話的東西——一股聲音。這種聲音會在你涉入無謂之事時發出警訊，或是在你即將誤入歧途，勉強走上與自身秉性不合之路前把你叫住。這股聲音會指引你走向與你天性與熱情相吻合的活動或志趣。只要願意聆聽，你就會覺得自己的視野一片清晰，身心合而為一。聽得夠仔細，你就會知道走哪條路可以通往自己的命運。這會是一種屬於精神層面，而且往往也非常個人的追求。

這不會是一種自我中心的聲音，因為自我中心的聲音會要你去吸引人的注意，要你自己感到滿意。自我中心的聲音會見縫插針，讓你內心不同的想法間產生更大的嫌隙。相對於此，**天命的聲音會讓你在工作上專心一意，你會心無旁騖在自己該做的事情上。當滿腦子都是天命的聲音在告訴你什麼該做什麼不該做時，你會發現腦中各種雜訊會被自動消音。能收聽到天命的頻率，代表你懂得自省、努力與劍及履及。遵循天命的指引，身邊就會自動發生好的事情。**你會獲致強大的內心去執行你必須完成的事情，而不會動搖於他人別有用心的酸言酸語。聽得天命的聲音，你就能與更高更大的目標產生聯繫，讓你無須繞道而行。你會變得有勇有謀，會變得專注而靈活。只要聽到了聲音，理解了天命，你就可以安心，因為這個過程並不可逆。你的人生路徑會從此獲得確立，因為稍微偏離就會讓你痛苦焦慮。

知道為什麼活著的人，幾乎都不會苦於怎麼去活。

——尼采

人性的關鍵

在今天的世界裡，我們身而為人面對著一個很特別的難解課題：大學（或最高學歷）一畢業，我們就會發現自己被狠狠甩進就業的世界裡，而那是一個沒人會對你客氣，競爭非常激烈的世界。一般只要不是太不幸的人，學生時代都可以躲在父母的羽翼下開心過活，爸媽會供我們吃住，給我們人生指引；甚至在某些例子裡，他們會保護我們過頭。但怎麼一脫離學生身分，我們就發現自己一切都得自己來，但說起社會經驗我們又是一片空白。各種可能影響我們未來每一天的問題，我們都得自己做出決定。

也還不算太久以前，我們父兄輩或祖父輩出社會後的人生或職涯選擇都挺有限。他們會看當下有哪些特定的工作或角色可以選，然後一待就是幾十年。特定的角色，比方說精神導師、家庭成員、宗教領袖等，可以提供我們一些方向。但看看今天的社會，我們已經很難寄望一畢業就能穩穩過日子，徬徨時也很難找到求助的對象，主要是世界的變化實在太快。所有人都拚死拚活想要成功，而這也導致史上第一次，每個人只滿腦子都是自己的需求與欲望。在這樣的全新秩序裡，父母的建議會顯得過時而派不上用場。面對這種史無前例的狀況，我們傾向於會有兩種反應。

我們某些人，在種種改變的撩撥下，其實會帶著興奮之情去擁抱這一新的秩序。年輕的我們充滿能量。有如自助餐一般令人眼花撩亂的機會被數位世界端上了檯面，讓我們感到無比驚艷。我們可以實驗，可以嘗試不同的職位，可以與人產生不同的關係連結，而這每次嘗鮮都是一種冒險。在單一職涯或單一交往對象上從一而終，感覺不再代表穩定，而代表對個人自由的一種侷限。遵守秩序與聽從權威感覺是老派的落伍作為，探索、撒歡、把心胸打開才是主流的提案。現在的年輕人覺得他們終究會知道自己人生的志趣所在，而在那之前，他們只想好好玩玩，只想保持自由之身去想去的地方，做自己想做的事情。自由，成了我們處世最大的動機。

但也有些人會是另外一種相反的反應：因為懼於亂局，所以我們會很快地找個實際而賺得到錢的行業跳進去，這行業最好能符合我們興趣，但不符合也沒關係。我們會勉強自己跟某個還行的異性在一起，甚至會繼續住在家裡依賴父母親。我們前進的動力，會是設法在二十一世紀取得屬於稀有物品的穩定。

惟這兩條不同的路徑，都會慢慢導致不一樣的弊病。以前者而言，不停換跑道會讓我們無法在單一樣事物上專精，這就是滾石不生苔的道理。我們會難以在特定的活動上長期專心，因為我們太習慣於跳來跳去。分心，會讓我們難以把感興趣的技藝學到一個境地。而無法習得新的技能，就會限縮我們職涯的可能性。我們會愈來愈陷入橫向跳來跳去但跳不上去的困境。我們可能會想要找一段可以白頭偕老的關係，但我們並沒有發展出與人妥協的包容性，我們忍不住會在自由因穩定關係而必然受到限縮的時候與對方針鋒相對。我們或許不想這麼承認，但這樣的自由其實會害到我們。

以後者而言，我們在二十來歲時選定的發展路徑會在三十而立之後顯得欲振乏力。我們年輕時選擇職業，是出於穩定的考量，而沒怎麼考慮到自身的興趣。所以久而久之，工作就真的愈來愈只是一份用來餬口的工作而已。而年屆中年，現代社會的機會自助餐開始向我們招手，我們就會深感到其強大的誘惑。此時我們需要的，或許就是嶄新而具有刺激性，有如冒險一般的職涯或交往關係。

而不論是在哪一種情形裡，我們都會盡一己所能去安撫內心的挫折感。惟隨著時間一年年過去，我們會開始出現自己否認或壓抑不了的陣痛。我們普遍不知道自己不開心在哪裡，但其實那就是因為欠缺了生命中的使命感與方向感。

這種痛，會以幾種形式出現在我們心中。

我們會愈來愈覺得百無聊賴。因為對工作並不投入，所以我們會轉而去找各種消遣來分散注意力。但根據報酬遞減法則，我們會不斷需要尋找更強大的新刺激來滿足自己——最新的流行娛樂、最遠的異國之旅、最夯的大師算命、最快燃起也最快熄滅的休閒興趣，乃至於各式各樣的「癮」。但只要一與群眾脫離，一關機休息，我們就又會感覺到了無生趣，又會覺得痛楚在啃噬內心。

我們會愈來愈覺得惶惶不安。每個人都有自己的夢想，也都覺得自己有某種潛力。在人生路上漫無目標地晃蕩，或是偏離了原本的路線，都會讓我們覺得夢想與現實間出現了斷點。我們會拿不出扎實的成績，會看著別人成功而感到羨嫉。我們的自尊心會脆得像玻璃，將我們逼入陷阱。我們會孱弱地無法接受批評，而承認自己無知是學習新事物的前提，但我們卻已經失去了坦承自身有不足之處的勇氣。無法學習，會造成我們的觀念僵固，技術無法進步。惟故步自封的我們會裝出很篤定、很有主見，或是在道德上高人一等的模樣，但其實我們不安定的內心根本禁不起晃。

我們會動輒感覺到焦慮與壓力，但對其成因卻又不能肯定。生活中免不了會遇到阻礙與困難，但我們卻花了太多時間在避免可能造成痛苦的事情上。或許我們會因為害怕失敗而逃避責任，會與困難的抉擇與高壓的處境劃清界線。但總有些現實是逃避不掉的——我們總會被迫在某個期限前完成作品，會莫名變得雄心萬丈而想要實現夢想。但我們不曾學會遇到這些局面該如何因應，於是焦慮與壓力會讓我們感覺頭暈。逃避，只會讓我們身陷低度而綿延不絕的焦慮。

而最終，我們會感覺到抑鬱。我們都想相信生命存在的目的與意義，都想相信與某樣高於我們的存在有所聯繫。我們會想要感覺到自己做過的事情帶有某種重量與影響。少了這樣的信念，我們就會體驗到空虛與抑鬱，但會錯把這種感覺歸咎到其他原因。

你的人性課題

迷惘與困惑的感受不是誰的錯。生在這樣一個劇烈變動與混亂的年代，會感覺迷惘與困惑都是很自然的結果。過往古老的支持體系如宗教信仰、普世價值、社會內聚，都已經大致消失殆盡，至少在西方世界是這樣的情形。同樣在消失中的，還有繁複的傳統、規則、禁忌等曾經廣為流傳的行為規範。現在的我們就像在人世間漂流，無所適從，而這也難怪很多人會覺得人生有如大海茫茫，也難怪各種成癮或抑鬱會變成文明病。

這兒要處理的問題很簡單：**人類會基於天性而渴望方向**。其他的生命型態或有機體會讓複雜的本能去導引牠們，決定牠們的行為。但人類已經進化到可以依靠自己的意識。只不過，人心是一個無底洞——人心永遠有空間供我們去探索。想像力可以帶我們到天涯海角，可以任憑我們召喚出萬事萬物。不論任何時候，我們都可以從一百條路當中選擇一條前進。而此時要是缺少了信念體系或傳統秩序，我們就會像在黑夜的大海中找不到北極星。我們的行為舉止與大小決定會像失去羅盤導引，而這可是會讓人發瘋的事情。

所幸，我們有辦法可以從這種困境中脫離，而且這辦法原本就內建在每個人的心裡。我們不用去找什麼大師，也不用緬懷過去的種種確定性。**你想要的「心海羅盤」與導航系統原本就存在，而那其實就是你要自己去找尋或發掘，屬於你個人的使命與意義**。那是一條人類文明最偉大成就者與貢獻者所走過的道路，而我們要做的就是辨識出那條路在哪裡，然後朝著它走下去。至於這條路究竟如何發揮作用，且聽我下方細說從頭。

每個人類個體都特殊到不行。這種特殊性，會以三種方式銘刻在我們內裡——獨一無二的DNA、大腦迴路的接線方式，還有我們每個人都不會重複的人生經驗。你可以將這種獨特性想成是人出生時被栽下的一顆種子，種子有成長的潛力，也有其存在的意義。

在繁盛的自然生態系裡，我們會觀察到物種的多樣性。在多元物種達到平衡的狀態下，生態系就會顯得自給自足而生意盎然，一代傳一代地創造出更新的物種與更相互交織的關係。多樣性不足的生態系往往會顯得了無生氣，而其健康也會較難以維繫。人類也活在自己的文化生態系裡。綜觀歷史，我們可以看到體質至為健康而得以揚名於世的文明，都是那些鼓勵人去發展自我，並把這些個別差異當成養分在吸取的文明，比方古希臘、宋代的中國、文藝復興時期的義大利、二〇年代的歐美等只是少數幾例。這些文明都滿溢著創意，都是人類發展的相對高點，而相對於此的便是文化在獨裁體制下的千篇一律與一片死寂。

藉由在生命的過程裡讓獨特性綻放，並透過我們獨特的能力與工作的特殊性，我們也可以對文化需要的多樣性貢獻一分心力。這種獨特性其實可以超越個人的存在，因為它是自然留在我們身上的烙印。否則如何解釋人會自然而然地欣賞音律，會沒來由地具有助人的天性，或是會去掌握特定形式的知識？我們這些特性都是繼承而來，而這些傳承都有其意義所在。

努力去與這種獨特性產生聯繫，並將之發揚光大，可以為我們提供一條可遵循的道路，讓我們獲得可一輩子受用的導航系統。但要與自身的獨特性產生連繫，並不是那麼容易。一般而言，人的獨特性在小時候比較明顯。我們從小會很自然地受特定主題或活動吸引，父母親反對的效果為零。我們可以稱這種吸引力為一種是本能的傾向，它們會像長了嘴巴一樣對我們喊話。惟隨著年齡增長，這股聲音會漸漸不敵爸媽、同儕、師長與主流文化的眾聲喧嘩。我們會被告知自己該喜歡什麼、該覺得怎樣酷、怎樣不酷。我們會開始忘記自己是誰，忘記自己為什麼特別。最終我們會選擇與自己本性不符的職業。

要讓導航系統領著我們向前，我們必須盡可能強化自己與本身獨特性的連結，並學會去信任獨特性的發言（詳見下一部分的「發現你的天命」）。能把這幾件事情做到什麼程度，我們的收獲就能豐富到什麼程度。我們會因為生涯發展與本能傾向緊緊交纏而獲致人生的方向感。會感覺到天命的存在。會知道自己未來有哪些技能需要發展。會在心中浮現出中長期目標，中長期目標底下又會有短期目標。方向感的一個用處是當我們偏離了主線，或因為與某事糾纏不清而導致分心的時候，我們會深感不適而拚了命想回歸正確的道路。當然年輕人都會想要這裡看看，那裡瞧瞧，而多方嘗試是好的，但有個方向讓我們知道自己的相對位置，總是能讓我們免疫於自我懷疑或三心兩意。

心中有這一條道路，並不代表我們就得一條腸子通到底地走到終點，也不代表我們只能狹隘地追尋單一的本能傾向。我們當然可以同時受好幾類知識吸引，也當然可以集數種技能於一身，並在精通後將其以新穎而具創意的方式進行整合。**達文西的過人之處，即在於此。他的興趣廣泛，涵蓋藝術、科學、建築與工程，而且樣樣通樣樣不鬆。**事實上達文西流的這種深度雜學，非常適合品味偏門而好奇心旺盛的現代人。

這種內建導航一上線，我們心中所有在人生失去方向時讓我們吃盡苦頭的負面情緒，都會瞬間獲得中和，甚至有可能會逆轉成為正面的情緒。比方說累積技術的過程可能會讓人感覺枯燥乏味，因為練習本來就是很無聊的事情。但我們可以反其道而行去擁抱這種無聊，並一邊想著出師之後的感覺會有多美妙。由此我們會覺得學習是一件令人興奮開心的事情，而不會不斷地想要分心。我們會毫不勉強地變得一心一意，會發展出深度專注力，而專注力就能帶來向前的衝勁。我們吸收的東西不會輕易忘記，因為過程裡我們灌注了強烈的學習情緒。我們的學習速度會變快，而知識的累積又會有助於我們的創意，畢竟有新鮮資訊在洋溢著的心靈，自然會有點子從不知名的地方跑來與我們相聚。創意來到這樣的高度，是非常有成就感的事情，而一旦打好這樣的根據，我們要再往工具箱裡添新的技藝都會愈來愈容易。

懷抱著使命感，我們就不會惶惶不安。我們會整體感覺自己在前進，會或多或少實現我們的潛力。我們會開始累積出大大小小的成就供我們回顧品茗。我們會有始有終地把事情做出個結果。或許我們仍免不了會有懷疑自己的時候，但我們懷疑的普遍會是工作的品質良窳，而不是我們的自我價值——**我們會問的是自己有沒有盡全力把事情做好，而不是我們本身夠不夠好。**專注在工作與成果品質之上，而不去擔心別人看我們的眼光，可以讓我們分清楚哪些是惡意的酸言酸語，哪些又是有建設性的批評。我們會開始在內心產生韌性，而這種挫折的耐受力會讓我們在遇到失敗時懂得振作、也懂得學習。我們會知道自己是誰，而這種自知會像錨一樣，在茫茫人海中將我們牢牢定住。

導航系統一旦安裝完成，我們將把焦慮與壓力昇華成具有生產力的正面情緒。不論是打算寫書、創業或競選公職，欲達成目標的前提都是我們得懂得如何去因應可觀的焦慮與不確定性，並日起有功地做出每一個會影響結果的決定。在這樣的過程裡，我們得學著去控制自己焦慮的程度高低——太在意目標還有多遠，可能會讓我們覺得做不下去。與其如此，我們應該要學習去專注在中短程目標上，每天把該做的進度完成，保持一種有點著急又不太著急的心態。我們得學著去掌握焦慮的調節能力——適量的焦慮可以讓我們繼續前行，而且作品的品質也能不斷精進，但過多焦慮則會讓我們陷入癱瘓而無法動彈。找到當中的平衡是我們一生的功課。

方向感也同時會讓我們培養出高度的抗壓力，甚至讓我們把壓力轉為動力。事實上人類內建有處理壓力的能力，我們的身子與大腦都得為了壓力動起來時，也正是腎上腺素狂分泌，我們的心智最活躍而靜不下來的全盛時期。人一退休就老得很快，是一種已知存在的現象，而這正是因為他們的心智失去了壓力的供養，由此焦慮的思想便會重新趁虛而入，讓退休族的活動力下降。維持適量的壓力與緊張，並知道自己面對此二者能拿出哪些辦法，會有助於我們的身心健康。

最後，使命感與方向感會讓我們脫離憂鬱症的高危險群。當然，人難免會有低潮，但些許的低潮不見得不好。低潮能讓我們抽回自己，重新評估自己，就像金恩也曾走過這一段。但更多時候我們會在使命感與方向感的扶持下，活得朝氣十足而不會去在乎現代日常生活中那些雞毛蒜皮的小事。我們可是有任務在身的人。我們正在實踐一生的志業，正在對遠大於我們個人的理念在做出貢獻，而這股信念便會讓我們產生崇高的感覺。成就了某事的充實感會讓我們努力不懈，為此有人甚至會以身相殉都在所不惜，畢竟我們參與完成的事情將在個人百年之後永垂不朽，會覺得自己來世上一遭果然沒有白走，天生我材果然有用。

你可以這麼去想：在戰史上，我們可以看到兩種軍隊——一種是為了理念而戰，另一種則是為了報酬而戰，跟工作賺錢沒有兩樣。那些為了理念上戰場的人，比方說為了把法國大革命的理想傳播出去的拿破崙軍，打起仗來就極其投入。他們會把個人榮辱與理念跟國家的命運綁在一起，他們會更願意為了理想或國家而在戰場上以身相殉。而一支部隊裡只有存有這樣的人，其他稍微沒那麼熱衷於理想的士兵也會被集體的意識感染而熱血起來，由此將領們可以對士兵有更多要求，大軍裡的各陣營也會比較團結，然後就是帶兵的幹部們會比較有創意。為了理念而戰，已知有讓軍力獲得加乘的效果——士兵與理念的連結性愈強，部隊的士氣就會愈高昂，在戰場上也會更加銳不可擋。這樣的一支部隊，往往就是能靠意志力來以寡擊眾的勁旅。

我們可以把這樣的比喻搬到人生裡頭：**生命的意義就像力量的加乘器。你所有的決定與行動都會在意義的加持下變得更加有力，因為意義會讓你的決定展現出中心思想與特定的使命**。你個性上的每個面向，都會被灌注到這個意義與使命裡，讓你產生源源不絕的衝勁。你的專注力與在逆境中的韌性，會讓你能夠再接再厲。你將能逼出自己的極限，而在一個四處有人在遊蕩而找不到方向的世界裡，你將可以順利地出人頭地並吸引到注意。到處都會有人受你的靈魂吸引，而朝著你群聚。

你做為人性學習者的任務，在此可分為兩重：**首先，你必須認識到使命感在人類生命中的主角地位**。出於天性，人對於意義的強大引力其實沒有抵抗力。看看身邊的人，想想他們的行為主要受何物指引，看看有什麼模式存在於他們的選擇裡。能夠隨心所欲的自由，是他們主要的行事動機嗎？他們最渴望的是得到快感、金錢、名氣、莫須有的權力，還是想要投身某種理念呢？如果是前者，那我們就可以說他們追求的是假的意義，而假的意義會導致偏執的行為，最終走到各自的死胡同（本章最後有更多對於假意義的說明）。要是認出身邊有人活著是為了假的意義，你就要避開這些人，不要成為這些人的老闆或同事，否則充滿負能量的他們可是會把你給拖下水。

你可能也會注意到身邊有人正奮力想要找到稱得上是天命的人生意義。你或許可以考慮助他們一臂之力，又或者你們可以相互幫助。最後，你可能會認出少數已經有高尚使命在身的個人，而在這當中可能就有偉大的年輕候選人。你不妨嘗試與這些人建立友情，讓自己沾染到他們的熱情。當然也有些懷抱意義的個體比較有點年紀，他們可能已經在名下累積了一票實績。面對這類前輩，你要盡量去與他們產生交集，讓自己獲得他們的提攜。

你的第二項功課，是要找到屬於自身的使命，並盡可能加深與它的聯繫，讓這使命可以向上升級（下一段有對此更多的說明）。若你還年輕，則你找到的意義可以被當成一種框架來約束或導引你不羈的生命力。你請自由地去探索世界，累積冒險，但都要在這個意義的框架下進行。更重要的是你得藉機去累積技藝。若你稍有年紀，而以前也曾經繞路去玩過了，那就請你拿著習得的技藝，想辦法溫柔地把這些能力導向最終能與你性向與精神面相吻合的方向。你該避免的，是不切實際地讓生涯發展產生突然而劇烈的變化。

你要記住，自己對文化的貢獻可以藉由不只一種型式來呈現。你不用非成為企業家或世界級的人物不可，你可以就在團體或組織裡當一個普通的成員，但重點是你必須要有一個屬於自己，而且你深信不疑的強力觀點，然後以此觀點為核心去溫和地輻射出影響力。你選擇的路徑可以是關於勞力與技藝——但你得自豪於作品的優異，並在品質上留下你專屬的印記。又或者你可以選擇用盡全力去撐起一個家庭，因為天命之間只有性質差異而不存在尊卑高低，沒有誰的天命比較了不起。真正重要的，是這天命得連結到你個人的需求與秉性，並能讓你持續有動力去進步跟學習。

總而言之，**你應該要窮盡一切力量去培養自己的獨特與原創**。在一個大家看起來都差不多，沒有非誰不可的世界上，你要讓自己變成一個無法取代的存在。你集於一身的技能與經驗，是無法複製的。**而無法被取**

代或複製，代表著人類所能追求最強大的力量與最終極的自由。

五招讓你身懷高度的使命感

一旦你承諾了自己要去發展出使命感或強化使命感，那努力與辛苦就是必然。在通往進步的路上，你會面對到許多敵人與阻礙——很多刻薄的語言會讓你分心，會讓你懷疑自己的天命與獨特性；你本身可能會因為工作反覆與進展牛步而耐不住無聊與挫敗；你可能會找不到信得過的人給你有用的建議；你的焦慮可能會突破天際；最後，長時間的專注可能讓你體能耗盡而拋錨。不過別怕，下面這五招就是設計來幫助你跨越這些阻礙。而這五招的排序，大致上反映的是使用的先後順序，所以第一招姑且算是起點。你要五招都加以實踐，才能確保自己的進步不會半途而廢。

發現你的天命

開始用這一招時，你必須先去觀察各種跡象，回想自己幼年時有哪些清晰可見的本能傾向。有些人可以輕鬆喚回早年的記憶，惟對多數人來講，這需要一些內省與挖掘的功夫。你要在記憶中尋找的，是自己像觸電一樣，突然被特定的主題、物體、活動或遊戲迷住的瞬間。

十九、二十世紀之交的偉大科學家，瑪麗．居禮（Marie Curie），也就是居禮夫人，可以清楚地憶起她四歲時曾經步入父親的辦公室裡，然後突然迷上了眼前各式各樣的試管與量具，那些全都是放在閃亮亮的玻璃櫥櫃裡，用來做化學實驗的器具。居禮夫人終其一生，都會用四歲時的赤子之心踏進實驗室裡；對契訶夫而言，天命浮現在他兒時踏進故鄉小鎮上劇院的瞬間，使他無比興奮的是那種假戲真做的氛圍；對賈伯斯而言，他割捨不下的是兒時途經電器行所瞥見，櫥窗內一件件神奇的玩意，他當時就念念不忘那些電器的複雜設計；對老虎伍茲而言，兩歲的他曾看著父親在車庫裡拿高爾夫球對網練打，當時就雀躍到忍不住要模仿爸爸。對作家尚—保羅・沙特（Jean-Paul Sartre）來講，一切都始於他小時候看到紙頁上印著字句的興奮感，他當時就懷疑每個字都攜帶著神奇的定義。這些發自內心感覺到神奇的瞬間，都是在雙親或友人沒有任何提示的狀況下突然發生，而我們也難以用文字去描述這些瞬間發生的原因，惟這些瞬間是一種訊號，它告訴我們的是，知道有些東西不受人為掌控。女星英格麗・褒曼（Ingrid Bergman）曾對外提到自己幼年時如何在父親的攝影鏡頭前表演到入神，而她的詮釋總結了那種天命在一瞬間降臨的感覺：「不是我選擇了演戲，而是演戲選擇了我。」

有時候天命會突然在我們人生的後期出現，就像小馬丁・路德・金恩是在被牽扯進蒙哥馬利的公車抵制運動時，才意會到自己生來的使命為何。有時候我們則會在觀察某個領域的大師表現出神入化時，察覺到自身的天命所在。

日本名導演黑澤明在年輕時，曾經有過一段渾渾噩噩不知道要做什麼的日子。他嘗試過畫畫，然後又以學徒之姿在電影中擔任助理導演，但他其實很討厭助導的工作。而就在一九三六年，黑澤明差不多要放棄電影之路時，他被指派給了恩師山本嘉次郎。看著這位偉大的前輩工作，突然間電影藝術的可能性在他眼前豁然開朗，而他也頓悟了自己的天命。黑澤明後來形容「那就像山風拂過了我的臉龐，我是說那種辛苦爬了一陣上坡後，吹來清新宜人的風。風的氣息在告訴你，你已經逼近了隘口。接著你就會站在隘口上，俯視開闊的全景。挨著攝影鏡頭旁的導演椅，站在山本先生身後，我感覺心中滿溢著的就是同樣的一種心情——我終於抵達了目的地。」

還有一種訊號可以供你參考，那就是你**可以去留意哪些工作或活動讓你很好上手，做起來就像順著水流游泳**。在從事這些活動時，你會比較不容易感覺枯燥無聊，別人的批評你也比較不會往心裡去，因為你一心只想要學習。你可以以此去跟其他讓你覺得百無聊賴而沒有成就感的科目或任務比對，事情就會很清楚了，因為後者會讓你有很大的挫折感。

以此延伸出去，你不妨去研究一下自己的腦子是否在特定類型智商上的表現很突出。在《發現 7 種 IQ：心智解構》（*Frames of Mind*）一書中，有心理學家身分的作者霍華德．嘉納（Howard Gardner）列出了我們可以展現天賦或性向的多種智商，這當中包括邏輯與數學、肢體運動、文字語言、影像畫面、音樂，乃至於社交智能，也就是與人互動時的過人敏銳性。從事的活動「感覺對了」，就代表這活動對應到了你大腦中智商的強項。

通過上述這種種線索，你理應能勾勒出自身天命的輪廓。就其本質而言，**尋找天命就是在尋找自我，就是在超越別人的意見，尋找你最初的特殊之處**。你是在重新認識自己，確認自己天生喜歡什麼跟不喜歡什麼。人生旅途中，我們會一路上因為受到旁人與文化的影響而忘記自己原本的偏好。而你現在要做的就是把這些外在的影響去除掉。你愈是能從內心深處與天命產生連繫，你就愈能抗拒別人出的餿主意。你要啟動內心的導航系統，花時間去找尋自我，必要時可以藉助日記的力量。你要養成自我評估與聆聽自我的習慣，以便於持續掌握相關的進展，並適時調整天命來配合人生的不同階段。

如果你還年輕，還處於生涯發展的初期，那你可以根據性向來探索相對較寬廣的領域。比方說，如果文字寫作是你的興趣，那你不妨先廣泛嘗試過各類書寫後，再來決定哪一種感覺跟自己最對盤。如果你有點年紀，經驗已經累積了一些，那你就可以拿著已經擁有的本事，嘗試以天命為目標去進行調整。別忘了，天命有可能是你若干種興趣的綜合體。以蘋果的賈伯斯而言，他的天命就在科技與設計的十字路口。**對天命的尋覓保持開放，不要有既定的想法，人生經驗會帶著慢慢帶著你逼近正確的方向。**

別跳過發掘自我與天命的過程，妄想著天命會自己跑來敲門。雖然的確有人會早早地就知道自己這輩子要幹嘛，也有人像被雷打到一樣突然知道自己之後要幹嘛，但這些畢竟都是例外，我們大多數人還是得通過不斷的內省與努力，才能得知這個問題的答案。以我們的個性與性向為起點，出發去實驗各種技能，摸索各個選項，這不但是培養高度使命感的重要一步，更可能是我們人生整體要過得好的最重要一步。愈是深刻知道自己是誰，有什麼特點，你就愈能避免落入人性的各種陷阱。

善用阻力與負面的刺激

不分領域的成功關鍵，都是首先要培養多元的技能。累積了基本的技能，日後你就能發揮創意設計出有個人特色的組合技。只不過，累積基本技能的過程難免枯燥而痛苦，主要是因為你會慢慢察覺到自身能力的各種侷限與欠缺。多數人會在有意無意間想要逃避這一切，他們不想沾染到任何的枯燥、痛苦與挫敗。由此他們會嘗試讓自己處在一個不太會被批評，也不太會失敗的位置。而你，必須要懂得與這些人反其道而行。**你要懂得去擁抱負面的體驗、自身能力的侷限，乃至於努力過程中的痛苦，視其為建立自身能力與砥礪使命感的完美途徑。**

運動的時候，你會了解一定程度的辛苦與不適有其必要，因為辛苦的運動才會有用，才能讓你獲得肌力、耐力與其他正面的效果。而同樣的道理，你也要在尋找天命的過程中擁抱枯燥乏味等種種辛苦，畢竟一分耕耘一分收穫。至於挫折感，更是你有在進步的表徵。正是因為進步了，你才能意會到有些更高階的能力你還沒有培養出來。

你要去善用各種形式的「完成期限」。一件事你給自己一年，不論是要做一件作品或開一間公司，你就真的會花一年去完成這件事情。但你要是只給自己三個月，那你也會很神奇地在三個月內完成同樣的事情。而且在更緊湊的行程中所激發出的專注力，會讓你的技術更上層樓，做出的成績也會更令人滿意。必要時，你可以自己製造出迫在眉睫的期限，藉此來激發出自己的責任感。

愛迪生知道自己發明東西愛拖，所以他養成了一個習慣是會在新聞記者面前大放厥詞，把計畫中的發明講得天花亂墜。他知道把消息放出去，自己就會被逼著拿出東西，而且動作要快，否則就免不了會變成大眾的笑柄。騎虎難下的他會必須要遇強則強，而事實也證明他多半都做得到。十八世紀的白隱禪師玩得更大。他曾經被師父的公案（設計用來讓人悟道的矛盾軼事）弄得一個頭兩個大，遲遲無法頓悟讓他心煩意亂。最後他一不做二不休，板起臉與自己約定說：「七天之內悟不出任何一個公案，我就自我了結。」這一大「絕」招對他發揮了作用，而且還屢試不爽，而白隱最終也臻至徹底悟道的境界。

在往進步的路上，你會受到旁人愈來愈多的批評。這當中有的是值得你去注意的建設性批評，但更多人可能只是出於嫉妒而出言不遜。要判斷出哪些屬於後者，你可以去聽取他們在進行負面發言時的情緒與語氣。他們會有點過分，會在言談中略顯激動，而且會把事情搞得好像跟他們有關一樣。他們會對你的能力表示質疑，會強調你的個性差而非作品不好，由此他們會說不出你在細節上有什麼可以和可以如何去改進。一旦你看穿了他們的恨意，重點就是不要把他們的批評內化到心裡。

防衛心一起，就代表你被他們影響到了。相對於此，**你要使用他們的負面意見來激勵自己，讓你的使命感更加強勁。**

吸收意義的能量

我們身而為人，會對旁人的情緒與能量非常敏感。由此你要盡量避免與使命感質不夠好或量不夠多的人有所接觸。相對於此，你要設法去與具有高度優質使命感的人產生交集，他們有可能成為你最理想的良師益友或合作夥伴。這些人可以帶出你內心最好的部分，他們的批評不但你聽得進去，甚至還會聽得心曠神怡。

第五章的可可·香奈兒就是採取了這樣的策略，而收穫了滿滿的力量。她人生的起點相當平凡，只是個無依無靠的孤兒。二十出頭的她就知道自己的天命是要設計衣服，然後創立自己的品牌。有了這種想法的她急需指引，尤其是在商業經營上的建議，為此她開始找尋能幫助她確認方向的人物。以二十五歲的年紀，她認識了完美符合這個條件的目標，一個名叫亞瑟·「男孩」·卡珀（Arthur “Boy” Capel），但他其實是有點年紀的英國富翁。而讓她受到吸引的，是他的壯志雄心、是他包羅萬象的經驗，是他在藝術上的造詣，還有他在現實中的敢衝敢做。

她於是死心塌地跟住了他，而他則把自己的信心注入到她的身上，讓她相信自己可以成為舉世聞名的設計師。他把經商的常識傳授給她，包括會不假辭色地批評犯錯的她，但出於對恩師深深的尊敬之情，可可對這些嚴厲的措辭都吞得下去。後來在可可要自行創業時的首批重要決定上，都獲得了卡珀的提點與指引。在卡珀身旁，她琢磨出了受用一輩子的強大使命感。少了卡珀的正面影響，可可這一路上肯定會遭逢更多迷惘與困難。事實上終其一生，她都不斷反覆著這樣的策略。她會不斷去尋找與她互補的男人或女人，來提供她自身欠缺或需要強化的技能——社交的風範、行銷的能力、對文化風潮的敏銳度，並讓與這些人的交往關係提供她可以向能者學習的契機。

至於你，你要找的人得足夠腳踏實地，而不能只是擁有個人魅力或願景。你需要的是聽取他們實際的建議，吸收他們追求結果的精神。可以的話，盡量讓你身邊圍著一群擁有這種特性，但來自不同專業背景的朋友或同事，這會讓所有人的使命感在相互共振中一起提升。不要退而求其次去找「虛擬」的良師益友，這種東西不會有跟面對面一樣的效果。

創造由小目標組成的下行階梯

有長期的目標可以供你朝之前進，你會覺得充滿決心，眼前的視野也格外清晰。而這些目標——完成作品或開創事業，都會因此展現出一定的雄心，而這些雄心會足以帶出你內心最大的潛力。不過這也有一個問題是：它們會同時為你創造出焦慮，因為你會從制高點看到自己與它們之間有多大的差距。要控制好這些焦慮，你必須要創造出由小目標組成的階梯，然後一路向下走。這些目標必須要簡單，必須要讓你可以在較短的時間內完成，以便讓你有空檔可以去享受進步帶來的成就。永遠要把大任務拆解成好入口的小塊，讓你每天或每週的任務就是把「微目標」完成。這將能幫助你保持專注，並可避免糾結或繞路的狀況使你的精力無法花在刀口上。

在此同時，你會想要不斷提醒自己一件事情，那就是你有更大的目標要去完成，以免自己忘記了願景，開始在細節上鑽起牛角尖。你要定期複習初衷，想像水到渠成後的無比滿足。想到這一層，你自然就會覺得前路一片清晰，也會重新獲得前進的衝勁。你也會希望在過程中內建一些彈性。在某些點上你可以重新評估自己的進度，並針對不同的目標進行適當的調整，這代表你得不斷地從經驗中學習，讓你初始的目標獲得修正與提升。

你要記得自己追求的是一系列的實際結果與成就，而不是一堆無法實現的夢想與半途而廢的計畫。而要讓自己朝著正確的方向收穫實績，最好的辦法就是把工作切割成同屬於單一終極目標的眾多微目標。

縱情於工作中

或許在想要維繫高度使命感的過程中，你會遭逢到最大的挑戰是得長時間不忘初衷，且為這份初衷做出相應的犧牲。你必須要處理好時不時會冒出來的挫折、枯燥，乃至於外界會不斷在你眼前晃蕩著不用那麼辛苦，唾手可得的樂事。前面「人性的關鍵」裡所提到的好處，都是需要長時間累積的東西，但時間一長，你也可能在享受到好處之前就燒光耐性。

要抵銷這些枯燥無聊，你必須要懂得如何進入心流，亦即你得讓內心徹底沉浸在工作中，讓專注帶著你超越自我。你會體驗到深度的沉靜與喜悅。心理學家亞伯拉罕．馬斯洛（Abraham Maslow）口中的這種「高峰經驗」只要體驗過，你就回不去了。你會忍不住想要再來一遍。相對之下，俗世用來誘惑你的東西會顯得短視近利而相形失色。而一旦你的投入與犧牲得到了報償，你的使命感就會連袂增強。

高峰經驗無法人為製造出來，但你可以創造一個舞台來提高自己的勝算。首先你起碼得等到自己在某條路上已經累積出一定的里程數——企劃至少要有過半的進度，或是在特定領域的研究已經有數年的年資，因為這時候的你腦中可想而知，會已經儲備有各式各樣的資訊與能力，足以讓你在適當的條件下產生高峰經驗。

第二，你必須有工作起來得心無旁騖的覺悟——一天醒著幾個小時就做幾個小時，也不分星期一還是星期天。而為了進入這種境界，你必須得狠下心來，把平日可能令你分心的事情通通消滅，包括你得不惜人間蒸發一段時間。你可以將之想成是一種類宗教性的閉關。蘋果的賈伯斯會關上辦公室的大門，一整日在屋子裡宅著，然後等著自己陷入一種深度的專注。話說只要真正把任督二脈打通，那你就無時無地都能進入心流。像是危險歸危險，但愛因斯坦就出了名地可以在大馬路上或甚至在航行的湖面上進入深度專注，

第三，重點永遠應該放在工作之上，而不能是在你自個兒或在你想要獲得認同的欲望上。你要把心思與工作融為一體，因為任何自我中心、任何自我懷疑、任何自我的執念一旦闖了進來，都會讓你的心流遭到打斷。上手之後，你會發現心流這東西非常療癒之外，還會讓你獲致不可思議的創意與效率。

英格麗．褒曼在投入每部電影的拍攝期間，都會毫無保留地全力以赴，此時她生活中只有電影，其他的事情都彷彿是一片空白。相對於其他的演員更重視片酬與曝光度，褒曼眼裡只有能演出角色的寶貴機會，由此她會拚了命賦予角色生命。而為了做到這點，她會與編劇、導演互動密切，也會為了讓角色更為逼真而主動提議調整台詞跟跟人設。編導對她的建議都十分信任，因為她的創意幾乎都是深思熟慮後，非常傑出的發想。

一旦針對角色的改寫與思考功夫足夠了，她會連著數日或數週覺得自己與角色融為一體，然後進入角色的她會中止與現實中其他人的互

動。此時的她會忘卻自己生命中的痛苦，包括小時候變成孤兒的事情，還有被丈夫家暴的事情。進入角色對她而言，是貨真價實的人生至樂，而她也會將這樣的高峰經驗轉移到大銀幕上。觀眾可以感覺到她的演出中有非常逼真的成分，也因此會對她所扮演的角色產生罕見的高度共鳴。因為知道自己可以定期擁有這樣的體驗，也知道自己可以透過這些體驗去獲致成就，英格麗・褒曼便不難有動力去繼續要求自己忍受痛苦與犧牲來演出不同的角色。

你可以將之視為對工作一種宗教性的投入，而這種程度的投入，終究能讓你與工作合而為一，而後一種無法言喻的狂喜便會在你身上降臨，那是一種只有體驗過才會懂得的心情。

虛假使命感的吸引力

我們會受到使命感的吸引，是因為人性中的兩種元素。首先，因為不像其他動物可以完全憑藉本能行事，所以我們必須要透過其他方式獲致方向感，讓這股方向感來告訴我們什麼事情能做，什麼事情不能做。其二，人類知曉自身在浩瀚宇宙外加地球數十億人口中的渺小，也知道自己生而有涯，最終必然會被淹沒在永恆的時間長流中。由此我們會想要感覺自己不只是一個人而已，我們會需要與格局超越個人之上的存在有所聯繫。

但人性終歸是人性，所以總是會有人既想要創造出人生的意義，但又不願意付出相應的努力。這些人會想方設法用最少的代價，找到通往使命感最短的路徑。這些人會投奔到虛假使命感的懷中，但那些東西只不過是提供了他們意義與自我超越的幻象。相對之下，真正的意義與使命感完全是另外一個模樣：**真正的意義來自於內心。那是一種理想、一種天命、一種有任務在身，而且與我們切身相關，真正為我們所有的感覺。**這種感覺可以受旁人啟發，但啟發不等於強加，而且這種感覺一旦出現，就屬於我們而沒有人能夠奪走它。這就像是有宗教信仰不只代表我們接受了正宗的教義，也代表我們通過了嚴格的自省，讓教義進入內心成為我們真正的一部分。**虛假的使命感來自外部——來自我們囫圇吞棗，隨波逐流，別人怎麼說我們就怎麼信的一整套故事。**

真正的意義會帶領我們向上提升，讓我們成為更好的人。我們在技術上會更加熟能生巧，在心理素質上會更加慧黠敏銳；我們將能自我實現並貢獻社會。虛假的意義會讓我們向下沉淪，在內心當家做主的會變成我們的動物本能——我們會抗拒不了各種癮頭，會流失該有的心理素質，會無腦地人云亦云，會對人性的善良失去信心。

我們要對這些虛假的人生意義保持戒心。雖然難免我們都會在人生的某個階段為假意義所騙，畢竟這些假意義真的難度很低、代價也低得出奇，所以常常很有人氣。但只要能堅決不受這些低層次衝動的吸引，我們就可以在無可避免地想追求人生意義與目的時候，自然而然地朝高層次的意義靠過去。接下來，我會介紹五種自人類有文明以來，就不斷地誘惑著我們的虛假意義。

追求歡愉

對我們許多人而言，工作只是生命中的必要之惡，好逸惡勞的我們只想在工作之餘盡量尋得開心。至於能讓我們開心的事情，則不外乎男歡女愛、興奮劑、休閒娛樂、口腹之慾、購物血拼、賭博試手氣、3C流行商品，還有各式各樣的遊戲。

不論我們追求的目標為何，它們的共通點都是爽度會遞減。經過一而再再而三重複，再大的愉悅也會慢慢消退。這代表想獲得相同的滿足，我們要麼得加大同一種娛樂的劑量，要麼得另覓新歡。原本的正常需求，慢慢就會變成一種不正常的癮頭，而最後會被賠進去的就是我們的身心健康。我們會在對某樣事物的沉迷中失去自我。比方說，在毒品或酒精的影響下，我們不難在短時間內超脫現實生活的空乏無味。

現在這個世道，虛假的生活意義可以說俯拾皆是，主要如今的花花世界有太多的東西可以讓我們分心，但這其實違反了一種基本的人性：想要獲致真正深刻的歡愉，我們首先必須學會自我克制。在短時間內大量閱讀，會讓愈到後面的書籍愈加索然無味，主要是你的心靈會被刺激過度而失去反應的能力，由此你換書的速度也會愈來愈快。反之，若只精挑細選一本好書來閱讀，好好吸收，那我們就能感受到放鬆與振作的效果，你會真正體會到何謂書中自有黃金屋，書中自有顏如玉。由此在無法翻開書本之際，我們也會更加思念起閱讀的樂趣。

沒有人不需要在緊張的工作之餘，用休閒娛樂來放鬆自己。但懷抱著人生意義，知道自己為何而活的差別，就在於我們會知道自我節制的價值。我們會選擇讓自己在深度體驗中容光煥發，而不會縱容自己在過度刺激裡無法自拔。

正念 vs. 邪思

是人都需要相信點什麼，而萬一找不到一以貫之的正念可以遵循，我們就可能鑽牛角尖，誤入各式各樣的邪魔歪道來填補內心的空虛。這類小團體往往不會有太長的壽命。短短十年間，它們就會給人過時的感覺。而在這短暫的時間內，這些邪教的追隨者會用極端的信仰取代清楚的願景，亦即他們會為了信而信，也不知道自己到底想通往哪裡。而為了對這種莫須有信念的堅信不疑，他們會很有效率地樹敵，然後把世上所有的錯誤都推到這個敵人身上去。這些邪教團體會成為其信徒發洩個人挫折感、羨慕之情與恨意的工具。同時信徒們還會抱持一種莫名的優越感，因為他們會覺得只有自己所屬的教派能接觸到真理。想拆穿這些狹隘理念與邪教的真面目，我們可以去注意其信眾是否無法把他們所追求的是什麼東西說清楚，亦即他們是否無法用具體的文字描述出理想中的世界或社會是什麼模樣。他們存在的宗旨，主要都是以負面的論述構成——很常見的是他們會說只要掃除某種人或剷除某種行為，這個世界就會變成一處天上人間般的樂園。他們沒有戰術、戰略的概念，也沒有確切達到目標的方略。事實上他們所謂的目標也相當虛無飄渺，而這也正說明了他們的團體只是為了發洩情緒而匯集，一群烏合之眾而已。

這類團體會經常辦理大型的集會，利用人多來製造吾道不孤的假象，進而讓成員遭到催眠。歷史上狡詐的統治者都很善於使用這種手法。群眾中的個體很容易接受暗示，文案只要簡潔有力，台上的人再帶領個幾次，群眾就會跟著領袖一搭一唱起來，然後口號中的意涵不論再荒謬，再不理性，追隨者都會彷彿珍饈般往肚裡吞進去。在群眾當中的個人會忘記自己需要負的責任，所以暴力有可能發生。他們會彷彿靈魂出竅，不再感覺自己渺小，但這只是一種自我膨脹的幻象，失去了自我與主見的他們其實比原本更加無關緊要。

讓自己與某種理念結盟，可以是我們朝建立使命感踏出重要一步，就像小馬丁・路德・金恩那樣。但這個過程必須要發自內心，必須要經過我們的深思熟慮。我們必須要真心想把這理念當成我們一生的志業。我們不只想當團體裡的一個小螺絲釘，而是真的想為了這個理念出一份力，包括發揮我們的獨特性，不必然聽團體的號令。我們的參與不是為了自我滿足或是發洩情緒，而是因為渴望那湧出自我們內心使命感的公義與真理。

名利雙收

對許多人來說，金錢與地位可以讓他們滿懷動力與專注。他們會覺得天命是很過時而且無用的東西，想將之釐清更是徒然虛擲光陰。但時間一拉長，他們看似實際的想法往往會落得白忙一場。

首先，這些人往往會一頭鑽進他們認為賺錢最快的領域。哪裡薪水高，就往哪裡去。他們的職涯選項往往無關乎自身的性向，由此他們去的往往會是已經萬頭鑽動的地方，而所有人來這兒都是為了淘金，為了出人頭地，所以競爭可以想像是非常激烈。要是個狂人，那他們或許可以混得不錯一陣，但年紀大了之後，他們會開始覺得焦躁而略顯無聊。他們一路上換過不少跑道賺錢，但永遠都還是在尋找新的挑戰，因為同一個地方待久會讓他們失去動力。他們往往會在盲目追求財富的過程中犯下大錯，主要是他們的思維極其短線。二〇〇八年金融危機前那些在衍生性商品上孤注一擲的，就都是這種人。

第二，財務與成就想要長長久久，你就必須要以原創力作為奮鬥的主軸，而不能是因為你無腦地隨波逐流。但若把賺錢當成第一目標，那我們就不可能培養出自己的獨特性，而沒有原創力與獨特性護體，那我們就終究會被對錢更飢渴的年輕人給比下去。

最後，推動這種人前進的動力常只是單純地想比別人有錢有勢，因為有錢有勢讓他們感覺高人一等。而按照這種標準，我們會很難界定「夠了」那條線該畫在哪裡，畢竟更有錢有勢的人，永遠不會絕種，由此這條追尋名利之路將永無止盡，讓人走得精疲力盡。而由於這種追尋與他們的個性並沒有切身的關係，因此這種人會感覺跟自己很疏離。他們走在這條路上會覺得靈魂很空虛，因為少了天命可依，他們就只是純粹的工作狂而已。他們會因此陷入憂鬱，也可能瘋狂失序。而一旦嚴重失去理性，他們原本賺到的錢也可能通通吐回去。

我們都知道「過度意圖」（hyper-intention）會產生什麼效應：我們愈是想要睡著，需要睡著，我們就愈有可能睡不著。愈是非得在某場會議上把演講講到最棒，我們就愈有可能因為焦慮過度而把事情搞砸。我們愈是想趕緊找到對象或交到朋友，就愈可能把有機會的目標對象推走。要是能放輕鬆，轉移注意力到其他的事情上，我們反而有機會如願睡著、在演講中獲得滿堂彩，或是交到我們想要的（異性）朋友。**人生中最美好的結局，往往都源自於並不與其直接相關的轉折，包括那些你原本沒打算去做，或壓根沒預料到會發生的事情。**一旦你起心動念想要去「創造」幸福，就注定了最後會失望的結果。

死纏爛打地想要追求財富，也會是相同的結局。世上許多最後賺到錢的大人物，初衷都不是要發大財。就拿賈伯斯來講，他在不算長的一生裡賺到了相當可觀的財富。話說他其實對物質的追求非常淡泊，他一心一意想創造出的是最棒也最原創的設計，而等到他設計出這種東西時，錢也就早已不是個問題了。只要你能長期保持高度的使命感，知道自己為了什麼而活，那名利就會自然而然變成你的跟屁蟲。

萬眾矚目的光環

名氣與關注，也是很多人追求的目標，因為出名會讓人覺得自己高人一等或比實際上更了不起。愈多人在為他們鼓掌，愈大的軍隊在他們麾下，愈多朝臣跟前跟後地在伺候著他們，這類人才能活得愈好，否則他們的日子就會有點過不下去。可怕的是這種偏差的人生意義，已經在社群媒體的推波助瀾下變成全民運動。憑藉突飛猛進的通訊科技，現在隨便一個阿貓阿狗只要他們願意，都可以享有讓歷史上的帝王將相羨慕到死的關注量。但這也讓我們的自我形象與自尊心開始與每天受到的關注度並駕齊驅。在社群媒體上，我們開始得無所不用其極地吸引人注意。這是一趟很吃力，也很讓人與自我疏離的追尋，因為我們會開始違反自己的心意，像個小丑一樣耍起寶來。任何時候哪怕關注度掉了那麼一點點，我們就會感覺撕心裂肺：我們不行了嗎？誰吸走了原本屬於我們的鐵粉？

就跟想要升官發財一樣，愈是想要出名的我們就愈要秉持高度的使命感，因為有意義的作品才能對人產生吸力。而意外爆紅就跟意外致富一樣，都會讓人倍感幸福。

看破紅塵

按照尼采所說，「人寧可為了虛空而活，也不願意活得虛空。」看破紅塵作為一種覺得人生既無使命、也無意義的心態，就等於是尼采說的「為了虛空而活」，虛空就是這種人認為的人生意義所在。在今天的世界裡，隨著大眾對政治參與冷感，對過往的信仰體系更不屑一顧，這種虛無主義般的假意義也開始在社會上流行起來。

這裡說的看破紅塵，可以包含下列某些或者全數的觀念：人生是荒謬的、不存在意義的、是隨機的；關於真理、卓越與意義的標準，都是陳舊而迂腐的東西；世上的一切都是相對的，不存在絕對的事物。人的價值判斷只是他們對世界的主觀詮釋，沒有誰比誰更對一些。政治人物沒有例外地一樣腐敗，所以熱衷政治毫無意義可言，而如果一定要選，就索性選個刻意搞破壞的人來拆毀一切；成功的人一定是破解了系統，規則對他們完全無用；任何型態的權威都不容信任；人的行為也一定有沒告訴你的動機，正所謂人不為己天誅地滅；我們要接受現實既殘酷又醜陋，並永遠讓懷疑的心走在前頭；認真的人都是傻子，我們就應該笑看人生，及時行樂。反正努力到最後也改變不了什麼。

這種態度給人一種很酷很潮的感覺，其追隨者會氣質厭世，言談尖酸，表面上真似看透了人世間的一切。但那真的就只是外表看起來而已。那層憤世嫉俗的外皮底下，只是一個中二的傢伙在裝 B，而他們之所以如此裝模作樣，說穿了還是害怕嘗試，害怕失敗，害怕站出來會被人酸。這種態度的根源在於懶，在於讓抱持這心態的人可以安於自己的一事無成。

作為使命與意義的獵人，我們會想要與這種人反其道而行。現實並不殘酷而醜陋——現實中絕對找到的很多空靈、瑰麗、令人嘆為觀止的美好。我們會在其他人的偉大成就與作品中看到這種美好。我們應該要多與超凡入聖的人事物接觸，而沒有什麼東西比人腦更值得讚嘆了——畢竟大腦是那般的複雜與潛力無窮。我們要努力在生命中嘗試實現起碼一部分的腦力，而不要光忙著在悲觀灰色的心態中懶驢打滾。我們要嘗試在所體驗與目睹的每件事裡看到意義與目的。話說到底，我們想要的是回想起兒時對世界的好奇心跟興奮感，回到那個幾乎樣樣事情都自帶魔力的時代，然後讓那種心情跟長大成人後的聰明智慧合而為一。

人類存在的整套法則，說穿了就是人永遠可以在無以計量的宏偉壯大面前低頭。人若是被剝奪了這種無以計量的偉大，就會無法存活，就會在失落絕望中死去。無法計量與無窮無盡的有形無形物體，對人類而言，必要性一點也不輸我們安身立命的這顆小小行星。

——杜斯妥也夫斯基

〈第十四章〉

抗拒群體的下拉力

隨波逐流的法則

我們性格中會有一個自己平時不太注意到的面向——我們的社會人格，也就是我們在群體中會變身成為的那一個人。在群體的環境裡，我們會無意識地模仿起別人說話的方式跟行為舉止。我們的想法會變得不一樣，我們會更在意如何去融入團體，更想去相信別人都相信的事情。我們會感受到不一樣的情緒，會被團體的氣氛所感染。我們會更勇於冒險，做出更不理性的行為，只因為別人都是這樣，所以我們也有樣學樣。某些時候，這種社會人格會把持住我們的自我認知。聽多了別人說話，學多了別人做事，我們會慢慢忘卻自我的獨特性，也會失去獨立思考的能力。這唯一的解決之道，就是強化自我意識，並對於我們在群體中的變化有精準而深刻的認識。有了這樣的智慧，我們便能成為卓越的社交主體，這意味著我們會有能力去在形諸於外的表現上融入團體，但又能在更高的層次上與人攜手合作，且無須在這過程中犧牲掉自己的獨立與理性。

一場人性的實驗

作為一個生長在共產中國的少年，高建華（1952 年生）[1] 從小就夢想著成為一名偉大的作家。他熱愛文學，作文跟詩句都在學校得到師長的讚美。一九六四年，他獲准進入離家不遠的宜城中學就讀。宜城中學想當然耳位於北京北方數百英里處的宜城（宜城是高建華在自傳體小說中虛構的地名，書中線索顯示該地點應對應石家莊附近的古城正定，一名真定），而且還是一所「重點中學」——九成以上的學生會進入大學深造。換句話說，這是一所很不好進的名校。在宜城中學裡，建華是個沉默寡言但非常勤勉的少年。他的志向是在六年內以頂尖的成績順利畢業，成功進入北京大學，然後再以北大為起點展開他夢想中的作家生涯。

宜城中學的同學得住校，而校內的生活可以說相當枯燥，主要是共產黨節制了中國人民生活的每個環節，教育自然也不會例外。中學生除了每天得做的軍訓，還得在課堂上接受政治宣傳、得盡勞動的義務，最後才是正常的課程，而這一切都會相當的耗費精神。

在宜城中學，建華與一名同窗方普建立了深厚的友誼，而方普的另外一個身分是校內數一數二狂熱的共產黨員。臉色蒼白而體格瘦弱，還戴著副眼鏡的方普看來就是典型的知識兼革命分子。他比建華年長四歲，但兩人卻因為都熱愛文學，也都有志於寫作，而成為了一對「忘年之交」。他們自然有他們不一樣的地方——方普的詩作著重在政治議題上；他崇拜毛澤東主席，想模仿他的文筆，更想效法他老人家革命。相較之下，建華即便有一位身為共軍英雄，又是政府官員的父親，但他本身卻對政治興趣缺缺。不過即便有這點區別，兩人還是很樂於與對方討

---

[1] 高建華以高原為筆名，在史丹福大學就讀研究所時寫成了《出生紅：記文化大革命》（*Born Red: A Chronicle of the Cultural Revolution*）這本自傳，內容包括他對文化大革命時期的回憶，惟書中所有的人名、地名均改用假名，因為他說「那些人不論無辜或有罪，都是不由自主地被捲入了這場歷史洪流的風暴中」。

論文學，而方普待建華就像親弟弟一般。

一九六六年的五月，就在建華為了第二年的期末考埋首苦讀之際，方普去拜訪了建華，而且態度相當不尋常地慷慨激昂。話說這段時間以來，方普每天都在狼吞虎嚥來自北京的報紙，以便掌握首都的各種最新發展，而近期他讀到由數位知名知識分子所發起的文壇論戰，為此他說什麼也要當面跟建華分享。

這些知識分子指控幾位文壇大家在劇作、電影與雜誌文章裡藏匿了反革命的訊息。說得白一些，這些知識分子在細細爬梳過相關作品的特定段落後，認定那幾位作家在作品裡拐彎抹角地批評毛主席。「有人不安好心眼，用藝術與文學來攻訐黨、攻訐社會主義。」方普說道。這場筆戰關乎到革命的未來，他說，而知識分子的背後一定是毛主席在指揮。對政治冷感的建華聽得昏昏沉沉，他覺得這些東西太八股，太學術了。惟他還是相信學長兼好友的判斷力，於是便答應方普他會追蹤報紙上的相關發展。

方普一語成讖：不出一週，中國各地的大小報紙都報導起了筆戰的新聞。宜城中學的教師開始在課堂上討論起報紙文章。一日，學校裡那位大腹便便的黨委書記──丁義，召開了一場集會，並在演說中幾近一字不漏地轉述了某篇把反革命作家當成箭靶的社論。毫無疑問，空氣中瀰漫著不尋常的氣氛。學生開始被迫把討論論戰的最新轉折，當成了每天的本分，幾小時都花在這上頭也不覺得過分。

整座北京城，貼滿了大型的海報與標語，鋪天蓋地地在攻擊所謂的「反黨黑線」，也就是暗地裡想讓共產革命踩住煞車的那些人。丁義提供了材料讓學子們製作屬於他們的海報，而學生們也歡欣鼓舞地投身於這項任務，但他們基本上都是模仿北京的海報內容。建華有個甚具美術天分的朋友宗維，做出了比誰都還漂亮的海報，畢竟他寫得一手飄逸的毛筆字。短短數日內，宜城中學幾乎沒有一面牆上不是貼滿了海報，而丁義黨委書記則會漫步在校園裡，一張讀過一張，臉上掛著滿意的笑容。對建華而言，這一切都很新奇而刺激，他也覺得學校牆壁換上這張新面孔，算得上賞心悅目。

北京的運動，是以在當地無人不知無人不曉的知識分子為重心，但來到天高皇帝遠的宜城，那些人在做的事情就顯有點遙遠而陌生。但中國若果真遭到了各式各樣反革命分子的滲透，那就代表小地方的學校多半也不能倖免於難，由此學生想要讓階級之敵無所遁形，從校內的教職員下手就顯得非常合邏輯。就這樣，他們開始用放大鏡去抽絲剝繭，其課堂講解與教材中哪怕有一點點指桑罵槐，都逃不過學生們的法眼，就像北京知識分子對名作家作品所做的事情一樣。

教地理的劉老師老愛講中國各地風景是多麼地秀麗，但卻鮮少配合提到毛主席的發言有多麼發人深省，這該不會隱藏著什麼含意吧？物理科的馮老師有位美國海軍退役的洋人父親，他該不會私底下是個帝國主義者吧？上國文的李老師曾經在解放前替國民黨打過共產黨，是到了最後幾年才棄暗投明。同學們一向對李老師講解的歷史深信不疑，而建華也在諸多師長裡最喜歡他，畢竟他說起故事來可真是舌燦蓮花。不過回過頭來看，他是有那麼一點老派跟布爾喬亞（資產階級）的感覺。他會不會骨子裡還是那個反革命的國民黨餘孽呢？很快地，幾張海報開始質疑這幾位老師的運動熱誠不足，丁黨委書記覺得這無關乎論戰的大局，只是枝微末節，所以明令禁止了學生以海報抨擊教師。

時間來到六月份，運動開始擴散出了北京，席捲了中國全境，甚至還給起了個名，叫作是「偉大的社會主義文化革命」。煽動這一切的，其實就是毛澤東本人，他就是報上文章的始作俑者，後來也順勢成為了運動的領導人。他怕的是中國墜回其歷史上的封建過往，是看到陳腐的思想與行為復辟，是官僚體系培養出新型態的菁英，是解放後的農民工依舊使不上力。

毛想要搖醒眾人，想要喚回革命的精神。他希望年輕一代可以親手發動革命，藉此對革命過程有第一手的經歷。他喊話要年輕人有勇氣叛逆，但這概念在中文裡被表達成了「造反有理」，而造反就有一種要翻轉一切、顛覆一切的感覺。他說質疑權威是年輕人的職責所在，還說那些想偷偷把中國拉回舊時代的人是「修正主義者」。最後他懇求年輕人助他一臂之力，與他一同揪出修正主義者，將他們在革命的新中國徹底根絕。

把毛主席的這番話當成行動號召的方普，做出了膽大包天到眾人都開了眼界的海報——他不是罵哪個老師，而是直接開罵丁義。話說丁義不光是宜城中學的黨委書記，他還是十分受到尊敬的革命老兵。只不過按照方普的指控，丁義禁止學生批判老師，證明了他就是個修正主義者，也證明了他一心想壓抑毛主席鼓勵的質疑精神。這在校內引發了一陣騷動，畢竟這些同學們從小受的教育，就是要無條件聽從權威，尤其是在共產黨內德高望重的權威。方普打破了這個禁忌。他是不是做得太過火了呢？

方普的海報貼出數日後，校園裡出現了幾個來自北京的生面孔。他們是被派到中國各地學校的「工作隊」，任務是在這場剛萌芽的文化大革命裡扮演監督者，並負責秩序的維持。來到宜城中學的工作隊命令方普要公開向丁黨委書記道歉，但也同時宣布解除學生不得以海報批判師長的禁令。就跟在全中國的其他學校一樣，宜城中學的工作隊也宣布了無限期停課，考試也不考了。這是為了讓學生能在他們的監視之下，全心全意地去搞革命。

突然從過往的束縛中解放出來，也不用再管從小被灌輸的敬老尊賢觀念，宜城中學的學生開始放膽攻訐對革命不是那麼熱血，或是對學生比較嚴厲的老師。

在同儕壓力下，建華也不得不加入罵老師的行列，但他其實做得相當彆扭，因為好死不死，他一個討厭的老師都沒有，每個師長都喜歡。但在此同時，他又不想在同學的眼中像是個修正主義者。另外他也很敬重毛主席的智慧與威望。最終他決定做一張海報來攻擊一名溫姓老師，因為溫老師曾經批評過自己對政治不夠有興趣，而這讓建華當時在意了一陣子。其實建華已經盡量沒有在海報裡對溫老師砲火太猛，但其他人看他起了個頭，還是接續把溫老師罵了個萬箭穿心。為此建華感到相當過意不去。

為了因應學生日益高漲的怒火，部分教師開始坦白從寬地招認自己在革命大業上一點小小的罪愆，但此例一開，學生就覺得老師們一定還有什麼不可告人的祕密藏著掖著。他們覺得自己肯定得再加把勁，才能讓老師們把真相全盤托出。於是一個外號小霸王，實際表現上也人如其名號的學生，想到了一個好點子。他讀到過毛主席描寫在一九四〇年代的革命期間，基層農民們曾經如何抓到過惡名昭彰的地主，又是如何令這些地主戴上代表認錯的尖帽子跟厚重的枷鎖，讓他們在村內遊街示眾。枷鎖的本體是片抄滿他們罪名的木板，沉甸甸地壓在他們的頸子上。小霸王相信不想被這樣當眾羞辱的某些老師，一定會接受坦白從寬的訴求。而學生們想嘗試這種做法的第一個目標，就是建華心中最喜歡的李老師。

李老師被指控的罪名，是他投靠共產主義並非真心真意。慢慢地關於他在上海上妓院、找窯姊的故事，在同學間傳了開來。很顯然他是個雙面人，而建華也對他失望了起來。共產主義革命之前的中國是個殘酷的處所，而若李老師想把那個中國給帶回來，那建華也只能對他抱以恨意了。什麼罪也不認的李老師，成為了第一個頭戴尖帽、身掛枷鎖，在校園裡被遊行示眾的被告。途中還有學生拿一桶黏海報的糨糊，倒在了李老師的頭上。跟著一同遊行的建華隔著段距離，嘗試讓目睹老師受辱的難過心情得到些許壓抑。

在小霸王的帶領下，學生們有一就有二地開始把這樣的招數使在了更多的老師身上，而且尖帽一次比一次高，木板一片比一片重。看著遠在北京，其他革命兄弟姊妹的示範，宜城的學生們開始辦起了「鬥爭會」，其間他們會迫使被鎖定的老師採取所謂的「噴氣式飛機」姿勢——老師左右會各站一名學生，負責推著老師下跪，用力把他們頭髮往後扯，然後將其雙臂向外跟向後拉，就像是噴射機的後掠雙翼。這種姿勢想也知道非常痛苦，但就是因為痛苦才有效。以這種姿勢被圍觀的學生群起圍剿，被鬥爭的老師通常熬不過兩個小時，就會什麼都招了。而老師一棄守，就表示學生的懷疑並非空穴來風——校園內果然到處潛伏著修正主義者在他們的眼皮子底下蠢動！

這之後沒多久，口味愈來愈重的學生就鎖定了副校長林聖為目標，主要是他被爆出是劣跡斑斑的地主之後。副校長是中學裡的第三號人物，而這也讓此一發展更顯得爆點十足。建華曾經因為行為有失而被叫去副校長室，但林副校長並沒有對他大發雷霆，對此他當時非常感激。學生把林聖鎖在房間裡，要他參加鬥爭會時才放出來，但某天早上值班當守衛的建華打開了房門，卻發現副校長已經在裡頭上吊尋短。又一次，建華心中充滿了必須壓抑的不快，但他也不得不承認林聖看起來很像是畏罪自盡。

一日，就在這一片混亂當中，建華遇見了看來興高采烈的方普。自從被迫向丁義道歉以來，方普的行事都保持相當低調。他把時間全花在對毛澤東跟馬克思的著作狼吞虎嚥上，行有餘力則策畫著自身下一次的行動。此時由北京傳來的消息是工作隊將全面撤出校園，而學生將自行成立委員會，由他們選擇的校方人員擔任主席，然後再透過委員會來推動學校的運作。方普計畫成為委員會中的學生領袖，並且打算對丁義黨委書記發動公開的革命。對於方普的勇氣與堅持，建華除了佩服還是佩服。

隨著小霸王成功讓一個又一個的老師招認，方普得知丁義曾與至少兩名女性教員有染，而這也說明了他是個如何膽大妄為的偽君子，畢竟平常老罵西方文明腐敗墮落的是他，訓斥男女同學要在校園內保持好距離的，也是他。小霸王與方普把他的辦公室抄了一遍，才發現他囤積了不少食物券，外加私藏有一台美輪美奐的收音機跟不只一瓶好酒。

消息一出，攻擊丁義的新海報布滿了每一片牆，就連建華都對書記的行為感到憤怒。很快地丁義就被帶去遊行示眾，首先是在校園內，後來隊伍更開始繞著宜城的大街小巷走。此時的丁義頭上有一頂荒謬至極的大尖帽，帽上畫著怪物，另外他頸上還掛著一面極具分量的鼓。他一手打著鼓，一手扶著尖帽，還得一面複誦著「我是丁義，牛鬼蛇神」。

宜城的百姓對身為中學黨委書記的丁義並不陌生，由此他們看到這幅光景都大驚失色。這個世界，真的天翻地覆了。

來到仲夏時節，學校裡的老師也逃得差不多了。等到要組成治校委員會時，能擔任主席的人選只剩下寥寥幾人。最終在方普身為學生領袖的運作下，一個沒沒無聞，人畜無害的教員鄧增，被選為主席。就這樣，工作隊撤離了宜城中學，校務落在了鄧老師與委員會的手裡。

隨著同學在創造革命的路上日起有功，建華也愈來愈感到內心的悸動。他跟好友宗維會一起持老舊的長矛跟佩劍，巡邏著校園來搜索間諜，簡直就像他熱愛的小說故事在真實世界上演。他跟其他同學會列隊進入城裡，揮舞著巨大的紅旗，外加有毛主席的肖像跟小紅書（毛語錄）在他們手裡。這浩浩蕩蕩的一行人會敲鑼打鼓，各種口號在嘴裡念念有詞。那場面真的很戲劇化，他感覺自己跟同學們就身處在一場貨真價實的革命裡。有一天，他們遊行穿過宜城，並沿街搗毀店面與招牌，因為那些東西都屬於革命前的中國，都是舊中國的殘跡。這麼做，毛主席一定會非常以他們為榮。

此時在北京，某些學生組成了在文化大革命裡支持毛澤東、捍衛毛澤東的團體，並自稱為「紅衛兵」，亮紅色的臂章是他們的正字標記，毛澤東也親自給予了他們肯定。就這樣，紅衛兵開始現身於中國各地的中學與大專院校，而且還只有最純正、最熱烈的革命者才能加入這群菁英，所以競爭可謂非常激烈。建華就是有幸能加入其行列的一員，而他也因此得以浸淫在同學與地方父老的欽羨目光裡，他們無一不被他從不離身的紅臂章給閃到。

但是，人生就是會有這個*但是*。此時志得意滿的他回到鄰近的故鄉林之，才發現自己的父親成了在地學生口中千夫所指的修正主義者。年輕人指控建華的父親只關心農業、只關心經濟，而不夠關心革命，由此他們讓原本任官職的父親下了崗，還讓他在一次次的鬥爭會上擺出「噴氣式飛機」的姿勢，成為被批鬥的對象。他的家族因此蒙羞。他當然還是熱愛父親，怕父親有個三長兩短，但他也不免擔心這消息傳到學校，他會保不住自己的紅臂章不說，甚至可能會在運動中遭到放逐。為此他在談到家人的時候得格外小心翼翼。

數週後回到學校，他注意到發生了的幾項巨變：方普成功鞏固了自身的權力基礎，包括他組成了一個新團體叫「東方紅」。他跟他的團隊已經把治校委員會的鄧主席給趕下了台，親手掌握了學校的實權。他們辦起了名為《戰地新聞》的報紙來宣傳並捍衛自身的言行。建華還得知有某名老師死得很可疑。

一日，方普跑來找建華，用意是請他擔任《戰地新聞》的明星記者。方普看起來變了一個人——他人胖了，臉色不再蒼白，而且還嘗試留起了鬍鬚。這老朋友提出的邀約很誘人，但就是某種感覺讓建華想要推託。方普對此不是很高興，惟他還是擠出了一個微笑來粉飾太平。總之，建華開始覺得方普這人有點恐怖。

同學們開始大舉加入東方紅，但短短不到幾個禮拜，校園又冒出了一個與之競爭的組織叫作「紅色造反者」，領導人是貧農之子孟哲，而孟哲所倡議的是以理性跟非暴力為本，比較寬容的革命作風，因為他感覺這才是更純粹的毛澤東主義。他贏得了一部分同學附和，包括建華也在宜城中學念書的哥哥維華。孟哲愈來愈高的聲望激怒了方普，他稱呼孟哲是個保皇派、是溫情主義者、是不為人知的反革命分子。他偕追隨者搗毀了紅色造反者的辦公室，並威脅說這只是警告而已。雖說必然得造成與方普的決裂，但建華還是認真考慮起了要不要加入紅色造反者，畢竟他比較受其理想主義吸引。

就在這兩派劍拔弩張到戰事一觸即發之際，來自中國軍方的一名代表抵達了校園，並宣布解放軍將接管學校。原來，毛澤東派兵到了全國各地去控制大小學校，因為吞沒了宜城中學的混亂與暴力根本不是特例，而是全中國的學校、工廠、政府機關，都有這種情形。文化大革命就像個打轉的陀螺般，失去了控制。就這樣，宜城中學裡進駐了隸屬於陸軍九〇一單位的三十六名士兵。他們下令讓所有的學生派系解散並恢復上課，包括軍訓課，同時校園秩序也要予以復原。

只不過從事發的八個月以來，太多事情已經改變，學生根本接受不了一句話就要恢復規矩的要求。他們心生不滿而開始缺課，而方普則主導起驅逐解放軍的行動：他貼出海報說九〇一部隊是文化大革命的敵人，有一天他與他的追隨者拿彈弓打傷一名軍官，而就在學生擔心會遭到報復之時，九〇一部隊卻突然莫名其妙被從校園中召回。

軍隊一走，學生突然只剩下自己可靠，他們突然覺得前途茫茫而害怕起來。一個個學生開始在兩大學生派系中擇一加入。有些人選擇加入東方紅，是因為東方紅比較大，所以讓他們在地位上比較高。有些人加入紅色造反者，是因為他們厭惡方普跟小霸王。至於剩下的人則加入其中一方，是因為他們覺得某一方更具革命精神。建華加入了紅色造反者，跟宗維一樣。

兩方都確信自己代表了文化大革命真正的精神，為此他們會相互叫囂，爭吵，甚至出手互毆，沒有任何人會叫他們住手。年輕人之間的互嗆互嘔，不久就變成了棍棒齊上的械鬥，而學生之間也開始累積出傷亡。某天，東方紅的部分成員逮住了一些紅色造反者，並將他們押了起來。其他的紅色造反者都不知道自己的同志們怎麼了。

就在這個緊要關頭，紅色造反者發現他們當中一個名叫玉蘭的女性成員，其真實身分是另外一方的間諜。憤慨於被這樣給陰了，紅色造反者把玉蘭五花大綁起來，然後動手打她，問她組織裡還有沒有其他的細作。建華見狀很是難過，因為他覺得這是對他們組織理想的一種背叛。玉蘭被紅色造反者打得遍體鱗傷，一塊青一塊紫，但她卻什麼口風都沒有透露。很快地玉蘭就被安排用來跟東方紅換囚。但此時，兩方的敵意已經來到臨界點，隨時都會沸騰到無法挽回。

幾週之後，東方紅突然大舉離校，在市區一隅占了棟建物，然後在那兒建立起了他們的大本營。對此孟哲決定組織一支夜間行動的游擊隊，來做為他們在宜城市區裡監控對方的眼線，甚至於偶爾搞點破壞。建華被指派到游擊隊上去擔任記者，為此他感覺十分興奮。當他們在市區與東方紅狹路相逢時，以彈弓作為武器的短兵相接瞬間爆發。戰鬥中一個名叫和平的造反者游擊隊員被俘，相隔幾天在醫院被發現時，和平已經一命嗚呼。他會死，是因為東方紅用襪子塞住他的嘴，然後開吉普車載他到沙漠裡兜風，和平就這樣窒息死在路上。這件事讓孟哲覺得是可忍孰不可忍。他發誓這仇非報不可，而建華也不好反對他這麼做。

隨著這兩派人的衝突不斷，居民不斷逃離，宜城慢慢變成一座空城，建築物也都一棟棟變成沒人住的鬼屋，任由人打家劫舍。紅色造反者不久就發動了攻勢。在與地方工匠的合作下，他們造出了極高品質的劍與矛。傷亡於是開始累積。最終紅色造反者包圍了東方紅在市區的堡壘，準備發動最後的攻堅。此時東方紅的團員開始逃竄，只留下一建物中一小群學生士兵堅守不退。紅色造反者要求東方紅棄械投降，但此時突然從三樓的窗口傳來玉蘭的年輕呼聲：「我寧願死，也不對你們投降！」接著她手裡握著東方紅的紅色團旗，口中大喊「毛主席萬歲！」，然後便從窗口一躍而下。建華看著地上被裹在旗幟中的她，了無生息的軀體，其信念之堅定令他驚異，也令他佩服至極。

控制住了大局的紅色造反者，在校內建立起了大本營，並針對東方紅可能的反擊做好了禦敵的準備。他們在校園裡搭建了臨時的彈藥工廠，那兒有學過做土製手榴彈跟強力爆裂物的學生。一場意想不到的意外炸死了他們好幾個人，但工廠的運作並沒有因此稍歇。藝術家性格的宗維受夠了這一切，他覺得紅色造反者原本高貴的理念不知不覺消失了。另外，他也害怕暴戾之事不斷擴散，於是宗維永遠離開了宜城，建華因此失去了對這個朋友的尊敬。宗維怎麼能忘記有那麼多同學、同志為了他們的理念而負傷或殞命？現在放棄，就等於承認這一切犧牲都沒有意義。建華決心不跟宗維一樣當個懦夫。再者，東方紅根本是邪惡的化身，為了奪權無所不用其極。換句話說，東方紅是革命的叛徒。

隨著校內的局勢趨於穩定，紅色造反者也完備了防線。建華終於得以抽空回去看看好久不見的家人。但省親完返回學校的那一夜，眼前看到的一切讓他無法置信：紅色造反者的同志們全都沒了影兒，他們的旗幟也不再飄揚於校園的天上。放眼所見都是解放軍全副武裝。最終他好不容易才找到幾名躲在一棟校舍裡的同志，從他們口中得知事情的來龍去脈：毛澤東決定一不做二不休地展現他的權威，為此他開始在各地的派系衝突中選邊站，藉以創造出某種程度的秩序，而在宜城，解放軍認定東方紅是更純正的革命團體，而這對紅色造反者而言無異是致命的一擊。

建華與其他幾名同志打算先逃到山裡，設法與人應該也在那兒的孟哲會合，然後再想辦法重整旗鼓。問題是此刻的中國到處風聲鶴唳，攔查的崗哨多如牛毛，他們於是又被逼回了在東方紅的監管下，現在其實更像個監獄的宜城中學。

紅色造反者這下子只能挫咧等。因為對東方紅來講，紅色造反者活脫脫就是一群毆打過、甚至於殺害過他們同志的反革命分子。這之後的某一日，就在紅色造反者成員於校園裡某教室中聚首的時候，東方紅含方普與小霸王在內的諸多幹部在皮帶上綁了手榴彈，與他們正面強碰。方普準備了一張黑名單，名字在上頭的人都要被帶走，而且肯定不是為了什麼好事。方普對建華仍有特殊待遇，他客客氣氣地告訴他說此刻還來得及棄暗投明。但建華已經看不到從前他認識的那個方普了。他愈是客氣，在建華的眼中就愈顯猙獰。

那天晚上，紅色造反者的成員聽到黑名單上的同志從另外一棟建物中發出了淒厲的慘叫聲。之後傳來的消息是東方紅找到了孟哲，並在將他痛打一頓後遊行示眾。最後孟哲被帶回學校，成為了階下囚。建華等人發現他們如今過夜處的隔壁房間，被小霸王與其黨羽用毯子把窗戶蓋住，目的是將之改造成一個刑求的空間。果然隔沒多久，校園裡就出現紅色造反者一個字都不敢說，只是一跛一跛地走來走去。然後就輪到建華被帶進那間房裡了。他被矇上了眼睛，以一個很不舒服的姿勢被綁上了座椅。東方紅的人要他簽下退出紅色造反者的聲明，而就在他猶疑不決之際，椅子的腳已經招呼過來，打在了他的身上。建華叫了出聲，「你們不能這樣對我，我們是同學，我們都是階級裡的兄弟……」。

小霸王對這番話充耳不聞。建華總歸得要認罪，要承認他在多次巷戰中扮演的角色，而且要招出還有哪些紅色造反者潛伏在校園。棒子落在他腿上的狠勁愈來愈強，甚至作為要害的頭部都開始成了攻擊的目標。在眼睛被矇著，什麼都看不到的狀況下，他開始擔心自己能不能活著離開那裡，於是在慌亂中他說溜了同志杜蘇的名字。最後被打到無法自行行走的建華，被抬出了刑房。暫時苟活下來後，他隨即強烈後悔起自己出賣了杜蘇。建華覺得自己真是個懦夫，並嘗試警告杜蘇，但最終仍晚了一步。紅色造反者受到刑求，在隔壁房間持續進行著，包含他兄長維華在內都被揍得血肉模糊。被剃了個光頭的孟哲再出現於眾人眼前，面容已然被打得鼻青臉腫，令人不忍卒睹。

有一天，建華被告知他的老朋友與前同志宗維被捕，而當建華去探望他時，宗維已經不省人事，裸露的雙腿上滿是偌大的穿刺傷，血液汩汩地流了一地，原來他們拿鋼製的鉤子往不肯認罪的宗維身上甩。宗維根本不是什麼凶神惡煞，東方紅有必要下手這麼狠嗎？建華跑去找醫生，但為時已晚：宗維死在了朋友的懷中。他的屍體很快地被推車運走，而他的死因則被東方紅編了一套掩人耳目的說詞。知道真相的建華被下了封口令。有名女老師不肯在東方紅的官版死亡證明書上切結，下場是被小霸王帶人痛打並輪姦。

之後的幾個月，方普的權力開始無孔不入地蔓延。在他的實質控制下，學校恢復了上課，至於《戰地新聞》則成了校內唯一的合法刊物。事實上，這所學校也不再叫做宜城中學，它已經被改名為「東方紅中學校」。由於東方紅的權力基礎已然穩固，因此刑房獲得拆除。各班級上課的內容以背誦毛主席的名言為主。每天早上，全校會集合在巨幅的毛主席海報下，手中揮舞著毛語錄，然後像念經一樣地祝福他長命百歲。

東方紅的成員開始大肆改寫歷史。他們辦展來慶祝自己的勝利，而展出的都是偽造的照片跟虛構的新聞報導，反正任何對他們有利的東西都好。毛主席的巨大人像足足有真人的五倍高，被豎立在了校門口，君臨天下地俯視著一切。紅色造反者的前成員，都必須要戴上白色臂章來昭示他們罪惡的過往。他們被逼著在毛主席的人像前磕頭，而且一天得好幾遍，並同時任由同學們從背後踹他們幾腳。此時的紅色造反者已經變得跟那些被詆毀的教師一樣，只能低聲下氣地任人宰割。

建華被迫去從事最卑賤的勞動，而終於在一九六八年的初夏，實在受夠了的他返回了自己的故鄉。他的父親把他跟哥哥送到深山裡的一處農場，讓他們兄弟倆在那兒安全地勞動。到了九月，下定決心要把書唸完的建華回到了學校。離校數月讓他把事情看得更為清楚，此時的東方紅中學在他眼裡，有了不一樣的感覺：放眼所見，一切事物都象徵著匪夷所思的破壞與毀滅——徹底被搗毀的教室看不見一張課桌椅，牆上滿布著脫落的海報與斑駁崩落的水泥，理科實驗室裡少了所有該具備的科學器具，校園裡四處可見斷垣殘壁與堆積的瓦礫，無名的墓塚，被炸翻了的音樂廳。教職員所剩無幾，沒有人能接手提供他們教育。

這一切的毀滅，只花了短短幾年，而這換來的是什麼？和平、玉蘭、宗維，還有許許多多的同學，他們究竟死得值還不值？他們爭的到底是什麼？他們又學到了什麼？他已經想不明白了，青春與生命被如此地糟蹋，讓他一肚子噁心與絕望。

很快地建華與兄長去從了軍，入了伍，那是他們逃離學校與埋葬記憶的辦法。接著的幾年，他的日子就是開著車用卡車載送石料與水泥，然後跟同袍一起見證文化大革命的崩解，包括當中所有的領導者都變成了罪人。一九七六年毛澤東死後，共產黨也終於譴責了文化大革命是中國的浩劫。

大師解讀

上頭的故事與登場人物都出自《出生紅》一書，作者是高原（即文化大革命之前的高建華）。這本非文學作品所記錄下的，是他中學時親身參與文化大革命的實際經歷。

就其本質而言，文化大革命是毛澤東想要改變人性的一次嘗試。毛澤東認為數千年來經過各種形式的資本主義洗禮，人類已經變得獨善其身而保守不輕易踏出自身所屬的社會階級。毛想要讓人恢復成一張白紙，從頭來過。按照毛的解釋，「一張白紙，沒有負擔……好畫最新最美的圖。」為了如願得到空白的畫布，毛澤東必須讓社會歷經一番翻天覆地的震盪，而具體的做法就是將積習與舊思想連根拔起，杜絕人對於權威的無腦尊敬。一旦完成了這樣的準備工夫，毛就可以開始在乾淨的紙張上恣意創作。而其結果就是一場重生，就是甩開過往的沉重包袱，讓無階級社會獲得鑄造與誕生。

《出生紅》書中所描述的事件，具體而微地反映了毛澤東的社會實驗——實驗的結果是人性不可能消滅，嘗試改變人性只會令其以不同的形態重現。數十萬年的演化沉澱，不可能靠一場社會運動就發生徹底的改變，尤其不可能在人類的集體行動下改變，須知人在群體中的行為，不可避免地會遵循起各種歷久不衰的模式（雖然我們難免會想把發生在宜城中學的事情，更直接地與青少年的團體行為連結起來，畢竟比起狡詐而懂得掩飾動機的成年人，年輕人往往代表著人類行為中更赤裸、更純粹的一種形式。惟無論如何，發生在宜城中學的事情，其實只是全中國狀況的一個縮影——同樣的事情也發生在政府公署裡、工廠裡、部隊裡、不分男女老幼的中國人裡——而且風格像到令人發毛）。下頭我來說說毛的實驗如何失敗，其間又有什麼樣的人性被凸顯出來。

為了將他大膽的想法付諸實踐，毛採取了下列特定的策略：讓人把注意力集中在罪無可逭的敵人身上，以此例而言就是修正主義者，也就是那些有意無意放不下過去的人。鼓勵人，特別是年輕人，去積極批鬥這些反動力量，也批鬥各型態根深蒂固的權威。在與這些保守派敵人拼鬥的過程中，中國人將能讓自己從陳舊的思想與行為模式中解放出來；他們將終於可以擺脫菁英與階級體系；由此中國百姓將能團結為同一個革命階級，所有人都能把他們為何而戰看得一清二楚。

但他的策略核心有一個致命的缺陷：**人一旦在團體中運作，就會與精微的思考跟深刻的分析分道揚鑣，這兩件事只有夠冷靜、更中立理性的人，才做得到。**人在團體中會激動、會興奮。他們思考的主軸會變成如何融入團體。他們的思路會趨於簡單——不是好，就是壞，不是朋友，就是敵人。他們會自然而然地尋找起某種權威來替他們簡化一切。像毛那樣刻意製造混亂，只會讓團體更確定逃脫不了各種原始的思考模式，因為要人活在過多的困惑與不確定性裡，會激發他們極強的恐懼。

就以宜城中學學生對毛澤東號召行動的反應為例：初與文化大革命打上照面時，學生只是把毛澤東本人昇華為可以導引他們方向的權威。他們會在幾無自省的狀態下，就唏哩呼嚕地把毛澤東的話狂吞下肚。他們以最傳統的方式，模仿起了北京活動者的行為。在搜捕修正主義者的過程中，他們會傾向於以貌取人——觀察起老師的服裝打扮、吃飯喝酒的口味、對人的應對進退，還有老師家庭背景等等。這些廣義的外貌，很容易讓人被騙。溫老師的思想其實相當前進，但她卻因為喜歡西方時尚風格而被判定為修正主義者。

在舊秩序裡頭，學生理應尊師重道，對至高無上的老師服從到底。雖然倏地從這種束縛中被解放出來，但學生在感情上依舊割捨不掉過往。師長看來仍舊無所不能，只不過他們現在不再是傳道授業解惑的師尊，而成了心懷叵測的反革命分子。之前因為得對老師畢恭畢敬，而壓抑在心中的憎恨，如今在學子心中滾沸成一團怒火，外加有股欲望想取代老師，站上那個可以處罰人、壓迫人的位子。看著老師為了避免被處罰的更兇狠，而對一堆他們沒有做過的事情認罪，學生的偏執得到了證實。他們真的已經跟師長們角色互換，從服從的學生變成了新的壓迫者，只不過他們也變得更加不經思考與欠缺理性，正好與毛主席的希冀反其道而行。

在毛澤東創造出來的權力真空裡，另一種歷久不衰的群體動能跑了出來：以方普跟小霸王為代表，天生更自我、更富攻擊性，且甚至更喜歡虐待人的一群，在團體中脫穎而出，成為了權力的把持者，而像建華、宗維那些比較被動的個體則默默退居幕後，開始隨波逐流。宜城中學裡的激進派，此刻成為了新的菁英階層，分派好處與特權成為了他們的職責。同一時間在文化大革命催生出的各種亂局裡，學生對在團體中的地位變得更加執著。誰是他們當中的紅五類？誰又是黑五類？是他們會想得到答案的問題。這下子究竟是貧農的出身好？還是資產階級的背景棒？他們是怎麼把紅衛兵的身分給騙到手，才能用那耀眼的紅臂章來彰顯自己革命菁英的地位？這些學生不但沒有發自內心去建立人人平等的新秩序，反而身體很誠實地開始爭權奪利，搶著要當菁英。

等到各種形式的權威被推翻到一個都不剩了，學生只能打鴨子上架，自己治理自己的學校，而這也代表再也無人能阻擋最後也最危險的一種群體動能——分裂與派系鬥爭。出於天性，人類都會抗拒有人獨享權力，就像方普所示範的那樣。因為權力一旦成為某個人的禁臠，就代表其他人再野心勃勃，機會也沒了。這也會產生出大團體，讓個體在當中感覺到些許失落。幾乎不靠任何外力，大團體就會分崩離析成相互敵對的小團體或派系。在敵對的團體裡，具有個人魅力的領袖（如此例中的孟哲）將會掌權，而團體小也讓為數較少的成員間較能彼此認同。小團體的向心力原本就強，而共禦外敵更會激化這種情誼。外人可能會以為他們是因為不同的理念與目標而投身不同的派系，但其實他們要的只是歸屬感，明確的派系身分才是他們加入的重點。

就拿東方紅跟紅色造反者來說，兩者實際上沒有多大的差別。隨著兩派人之間的矛盾愈來愈深、衝突愈來愈強，他們究竟為何而戰已經扯不清了，唯一能確定的是他們都想讓對方臣服於自己。其中一方若是動作大些，惡意明顯一點，另一邊就會被逼得要復仇，而為了復仇，什麼樣的暴力都完全不會是禁忌。這場戰爭不會有中間地區，不會有任何誰才代表正義的疑慮。既是自己的部落，就永遠不會錯，誰質疑這點誰就是背骨，如宗維就是這樣的一個叛徒。

毛澤東一直想在中國打造一個目標明確並且走向團結的公民社會，但真正的中國卻整個背道而馳，陷入了四起的部落衝突，這完全脫離了文化大革命的初衷。更糟糕的是，中國的犯罪率在此間飆升，經濟成長則一落千丈而徹底停滯，畢竟社會亂成一團，誰也沒那個心思去工作或生產。較之舊秩序，新秩序裡的群眾變得更加懶散，彼此的仇視也更加厲害。

到了一九六八年的春天，毛澤東的招數只剩下把中國變成為一個警察國家。數十萬人被扔進監獄。軍隊實質上接管了一切。為了恢復秩序，並讓權威重新獲得尊敬，毛讓自己化身為某種供人崇拜的偶像，他的形象成了眾人信仰的目標，他的話語被革命中人複誦來當成祈禱。有趣的是方普在宜城中學進行的壓迫——刑求、竄改歷史、控制媒體——正好反映了毛在全中國的所作所為。毛澤東（與方普）想要建立的新革命社會，最終反而倒過來神似起至為壓迫、迷信的封建中國。建華的父親本身也是文化大革命之受害者，而他不斷告訴建華的是一個觀念正是：物極必反。

你的人性課題

我們會覺得這個故事非常極端，跟我們所屬的生活或團體並不相關，畢竟我們不少人優游其中的世界，是與優秀人才摩肩擦踵的高科技辦公室，那兒每一個人都看似既斯文有禮，又體現著文明。我們也會以類似的方式評價自己：我們集進步的理想與獨立的思考於一身。但這基本上是個一廂情願的幻覺。拉近距離，誠實地面對自己，我們會不得不承認自己一進入工作場域或任何團體的瞬間，自己就出現了改變。我們會在一瞬間遁入原始的思考暨行為模式，而自己還渾然未覺。

在他人身邊，我們會很自然地擔心起他們如何看待我們。我們會覺得有壓力要融入環境，而為了做到這點，我們會開始拿群體的正統為模子去塑造自身的思想與信仰。我們會在無意識間模仿起團體中的其他成員的——外貌、言談、想法。我們為了自身的地位與在階級中的排名而憂心忡忡：「我有得到不輸給同僚的尊敬嗎？」這是屬於原始本能的人性，須知人類近親黑猩猩也對自身位階非常在意。按照我們兒時養成的不同行為模式，**人在團體中會變得比平日退縮或激進，從而顯露出我們性格中發展較不完全的部分。**

若遇到團體中的領導人物，我們普遍會認為他們非等閒之輩。我們會傾向於因為他們的存在而想哇一聲，或被他們的氣場震懾而動彈不得，就像他們擁有某種無解的神力似的。說起團體的對手或敵人，我們會不由自主地略為腦充血，怒火會讓我們誇大對方的缺點。團體中若有人為了某事焦慮或氣憤，我們也不時會被捲入集體的情緒風暴中。這些東西你仔細去推敲，都會顯示出你處在團體的影響力之下。若上述的狀況你都有來自經驗的共鳴，那便請確信你的同事們也都經歷過相同的事情。若你所屬的團體遭逢外來的威脅，其安泰與穩定正面臨某種危機，則上述的全數反應都會在高壓下遭到激化，這時我們表面上的斯文與修養就會開始動搖、開始揮發。我們會覺得有壓力要證明自身的忠誠，由此我們會無條件遵行團體倡議的路線與方針。我們對於對手／敵人的看法會變得比平日更加單一而欠缺層次，但熱度卻會提升一個檔次。我們會更加在情緒的瘋傳中遭到感染，更被慌亂、仇恨與自我膨脹等人性耍得團團轉。我們的團體會因為部落的不同特性而分裂成一個個派系，而有魅力的領袖便會趁亂而起掌握權力。只要被逼得夠緊，任何團體都有讓暴力突出表皮的潛力。但即便我們忍住了外顯的暴力，原始的驅力也會占據人心中的主導地位，而為眾人招致嚴重的後果，主要是團體會反應過度，會根據不實的恐懼與失控的激情而做出錯誤的決定。

要抗拒團體施加在我們身上，這種向下沉淪的拉力，我們必須進行一場與毛主席非常不一樣的人性實驗，而這實驗只有一個很單純的目標——**為己身發展出與群體脫鉤的能力，建構心靈隔間供我們的獨立思考所需**。要啟動這場實驗，我們首先得面對現實，而現實便是群體對我們有強大的影響力。**我們必須要誠實面對自己到完全不留情面的程度，並要意識到我們想要合群的心理會如何塑造並扭曲我們的思考**。那股焦慮跟憤怒的心情，真的全然來自我們內心嗎？還是來自於我們所屬的群體？我們必須觀察自己是否有將敵人妖魔化的趨勢，並對此展開控制。我們必須訓練自己不要盲目地崇拜領導階級；我們可以為其成就尊敬他們，但萬不可神化他們，須知神化的問題最容易在魅力型的領袖周遭發生。正確的做法，是卸除領袖的神祕色彩，把他們拉到地面上來。有了這樣的認知，我們便能開始抗拒與抽離。

作為實驗的一部分，我們不僅必須接受人性，而且還得盡其在我地去讓人性為我們所用，令人性發揮其積極性。我們無可避免地會想要追求地位與認可，關於這點我們也無須否認。我們真正該做的，是透過勤勉的努力去培育出這樣的地位與認可。我們要承認自己希望屬於某個團體，也希望自身的忠誠能獲得肯定，但請用正向的手段去朝這些目標邁進——這包括我們要在團體決策錯誤時提出諍言，以免團體的未來走偏；我們要提供非主流的意見，要理直氣和、有勇有謀地引導團體成為一種更理性的存在。我們要善用情緒在團體中瘋傳的傳染力，藉此去傳播正能量：我們要表現得冷靜、有耐性、專注在工作上，並要與人合作來解決問題、做出成績。由我們帶頭，這些正向的情緒就能在團體中散播。只消一步步掌握住自身性格中的原始本能，讓我們在熾熱的群體環境中可以把持得住，那最終我們就可以成長為真正獨立而理性的個體，而那也正是我們實驗的終極目的。

有自由可以選擇要怎麼做的時候，人往往會彼此模仿。

——艾瑞克．賀佛（Eric Hoffer）[2]

[2] 1902-1983，美國作家，題材以政治現象、社會心理學為主。1983 年獲頒總統自由勳章。

人性的關鍵

在人生中的某些時刻，身而為人的我們會體驗到一種強大的能量。那股能量會挾帶著你前所未有的感覺，但那也是一種鮮少為人所討論或分析的能量。我們可以將之形容為強烈的團體歸屬感，而這種體驗往往發生在下方的狀況中。

假設我們人在演唱會、運動賽事，或是政治集會中被一大群歌迷、球迷或某某粉包圍。來到某個點上，我們會與萬千人群一起感受到興奮感、憤怒與喜悅如海浪一陣陣襲來。這些情緒會自發地從我們心中升起。那是一種我們獨處或僅與少數人為伍時，不會有的體驗。在大群體的環境裡，我們會被誘發去說出平常絕不會說的話，做出平日絕不會做的事。

同理，若我們今天得在一群人面前發表演說，並假定我們並不緊張且台下是盟友，那我們就會體驗到發自內心的情緒高漲。我們會從觀眾處獲得力量。我們講起話來會呈現出平常不會有的音高與語調；我們的手勢與肢體語言會變得格外誇張激動。我們也可能換到另一邊，以聽眾的身分來體驗這種感覺。今天若台上是一名具有個人魅力的講者，我們會覺得他的聲音與字句裡鑲填了某種魔力，我們會不由自主地對他懷抱敬意，情緒會澎湃洶湧在我們的內心。

又或許我們會身處在一個得在短時間內達成重要目標的團隊裡。我們會覺得自己有義務要比平日更拚一點，工作更努力一點。我們會跟有同一期限與目標的同事產生一種聯繫，而這種聯繫會賦予我們一股動力。這種局面經過一段時間的沉澱，一種不說話也可以溝通的默契會出現在同仁之間——我們的心思永遠都翻在同一頁，對方的想法也幾乎都能猜對。

上述的情緒，都是我們在理性狀態下不會感知到的東西；這些心情會體現在自發性的身體表徵上，藉此宣告它們來訪——雞皮疙瘩、心兒蹦蹦跳、朝氣爆棚或力量泉湧。這股我們姑且可以稱之為「社群力」的能量，是一種看不見形體的力場，其作用是透過共享的感受來影響一群人，團結一群人，進而創造出一種心手相連的強烈羈絆。

若我們以外來者的身分強碰這個力場，則誘發的情緒往往是焦慮。像是我們前往文化衝擊較大的國家旅行，或是到同事間互動或溝通已經自成一套體系的職場履新，都會產生類似的問題。又或者我們會路過一個社會階層與自身大相逕庭的社區，比方說，比我們富裕很多或貧困很多。在這些個時候，我們都會意識到自己不屬於這裡，會發現自己的存在令旁人側目，會發自內心覺得不自在並拉高警戒，即便實際上，周遭並沒有什麼東西值得我們恐懼。

關於這種社群力，我們可以觀察到若干種有趣的特色：首先，社群力同時存在於我們體外與內心。當身體出現前述的徵狀時，我們幾乎可以確定與我們站在同一邊的人也正在處於相同的心境。我們一方面會在內心感受到社群力，一方面也會在體外感受到這股力量。這是一種很不尋常的感受，想要理解它，你可以姑且將之想成是在談戀愛時的那種感覺，因為你跟戀愛對象也會有一種共有的能量在彼此間流動遞嬗。

我們也可以說這種力量，會隨著特定團體的規模與化學組成而有所不同。整體而言，團體愈大，社群力的效果就愈強。身處在一群人數甚眾，而在信念與價值上有志一同的團體中，我們會覺得力量與生命都像吃了興奮劑一樣泉湧而出，我們會感受一種天涯共此時的暖意，一股共同屬於什麼的熱力。這種力量一旦乘上群眾的人數，就會予人以一種登峰造極、超凡入聖之感。這種能量與興奮感的躍升，會因為敵人的出現，而在彈指之間幻化為憤慨與暴力。除了數量以外，群眾的組成也會影響社群力的效應。如果團體的領導人有其個人魅力，而且渾身爆發著能量，那股影響力就會滲進群體裡，讓人氣開始匯集。如果一大群個體間都朝著特定的喜怒傾斜遷徙，那集體的情緒就會改變調性。

最後一點，是人會受到社群力的勾引。數大就是美，大數會對人產生莫名的吸力，比如球場中滿座的自家球迷、眾人齊聚的大合唱、遊行、嘉年華會、演唱會、宗教集會、政治造勢場合等，都是這樣的實例。在這些場合裡，我們會重溫人類祖先所發明而精益求精的一種東西：宗族大會、城牆邊的大閱兵、戲劇表演與角鬥士決戰的大場面。扣除覺得人多很可怕的少數人，我們普遍都會不需要具體理由地鍾愛眾人因為共同理由而聚首的時候。這些場面會讓我們覺得真正活著，覺得朝氣蓬勃。而這種鍾愛，有可能讓人上癮。我們會不由自主地想要暴露在這種能量當中，以至於我們會前仆後繼地欲罷不能。音樂與舞蹈作為這種社群力的代表，可以讓一大群人同時陶醉在節奏與旋律裡，就像大家合而為一了一樣。事實上音樂與舞蹈也正是人類為了滿足社交衝動，而最先創造出來的工具，這兩樣工具都有將社群力外顯的能力。

關於社群力，其實它還有另一個相反的面向可以供我們觀察：那就人在長時間獨處後的反應。從被關禁閉的囚犯口中，或從被困天涯海角的探險家筆下（見李察・E・柏德〔Richard E. Byrd〕於《隻身一人》〔暫譯，*Alone*〕一書中對他在南極苦撐五個月的經歷），我們知道孤單太久會讓人覺得與現實脫節，讓人感覺自己的人格開始分崩離析。他們會動輒出現鉅細靡遺的幻聽或幻覺。這些人最想念的不只是有人在他們身邊，更是其他人回望他們的視線。我們自我概念的形成與完滿，是發生在誕生後的幾個月當中，我們搜尋母親身影的過程裡。我們望向母親，也獲得母親的回應，而那也才是我們真實存在的證明；身為人母者會用她們的眼神，讓我們知道自己是誰。身為成年人，我們則會通過旁人看我們的眼神來體驗類似的非語言認可，進而鞏固我們的自我意識。惟我們平日不太會留意這一點，只有當長時間見不到別人的面，這種現象才能為我們所理解。

這就是最基本的社群力：**只有別人的眼光，能讓我們覺得自己的存在為真，能讓我們覺得完整，能讓我們獲得某種歸宿。**

這種社群力，也能在虛擬的世界或看不見的群眾中，為人所感受。虛擬中的社群力，或許沒有能身歷其境者來得強勁，但我們仍可以透過螢幕，感受到他人有如鬼魅一般存在於我們的體外與內心。我們會不斷地檢查手機上的留言或訊息，就是把這些東西當成他人眼光的替代品。

人類當中的社群力，其實與所有社會性動物的狀況無異，頂多是結構複雜一點而已。社會性動物會持續不斷地根據團體中其他成員的情緒來調整自身的天線頻率，牠們會知悉自己在族群中的角色，並急切地想要融入群體（在高等靈長類裡，這包含模仿高階成員的動作來象徵臣服）。社會性動物會表現出繁複的肢體動作來當成線索，藉此讓團體成員能進行合作與溝通。牠們透過理毛的儀式來強化彼此的連結，另外集體狩獵也有類似的效果。只要聚集在一起，牠們就會共享同一股能量。

我們人類也許表面上看來文明許多、複雜許多，但其根本的原理並無不同，同樣的機制與動能也同樣在一切盡在不言中的狀況下運作。我們能感知並體會到群體其他成員的心情。我們會迫切地想要融入群體，並盡責地扮演好自己的角色設定。我們會傾向於在無意識中模仿起別人的姿態與言語，特別是領導者的這兩樣東西。我們仍未忘情於集體狩獵，只要不碰到社會規範的紅線，我們一點也不在意在社群媒體上或其他地方對人窮追猛打。我們有一套強化連結的儀式性做法，如：宗教或政治集會、觀賞性的運動賽事或各種活動、乃至於發動戰爭等行為，都帶有這層意義。而在這些聚集的過程中，我們毫無疑問地都會在志同道合的一群人當中體驗到那種共通的能量。

這種存在於我們內心的力量，有一個令人費解的地方，那就是我們鮮少去討論或分析這件顯然大部分人都體驗過的東西，以至於我們對其了解甚少。這點有一種客觀的可能性，是這種社群力很難用嚴謹的科學去探究。但還有一個主觀的原因，在於在內心深處，我們其實很介意這種現象。我們在群體中會自動啟動的反應，還有我們想要模仿他人的傾向，都讓我們無法遺忘自己天性中最原始的部分，也就是我們源自於動物界的根。但這不符合我們希望自己是文明人，是高等生物，是能有意識控制自己大部分行為的個體等諸如此類的想像。這種「神話」在我們群體行為的面前，基本上不堪一擊，而像文化大革命之流的歷史教訓更是用人性的下限嚇壞了我們。我們只想眼不見為淨，一點都不想看著自己像社會性動物一樣因為特定的衝動而控制不住自己。這違反了我們對於人類物種的自我評價。

你的人性課題

社群力本身沒有好或壞的問題。社群力單純只是人性中的一種生理學元件。這種古老力量的許多面向放在現代生活中，其實都具有相當的危險性。比方說，我們對非我族類的猜忌，還有我們喜歡把外來者妖魔化的行徑，都演化自我們最早期的祖先，主要是當時的人類面對到敵對狩獵採集者的傳染病與武力進攻威脅。但這些團體反應搬到二十一世紀，已經不存在實際的意義了。事實上，在軍事科技如此發達的現代，這些集體反應只會導致我們去訴諸不必要的暴力，包括種族滅絕的惡行。**整體而言，社群力降低我們的獨立與理性思考到什麼程度，我們就會被拖進原始而不合時宜的行為模式到什麼程度。**

但社群力也可以被用來創造正面的意義，包括促成高層次的人際合作與同理心，讓我們在以群體之力創造出什麼的過程裡，感覺到向上提升之力。

我們身為社會性動物所面臨的問題不是社群力本身，社群力的產生是自然而然的事情。真正的問題在於我們否認社群力的存在，而這代表我們會毫無頭緒地受到他人影響。**一旦習慣了在無意識的狀況下追隨他人的言論或行為，我們就會失去獨立思考的能力。**這樣的我們若面臨到人生得做出重大抉擇的時候，也只會去模仿其他人做過的事情，若是把別人像鸚鵡一樣重複的建議聽進腦子裡。這樣做出來的決定，不利於我們的未來也只是剛好而已。這樣的我們也會與讓自己與眾不同的地方失去連結，但特殊之處正是我們每一個人的力量來源（見第十三章〈帶著使命感前進〉有詳細說明）。

某些人因為意識到我們天性中的這些傾向，可能會選擇叛逆，選擇當一個不按牌理出牌的人。但為了反對而反對，也可能是一種不智之舉，甚至可能會變成一種自毀的行為。我們是社會動物，需要學會與人合作。莫須有地與人唱反調，只會讓我們變成邊緣人。

所以說**我們真正最需要的修養，是一種在群體中自處的智慧**。**擁有這種智慧，我們就會對群體如何左右個體的思考與情緒，有透徹的理解；而掌握這種理解，就能抗拒讓人在群體中沉淪的下拉力**。擁有這種智慧還代表另外一件事情，那就是我們會對人群是根據何種法則與機制在運作，有足夠的認識，而這便能讓我們更有能力去優游於群體中。秉持這種群體智慧，我們便能跳出帶著纖細平衡的舞步——我們會出落為天賦異稟的社交主體，會一方面知道如何在外表成功融入，但同時間也在內心維持住某些距離與空間來獨立思考。憑藉這種獨立性，我們便能在人生中做出適合我們個性與環境的正確決定。

為了獲得這種智慧，我們必須研究並精通上述社群力的兩種面向——團體對我們產生的個人效應，還有團體幾乎無一例外，最後都會展現出來的模式與動態。

個人效應

想要融入的欲望：假設你新加入了一個團體，比方說進了間新公司任職。而在針對環境進行調整的過程中，你會意識到自己是眾人用放大鏡在品頭論足的目標。雖然沒人說出口，但你知道所有人的目光都在摸索你的底細。你會開始納悶起來：我是這塊料嗎？我有把每句話都說對嗎？他們究竟是怎麼想我的？**你在任何團體中所受到的第一個跟最主要的影響，就是你會想要融入，想要讓你的歸屬感獲得鞏固**。你愈是融入，你這個人對於團體與其價值的威脅就愈小。而威脅性小了，你受到的熾熱矚目與感受到的焦慮，就會雙雙降低。

要做到這一點的第一個辦法，就是透過外貌。你的行頭與行為舉止，必須多多少少與團體中的其他人同步。當然總是有比例不高的人可以在外表上特立獨行，但又同時間在觀念與價值上於其他人並無二致。但我們大多數人，絕對不會開心看著自己與旁人格格不入，我們就是會窮盡一切力量來融入。我們會讓自己在穿著與樣貌上傳達出正確的訊息——我很認真、我工作很努力、我不會毫無個人風格但也不會譁眾取寵。

第二個更重要的融入之道，在於你要採行團體中所通行的觀念、信仰與價值。你可以先從跟別人講類似的話做起，因為說話反應的是你私底下的想法。從說話切入，慢慢地你的想法也會變成這個團體的形狀。有些人會在外在的表現上抗拒這種團體性，但這些人的下場往往是被解雇或邊緣化。你可以保留一兩個基本上只有自己知道的信念與意見，但不要在團體重視的問題上與其唱反調。你在團體裡待愈長的時間，與團體唱反調的效應就會愈發凶險。

從外部觀察這一團體，你會注意到他們的整體思想有著高得驚人的一致性，畢竟我們身為獨立的個體，我們在秉性與背景上都相當殊異。這代表著團體中暗暗有以同一的標準在給思想塑形。你參加一個團體的原因，可能是你認同他們的想法與價值，但隨著時間過去，你會發現你有一部分反映自身獨特性而與他人相異的思想，慢慢遭到了剪除，就像灌木在經過修整之後都長得一模一樣似的。由此你會發現面對幾乎所有的議題，你的看法都會與團體對齊。

你不會在這當中意識到全部的發展，因為這是一個無意識的過程。事實上，你會想高聲疾呼這一切都不曾發生，你會告訴自己這種種立場，都是你自己做成的決定，你會說服自己這一切都是你選擇相信的事情。社群力在你身上發生作用，並讓你想要去融入，讓你的歸屬感變強大，都是你不會想去面對的現實。但長遠來講，比較好的狀況還是你能去面對自己朝團體價值靠攏的現實，因為只有這樣，你才能在其發生時有所意識，也才能在某個程度上讓其獲得控制。

想要表演的需求：這第二種效應是源自於第一種效應的結果——在團體的背景下，我們所有人都是從不下戲的演員。我們不光會是在打扮與價值觀上追求與團體的一致性，我們還會誇大自己的意見，讓他人看到我們認同團體的表現。在團體中，我們會入戲很深，我們會讓自己說出的話與做出的事，都跟其他成員能接受並喜歡的樣子出自一個模子，以便讓他們相信我們對團體的忠誠。我們的表演會隨著團體的大小與其特殊的組成而改變——一個團體裡可能會都是老闆、都是同事，或都是朋友。我們可能會在這些表演中先以某個程度的內心距離開場，由此會意識到自己正很刻意地在拍老闆馬屁。但隨著時間過去，我們會慢慢融入自己所扮演的角色，會慢慢找到表演的頻率，讓內心的距離獲得消弭，讓面具跟我們的個性合而為一。不再需要思考何時該微笑，**我們會本能地把複製貼上做到一點毛病都挑不到。**

作為這場表演的一部分，我們會最小化自身的缺陷，表現出自認的優點。我們會展現出自信，會表現地無私。研究顯示在有人在看的狀況下，我們慷慨解囊或扶人過馬路的機率會大增。在群體中，我們會確保其他人看見我們支持他們也支持的理念；我們會在社群媒體上貼出聳動的意見文來輸誠；也會確定自己在努力工作或加班的身影能為人所見證。一個人的時候，我們很常做的一見事情就是在腦中預演下一場出演的表現。

不要想當然耳地以為做自己最好、最自然，因為沒有什麼比壓抑內心的表演慾，更不自然的事情了，因為就連黑猩猩都演得很開心呢。你要是真的想看起來很自然，真的想讓人覺得你很自在，你就得好好演出這樣的自己；你得訓練自己不要緊張，並且要形塑你的外貌，以便讓你在自然的狀況下也不會惹毛旁人或與團體的價值相左。那些擺一張臉而拒絕表演的人，最後的下場就是被邊緣化，主要是團體會在無意識的狀況下放逐這類型的人。

無論如何，你都不應該為了心懷這種欲望而感到羞恥。反正不論你怎麼想，都改變不了什麼，主要是身在團體裡，我們就是會無意識地改變自身的行為來融入眾人。比較好的做法，**是知悉到自身的處境、保持好內心的安全距離、然後將自己改造成有意識而能居高臨下、掌握局面的主體，至於能掌握局面，意思就是你能改變自身的表現來融入子團體，或用正向的特質讓人印象深刻。**

情緒感染：還在襁褓中的時候，我們會對母親的心境與情緒有高度的敏感；她的微笑會誘發我們跟著微笑，她的焦慮會導致我們一起緊張。我們會以母親的情緒為標的，演化出高度的同理心，而這是人類長久以來都具備的生存機制。就跟所有的社會性動物一樣，我們也從小就會依著本能去感知並接收到其他人的情緒，尤其是與我們親近者的情緒。這就是團體對我們產生的第三種效應——情緒的感染。

獨處的時候，我們會意識到自身情緒的變動，但一進入團體，一感覺到眾人的目光集中在我們身上，就會在無意識間意識到旁人的心境與情緒，而這些外在情緒若是夠強勁，就有可能代換掉我們原生的情緒。尤其若身處在相處起來覺得自在且有歸屬感的人群身邊，我們就會放下防衛心，因而更無力去抗拒這種情緒的感染效應。

特定情緒會在感染力上高人一等，如焦慮與恐懼就是感染力強度上的佼佼者。在我們的祖先當中，若某個人察覺到了危險，那怎麼樣讓其他人也有所警覺，就變成了一件很重要的事情。但在現代人的生活環境裡，各種威脅相對沒有那麼迫切，因此比較常見的發展是由潛在或想像的危險為觸媒，誘發出低度焦慮在團體中快速流轉。其他具有高度感染力的情緒還有喜悅與興奮、疲憊與無感，乃至於強烈的怒氣與恨意。欲望也深具感染力。若我們看到別人渴望某樣東西，或是在追隨著某種風潮，那我們也會一個不小心就染上同一種衝動。

這一樣樣效應，都內建一種自我實現的驅力：正所謂三人成虎，若有三個人都感到焦慮，那其背後肯定有一個說得通的理由。這麼一來我們就會變成第四個人。有四個人都在焦慮，那其現實感就會對後來的人也產生說服力。就這樣隨著感受到的人愈來愈多，被感染到的人愈來愈多，其效力在每個人的心中就會愈發強勁。

想在自個兒的身上看到這種情形，你可以觀察自己當下的情緒，然後試著解讀出別人對這些情緒所施加的影響力。你所感覺到的恐懼，究竟是直接源自與你短兵相接的東西，還是比較間接地來自於你從其他人那兒聽來或察覺到的事情？試著在事情發生的當下逮個正著。辨別出哪些情緒對你最具感染力，乃至於你的情緒會如何隨著你身處的團體或子團體來變動。這是一種知己知彼、百戰百勝的概念。知道自己如何受到社群力影響，你就有機會去掌握主導權。

過度自信：得獨自去對決定與計畫進行思考之時，我們很自然地會懷疑自己。我們選對了職涯的方向嗎？我們在面試工作時有說對每一句話嗎？我們所擬的策略有最高的勝算嗎？但當我們人在團體裡時，這種懷疑與自省的機制就會遭到中和而失效。假設團體得做出一項重大的決策，而且這決定還有其所有成員都能感受到的急迫性。爭辯與討論都非常耗費精力，而且很可能一討論就沒完沒了，誰曉得得討論多久才能讓所有人滿意？這時眾人會感受到有一種壓力是我們得趕緊有個腹案，然後把大家團結起來。在這節骨眼上提出異議，很可能讓我們被邊緣化或被排擠，而這種可能性會把我們嚇得不敢有所動靜。再者，如果大家都認同這麼做不會錯，我們就會被逼著去對這個決定抱持信心。**所以說社群力對我們會產生的第四種效應，就是讓我們確信自己跟同事的所做所為都是對的，由此我們也會更傾向去涉險行事。**

投資狂熱與金融泡沫，說穿了也就是這麼一回事。既然每個人都覺得鬱金香的球莖或南海公司的股票可以賭一把（見第六章〈抬高你的視角〉），或是次級房貸有利可圖，那就表示這麼做萬無一失。那些還有疑問的人真是小心過度了。身而為人，我們很難對別人都確信的事情產生抵抗力。沒有人會想在派對中缺席。再者，如果買股票而賠一屁股的人含我們在內，只是一小撮人，那我們可能會覺得自己很不可理喻、很丟臉、並為此感到自責，但如果犯蠢的時候有數千人陪著我們一起，那我們就不會對自己那麼嚴厲了。所以說，人會在團體環境裡更勇於冒險，就是這個原因。

如果我們身為個人，冒出了一些顯然是無稽之談的點子，身旁的人自會警告我們，讓我們懸崖勒馬，及時清醒過來，但如果是團體的決定太過天馬行空，事情的發展就會與此相反——大家都會忙不迭地去認同這個計畫，也不管其內容有多麼自我感覺良好（像是入侵伊拉克，還期待會被在地民眾擁戴為解放者），外面的人也不會跑來潑我們一盆冷水。

每當對一項計畫或想法過於確定或興奮，你都必須要退一步去思考，判斷一下這是不是某種病毒般的群體效應在影響著你。只要能稍微退開來冷靜一下，你就有機會察覺到自己正用思考去合理化情緒，在一廂情願地確認自己的決定。但其實任何情況下，你都不應該放棄質疑、反省與思考其他可能性的能力。**你身為一個個體的理性，是你面對能控制住一整群人的那種瘋狂，僅有的武器。**

群體的運作動能

自有歷史以來，就可以觀察到人類組成的群體會在幾乎不受外力影響的狀態下，陷入到特定的運作模式，由特定的動能趨動，就好像這些群體在遵循著某種數學或物理定律似的。以下是幾種最常見的群體驅動力，可以供你在天命所歸或萍水相逢的團體中去作為觀察的參考。

團體文化：當旅行到另外一個國家時，我們會意識到所謂的文化差異。異國民眾不僅操著不同的語言，而且他們還有自己專屬的習俗、世界觀，以及思考模式，樣樣都與我們南轅北轍。這一點在有悠久歷史與傳統的國家裡會格外明顯，而即便是在企業或辦公室的環境裡，我們都可以具體而微地感受到類似的文化衝擊。社群力會根據成員間的特定化學組成，混合編織出一個群體，而這造就了文化差異的根基。

看著你自身所屬團體的文化，想想其中最獲凸顯的風格與氛圍。那是一個柔性風格的鬆散組織？還是一個由上而下進行控管，成員們都很害怕脫隊或違規的剛性組織？成員們會自認高人一等而與眾生不在一個檔次上，因此展現出一種菁英的心態呢？還是他們會以庶民自居，以民粹為榮呢？他們會自許走在時代的尖端，還是自認為是傳統主義者呢？

資訊會在團體中毫無阻力地流通，讓人有一種自由開放的感受？還是領袖會一手獨占資訊的源頭？這團體帶有一種陽剛的感覺——一種超愛與人一較長短的鋒利邊緣，一條說一不二的指揮鏈——還是它有一種比較女性化的精神，一種強調合作甚於階級服從的氣質？這團體裡是佈滿了效能不彰與各自為政的情形，成員們關心自己甚於關心團隊績效，抑或這團體更強調生產力與工作品質？要回答這些問題，你要看的不是團體自己怎麼說自己，你要看的是團體中的實際運行與情緒調性。

一個團體的風格，可能會在不同程度上兼具上述的特質，可能會是多元性質的綜合體，但不論怎麼說，一個團體總是會有某種可以供人指認出的文化與精神。你要記得兩件事：第一，團體文化往往會聚焦在其想像中的某種理想上——自由、現代、前進、求勝、品味等。該團體或許無法真正達到這些理想的境界，但只要他們有在這麼嘗試著，那這些理想就會成為凝聚成員向心力的一種迷思。第二，團體文化常會反映創始人的想法，尤其如果這創始人是個強人的話。創始人或嚴或鬆的風格，會因此烙印在團體的身上，即便其成員多達數千人也一樣。但若今天領導人加入的是一個已經有著自身文化的團體或企業，那他們往往會發現自己被其固有的文化所徹底吸收，他們想改變團體文化的努力將難以成功。

以五角大廈為家的美國國防部自二次大戰以來，就培養出了一種非常強悍而鷹派的精神。甘迺迪與詹森總統都曾在任內想改革其文化，他們都想避免美國陷入越戰的泥淖，但國防部的強勢反過來改變了兩位總統的想法，結果是身為領袖的他們更加無法從越戰中脫身。不少電影導演都想過要按自己的意思行事，但最終卻遭到根深蒂固的好萊塢文化吞噬，而好萊塢行之有年的做法就是製作人最大，而且什麼都要管，什麼都要看他們落落長筆記的臉色。這種文化已經存在將近九十個年頭，不是誰能說改就改。

是個聰明人，就應該知道團體愈大，文化愈悠久，你受其控制的狀況就愈會是個常態，而你能控制它的情形則會是種例外。

你要牢記在心的是：**不論某團體文化是什麼型態，也不管其發源有多麼驚天動地，只要一個團體的存在時間夠久，如今茁壯得愈大，那這個團體就會益發保守**。只要人有心想靠千錘百鍊過的辦法把創建出來的東西繼續延續下去，那保守主義就是必然的結局。這種保守主義是一種溫水煮青蛙的慢性病，而且對大多染上的團體都是一種不治之症，因為一旦保守心態上身，團體就會慢慢失去能力改革。

團體的規定與準則：對任何一種人類組成的團體而言，失序與無政府狀態都是不可承受之重，於是行為規定與準則便在短時間內演化並確立了下來。這些規定與準則從來都沒有具文，而是隱性的存在。在某些方面違反了規定，你所冒的風險就是在團體中變得無足輕重，甚至在未被告知原因的情況下直接遭到開除，死得不明不白。所以說有規定的存在，團體就可以在不需要主動去巡視的狀況下把秩序建立起來。至於規定所管理的包含公司可接受的儀表、會議中有多少言論自由、對老闆的服從要達到何種品質，乃至於公司期待員工該展現出什麼樣的工作倫理，諸如此類的。

在一個團體裡初來乍到，你必須要格外用心去觀察所謂不成文的規則。你要去注意同事們在團體中地位的升降——藉此判斷哪些事情會帶來成功，哪些行為會導致失敗。成功是因為做出績效，還是因為會講話而討人喜歡？這你得去判斷。你得去觀察同事在老闆看不見時的工作努力程度。因為一個不小心，你就會因為苦幹實幹而被撤職查辦，殊不知有些人太努力，就會把團體裡的其他人都比下去，這樣沒有人會開心。每個團體都免不了有屬於他們的聖牛——永遠不會錯，永遠不可以被批評的人物或信仰。你可以將之想成走路時要注意，勾到線會爆炸的陷阱。有時候某名中高階的成員就是實質上的警衛股長，他們會像警察一樣巡視規定有無被違反的狀況。看出他們是哪些人，然後避免與他們起摩擦。

團體中的宮廷：觀察動物園裡的黑猩猩族群，你會發現其中一隻是男性老大，而其他黑猩猩都會調整自身的行為來迎合牠、奉承牠、模仿牠，藉此來跟老大建立更緊密的關係。這就是早於人類的動物朝廷。人類出現後，我們從文明的最早期就創造出了比動物版繁複許多的貴族朝廷。在貴族組成的宮廷裡，臣屬的成員得依賴國王或皇后的庇佑來存活與發展，這是一場遊戲，而遊戲的目的就是要盡可能拉近與最高層級男性或女性的距離，但又不能因此而疏離了其他的朝臣。至於另外一種玩法，則是糾眾結黨把領導者給推翻，但這麼做永遠帶著很高的風險。

在二十一世紀的今天，這樣的宮廷會以各種手握權力的人物為中心組成，比方說電影導演、大學系所的主任、企業的執行長、政壇上的老大、藝廊的負責人、具有文化影響力的評論者或藝術家。在較大的團體中，永遠都會有次級的小宮廷形成在中階的幹部周圍。領導者的權力愈大，底下的鬥爭就愈強。現代的朝臣或許看起來外型不一樣，但其實他們在行為與策略上仍是一丘之貉。底下幾種是你必須要留意的朝臣行為模式。

首先，朝臣必須要爭取到領導者的注意力，並想方設法討他們的歡心。而要讓上位者高興，最直接的做法就是拍他們馬屁，主要是領袖無一例外地都很自以為了不起，由此他們永遠需要人附和其極高的自我評價，那是他們的一種飢渴。馬屁拍得好，仕途沒煩惱，但馬屁精不是沒有風險需要冒。馬屁要是拍得太露骨，那拍馬屁的人就會因為太衝而被看破手腳。真正高段的朝臣會對馬屁的內容進行恰到好處的編輯，這包括他們會把主子最沒安全感的點當成馬屁的重心，同時他們會透過比較迂迴的方式，掩蓋自身的別有用心，並讓主子對甜言蜜語比較聽得下去。他們會專注於吹捧領袖那些比較不為人所讚美，但其實頗需要被人肯定的特質。如果每個人都誇獎領袖的商業頭腦，但都沒有人說他有文化素養，那聰明如你就應該趁虛而入，鎖定後者來發動攻勢。**換句話說地去反映領袖的觀念或價值，讓他們在潛移默化中感覺到你在肯定他們，會是一種兼具手腕與效果的恭維之道。**

你要記得的是宮廷不同，能行得通的恭維之道也會不同。比起在學術界或是華府政壇，在好萊塢拍人馬屁肯定要比較舌燦蓮花並以量取勝。你要用適當規格的恭維去搭配團體特定，拐彎抹角會比單刀直入更加可取。

當然，用工作效率去獲得老闆青睞，讓你成為他們不可或缺的股肱之臣，絕對是亙古不變的成功之道，但你也要小心別做得太過火，因為凡事都可能物極而反：要是被人覺得你實在太厲害了，厲害到功高震主，他們可能就會思考起自己是不是對你的依賴太過了，或是懷疑起你是不是會想更上一層樓。換句話說，你要讓當權者有安全感，不要讓他們在高位上如坐針氈。

第二，你必須注意其他朝臣的動態。在聰明才智或個人魅力上太過鶴立雞群，會撩撥他人的忌羨，而這就有可能讓你成為被食人魚生吞活剝的目標。你會希望盡可能讓其他朝臣與你同一陣線，為此你要學著讓自己在成功之餘也不會太過高調，要學著（起碼看似在）聆聽別人的意見，策略性地讓他人在會議場合中獲得讚美與肯定，也讓他們的不安全感能夠獲得安撫。萬一你非得對特定的朝臣採取行動不可，則也要盡量避免正面衝突。你應按部就班地在團體裡孤立他們為宜，正面挑釁或攻擊則是大忌。既在朝堂之上，就應該避免撕破臉而斯文掃地。你要知道每一位朝臣的演技都可以得奧斯卡獎，他們的笑容與對忠誠的宣示都看看就好。善良天真不是你該在朝堂上做的事情，你理應在不到被迫害妄想的程度上去質疑所有人的動機。

第三，你要去留意會在多數宮鬥中遭遇的朝臣類型，乃至於他們所挾帶的特定危險性。某個野心勃勃又機關算盡的朝臣只要足夠腹黑，就可以在短時間內控制住朝堂上的局面（至於朝臣中的各種類別，請見下方分解）。

你要記住，有人的地方就有江湖，你無論如何不可能在現代宮鬥出淤泥而不染。不想放下身段去搞辦公室政治或覺得自己把事做好就沒有必要拍上司馬屁，只會讓你看起來非常可疑，自命清高會讓你一個朋友都交不到。你的「光明磊落」，只會帶來你被邊緣化的結果。比較好的做法是在宮鬥中找到某種樂趣，並藉此成為朝臣中的佼佼者。

團體的公敵：如前面所述，人類的祖先會一看到外來者就反射性地產生恐懼，而且這種恐懼一個不小心，就會變質為恨意。話說這種恐懼的基礎，或許並非空穴來風，但是敵對部落的存在也有其正面的意義，因為敵人能把我們的群體給緊密地團結起來。同時敵人的存在，也跟人腦處理資訊時二元對立風格甚為搭配——光明與黑暗、良善與邪惡、我們與他人。如今在我們高度發展的現代世界裡，你仍能觀察到這種古老的機制在持續作動著：每個團體都會反射性地鎖定某個實際存在或其想像出來，令其恨之入骨的死敵，因為這有助於把眾人團結起來。一如契訶夫所言：「愛、友誼與尊敬，都不具有可以與恨意相提並論的凝聚力」。

自開天闢地以來，身為領袖者沒有一天不利用這種由團體公敵引發的直覺反應，來鞏固自身的權力。對手與敵人只要存在一天，領導者就可以繼續為所欲為，繼續不去處理他們本身的缺陷。敵人會被貼上「不知廉恥」、「毫無理性」、「不講信義」、「暴虐成性」等標籤，而這隱含的訊息就是我們這一邊完全沒有這些問題。沒有哪個團體會願意承認自己的品格有瑕疵，有想攻擊人的意圖，或是在決策上感情用事？每個團體都認為自己是品德高尚、和平崛起、行事理性的同義語。但話說到底，真正重要的永遠是部落的歸屬感與敵我分明的界線，至於雙方真正的差異則不是重點，但我們就是必須要誇大一方來成就另一方。

看著你所屬的團體，你會發現其對面永遠站著一個你們要去懲戒的敵人或鬼魅。面對此一處境，你需要的是一種抽離團體的能力，**因為只有脫離團體的影響力與哈哈鏡，你才能看清所謂敵人，長得是什麼模樣。**惟在此同時，你也要避免過度張揚自己對組織的質疑——因為你的忠誠可能反過來遭到否定。你能做的是保持心胸的開放，避免受部落主義牽引而情緒反應過度，終至向下沉淪。更進一步，你可以把敵方當成學習的對象，效法或參考他們一些好的做法。

團體中的派系：經過一定的時間，團體中的個人一定會開始分裂成派系，而群體中會有這種發展的理由很簡單：在一個團體裡，我們會從跟我們志同道合者處吸取到自戀的能量。惟團體規模一旦大到某個程度，這種志同道合的感覺就會被稀釋而變得有點虛無飄渺，反倒是成員間的相異與矛盾會慢慢大到你無法視而不見。同時我們以個人立場去影響團體的力量也會遭到削減。此時為了更快速地獲得回應，我們會去跟比志同道合還志同道合的人組成團體中的小團體或派系，以便找回那種自戀被強化的感覺。一旦組成了小團體，我們就會在大團體裡獲得分配資源的權力，而這便會讓派系成員覺得自己變得重要了。不過假以時日，小團體又會分裂成小小團體，以此類推。這種分裂會在不知不覺中發生，幾乎就像是分裂是一種物理定律擺在那裡，大小團體遇到都會起反應似地。

派系強到一個程度，其成員就會開始把小我的利益置於大我之前。某些大團體的領袖會利用這一點去挑撥不同派系間的矛盾，藉此將他們各個擊破：派系間鬥得愈厲害，各自的力量就會愈弱，由此大團體的至高領袖就愈能對局面有所掌握。毛澤東就是這一招的箇中能手，但這麼做也絕對是鋌而走險，因為無謂的內鬥會浪費寶貴的時間，而且要把所有派系都壓住並非易事。稍微有點閃失，漏網之魚就會壯大到足以逼宮、奪權、取而代之。所以比較好的做法仍是創造出正向的組織文化來箍緊整個大團體，降低派系對成員的吸引力（更多詳情可見本章最後一部分）。

一種特別值得我們去關注的小團體，是由高階層人員所組成的派系，也就是大團體中的強強聯手或菁英組隊。雖說菁英本身有時也會再分裂成敵對的山頭，但更多時候遇到危急存亡之秋，他們還是會放下歧見，團結起來捍衛自身的尊榮。派系都是以自身的利益為優先，有權有勢者尤其如此。他們終究會搬弄扭曲大團體的規定，來確保自身的特殊權益。在如今的民主時代，他們會裝模作樣地演一場大戲來證明自己，目的是讓人相信其所作所為是基於公益而非私利。金字塔的頂端好，整座塔也會跟著好，是他們的歪理。但你永遠不會看到菁英派系做一種事，那就是讓自己的權力基礎受到侵蝕，或是做出真的無私犧牲。也不知怎麼回事，必須做出犧牲的往往都是那些不在菁英圈內的人。盡可能不要被菁英合理化自身行為的故事或託辭所唬住，這樣你才能看清他們的真面目。

你的人性課題

你身為人性學生的功課，有兩個：**首先，你必須好好去審視自己在與大小團體互動時的情形**。而這種觀察的第一步，你可以從假設自己並沒有想像中的獨立來開始做起。在很大的程度上，你的思緒與信仰體系都深受撫養你長大的人，受到你工作上的同事、私下的朋友，乃至受到整體的文化影響。你要卯起來對自己坦白到殘酷的程度，要去看看你的觀念與信念會如何隨著你久居於一項職務或隸屬於一個團體而變動。你會在潛移默化中受到壓力，你會在不知不覺中想要隨波逐流，不會想要與眾不同。

要看清這一點，去想想你有多少次敢於在基本議題上與所屬的團體唱反調，而且還樂此不疲，應該少得可憐吧。遇到那些團體做出的糟糕決定，你有多高的頻率悶不吭聲？如果這種因循苟且已經成為你的本性，那你就會失去獨立推理的能力，而獨立思考正是你身為人類的神器。作為一種思想實驗，你不妨偶爾在腦中把玩會被你所屬團體或傳統觀念視為大逆不道的想法，看看刻意逆水行舟是不是一件有價值，值得做的事情。

我們都不可能滴水不漏地堵死所有來自團體的影響力，但有種東西會讓我們更加邊界洞開，那就是人的不安全感。我們愈是不確定於自己身為個體的價值，就愈有可能在無意識間受到吸引去在想法與行為上從眾。勉強自己配合團體，藉此從其他成員處取得膚淺的肯定，確實能讓我們在不安全感的問題上自欺欺人。但這種肯定稍縱即逝，而不安全感會不斷啃食我們，所以我們必須不斷地去爭取旁人的注意與認可。**你要追求的，必須是提高自尊心，降低被影響力滲透的比率**。若你夠堅強，夠相信自己的獨特之處——這包括你的品味、價值跟人生經驗——那你就能更率性地抗拒團體效應。再者，若你能將自我價值綁定在你的工作與成就上，那你就不會老是得向外尋求肯定與關注。

我並不是要你孤芳自賞，與團體一刀兩斷——表現於外的部分你可以按你的意思去融入，但在內心裡，你必須要時時刻刻對團體的想法跟信念進行檢視，然後比對你自身的價值與經驗，加以修改調整或去蕪存菁。你要考慮的只有觀念的良窳，而不是觀念的出身背景。

你的第二項功課，是成為你所屬或有互動的團體的成熟觀察者。可以把自己定位為鎖定怪誕習俗去考察異族部落的人類學者，由此去深刻地觀測你所屬團體的文化，想想內部成員看那些文化是什麼感覺，想想目前的團體跟你從前合作過或隸屬過的其他團體，有什麼差異。你要去捕捉社群力塑造團體成為一有機體的瞬間，亦即社群力讓群體大於個體總和的瞬間。

多數人都能直覺地感受到團體中通行的規定與行為準則。而想進一步，你可以去觀察這些規則的運作，讓自己更有意識地去理解這些規則：它們的存在是為了什麼？什麼樣的團體會訂這樣的規則？加深對組織內文化與規範的體會，將大大地助你優游其中並保持自身所需的安全距離。你不會傻到去想改變沒有人能改變的事情。說起必然會興起的派系，你最好的反應就是保持中立，不要讓自己成為各方爭奪的戰利品。你不需要為了滿足自戀的需求而加入任何小團體。**你在組織中生存，需要的是決策的自由與迴旋的空間，由此你的盟友要求多，權力基礎要求廣。**

你進行第二項功課的目的，是最大化你對現實的掌握。團體的一個特色是其內部會出現整齊一致但又極為偏頗的價值觀與世界觀。這些觀點會賦予較高的權重給符合自身成見的資訊，會誇大對手或敵人的某些特質，還會過於樂觀看待自身的各種規劃。夠過分的話，組織會把某些幻象當成信仰，而其行為會只差一點點就陷入瘋狂。**拉出一點縱深來對組織進行觀察，將有助於你意識到團體效應對人認知造成的扭曲，尤其如果你的生活已經與該團體難分難離。**做好觀察工作，你相應的戰略與決策都會產生更好的效果。

雖說團體都傾向於對成員的情緒或行為造成下拉力，但我們也可以設法去體驗或想像完全相反的情形——讓團體帶著我們向上提升。我們可以稱呼這種理想中的組織是一種「現實團體」，而其組成會是那些心胸開放、成果導向、富有合作精神，且願意貢獻其多元意見的成員。在堅守住個人靈魂之餘又能對現實有著牢牢的掌握，這樣的你將能參與此夢幻團隊的創建，並使其內涵更加充實（詳見本章下一單元對「現實團體」的闡述）。這種以不失去自我為前題來進行觀察的能力，在今日世界裡十分要緊，而我這麼說有兩個原因。在過往，屬於某個團體的意義在於換取安全與穩定。身為一名浸信會成員或天主教徒或共產黨員或法國公民，你能得到的是一組強而有力的身分與榮譽感。然而，隨著這些大型信仰體系的式微，我們已經失去了這種內心的安全感，但人性對於歸屬感的深邃需求並沒有消失。於是乎，不少人開始尋覓可以加入的團體，飢渴地求取志同道合者的肯定。比起古人，現代人的心防可以說是千瘡百孔，而這也讓我們動不動就成為旁門左道或政治運動的信眾。這讓我們高度有感於民粹領袖的影響力，也不管他們是如何愛秀下限，對歸屬感的渴望讓我們成了他們手到擒來的獵物。

古早那種超大型組織已益發罕見，我們現在組成的部落規模可以說愈來愈小，因為組織愈小，就愈能扮演好自戀的補充包。大型組織會啟人疑竇，而社群媒體助長了這種典範轉移，因為在網路上，任何人都能不費吹灰之力地把極具針對性的部落價值傳播出去，一不小心就造成瘋傳。惟這些部落的存在往往撐不了太久，它們會不斷地消失，又不斷地重新集結，重新分裂。這麼一來，歸屬感這種古老的心理需求將難以得到滿足，而欲求不滿的空虛會把我們逼瘋。

部落主義發源自最深沉、最原始的人性，而這種人性攜手如今日新月異的科技，造就出的便是不容小覷的危險性。千年萬年前讓我們能團結起來，增加存活機率的東西，現在卻成了可以讓人類物種滅絕的潛在凶器。部落會因為敵人的現蹤而感覺到自身的存在受到威脅。這當中幾無中間地帶。部落戰爭一旦打起來，都不會是普通的激烈與暴力，而是非常暴力。

人類的未來，或者應該說人類有沒有未來，端視我們有沒有能力超越這種部落主義，進而將全人類視為命運共同體。我們屬於同一個物種，也是同一批人類祖先的後裔，換句話說，我們是姊妹與兄弟。我們的差異都只是幻象而已。對於非我族類的想像，正是團體效應會帶來的一種瘋狂。我們必須將全人類視為一個超大型的現實團體，然後將深刻的歸屬感灌注進去。面對人類各種搬石頭砸自己腳的庸人自擾，有兩條解決之道。一個是我們必須在極高的層次上推心置腹，攜手合作。另一個則是我們得找回在部落中失落的務實精神。這並不是說我們要搞世界大同，然後揮別各種豐富的區域、地方與民族文化。事實上恰好相反，因為內涵的多元化正是現實團體鼓勵的對象。

我們必須達成一項共識是我們最優先屬於的，是人類這個種族。人類共同的未來才會是我們最終的歸宿，其他的追求都是一種倒退，都會非常危險。

宮廷與朝臣

任何型態的宮廷都很顯然會以領袖為中心。領袖就像供行星繞行的恆星，是朝臣的權位所繫。朝臣的地位高低，看的就是他們與領袖間的親疏遠近。雖說領袖的人設也是形形色色，但他們身邊有一股大抵舉世皆然的動能：朝臣（扣除憤世嫉俗的那一種，下詳）普遍會理想化當權者。他們眼中的領袖會比實情更加聰明、睿智、完美。這麼去想，他們拍起馬屁就可以心無罣礙。

這股動能，其實我們都不陌生，因為我們小時候都有過類似的心路歷程：我們都會理想化自己的爸媽，如此我們才能在他們的控制下取得較高的安全感。萬一他們是一對軟弱而又無能的傢伙，那被他們扶養也太恐怖了吧。在朝堂上與權威角色交手，往往會讓我們的心境退化到兒時家中的那種狀態。我們配合爸媽的權威來對自身做出的調整，乃至於兄弟姊妹等競爭者的存在，都會在成年人的朝堂上捲土重來。兒時深感自己必須使盡渾身解數來討好父母的我們，長大了也會是朝堂上的馬屁精。幼年時感覺兄弟姊妹在與我們競逐父母關注，所以憎恨他們、想要壓制他們的我們，會長大成為那種愛羨慕人、那種用冷戰去表達不滿的人。我們小時候是如何設法去霸占父母的關愛，長大了也會想要獨享領袖的專寵。

所以我們可以說按照兒時的發展模式，朝臣基本上會落入幾種典型，包括其中幾種人若累積了朝堂上的實力，會展現出相當的危險性。而這些人又往往特別善於假冒忠良，以利其在組織內部平步青雲。對於這幾種人，你絕對是預防勝於治療。下面我選擇了七種最常見的問題人物來介紹給大家。

密謀者

這種人非常難指認。他們貌似對老闆無比忠誠，也對團體本身毫無異心，乃至於他們工作起來的幹勁與效率都無人能敵。但這都只是他們戴上的面具，因為在看不到的場域，他們永遠都用盡心機想要搜刮權力。他們往往會小心翼翼地在暗地裡鄙視著老闆，因為他們覺得自己才真正更有才幹，有機會一展長才是他們深深的期盼。像這種人，很可能在兒時參與過父親關愛的爭奪戰。

在美國前總統尼克森的朝廷裡，就有這樣一位典型的人物，亞歷山大・海格（Alexander Haig, 1924-2010）。西點軍校出身的他是功勳卓著的越戰英雄，也是季辛吉以尼克森國家安全顧問身分所聘請的其中一名幕僚。季辛吉自個兒的小朝廷裡，不乏學霸型的人才，而海格無法在這方面與人一較長短。政策辯論時看不到他人，但他卻懂得調整自己去迎合主子季辛吉的想望與需求，由此在很短的時間裡，他就在一群幕僚中竄出了頭來。他整理季辛吉的辦公桌面、細心優化他的行程、把其他人不願意做的低階工作通通攬在身上，甚至還幫老闆思考某場重要晚宴的穿搭。他暗暗地忍受著季辛吉頻繁發作的火爆脾氣，但季辛吉所不知道的是海格的野心與他對自己的鄙夷，更不知道海格這些事情不是做給季辛吉看，而是給真正的大老闆尼克森看。

就在季辛吉晚上幾乎都在外頭飲宴的同時，尼克森會看到海格辦公室的燈永遠亮著。自身也是個工作狂的尼克森，忍不住會為了這種事情給海格加分。當然，海格都是挑尼克森看得到的晚上加班。就這樣過沒多久，尼克森就開始把海格借來使喚。一九七三年，就在水門案的風頭上，尼克森任命了海格為他的白宮幕僚長，而這惹怒了季辛吉——季老覺得被利用就算了，現在還得叫海格一聲老闆。更糟糕的是，海格已經近距離觀察過季辛吉的所有弱點，所以手上有很多他前老闆見不得光的東西。季辛吉心想，海格一定會把這些好料拿去跟超八卦的尼克森分享。表面上對同僚而言，海格像是個朋友，不容易對他有戒心。但背地裡海格可是會剷除異己、竊聽電話、偷別人的創意，為了升官發財而無所不用其極。

隨著水門案的危機加深，尼克森陷入低潮，海格開始掌握白宮機器的運行，而且其野心之大讓許多人在訝異之餘更覺得噁心。有數個月之久的時間，海格所作所為等於是有實無名的美國總統。這樣的模式在他的政治生涯中不斷反覆。雷根政府時代，他在總統於一九八一年遇刺受傷後對記者這樣說過：「這裡歸我管。」

在指認這類型人物的時候，你必須要避免被其表面上的效率、忠誠，甚至於是魅力所蒙騙。你要去注意他們的各種心機與手腕，跟他們比耐心，靜候他們露出馬腳。你要去觀察他們過往有沒有耍權謀的跡象。他們往往具有強大的「扶龍」性格，很多王者都會靠他們上位。你要去注意他們是如何在小地方討好老闆，順便提升自己的價值。你要知道當他們看著你的時候，他們腦子裡想的是如何把你當成工具來利用，以至於如何能踩著你往上爬。因為覺得自己天縱英才，所以他們完全可以為了升官晉爵而不擇手段，一點都不會有罪惡感。你最好能與他們保持距離，不要變成他們的棋子或敵人。

煽動者

這類人普遍渾身充滿不安全感，但卻極善於不在朝堂上露出破綻。他們內心有一口深井裡全是對人的妒恨，他們討厭那些比起自己，擁有很多美好事物的別人，而這也是他們從小就形成了一種模式的心路歷程。他們的套路是會去在團體中散播懷疑與焦慮的病菌，煽動各種亂局，讓自己處於事件中心，然後藉此拉近與領袖的距離。在挑起事端的時候，他們會把讓自己心生羨嫉的其他朝臣當作目標，針對其進行各種影射與造謠，順便喚醒其他朝臣的羨慕之情。領袖想知道誰暗地裡不是那麼忠於其主，煽動者就會跳出來加油添醋。**他們惟恐天下不亂，專攻趁火打劫。**

朝中要是突然有人叛變，不用懷疑，煽動者一定脫不了干係。朝堂上想要有看不完的八點檔，一個煽動者就絕對夠嗆，而當你以為所有人都會因此度日如年時，煽動者其實會私心覺得自己非常爽。他們會小心翼翼地不露出任何馬腳，說的每句話都道貌岸然，超級政治正確，並且對同志的背叛顯得深惡痛絕。他們會投射出一種忠心耿耿的形象，以至於旁人很難把各種詭計多端懷疑到他們身上。

遇到團體中有人「無私地」與你分享某宗謠言，你就要當心了，你面前所站的可能就是煽動者本人，而你哪天也可能成為他們口中謠言的主角。若你覺得團體正像得了怪病似地為某種模糊的威脅感到惶惶不安，你該有的反應便是正本溯源，找出謠言的起點——煽動者可能就在你的身邊。這種人相當賊，他們會擺出一副陽光正面的態度，來掩蓋內心瘋狂湧動的負能量。你要透視他們的面具，捕捉到他們幸災樂禍的微表情。在與煽動者交手的時候，萬萬不可單刀直入或若有似無地對他們有所不敬。這種人對被他們汙衊的人冷冷冰冰，但對自己被別人說三道四卻爆炸介意。而再顧及他們遠不如你容易有罪惡感，這些人肯定會不擇手段，使出各種陰招來對你的人生造成傷害。

守門員

這類人所玩的把戲，其目的是要獨占領導者的聯絡管道，讓可上達天聽的資訊流成為他們的專利。他們在不惜利用人來向上爬的這一點上，與密謀者有相似之處，但守門員的特殊之處在於其目標不在奪權。推動他們行事的心境是一方面偷偷看不起組織裡的其他人，一方面又對領袖本人崇拜得很。他們能達到一人之下萬人之上的位階，往往是藉由對領袖的天縱英才與完美無缺不斷地美言。守門員能做到這樣，是因為他們理想化了領袖（甚至覺得領袖有點撩到他們）。他們對領袖極盡諂媚之能事，藉此讓領袖的自戀傾向獲得滿足。身為守門員，他們會把討人厭的其他朝臣擋在門外，讓最高領袖不用被雞腸鳥肚的政治傾軋汙染，而這也正是守門員對領袖的價值所在。

在與高層拉近距離的過程中，他們也能看到領袖們不為人知的黑暗面，順勢探得上位者的弱點。而這一點會在不知不覺間，把領袖跟守門員綁得更緊，因為領袖會擔心得罪了守門員，自己的祕密就會守不住。對所傾慕的領袖具有這等影響力，便是守門員希望的終局。這種人也可能成為朝堂上的糾察隊，其他人都得在他們的督導下，都不容許忤逆領袖的信念與想法。

一旦守門員型的人獲得權力，他們會危險得不得了。稍微惹到他，你與檯面上最重要的人物就再也連絡不上，各種好處再也不會有你的份。想及早意識到身邊有這種人，他們最好辨識的特徵就是附和起老闆時令人作嘔與面不改色。這類人顯然在其他朝臣與最高領袖面前，是兩副完全不同的嘴臉，而你可以設法在一切都太遲之前蒐集好他們是雙面人的證據，讓領導人看個清楚。只不過比起你，他們普遍把老闆的弱點摸得非常熟，也非常知道這些弱點如何運用。他們小指一彎，就可以讓你一切的努力翻盤。所以說一般而言，你最好還是承認他們不好惹，然後與他們相安無事。**若你本身就是領袖，那這種人你不得不防，因為他們會造成你與基層的隔閡，而隔閡對領導者而言，原本就危險而要不得。**

陰影啓動者

領袖經常處在一個很為難的位置。他們必須為團體裡發生的事情負責，而伴隨責任就會產生壓力。而在此同時，他們又必須顧好聲譽，讓自己無須受到任何責難。比起一般人，他們更需把自身的陰影（見第九章〈面對你的黑暗面〉）藏好。那可能是他們落在婚姻關係外的情慾，可能是對身邊所有下屬的猜忌，又或許是渴望著對死敵施以暴力。領袖或許沒有這樣的意識，但其實他的諸多陰影都嘶吼著想見得天日，而這也就提供了陰影啟動者這種絕頂聰明又有著毒蠍用心的人，一個趁虛而入的契機。

這種人往往跟他們的陰影相當親近，他們深知自己的黑暗面想要傾巢而出。小時候的他們多半就深深感覺到這些見不得光，必須強壓下來的欲望。然而，愈是壓抑，這些欲望就益發強大，益發化身為一種執念。長大成人後，他們會尋找可以祕而不宣的夥伴，一起讓這些欲望出來透透氣。他們有很靈敏的雷達可以偵測到他人心中壓抑的欲望，包括對領導人。他們會在對話中開啟有些禁忌的話題，但不會讓你覺得有壓力，甚至還會讓你覺得詼諧開心。領導人會慢慢陷入這種情緒，然後開始守不住祕密。在與領袖的陰影建立起連繫之後，啟動者便會開始得寸進尺，建議領導人採取某些行動來抒發自己的壓力，而且還自告奮勇地要安排一切細節，順便當白手套來保護老闆。

查爾斯・柯爾森（Carles Colson）作為尼克森總統的機要，就為自己創造出了這樣的角色。他知道自己的老闆覺得敵人環伺而相當沒安全感。此外尼克森還相當不安於自身的男子氣概。綜合這兩者，他一天到晚就想要嚴懲敵人來一展雄風。對於無法將這些欲望付諸實行，他深感挫折。柯爾森抓住這一點，引導尼克森在內部會議中吐露心聲，然後或有似無地暗示主子可以扭轉這一點，包括用計去報復尼克森恨之入骨的記者。這些計畫於尼克森而言都太誘人、太療癒了，他抗拒不了誘惑只是遲早的問題。由於柯爾森私下也是個虐待狂，所以拱尼克森去做這些事情，也能供他滿足變態的私慾。

在任何朝堂上，都少不了會有一些沒品的人。他們活著就是為了暗算別人或扯人後腿。他們表面上不會特別暴力，只不過內心比較不會自我反省。若他們兼具有陰影啟動者的身分，並靠三寸不爛之舌成為老闆身邊的寵臣，那你想對抗他們就幾無勝算了。跟這些人過不去，實在太兇險了。除非他們所計畫的東西真的太過大逆不道，不阻止他們會天下大亂，否則為了明哲保身你最好還是選擇置身事外。好消息是他們的生涯發展很容易腰斬，因為一旦他們所鼓吹或代辦的事情被攤在陽光下，這些人就很容易被選為替罪羔羊。要注意他們會跟你玩遊戲，而你絕對不能聽從他們用來誘惑你的各種餿主意。清清白白的名節是你最重要的寶貝。對這種人就是距離保持好，禮貌顧到就好。

朝中的弄臣

弄臣也幾乎是每一個朝堂的標配。他們過往有一個既定的形象是會戴著鈴鐺與綵帽，但現代版的他們可就形形色色得多了。他們可以是那個在朝堂上目空一切，看什麼都不順眼，都要嗤之以鼻一下的人。這樣的他們有免死金牌可以拿幾乎每個人跟每件事來開玩笑，包括對領導人都可以偶爾來一下，因為領導人會想要藉此表演一下肚量，證明自己沒有安全感跟幽默感不足的問題。另外一種弄臣是馴養的頑皮鬼。被豁免的這群人不用穿制服，不用緊張兮兮的注意自己每一次舉手投足，想法上也可以比較天馬行空。由此他們給人的印象會比較招搖。開會的時候不同於別人，他們可以提出與團體看法相左的瘋狂意見。這種特立獨行的人只要存在，就能證明領導者鼓勵組織內的言論自由與腦力激盪，或起碼在表面上有個三分樣。

這些人會陷入這種角色，是因為他們內心深處藏著對責任與失敗的恐懼。他們知道身為弄臣，自己說的話不會有人當真，職務上也不會被真正授權。搞笑的言行讓他們在朝堂上處於壓力的真空區，因為不會有人期待他們說到做到去推動計畫的執行。他們的頑皮與叛逆，從來不會真的威脅到現狀的存續。事實上，弄臣的存在會讓團體中的其他人覺得比起這個傻蛋，自己相對高出一等，於是他們便會比較心甘情願地去安於平淡。

千萬不要看到這些弄臣，就覺得得到了啟發，就想要去效法他們。每處朝堂基本上都只會有一名弄臣，而這不是沒有原因的。即便你感覺到有力量拉著你去反抗團體的常規，你也要盡可能別表現得太明顯。現代朝堂往往可以容忍人在打扮上標新立異，但說起想法與政治正確，他們就不會有那麼多容錯空間給你。你最好是能夠只在私生活的範疇中做自己，要在公領域任性請先累積足夠的權力。

反射者

這種人常常是朝臣中混得最好的一群，因為他們可以把首尾兼顧、左右逢源的遊戲玩到極致——他們善於同時討得領袖與同僚的歡心，藉此維繫廣大而穩固的支持。他們的權力奠基於每個人內心都存在的一股自戀。他們會像鏡子長了腳一樣，把人的心情與想法反射回去，讓人覺得自己得到了認可。**由此反射者比起馬屁精的高明之處，就是他們不會讓人察覺到自己操弄人心的痕跡**。

在小羅斯福總統的朝堂上，他的勞動部長與長年的幕僚，法蘭西絲・柏金斯（Frances Perkins）就是段數極高的反射者。她極具同理心，可以察覺到小羅總統的情緒，然後順勢做出調整。她知道他喜歡聽故事，所以但凡她要向總統報告任何事情，她都會循著一條故事線來進行，而這就讓她在小羅斯福面前加了很多分數。總統講大小事情，她都聽得比誰都還津津有味，事後還可以一字不漏地「引經據典」，讚美總統的精闢見解，而這也證明了她真的有把總統的話給聽進腦子裡。

如果她想建議什麼事情，但知道會有阻力，她會將之包裝成總統的舊主意，然後在當中偷渡一些自己的調整。她有能力去解讀總統各種笑容的意義，藉此判斷出自己該衝或該停。她絕對會做到的一件事情，就是附和小羅斯福認為自己是高貴的鬥士，在為了所有被奴役者而戰的想法。對其他同朝為官者，她會讓人絲毫感受不到威脅，她會隻字不提自己對總統的影響力，還會一視同仁地對每一位同僚施展不打折扣的個人魅力。這麼一來，別人真的很難把她當成假想敵，也不會妒羨她擁有的權力。

反射者這種角色，是你可以考慮在朝堂上扮演的人格設定，因為這能給你帶來權力。但想要成功進入這種角色，你必須要有識人之明，要能對他們給的非語言線索有所掌握。你要反映的不是他們的想法，而是他們的心情。心情得到你的回應，會讓人對你刮目相看，對你降低戒心。面對領導人，你必須要知道他們理想中的自己生得什麼模樣，然後換不同的方法去表達認同，甚至於可以鼓勵他們朝理想前進。身居高位的人會比你想像中的還要孤單寂寞，沒有安全感的他們會把你餵食的這些甜言蜜語舔到最後一滴。如同前面講到過的，過於直白的馬屁會倒打你自己一耙，因為你會太容易被看破手腳，但反映者即便被看穿，對方也不會討厭你，甚至還會希望你不要停。

寵物與沙包

這兩種人占據了朝堂上最高與最低的位階。每個當國王或女王的人都一定有屬於他或她在朝堂上的寵物。較之其他類型的人得靠工作效率或卑躬屈膝來獲得權力，寵物的崛起往往是因為他們與主上建立了有如朋友般的個人關係，包括他們早先可能會很休閒地與領袖交遊，但又不會對其不夠尊重。話說不少高位者都極度渴望能不用老是那麼正經八百地發號施令，由此寂寞的領袖會時不時選出一個寵物來分享祕密或授予恩寵，而這自然會引發其他朝臣眼紅。

寵物的位置充滿了凶險。首先，這種身分是領袖的恩賜，靠的是領導人的偏愛與寵幸，但人的喜好變化萬千，加上我們對朋友的言行都比較在意，一個不小心感到失望，主上就有可能覺得遭到背叛，原本的喜歡就會變成憎恨，朋友就會變成敵人。再者，集萬千寵幸於一身的這種人往往會目中無人，而說不準領袖哪天就會覺得不能繼續放任。各種特權本來就會引發不滿，傲慢則更會讓這些人的人緣積重難返。由此這些人一旦失寵——歷史上的慘案所在多有——從天堂到地獄的過程會讓他們摔得極重。沒有人會替他們講話，而他們也沒有一技在身，以至於他們會在失寵後走投無路。**盡可能不要讓自己受到誘惑而成為寵物，盡量讓成就與功能性成為自身價值與力量的來源，如此你才能免於看人臉色吃飯。**

就跟小朋友的遊樂場一樣，大人的朝堂裡也幾乎都會有一個人扮演沙包的角色，這代表所有人經過都會想嘲笑一下他，覺得可以把他踩在腳底下。現代人比較有人權觀念，比較不敢亂來，但沙包的存在是一種根深蒂固的人性需求。我們需要工作無能、想法過時、膚淺幼稚，集各種異常與缺點於一身的沙包來襯托出自身的優秀。大部分人都是在背後嘲笑他們，但他們一定能察覺到異狀。不要加入這種霸凌的行為，因為這會讓你變成鐵石心腸，無助於你變成一個更高尚的人。你要把朝中的每個人都視為盟友的候選人。試著在優勝劣敗你死我活的朝堂上與沙包成為朋友，給大家示範一下做人的道理，也讓那些人知道殘酷的霸凌行為跟好笑完全扯不上關係。

現實團體

但凡一群人在某項事業上慘遭滑鐵盧，我們經常會看到的一種情勢發展如下：率先出現的反應會是目光聚集在關鍵人物身上，然後指責開始一擁而上。這名關鍵人物可能是野心過大、帶著組織步上失敗之路的領袖，可能是執行不力的副手或中堅幹部，也可能是詭計多端的難纏對手。甚或當中也會有時運不濟的成分。事後領袖可能負責下台，幹部可能遭到辭退，團隊可能啟動換血。高層可能會從失敗裡學到若干教訓，然後在組織內分享出去。團體中的每個人都因此感到滿意而覺得工作可以繼續下去。就這樣幾年的時間過去，幾乎相同的問題與失敗又重新降臨，最終被回收再利的解決方案仍不見新意。

這種老哏的模式會不斷重複，理由很簡單：問題的癥結是組織運作的失調，至於腦充血的領導跟不管用的幹部都只是組織運作失靈的結果。除非把問題的因給處理好，否則果只會不斷地換張臉出現，這是個治本才能治標的概念。

在失能的企業文化裡，組織成員會搞不清楚自己該扮演的角色為何，也不知道組織的大方向在朝何處前進。在這樣的混亂當中，個人就會開始優先考量自身的利益，而這也就會衍生出派系問題。在擔心自身地位多於擔心組織發展的狀況下，他們的自尊會敏感至極，他們會極其計較誰拿得多、誰拿得少。在這種劍拔弩張的氣氛下，團體中的害群之馬——煽動者，乃至於其他沒品的男男女女——會想方設法去無事生波或自我標榜。那些正事不幹，只會靠三寸不爛之舌而在政治上工於心計的傢伙，將因此受到賞識上位而進占重要的職位。平庸就此受到了肯定與獎勵。

領袖會發現自己被機關算盡的內鬥給綁住了手腳而寸步難行。此時為了自我安慰，他們會密不透風地在身邊安插講話中聽的寵臣，讓自己被捧在手掌心上。在這樣的一言堂上，領袖會發想出一個又一個餿主意來自我膨脹，而毫無風骨的朝臣盡會在一旁鼓掌。這種風氣不改，你開除再多的老闆或幹部也於事無補，因為輪替上來的新人也同樣會被惡質的企業文化給汙染。

想避免陷入這樣的輪迴，我們的觀點必須有所改變：相對於一出包就把箭頭指向該負責的人，對他們落井下石，我們必須檢討的是整體的企業運作機制。修復好企業機制，催生出正向的企業文化，不僅能讓我們閃避掉上述的營運弊病，還能讓組織中啟動向上提升的進步動力。

至於要讓組織中存在可順暢運作的健康企業文化，我們就必須腳踏實地，縮小我們與現實的距離，而最根本的現實就是：組織存在是為了達成目標、製造產品，解決問題。組織會有特定資源可以利用，包括組織成員的勞動力與腦力、公司本身的財力。組織會在特定的環境裡運行，而這幾無例外地都會是一個高度競爭且不斷改變的環境。一個健全的團體，會把重點放在工作成果上，放在資源利用的最大化上，也放在對必然的變遷進行適當的調整上。因為不浪費時間在無止盡的政治角力上，所以這類團體可以在運作效能上起碼十倍於功能不彰的其他團體。這類團體可以讓成員釋出最菁華的人性——同理心、高度的團隊合作精神。這對我們所有人而言都還是一種理想，而我們可以姑且將之稱為現實團體。

當然，貨真價實的現實團體在歷史長流中屬於鳳毛麟角——某種程度上符合其定義的有知名的拿破崙軍團，有早年由湯瑪斯·華生（Thomas Watson）主掌的IBM，有小羅斯福總統的第一任內閣，有名導約翰·福特（John Ford）一手打造且並肩奮戰了幾十年的電影拍攝團隊，有「禪師」菲爾·傑克森（Phil Jackson）擔任總教練期間的芝加哥公牛隊。從這類案例中，我們能學到的寶貴心得是現實團體的組成，以及領導者能如何去打造出現實團體。

以下是五種可以用以達成這個目標的策略，而且五招要並用。記住若你所承接的是根深蒂固的劣質企業文化，那麼你要成功的難度自然會比較高，花的時間也會比較長。你要堅定自己改革的信心，展現足夠的耐性，並要小心提防自己不會在染缸中被同化。你要想成自己是在打仗，而敵方不是某個個人，而是讓業務推動窒礙難行的整個團體文化。

注入集體的使命感

那股推著人去想要歸屬並融入某個團體的社群力量，可以供你加以掌握，然後導入到有建設性的用途。想做到這一點，你首先得豎立起一個理想——讓團體具有一個確切的努力方向，一個能把大家團結起來的光榮任務。這可以是做出一個獨特而優秀的產品來讓人類活得更輕鬆、更幸福，可以是改善弱勢者的生活環境，可以是解決看似棘手的問題。這就是群體所面對的終極現實，就是組織成立的初衷。這個使命不能模稜兩可，不能曖昧影射，而必須要清清楚楚、明明白白地在眾目睽睽下晾著。不論身處哪個行業，你都得追求卓越，都要設法讓產品品質的提升成為你的志業。**賺錢與出名都應該是你追求卓越與理想的自然結果，而不該是一開始就鎖定的目標。**

這一招要行得通，團體必須要按照你的吩咐確實執行。任何上有政策、下有對策，或是欺上瞞下，讓理想與現實勞燕分飛的做法，都會讓你的努力毀於一旦。為此你可以建立一個績效表來追蹤團體達成理想的進度。團體中大家原本就很容易忘記初衷，尤其是在有了一點小成功之後。所以你的責任，就是不斷提示同志把任務放在心裡，而你本身則應莫忘任務的細節可以與時俱進，但其核心走向絕不能有所飄移。

我們常愛把人的行為簡化成最低劣的動機——貪婪、自私、想出名。當然，我們確實都有卑劣的一面。但這不代表我們沒有高尚的一面，只不過我們的那一面往往在這個殘酷的世界裡深感挫敗，找不著出口將自己表達出來。這時若我們能讓人感覺自己屬於一個團體，而這個團體的存在又是為了創造一種重要的東西，那這種想要高尚一回卻鮮少能如願的欲望就能得到滿足。成員們一旦嘗過這樣的甜頭，他們就會有動力去維持住這種正能量的運作。團隊精神一旦獲得提振，組織內的自律性就會提升。小鼻子小眼睛的自私鬼會突然變成眾矢之的，進而遭到孤立。一旦組織存在的宗旨為何清楚了，自己該扮演什麼角色也明白了，團體中的每一分子便比較不會去組成派系。只要所有人的目標一致，同心同德，組織裡不論要推什麼東西都會水到渠成、事半功倍。

組成適任的中堅幹部

作為現實組織的領袖，你必須專心致志在大方向與總體目標上。而人的精力是有限的，你得省著點用。而這時候你最要避免的，就是對於授權的恐懼。一旦陷入微管理的陷阱，你的心靈就會遭到細節大軍與朝臣內鬥的蒙蔽。你身為領袖的困惑會一階階往下滲漏到基層，讓第一招的效果遭到全數抵銷。

你得從一開始就做對的事情，是培養出一組中階的心腹來遂行你個人的意志，完成組織的使命。你要能信任這群人，把任務的執行面交到他們手裡。而想挑出對的人，你就得有對的遴選標準——你不可以以貌取人，也不可以用人唯親，而必須要恪遵選賢與能。你還得審慎顧及候選人的人格。有些人或許能力過人，聰明絕頂，但到頭來他們的個性與自私仍會成為組織的負累，拖垮組織的團結（人格的評斷可複習第四章〈判讀人格強度〉）。

你該選入這個團隊的，是那些各有所長，而且技術為你所不及的成員。他們得對自己該扮演的角色心裡有數，由此你所組成的該是一支成員秉性不同、背景不同、創意也不同的團隊。他們要有意見能直言不諱，有想法能主動出擊，一言一行都落在組織宗旨的框架內，但也能適時挑戰一些過時的內規。感覺到是團隊的一分子，但又能在任務中帶進自己的創意，這樣的組合會激發出人最大的潛能，然後這種精益求精的精神又會感染到整個團體。

不論是在你精挑細選的執行小組裡，還是在包括所有人的大團體裡，你都得確保每個人受到基本公平的待遇——沒人能有特權，獎懲要公正不阿。誰沒辦法身體力行組織的理想，誰就該退場。一旦這樣的文化建立起來，日後你不論引進多少新血到執行小組裡，他們都會自然而然受到健康的動能吸收而成為組織的一分子。你要能身先士卒，跟所有人一樣該犧牲就犧牲，這樣組織裡任誰都會很難心生怨恨。**而剷除了羨慕與怨恨，你就剷除了派系分裂與政治鬥爭。**

讓資訊與想法自由流動

隨著組織演化發展，你最大的風險是周遭會慢慢形成一個泡泡。手下的用心或許是想替你分憂解勞，但最終的結果卻會是讓你對組織中的動態毫無所悉，你收到的會是過濾完的資訊。在不知不覺中，部屬們會在你面前只報喜不報憂，重要的雜訊也會被調成靜音。你對於現實的掌握會慢慢變得扭曲，由此你將無法做出最明智的決定。

在不被細節淹沒的前提下，你必須要建立起一個非常不一樣的組織文化。**你要將想法與資訊的公開透明，包括關於對手、關於時事與民意、關於你受眾的各種消息等，視為是組織存續的命脈。**拿破崙能在戰場上所向披靡，靠的這就這項祕密。他會不厭其煩地親自閱覽由從野戰元帥、將領，一路向下到小兵所發回來的簡要軍情。廣納各種意見，讓他對部隊的表現與敵人的行為有非常立體化的理解。他在決定戰略前會想盡可能掌握更多未經過濾的資訊，但也會控制軍情報告在合理的數量。**視角的多元，絕對是他能在前線洞燭機先的關鍵。**

要達到這種境界，你必須要鼓勵高層與基層人員有話直說，讓他們不擔心坦率溝通會產生不好的後果。你要去聆聽阿兵哥的心聲，要讓內部會議成為百家爭鳴的場合，席間沒有誰得過分擔心傷了別人的自尊或不小心得罪誰。你要追求的是意見的多元，而要促成大家暢所欲言，你必須讓自己的偏好保持隱晦，因為你的偏好一旦曝光，會議就會立馬變成一言堂。有心的話，你甚至可以引入外部的專家或意見領袖來拓展同仁們的視野。

議論過程的廣度愈寬，組織與現實的連結就會愈強，你的決策品質就會愈好。當然，這樣的過程會多花你一些時間，但比起討論過於冗長，輕率才是我們真正該擔心的問題，**因為大部分人的錯，都不是錯在鑽牛角尖，而是錯在用不全的資訊做出匆忙的決定。**對你來說，對資訊透明度的追求絕對是永無止境：每做成一個決定，你都應該要跟同仁們分享自己的決策過程與想達到的目的。

以開放與溝通為基礎延伸出去，你會希望組織內部產生自我檢討與反省的能力，尤其是在犯錯或挫敗之後。試著把失敗轉化為一種具有建設性與正能量的體驗，讓團體的整體運作取代找替死鬼背鍋，成為討論的重點，畢竟失敗就代表組織運作有不足之處。你會希望組織不斷學習，不斷進步，而從錯誤中多學到一點，組織在未來的行事上就會更有自信一點。

用具有建設性的情緒去感染團體

在群體環境下，人會自然而然地變得比平日感性，也更容易汲取到他人的心情。你必須因應這種人性，用適當的情緒組合去感染團體，以便讓這種狀況朝正向發展。身為領導者，絕對有比誰都還強的能力去影響組織成員的心境跟態度。正面的情緒，必然包括冷靜。菲爾．傑克森（Phil Jackson）作為美國職籃史上最成功的總教練，就注意到很多同僚教練者會在賽前試著帶起球隊的氣氛，他們會設法讓球員興奮起來，甚至生起氣來。但菲爾．傑克森覺得更好的做法，是讓球員在賽前冷靜下來，因為冷靜的球員才有辦法執行擬好的戰略，而不會在比賽當中因為各種起起伏伏而失了方寸。作為這種策略的一環，你要永遠讓團隊專注在具體任務的完成上。只要很專心地想完成任務，同仁們自然會腳踏實地而頭腦冷靜。

用發自內心的決心去感染群體

你要不因挫折而氣餒，要再接再厲，集中精神於問題的處理。你要展現出韌性與毅力。只要團體能感知到你的決心，那同仁們就會不好意思為了一點不如意而歇斯底里。你可以嘗試用信心去感染自己帶領的團體，但要小心別讓自信變成自我膨脹。你跟組織的自信都得有實績作為根據。定期改變一下例行的工作程序，用有挑戰性的新任務去測試同仁們的應變能力。這將能把他們喚醒，讓他們暫停得意忘形，畢竟志得意滿是任何小有成就的團體都容易犯的毛病。

最重要的是，展現出無所畏懼的態度，對新點子來者不拒，可以讓同仁的心態獲得極大的療癒。原本像個機器人的他們會更願意卸下防禦心，學著在思想上更為獨立。

打造一支百戰不殆的勁旅

身為領導者，你不能不知道把自己的團隊摸熟，不能不對其優缺點跟最大的潛能有徹底的了解。但有時候光看表面，你是會被騙的。在日常的工作中，同仁們可能看似幹勁充沛，向心力十足，而且生產力也相當不錯，但一旦稍遇壓力，甚至於遭逢危機，他們就會瞬間讓你看到另外一面。他們有些人會因為團隊精神渙散而開始替自己打算，有些人則會焦慮到讓其他人都受他們的負能量感染。所以說你必然得有所掌握的一項現實，就是你所帶領團隊的真實戰力。

為了做好準備來迎接危機，你要懂得如何去評測人心理素質的相對強度。你可以用稍有難度且時間比較趕的任務，去測試各個同仁的壓力承受度，看看他們究竟是真貨還是濫竽充數。此時有些人能證明自己是比賽型的選手，表現不俗之外還甚至能在壓力下自我突破。像這樣的鎮隊之寶你就要好好捧著、留著。或者你可以親率團隊挺進新鮮而略有風險的行動當中，然後在過程裡觀察每個人在紊亂與不確定性的環境下如何臨機應變。當然如果今天是有危機或失敗不請自來，你也可以不用白不用地去順帶檢驗一下團隊成員的堪用程度。你可以開放幾個名額，讓人用其他才華去彌補膽識的不足，但這樣的例外人數也得有個限度。

畢竟到了最後，你的目標是能培養出一支能打仗的部隊。他們要出生入死過幾回，過程中的表現不能太過慘烈，而如今的他們要能好意思說自己有實戰經驗。這代表不會一看到新的障礙就軟腿，甚至還能在挑戰裡有樂在其中的感覺。有了這樣能打的團隊，你的下一步就是慢慢去測試、拓展他們的極限，讓他們覺得有努力向上去迎接挑戰、證明自身實力的動能與空間。屆時面對再艱鉅的難關，這樣的團隊也能八仙過海。

最後，我們會想要關注的是個人的心理健康，乃至於治療師能不能在他們的問題上派上用場。但有一點我們可能沒有想到，那就是身處於失能的團體中，真的有可能會讓人變得不穩定與神經質。反過來講，若你能加入成為運作順暢的現實團體一員，那我們就能讓自己的心理狀態出落地健康而完滿。參與這些優質團體會是能改變我們一生的難忘體驗。我們會學習到高層次的合作是怎麼一回事，會發現自己的命運與旁人交纏得千絲萬縷。我們會發展出高度的同理心，會從團體中學到東西，進而獲致對自身能力的信心。我們會腳踏實地與現實產生聯繫，會加入到團體中讓人想力爭上游的上升氣流，會不辜負人性所託地在高層次上實現我們的社交稟賦。我們身為有所啟發的人類，職責所在便是要盡量多創造些這樣的團體，藉此打造出一個更健康的社會。

> 瘋狂於個人是例外——但在團體、黨派、民族與各個時代裡，則是常態。
>
> ——尼采

〈第十五章〉

讓人想要追隨你

反反覆覆的法則

雖然領導風格的潮流會隨著時代變遷，但有一件事總不會變：對當權者總是拿不定主意又愛又恨。人總是會希望有人領導，但同時也想要自由自在；他們想獲得保護而繁榮昌盛，但又什麼都不想犧牲；他們一面尊王，一面又想弒君。當你身為團體領袖時，大家會眼巴巴地看著你，一旦你示弱或吃驚就會一擁而上把你踹下來。不要不好意思質疑現代的政治正確，那樣只會讓你被假道學晃點，自以為跟下屬平起平坐或跟他們當朋友，像哥兒們一樣，就可以換得他們的忠誠。現實是別人會懷疑你的力量，會猜忌你的動機，會口服而心不服地接受你的領導。權威是一門繁複而細膩的藝術，其講究的是一邊創造出權力、正當性與公平性的表象，一邊認同你是在服務著他們的領袖。想要領導，你就得趁早摸熟這門藝術。只要取得了眾人的信任，他們就會願意追隨著你，即便情勢不利也不離不棄。

有種詛咒，叫作自命不凡

一五五九年一月十四日，那個星期六的早晨，英格蘭人不分男女老幼與階級尊卑，通通開始朝倫敦的街道上聚集。等明天加冕之後，他們就會有一位新的國家領袖，二十五歲的伊莉莎白・都鐸（Elizabeth Tudor），也就是歷史上的伊莉莎白一世。按照傳統，新君主要帶領子民在市區裡遊行，而對大多數老百姓來講，這會是伊莉莎白給他們的第一眼印象。

群眾裡有人十分焦慮，因為當時的英國財政相當窘迫，政府身陷債務之中；大城市裡四處有人行乞，竊賊橫行鄉里。尤其糟糕的是，英國剛歷經了一場形同內戰的衝突發生於天主教徒跟新教徒之間。伊莉莎白的父王亨利八世（1491-1547）創建英國國教，並倡議要將英國改成信奉新教的國家。亨利八世與第一任妻子所生的女兒，在一五五三年登基成為女王瑪麗一世，她決定要推翻父親的主張，讓英國重返天主教的懷抱，由此她針對異端發動了宗教審判，而這也就是她「血腥瑪麗」渾名的由來。一五五八年底瑪麗一世駕崩後，伊莉莎白理應依序繼位，但這時候的英國，真的適合讓一個這麼年輕又沒有經驗的女子來統治嗎？

但也有些人在審慎中抱持樂觀：就像占多數的英國人一樣，伊莉莎白是堅定的新教徒，肯定會讓英國國教重新掌舵。惟不論是樂觀或悲觀，都沒有人真的知道她太多事情。在亨利八世以羅織的罪名處決了第二任妻子，也就是伊莉莎白的母親安妮・博林（Anne Boleyn）之時，伊莉莎白還不滿三歲。她開始成為一個又一個繼母之間的人球，在朝中的存在感也幾近於零。英國百姓知道她有過艱辛的童年，知道瑪麗一世恨她入骨，一五五四年甚至把她打入倫敦塔這處冷宮（瑪麗曾想以謀逆共犯之名要伊莉莎白的命，但蒐集不到充分的證據）。這些人情冷暖與驚滔駭浪，對年輕的伊莉莎白產生了什麼樣的影響呢？她究竟是跟父親一樣衝動魯莽，還是跟她同父異母的姊姊瑪麗一樣，眼睛長在頭頂上？在國家亟需要一名好女王的此刻，大家都想對這位新領袖有更多的認識。

對英國人而言，遊行日是歡欣鼓舞的場合，而伊莉莎白也沒在這一節上讓百姓們失望。她把場面弄得熱熱鬧鬧，繽紛的彩帶妝點在民房的外牆，大大小小的旗幟飄揚在每一扇窗邊，樂手跟弄臣也走出宮外，沿街討群眾喝采。

隨著天空降起小雪，準女王親自現身在街上，而她所至之處，民眾紛紛安靜下來。搭著開放式的轎子，她身穿最美麗的金色皇家衣袍，搭配最耀眼的珠寶。她有一張迷人的臉蛋，外加水靈至極的深色眼睛。但隨著遊行的行列邁進，五花八門的表演向她致敬，英國百姓看到了一件他們從沒見過，也無法想像的事情：女王開開心心地在與民眾互動。她專心聽著窮到不能再窮的倫敦底層百姓在向她訴願，或對她的統治獻上祝福，泫然欲泣的女王有淚水在眼眶打轉。

她說話的口氣十分平易而不做作，自然到簡直有如庶民。群眾的熱情讓她受到了鼓舞，而她對街頭巷尾民眾的熱愛也有目共睹。一名年長的貧窮婦人給女王獻上了一枝枯萎的迷迭香，希望祝她好運，而她一整天都將它抓在手裡。

一名目擊者的筆下如此形容伊莉莎白，「贏得人心的能力若是一種天分或一種風範，那我們的女王肯定做了最好的示範⋯⋯她的五官始終不曾偷懶，而其每一次都拿捏得恰如其分：她的眼睛會注視著第一個人，耳朵聽聞第二個人，判斷力掃過第三個人，言談針對第四個人；她的精神看似無所不存，但集合在她身上卻又不失完整，完全沒有心不在焉的病症。她會憐憫某些人，讚許某些人，感謝某些人，機智而不傷人地調侃某些人⋯⋯並同時放送她的笑靨、眼神、與雍容丰采⋯⋯一舉一動都讓人加倍地見證她的喜不自勝，而最後，再將每個部分的呈現都拉高到最大的強度後，她會以女王的身分，用毫無保留的褒揚讓所有人如雷貫耳。」

那天晚上，白天發生的事情傳遍了倫敦城的街頭巷尾。不論在酒館還是家中，大家的話題都是伊莉莎白那怪誕而震撼人心的表現。國王或女王的身影在公眾場合並不新鮮，但他們總是會大陣仗地擺出個排場，然後拚了命要保持距離。他們總想當然耳地覺得老百姓就是要服從他們，崇拜他們。但伊莉莎白卻反過來希望贏得百姓的愛戴，而她也成功地收服了那天與她有緣一見的每一個人。隨著那天創造出的口碑傳遍全國，新女王囊括了英國人滿出來的愛，大家都對伊莉莎白女王的新時代充滿了期待。

在獲得加冕之前，伊莉莎白已經告知威廉・賽席爾爵士（Sir William Cecel）一件事情，那就是她將選擇他擔任自己最信賴而倚重的大臣。比女王大上十三歲的賽席爾曾經是愛德華六世的重要諮議，而愛德華六世身為伊莉莎白同父異母的弟弟，曾經在父親亨利八世死於一五四七年後以九歲的稚齡登基，然後統治到十五歲崩殂為止。賽席爾從伊莉莎白十四歲時就認識了她；兩人在智識上興趣相投，信仰上也同為虔誠的新教徒，多次開心暢談更讓他們建立了不錯的朋友關係。在賽席爾這一邊，他對伊莉莎白算是知之甚詳。她冰雪聰明而且飽覽群書，外加精通多國語言。兩人湊在一塊兒經常下西洋棋，而讓賽席爾印象深刻的是她在棋局間的耐心，以及精心挖洞給他跳的能力。

他知道伊莉莎白是苦過來的。除了自幼無緣的生母，她還在年僅八歲時就失去了自己最鍾愛的繼母凱薩琳・霍華（Catherine Howard）。凱薩琳是亨利八世的第五任妻子，也是伊莉莎白母親安妮・博林的姻親。跟安妮・博林一樣，凱薩琳也因為莫須有的通姦之罪遭亨利八世梟首。賽席爾還知道在倫敦塔的短短幾個月，對伊莉莎白造成了很大的心理創傷，因為當時她等於是在塔中等死。她是歷經了這種種絕望打擊的洗禮，出落成今天這樣一個和藹可親到無懈可擊的年輕女王。但賽席爾知道在那張和善臉龐背後，有著一顆恣意妄為、喜惡無常，甚至於充滿城府與算計的心靈。

賽席爾還確信另外一件事情：統治不是女人該做的事情。瑪麗一世是英格蘭第一位真正意義上的女性君主，而她的表現證明是災難一場。政府裡的每一位大臣與行政首長都是男性，女人家去跟這些大男人硬碰硬，場面感覺不會很好看，更別提還有男性的外國使節需要打理。女人天生易情緒化且性格不夠穩定。伊莉莎白或許腦袋還算靈光，但心裡素質恐怕還是無法承擔為君的高壓。於是乎，賽席爾擬定了一個計畫：他會按部就班地偕手下架空女王，接管英國，伊莉莎白可以提建議，但最終還是要聽大臣們的決定。另外，他們會設法盡快把女王嫁出去，對象最好是新教徒，然後她丈夫就會變成接手的新英王。

但幾乎是從她統治英國的第一天起，賽席爾就意識到自己的計畫不會那麼容易執行。這位新女王極有主見，凡事有自己的打算。因此從某個角度上來講，他還不得不佩服這位年輕女王。上任的頭一日，她就把未來的諮議與顧問通通找來開會。她斬釘截鐵地告知全場，自己對英國財政狀況知之甚詳，你們這些臣子都還比不上，而且她還下定決心要讓政府轉虧為盈。她任命賽席爾為自己的國務大臣，並開始每天跟他開好幾次會，完全不給他喘息的時間。

不同於她父親會放手讓大臣去管事，好讓自己騰出手來去當獵人，除了野獸，年輕美女也是他的獵物，伊莉莎白凡事都親力親為；賽席爾很驚訝於她每天的工作時數，因為她很少在午夜之前就寢。她對包含賽席爾在內的大臣表現都非常要求，時不時還會兇人。要是他的言行讓女王開心，伊莉莎白就會滿臉笑意，甚至還會表現出一點嬌羞。但要是事情出了差錯，或是他太大聲與女王意見不同，伊莉莎白就會好幾天不讓他覲見，任由他吃完閉門羹之後返家哀怨。他會焦慮地胡思亂想：女王不信任我了嗎？有時她會用銳利的眼神穿透他，或是用她父親那種氣撼山河的聲量吼他。*不，這女王一點都不好搞定*。就這樣慢慢地，賽席爾發現自己工作比以往都努力，就為了博取女王歡心。

做為由男人幫緩步接手國政的計畫一環，賽席爾安排讓所有外國政府的來函都會先行抵達他的桌上，並讓女王在好幾樁大事上被蒙在鼓裡。後來他發現女王根本知道他在玩的把戲，而且早就背著他下令把外交書信送來自己這裡。這就像是兩人在對弈，但女王總是領先他好幾步破棋局。他怒不可遏地指控女王扯他後腿，讓他不能把工作做好，但伊莉莎白不為所動，還理智氣壯地說明了這麼做的理由：不同於賽席爾，她能聽說讀寫所有主要的歐洲語言，也深諳字裡行間可能的弦外之音，因此最理想的流程自然是由她親自經手外交事務，然後再把細節更新給大臣們知悉。賽席爾被嗆到啞口無言，而他也很快地了解到在外交書信的處理與跟外國使節的會晤上，伊莉莎白都是師匠等級的談判高手。

慢慢地他軟化了立場。他會讓伊莉莎白繼續執掌大權，嗯，至少讓她爽個幾年。但遲早她還是得婚嫁，為英國產下未來的皇家子嗣，至於治國工作就會由她夫婿接手。讓伊莉莎白繼續以單身君主的姿態統治英格蘭，實在是說不出的怪。傳言說她私下對好幾個朋友說過她將終身不嫁，還說她被父親的一拖拉庫駭人情史嚇到不敢走入婚姻。但賽席爾不願也不可能把這些八卦當真。她不斷到處放話說英國的整體利益才是唯一要緊的事情，但英國一天沒有王儲，內戰的風險就一天不會消失。這道理女王應該不會不懂吧。

他的目標很簡單：讓女王同意與某個外國的王公貴族結成連理，讓政治婚姻發揮兩國實質結盟的效力，確保有待奮起的英國國運無虞。理想的狀況下，這名對象要是個信仰新教的皇族，但基本上只要對方不信天主教，精神上也沒發瘋，賽席爾都可以接受。法國人拿他們十四歲的國王查理九世在英國眼前晃啊晃，哈布斯堡王朝則拱著英國與奧地利的卡爾大公聯姻。這都沒關係，賽席爾只怕伊莉莎白會選擇她的真愛，萊斯特伯爵羅勃・達德利（Robert Dudley）。這人位階配不上伊莉莎白，而且肯定會在英國朝堂上攪亂一池春水，屆時紛爭權謀必將四起。

各國政府代表一旦逼得緊些，伊莉莎白就會看似青睞某人，然後又突然變冷。若西班牙人突然在歐陸惹事，伊莉莎白便會作勢與法國人論及婚嫁，好讓西班牙的腓力二世懼於英法結盟而不敢輕舉妄動；又或者她會與奧地利的卡爾大公眉來眼去，好讓法國跟西班牙都有所顧忌。年復一年她就玩著這種遊戲，把各國玩弄於股掌之間。她向賽席爾坦承說自己無意成為人妻，但當議會以切斷金援做為籌碼，要脅她得承諾成婚之時，伊莉莎白會放軟身段，跟某名追求者虛與委蛇一番。然後等議會的錢撥下來了，她又會找理由悔婚：那位親王或國王或大公的年紀太輕、太信天主教、不是她的菜，不夠有男人味，基本上就是一個「欲加之罪，何患無辭」的概念。就連他的真愛達德利都沒有辦法突破她的決心，讓她改變心意而願意走入婚姻。

這樣子折騰了幾年之後，挫折感不斷累積，賽席爾終於看懂了女王的把戲。逼婚之事他實在也是無能為力，但在此同時，他也幾乎確定了伊莉莎白一世比任何一國的統治者都還賢能。她的量入為出，讓英格蘭政府不再債台高築。在西班牙與法國用打不完的仗把自己搞垮的同時，伊莉莎白小心翼翼地讓英國遠離衝突，而承平的歲月也造就了英國的繁榮。雖然身為新教徒，但她待英國的天主教徒不薄，十年前宗教戰爭造成的仇恨，此時已經宛若煙塵。「降生於世的女子當中能有此等睿智，伊莉莎白女王當屬史上第一人。」賽席爾日後寫道。他最後也放棄了對女王婚姻之事的堅持，而英國人也慢慢習慣了有個「處女女王」的生活，因為子民就是她婚嫁的對象。

惟經年累月下來，卻還是有一個問題在不斷地啃噬著百姓對女王的愛戴，而且這還是一件令賽席爾都不禁要質疑女王能力的事情，那就是跟伊莉莎白是親戚，蘇格蘭女王瑪麗的命運。這一位瑪麗，是個堅定的天主教徒，而蘇格蘭則已經大致新教化。按照排序，蘇格蘭瑪麗的另外一個身分是英格蘭王位除伊莉莎白以外的第二順位，甚至不少天主教徒都認定蘇格蘭瑪麗才是英格蘭的合法女王。蘇格蘭人鄙視自己的這位女王，理由有三。一來是她的宗教情懷跟民間非常不對盤，二者是她私生活不檢點，三來是她很顯然跟丈夫達恩利爵士（Lord Darnley）遭謀害一事脫不了干係。一五六七年，她被迫遜位給她還在襁褓中的兒子，詹姆士六世，隔年她從蘇格蘭逃獄到英格蘭，將自己交到了表姑伊莉莎白的手中。

伊莉莎白有千百個理由可以看不起瑪麗，並將她遣返回蘇格蘭。瑪麗沒有一個地方跟伊莉莎白一樣——瑪麗集自私、輕浮與私德敗壞於一身。瑪麗是熱切的天主教徒，所以有她在，英國海內外想推翻伊莉莎白而讓天主教徒上台的每一個人，就會有一個可以集結力量的焦點。這樣的她，無論如何也不能為伊莉莎白所信任。只不過讓賽席爾、諸多諮議，還有英格蘭民眾失望的是，伊莉莎白並沒有快刀斬亂麻地把瑪麗處理掉，反而以真的很軟的軟禁方式將她留在了英國。就政治運作而言，伊莉莎白的這種作法讓人完全看不懂，畢竟這激怒了蘇格蘭百姓，弄僵了兩國的關係。

隨著瑪麗開始密謀對伊莉莎白不利，各方要求以叛國罪處決她的呼聲四起，但伊莉莎白還是讓人毫無頭緒地不肯接受這樣天經地義的建議。這單純只是同為都鐸家人在護短嗎？還是她不想開處決女王的先例，怕哪天害到自己？總而言之，不處理蘇格蘭瑪麗，讓她在外界的眼中顯得既軟弱又自私，就好像保護同為女王者是於她最重要的事情。

然後在一五八六年，瑪麗涉入了史上最大膽的計畫要取伊莉莎白女王的性命，目標是成為新的英女王。瑪麗私底下已經取得了教皇跟西班牙人的支持，而她參與謀反也已是不爭的事實。這一點讓民怨沸騰，因為大家不難想像要是瑪麗真的這麼幹下去，血腥內戰的接續只是剛好而已。這一次的輿論壓力，真的大到伊莉莎白也扛不起——當過女王也不能豁免於叛國死刑。但即便如此，伊莉莎白還是不住地猶豫。

一場審判定了瑪麗的罪刑，但伊莉莎白就是簽不下那張處決令。對賽席爾與跟伊莉莎白在朝堂上朝夕相處的百官而言，女王如此苦惱還真是頭一回。最終到了隔年二月，她終於在壓力之下崩潰而簽署了死刑執行。瑪麗隔天就身首異處，英格蘭舉國歡騰。賽席爾等大臣終於鬆了一口氣。伊莉莎白再也不需要擔心有人謀反，而這也會讓王儲虛懸的壓力稍小一點。雖然這一整段事情處理的不算太好，但英國民眾還是很快就原諒了女王。她證明了自己可以將國家利益置於個人考量之前，而她原本的再三猶豫，也讓最後的收場感覺分外果決。

西班牙國王腓力二世跟伊莉莎白是多年的舊識，畢竟他迎娶過英格蘭的瑪麗一世女王，而瑪麗一世又是伊莉莎白同父異母的姊妹。瑪麗一世把伊莉莎白囚禁在倫敦塔的期間，腓力二世曾成功軟化了妻子的態度，讓伊莉莎白獲釋。他曾經覺得年輕的伊莉莎白很有魅力，也很佩服於她的才華。但一年年過去，他對於伊莉莎白的態度變成了恐懼與鄙視，主要是在中興天主教霸業的路上，伊莉莎白成了他最大的一顆絆腳石。為此他得壓一壓她的囂張氣焰。在他心目中，伊莉莎白並不具備擔任英女王的正當性。他於是開始把耶穌會士偷渡到英格蘭，為天主教傳教，然後祕密地煽動民間的叛意。他開始建立海軍，然後躡手躡腳地籌備起史上知名的「謀英大業」(Enterprise of England)，也就是要以雷霆之勢揮軍英國，恢復天主教在島上的地位。蘇格蘭瑪麗之死成了最後一根稻草——腓力二世認定侵略英國的時機已到。

腓力二世對謀英大業的成功有十成十的把握。多年以來，他已經徹底打量過這強敵的底細。伊莉莎白兼具謀略與智慧，但她有一項致命的缺陷——她是個女人家。而既是女流之輩，就不方便領軍作戰。事實上，她似乎十分畏戰，動不動就在那裡為了避免打起來而與外國談判。她一向不太關注自己的軍隊，英格蘭海軍規模相對不大，船艦的噸位與戰力都不及西班牙巍然的加利恩（galleon）帆船。至於英格蘭的陸軍比起西班牙，更是不值一哂。更別說腓力二世有從美洲新世界挖來的金礦可以支應軍費。

他原本規劃的出征時點是一五八七年的夏天，但就在那一年，被英格蘭奉為民族英雄的私掠船長法蘭西斯・德雷克（Sir Francis Drake）襲擊了西班牙沿海，摧毀了停泊在加的斯港（Cádiz）的眾多帆船，黃金也被他搶走了不少。腓力二世不得不讓侵略英國的計畫延宕一年，而這期間，養兵跟造船的費用也不斷積累。

出兵計畫的每一道細節，腓力二世都不假手他人親自把關。他打算派出的無敵艦隊將有大約一百三十艘船，船上的兵力超過三萬。他的如意算盤是先摧枯拉朽地全滅英國海軍，然後跟駐於荷蘭，跨越英吉利海峽而來的西班牙大軍會師，最後一起直搗黃龍，攻下倫敦，活捉伊莉莎白，然後讓她為了蘇格蘭瑪麗女王被處死一事受審。到了那個時候，他就可以安排親女兒坐上英格蘭的王位。

一五八八年五月，西班牙的無敵艦隊終於出征。七月份，艦隊已經在英格蘭西南方進行戰略部署。話說西班牙的加利恩戰船，代表的是一種精進到無懈可擊的戰術：這種船大到足以逼近敵艦，勾住對方，然後把可媲美陸戰的兵力送過去。但話說回來，他們從來沒有拿自己的長程大砲去跟英國這種小型而具有機動性的敵人交過手，更沒有在比地中海海況惡劣許多的海上作戰過。整體而言，他們對新環境的適應並不太好。

七月二十七日，無敵艦隊在加萊（Calais）下錨，距離在荷蘭等他們的西班牙陸軍僅數英哩之遙。當天夜裡，英國派了五艘無人駕駛上頭載滿了燃燒著的薪柴與瀝青的「火船」，朝被錨定的加利恩艦直衝而來。那晚正好風勢甚強，無敵艦隊於是上演了歐洲版的「火燒連環船」。部分船艦得以衝出火海，來到離岸較遠的海面重新整隊，但數量不夠所以陣形顯得分散而稀疏，而這也給了以快速打擊見長的英國小船開火的機會，畢竟他們靈活得就像入水的鴨子一樣。此時隨著風向改變，西班牙海軍被迫向北撤退到北海中風暴最強的區塊。在試著繞過英格蘭，回到西班牙的過程中，無敵艦隊失去了大部分的船隻跟逾兩萬名士兵的生命。英國這邊則一艘船都沒損失，死傷也僅在百人上下。世界歷史上提到一面倒的勝負，這次戰役絕對可以列名其中。

對腓力二世而言，人生沒有比這更羞辱的時候了。他回到自己的宮殿中，對這場慘敗進行了數月的思索。無敵艦隊失利讓西班牙的財政徹底破產，此後英格蘭國運昌隆，而西班牙則淪為二線強國。靠著智慧，伊莉莎白讓腓力二世成了她的手下敗將。而對憎恨伊莉莎白的其他歐洲領導人而言，她變成了難以擊敗且令人敬畏的對手。將伊莉莎白逐出教會並賜福給無敵艦隊的教宗思道五世（Pope Sixtus V），這下子見風轉舵地驚呼：「看看她治理得多好啊！她區區一個女流之輩，半個英倫島的女主人，但她卻讓西班牙、法國、（神聖羅馬）帝國，乃至於所有人，都畏懼她三分！」

到了這個份上，英格蘭已經貨真價實地興起了對處女女王的崇拜，她開始在被提及時稱為「神聖的女王陛下」。為了一睹她騎馬通過倫敦市街的英姿，或是乘駁船度過泰晤士河的風采，民眾展現出了有如宗教般的狂熱。

但有一個團體，似乎對女王的這種光環比較無感，就是如今已成群進駐朝堂的年輕世代。朝廷在世代交替後，女王在他們眼裡顯得老態龍鍾。他們不是不敬重女王的成就，但覺得她比較像是個跋扈的母親角色。英格蘭是個崛起中的強國，而這些年輕人渴望用戰功換取成為大眾眼中的英雄。只不過伊莉莎白還是堅決不與這種氣氛妥協。她不肯給錢讓人大張旗鼓地去對腓力二世趕盡殺絕，也不肯金援法國對西班牙用兵。臣子們覺得她厭戰是因為疲乏了、倦怠了，他們覺得是時候讓朝氣蓬勃的男性世代重掌英格蘭國政了。而這所謂年輕男性世代的看板人物，非埃塞克斯伯爵（Earl of Essex）二世羅伯・德渥若斯（Robert Devereux）莫屬。

生於一五六六年的這位埃塞克斯伯爵長得一表人才，個性則有點容易激動。他知道女王對年輕帥哥沒有抵抗力，藉此在短時間內獲得了女王的新寵。他對女王是真心喜歡跟崇拜，但同時間他也憎恨自己的命運掌握在女王的手裡。他開始對女王進行測試：他會向她要各種好處，其中又以金錢為主。對這些身外之物她都有求必應，她似乎也很樂於有個男人可以寵溺。而隨著兩人的關係拉近，埃塞克斯伯爵開始覺得女王是個他可以操控的女子。他開始口無遮攔地在其他朝臣前數落女王的不是，女王也沒把他怎麼地。但她還是畫了一條不可僭越的紅線，那就是她會不答應伯爵為自己或朋友求取要職。為此伯爵會怒不可遏，自己的前程操之在女人家的一念之間，是可忍孰不可忍！只不過事過境遷幾天後，他還是會冷靜下來，重啟帥哥的魅力攻勢。

因為被拒於政壇權力圈以外，伯爵認定自己要功成名就只剩一個辦法，那就是帶領英軍打一場勝仗。伊莉莎白讓他在歐陸上打一些小規模的戰役，而他也不是什麼常勝將軍，他算是有勇氣，但卻不是很擅長於用計。就這樣時間來到一五九六年，他說服了女王讓他率軍去進行有如私掠船長德雷克那樣的偷襲行動去滋擾西班牙沿岸。這次他的勇敢就有了報酬，作戰以成功收場。對有點醉心於自身成為歐洲強權的英國民眾而言，埃塞克斯伯爵成了他們投射這份豪情的對象，大家都把他當成寶貝一樣。嘗過這種甜頭之後，伯爵變得有點欲罷不能，他開始要求女王給他更多的機會去立功，但伊莉莎白卻顯得有些遲疑。對此伯爵認為是自己在朝中樹敵太多，因為他們都羨慕自己有這樣的戰功。

一五九八年，消息傳到朝中說一群愛爾蘭叛軍在泰倫伯爵二世休・歐尼爾（Hugh O'Neill, 2nd Earl of Tyrone）的領導下，正肆虐於愛爾蘭島上由英格蘭控制的領地，所到之處滿目瘡痍。此時埃塞克斯伯爵再度請纓上陣，他主動表示願意率軍去鎮壓泰倫伯爵。在他鍥而不捨的再三要求下，伊莉莎白方才首肯。受到鼓勵而得意忘形的他向女王要求組成英國有史以來最大的一支軍力，而伊莉莎白也答應了。破天荒頭一次，他感覺自己真正得到了女王的肯定。她確實有一種讓他想討她歡心的特異能力。他向伊莉莎白表達了感激之意，並承諾會速戰速決。愛爾蘭這個蕞爾小島，突然間成為了他想鯉躍龍門的終南捷徑。

但到了愛爾蘭，問題接踵而來。適逢一五九九年的冬天，氣候十分惡劣，地形也無可救藥地遍布沼澤，他的大軍根本無法推進，而愛爾蘭人則神出鬼沒且精於游擊戰。受困於營地中的英格蘭人根本還沒打仗，就有數以千計的士兵病死異鄉，由此逃兵也不在少數。埃塞克斯心想他在朝中的敵人應該撿到槍了吧，每天都可以背刺他到爽。他甚至覺得這根本是女王跟幾位大臣在挖洞給他跳，藉此讓他失勢。

他必須要再測試她一遍——他要求伊莉莎白派出援軍。女王沒有拒絕，但也要求他必須盡快找到泰倫伯爵然後與之決戰。突然之間壓力排山倒海而來，他開始抱怨女王跟政敵不該催促於他。他覺得自己的處境非常羞辱人，而到了夏天的尾聲，他終於敲定了一個可以讓自己獲得解脫的計畫——他要祕密跟泰倫伯爵議和，然後要浩浩蕩蕩地班師回朝。屆時他將逼迫女王剷除他的政敵，然後確保他在朝中執牛耳的地位。他將會姿態強硬地逼宮但也給女王留一分尊重，反正只要大軍進入倫敦，女王肯定迫於無奈地低頭。

在急行軍趕回英格蘭之後，他突然在某天早晨出現在女王閨房裡，尚未換下的軍服上還有片狀的乾泥巴。冷不防被鑽空子的女王不知道這人是來要來抓她，還是發動了兵變，但仍保持住了表面上的鎮靜。她伸出手來讓伯爵親吻，並告知他天色尚早，愛爾蘭之事晚一點再講。她的冷靜讓伯爵心裡很不是滋味，因為這跟他預期的不一樣。她對他就是有一種說不出的影響力。也不知怎麼地，局勢一整個翻轉，他同意了把談判延到午後進行。而這多出來的短短幾個小時，就讓他被女王派兵抓了起來，成了女王的軟禁對象。

依恃自己在女王心中的特殊地位，加上她赦免他也不是一次兩次了，伯爵信一封接著一封地向女王為自己的行為道歉，但都沒有得到伊莉莎白的回覆。從未被女王無視過的他嚇出一身冷汗。最後在一六〇〇年的八月份，伊莉莎白恢復了他的自由。感激加上想要東山再起的心情，讓他提出了一個算是卑微的要求——恢復他在英格蘭對甜葡萄酒的獨賣權；此時的他欠了一屁股債，而賣酒又是他主要的收入來源。但讓他深感失望的是伊莉莎白打了他的槍。她這是在玩遊戲，是想要給他一點教訓，讓他以後乖一點。但他才不會乖乖就範，因為她真的逼他逼到牆角了。

他回到倫敦的宅邸，集結了英格蘭所有對女王有怨懟的貴族。他打算率領這群失意貴族，大搖大擺地前進到女王的府邸，然後要她交出治國的權力。他預期以自己的人望，起碼能一呼百應地號召數千人到他的麾下，讓他的陣營顯得軍容壯盛。在一六〇一年的二月初，他終於將逼宮的計畫付諸實行。但讓他深受打擊的是起事的那一天，倫敦人通通待在家裡，沒人把他當回事。察覺到這是條不歸路的反叛士兵們很快作鳥獸散，埃塞克斯伯爵只好接近形單影隻地回到自家。他知道這將是自己的末路，但無論如何他不能沒有骨氣。

當天午後，士兵們前來逮捕了他。伊莉莎白為他安排了速審速決，叛國罪沒有意外地獲得確立。而這一次，女王簽署死刑就非常篤定了。在審判過程裡，埃塞克斯伯爵始終保持著倨傲而沒有求饒，不認錯的他只求一個痛快。

要被砍頭的前一晚，女王派了她貼身的牧師來為他送行。面對來傳最後一些話的這位女王代表，埃塞克斯伯爵崩潰了。曾經一次又一次他感受到她的權威而試著抵抗其力量，包括那天早上在她的閨房裡，她是如何以王者之姿站在他的面前，如何地處變不驚。種種回憶席捲而來，他於是在牧師面前對自身罪行坦承不諱。此時在心中，他同時感受到了即將前往上帝面前受審的光景，還有女王的無上王權，由此他一下子體會到了自己的罪無可逭。他幾乎能看到女王的臉龐在他的眼前，為此他嚇得肝膽俱裂。

他告訴牧師說，「我必須向您坦承我是這片土地上有史以來，惡性最重大，最令人作噁，最忘恩負義的叛徒。」女王處決他是剛好而已，他說。他請求能不要被公開處刑，以免徒增社會動盪。在遺言當中，他祈求上帝庇佑女王。他放棄了一切反抗，順服地踏向了死亡，沒有人想到他能在人生的盡頭，以沉默表現出那樣的尊嚴與穩重。

大師解讀

當都鐸家的伊莉莎白成為英格蘭女王之際，她對自身立場的極度孱弱心知肚明。不同於她的父親或絕大多數的英格蘭君主，她身為統治者所獲得的信任度是零，內建令人敬畏的權威感也十分空虛。她接手的英國百廢待舉，而她本身年紀又很輕，政治上既沒有親身經驗也沒有家學淵源。確實，只要登上了王位，她講話大家多少得聽，但這樣的蜜月期非常短暫而且虛弱。哪怕犯下了一點小錯或局面有點風吹草動，她都可能陷入危機，更別說幾個月或幾年之內，她就可能被逼著嫁人。而她很清楚一旦結婚，就要趕緊生出男性子嗣，否則各式各樣的問題就會接踵而至。

讓這一切變得更麻煩的是伊莉莎白有著雄心壯志而且充滿智慧。她自覺治理英格蘭在她的能力範圍之內，而且有一種游刃有餘的感覺。對於如何將英格蘭的問題一一化解，乃至於將英國打造成歐洲的強權，她胸中自有一套方略。對這樣的她而言，結婚是一件於公於私都很糟糕的事情。最可能的狀況是她得被迫嫁給異國的王侯，而這名丈夫的忠誠將屬於他的母國而非英國。這麼一來，英格蘭就會成為歐陸各國間權力遊戲的棋子，資源也會因此不斷流失。但在種種因素都不利於她的狀況下，伊莉莎白要如何才能一償統治英格蘭的夙願呢？她最後得到的結論是自己要把女性的劣勢轉成優勢，打造出有她個人特色的可信度與權威感，並藉此獲致傲視此前國王的影響力。

她的計畫是根據以下的邏輯：與她同期的王者不分男女，都覺得皇家血脈與君權神授讓他們統治得理所當然，他們期待的是絕對的服從與不打折扣的忠誠。他們不覺得這兩種東西需要用任何努力去換取，而是誰是王，誰就自然而然擁有這一切。但這種自命不凡的心態，是會讓人付出代價的。臣民在表面上會畢恭畢敬，但他們與統治者之間並沒有情感的聯繫。英格蘭人很清楚自己與君主間的距離，也知道君主把他們視為螻蟻。

自命不凡的態度，還會影響到封建王者的執政成績。以亨利八世為例，他手下的大臣對他敬畏不只三分，所以大家的精力都用在了討好國王身上，沒有人敢真正去發揮他們的智慧與創意。因為覺得自己統治是應該的，所以這類統治者不會太去注意為政的細節，因為治國的日常其實相當枯躁乏味。相對於此，戰爭與征伐才是他們獲取光榮，並讓貴族手頭得以闊綽的辦法，由此他們並不擔心打仗會勞民傷財。這些統治者可以自私到一個令人難以置信的境界——亨利八世把伊莉莎白的母親送上刑台，只為方便自己迎娶新歡，他毫不在乎這會讓英國百姓產生他是個暴君的觀感。蘇格蘭的瑪麗女王謀害親夫，也是為了能嫁給情夫。

伊莉莎白也絕對可以昧著良心，跟這些前輩一起同流合汙，反正好（女）王我自為之，誰敢不服。但聰慧如她自然不會掉入這種陷阱，她知道自己有智慧的話就應該反其道而行。她不覺得自己理應獲得女王的頭銜，她不斷提醒自己身處位置的各個弱點。她不覺得自己應該被動地期待忠誠，而知道要主動地去贏得信任，得長期用實際的行動去爭取她需要的口碑。她證明了自己不是個自私的人，讓百姓知道她的決定都是考量到全國民眾的利益。她會為了維護國家利益而精神抖擻且六親不認，由此她成功讓子民、大臣與外國敵手都對她刮目相看，不再當她是個沒有經驗的弱女子，而是個一言九鼎外加能呼風喚雨的女漢子。**透過與大臣跟平民百姓們建立更緊密的關係，她得以克服掉人類天性中的舉棋不定與翻來覆去，讓全國集中力量來投入英格蘭的復興。**

她與英國百姓們的初照面，算是搭建了一個很成功的舞台，由此民眾對領導者便產生了耳目一新的期待。在皇家應有的排場前呼後擁下，她混入了一些平易的親民作風，由此她在形象上兼顧了王者的尊貴，但也能以準女王之姿帶給民眾安慰。雖說這是個形象建立的舞台，但她並不是在演。年幼時也曾經深感自己無力回天的伊莉莎白，面對英格蘭最窮困的清潔女工也能深有同感。她用行動讓百姓知道女王跟他們站在同一邊，也能有感於民眾看她的眼光與意見。她希望靠自己的力量去贏得民眾的信任，也會透過執政的過程去進一步厚植原本已有基礎的同理心。就這樣，伊莉莎白與子民之間產生了足以讓任何一位王者欣羨的連結，那是一種心靈契合的境界。

至於跟大臣相處，事情會稍微微妙而有挑戰性一點，因為你要面對的是一群有著強烈權力慾的男人，他們一個個都很看得起自己，也都很需要感覺自己比一個女流之輩聰明而優越。她需要倚靠大臣們的協助與合作，才能推動國家政務的進行，但若是她表現得過於依賴這些大臣，那自己在大臣們的眼裡就會變成空氣。所以從登基的第一天起，她就把立場擺得很明：她一切事情都會公事公辦，也會比每位大臣都工作得更拚命，她會以身作則地縮減朝廷的用度，讓女王的薪水只少不多。所有的行動，都必須要有利於將英格蘭拉出債務的深淵。她完全不浪費時間地表現出自己對國家財政的真知灼見，也在談判中顯露出強悍的一面。必要時她會疾言厲色地喝斥大臣圖利自己的行為，而她發起飆來可是相當有嚇阻力。

但話說回來大部分的時候，她可都是慈眉善目，集暖意跟同理心於一身的好好女王。她的天線可以接收到這些男人各種心情起伏，於是乎沒多久，大臣們都開始想要討好她，想獲得她的認可。在她手下工作不努力，或是不聰明，下場就是被漠視與孤立，而在無意識中他們都想避免這樣被打入冷宮。高標準的女王能夠以身作則，讓他們十分尊敬，由此慢慢地，伊莉莎白成功讓自己跟大臣易地而處：曾經是她需要以行動去贏取大臣的信任與敬重，現在換成大臣需要用行動來贏取女王的信任與敬重。她朝中不再是一群各懷鬼胎，拉幫結派要搞她的臣子，取而代之的是一批能在政務推動上助她一臂之力的股肱之臣。這樣的轉變毋需多言，因為有目共睹的成績很快就出現在眾人眼前。

透過以上的種種做法，伊莉莎白取得了她需要的威信，但就在這時她出現了一個重大的失策——她處理蘇格蘭瑪麗女王的做法不當。伊莉莎白稍微得意忘形了一點，她覺得在這件事情上，自己比大臣們更懂。她讓自己不想處決同為女王者的私情，影響了公事上的決定。她為此付出了代價，主要是她流失了民眾對她的景仰，而這也讓她內心很痛苦。她向來以公眾利益作為行事的指引，而按照公益她就該處決蘇格蘭瑪麗女王。所以放著瑪麗不殺，她已經違反了自己的原則。

所幸雖然花了一點時間，但她總算是懸崖勒馬地意會到自己的決策偏差。她派了自己的情治單位首腦去誘使瑪麗起事，抓到她的把柄，然後便能義正詞嚴地頒布極刑。到了最後，她這把國家利益置於個人意願之前的做法，本質上已經等於認錯，而這也讓她在民眾心目中的地位起死回生更甚於前。像她這種會在意民意，對民意做出回應的統治者，在那個年代可以說是特例中的特例。

再來說到與外敵交手，特別是西班牙的腓力二世，伊莉莎白並不天真，也不會對局面毫無所悉：她不管怎麼做，這些敵國元首都不會予她以尊重，也不會讓她得以輕鬆，他們只會一而再、再而三地共謀將她除之而後快。他們小看了她，除了因為她是個孤家寡人的女王，也是因為她似乎對打仗很害怕。但這些看法都未曾動搖她，她只是專心致志，臥薪嚐膽地走在改善英格蘭財政的路上。惟即便如此，當英格蘭眼看著要遭到侵略之際，她也知道是拿出本領來證明自己、打臉外敵的時候了。她將計就計，利用腓力二世對她的低估，徹底發揮了自己身為一國之尊的謀略與強悍。

仗即便非打不可，她也想打得 CP 值愈高愈好，這包括她希望能速戰速決，不花冤枉錢。她砸錢在歐陸建立了精密的情蒐網路，所以西班牙的入侵計畫她事前便有所掌握，包括何時發難。掌握了先機，她便能撐到最後一刻再花錢建軍，光這一點便省下了不少軍費。她贊助了德雷克爵士去襲擊西班牙沿岸跟在海上的加利恩艦，而這也一箭雙鵰地一方面充實了英國的國庫，一方面拖緩了無敵艦隊的下水，而晚下水就代表腓力二世得多花錢。

等到確信無敵艦隊即將在數月內下水之後，伊莉莎白便抓準時機建立起以小型機動船艦為主力的英國海軍，這樣的船型不僅量產起來便宜，而且更適合英格蘭沿岸水域。不同於腓力二世，她把實戰事宜交給手下的海軍將領去處理，但就是有一樣她堅持要照她的意思——她希望與無敵艦隊接戰的地方可以盡可能靠近英國本土，這樣天時地利會比較站在英軍這一邊，畢竟西班牙的大船來到暴風頻仍的北海會有點水土不服，同時英軍水兵若感覺到背後就是自己的家園，打起仗來也會更加英勇。折騰到最後，西班牙搞到國家破產，霸權的榮光自此再也回不來。而英國則反而在伊莉莎白的治理下成為崛起中的大國。只不過在痛擊無敵艦隊之後，她並沒有因為眾人的起鬨而趁勝追擊，更沒有想要深入西班牙對其趕盡殺絕。她對於所謂的十全武功沒有興趣，也不想去征服別國，她只是想把自己的家園與國家利益保護好而已。

擊退無敵艦隊，讓伊莉莎白的聲望高到百毒不侵，但她並沒有因此而掉以輕心。她知道人隨著歲數跟成就的累積，就自然而然地會覺得自己很了不起，就會開始覺得成功都是靠自己，變得對周邊的人事物不以為意。但身為得以一己之力撐起整個英國的女王，她沒有自以為了不起的餘裕。她依舊保持對身邊各種情緒的敏感，而由此她察覺到滿朝文武盡是新一代的年輕人，而他們看自己的態度已無法跟老臣們同日而語。

年輕的臣子尚且知道要敬她是女王，但也就如此而已了。她曾經與之奮戰過的男性自尊，通通又都回來了，只是這一次，她手中已經沒有年輕魅力跟女性風情這兩項武器。

她面對埃塞克斯伯爵，處事的最高指導原則是導引他把精力用在報效國家上，就像她面對其他臣子時的態度一樣。他對於錢財跟特殊待遇的無盡欲求，她都盡可能令其得到滿足，她希望這能讓他的不安全感獲得撫平，但遇到他想得到政治上的實權，她還是會畫下底線。他必須要證明自己能爬到跟她差不多的高度，她才願意把權力託付給他。他鬧起彆扭，伊莉莎白會老神在在地展現出優越感，順便把什麼叫穩重與自制示範給他看。等時間證明了這人無可救藥後，伊莉莎白便放手讓他帶著權謀遠走，讓他去自掘墳墓，等時機一到她便能順勢將此毒瘤剷除。等伯爵終於罪有應得地死到臨頭，讓他雙膝發軟的不只是上帝他老人家，更是一再給他機會的女王。女王的權威與光環，終於讓這自以為是的傢伙知道自己是多麼的不知好歹。

▌你的人性課題

雖然國王與女王的時代已經遠去，但現在還自以為是貴族的人比起從前，只會多不會少。我們會覺得自己的工作理應獲得尊敬，即便我們實際的成就非常之低。會覺得別人理應把我們的創意跟企劃當一回事情，即便我們根本就不曾用心，過去也不曾有過什麼亮眼的成績。會期待別人成為我們職涯中的貴人，只因為我們做事誠懇而且從不害人。這種現代版的自命不凡，有時候是因為我們被爸媽寵壞，溺愛的父母讓我們以為自己放的屁都很香。除此之外，充斥於生活中的現代科技也讓我們誤以為自己天縱英才，因為我們似乎不需要什麼努力，就可以藉由軟硬體掌握強大的能力。我們太習於生活中有這些科技的輔助，以至於我們會以為自己遇事都該暢行無阻。

不論其背後的原因為何，我們都無人能倖免於這種心態的感染。但實際上，我們應該視這種自命不凡的感受為一種詛咒。一旦自命不凡，我們就會無視於現實——而現實就是別人原本就沒有內建的理由或信心，該莫名其妙看得起我們。一旦自命不凡，我們就會變懶。會把自身企劃的起草跟文章的初稿都當成至寶。我們就已經覺得自己很好了，幹嘛還要辛辛苦苦地去精進技術或自我提升？會因此變得眼裡只有自己，對外界的想法麻木不仁。會覺得信任與尊敬都是別人欠我們的，進而會否定他人的意志力與其獨立判斷的能力，而這會讓人非常生氣。就這樣在不知不覺裡，我們已經四處樹敵。

若我們成為了或大或小的領導人，這種效應只會更嚴重。在無意識當中，會因為身處高位而期待著坐享其成，我們會翹著二郎腿等著大家前來輸誠與奉承。會變得玻璃心而很容易動怒，雞毛蒜皮的事情也不容許別人挑戰我們的看法，或是質疑我們的聰明才智。會期待好事有我們的保障名額，犧牲會自動把我們跳過。我們要是犯了錯，也永遠都是別人害的、環境逼的，我們突然鬼迷心竅了，而不是我們的本意，所以說怪我們沒道理。

我們不知道自己的這種樣貌，會如何影響到我們的領導力，因為我們只會注意到下屬的微笑與對我們一言一行的點頭示好。但其實早就被身邊的人看破手腳。他們可以感受到我們投射出的自命不凡，所以久而久之他們會愈來愈不把我們當回事，並對我們的影響力關機。等跨過一個臨界點之後，他們甚至會與我們為敵而讓人大吃一驚。

如同伊莉莎白，我們必須了解到自己的處境其實很危急，必須要把「生於憂患，死於安樂」八字放在自己的心裡。我們要把對身邊所有人的期望降為零，包括被我們領導的人，我們要戒除玻璃心，也不能翹著腳安逸，而應該要徹底動起來——別人給我們的一切，尤其是他們發自內心對我們的尊敬，都必須要用我們的努力去換取。我們必須永無止盡地證明自己，必須要讓人看到我們身為領導人的寬宏器量與大公無私。必須要真正去回應民意，同理民意，只是遇到有人想要透過我們來圖利自己，我們也必須硬起來拿出狠勁。我們要說出來跟做起來，都是同一套，要比誰都努力工作，願意犧牲一己的私利，要為自己的錯誤扛責。而在以身作則之餘，我們便能要求下屬跟我們一樣拿出成績。

以這樣的態度來進行領導，我們會看到很顯著的成效。下屬會願意接受我們的影響力，會在我們靠過去的時候也迎向前來。他們會想要贏得我們的肯定與尊重。而與下屬的這種情感連結，會讓身為長官的我們即便犯了些錯，也容易得到大家的寬容。團體中的士氣不會浪費在無盡的內鬥與自尊的衝突中，而會成為大家共同朝目標與成就邁進的燃料。而隨著團隊跟你本人的成就與日俱增，你也會戴上由歲月淬鍊出的權威冠冕。這時候的你將進入動見觀瞻、一言九鼎的境界，獲致超越各種邊界的口碑。

那……條路的終點是以力量讓人屈服。但這之外還有另外一條路更短且更高尚，其終點是讓人對你心服口服。當人類的利益危在旦夕之際，他們會很樂於聽從他們心中智者的指揮。你可以從很多方面看到這樣的例證：病人會哀求醫生告訴他該如何恢復健康；迷航的乘客會整船聽船長確定方向。

——色諾芬[1]

人性的關鍵

身為人類，會寧願相信自己體驗到的都是純粹而不複雜的情緒：某些人讓我們愛，某些人讓我們恨，還有些人讓我們的景仰有如滔滔江水，也有人讓我們唾棄到無以復加。但事實上，我們這真的是把事情想簡單了。人性的一項基本事實就是，我們的情緒永遠都一言難盡外加模稜兩可，單一而純粹的感情就像奇珍異寶似地百年難得一見。愛與敵意、佩服與嫉妒就像水火同源，看似不可能但就擺在眼前。

情感的複雜與難解，從我們兒時就可以窺見，然後一直到死都不會輕易改變。若有一對夠關愛我們的雙親，那我們就會對兒時懷有溫暖的記憶，彷彿那是人生的黃金時期。會很省事地忘記即便有一對愛我們的父母親，我們還是會很痛恨自己少了他們不行。在某些案例裡，我們會覺得無法獨立的童年很壓抑。我們會一心渴望抒發自已的意志力，證明自己可以凡事靠自己。過於在身心兩方面都依賴父母親，會讓我們擔心起有一天他們不在了，該怎麼活下去。也就是因為如此，我們難免會在深愛父母之餘也產生不自覺的敵意，進而會有想要叛逆的心情。

要是爸媽對我們並不太好，沒有很關愛我們，那我們長大以後就會恨他們，就會只記得他們當年的冷漠與我們現今的反感。但我們會選擇性失憶一件事情，那就是當年的我們曾經不會去管爸媽的缺點與冷淡，我們就是能找到理由去想跟他們相親相愛，甚至於我們會覺得是自己不好、不值得愛，所以爸媽才對我們不理不睬。由於我們得依靠爸媽生存是一個事實，所以要是真心相信爸媽不在乎我們，那可是會撩起還是孩子的我們極深的焦慮。那會是一種在需求與親情中混雜著氣憤與挫折的局面。

所以在童年時期，當某種情緒宰制了我們的時候，其他較弱勢的情緒就會蟄伏在底下成為基調，然後由兩者共同糾結成一種剪不斷理還亂，無法輕易褪去的複雜情緒。長大成人後，我們也會與好朋友或親密伴侶產生這類似的矛盾關係，主要是需要對方會讓我們容易感覺脆弱。

我們會在心中產生這種矛盾的複雜情緒，有一個原因是強烈而純粹的情緒是很嚇人的。又強又純的情緒，代表的是人會暫時性地不能自已，而不能自已就是失控的同義語。強烈的 A 情緒會讓我們感覺到自己的意志力歸零，由此我們會在無意識中用相反的 B 情緒去與之中

❶ 431BC – 355 BC，雅典軍事家、文史學家。以記錄當時的希臘歷史、蘇格拉底語錄而著稱。

和。另外一個原因，在於人的情緒本來就會不斷地交疊游移。姑且不論是什麼原因所造成，人其實不太會意識到自己在情緒上的多元與矛盾，有一種可能是思考自身情緒的複雜性，是件會讓人覺得很混亂的事情，而我們寧可用最簡單的方式去解釋自己是誰跟感覺到什麼等問題。同樣的做法，我們也會用在周遭的人身上，這代表我們會把他們的情緒化變成簡單易懂好消化的版本。想以現行犯的形式捕捉到我們內心深處的情緒矛盾，我們本身需要付出相當的努力，包括我們得非常誠實地面對自己。

想近距離觀察這種基本人性，最適合的熱區莫過於我們與領導者的互動關係，因為我們會在無意識中把他們視為一種「類父母」的人設。我們面對領導者的矛盾心理，會以下方所述的模式進行：

一方面，我們會直覺地認知到團體中不能群龍無首。在任何組織裡，成員們都會各自心懷鬼胎，利益衝突是必然的事情。出於不安全感與本位主義，成員們會千方百計地鞏固好自己的地位與立場，此時若無人跳出來以領袖的高度推動方針的整合，則團體必將輕則一盤散沙，重則分崩離析。這樣的團體會因循陋習，永遠做不成困難的決定，也找不著人帶著這艘船朝目的地前進。出於這些原因，我們會渴望獲得領導，也會在領導人出現懸缺時覺得暈頭轉向，甚至會開始歇斯底里。

但另一方面，我們又會懼怕或鄙視那些位於我們之上的人。我們怕的是有權有勢的人會利用自己的權勢來聚斂更多的財富與力量，畢竟吃像難看本就是當權者的群像。每個人都是有脾氣的，沒有人喜歡寄人籬下或得靠著別人的施捨生存，但在領導者之下工作就是這麼回事情。可以的話，我們都會想遂行自己的意志，感覺到自己可以自治，由此我們會偷偷地羨慕領導人獲得的肯定與特權，而當領導者有濫權、白目或無能等情事時，我們的矛盾心情就會倒向負面那一邊。今天不論領導人如何權傾一時，也不論我們對他們某些特點如何傾心，矛盾的情緒都一定在水面下潛伏著，而這也解釋了何以期待人忠心耿耿、從一而終，會是一件這麼困難的事情。

當權者很容易眼裡只有下屬的笑容與會議中的掌聲，然後就誤以為自己受到萬民擁戴。他們有所不知的是人對在上位者本來就內建這樣的笑臉，畢竟當自己的命運掌握在當權者手裡，沒有人會無聊到去顯露真實的心情。所以說當一切都順風順水時，領導者往往對下屬從未消失的矛盾心情渾然不覺。只有到了領袖犯錯了，或是權力基礎動搖了，他們才會突然像戴上眼鏡似地看到許多的質疑與不敬，但其實那些情緒早就在累積。領導人會後知後覺地大吃一驚，只是因為下屬與大眾之前找不到時機一吐怨氣。事實上，新聞裡多的是領袖級人物一下子從天堂摔到地獄，他們獲得的評語經常都是只看一時的得意或失意。

我們可能會忍不住想相信這種翻臉像翻書的情形是一種「現代病」，畢竟比起過往，當今的社會民主到一個不行，我們一點也不像祖先那樣什麼話都聽——至少我們會這樣以為，但這其實並不太接近實情。實情是很久很久以前，在原始的文明跟文化當中，酋長或國王都會因為各種原因而連命都保不住，這包括他們可能會年老力衰、會權力旁落、會在戰事中失手、會突遇乾旱而被百姓認為他已非天選之人，或是他們可能會過於偏心自家人而得罪了其他的部落，終至招來殺身之禍。舊王被處決往往是一個慶祝的過程，因為所有的積怨都會在此時爆發出來（有興趣的可以去看看詹姆斯·弗雷澤〔James Frazer〕所著的《金枝：巫術與宗教之研究》〔暫譯，*The Golden Bough*〕，裡頭有數不盡的類似案例）。

或許在無意識裡，我們先祖害怕的是某個個人會掌權太久，他們可能已經察覺到權力會招致腐敗，而新王登基會比較好控制。總之，在他們聽令行事的表面之下，藏著各式各樣的戒慎恐懼。現代人或許不會真正處決他們的領袖或老闆，但選舉中不投票給他們，或是在媒體上對他們口誅筆伐，也能讓我們享受到結束他們政治或職業生命的快感，我們就是愛看人從權力的高峰摔落。現代人或許不會把天不下雨怪到領袖的頭上，但我們會要他們為景氣不好背鍋，然而其實我們也知道經濟的好壞哪是一人能夠掌握。如古人把旱災連結到天命一般，我們也會覺得經濟不好，就是這些當總統、首相的人「帶賽」。結論是說起人類自古對當權者的又愛又恨與懷疑猜忌，我們並不如自己以為的是一群特例。

但話說回來，歷史上確實有特定的領袖可以建立起堡壘來抵禦這種無常的人性。他們成功地贏得了穩定的尊敬與支持，並假以時日完成了留名青史的大事。像這樣的例子，我們可以想到的有出埃及的摩西，有古印度的阿育王，有第一章介紹過的伯里克利，有為羅馬打敗漢尼拔的大西庇阿（Scipio Africanus），乃至於大家應該記憶猶新的伊莉莎白一世女王。距今較近代，我們還可以舉出林肯、小馬丁．路德．金恩、股神巴菲特、德國總理梅克爾，還有蘋果創辦人賈伯斯。這些人值得我們尊稱他們一聲「權威」，因為英文裡的 authority 源自拉丁語的 auctoritas，其本意就是「增加或補強」。

對古羅馬人而言，創立共和國的人有著無比的智慧。羅馬人認為這種智慧的具體展現，就是出自於祖宗之手那堅不可摧、代代相傳的體制，就是老祖宗們成功把羅馬這個原本不起眼的小鎮，打造成無人不知無人不曉的世界強權。羅馬的元老院議員或政治領袖只要回歸到這種根本的先人智慧，並具體體現出共和創建者的理想，那他們身上便能油然而生出權威——一種強化過的存在感，一股非比尋常的尊榮與公信力。有權威護體的領導人無須訴諸話術或蠻力，羅馬公民自會遵循他們的領導，接受他們的建議。他們的一言一行都有如泰山壓頂而不容小覷，而這也讓他們有更多的空間去做出困難的決定，因為他們不會因為一時的成敗而被論定是英雄或狗熊。

羅馬人出了名的愛搞小圈圈，對掌權的人也從頭懷疑到尾。羅馬的政治一個不小心，就會動口變成動手，事實上他們也確實發生過不少回內戰。而在這種背景下，領導人的權威就能派上用場，主要是在權威的作用下，眾人的戰意會減退、正事不會荒廢、同時彼此間也會比較團結。但要散發出這等權威，領導人必須具備至高的理念、必須有高度能一舉超越日常政爭的瑣碎。

這種羅馬模式，在代表著對高尚理想與意義的堅持之餘，也是正版權威長年不可或缺的基本要件。而我們要是想在千百年後的現在也建立起羅馬模式的權威，那以下的行事作風我們就一定得具備。

首先，我們必須了解身為一名領導者，必須做到的幾件事情：要有遠見、有世界觀，要能大公無私，要將成員們團結起來。而這幾個特點，也是一般人對領袖的深切期許。我們要引以為戒的缺點包括：小家子氣、自私自利，遇事猶豫不決，因為讓人看到我們的這一面，只會讓人對我們的矛盾心情被撩撥起來。我們應該把全副精力都用在對未來方略的勾勒上，對全局的盱衡中，而根據如此規劃出的願景，我們要設定具體可行的目標，然後帶領著團體向前邁進。我們必須要憑藉實務經驗，讓自己成為擘劃與實踐願景的藝術家。達到這種境界，可以讓我們產生無比的自信心，而且這不是那種自命不凡者會拿來說嘴的假自信。真正的自信，可以讓人受到我們的吸引，讓他們想要接受我們的帶領。但在此同時，領導的過程是我們與被領導者之間的動態關係。我們必須了解自己的一個小動作，都會對個別成員產生無意識的作用。所以我們在態度上一定要戒慎恐懼，言行舉止的基調也得小心設定。我們要把天線調到成員們的頻率，藉以接受他們瞬息萬變的情緒遷徙。不論在任何情況下，我們都不能覺得成員的忠誠是囊中物，我們的同理心必須要發自肺腑，由此才能在下屬對我們失望之際有所感應。**作為這種互動關係的一環，我們必須了解到人與人之間是雙向道，亦即當我們對底下的人表達出尊敬與信任，這樣的正面情緒也會被回贈給我們。**這麼一來下屬會就會敞開心房接受我們的影響。我們必須窮盡力量去觸發人的自我意志，讓他們的自我認同能與團體的宗旨達成一致。這麼一來，他們才會積極參與我們對理想的實踐與追尋。

然而這種同理心，不等同於被牽著鼻子走，因為那只會顯示出你的軟弱。牽扯到領導的主要工作——提供願景、帶領眾人朝適切的目標邁進——我們必須嚴厲，必須堅定不易。沒錯，我們可以傾聽意見，並擇優採用，但我們也必須記住自己對世界大勢與細節有更好的掌握。我們必不能為了想裝作公平而屈服於政治壓力，因為那只會稀釋了我們的願景。願景本身超乎在政治立場之上，其代表的是真理與事實。我們必須在實踐願景的路上發揮強悍的韌性，甚至於對搞破壞或與公益對著幹的人要拿出點狠勁。狠勁跟同理心這兩樣東西並非水火不容，伊莉莎白一世已經示範給我們看過。

領導者一旦沒能建立起權威的這兩大支柱——願景與同理心——那後果就往往是：組織成員會感覺到自己與領導者之間的隔閡與距離。他們內心會知道自己被當成免洗的筷子，會感覺到組織運作欠缺大方向，只是遇到事情才見招拆招。於是乎日積月累，他們會開始累積恨意並流失尊敬，你的話他們會愈來愈不愛聽。另外，他們會大白天就滿腦子都是自己的前途或利益，會加入派系甚至自創派系，會只拿出七五折或打對折的工作效率。

領導人要是在發現這些狀況後變得更強硬、要求更多，那成員們就會開始假意配合，但私下自行其是；若領導人因此把身段放軟來乞求支持，那基層就會更加把他看扁，大家會覺得不知道是狗在搖尾巴，還是尾巴在搖狗。這麼一來，領導組織就會變得窒礙難行，因為你的下屬會每一個都給你找麻煩，你會覺得孤軍奮戰而事倍功半。這些由下屬心不在焉所引發的麻煩與阻礙，解釋了何以許多領導者會做不出成績來而顯得如此平庸。

反之，若能直覺或無意識地採行前述的方式去建立權威，那我們就能以領導者之姿對組織產生迴然不同的效應。組織內部與社會大眾對我們的曖昧態度，並不會憑空消失——違反人性的事情是不會發生的——但起碼狀況不會失控。組織內部的支持還是有可能三心二意，我們也還是會遭受到外界的猜忌或質疑，但真的出了差錯，我們總是會比較容易獲得原諒跟第二次機會，畢竟我們已經建立起了一定的信任，而信任就能換來這樣的特權。另外就是組織成員會擔心要是我們被撤換，各種後果他們能不能承擔——我們一走，組織不團結、不透明、決策品質低劣等問題都會接踵而至，為此他們對我們有很強的需求。

我們不會再需要被各種麻煩事耍得團團轉，而是剛好相反，因為成員們會對組織的成立宗旨充滿參與感。我們將能匯集成員們的創意與能量，由他們推著組織前進，而不需要由組織拖著他們前進。有了基層的忠誠護體，我們要達成目標與願景也會比較容易。這會讓我們的形象獲得權威的加權，我們的一言一行都會更加動見觀瞻。

這種境界，以我們的能力而言絕非苛求，因此若是組織成員失去了對我們的尊敬或信任，我們一定要將之視為是自己的錯。

你的人性課題

在此你身為人性學生的功課，有三樣：**首先，你必須讓自己成為權威這種現象的專業觀察者，而權威高低，取決於人能不靠強迫或演說的方式來影響人的能力。**這種練習，你可以從觀察家族成員做起。你可以去看自己的雙親，看爸媽哪一個比較能影響你或其他姊妹跟兄弟。你可以去觀察學校老師或自己生命中的「精神導師」，他們當中有誰會特別對你有影響力。他們的言行與自身範例，會長期在你內心發酵。你可以去觀察在工作中的老闆，看他們對你跟對其他同事，乃至於對整間公司的影響在哪裡。最後，你可以去看那些常上新聞的領袖級人物。不論你觀察的對象為何，不變的是你要去判斷他們有沒有權威感，有的話，從何而來。你可以去注意他們權威感的起落，也去思考其背後的緣由。

第二，你要去發展能有助你投射出權威感的策略與習慣（詳見下一部分）。若你還是學徒身分，但渴望能有朝一日晉身領袖的話，及早投入這一塊會讓你獲致耀眼而吸睛的光環，讓外界產生你注定要鶴立雞群之感。若是你已經身為領袖級人物，那這些策略會強化你已有的權威，並讓你與團體之間的關係更緊密。

作為這個過程的一環，你必須要去省思自己對別人的影響力：你會一天到晚在與人爭辯，就為了把意志、想法或計畫加諸他人，但感覺阻力比想像中大得多嗎？你曾遇過別人在聽你講話的時候點頭如搗蒜，但事後完全反其道而行嗎？如果你是剛出道的菜鳥，那這種情況真的在所難免，主要是人通常都不太尊重排序較低者的意見。同樣的看法分別由基層或老闆提出來，得到的待遇可能天差地遠。但有時候這些情況跟你的資歷或地位高低無關，純粹是因為前述的某些原則遭到你的違反。

萬不可把別人的笑臉或表面上的同意當真。你要去注意他們的笑容或首肯是不是擠出來的。與其聽其言，你更應該去觀其行。聽到大小牢騷，都要直接想到是不是跟你的權威不夠有關。整體而言，你要把對旁人表現的敏感度拉高，尤其要去觀察你能感覺到別人對你不尊重，或是你的權威衰退的那些瞬間。但也別忘了每個組織裡都有些壞蘋果，他們永遠只是為了抱怨而抱怨，也永遠不會服氣誰，這跟你做得好不好無關。他們活著就是為了跟人唱反調，就是為了把領導人搞倒。不用浪費同理心在這些人身上，因為這些人百毒不侵，冥頑不靈。你該學會的技術是盡快辨識出他們，然後要麼開除，要麼邊緣化他們。擁有一個團結而同心同德的團體，是想讓這種人無法作亂最快的捷徑。

第三點，或許是最重要的一點，在於你必須避免上當，必須避免自己受到現在一種不具建設性的偏見影響，因為這種偏見背後是對權威的誤解與鄙視。今天我們當中有很多人，會誤把權威跟阿狗阿貓的領導人都混為一談，而由於今天世上大部分的領導人都更關心保障他們自身的權力與財富，因此很自然地我們會慢慢感到權威不是種好東西。另外，我們今天也活在一個高度民主，甚至於過度民主的時代。「我們何苦要照著某名權威的意思行事，把自己搞得像個小媳婦似的？」我們可能會如此捫心自問。「有權力的人就應該把事情辦好；權威是帝王時代的骨董，現代人早該將之拋諸腦後。」

這種對權威或領導人的鄙夷，已經一點一滴地滲透進我們的文化底蘊。我們愈來愈不覺得各門技藝中有值得被奉為權威的人物，誰都能夠大放厥詞地恣意批評，誰都能按自己認定的標準去審美——沒有誰的品味或判斷力該認為高人一等。在過往，親職會被歸在權威的範圍內，但時到如今，為人父母者已經不再想自視為權威，他們已經不覺得自己應該灌輸特定的價值或文化到孩子心中。反之，現代的父母會更希望自己跟孩子們平起平坐，希望自已在孩子的眼中只是知識跟經驗多一點的平輩。他們扮演的角色與其說是親職，不如說是孩子的啦啦隊，因為他們不是在附合孩子的看法，就是在確保孩子永遠不會無聊。他們於孩子而言更像是年長的友人。這種長幼不分的互動模式也存在於教師與學子之間，由此教學的重點已不再是學不學得到東西，而在於過程好不好玩。

在這樣的氣氛下，領導者會開始定位自己只是個管理人，他們的存在只是為了在第二線輔佐團體做出正確的決定，然後所有的事情都根據共識來推行。又或者他們會自我安慰地覺得最重要的工作是分析師工具，吸收資訊時代海量的訊息，然後由大數據跟演算法這兩種真正的「權威」來決定組織的走向。

這些觀念與價值，都會產生意想不到的後果。各行各業因為少了權威，所以想叛逆的人會不知道要反抗誰，想造反的不知道要推翻誰，沒有人能找到具深度的思想去融入在先而排斥在後。你能看到的世界只剩下一個由各種趨勢交雜並行，但看不出固定輪廓的流體，用不斷加快的速度閃爍搖曳。少了扮演權威的父母親，我們會不知道如何度過理應以叛逆為題的關鍵青春期，我們會少了爸媽這個假想敵，也因此沒辦法對映著爸媽的觀念來找到自己。這樣的我們會在迷惘中變成大人，會從此懷著一種不斷得向外尋覓自我的心情。因為沒有老師或大師讓我們認同為值得尊敬的前輩，我們會不知道該向誰討教經驗與智慧，也不知道有誰可以讓我們當成努力的標竿去嘗試超越。

因為沒有領袖把預判新的趨勢當成自己的全職工作，也沒有人努力帶領我們朝長期的解決方案前進，我們會產生一種迷路的感覺。久而久之，生命中需要某種權威的感受會愈來愈強，於是我們便會病急亂投醫地被「詐騙集團」給收編。要知道這些假權威如果是細菌，那混亂與迷惘就是正中他們下懷的培養皿。

所謂的假權威，可能是一名強人。強人會在表面上給人一種具有領導力與方向感的錯覺，但其實他們的每個想法跟行動，都是為了要滿足自我，都是為了強化他們對人事物的掌控。假權威也可能是個馬屁精。這種領導人善於掌握民意，然後投其所好地說出民眾想聽的話語，由此創造出一種他們能夠苦民所苦的海市蜃樓。假權威也可以是善於跟基層搏感情的假庶民，他們會刻意去模仿老百姓的言行，讓大家覺得他超級公平、超級有趣，超級跟大家走在一起。社群媒體會讓這些團體的權威如虎添翼，因為在網路的時代裡，別人都在說的事情一定屬實，別人都在做的事情一定不是壞事，這是一項真理，反正人多就一定有道理。但這些作假的行為只會導致更多的紛擾、混亂與誤判。

身為人性的學徒，我們必須體認到自身對權威角色的諸多偏見，會導致無法計數的危險。承認世上有人是權威，並不等於我們自甘弗如，這只代表我們接受人性的本質裡存在對於權威的需求。權威者不應被視為是自肥者或是暴君——事實上，自肥跟獨裁只會有損人的權威。他們不是歷史的遺跡，而是一種必須與時俱進才能存在，而且在社會上有其不可或缺功能的角色。**權威的存在不但不反民主，甚至還可以彰顯民主**。我們必須了解到共識決、只想當管理人的領導者與朋友般的雙親被視為是一種進步的觀念，但這種觀念其實並不進步，反而是暗藏著對扛責任、對決斷、對站出來擋子彈等領袖工作的恐懼。我們必須逆風而行、必須擁抱風險與危險，而這些東西都與身為領袖與權威是一體的兩面。

現代人比以往任何一個時代的人類都更加自我中心，更有部落意識，也更堅持本身狹隘的己見與私利；我們被滔天巨浪般的資訊轟炸到體無完膚；領導人於我們而言變得更加免洗，我們的支持隨時可以變節。所以說對於真正的權威人物——以及他們所代表的高度、視角、貼近民意的能力與凝聚人心的魅力——我們都有著前所未見的渴望。而這也讓我們肩負起一個任務是要能為自己建立起權威，並義無反顧地進駐領導者的定位。

權威的建立策略

別忘了，權威的本質是讓人自動自發地想要跟隨你的領導。他們出於自己的選擇，願意聽從你的說詞與建議，同時渴望你的智慧。你確實得偶爾訴諸威逼、利誘、脅迫，或是激勵的話術，問題只在於你使用這些工具的頻率高低，你愈是不需要憑藉這些外力，就代表你的權威愈夠力。而要減少這些外力的運用，你就得時時設法去喚醒他們的意志力，減少他們心中內建的阻力與質疑。而這也就是我提供下方各種策略的用意，你若想建立權威，就要讓這每一種策略都發揮最大的效力。

找到你的風格：真誠

你打算建立的權威，必須要自然而然發自你的內心，也必須要源於你特有的優勢。你可以去思考權威的各種基模，然後判斷當中哪一種最適合你。有一種很突出的權威基模是*救世主*，這類人包括歷史上的摩西，還有小馬丁．路德．金恩，他們的特點都是決心要從邪惡中把人拯救出來。救世主的特色是嫉惡如仇，尤其不甘心於他們所屬的團體受到不公不義的對待。他們的決心之強，加上口才之好，人往往會自動被他們吸引過去。

另外一種權威的基模是*創世者*，也就是在政壇或商界建立新秩序的人。他們普遍對趨勢發展有很敏銳的嗅覺，也往往非常討厭現狀的停滯不前。他們不按牌理出牌，想法也不受他人左右。他們最大的快樂來自於把東西拆了又裝回去，看能不能從中發明出東西。很多人天生會朝創世者靠過去，因為創世者似乎是某種進步的化身。屬於這種基態的是*有遠見的藝術家*，比方說歷史上的畢卡索、爵士樂大師約翰．柯川（John Coltrane），或是電影導演大衛．林區（David Lynch）。這些藝術家先習得了各自領域內的傳統，然後再將之顛覆。他們渴望新風格，也劍及履及地去建立新風格。憑藉其高超的技巧，他們身邊總是不乏觀眾與追隨者。

其他的權威基模還包括真相追尋者（對謊言跟政治手段零容忍的那些人）、安靜的實務主義者（一心想要把故障修好，耐心深不見底的那些人）、療癒者（知道怎麼找著東西去滿足人、團結人的那種人）、指導者（知道如何去讓人動起來，並從錯誤中學習的那種人。）你必須從上述的基模中找到一種去認同，或是從你的文化中找一種具獨特性的基模來使用。

找出一種讓你如魚得水的風格，你就能給人一種印象是你的能力或特質是獨立於你之外，你自身也無法控制的存在，就好像你的正義感或潮流敏銳度要麼源於體內的 DNA，要麼是上帝賜予的天賦。你就是會不由自主地想要為了理念奮戰，就是會想要把新秩序創造出來。少了這種自然的感覺，你會讓人覺得你想當權威，是出於一種想利用人來出人頭地的機會主義。你對理念的支持或對趨勢的掌握，會被認為是你想藉此去掌握權力。所以說你愈早找到自己適合的權威風格，事情就愈好辦，因為那代表你會有更多的時間去打磨，將之調整到適合你自身風格與所屬文化的樣貌，或將之帶出新的面向來讓人耳目一新。要是你能從職涯的一開始就把這種風格納入到你的表現當中，就能讓更多人相信這風格是種你除了照辦以外沒有其他選擇，力量超乎你個人意志的天性。

將專注力朝外：態度

身而為人，自我中心是我們的本能，我們大部分的時間都會把注意力朝內看著我們的情緒、心傷、幻想。你會需要培養出一種習慣來盡可能扭轉這一點。而要做到這一點有三個辦法。**首先，你要磨利自己的聆聽能力，讓自己沉浸在旁人的言語與肢體線索上。**你要訓練自己去讀取弦外之音，而不能只掌握字面的意義。你要把天線的頻率對準他人的情緒與需求，覺出他們渴望什麼。你不好輕易把人的笑臉跟肯定當真，而應該去挖掘那笑臉背後的張力與幻想。

第二，你要要求自己去贏得別人的尊敬。你不能覺得別人應該自己貼上來，不能把專注力放在自己的感覺身上，也不能覺得自己的身分地位偉大到別人欠你什麼（這就代表你只在注意自己）。你要尊重每一個個體的需求，並證明自己正在為了屬於每一個人的公益努力，這樣才能獲得他們的尊敬。**第三，你要知道身為領導人是一種很大的責任，因為你的每個決定都會關係到團體的福祉**。推動你前進的動力不應該是出名，而應該是為了多數人謀得最有利的結局。你要全心投入到工作裡，直到能進入忘我的境地。要深深讓自己跟組織的感受合而為一，要視自己跟組織是水乳交融的命運共同體。

你能流露出這種態度，別人一定會有所感動，進而敞開心胸接受你的影響。他們受你吸引的原因會非常簡單，那就是鮮少有人會這麼關心他們，這麼把重心放在實績而非虛名之上。這會讓你顯得與眾不同，也會讓你不用做任何公關或宣傳就獲得好名聲。

培養第三隻眼：遠見

在西元前四〇一年，上萬名為了大流士作戰的希臘傭兵劍指跟大流士是親兄弟的現任國王，意欲為大流士搶得整個帝國。但突然之間，他們卻發現自己節節敗退，在波斯內地的深處遭到圍困。當波斯大軍以勝利者之姿誘騙傭兵的領導階層去談判投降事宜時，他們真正的用意是要把這些軍官斬草除根，而事實上他們也真的這麼做了。這麼一來，剩下的士兵已經很清楚自己的隔天會有什麼命運：要麼一樣被殺，要麼被賣去當奴隸。於是那天夜裡，他們漫步出了營帳，哀嘆起自己的噩運。

在被圍困的這群人當中，有一位是作家色諾芬，他的身分就像是隨軍的記者，跟在士兵身邊用筆記錄一切。色諾芬曾經拜在蘇格拉底的門下研習哲學。他相信理性思考、綜觀全局，以及從稍縱即逝的日常表象中看出整體觀念，是三種具有優越性的行為。而他鍛鍊這樣的思考能力，也累積了好幾年的光陰。

那天晚上，他在腦海中浮現出希臘殘兵可以逃出生天，回到故里的景象。他看到眾人敏捷而隱密地穿越波斯本土，並犧牲了一切身外之物來換取速度。他看到希臘同胞連夜動身，出奇不意地拉開了跟波斯大軍的距離。他事先想好了一切——地形、路線、各種敵人、如何與波斯民間的反抗力量各取所需。他看到了大家放棄了馬車，如何野外求生，也看到了大家拼命趕路，即便在冬天也沒有停下腳步。就這樣他在短短幾小時內，就想出了鉅細靡遺的撤退方略，而其靈感來源不過是他腦海中一幅幅迂迴曲折朝地中海的方向前進，最終全員回到故土的畫面。

雖然他完全沒有軍事背景或作戰經驗，但他腦海中的畫面是如此地完整，並且他在與眾人溝通時又是如此的有把握，將士們於是乎提名他成為有實無名的領導者。最後他們花了幾年的時間，期間也歷經了不少的波折，但每次遇到狀況，色諾芬都成功以其不限一地一國的眼界，想出了致勝的策略。總之到了最終，色諾芬證明了理性思考的力量有多大，因為他成功在所有條件都不利於他們的狀況下，把大家夥平安帶回了希臘。

這個故事說明了權威的本質是什麼，也讓我們了解到權威建立的關鍵是什麼。大部分人身上都套著名為「此時此刻」的枷鎖。他們很容易會以管窺天而反應過度，進而張皇失措。一遇到大難臨頭，他們便只能坐以待斃，因為他們心中容不下關於輕重緩急或設法逃脫的設想或念頭。相對於此，有一種人會在危機中保持冷靜，會把視野提升到當下的處境之上，然後讓遠見的力量為他們所用。他們會培養出第三隻眼睛來觀察肉眼看不到的力量與趨勢，並由此在團體中冒出頭來，發揮領導者的作用，散發出權威的光環，因為在大家的眼中，他們似乎有一種能未卜先知的神力。但其實這是一種可以透過練習而培養出來，進而應用在任何地方的能力。

人生固然有不同的階段，然而我們應該盡早開始訓練自己跳脫在團體中翻湧的情緒。你要自我要求去把眼界提高，去想像一個更大的世界。你要勉力去就事論事，避免讓人的派系立場影響到你的判斷。你要試著從敵人的立場看世界，要多去傾聽外界的想法。你要打開心靈去考慮各種可能性。利用這種種的辦法，你將能掌握到心理學上所謂的「完形」，也就是你身處處境的完整形狀。你要把各種可能的趨勢在腦中跑過一遍，算是沙盤推演，藉此去想像事情未來可能的發展，特別是有什麼樣的差錯可能出現。你要一邊做這種練習，一邊培養自己最大的耐性。**你愈是能深入去推敲，就愈能以某種形式看到未來。**

那些在戰場上面對到拿破崙的人，常常會有一種印象，那就是他就像有讀心術似的可以掌握他們的作戰計畫，但他不過是比敵方更能夠用腦筋去洞燭機先罷了。偉大的德國思想家兼作家歌德（Johann Wolfgang von Goethe, 1749-1832）就有一種看似不可思議、能對國際趨勢未卜先知的能力，但那其實只是他長年從事研究工作與磨練世界觀所累積出的底蘊。

有了願景，你就可以慢慢從目標回推到當下的起點，由此連結出一條具體可行但也存在某些彈性的實踐路徑。你愈是投入思考到這樣的過程中，就愈能對自己的計畫抱持自信，而這種有感染力的自信便會讓人覺得你值得相信。遇到人質疑你的願景，不用著急，時間自會為你說明。而若你最後真的功虧一簣，那也應該檢討自己，看是不是自己思考得不夠詳盡。

講究身先士卒：作風

身為領導人，你必須在眾人面前表現出與大家一樣拼命，甚至比誰都還要拼命的模樣。你要取法乎上地扮演所有人的榜樣，以最高標準來要求自己。你得一以貫之而且勇於承擔。需要為了團體犧牲，你得第一個站出來。這樣團體內的調性就會獲得正確的設定。成員們會發自內心地想要追隨你的高標，換得你的認可，就像大臣們想獲得伊莉莎白的認同一樣。他們會把你的價值內化成自己的，然後在潛移默化中開始模仿你的言行。你不用聲嘶力竭地大叫大喊，也不用長篇大論地老生常談，他們的努力會變得自然而然。

從一開始就把組織的調性設好，非常重要，而第一印象至為關鍵。錯過第一時間，你後來再想要表現得一副身先士卒的模樣，公信力就會大為降低，大家有很高的機率會覺得你在演戲。同樣重要的是，你要先嚴後寬：要是你一開始太軟爛，被人覺得你好欺負，底下的人就會一擁而上把你大卸八塊。你要公平但有底線，要是下屬沒達到你設下的標準，該罰就罰。你說話或行文的語氣，要直言不諱到略帶蠻橫，因為只要沒有跨過恐嚇或濫權的界限，則一般人都會敬重於領導者的力量展現。即便這種強硬作風比較不符合你的本性，你也得去學，否則你的領導生涯將走不了太遠。等立場建立起來之後，你想要掏心掏肺地去跟下屬搏感情，有的是時間，惟你要是把先硬後軟的順序搞反，那下場就是被下屬耍著玩。

你要盡早從生涯的一開端，就以最高的工作標準來要求自己（這一點我們下一部分會詳談），並且要訓練自己去觀察你本身的每一個小動作，對周遭人員產生了什麼樣耳濡目染的影響。

挑動矛盾情緒：光環

大部分人都不會例外，他們都會為了順利融入社交場合而呈現出穩定的人格特色——開朗、合群、勇敢、敏銳。至於其他他們不想被人看到的特質，則會被掩藏起來。身為領導人，你需要的是神祕感，需要的是伴隨神祕感而來的個人魅力。透過在訊息傳遞上的模稜兩可，透過展現人格特質上的不只一點矛盾，你會讓人無法將你輕易歸類，他們會去苦思你到底是個什麼樣的人。而愈是一天到晚出現在他們腦子裡，你對他們就愈具有影響力，也愈具有權威。

所以比方說，平常的你可能偏向於和藹可親跟敏感成性，但也別忘了要隱隱約約流露出冷血無情的一面，這包括你可以對特定的行為「殺無赦」。這就像是你要在團體中扮演父母親的角色，因為就像父母親在疼愛子女之餘，也會把話說清楚說那些事情不能越界。為人子女者一旦被卡在親情與恐懼之間，那種張力就會激發出他們對父母親的尊敬。整體而言，你要盡量降低暴怒跟責罵的頻率，因為只有一個長期沉穩而同理的領袖，其發飆時才會有效果可言，被兇的人才會真正受到震懾而感到痛悔。

你可以把謹言慎行當成本體，然後把偶爾的冒險衝動當成裝飾品。你可以在思考問題的時候瞻前顧後，花上漫長的時間，但在解決問題時毫不手軟，速戰速決。這樣突然冒出來的熱血會讓人看得毫無頭緒，所以留下的印象也會歷久彌新。又或者，你可以把抽象的理想當成本體，襯托以腳踏實地的務實主義。發現了嗎？小馬丁・路德・金恩就是用上述的矛盾表現來把人迷得團團轉。此外你可以既尊貴，又能輕鬆融入到庶民之間，就像伊莉莎白一世那樣，也可以集男性跟女性的特質於一身（可回顧第十二章〈重新與內心的男子氣概或女人味搭上線〉）。

從這個角度延伸出去，你必須在出現與不出現之間取得平衡點。要是你太常露臉，大家太習慣你在場，那你的存在就會失去爆點，因為你未曾提供讓人把你當成偶像的想像空間。但要是你太孤僻，那又會產生大家對你無法認同的問題。整體而言，我比較建議的是中間偏稍微少出現一點，這樣在你偶然現身時，大家才會興奮，才會覺得有戲劇張力。若能拿捏得宜，則大家就會在你不在的時候想著你。時至今日，這已是一門幾近失傳的藝術。現在的領導人太常現身，而且一舉一動都在社群媒體上被看個精光。這麼做或許能讓人覺得跟你沒有水平距離，但少了水平距離就壓縮到垂直距離，而少了垂直距離，你的權威就投射不出去。

有一點要記住的是：**話多也等於過度曝光，而過度曝光就會惹人厭或顯露出你的弱點**。相對於此，沉默就等於是一種以退為進的缺席；沉默意味著自制，意味著主控的權力，由此你一旦開口，大家會格外洗耳恭聽。由此舉一反三，**我們要記住自己若犯了錯誤，過度解釋或過度道歉絕對是大忌中的大忌。正確的做法是接受失敗，坦蕩蕩負起你該負的責任，然後鴨子滑水地繼續努力，直到你用行動讓大家知道你已經學到了教訓。**

不要人家一點名你，就大肆地為自己辯護或怨天尤人起來。你沒有那麼不堪。

跟前面提到的其他特質一樣，光環的建立也要趁早，因為光環是你能收服人的法寶。如果你是一杯調酒，那切記酒精濃度別調得太強，不然別人會覺得你有點瘋狂。低調奢華，才會讓人想要探聽。這當中的訣竅不在於假裝擁有你沒有的特質，而是在於帶出你原本就擁有的內涵與深度。

永遠只給不拿：禁忌

把別人已經認定是自己的東西拿走，不管是錢財、權利或特殊待遇、屬於他們的自由時間等，都會造成人心中根本的不安全感，同時也會讓你累積出的權威與聲望遭到質疑。你會讓組織成員們從內心深處覺得未來充滿了不確定性。你會無事生波，讓自身領導的正當性遭到質疑：「你到底要拿走我多少東西？你是不是在濫用權力？你是不是一路以來都在耍我們？」這種事情即便是讓人心生一點點的疑慮，都會重創你的聲譽。有事需要犧牲，你一定要跑第一個，而且這些犧牲都不能只是做做樣子，而是要口惠也實至。讓人蒙受資源或特權的損失，你都要再三強調只是暫時，也要保證會在最短時間內讓待遇恢復原狀。你要效法伊莉莎白一世的做法，把資源的分配與管理視為永遠的當務之急，這樣你才不會陷自己於四面楚歌。成為一個有本錢慷慨的人，是你要努力的方向。

由此延伸出去，你必須嚴禁自己輕諾而寡信。有時一下子腦充血，我們會畫大餅給下面的人聽，那感覺很爽沒錯，但人性就是自己欠別人的都會失憶，但別人答應自己都記得很清晰。所以萬一你要是亂開支票而兌現不了，他們一輩子都會放在心上想向你追討。就算能把錯怪到第三方或時運不濟上，你也別妄想他們會輕易原諒。這種事情一次就算了，要是變成累犯，那你的權威就會一落千丈而積重難返。答應的東西沒給，跟把本來就是對方的東西搶走，心理效果沒有差別。誰都可以說得一口好球或是把組織前景講得天花亂墜，所以一旦下屬發現你也只會出一張嘴，那你這個所謂的領袖或權威就一點也不特別，到時失落感就會讓你的聲望急墜至萬丈深淵。

予權威以新生：彈性

你的權威會在一次次斬獲信任感與敬意的行動中成長，由此你會得天獨厚地獲得長期掌權的機遇，你的抱負也會因此得以實行。惟人都會老，而隨著韶光流轉，你的權威也會慢慢變得僵化而引不起人的興趣。你會儼然成為一種家父長的角色，成為壓迫的象徵。這一點跟你獨掌大權的時間成正比，而無涉於過去你曾經獲得過多少尊敬。新的世代會無可避免地崛起，而他們會無感於你的光環與魅力。你於他們只是歷史的遺跡，而且隨著年華老去，德高望重也會讓你的想法自然而然失去彈性，由此你會更像個暴君，因為你會本能般地期待別人跟隨你。就這樣不知不覺，會開始覺得自己是天命所歸，而旁人對此也都會有感覺。即便退一萬步，民眾與外界也都會喜新厭舊，新鮮的臉蛋就是討人喜歡。

要在這一點上趨吉避凶，你首先得學習伊莉莎白，學習她終其一生對人事物的敏感度，這代表你對人要聽其言，更要觀其心，並對新進者跟年輕世代的影響有所認知。你要戒慎恐懼地去維繫對於這種同理的能力，否則你一不小心就會被自己的光環蒙蔽，就像人被包在繭裡。

再者，你要去尋求新的市場或受眾來開拓。有新的目標，你就會被逼著去調整自己。可能的話，讓你的權威把觸角伸出去。在不耍寶、不犧牲自己尊嚴的前提下，盡量去打破世代藩籬，爭取你或許無法徹底了解的新生代支持。試著讓你的風格不要盡顯歲月的痕跡，而能多多少少與時俱進。在藝壇或業界，這也正是像畢卡索、希區考克、可可 • 香奈兒等大師得以青史留名的祕密。年過半百，甚至於年屆六七八旬的他們在世代交替中所展現的可塑性，會讓你覺得超凡入聖，讓你覺得生而無涯——只要你能做到人老心不老，那你的權威也絕對可以重獲新生。

內在的權威

每個人的內心，都會有一個高階的自己跟一個低階的自己。而在人生中的不同階段，我們會清楚知道到占上風的是誰。每當成就了什麼，每當我們做事有始有終的時候，我們都能感覺到高階自我的輪廓。此外當我們優先想到別人，當我們放下驕傲與我執，停止被各種刺激操控自身行為的時候，並懂得退一步思考該怎麼往前進才最好的時候，我們所感受到的也是內心那個高階的自我。反過來說，我們也會在某些時候，清楚地感覺到低階自我的擾動。當我們覺得每件事都是針對我們，當我們變得小裡小氣，或當我們想要逃避現實，想要用各種會成癮的東西麻痺自己，想要浪費時間，或感覺到困惑跟對大小事都提不起勁的時候，我們就會與低階的自己相遇。

雖然我們大多數人都浮沉在高低階的兩端，但只要觀察得夠仔細，我們就不得不誠實告訴自己一件事情，那就是**低階的自己才是我們內心的強者**。低階的自我是比較原始，距離動物性比較近的人性。若無其他事情提供我們抗拒的能力，則人類都會很自然地顯露出惰性，顯露出短視近利跟自私狹隘的一面。要馴服低階而激發高階的自我，往往需要耗費人類很大的努力與自覺。換句話說，**高階自我不是我們自然的狀態**。

要在這場拔河中讓高階自我跟低階自我打平，甚而取得上風，關鍵在於你得培養出所謂的「內在權威」，由內在權威扮演高階自我的良心與發言人。這種聲音，其實原本就存在著，我們時不時就會聽到它。我們要做的只是放大音量，增加自己聽到這聲音的頻率。你可以想像這是內心風紀股長在規範你行為的聲音，而我們之所以有必要每天搜尋這種聲音來聆聽，是因為它會告訴我們下面幾件事情。

你有責任對所屬的文化與時代做出貢獻

此時此刻，你正享受著過去百千萬人所累積出的文明成果，是他們的努力與創新，才造就了現在可以過這麼爽的你。你所受的教育，其內容是數千年來的人類智慧與經驗累積。我們非常容易就會忘記這一切來得有多不容易，我們會自顧自地以為受教育是天經地義，人類能掌握這麼多知識跟科技也是剛好而已。這種心態，活像個被寵壞的小孩，你應該要引以為恥且有過必改。這個世界永遠需要進步與更新，而你來到世上不只是為了滿足自己的私慾，消費別人努力的成果，而是也有責任要做出些什麼東西來當作回饋，為人類的崇高理想做出一點點貢獻。

要對人類的崇高理想有所貢獻，必須培養出自身的獨特性

不要再對旁人的意見照單全收，不要讓別人決定你是誰，該喜歡什麼或討厭什麼，判斷人事物是你自身的工作。對於自己的每一種想法跟感受，都要抱持懷疑的態度。設法了解自己，把自己的底細摸清——原本的你有哪些品味與個性，自然而然會吸引你的又是哪些專業領域。你要找到與自己的靈魂與志趣都契合的工作，然後日起有功地去砥礪自己的技能。創造出能反映你獨特性的有形無形作品，並藉此來延續文化的生命，豐富文化的多樣性。**擁抱你之所以是你的那些特性，因為沒有這麼去做，正是你時不時會覺得抑鬱的原因。你會憂鬱，就代表老天在叫你要去聆聽內心權威的聲音。**

在一個不停有事讓人分心的世界，必須拿出專注力，排好事情的先後順序

人生中有些活動就是浪費時間，有些人則是人品低劣，跟他們見面能免則免，省得你的水準被拖下水。你要兩眼直盯著自己的長短期目

標，然後保持專注跟警醒。以知道努力最終的目的是什麼為前提，大方給自己空間去恣意探索，去發揮創意。

你必須在工作上守住由最高標準構成的底線

你要努力追求卓越，要做出能讓公眾產生共鳴，而且不是曇花一現的作品。達不到這個水準，就是辜負了對你有期待的人，就是會讓你的受眾失望。而讓人失望是一件可恥之事。**想維持表現與作品的高水準，你必須鍛鍊自己成為一個有紀律的人，一個敬業的人，一個有著良好工作倫理的人。**你必須在意每一個小細節，必須把後天努力當成最高指導原則。第一個冒出來的想法或點子，往往都是不成熟且流於片段的東西。你必須要更徹底與深入地去思考這些靈感，然後設法去蕪存菁。不要跟這些只有雛形的創意談戀愛，該砍的就要砍。別忘了人生苦短，每一天都可能是最後一天。你必須要抱持著某種急迫感去善用每一段時間，而不應該放任自己讓截止期限追著跑，或是得靠別人來告訴你要在何時之前完成什麼事情。任何動機都應該要發自內心，這樣的你才算是成熟完整，才稱得上獨立自主。

說起按內在的權威行事，我們可以把達文西視為效法的典範。他人生的座右銘是 ostinato rigore，意思是「毫無保留的拼命」。每當達文西接到委託，他都會付出百分之一百二十的努力去檢視每一個細節，藉此來確保作品能夠更加栩栩如生或是產生設定的作用。他這麼做，不是因為誰告訴他該這麼做，而是他勤勉成性加上懂得自我要求。雖說他的興趣包山包海，但只要手上有特定的問題需要處理，他就會集中全副的注意力。他內心抱持著一種個人的使命，那就是要服務人類，為社會進步做出貢獻。在這種內在權威的敦促下，他克服了與生俱來各種的不利因素——作為一個沒有名分的私生子，他從小得不到太多指引或教育。同樣的一股聲音，也同樣可以推動我們超越命運給我們人生路上的各種阻礙。

猛一想，內心有股這樣的聲音似乎會讓人生變得非常艱辛而不愉快，但事實上正好相反。世界上最讓人迷惘而不愉快的事情，就是看到人生一年一年過去而毫無方向感。這種人會不斷地想要抓住什麼，但卻又不斷地改變自己的目標，結果就是青春被無端浪費掉。**一如外在的權威可以確保組織的團結，讓組織的能量被導向兼具建設性與意義的目標，內心的權威可以讓你內心感覺到一致性跟力量。這樣的你將免疫於焦慮的啃噬，畢竟焦慮的主因就是你沒有發揮出自己的潛力。**

感覺到高階自我不斷提升，你將可以獲得空間去偶爾墮落，並在這樣的過程中釋放壓力，藉此避免成為自身陰影的奴隸。而最重要的是，你會不再需要雙親或領袖的安撫或指引，因為你將會自行扮演你的雙親，你的領袖，你將能在真正意義上獨立思考與運作，一切皆按內在權威的號令去執行。

天選之人，傑出之人會受到內在的需求的催促，並以內心為起點去求助於某種高於自身，優於自身的標準，並無所求地去服侍這個標準……為了區分傑出者跟一般人，我們會說前者律己甚嚴，後者律己以寬，前者高度要求自我，後者則恣意放縱，安於現狀還得意洋洋。一般人可能會大吃一驚，但真正的人中龍鳳，才會過著以服務為本質的人生。除非他們能持之以恆地為某個超凡脫俗的意義服務，否則人生於他們將索然無味。由此他們不會視服務的義務為一種壓迫，反倒是遇到這種義務因故消失時，他們會無法忍受。他們會自行去發明一種更嚴苛、更精實的全新標準來督促自己，這種人生活出了自律——也因此出落地十分高貴。

——荷西·奧德嘉，賈塞特 (Jose Ortegay Gasset)，西班牙哲學家

〈第十六章〉

洞悉友善表象背後的敵意

攻擊性的法則

表面上，你身邊的人都禮數周到而文明自持。但在面具底下，他們都無可避免地有內心的諸多挫折必須處理。他們都有一種需求是要去獲致力量，並用這股力量去影響人與控制環境。一旦這些努力遇到瓶頸，他們很常見的反應就會是用操控人的方式去凸顯自己，而這種行徑往往會讓人大吃一驚。另一種人有著超乎常人的權力慾，而且他們還格外地欠缺耐心。這樣的組合會讓他們變得極具攻擊性，他們會無所不用其極，不擇手段地去威嚇別人來遂行目的。你必須鍛鍊出銳利的眼光來觀察人慾求不滿時會產生的攻擊傾向，並格外留意身邊的慢性攻擊者與被動攻擊者。你必須要能見微知著，從人向來的行為模式與強烈想要控制環境中每件事情的傾向，去判斷出危險之所在。這些人的法寶，就是先讓你變得情緒化，不論是害怕或生氣都好，因為情緒一來你就無法思考，而你的對策就是不要讓他們如願以償。至於面對你本身的攻擊性，你則要學著去馴服它，將它作為一種能量導入建設性的方向，這在你有事要據理力爭或有問題需一擊而破，乃至於要放手一搏來完成夢想時，都能派上用場。

城府甚深的攻擊者

一八五七年，莫里斯・B・克拉克（Maurice B. Clark）這名年紀二十有八，旅居美國俄亥俄州克里夫蘭的英國人，做出了他年輕人生中最重要的決定：他決定辭掉在農產盤商裡高階的經銷職位，走出舒適圈，然後在同一種買賣裡自行創業。他的雄心壯志，是要在這個繁忙的城市裡加入百萬富翁的行列，而對自身的本事他可以說充滿了信心：他天生就是吃這行飯的人，哪裡有錢賺他一聞就知道，而且也拿得出各種辦法去讓錢進他口袋。

克拉克說是旅美，其實是在十年前從英國逃出來，主要是（脾氣始終不小的）他把當時的雇主打到昏迷不醒，但又不想在即將找上門的警方面前束手就擒。就這樣他移民到了美國，並從紐約出發向西旅行，期間打過各式各樣的零工，最後才落腳在克里夫蘭，也在克里夫蘭習得了經商之術。當時的克里夫蘭是城鎮中的暴發戶，因為臨河且位於伊利湖畔而成為東西交通的要衝。克拉克要是想要衝一波來就此發跡，此刻是萬中無一的絕佳時機。

不過就是有一個小問題，他缺乏創業的資金。他得找一個有點積蓄的合夥人，而想著想著，他腦中冒出了一個可能的人選：約翰・D・洛克斐勒（John D. Rockefeller），是克拉克幾年前在商學院念書時所結交的同窗。

一眼看上去，這是個蠻奇怪的選擇。洛克斐勒當時才十八歲，職業是在休伊特與塔托（Hewitt and Tuttle）這家頗具規模的農產運銷公司裡擔任簿記。話說兩人在非常多的點上是完全不對盤。克拉克愛享受，喜歡好東西、喜歡賭博，也喜歡美女，而且活潑好鬥。洛克斐勒相形之下，則是非常虔誠的教徒，甚少飲酒而且以他的年紀來說非常穩重。個性差這麼多，這兩個人有辦法聯手合作嗎？另外，克拉克估算其合夥人得至少拿出兩千美元的資金，公司才能可能啟動運作。一個普通家庭出身的農產運銷公司簿記，怎麼可能會有這樣的積蓄？不過另一方面，在休伊特與塔托公司那兩年為洛克斐勒創造出很好的口碑，大家都認為他是當地數一數二，能幹跟操守兼具的白領人才。有他在，公司就能保證沒有一毛錢被亂花，而最終生意也一定會賺錢。更重要的是，洛克斐勒還非常年輕，所以克拉克可以在兩人的互動中維持強勢。所以撥一撥算盤，克拉克覺得洛克斐勒值得一問。

讓克拉克吃了一驚的是，當他提議兩人合作時，洛克斐勒不僅用平常看不到的熱忱一口答應，而且還很快就不知從哪裡借來了兩千美元的資金。洛克斐勒辭掉了工作，而名為克拉克與洛克斐勒的新公司也在一八五八年四月開幕營運。

在開幕的頭幾年，克拉克與洛克斐勒的業務興盛。兩個合夥人發揮了互補的效果，兩人在克里夫蘭有做不完的生意。然而時間一長，克拉克開始受不了這年輕人，甚至有一點瞧不起他，主要是他比克拉克想像中的更加一絲不苟，身上連一點壞習慣的痕跡都沒有。把帳本記得一清二楚，加上想方設法替公司省錢，幾乎就是他人生僅有的樂趣了。因為老是沒日沒夜地趴在帳本上面，所以他年紀輕輕就已經有點駝背。他穿得像個中年的銀行家，行為舉止也老氣橫秋。克拉克也在公司上班的親兄弟詹姆斯，就因此給洛克斐勒取了個渾名叫「主日學的管理員」。

慢慢地，克拉克開始覺得洛克斐勒無聊到令人窒息，他覺得讓這樣的人來代表一半的公司實在不太適宜。克拉克於是從克里夫蘭的名門家庭引進了一個新的合夥人，然後把洛克斐勒的名字從公司的名稱中「下架」。克拉克希望此舉可以為他們爭取到更多的生意。怪的是，洛克斐勒對此好像不以為意，基本上只要公司能多得到些生意，他並不是很在意個人有沒有這點虛名。

他們的農產品業務蒸蒸日上，但很快地便有消息傳遍了克里夫蘭，那就是有一種新的大宗商品將在當地創造出有如淘金一般的熱潮——原來是鄰近的賓州西部在最近發現了豐富的石油礦脈。一八六二年，一名年輕的英國人山繆爾·安德魯斯（Samuel Andrews）造訪了克拉克公司的辦公室，並以發明家、實業家與克拉克英國老鄉兼舊識的多重身分，提出了要跟克拉克合夥投資石油生意的提案。他強調了石油商機的無窮潛力，主要是以石油及其衍生物作為原料，就可以做出五花八門的產品，而且生產成本低廉。山繆爾表示只需一點資金，他們就可以成立自己的煉油廠來大發利市。

克拉克的回應有點意興闌珊，因為石油這們生意就像坐雲霄飛車一樣忽高忽低，價錢也是起起落落，再加上當時正值美國內戰，在投資上孤注一擲似乎不是明智之舉。由此克拉克的想法是有限度參與即可。但後來安德魯斯把同樣的話說給年輕的洛克斐勒聽，沒想到洛克斐勒聽到兩眼全亮了起來。洛克斐勒認為他們應該投資煉油廠，並以此說服了克拉克——他會以個人名義為此投資的成功擔保。克拉克從沒有看過這麼熱血的洛克斐勒，於是他心想石油這東西肯定真的有什麼玄機吧。就這樣，他屈服在了安德魯斯與洛克斐勒的壓力之下。一八六三年，名為安德魯斯與克拉克（Andrews, Clark and Co.）的煉油公司正式成立。

同一年，克里夫蘭一口氣冒出了二十家同性質的煉油廠，競爭說激烈是客氣了。對克拉克而言，看著洛克斐勒出任務是件有趣的事情。他大半天都待在煉油廠裡，有時候掃地，有時候擦拭金屬表面，有時候把汽油桶滾來滾去，要不然就是在把桶箍堆整齊。那感覺就像他在跟煉油廠談戀愛。他會大半夜還在工作，滿腦子都是怎麼讓煉油廠的運作更加順暢，怎麼從中擠出更多的錢來。不知不覺中，煉油事業已經成了集團的金雞母，而克拉克也忍不住洋洋得意起自己同意投資的決定。但煉油事業已儼然成為洛克斐勒的最愛，他一逮到機會就會拿要擴產的計畫對克拉克狂轟猛炸，但其實油價此時正在那兒激烈的上上下下。對於這種要求，克拉克要洛克斐勒按部就班，因為石油市場的一團混亂讓克拉克深感不安。

然而時間久了，克拉克愈來愈壓抑不住內心的厭煩：洛克斐勒開始挾煉油廠的成功而自重。克拉克不得不提醒小簿記出身的洛克斐勒一件事情，那就是創業一開始是誰的主意。就像不斷反覆的副歌一樣，他再三對洛克斐勒耳提面命：「少了我，你能有今天？」然後他發現洛克斐勒在未告知他的狀況下，偷偷為煉油廠融資了十萬美元。為此他嚴厲地告誡洛克斐勒下不為例，他要洛克斐勒不可以再在他背後偷來暗去，也不要再妄想讓煉油業務擴大。但他的話於洛克斐勒而言，就像左耳進右耳出。以一個看似安靜沉穩而且貌不驚人的傢伙而言，洛克斐勒有時候還真的是堅持到討人厭。被克拉克「電」完幾個月後，洛克斐勒又故態復萌地跑來要他在一份鉅額貸款文件上簽名，而這次克拉克終於忍無可忍地說：「你要是想這樣做生意，那我們拆夥吧。拆完夥你愛怎麼弄怎麼弄。」

克拉克此時還不想結束合夥關係——畢竟公司正在日進斗金的階段，而洛克斐勒雖然讓他看著不太順眼，但克拉克跟在成長中的公司都確實需要他來經手那些乏味的細節。所以說穿了，他撂話也就是想嚇嚇洛克斐勒，因為除了說重話，他好像也沒招讓這年輕人別老是拿要趕緊擴大煉油業務的事情來煩他。而一如往常，洛克斐勒並沒有多所爭辯，表面上把克拉克的話給吞了下去。

然後隔一個月，洛克斐勒邀請克拉克跟安德魯斯到他私宅討論未來的計畫。而雖然克拉克之前曾三令五申，但洛克斐勒依舊勾勒了將煉油事業擴大的計畫，而且擘劃的手筆比之前更誇張。這一次，克拉克也沒有能把怒氣壓下。「我們還是分手吧！」他大小聲了起來。但這時怪事發生了——洛克斐勒默默地同意了這個提議，然後讓克拉克跟安德魯斯確認了解除合夥是他們的全體共識，但過程中他既沒有生氣，也看不出一丁點的恨意。

克拉克打了長年的撲克牌，所以他確信洛克斐勒是在虛張聲勢給他看，目的只是在逼他表態。由此他認為只要自己堅持立場，這年輕人也不可能把事情做絕。他相信洛克斐勒沒那個本錢獨立，他相信洛克斐勒需要自己多於他需要洛克斐勒。洛克斐勒會被逼著去承認自己做事不經大腦，然後回頭來求克拉克恢復合夥。這麼一來，洛克斐勒會被好好地挫挫銳氣，克拉克在公司內的主導地位也會更加確立。

但不過第二天，克拉克就始料未及地在地方報上讀到很顯然是洛克斐勒登出的拆夥公告。當天稍晚他跑去跟洛克斐勒攤牌，但洛克斐勒說拆夥是大家前一天的決議，他只是照著執行而已，何況提議要拆夥的可是克拉克自己，而他也認同這樣的決定。他不急不徐地建議把公司拍賣出去，由價高者得。但就是這種在商言商，不帶感情的理性說明，讓克拉克幾乎要怒氣攻心。不過事情既然都來到這步田地，同意拍賣公司確實是個可以考慮的決定。克拉克想說不如將計就計，反正只要出個比洛克斐勒高的價錢，他就可以拿回公司又不用再見到這討厭鬼，畢其功於一役。

時間來到一八六五年二月的拍賣當天，克拉克請了一位律師來代表自己，而洛克斐勒則單槍匹馬出席，而這顯然又暴露了他的傲慢與經驗不足的缺點。但隨著出價不斷往上跳，最後洛克斐勒出到七萬兩千五百美元，這個連克拉克都出不起的荒謬高價。克拉克心想洛克斐勒哪來那麼多錢？又怎麼可能不跟他合作就把公司做起來？克拉克自詡為商場老將，但這些做法讓他完全看不懂。無所謂，反正洛克斐勒想花這個錢，花得起這個錢，就由他去揮霍吧，克拉克只求此後「田無溝水無流」，大家井水不犯河水就好。作為買賣條件的一環，洛克斐勒可以得到他要的煉油廠，但同時必須無償放棄農產部門。克拉克對這樣的結局說有多滿意，就有多滿意，唯一就是安德魯斯選擇了跟隨洛克斐勒而沒有選擇自己，這點讓克拉克心裡比較介意。

但經過了幾個月，克拉克開始重新思索事情的來龍去脈：他開始有一種不祥的感覺是，這一切都是洛克斐勒的陰謀，而且他可能計畫了這整件事情長達數月到一年之久。洛克斐勒一定早在拍賣之前就連絡好了銀行家，確保了銀行貸款，所以他才能出那樣的高價。他也一定事先把安德魯斯拉攏到了自己這邊來。回想起來，煉油廠到手那天的洛克斐勒眼裡，確實看得出有點自鳴得意，而那也是克拉克第一次在這個老成的年輕人臉上看到情緒。難道說他之前那喜怒不形於色的作風，只是精湛的演技嗎？日後隨著洛克斐勒年復一年，從這一著棋中累積出巨大的財富，克拉克忍不住覺得自己被耍了。

奧立佛·H·沛恩上校（Colonel Oliver H. Payne）等於是克里夫蘭在地的貴族。他出身顯赫的家世，在克里夫蘭這個城市的諸多草創者中，都有一人來自他們家族。他念的是耶魯大學，後來又成為功勳卓著的內戰英雄。南北戰爭結束後，他好幾回創業都相當成功，也在克里夫蘭俗稱富人巷的歐幾里得大道上坐擁豪宅，但這些東西都不能滿足他，他還有更大的志向，包括從政也是選項，畢竟在他認為，自個兒就算當上美國總統也不是完全不能想像。

在他大發利市的各種行當中，其中一項說巧不巧，正好就是煉油廠，而且還是在在克里夫蘭排名第二的煉油廠。只不過到了一八七一年的尾聲，沛恩開始聽到一些奇怪的傳聞，說是美國若干煉油廠的老闆跟最大的幾條鐵路達成了協議：這幾條鐵路會調低特定煉油廠的運費。所謂特定煉油廠，當然就是他們祕密組織中的自己人，而作為交換，這些煉油廠會保證鐵路業者獲得一定的運量。至於不得其門而入的其他煉油廠，會發現自己的運費變貴了，由此他們的經營會遭遇到困難，甚至會完全經營不下去。重點是，這個密約當中的主要煉油業者，也是該組織中唯一來自克里夫蘭的煉油業者，顯然就是洛克斐勒。

這時的洛克斐勒已經在克里夫蘭坐擁兩座煉油廠，並將公司重新命名為「標準石油」（Standard Oil）。標準石油此時已是全美最大的煉油業者，但競爭依舊非常激烈，因為光是在克里夫蘭一地，含標準石油在內的煉油廠就有二十八家。因為煉油商機不斷蓬勃發展，因此在歐幾里得大道上建起豪宅的富豪也不斷增多。但若洛克斐勒可以控制住進入這樣一種密約組織，那他就可以痛擊其他對手。而就在這種說法傳得甚囂塵上之際，洛克斐勒在克里夫蘭某銀行內安排了一場他與沛恩的閉門會晤。

沛恩對洛克斐勒不能說不熟，他們生日只差兩週，上的是同一所高中，在歐幾里得大道上也是鄰居。他十分景仰洛克斐勒的商業頭腦，但也對他滿懷敬畏。洛克斐勒是那種不服輸的人。即便只是有人的馬車超過他，他也得快馬加鞭地重新超回來。他們在同一間教堂做禮拜，沛恩知道他是一個有高度原則的人，但除此之外他也是個低調而謎樣的人物。

在兩人的私下會面中，洛克斐勒對沛恩知無不言：沛恩是第一個被告知此一祕密組織存在的外人，而這個祕密組織的全名是「南方進步公司」（Southern Improvement Company），簡稱 SIC。洛克斐勒宣稱是鐵路公司發起了 SIC，目的是要增加自身的獲利，還說自己加入也是萬般不得已。他並沒有邀請沛恩加入 SIC，反而提議要用一大筆很值錢的標準石油公司股票來買斷沛恩的煉油廠，並延攬他進入標準石油成為頭銜很嚇人的高幹。這麼一來，他的收入會遠勝於與標準石油為敵。

洛克斐勒的一字一句都極其客氣。他打算不斷地擴張，直到這個大家各自為政的石油產業中能出現一些睽違許久的秩序。這於他是一種聖戰，而他打算邀請沛恩加入他的十字軍，與他在標準石油裡並肩作戰。洛克斐勒的提案看似難以拒絕，但沛恩還是猶豫了。這個瞬息萬變的產業確實時不時讓他氣到七孔生煙加渾身發抖，但他從沒有過要把煉油廠給賣掉的念頭。這一切都發生得太突然，而察覺到他的躊躇不前，洛克斐勒投以他一個充滿同情的眼神，並表示願意讓他檢視標準石油的帳簿。洛克菲勒表示只要看過財務報表，他就會知道自己絕不是標準石油的對手。沛恩不可能對這麼難得的機會說不，而他在短短幾小時內所看到的資料令人震驚不已：標準石油的利潤始終穩定地高出自己一大截。業界知道標準石油是龍頭，但他們肯定沒人能想到標準石油是如此地遙遙領先。對沛恩來講，這就夠了，他於是接受了洛克斐勒的「招降」。

沛恩賣廠的消息流出之後，加上 SIC 存在的傳言愈燒愈旺，克里夫蘭的煉油業界為之震動，各家煉油廠老闆開始人心惶惶。將沛恩的煉油廠收入麾下之後，洛克斐勒的陣營可以說是如虎添翼而軍容壯盛。短短幾週之內，另外一家在地煉油大廠佛賽特與克里奇力（Fawcett and Critchley）的老闆 J．W．佛賽特也成為了洛克斐勒親訪的對象。這一次他的措辭就比對沛恩要強硬那麼一些些：這門生意如此風雲詭譎，克里夫蘭距離產油市鎮又遠，原油運費昂貴，所以他們跟美國其他地方的對手競爭起來，先天就比較吃虧。洛克斐勒說只要油價繼續這樣起伏，那克里夫蘭不少業者肯定會吃土。洛克斐勒說他打算把各家業者整合起來，這樣克里夫蘭在面對鐵道業者時才會有說話的份量。換句話說，他是在幫大家的忙，讓大家不用那麼辛苦地做生意，也讓大家在被無敵的 SIC 打敗之前有個不用破產還可以拿到錢的機會。

他開給佛賽特的價碼自然遠遠比不上給沛恩的條件，這包括佛賽特拿到的股票比較少，進入標準石油體系後的職位也沒那麼高。由此佛賽特不是特別想割愛，但同樣在看過標準石油的財務報表後，他也被震懾住而接受了洛克斐勒的「邀約」。

從這之後，被洛克斐勒訪問的煉油廠老闆愈來愈多，而他們也一個個淪陷在標準石油的手中，畢竟洛克斐勒的開價愈來愈低，而這也代表著還在外頭的人將愈來愈無法單打獨鬥。此時有一個尚未低頭的老闆，名叫埃塞克・休伊特（Isaac Hewitt），而休伊特的另外一個身分，就是洛克斐勒在小簿記時期的老闆。讓休伊特賤賣掉自己的煉油廠，會要了他的命。他於是懇求洛克斐勒發發好心，讓他繼續在這個行業裡有一席之地。對此洛克斐勒還是一如往常的溫柔以對，他好聲好氣地告訴休伊特說標準石油沒有對手。「我賺錢的門路，你們想都沒想過。」他淡淡地這麼說。最後休伊特還是賣掉了手上的煉油廠，價錢只有他希望的一半多一點。

到了三月中，SIC 的存在已經不是祕密，外界開始出現要這種組織選擇自行解散或被法辦的壓力。鐵道公司被迫低頭，洛克斐勒也是，但他並沒有動氣。於是大勢底定，SIC 不復存在，但在接下來的幾個月當中，克里夫蘭有人開始覺得事情似乎有些蹊蹺。SIC 似乎從來沒有真正實行過，這個密約似乎一直到最後都只是個傳言，而標準石油就是謠言的主要來源。在此期間，洛克斐勒發動並完成了史稱「克里夫蘭大屠殺」的事件——短短幾個月，他就買斷了當地共計二十六家煉油廠中的二十家。歐幾里得大道上的不少豪宅如今不是求售就是人去樓空，因為它們的主人都已經紛紛被洛克斐勒搞得難以謀生。他一路以來都表現得好像是鐵路公司在主導一切，但真相搞不好是他把鐵路公司跟所有人玩弄在股掌之間。

事實上接下來的幾年，鐵路公司開始在標準石油的面前顯得戰戰兢兢。在克里夫蘭大屠殺之後，洛克斐勒也開始拿同樣的招數去對付匹茲堡、費城與紐約的煉油廠。他一路走來始終如一，都是一出手就鎖定當地最大的幾家煉油廠，給他們看一天比一天更有震懾力的財報，讓幾條大魚首先上當，藉此讓其他中小型業者看得皮皮剉。抵死不從的對手會被他用發狠的價格戰逼出市場。到了一八七五年，洛克斐勒已經基本上控制了美國全數的煉油重鎮，同時也幾乎獨占了主要用於照明的煤油國際市場。

這樣的市場分量，讓他得以對鐵路運輸的費率指指點點，而且更糟糕的是，洛克斐勒還開始把魔掌伸向輸油管線，而油管正是鐵路以外的另一種運油方式。他在賓州鋪設了一整套的油管系統，並控制住好幾條鐵路來協助完成將油運到東岸的最後一哩路，而這也代表著他在運輸網路上不假外求。長此以往，要是再沒有人制得住他，那洛克斐勒將在這個行業裡變得至高無上而勢不可擋。話說有一個人最怕事情走到那一步，那就是賓州鐵路公司（Pennsylvania Railroad）的老董湯姆・史考特（Tom Scott）。這裡容我說明一下，賓州鐵路是當時全美最強大的企業組織。

史考特有著波瀾壯闊的人生。南北戰爭期間他效力在林肯麾下，職位是戰爭部的副部長，其主要負責的是確保鐵路的運作可以順暢地配合北軍的作戰。身為賓州鐵路的首腦，他的雄心壯志就是要無止境地擴張公司的版圖與觸角，由此洛克斐勒顯然成了他的心腹大患，而賓州鐵路與標準石油也到了無可避免必須硬碰硬的時候。史考特擁有一切必須的資源可以與洛克斐勒一戰，而且對於如何取勝，他心中也已經有了腹案。過去幾年因為料想到洛克斐勒的發展茁壯，史考特自身也努力建立起了廣大的油管網，他同樣打算讓油管與其鐵路路網的組合來完成將原油送至煉油廠的任務。史考特馬不停蹄地興建油管並收購新竄起的煉油廠，目的是完備他自身的產業鏈，因為惟有上下游的產業鏈夠完整，他才能確保自家的鐵路部門生意源源不絕，進而去制衡洛克斐勒，讓洛克斐勒的勢力慢慢遭到弱化。惟隨著史考特的企圖昭然若揭，洛克斐勒的反應卻讓人措手不及，甚至相當震驚：標準石油幾乎將其旗下在賓州的煉油廠關閉殆盡，就是為了讓史考特的油管跟鐵路無用武之地。即便史考特勉力找到一些油可運，洛克斐勒也會搶先用低價供油給標準石油體系外的煉油廠，而且他似乎完全不在乎運價低到何種程度。他甚至會無所不用其極地讓史考特拿不到火車引擎跟輪子所需要的潤滑油。

由於賓州鐵路公司在這段期間擴張過度，因此遇到接單不順時，虧損的速度也相當恐怖，惟打價格戰的洛克斐勒也肯定會賠一屁股。那感覺就像他想拖著史考特同歸於盡。頭洗下去的史考特已經無法回頭，由此他被迫解雇了數以百計的鐵路工人來降低成本，至於保住飯碗的人也得減薪，不滿的工人因此發動了總罷工，而且短時間內還釀成了濺血的暴力衝突，主要是工人開始在州境內四處破壞賓州鐵路公司的貨運車廂。史考特決定以暴制暴，但罷工還是未見稍歇，此時賓州鐵路的股東們也開始緊張起來。同一時間，洛克斐勒只顯得老神在在，繼續在市場上對賓州鐵路施壓，就像他賠得起一樣。

史考特終於被逼到了牆角。也不知怎地，洛克斐勒好像怎麼虧損都不會倒，但史考特可沒有這麼氣長。最後真的賠到一毛錢都沒有了，他不僅同意停戰，而且還必須把手中煉油廠、儲存槽、蒸汽船與輸油管線的大半股份都賣給洛克斐勒。經過這次相當羞辱的震撼教育，史考特將永遠無法東山再起：一年之後他便不幸中風，再隔幾年更以五十八歲的壯年辭世。

這麼一來，洛克斐勒對油業的掌控看似已滴水不漏，但拜倫・班森（Byron Benson）這名工程師背景的商人仍想去鑽洛克斐勒帝國的漏洞，而且對此他已經有個方向跟想法。洛克斐勒或許可以憑藉其廣大的資源來呼風喚雨，但不論他再神通廣大，也不可能與科技的進步為敵。洛克斐勒的一項優勢在於他的油管相對較短，最長者也不過三十英哩。他只要能創造出縱橫賓州的油管網路，加上控制住各煉油廠與油管之間的鐵路，那洛克斐勒的霸業就可高枕無憂，因為即便有獨立的油管業者存在，他們也終究會需要洛克斐勒的鐵路為他們接上最後一段路。

但萬一，我是說萬一，班森可以以新技術設計出超長的油管來讓賓州西部的油田直通東岸的煉油廠呢？要是有這樣一條連續的超長油管存在，班森就可以直接用保證的低價供油給少數還存在於東岸的獨立煉油廠，過程中完全不用看洛克斐勒輸送網的臉色。這將讓洛克斐勒的事業動能為之一挫，而且只要這種長途油管愈來愈多，標準石油的同業就可以有武器與之相搏，洛克斐勒就不會再於市場上找不到對手。

但要做到這一點並不容易。因為長途油管必然得經過丘陵或山脈等上坡，而如何讓油能逆流而上將需要技術上的突破。所幸，班森在這方面的長期研究已經有些成果。而且由於洛克斐勒樹敵太多，太多人不想由著洛克斐勒一手掌握，所以班森也順利籌到了所需的巨資來鋪設這樣的新式油管。

於是班森將他的公司命名為潮水管線公司（Tidewater Pipeline Company），並在一八七八年啟動管線的建設。但幾乎在同一個時間，他就面對到各種惡意的阻撓。班森需要走鐵道的油罐車來運送重型的原物料到管線的工地，但洛克斐勒似乎已經經年累月地買下了多數的鐵道油罐車，並幾乎壟斷了相關的運輸市場。由此班森不論去什麼地方找鐵道油罐車，都會踢到標準石油子公司的鐵板。這麼一來，班森只好在原物料的運送上另闢蹊徑，而這也一方面增加了他的成本，一方面浪費了寶貴的時間。但這些阻礙只是增強了他想要把事情做到底，並一舉扳倒洛克斐勒的決心。

惟這些阻礙只是開胃菜而已。為了省錢，班森需要一條簡單的出海路線，但管線出海最近的路線就是通過馬里蘭州。很不幸，這時消息傳來說洛克斐勒以重金買通了馬里蘭州的議會，該州於是立法通過了獨厚標準石油的獨家輸油管線章程，而這也意味著潮水公司的管線必須取道賓州北部的山川地帶。這樣的走法不但比較繞，工程的花費也更高。

但這還不是最糟糕的。更糟的是洛克斐勒突然極具殺傷力地大肆採購起了土地，尤其是在潮水公司預定要鋪設管線的賓州北部，農地更是被洛克斐勒以不計代價的方式收購殆盡。作為反擊，班森也開始買起了土地，但這時在當地的農民之間又冒出了一種傳言是最好不要賣土地給班森，因為潮水公司的超長管線有較高的破裂風險，而一旦油品外洩，污染將會徹底毀滅當地的農業。用膝蓋想也知道，這種傳言的始作俑者是標準石油，而此舉也確實產生了效果。

對班森而言，洛克斐勒就像個殺紅了眼但又看不見的惡魔從四面八方對他窮追猛打，讓他的營運成本跟壓力愈來愈大。但班森可也不是省油的燈。遇到洛克斐勒買下了整片谷地，深諳山不轉路轉之理的班森就讓管線繞道去多爬點山路。雖說這讓管線顯得有點九彎十八拐，但班森還是一步一腳印地讓管線向東來到了岸邊，時間是一八七九年的五月。

惟新式管線開始運行後，其精密的幫浦能否確實讓石油爬上險峻的山坡，仍是個未知數。慢慢地，第一波原油開始通過了新管線，跨越了至高的山巔，並在數日後順利抵達了終點。就這樣，潮水管線公司成就了一項工程奇蹟，而班森也一夕之間獲得了英雄式的肯定。總算，有人站出來，替大家在標準石油的面前出了口鳥氣。

惟讓班森有點意想不到的是洛克斐勒有點愈挫愈勇。潮水公司之前燒錢燒得很兇，基本上資金已經見底，而洛克斐勒卻在此時大砍油管與鐵路的運價，幾乎可以說是免費在替人送油，由此潮水公司根本找不到任何客戶的一滴油可以運送，由此他們也不得不低頭。到了一八八〇年的三月，終於達到極限的班森跟標準石油以他能談到的最佳條件簽約，結論是讓標準石油跟潮水管線兩家公司合併。但這只是序幕而已。接下來的幾個月，洛克斐勒開始大買潮水公司的股票，最終徹底控制住潮水公司。所以就跟洛克斐勒之前的對手一樣，班森不但沒有扳倒洛克斐勒，反而還自己化身為養分讓洛克斐勒愈來愈強，愈來愈屹立不搖。這麼強大的力量，真的有人能與之匹敵嗎？

在一八八〇年代，家戶與辦公室照明用的煤油需求呈爆炸性成長，而洛克斐勒控制住了整個市場。這時在美國的城市與鄉鎮中，在地的雜貨店與零售商注意到標準石油推出了一種革命性的新系統。該公司在全美各個角落都建立了儲存槽，並補助讓油罐車將煤油送至各個窮鄉僻壤，例外極其之少。標準石油不僅會派業務員親自去店家推銷該公司的煤油，而且還會挨家挨戶地兜售經濟實惠的保暖與烹飪用爐。

這種做法，威脅到了不少地方性零售商的生計，而當他們抗議時，標準石油代表的標準作業程序就是請對方獨家販售標準石油的產品，這樣標準石油就願意罷手。萬一有人不從，標準石油會在同一區開一家類似的雜貨店，然後用超低價把對方逼到關門大吉。在某些地區，怒不可遏的零售商會轉而與標準石油的對手合作，包括專門跟看不慣標準石油者做生意的共和石油（Republic Oil），但這些商家所不知道的是，共和石油根本是標準石油暗地裡成立的子公司。

這麼多不擇手段的行徑，洛克斐勒稍微搞到天怒人怨也是剛好而已，但說起最跟洛克斐勒過不去的敵人，還得算是喬治・萊斯（George Rice）這名堅持獨立經營小型煉油廠的俄亥俄州漢子。他設法策動議員調查標準石油公司的種種作為。他出版了標題為《黑死病》的新聞信，當中彙整了洛克斐勒遭人扒糞的各式文章。同時為了一方面設法獲利，一方面打臉洛克斐勒，他決定親自周遊數鄉鎮去推銷他公司的油品，藉此繞過洛克斐勒用來壟斷市場的新體系。

他只是個小蝦米，所以照講我們很難想像他能引起標準石油這條大鯨魚的關心。畢竟他打算賣的油品數量根本少得可笑，再者他的推銷也不是說多有成效。但即便如此，當他辛辛苦苦地從路易斯維爾的一家零售商處爭取到了也不過就是七十桶煤油的訂單時，一路上原本答應要幫他運貨的鐵路突然反悔不運了。他當然知道這是誰在背後搞的鬼，不過他還是多花點錢，找到了別的辦法運貨。

他後來轉移陣地到路易斯維爾旁邊的另外一個小鎮，結果卻發現標準石油已經料到他的行程，並如影隨形地在他周邊賤賣油品。就這樣，他一路往南被驅趕到愈來愈小的村鎮，但不論他跑得多南，標準石油都還是陰魂不散。到了最後，他真的是連一滴煤油都沒辦法賣了。那感覺就像標準石油是特務機構般地無孔不入，隨時隨地都可以掌握他的行蹤。但更可怕的是，他感覺到洛克斐勒彷彿能全知全能，竟然連他的這麼一點小小的行動都可以察覺，而且還大費周章地對他這麼不起眼的對手趕盡殺絕。最後，喬治，萊斯終於認清自己不是洛克斐勒的對手，放棄了抵抗而掉頭回家。

一九〇〇年代初期，在洛克斐勒辭去標準石油負責人一職之後，他開始轉化成美國民眾心中的傳奇人物。當時的他是領先別人很多的全球首富，而且是世界上第一個以美元計價的億萬富翁。問題是他縱橫商場百戰百勝的手段，還有他成功獨占市場的各種行徑，都讓社會上對他的人品多有質疑。洛克斐勒的作風低調到舉世聞名，少有人能掌握到他確切的任何訊息。洛克斐勒引退之後，他多年累積下來的仇敵紛紛對他興訟，目的是要裂解標準石油的獨占帝國。洛克斐勒被迫出庭作證，而這一出庭，外界才意外地發現他完全不是那個大家想像中的魔王。按照某報社記者的報導：「他就像是善良與光明的化身。他有一種八風吹不動的靜謐……他時而輕微地指責別人，時而在溫柔中說服人，但從未有哪個瞬間的他失去情緒的平衡或顯露出焦躁煩悶。」隨著他慢慢展現出全球最慷慨慈善家的輪廓，也隨著更多人慢慢享受到便宜的煤油，洛可斐勒的形象也有了一百八十度的變動。畢竟身為標準石油的大股東，他的影響力可以說是喊水會結凍，而他最後也同意了為標準石油的獨占霸業畫下句點。只不過，這又是一次他對外界的操弄。因為在大家看不到的地方，他其實還是繼續鑽著法律的漏洞，也還是繼續透過檯面下的密約在掌舵，原本的獨占只是化明為暗，並沒有真正受到撼動。話說到底，他容不得任何人擋他的路，尤其是美國政府。

大師解讀

洛克斐勒的崛起，絕對稱得上是歷史上極具傳奇性的一段創業故事。在嚴格說起來不算太長的二十來年中，他從社會的底層（他的原生家庭斷斷續續在貧窮中掙扎）翻身成為全美最大企業的創始人與負責人，不久後更一舉成為全球首富。在此過程中，他的生涯就像許多鯉魚躍龍門的故事一樣被加油添醋，掩藏在眾多的神話與迷思當中。他實際上並不是妖魔，也不是資本主義的神，惟就在這些人的情緒反應當中，一個其實不難回答的問題遭到了淹沒：一介平民如何在沒有什麼背景的狀況下，在短時間內累積出如此巨大的財力與勢力？

仔細去觀察他，我們必然會得到的一個結論是洛克斐勒的成功，並不是因為他聰明才智過人，也不是因為他有特殊的才藝或創意。當然他絕對不是一點見地或才華都拿不出來，但那些都不構成他留名青史的決定性因素。認真講，他之所以能在商場上的成就高到無以復加，最關鍵的一點就是他**超絕的意志力**：世上沒有他不能征服的處境、沒有他不能擊潰的強敵，也沒有他會輕易放過的商機。我們可以稱呼這種意志力是一種「積極性的能量」，而這種能量也可以展現有建設性的意義（見本章最後一部分有詳細說明）。確實，洛克斐勒有某些成就造福了當時的社會。但說起高度積極的這種人，這股能量更常帶著他們在行事上顯得格外誇張，像洛克斐勒就堅持要在很複雜的煉油產業中一統天下。為此他不僅剷除掉所有的對手，消滅一切可能的競爭，更不惜扭曲法律來圖利自己，在各種產業實務上貫徹自身的意志。而到了最後，他只是捻滅了該領域中的創新之火。

說起火，可能很多人會被剛剛的故事弄得對洛克斐勒一肚子火，但且容我們暫時冷靜下來，客觀而不帶感情的去看他是個什麼樣的人物，因為這才能有助於我們理解高度積極或說有攻擊性的人類，是一種什麼樣的存在，為什麼那麼多人會屈服在他們的意志之下。只有把他們當成標本來研究，我們才能學到寶貴的人性課程，也才會知道遇到這種人要如何去與之抗衡，免得他們拿我們其他人一個個去祭旗，自己則不斷地擴張並壟斷權力。

洛克斐勒成長在一個特殊的環境裡。他的父親威廉是個惡名昭彰的詐騙專家，所以洛克斐勒從小就活在一個不是很健全的家庭裡。威廉會丟下老婆孩子（洛克斐勒是老大，他媽媽叫伊萊莎），好幾個月不回紐約西部那個紙糊的小屋，然後周遊各地實施他的騙術。而一家之主不在的期間，洛克斐勒家中會幾乎沒錢度日。伊萊莎必須要錙銖必較才能養活一家。然後突然某一天，做老爸的會突然帶著大筆鈔票跟禮物，出現在家門口。他算是個風趣的爸爸（很會說故事），但偶爾也有暴力傾向。這之後他會又突然快閃不見，然後同一套戲碼又會再來一遍。沒有人知道他何時會回來，而不論他在與不在，家人都一樣得提心吊膽。

為了貼補家計，約翰（洛克斐勒）年紀輕輕就得工作賺錢。而雖然他慢慢有在往上爬，但約翰還是擺脫不了兒時那種焦慮的陰霾。他瘋狂地需要讓環境裡一切事情都遵守他的秩序，不准有意外的發展。他埋首在會計簿裡，因為說起秩序與可預測性，簿記上的加加減減肯定是第一名。在此同時，他開始有了賺錢致富的雄心壯志，畢竟他有著遺傳自父親，對於錢的熱愛。

這之後有一天，他突然弄清了煉油廠是什麼東西，而當下他便知道自己的機會終於來臨。他會對石油產業產生興趣，其實是有點讓人想不通的事情，因為石油在當時是一門有如西部墾荒的行當，你就說那像是無政府狀態也無妨。而也因為沒有規則可言，所以不論是要大發利市還是傾家蕩產，耗時大概都只需要幾個月。從很多方面而言，石油這門生意就有點像他的父親——很刺激、有讓人突然發財的潛力，但下一步會怎麼走又使人捉摸不定。或許就是因為石油生意的這些特性，所以他才會在不知不覺中被吸引過去——他可以在石油市場裡重溫兒時的恐懼，然後透過對石油產業的全面掌控，讓自己走出過往的陰影。征服了石油市場，他就征服了他的父親。至於石油市場裡的亂局，反而給了他拼命的動力，因為他只有加倍努力，才能為這片蠻荒之地帶來文明。

於是乎在他投身石油業的頭幾年，我們就已經可以看到他未來各種行為的動機所在——他就是個無可救藥的控制狂，**控制於他是首要的需求。而要控制整個市場的難度與複雜度愈高，他就得愈發召喚出能量來朝目標挺進**。除此之外，他還有誕生於第一種但重要性不下於第一種的第二種需求：**向世界跟他自己證明各種極端行為的正當性**。洛克斐勒是個宗教信仰極深之人，所以他不能接受自己的所作所為是出於一種想要控制人的欲望，也不能接受自己為了控制人而拼命想變有錢，因為那樣的自己太醜陋，也太不像個人了。

為了證明自己沒有那麼變態跟齷齪，他營造出了一種所謂「侵略者的論述」。他必須要說服自己一件事情，那就是他對於財富與權力的追逐，背後有其高尚的意義。話說在當時的新教徒之間，有一種觀念是致富代表著上帝的恩典。因為有了財富，信徒就有資源去回饋社會，扶持教區裡的兄弟姊妹。但洛克斐勒覺得光照顧到教眾是不夠的。他認為在石油市場中建立起秩序就像建立起宇宙的秩序，是一項神聖的任務，由此他把為美國家庭提供價格穩定而低廉的油品，視為是自己的使命。將標準石油打造成一家獨占的事業體，完美地與他虔誠的宗教信仰結合為一體。

因為真心誠意地相信這項任務的意義，因此不論是要去欺騙人的感情，毀滅他的敵人、賄賂議員、把法律規定踩在腳底，開公司當幌子來假扮是標準石油的對手，還是煽動（賓州鐵路）罷工時的流血衝突，都不會有違他的良心，反正只要長期而言有利於他的目標就好。對於這種論述的信仰，使洛克斐勒幹起活來更加充滿能量，也更加「積極進取」。而對於他的對手而言，這讓洛克斐勒顯得雌雄難辨——你不知道他到底是個徹底的惡魔，還是個良心未泯的傢伙，畢竟他做出來的事情也不是都全然罪大惡極。

最終為了要實踐他控制一切的夢想，洛克斐勒將自己鍛鍊成一個極具識人之明，一眼就能看穿人心思的強者。而在與各式敵人交手之際，他最需要判讀出來的就是對方的意志力與韌性。他可以從人的肢體語言跟行為模式中看出這兩點，而他認定大多數人都不具備強大的意念。他認為人普遍會被情緒牽著鼻子走，而情緒天天都在改變。他還認為人性好逸惡勞，日子怎麼輕鬆就怎麼過，所以持久戰肯定不合他們的胃口。他們希望有錢，因為金錢能換來快感與舒適的生活，可以讓他們開遊艇、住豪宅。他們希望自己能出人頭地、呼風喚雨，因為這代表他們能在人前人後感覺很了不起。只要你能讓他們怕、讓他們困惑、讓他們鬥志為之一挫，或是讓他們看到有個不需要再那麼辛苦的方向，那他們就會向意志堅強的你投降。要是他們動了怒火，那就更棒了。怒火下就會焚燒殆盡，但洛克斐勒打仗都是玩長期的。

說到玩，我們就來回顧一下洛克斐勒怎麼玩他的每個對手。面對克拉克，洛克斐勒細心照養著他的自負，設法讓他沉不住氣，以便讓他忍不住想為了趕緊甩開洛克斐勒，而未經深思熟慮就答應拍賣。

沛恩上校集虛榮及貪婪於一身。給他一堆錢加上一個有面子的頭銜，他就會心滿意足地把煉油廠雙手奉上。至於對其他的煉油廠老闆，洛克斐勒則是把他們當「細漢仔」，然後用 SIC 這個「虎姑婆」去嚇唬他們。他們一怕，就會想到自己是如何的孤立與脆弱，就會開始驚慌而無法冷靜思考。沒錯，帳面上看來洛克斐勒的煉油廠是比較賺錢，但他的對手們在慌亂中忘記了一件事情，那就是洛克斐勒雖然看起來無敵，但他也不可能對市場上的驚滔駭浪免疫。換句話說，如果他們能理性思考後採取合縱的戰略，那六國與強秦還很難說誰輸誰贏。只可惜感情用事讓他們無法想到這一層，結果就是眾業者遭到各個擊破。說到賓州鐵路的史考特，洛克斐勒視他為一個腦充血的傢伙。史考特會被惹毛，只是因為他覺得標準石油威脅到他在業界的崇高地位。洛克斐勒求之不得與史考特一戰，也準備好了大筆現金來作為彈藥，而這也讓他得以在持久戰中勝出。他愈是不按牌理出牌地激怒史考特，史考特的反應就愈不經大腦，所以他才會衝動地想要去鎮壓鐵路罷工，而那只是讓他的處境更為不利。遇到班森，洛克斐勒一眼就看出他是那種自視甚高而且想打敗標準石油來獲得殊榮的傢伙。把障礙物一個個放在他的面前，只會讓他拚得更兇，錢也燒得更兇。等到他錢燒得差不多了，對來自標準石油的壓力也受夠了，再出來收買他就會輕鬆得多。

為了確保戰果，洛克斐勒總會用計去讓對手感覺到時間遭到壓縮的窘迫。克拉克只有一天的時間可以計畫拍賣事宜。其他的煉油業者則得在短短數月中選擇將工廠轉手，否則就得面對被徹底擊潰的苦果。史考特跟班森都必須要趕在現金花完錢與洛克斐勒決一死戰。時間的壓力會讓他們情緒更多，也更難以冷靜地運籌帷幄。

你的人性課題

洛克斐勒代表的是一種在你所屬的領域中，很可能會遇到的傢伙。我們可以姑且稱呼這種人是深具城府的*智慧型攻擊者*，相對於頭腦簡單的*原始型攻擊者*。原始型攻擊者的引信很短所以一觸即發。但凡有人點燃了他們內心的自卑感或脆弱感，這些人就會爆炸。他們毫無自控，所以會像自走砲似地欺負到一堆人，傷害到一堆人，由此他們多半成不了大器。相形之下，智慧型攻擊者就難纏多了。他們經常能平步青雲，而且上去了就不太會下來，主要是他們知道如何不動聲色地採取行動，知道如何擺出誤導人的表面，也知道如何玩弄人的感情。他們知道多數人不喜歡衝突，也不喜歡長期抗戰，所以*嚇唬人*或*磨時間*這兩招，對多數人都有效。要不是我們這麼軟，智慧型攻擊者也硬不起來。

你會遇到的智慧型攻擊者，不見得會強如洛克斐勒。他們可能是你的老闆，可能是你的對手，也可能是你一名想用心機往上爬的同事。你只要注意一點，就不會認不出這種人在你眼前：他們出人頭地的關鍵不是某種特殊才能，而是靠著*盛氣凌人*。比起優質的作品與成績，他們更在意的是權力與勢力的累積。他們會為了鞏固自身的地位而無所不用其極，包括把任何形式的競爭或挑戰都踩碎在腳底。**權力於他們，不是一種可以分享的東西**。

與這種人交手，你會一不小心就怒火攻心或心生恐懼。而你一生氣或害怕，就會落入他們的陷阱，把他們想得比實際上更強大。你會老想著他們是多麼的邪惡，而忘了去思考他們在盤算著什麼。最後你真正投降的對象，往往不是他們本人，而是他們投射出的力量與威望，但那其實都是假象。所以說**要對付這種人，你必須要先把情緒控制好，冷靜非常重要**。你首先要看到他們的有血有肉，而不能只看到他們被神化的傳說。你要去了解他們行事的動機是什麼。這種人會想把周遭的人事物都控制在掌中。以洛克斐勒為例，這種控制慾對應了他一層又一層的不安全感與焦慮。你必須看穿他們內心那個害怕一切、害怕事情失控的小孩。這麼一來，你就能讓他們變成一個活生生的人，而不是什麼經營大神。而既然是個普通人，就沒什麼好可怕的，你也就不會被他們唬得一愣一愣。

他們會想要控制你的思想與反應，而你若不想讓他們稱心如意，最好的辦法就是放下你的情緒，專心思考他們的行為與你該採取的策略。你要針對他們實際的目標去進行分析與預期。他們會想要灌輸你一種你沒有選擇的想法，目的是讓你覺得除了投降以外別無他法。但人永遠不會沒有選擇。就算他們是你的老闆，所以你暫且拿他們沒有辦法，你也可以保持內心的獨立，並計畫著有一天當他們犯了錯或是力量變弱，你就可以利用對他們弱點的了解，將他們拉下馬來。

你要看穿他們的話術，也不要被他們聲東擊西的障眼法騙走。他們常演得好像自己的道德標準比別人高，或自己是被惡意攻訐的無辜受害者。但其實他們冤枉喊愈大聲，你就愈能確定他們是雙面人。你要提防他們當中有人會很可愛，很討人喜歡，不要被他們的這種表象給迷惑。你要看的是他們的行為模式，因為如果他們一直以來會習慣性搶走別人的東西，那現在跟未來他們也只會一路搶下去。不論他們看起來多麼親切、多麼友善，都永遠不要跟這種人成為合作夥伴。他們只會搭你辛勤工作的便車，然後看準時機「整碗捧去」。**你對他們平庸工作能力與強烈攻擊性的客觀評估，會是你此時最好的防身武器。**

來到要對這些攻擊者採取行動的關頭，你必須跟他比奸詐，比心機。不要正面跟他們硬碰硬。他們往往有輾壓你的力量與狠勁，可以在面對面的衝突中擊敗你。所以對他們你必須智取，你必須以特殊的角度殺他們個措手不及。你可以蒐集好證據，然後威脅要讓外界揭穿他們是何等的偽君子，或是幹過多少齷齪事不為大眾所知。讓他們知道惹到你，代價不會像他們以為的那麼輕。讓他們知道你不會主動挑釁，但為求自保你也不會客氣。更進階一點，你可以裝弱裝虛，讓他們見獵心喜而自動跳進你安排好的陷阱。還有一個好辦法是，你可以跟吃過他們虧的人聯手出擊，因為眾志成城一定勝過你一個人。

別忘了攻擊者之所以可以對人予取予求，是因為你投鼠忌器或患得患失而不敢出手。但你算盤要打精一點，你要知道當下姑息這種人，長期而言你會損失更大。一旦他們能夠呼風喚雨，你將失去在專業領域裡發展與擴張的權力；對他們低頭，你將失去自身的尊嚴與價值感，換句話說你會看不起自己。萬一投降與順從變成一種習慣，你身為人的幸福感將被摧殘得很慘。把攻擊者的存在當成一支槓桿去撬開你的鬥志，建立你的自信。**站到攻擊者的面前證明你可以用智慧幹掉他，將是人生中最有滿足感，也最能讓你看得起自己的體驗。**

> 人絕對不是什麼溫柔好客、渴望愛的生物，人只不過是會在遭到攻擊時捍衛自己的一種生物……強烈的攻擊欲望是與生俱來，人的一種……天賦。
>
> ——佛洛伊德

人性的關鍵

人都喜歡自認為是愛好和平、和藹可親的社會一分子。我們骨子裡是社會動物，我們需要讓自己相信自己忠於所屬的社群，也能跟社群的其他成員合作。只不過時不時，我們都會在行為上自己打臉自己。那或許是因為我們的工作保障受到威脅，或許是因為有人阻礙了我們的職涯升遷，也可能是因為我們覺得自己懷才不遇，還是我們經濟出現了困難，再不然就是我們在親密關係中覺得有無法改變伴侶行為的挫折感，乃至於我們懷疑對方即將把我們甩開。

出於以上種種挫折、憤怒、不安全感、恐懼、或是耐性的流失，我們會一瞬間發現自己變得不像自己，我們會突然很想伸張自己的權利。會為了保住飯碗而在行為上變得略顯極端，會試著把原本的好同事推開，甚至會為了想賺快錢而心生歹念。會為了出名而無所不用其極，會因為想控制伴侶而對他們施加言語或行動上的暴力，會變得忿忿不平，會在社群媒體上進行人身攻擊，在這些時候，我們會跨過平常不會跨過的那條線，變成一個有攻擊性的個體。多數時候在進入這種狀態時，我們會自欺欺人地合理化自己的行為：我們會說自己沒有選擇，會說我們受到威脅，會說我們受到不平的待遇，會說別人冷落我們、傷害我們，會說我們不是始作俑者，只是被動反擊。我們這麼想或這麼說，是因我們想繼續相信自己是那個愛好和平、與人為善的自己。

雖然不很容易，但其實只要仔細去觀察，我們就可以看到自己的攻擊性微微浮出檯面，這當中有一種欺善怕惡的概念。話說遇到比我們強悍的惡霸，我們往往就會龜起來，甚至在有實權的人面前變成馬屁精。反之，若面對比我們軟弱的人物，我們內心就會無意識地從兔子變成雄獅。我們可能會決定幫助他們，但會帶著一種優越感。邊幫邊瞧不起他們。我們會愈幫愈兇，會開始用命令的口氣要他們接受我們的建議。或者在無法同情他們的狀況下，我們會開始利用他們來圖利自己，包括把他們呼來喚去。我們對這一切的發生都會有點不知不覺，或者不會覺得這是一種帶有攻擊性的行為，但其實只要一比較完自己跟別人的意志力強弱，我們就會從扮演兔子或扮演獅子之中選擇一種。

這種自我意識跟實際行為上的差別，也會出現在我們的朋友、同事、與新聞人物之間。在職場上，我們不可避免地會看到有人踩著同事往上爬。他們或許會把別人的功勞往身上攬，或許會竊取他人的創意，會把別人趕出某個案子，或者會拼命與當權者結盟。在社群媒體上，我們會看到有人是如何樂於表現得義憤填膺，如何樂於對人發動攻擊，如何樂於把別人踩在腳底。打開電視，你可曾注意到記者是何等熱衷於揭發當權者哪怕是一點點的缺失，又是何等樂見輿論一擁而上地進行公審。電影與遊戲裡假娛樂之名，多的是氾濫的暴力。但在此同時，願意承認自己有攻擊傾向的人卻少之又少。事實上，現代人在表面上是前所未見的文明、含蓄與進步，由此這表裡之間的差別可以說高如紫禁之巔。

這種內心與表面的相悖，可以作如下之解：我們全體人類都理解自己從過去到現在，都具備暴力與攻擊的雄厚潛力；知道在社會與世界的不同角落裡，存在著醜惡的罪犯、貪婪而無恥的奸商、對和平興趣缺缺的談判者，以及令人髮指的性侵犯。但我們會很清楚地跟這些敗類劃清界線。從我們偶爾的暴力傾向連結到上述這些極端的攻擊或暴力行為，其實展現出的是一道連續的光譜，但我們內心有種強力的機制會在光譜上創造斷點，由此我們完全無法去想像自己變成那些壞人。事實上像攻擊、暴力這些字眼，於我們而言都是專門留給別人用的，我們自己則敬謝不敏。所以像是好戰的、愛挑釁的、會對人不利的，都永遠是別人。我們則永遠都是清清白白。

但這其實是對人性的一種嚴重誤判。**攻擊性潛藏在每一個人類的內心裡，沒有人可以例外，因為那是一種線路接在人類基因裡的特質。事實上人類能成為萬物之靈，靠得主要就是這股想要攻擊的衝勁，至於智慧與狡猾都只是輔助的配角而已。**

這股攻擊性，可見於我們解決問題、改變環境來提升生活，揭竿而起對抗不公不義，以及大規模創造各種事物的種種過程裡。我們不可能一刀切，又不認自己的攻擊性，又要做成這種種事情。英文攻擊性的單字是 aggression，而其拉丁文中的字根意思是「向前邁進」。確實，人生在是當我們想要站出來主張自己的意思，或是站出來創造或改變什麼的時候，我們所燃燒的能量就是這股攻擊性。

換句話說，攻擊性有它的正面意義。但同一時間在特定的環境條件下，攻擊性會造成我們產生反社會的行為，造成我們貪心不足蛇吞象，或是造成我們對人頤指氣使。這些分屬於正面與負面的效應，就像一顆銅板的正反兩面。雖說攻擊性在每個人身上的強弱不一，但不會有人沒有，也不會有人可以完全自外於攻擊性的負面效應。人性中的攻擊性確實是一套從弱到強的光譜，而我們每個人都存在於光譜之上。

無知於自己的人性，會給我們造成許多問題。會表現出負面的攻擊性卻渾然不覺，而後果就是我們因為事情做得太絕而付出慘痛的代價。又或者感覺到內心有股想要主張自身權利的衝動，但又適應不良，加上擔心真的做下去會帶來很多麻煩，於是我們嘗試壓抑這種本能的攻擊性，對外表現得溫良恭儉讓，但其實愈是去壓抑，愈是想表現得好像什麼都不計較，最終只會讓我們拐彎抹角地計較得不得了。攻擊性是一種無法否認，也無法壓抑的本性與能量，你不讓它從東邊探出頭來，它就會從西邊給你好看。但只要能意識到它的存在，我們就有機會去控制住它，將它導引到正途上去發揮建設性。但要做到這一點，我們首先得回答三個問題：人類所有攻擊性的共同來源是什麼？為什麼攻擊性會產生負面效應？為什麼人與人的攻擊性強弱不一？

人類攻擊性的來源

不同於其他動物，身而為人的我們知道自己終有一死，甚至可能說死就死。而在有意無意之間，這個念頭會與我們糾纏一輩子。換句話說，我們深知自己沒有片刻可以高枕無憂——不論是工作、社會地位，或者是金錢積蓄，都可以在一夕之間從有變成無，而且事情的發展往往無法「操之在我」。同時我們身邊的人也是一大變數——我們永遠不知道他們在想些什麼，永遠無法預期他們的行動，也永遠不可能對他們的支持有所寄託。我們常常需要靠人，也常常發現人一點都不可靠。我們有與生俱來，對於愛、興奮與刺激的欲求，但這些欲求的滿足卻經常不會照我們的劇本走。再者，我們都會有來自於兒時的某些不安全感。這些不安全感一旦遭到人事物的點燃，新傷口就會迸開，我們就會感覺到格外地脆弱而無奈。

這代表的意思是，人類會一而再、再而三地苦於來自各方面的無助感。這種無助感要是強度太強或持續太久，就會導致我們無法忍受。我們都是想要隨心所欲而渴望權力的動物。有權力慾並不等於邪惡或反社會，**權力慾是我們認知到自己脆弱後的自然反應**。本質上，推動我們大部分行為的動力，就是一種想要控制環境的心情，就是一種希望一分耕耘要有一分收獲的心情——就是一種希望能在某個程度上影響人，影響世事的心情。因為能做到這樣，我們的無力感就會稍微緩解，各種世事無常也為比較忍得下來。

而要滿足這種付出能得到成果的欲望，我們會去培養自己的專業能力，以便讓我們在職涯發展上更加篤定，主要是職涯穩定，就會感覺未來操之在己。我們還會嘗試發展社交技能，藉此去與他人合作、贏得他們的喜愛，然後對他們產生一定的影響力。論及人對於興奮與刺激的需求，我們會選擇透過不同的方式去得到滿足，包括從事社會與文化可以接受的各種運動、娛樂與男歡女愛。

這種種活動，都有助於我們獲得想要的控制力，但我們也要知道這些活動的極限所在。要在工作與人際關係上掌握權力，我們必須要有耐心。很多事情不能強求，也不能速成，我們只有持之以恆地投入時間，才能慢慢鞏固自身在職場上的立場，發展出貨真價實的創造力，學習到如何讓人成為我們的粉絲，受我們的影響。另外，我們也必須要學著去遵守特定的社會規範，乃至於遵守法律，我們不能為了在工作上領先而想幹嘛就幹嘛，也不能迫使別人照我們的吩咐行事。我們可以視這些規範與法條是像欄杆一樣的存在，只要我們待在欄杆後頭，就可以確保自己可以在掌握權力之餘又不會被人討厭或失去別人的尊敬。

只不過在特定的時刻，我們會發現自己接受不了這些限制。因為只要循規蹈矩，我們就沒辦法升官發財，至少沒辦法以我們希望的速度升官發財。一旦沒辦法讓人在我們希望的程度上配合我們，就會感覺氣餒。又或者內心的舊傷會突然被重新掀開。若總覺得伴侶想跟我們分手，加上兒時雙親的冷漠讓我們對被拋棄充滿恐懼，那我們就很有可能會反應過度而想要控制對方。我們會用上一切的力量去操控對方，進而變得極具攻擊性（由愛生恨最大的原因，就是因為人在愛中會變得格外不獨立、格外脆弱，也格外無助）。

在上述的種種情況當中，我們對於金錢、權力、愛情與關心的渴求，會徹底蓋過我們原本應有的耐性。而失去耐性，我們就有可能會跨出欄杆去尋求權力或控制力，即便違反社會上的默契或法律也在所不惜。不過多數人在超過這條界線時，都會在內心產生一種不安，乃至於是懊悔的心情。我們會趕忙地退回到欄杆內，用正常的方式去追求權力與控制。一般人難免會在生命過程中出現這些攻擊性驟升的瞬間，但這並不會形成一種模式。

但如果不是一般人，而是長期具有攻擊性的類型，那就不一定了。對這類長期有攻擊性的人而言，一般人偶爾才有的無助感與挫折感會更頻繁也更深刻地為他們帶來痛苦。他們會因持續性地欠缺安全感且脆弱不堪，而這個洞得用大量的權力與控制力去填滿。他們的權力慾太急切也太強烈，所以會視社會規範於無物。這樣的他們不懂內疚，也不會自囿於什麼社會責任。

這樣的行為，有可能涉及基因遺傳。心理分析學家梅蘭妮．克萊恩專門研究嬰兒，而她注意到某些寶寶很明顯地比其他嬰兒更加焦慮與貪婪。在人生的起跑點上，甚至於出生才幾天，他們已經吸奶吸到像在打盜匪，簡直是打算把媽媽榨乾。他們比別的小孩更需要哄，更需要抱，哭鬧也更難以安撫下來。他們的無助感高到跟持續性的歇斯底里，只被一條細線隔開。

這類嬰兒屬於少數而非常態，但梅蘭妮還是蠻容易發現他們的存在，而她推論那些長期具有攻擊性的大人，就是這類貪心寶寶們的成年版本。換句話說，有攻擊性的大人，就是這些寶寶長大變成的。他們與生俱來有一種想控制周遭人事物的本能，也會更執著於受傷或羨慕的感覺——「為什麼別人可以擁有的比我多？」一感覺自己失去控制力到某個程度，他們的反應就會是誇大自己受到的威脅，然後反應過度地去搜刮自己不需要的東西。

早年的家庭生活也有不容忽視的影響力。根據心理分析學者兼作家埃里希・佛洛姆（Erich Fromm, 1900-1980）所言，若是雙親太過專斷跋扈，太過壓抑孩子對於權力與獨立的需求，那孩子將來也會傾向於去欺壓別人。這些孩子要是小時候受了打罵教育，那他們長大了也會動手打人跟虐待人。透過這種從被動受虐者變成主動施虐者的角色轉換，他們兒時對控制感的欠缺可以獲得滿足；換句話說，攻擊性的行為，是他們給自己的一種彌補。

不論他們的心態成因為何，這些人都不會在行為過當時急著回到欄杆以內，反而他們會食髓知味，持續展現攻擊性的行為。他們有異於常人的強大意志力，對於走體制內的正途去滿足欲望欠缺耐性。正常人獲得刺激的方式，於他們而言太過乏味。他們需要強大的特效藥，才能吃出感覺。這一類人如果在個性上偏像於素樸原始，那他們就會在行為上訴諸犯罪，或是成為一個表裡如一的惡霸；若具備城府與心機，那他們就會學著收放自如地去利用這些攻擊行為。

以上所說，**代表著人類的攻擊性是源自於一種深層的不安全感，而並非單純地有衝動要去傷害人或搶人財物**。在一股衝動要轉化為攻擊行為前，攻擊者會無意識地重溫內心的無力感與焦慮。他們經常會無中生有地感受到威脅，或是把一點小事想得很嚴重。他們會先下手為強地去對付心中的假想敵，或是為了強化自身的控制力而流於貪得無饜（這種感受也可以觸發攻擊性的正面效應，因為我們也是先感覺到焦慮與安全感不足，才會想要去對抗不公不義，或是去創造出某樣重要的東西。那依舊是一種控制慾，只不過其背後有個建設性的出發點）。發現周遭有慣犯型的攻擊者在我們身邊，我們首先得去了解的是他們背後有什麼樣隱藏的不安全感、舊傷，或是早年留下的何種無助感至今仍餘波蕩漾。

我們可以注意到下面幾項有趣的現象：跋扈的人，通常對各種異議的心態也是零容忍。他們身邊只能是同溫層，因為同溫層會不斷對他們的偉大與優秀歌功頌德。這種人如果手握政治權力，那他們就會努力壓抑任何負面的消息，並嚴控民眾不准對他們的表現說三道四。我們可以將他們面對批評的這種玻璃心，解讀為一種內在的脆弱。一個內心真正堅強的人，絕對經得起別人的批判與公開討論，不至於隨隨便便就覺得自己受到威脅。**普遍而言，攻擊型人物與威權領袖都是隱藏自身內心脆弱的專家，為此他們會不斷向外投射自己很強悍跟堅定的形象。**但我們必須訓練自己去看穿他們的表象，並看到他們表象背後的脆弱。只要能看穿他們的戲碼，我們就不會輕易被攻擊者嚇唬住，而嚇唬人正是他們最鍾愛的伎倆。

長期具有攻擊性的人，還有一些其他我們必須了解的特質。首先，具有攻擊性的人比一般人更不能忍受無助感與焦慮感。同樣的事情可能只會讓我們感覺到挫折感與安全感不足，但他們的反應卻會強烈許多，包括他們會因此暴怒。而這或許也可以說明何以比起女性，**長期性的攻擊傾向會更好發於男性身上。男性面對自己的依賴性與無助感，會比較不知所措，這是一項心理學家在男嬰身上就可以觀察到的現象。**包括在職場上與在各種領域裡，男性都更在意自己地位高低。他們更需要不斷地去自我表彰或確認自己對人的影響力。他們的自尊心，會連結到幾樣東西上：手中的權力大小、控制力，還有他們的意見所獲得的重視程度。所以想誘發男性的攻擊反應，門檻通常比較低。無論如何，我們都要記住有長期性攻擊傾向的人會比一般人的臉皮更薄些，由此若我們知道了交手的對象是這類人，一舉一動就要注意別不小心觸發他們的怒氣，而這也就代表我們要避免批評他們，也避免挑戰他們的自尊。

攻擊性行為的另外一個常見的面向，在於其很容易變成一種癮頭。在肆無忌憚地表現出他們的欲望之際，也在用計壓過別人的時候，攻擊者會感覺到腎上腺素湧出而欲罷不能。他們會覺得刺激興奮，相形之下那種循規蹈矩來解悶的方式就會顯得溫吞（你可以想像在華爾街向人兜售有問題的投資產品或是當神偷去飛簷走壁，致富會是多麼容易跟刺激）。乍看之下，這會像是一種自我毀滅的行為，主要是每一次攻擊性的爆發都會讓他們樹敵跟造業更多，但攻擊者往往很善於把賭注拉高，以至於原本想挑戰他們的人會被其虛張聲勢給嚇跑。

而這也往往會導致一種名為「攻擊者陷阱」的現象：他們的權力愈大，帝國疆域愈大，他們為自己創造出的罩門就愈多；他們需要擔心的敵人或對手會愈積愈多。而樹敵愈多，就愈需要更拿出攻擊性去取得更多的權力（洛克斐勒絕對就是這種現象的苦主）。他們肯定也覺得自己要是放手不繼續追求權力，別人就會覺得他們在示弱。所以不論他們嘴巴上怎麼告訴我們，或是如何努力去粉飾太平，我們都必須認清他們絕對是本性難移。他們以前都是怎麼做的，現在也絕對會繼續下去，畢竟他們都已經上癮，何況這種攻擊行為本身就是種陷阱。我們在跟他們交手絕對不能天真。他們都是些狠角色。他們就算讓步，也都是例外而非常態。他們絕大多數的基本行為模式，都已經積重難返。

我們必須知道在攻擊者的眼中，身邊的人通通可以利用。他們或許還殘存著一些與生俱來的同理心，但強大的權力慾與控制慾會讓他們覺得個人魅力與社交技能都太欠缺效率。為了達到自身的目的，他們不得不習慣性地去利用人，而利用人久了，他們就會慢慢喪失原有的同理心。他們需要追隨者與門徒，所以還是會訓練自己去傾聽人，偶爾讚美人或服務別人，惟這些偶發的善意與魅力都只是在做效果而已，你從中感受不到人性的溫度。他們一邊聽我們說話，也一邊在打量著我們意志力的強弱，思考著我們未來能不能為他們所用。他們誇獎或幫助我們，其實只是想設陷阱困住我們或弱化我們的鬥志。我們可以從非語言的線索中觀察到他們的意圖，包括他們看我們的眼神，還有他們在傾聽我們故事時的心猿意馬。而一旦知道了他們的用心不良，我們就要設下屏障，不讓他們以個人魅力使我們上當。

相當耐人尋味的一點是即使攻擊者展現出一樣又一樣不為社會所接受的負面特質，但他們總歸還是能募集到足夠的追隨者來幫助他們搜刮權力。受這些攻擊者吸引的族群常有他們自己根深蒂固的問題、他們自身的挫折感，還有他們自身對於發動攻擊的渴望。攻擊者的自信與厚臉皮，會讓追隨者覺得刺激而有吸引力。他們會愛上攻擊者的論述，會被領袖的攻擊性感染，然後也對比他們位階低的人發動攻擊。不過這種環境是相當傷神的，服侍攻擊者的人會不斷受到自尊心的打擊。所以說對多數的攻擊型領導者而言，他們手下的流動性都相當高，士氣則相形偏低。一如古希臘劇作家索福克里斯（Sophocles）所寫到過的：「誰進入到暴君的朝堂上，誰就會成為他的奴隸，而不再是自由人。」

你的人性課題

你身為人性學生的修行有三項：**首先，你必須停止自欺欺人地認為自己沒有攻擊性**。你跟我們每一個人一樣，都在攻擊性的光譜上有自己的位置。當然，有些人的攻擊性確實比較低，他們要麼可能是對自己的能力沒有信心，要麼可能是生性比較沒有活力。但其實多數人的攻擊性都落在中高水準，意志力也相對不會太弱。這種攻擊能量一定會去找到出口，而它們最常見的出口有三。

首先，我們可以將這種能量發洩在工作上，把這種能量轉化為達成目標的毅力（控制下的攻擊性）。第二，我們可以將這種能量導向**主動與被動的攻擊性行為**。最後，我們可以將砲口向內，使其變成一種自我鄙視，也就是將我們的憤怒與攻擊性對準自身的失敗，並由此喚醒我們「內在的破壞者」（這點我們之後會詳述）。你必須要去分析自己是用何種風格在主張權力或凸顯自我。而要看出這一點，**你可以去觀察自己在遇到挫折與不確定性時的反應，因為這些都是你的控制力較弱的時候**。你是會發飆、生氣、緊繃，然後做出讓自己後悔的事情？還是你會把怒氣內化成憂鬱？你無可避免地會跨越到欄杆的外面，而對這些瞬間進行觀察與解析之後，你會發現自己並不如自己所想的那麼和平與溫柔。你要去留意自己是被什麼東西推入這樣的行為，而又是用什麼說法去合理化自己的行為，然後等隔一段時間冷靜下來後，就可以去看穿自己是如何地理由一堆。

你的目標不是要去壓抑這種想伸張自我的能量，而是看出這種能量來自何處，並將之導向有建設性的用途。你必須要承認自己有深沉的欲望想要對人產生影響，想要擁有權力，而為實現這些願望，你必須發展出高度的人際與專業能力，必須發展出更強大的耐心與毅力。你必須要對內心想伸張自我的那股動能施以馴服的紀律，使之成為我們所稱的「受控的攻擊性」，由它帶著我們去成就偉大（更多關於這方面的說明，見本章最後一部分）

你的第二項任務，是要讓自己能一眼就看穿身邊的攻擊者。比方說在所屬的的職場上，你要想像自己可以看到個人間強弱意志力的持續角力，乃至於代表各種衝突的利箭交互紛飛。意志力較強的人會一步步往上爬，但他們終究也會對比他們地位更高者卑躬屈膝。這跟我們在動物園裡看到黑猩猩族群中的階級排行，沒什麼不一樣。**你若能不要只看人的言談與表象，轉而去注意他們的行為與非語言線索，那你就有很高的機率可以察覺到他們所散發出的攻擊性高低。**

在觀察這種現象的時候，很重要的一點是你得拿出包容心：人都難免會因為環境因素而偶爾越界，變得比平日更具攻擊性；而如今有權有勢的那些人，也難免曾經在平步青雲的過程中攻擊或操弄過人，那是想在現實中成功，必須咬牙付出的代價，畢竟想做大事的人，有時候還真的得不拘小節，我們可以對此睜一隻眼閉一隻眼。我們真正要去判斷的，是這些人出手攻擊是迫於現實，還是自己想要如此。**我們要防的，是對批評與挑戰零容忍的人，是控制慾無邊無際的人，是會為了更多權力而將你生吞活剝的人。**

你要懂得察言觀色。首先，若這些人經年累月四處樹敵，那他們本身也一定有什麼問題，檯面上的解釋不過是藉口而已。你要去觀察他們如何合理化自身在這世上的各種作為。攻擊者很愛為自己形塑出一個任重道遠的形象，彷彿他們身為命定之人，有些事情他們也是不得已而為。他們會說自己是偉大的藝術家，是小人物的代言人，由此誰擋他們的路，誰就是異教徒與邪惡之輩。他們會如洛克斐勒一樣宣稱自己遭受到超乎常人的批判與調查，所以他們不是加害人，而是受害者。但他們救命聲喊得愈是震天價響，你就愈不用懷疑他們是慣常的攻擊者。你要去看的是他們的一舉一動跟行為模式，至於他們說些什麼當耳邊風就行。

正所謂見微知著。習慣成自然的攻擊者會有一種強迫症。他們會一板一眼地用各種例行公事跟徹底可預測的環境去讓自己感覺掌控一切。而人一旦執迷於某件事物或某個個人，就代表他們會想要將這個目標徹底吞噬。另外，你還要去留意他們身上各種非語言的線索，像洛克斐勒就是即便走在路上，都受不了被人超越。這就是攻擊者對物理空間的典型堅持——自己永遠要站在最前面、最中間。而總歸一句，愈早察覺攻擊者的存在愈好，正所謂預防勝於治療。

一旦意會到自己在與這種人打交道，你就必須全力保持理性並控制好自己的情緒反應。因為通常人在遇到攻擊者時，其初始反應都是被迷住，甚至有點僵住，就跟人看到蛇的反應差不多。然後當你消化吸收了他們的所作所為後，你會開始情緒化，會生氣、暴怒、害怕。等你進入這種狀態後，他們就可以順利地操控你，不斷地讓你產生情緒上的連鎖反應，也讓你失去理性思考的能力。你的怒氣不會產生任何建設性的效應，而只會慢慢分解發酵成恨意與挫敗感。你唯一的辦法，就是一點一滴掙脫他們的魔咒。你要看穿他們的招數，思索他們的弱點兼動機，把他們當成普通人處理。你要注意的是他們的目標，認清他們真正追求的是什麼東西，而不要因為他們的聲東擊西而分心。

要是不得不與他們一戰，那你最不應該選擇的戰略就是正面衝突或逕行挑釁。因為他們若兼俱攻擊性與心機，那你就會成為他們千方百計要摧毀的目標，而這些人發起狠來可不是開玩笑。所以你跟他們交手一定要拐彎抹角。設法找出他們忌諱被人探得的罩門，不論是令人質疑的聲譽，或是不堪回首而且可能經不起道德檢驗的過去與祕密。戳開他們話術裡的紕漏。威脅要把他們見不得光的東西攤在陽光下，你就有籌碼可以嚇退他們，讓他們不敢動你一根寒毛。**記住，他們最怕的事情就是失去控制力**。所以你可以對症下藥地去思考自己可以做些什麼事情來推倒骨牌，讓他們因為一連串的事件而無法掌控一切，進而讓他們投鼠忌器。你要讓他們覺得打敗你或許不難，但付出的代價可能不太划算。

攻擊者的優勢在於他們往往更願意走到欄杆外的遠方，所以他們要打擊你的時候，也會有更多骯髒的選項可讓你防不勝防。在談判桌上，他們會在最後一刻出爾反爾。他們知道這樣於誠信有違，但他們也吃定你不願意談了半天卻空手而歸。他們會散布謠言與假消息來混淆視聽，讓外頭覺得你跟他們是天下烏鴉一般黑。你必須要預料到他們會使出這些下三濫的手段，讓他們沒有先機可占。

事實上，為了自保，你也要偶爾跨出欄杆一下下。你可以學著去說一套做一套，學著去分散他人的注意力，學著去裝龜孫子，學著誘敵深入然後狠狠地反擊。你甚至可以也去散播謠言來動搖他們的信心，畢竟他們不會太習慣別人跟他們一樣無賴。總之大敵當前，保命優先，寧可不要臉一點，也要先把攻擊者打退。

最後，**你的第三項功課，就是要承認人性中必然存在的攻擊性，並由此去思考人類這個種族的未來**。平日我們否認人性中的攻擊性，通常會採取兩種形式，也就是兩種我們深信不疑的迷思。首先，我們會選擇相信在很久很久以前，人類原本是一種愛好和平的生物，當時人類之間與人類與大自然之間都和諧地共存著。這是一款「高貴野蠻人」的迷思，也是一種「善良狩獵採集者」的迷思。這暗指的是文明、私有財產制與資本主義的出現，共同將和平的人類變成了有攻擊性而自私的動物。所以這種迷思認為如果要怪，就該怪我們的社會，就該怪人類社會發展成這個形式。這種迷思認為只要能發展出更平等的政治與社會制度，我們就能反璞歸真地重拾善良而和平的人性。

然而，近期在人類學與考古學生的發現，毫無灰色空間地證明了我們的祖先（在數萬年前的文明曙光之前）就已經從事起戰爭，而且兇殘的程度完全不輸給他們的後世子孫。他們的性格，跟和平好像差得有點遠。另外，有不少例子是原住民一樣會為了吃住而剷除四周環境裡的多數動植物，進而滅絕了不少物種，也破壞了整區大面積的林木。這些方面的說明可見勞倫斯・H・基利（Lawrence H. Keeley）所著的《文明前的戰爭》（暫譯，*War Before Civilization*）還有賈德・戴蒙（Jared Diamond）所著的《第三種猩猩：人類的身世及未來》（*The Third Chimpanzee*）。話說人類在這些原住民文化中的所展現強大合作力量，也經常被用來進行至為血腥的部落衝突。

另外一個今日比較普及的迷思，是我們或許有過暴力與具有攻擊性的過去，但經過演化，我們已經懂得了什麼叫做包容、什麼叫做理性，而這些開化的文明都已經教會了我們和平。但事實是，人類的攻擊性依舊好端端地擺在那裡，過去是那樣，現在也沒有什麼變化。我們可以舉來當證據的有無止境的戰爭，有種族滅絕，有國家與族群間不斷升高的敵意，這些東西到二十一世紀都持續在進行。科技的進步，只是讓人打起仗來更多死傷。而我們一方面更意識到環保的重要，一方面也對環境更加大肆破壞。

近期值得我們注意的還有權力與財富在全球尺度上的益發不平等。現今全球各國的強弱與貧富差距，可以說倒退了好幾個世紀。而這種不平等將化身為一種惡性循環，不斷地在人類社裡自我增生，因為說起累積權力與財富，就是有人會什麼事都做得出來，也有人什麼事都做不下去。沒有規則或法律可以停止這一切，因為撰寫規則的就是那些有權力的人，而他們當然不會訂出一些不利於自己的規則。十九世紀，以標準石油為代表的企業獨占行徑，現在依舊與我們形影不離，只不過在二十一世紀玩這場遊戲的是不一樣的產業，不一樣的企業，如此而已。

在過往，民眾會去看人被處決來當成一種娛樂。我們現在不會光天化日把人槍斃，但我們會把人丟到實境秀裡或電視新聞上去羞辱一番，會看到主角在一部又一部的電影裡被人大卸八塊，血肉噴好噴滿（甚至連我們開起玩笑來，都有愈來愈多的黑色幽默）。

科技的進步，讓我們的攻擊慾更容易獲得滿足。我們即便未與人面對面，也可以在網路上用酸言酸語展現發自內心的強烈敵意。大家都能夠上網之後，廝殺激烈的網路戰也應運而生。而犯罪者代代相傳的，就

是不斷地結合科技去發揮創意害人然後逍遙法外。

同樣地人的攻擊性不會消逝，它只會伴隨媒體與科技的創新而與時俱進，只會透過媒體與科技去表現自己、釋放壓力。一百年後不論通訊科技發展到什麼境地，相關的軟硬體都還是會淪為被罪犯跟攻擊者利用的工具。這一點十分確定。一如福樓拜（Gustave Flaubert）所言，「你老愛把進步掛在嘴上，我沒意見。但我想說的是你可以把老虎的犬齒拔掉，讓牠只能喝粥，但牠的內心永遠會是那隻想吃肉的老虎。」

人的攻擊性不分個人或團體，都會在我們感覺無助或脆弱的時候現身或加溫，因為無助跟脆弱會讓我們急著獲致控制與影響力。而隨著愈來愈多的個人跟團體陷入這兩種負面情緒，我們可以預期人類的攻擊性只會愈來愈強，不會愈來愈弱，由此戰爭會愈打愈齷齪下流。隨著不安全感日益氾濫，政治立場、文化、世代、性別之間的衝突將會愈來愈明顯。而且我們還會想出更多精巧的配套來供我們合理化自己的攻擊性行為，讓我們面對自己或世界都更加無愧。

現代人的自欺欺人已臻至爐火純青的境界——侵略者永遠都是對面那個人、對面那種立場、對面那個國家，而我們都是不得已才出手自衛的。但我們終究要面對現實，那就是不論在任何時代或任何文化裡，侵略者或攻擊者都是我們所有人的名字，不分你在楚河漢界的哪一方。**我們一定要先坦承自己是人，擁有天生的攻擊性，然後我們才能進一步去思考如何超越這種人性。想要進步，你得先知道自己哪裡不足。**

被動的攻擊性——相關策略與破解之道

我們多數人都害怕正面衝突；我們都希望看起來斯文而與人為善。但有時候為了一償宿願，我們總是會不得不為了自己站出來。光是當個好人，我們的影響力將永遠無法觸及那些講不聽的傢伙。還有就是老是循規蹈矩地配合別人，我們內心的壓力會不斷累積，終至於我們必須找一個發洩的管道。所以說在某個時間點上，我們都會需要用某種不著痕跡的手段去間接表達立場，並藉此為自己多爭取一些控制力與影響力。或許我們會多投資些時間去回應人、與人溝通，或許我們會微妙地表達出對人的鄙視，或許會明褒暗貶地輕輕挖苦人，讓他們不舒服，但也因此讓對方對我們產生質疑。又或許我們的某次發言看似中性，但其實我們的語氣與表情已經顯示出在生氣，而這便會撩撥起聽者的愧疚之情。

以上種種做法，我們可將之統稱為「被動的」的攻擊性，主要是我們會表面上看來只是在做自己，而不是在很積極地操控人或影響人。但其實，已經在透過訊息傳達來創造出渴望的效應。**覺得自己收斂被動，都只是我們的想像而已，人沒有什麼真正的被動。在大腦的深處，我們永遠都很清楚自己在幹什麼**。君子報仇三年不晚，代表我們記仇記了整整三年。當我們話中有話時，字裡行間的刺都是有意放進去的。但在此同時，卻又可以在自己跟世界面前演的好像自己很無辜（這種自我矛盾但又不會打結的能力，是人才有的本事）。整體而言，我們必須認清這種日常的被動攻擊性，僅僅是社交生活中一點點討人厭的插曲，這是所有人的共業。所以在文明社會中遇到不是太過分的被動攻擊，都應該盡可能包容，畢竟這種事情層出不窮，而我們自己也免不了會對人出手。

但問題是有些人的被動攻擊是一種長年的習慣。就跟積極性的攻擊者一樣，他們往往有用不完的能量，而且控制慾甚強，但同時他們又很不想跟人正面對撞。他們往往有一雙跋扈而對孩子輕忽照顧的爸媽，而被動的攻擊性是他們習慣用來吸引注意、表現自己，但又能不會招來處罰的辦法。長此以往，這種行為會變成他們成年之後的一種模式，主要是兒時有效的策略，他們即便長大了也會繼續食髓知味（仔細去觀察這些被動的攻擊者，我們會看到其成熟的臉孔背後是一個懂得操控人的孩子在窺視）。

這些習慣性採取被動攻擊的人在職場上有之，在個人關係中亦有之。他們會用滴水穿石的方式，讓攻擊的效果在目標對象身上慢慢顯現。**他們是模稜兩可與捉摸不定的高手**——我們很難百分百確定自己遭受到他們的攻擊。我們會不禁懷疑起自己是不是太多心，還是有被迫害妄想症。被人直接攻擊，我們會生氣，會抗拒，但間接性的攻擊只會讓我們陷入混亂，而攻擊者便會利用這種混亂來對影響我們、控制我們。遇到真正厲害的人讓我們的情緒上鉤，我們的日子會變得非常不好受。

話說主動型的攻擊者很多是二刀流，他們往往可以在主動出擊之間穿插被動式的攻擊行為，就像洛克斐勒那樣。被動攻擊於他們只是多一個好用的武器，反正不管黑貓白貓，能幫他們控制人的就是好貓。而不論在任何情況下，捍衛自己不受被動攻擊者傷害的最佳戰略，都是要盡早發現他們在搞什麼鬼。

下面我們來看被動攻擊者最愛怎麼搞，而我們又可以如何見招拆招。

默默存在著的優越感

你可能有某個朋友、同事或員工是惡名昭彰的遲到大王。但他永遠有言之成理的藉口可以說，外加總是會楚楚可憐地道歉，所以最後都可以全身而退。這種人還可能會忘記開會、忘記重要的日子、期限，但又總是能信手拈來就是無懈可擊的託辭。這種行為重複太多次，你會覺得愈來愈難忍耐，但要是你跑去跟他們攤牌，他們又會反過來搞得好像你才是壞人，是你做事太沒有彈性，對人又沒有同理心。他們會說這不能怪他們——他們事情太多，別人給他們的壓力太大，他們是習慣不拘小節的藝術家個性，總之就是他們事情多到難免會忘記。他們甚至會指控你也是他們的壓力源。

你必須理解在這種行為模式的背後，藏著的是他們的一種需求：他們需要告訴自己也告訴你，誰比較了不起。當然若他們長篇大論地說自己比你了不起，那結果很有可能是自取其辱與招來訕笑。所以他們不會親口這麼說，他們會希望你能自行去體會當中的奧妙，好讓他們可以抵賴自己真正的想法。讓你覺得在他們面前矮上一截，也是一種控制，因為這就代表你們的關係是由他來定義。**你不用去管他們道歉的內容，你該注意的是他們的行為模式與為自己開脫時的非語言線索。**他們會一邊道歉一邊唉聲嘆氣，就像在抱怨這都是你造成的問題。他們會看似用非常有誠意的風格去道歉，但最終你會發現他們說了半天，都在講自己的生活如何不順遂，至於他們遲到所給人添的麻煩，則根本不是通篇的重點。換句話說，他們並不是真心想道歉。

即便他們老是狗改不了吃屎，你也絕對不能動氣——否則你就中了被動攻擊者的計。正確的做法，是你要保持冷靜，並在有意無意間化身為一面鏡子，讓他們透過你，在眾目睽睽下體會到這樣的行為有多麼不對，甚至能勾出他們的一絲羞愧。你可以跟他們約好時間，然後放他們鴿子，或很晚到之後再拼命道歉。這麼做，是要讓他們在感覺這一幕似曾相似之餘，還能察覺到一絲諷刺。但你也不用明講，就讓他們有時間慢慢去想。

知名的心理治療師米爾頓・艾瑞克森在生涯早期，曾經是某間大學的醫學教授，而他有過一名天資聰穎的學生叫安妮很愛上課遲到，更愛在遲到之後卯起來道歉。她正好是個每門課都拿 A 的優等生，而她每次都保證下堂課會準時，但最終都沒辦法說到做到。她一個人遲到，也給同學們造成不少困擾：不論是老師講課還是實驗流程，都會因為她的缺席而無法順利進行。有回艾瑞克森又開了一門由他親授的聽講課程，而第一天上課，他就料到安妮會故態復萌，於是他事前想好了對策。等安妮一如預期的姍姍來遲後，艾瑞克森便帶著全班一起起立向她鞠躬，用致敬的方式來酸她。就連課上完了，她走下大教室階梯的時候，兩旁的同學也不住地向她鞠躬。老師跟全班想要傳達一個很清楚的訊息：「不要把我們當白痴，我們知道你在玩什麼把戲」。這讓她很不好意思，甚至覺得有點愧對老師跟同學，於是這之後她就沒有再遲到過了。

如果讓你苦等的是老闆或有權力者，而他們表達優越感的方式一點都不拐彎抹角，那你能做的也就是盡量保持冷靜，用沉得住氣與不受影響來表現出你不吃這套。

苦肉計

你身邊可能會有這樣一個人，他是永遠的受害者，而害他的可能是不理性的敵意、不公平的環境、或是社會整體。仔細觀察，你會發現這種人在自身有如連續劇的遭遇裡樂在其中，而他們的座右銘是誰能比我慘。注意去看，你會發現他們在聽取別人問題的時候顯得百無聊賴，甚至會開始發呆。而因為很愛扮演受害者而且演技浮誇，所以你很容易一時不察而讓同情心遭到激發。而一旦成功讓你心生同情，他們就會得寸進尺地要求幫忙、要求照顧、要求關心，而這，就是他們控制你的方式。他們會用非常敏銳的雷達去觀察你臉上的哪怕一絲絲懷疑，同時他們完全不想聽你給他們任何建議或建設性的批評。你膽敢如此，他們就會把你列入加害者的黑名單。

這種人有時候並不容易看穿，因為往往他們還真的有著會讓人掬一把同情之淚的悲慘遭遇。問題是，他們很多時候是自找的。他們會「故意」遇人不淑，會在工作上態度不好而招致批評，會不拘小節到令人髮指的程度，去到哪裡就把那裡搞得一塌糊塗。所以把他們害慘的不是殘酷的命運，而是他們內建的瓊瑤主角人格。真正意義上的受害者，會不由自主地覺得自責，覺得羞恥，因為人類有一種代代相傳的迷信是可憐之人必有可恨之處，所以真正的受害者會非常吝於與人分享他們的經歷。就算要講，也會像擠牙膏一樣，不會全盤托出。但被動的攻擊者在這點上非常不一樣，因為他們會拚了命地跟人分享自己的遭遇，然後沉浸在旁人的關心裡做日光浴。

在此過程中，被動的攻擊者會顯露出各式各樣病徵，像是：恐慌症發作、抑鬱、頭疼，好讓他們不會看起來像在無病呻吟。從小，我們就都很會裝可憐來討拍。這包括我們會用莫須有的焦慮把自己弄得心力交瘁，會憑空讓自己陷入憂鬱。所以你要去觀察的是一個人有沒有這樣的模式：**每次這些被動攻擊者看來可憐兮兮的時候，就都那麼剛好是他們需要協助，需要你留下來，需要額外安全感的時候**。不論怎麼講，他們都會把你的時間跟精力吸個精光，以各種負能量感染你，讓你難以脫身的程度就像毛衣沾上鬼針草一樣。**被動攻擊者最愛鎖定的目標就是容易有罪惡感的人——敏感而喜歡照顧人的那種人。**而要避免遭到被動攻擊者的操控，你需要跟他拉開距離，但那並不容易。想做到這一點，唯一的辦法就是想到你好心想幫助他們，而最後浪費在他們身上的精力與時間，由此去覺得生氣跟憤恨不平，畢竟他們完全不懂得要稍稍報答你。說起朋友間的關心，你們之間永遠都是一面倒的由他占便宜，而這也反映了他們對你具有的控制力。**創造出內心的距離，足以讓你更容易看穿他們，也能最終讓你完成對這種不健康關係的戒斷。**不要覺得不好意思。你會因為他們多快能轉臺到新歡那兒而嘖嘖稱奇。

創造你心中的依賴

突然有個超關心你、超為你著想的人跑過來，說要跟你當朋友。他們主動表示想在工作上或生活上助你一臂之力。他們說想傾聽你一路以來的挫折與艱辛，你會感覺這是多麼難得，多麼讓人耳目一新的友誼。你會發現自己一天天更加依賴他們對你的付出。但三不五時，你會察覺到他們有些冷淡，而你想破了腦袋，就是想知道自己是不是說錯了什麼話，還是做錯了什麼事。但事實上，你連他們是不是在生你的氣都不能確定，但你還是拼命地想去示好，於是乎在不知不覺裡，你們逆轉了兩人之間的主從關係。他們不再那麼關心你，反而是你開始對他們噓寒問暖。

類似的狀況，有時會出現在親子之間。比方說女兒小的時候，母親可能會盡心盡力地去呵護她、愛她，但當有朝一日女兒想要獨立的時候，母親就會將之視為是一種有攻擊性，而且不知好歹的動作。為了避免罪惡感，女兒會停止主張自己的身分，並更努力地去挽回母親的愛，畢竟經年累月下來，她對母親就是有那一分放不下的依賴。這麼一來，母女間的互動就逆轉了，而長此以往，母親就會控制住女兒生命中的各個環節，包含財務、職業、婚姻。夫妻間也可能看到類似的狀況。

這一招有一種變形。有一種人很愛答應別人各種事情（說要幫忙、說要借錢給人，或說要替人介紹工作），但最後都只是講講而已。他們對於自己說過的話，都會忘光光，要不然就是答應的事情只做一半，然後藉口一堆。跟他們抱怨，他們會倒打你一耙，給你安上貪婪跟自私的罪名。搞得你必須要追上去為自己的粗暴道歉，希望他們能好心地履行一部分自己的承諾。

總而言之，這一招的重點在於用力量去控制人。對方一旦在你內心植入了對他們的依賴性，你就會變回到那個既黏人又脆弱，永遠想要更多的小孩。我們很難想像一個人曾經或依舊那麼主動熱情，但其實都只是在對你用計，也難怪你會傻傻地相信。新朋友對你太過殷勤，你就要小心了，因為從一開始就放下對你的懷疑，是一件很不自然的事情。他們這麼做，可能就是想讓你在某方面產生對他們的依賴性，所以我們一定要先釐清新朋友的動機，不要一下次就讓他們步步逼近。若他們開始冷淡，而你又不知道自己做錯了什麼，那你就可以九成九確定這人是在玩弄你。若你的距離感讓他們生氣或不滿，那就代表你們之間確實在彼此角力，**你們比的是誰比較需要誰。像這種關係，早一秒脫身都是好的。**

總歸一句，你萬不可百分百把人的承諾當真，也不可以把要緊的事情寄託在別人身上。食言而肥很少是獨立的事件，這種人你就得有多遠閃多遠。

偷渡對你的質疑

在與人對話時，你的某個熟人或朋友會天外飛來一句評語讓你懷疑起自己，你會納悶起他們是不是繞了個圈在侮辱你。他們可能會用你近期工作上的優異表現來破題，說你很了不起，但他們接著卻在若有似無的笑容中說你這下子可以名利雙收了，似乎在暗示著你做每一件事都只是為了出名跟發財。又或者他們會明褒暗貶地說：「這樣的成績不錯了，以你的背景。」羅伯斯皮耶作為法國大革命期間，雅各賓恐怖統治中的一名領袖，就把這一招用到爐火純青。他認為同屬領導階層的好友喬治·丹頓（Georges Danton）變成了革命之敵，但又不想直接說。他想要拐歪抹角地散播出這個消息，藉此在丹頓心中注入恐懼。某次在一場集會上，羅伯斯皮耶一躍而起地相挺他被控濫權來斂財的這位朋友，而在為其辯護時，羅伯斯皮耶鉅細靡遺地複述了丹頓被控的每一條罪名，最後才下了一個結論說：「我不是不可能看錯丹頓這個人，但他對家人的照顧無庸置疑。」

作為這一招的一種變化，有些人會先尖酸刻薄地把你罵得狗血淋頭，然後看你生氣了，他們才趕緊說自己是在說笑而已。「這麼開不起玩笑喔？」他們會這麼說。他們會刻意去扭曲你說過的話語，而你要是出來抗議，他們就會無辜地說：「我只是引用你說過的話而已啊。」他們也可能會背著你到處講些似是而非、模稜兩可的事情，讓別人對你這個人產生疑慮。外頭有你的壞消息，有對於你負面的評價與批評，他們會第一個跑來告訴你，而且還會假仙地流露出同情，但其實幸災樂禍才是他們的本心。

這一招的精髓在於破壞你的心情，讓你介意到好幾天都擱不下這件事情。他們想打擊的是你的自尊心，而多數人這麼做的主要動機是見不得你好。至於你最好的反擊，就是表現得完全不受他們的影射影響。你要保持冷靜，你要同意他們的明褒而無視他們的暗貶，甚至可以投桃報李地也回以一點讚美。他們想把你惹毛，而你要保持微笑。你可以以其人之道還治其人之身，暗示你已經看穿了他們的把戲，他們活該也體驗一下什麼叫自我懷疑。

千錯萬錯都別人的錯

遇到某些人，你會因為他們所做的某件事而煩躁或不爽。或許你覺得遭到他們利用，或許他們的一些動作讓你不舒服，但你請他們停止卻得不到回應。其實你還沒開口抗議，他們就似乎已看出你的不滿情緒，只是他們一點也沒有想檢討自己，反而看得出其內心很不高興。而等你真正去找他們攤牌了，他們也不會有太多反應，頂多是顯露出委屈或失望的表情。換句話說，他們沒反應不是因為傷害到你而懊惱，而是有別的原因。他們可能勉強擠出一句「好啦，隨便啦。我知道了」，但他們的道歉不論是語氣或表情，都毫無誠意，畢竟他們壓根不覺得自己做錯了什麼事情。

如果有一點小聰明，那他們就會在回應時當起編輯，胡謅說你說過什麼話或做過什麼事情。他們會說你可能忘記了，但你造成的傷害讓他們至今仍耿耿於懷，所以你也不是什麼好東西。話說你覺得那實在很不像是你會說的話，也不像是你會做的事情，但死無對證之下你也無法百分百確定，畢竟人的耐性都有極限，搞不好他們真的曾經成功激怒過你。就像此刻你要是又生氣了，那就會讓他們稱心如意，因為他們就可以抓著這一點指控你有敵意、指控你挑釁，也指控你對他們太不公平。

不論他們的反應是哪種類型，你都會洗腦進入一種「可能真的是我錯了」的情緒。你會想懷疑自己是不是反應過度，是不是有受迫害妄想。你甚至會擔心自己是不是瘋了——你知道自己生氣，但或許你的情緒並不值得相信。這下子，應該感到自責的人變成了你，因為是你造成了這樣的緊張關係。我看我最好檢討一下自己，以免再造成這樣的不愉快，你會這樣告訴自己。作為這種策略的配件，被動攻擊者常在你以外的其他人面前溫文儒雅，只有對你才會機關算盡，畢竟你才是他們想要控制的目標。你若嘗試向人傾訴自己的迷惑與憤慨，不但得不到同情，反而會等於是助被動攻擊者一臂之力。

被動攻擊者用這一招，其目的是要掩蓋自身所有討人厭的行為，是要擋開各式各樣的批判，是要讓人怯於指摘他們的惡行。他們可以藉此控制你，操縱你的情緒來圖利自己，然後像吃了無敵星星一樣為所欲為。這些人能夠如此橫行，是因為他們知道多數人從小就很容易有罪惡感，所以就推了我們一把。這種作法較好發於私下的人際關係中，但職場上也會有零星或偶發的使用。被動攻擊者會對任何一丁點的批評做出非常戲劇化的反應，藉此讓人打消想跟他們硬碰硬的念頭。

面對這一招想兵來將擋水來土掩，你必須看穿他們想卸責的伎倆，然後不要受其影響。你的目標不是要激怒他們，所以不用跟他們你來我往地潑婦罵街。要比嘴賤，他們恐怕比你專業。要知道把人惹毛，可是他們能出來混這麼久的絕招。你要冷靜，甚至公平地接受一部分的指責，如果他們言之成理的話。你要知道這些人的自尊心都強得不像話，你很難讓他們反躬自省或有所改進。

所以你需要的，是跟他們保持好必要的距離，因為距離可以讓你把他們的伎倆看清，也能讓你有隨時可以抽身的餘裕。而要做到這一點，你必須要學著去相信自己記憶中的感受。他們惹到你的瞬間，請你用筆記下他們在做什麼事情，然後將其行為歸檔成一則記憶。這麼一來，你就能確定自己到底是不是在過度反應。是，那你可以檢討自己，但萬一不是，那你日後就可以憑著這些白紙黑字來說服自己。你可以確定有病的不是自己，然後你要叫對方停止這種卸責的行徑。在你這邊踢到鐵板，他們對這一招的依賴就可能從此中斷。而萬一他們死灰復燃，你最好的選擇就是與他們切八段。

被動的暴君

你服侍的老闆看似活力滿滿，創意與魅力也源源不斷。他們或許少了點條理，但那也算正常。畢竟他們有那麼多事情、責任跟計畫要忙，你實在很難苛求他們把大小細節通通記下。他們需要你的輔佐，而你也使盡渾身解數在幫他們忙，希望他們工作順暢。他們交辦的事項你會仔細聽，用力做。偶爾得到他們的誇獎，你會覺得能量滿檔，但他們也會不時對你發飆，說你讓他們失望，而且他們的罵會比誇更讓你念念不忘。

在他們身旁，你永遠無法放鬆，也從來不會覺得自己的地位穩當。

你必須要非常努力，非常煎熬，才能避免被他們喜怒無常的颱風尾掃到。他們是超級完美主義者，標準高到你只能在後頭追，卻永遠也追不上。你絞盡腦汁，希望能預期到他們的需要，生怕一個不小心會把他們的地雷引爆。至於他們主動提出來的一堆毛，你想當然會盡全力去一樣樣做到。只不過他們不知怎地老是有話不直說而且憂鬱成性，逼得你只好加倍努力去討他們歡心。

這一招普遍被當權者用在下屬身上，但在氣勢一弱一強的關係裡也看得到。這種關係裡有一方是暴君，另外一方不論怎麼做都不能讓他滿意。話說這種招式存在以下的邏輯：某甲若知道某乙想要什麼東西，也知道如何替某乙取得這樣東西，那某甲對某乙就擁有某種操控力。若他們按你的指示聽命行事，你就不能批評他們。若他們的表現夠穩定，那你甚至會對他們的服務產生依賴性，然後他們就可以反過來拿去留來要脅你，令你做出各種退讓。但若今天他們不知道自己有價值的地方在哪裡，包括他們分辨不出自己為什麼被誇或為什麼被罰，那他們的控制力與獨立性就會被閹割掉，進而只能任人使喚。跟狗一樣，你偶爾拍一下牠的肩膀，牠們就會愈來愈聽話。

麥可・埃斯納就是這樣像獨裁者一樣，控制住了他周遭的每個人，包括卡曾柏格（詳見第十一章〈自知之明〉）。

要是有人捨這些暴君而去，他們也完全不會放在心上。因為這些人會走，就代表他們還保有一定的獨立性，而暴君寧可另外找更聽話的人來墊檔或徹底取代。事實上，有些暴君會主動出擊，用非常扯的要求來測試出人的本性。萬一有人奴性不夠重的，暴君寧願另請高明。這類暴君會嘗試扮演無助的孩子，並有著陰晴不定的藝術家或天才性格，亦即他們天資聰穎但不容易專心。他們不論是懇求你出手襄助，或是擺出一副沒有你不行的態度，都是在渲染自己沒辦法一個人活著。他們就是這樣扮演著弱者，用脆弱的形象來作為其醜陋暴君本質的保護色。

要用計來與這種類型的人一拚，不是很容易的事情，原因是他們經常具有你上司的身分，所以你們之間存在著權力的先天不平等。他們往往非常敏感易怒，而這就會讓任何形式的抗拒或你內心的疏離變得難以為繼。要是大剌剌地與之對槓，又只會讓局面更加惡化。所以首先你得明白他們的所作所為都有故意的成分，表面上的無辜只是假象，既不弱也不笨的他們根本就狡猾外加心狠手辣。所以不論他們說或做了任何正面的事情，你都不用搭理，你只要想著他們會如何操控人跟虐待人就好。你若能與他們在情感的牽扯上盡量保持淨空，則他們用來黏人的金蛇纏沾手就會稍微破功。只不過到了最後，這一切可能都無法發揮作用，因為高度敏感的他們只要一察覺到你在刻意退縮，那他們的行為就會變得更衝。唯一你真正能做的，就是退一步海闊天空。職位再高再好，都不值得你被這樣糟蹋，要知道你付出的自尊與日後心理復健需要的時間，一定會讓你有得不償失的感覺。

受控的攻擊性

我們生來都有一股人類獨有的能量，名曰意志力、主見，甚至你可以說那是一種攻擊性，但這當中其實有混雜了我們的智慧與聰明。我們會在兒時看見其最純粹的面貌，而這股能量會讓我們身心都像吃了熊心豹子膽一樣想去冒險，想去探索新的靈感與知識。我們會積極去尋找志同道合的朋友，由他們陪伴著去共同探索世界，也會無所不用其極地去解決問題或是滿足私慾（小朋友什麼都敢要就是這樣）。我們會因此敞開心胸去面對新世界，接受新經驗。惟這種能量若混合以長期的挫折感與無助感，其化學作用的產物會是不尋常的戰意。

年復一年，我們會不斷累積挫折感、累積遭人抗拒的經歷，也累積出強烈的權力慾，由此我們當中某些人便會慢慢產生一定的攻擊性。惟與此平行的還有另外一種更常見的現象：內心那股想彰顯自己的能量，還有潛伏著的攻擊傾向，會讓我們不安、讓我們害怕。這包括想活出自我跟以身犯險的欲望，可能導致我們在失敗中覺得脆弱而流失安全感，包括這種能量表現得太明顯，會影響我們的人緣，因為我們可能會成為衝突與矛盾的根源；此外我們對於內心攻擊性所感到的羞愧，有一部分也可能來自父母親的教誨。總之，我們會慢慢覺得這種攻擊性非常危險，但這東西又不會憑空消滅，於是我們就會將其準星由對外改成對內，而這麼做的結果，就是英國心理分析大師朗諾．菲爾貝恩（Ronald Fairbairn）口中「內在的破壞者」將常伴我們左右。

這名破壞者的行為就像我們內心的檢察官，他會不斷地起訴我們、攻擊我們。我們一準備進行某種嘗試，他就會提醒我們失敗的可能。他會想方設法來壓抑我們的活力，因為太招搖或太高調都可能招致批評。有他在，我們就沒辦法敞開心胸去享受快感，也沒辦法深刻地去表達情感。他會告誡我們野心要小一點，要更融入團體一點來避免成為目光的焦點。他要我們朝萬全的內心裡撤退，藉此換取安全感獲得捍衛，即便因此陷入憂鬱也無所謂。在他的要求下，我們會鑄造出一個稻草人般的自我來蒙騙世界，而這個自我的特色就是病態的謙虛與自我抹滅。到了最後，這名內在的破壞者會限縮我們的能量配給，限制我們的行動範圍，讓我們只居於一個可控與不會有意外的死寂世界。**換句話說，內在破壞者跟一般攻擊者可謂殊途同歸，兩者都想要把不確定性徹底消滅。**

內在破壞者會朝我們的心靈力量上潑一盆冷水。他會勸阻我們的內心不要勇敢，不要試探，不要發想那麼多靈感。我們會因此在思考上畫地自限，安於以團體的傳統意見為意見，理由同樣是那樣比較安全。有創意的人，往往會在思想上顯得非常進取，由此他們會去測試各種可能性，然後找出各種方案中的第一名。所以說，**我們放棄了攻擊性，就等於閹割了自己的創意與想像力。**

你的人性課題

問題從來不在於人想要凸顯自己會有攻擊性，因為認為攻擊性是一種問題，就等於在說人性有問題。攻擊性本身是一種居中的存在，其效應就像一枚硬幣一樣有正有反。我們不該為了讓負面的攻擊性獲得壓抑，就任由內在破壞者勒索我們，讓攻擊性的正面效應像贖金一樣被他奪去。**真正的問題，在於我們不懂得用成熟、有建設性，而且對社會有益的方式去駕馭這種能量。事實上，我們應該要去擁抱這種能量，接受這種能量是一種人性，相信這種能量有為善的潛力。**我們必須要去做的，是去馴服這種能量，訓練這種能量來遂行我們的目的。與其讓攻擊性成為一種漫無目標、被動或是被壓抑的存在，我們可以讓攻擊性變得聚焦而理性。攻擊性既是能量，就跟其他能量一樣要穩定集中起來才能發揮最大的力量。事實上，**把正向的攻擊性匯集起來，我們就能多少找回兒時那個勇敢而表裡如一的小孩。**

以下是我介紹四種具有潛在建設性，有機會為我們所用的攻擊性元素，大家可以一起來思考如何把演化交給人的這一手牌，打到最好。

野心

這年頭承認自己有野心，就好像在昭告天下你要去幹壞事，而且也像是在警告大家要提防你。但想想兒時或年輕的時候，你是否免不了會有很多遠大的夢想與志向？你會想像著自己要改變這個世界，成就偉大的功業，成為鎂光燈的焦點。這是一種很自然的衝動，你也不會因為這樣而感覺丟臉。然後年紀慢慢變大，你多半會開始打壓這些想法。你要麼裝聾作啞，假裝謙虛，對人絕口不提這些幻想的事情，要麼就是連作夢的部分都徹底放棄，以免被人批評你有毛病，這麼看得起自己。

野心會遭到訕笑的這種惡質文化，其實跟我們嫉妒別人成功的心理有很大的關係。貶低你年輕時的夢想與抱負，其實就暗示著你不喜歡，或者不夠尊重自己。你不再相信自己有資格去獲得夢想中的權力與肯定。但這並不代表你朝成熟更進一步，這只代表你朝失敗更進一步，因為你降低了對自我的期許，限制了自己的可能性，壓縮了你的活力。事實上，在努力表現出胸無大志的過程裡，你也是滿腦子只有自己，而這也算得上是一種野心，因為你這麼謙虛，就是希望別人看到後能覺得聖人模式全開的你好了不起，你並不是真正地全無目的。

有些人會一邊變老但一邊保持著野心，但他們的野心有個問題，那就是內容模糊不清。他們只是有個想出人頭地、名利雙收的大方向，但並沒有釐清細節。而細節不清楚，他們就很難判斷自己究竟滿意了沒有。他們想要有錢，但沒想清楚多少錢算是有錢？他們想要得到權力，但沒想清楚他們要多大的權力？反過來說，因為他們不確定自己究竟想要什麼，所以他們也不知道該把終點線畫在何處。雖然不能一概而論，但確實有不少人會因此產生負面的攻擊性，因為他們會因為看不到終點而不斷強取豪奪，不知適可而止。

相對於此，**你必須去擁抱自己內心的童真，在心智上重返你鬥志昂揚的青春，然後按照你目前的現況來將夢想改版，重點是細節都要照顧到。**你可以針對特定主題寫一本書，並在書中詳述你的觀念或情操；你可以開公司去從事某項你一直有興趣的買賣；你可以發起一項文化或政治運動來宣揚你的理念與主張。這特定的抱負或許非常偉大，但你仍能頗具把握地將其過程與終點加以視覺化。事實上你想得愈是清楚，你圓夢的機會也愈大。挑戰是一定會有的，但你也別越太多級打怪，否則就會變成你親手將自己推向失敗。

不論花了多少時間把目標達成後，你都要帶著完成前一個目標的滿滿成就感來投入新的抱負或企劃。學如逆水行舟，不進則退，夢想的追求也是一樣。所以你不好停下步伐，而要持之以恆地累積能量。**關鍵在於：你把什麼樣程度的欲望與攻擊性放入每一次的追夢過程裡。你要避免讓自己染上自我懷疑跟內疚的病毒，你要與自己的本性和諧相處。**能做到這樣，就不用擔心追夢會空手而回，事實上你一定能滿載而歸。

堅持

觀察小嬰兒，你會注意到他們在想要一樣東西的時候是多麼堅定而不放棄。這種堅持，是我們與生俱來，但會隨著年齡累積而慢慢連同自信一起失去的本性。長大後的我們若遇到問題或阻力，都會有堅持不夠久的問題：我們會先鼓起勇氣來處理一個問題，但一邊處理，我們一邊會在內心深處質疑自己：*我們夠份量嗎？我們有這本事嗎？*這種對於自信心的鯨吞蠶食，會讓我們在與問題交手時後方失火，造成能量流失與不如預期的結果。而結果不如預期，又會放大我們自我懷疑的背景音，造成我們接下來的表現更加低迷，一個惡性循環於焉成形。到了某個點上，我們會承認失敗，然後放棄抵抗。但往往我們都是在還不該放棄的時候放棄，或者是我們可能手腳還沒停，但內心早已失去了戰意。

你必須要了解一點：**能量加上堅持，是一種幾近無堅不摧的力量**。正所謂精誠所至，金石為開，不然愚公如何移山，不就是滴水穿石之理嗎？只要你每一下都用力敲，敲得夠久，那再大的阻礙你也不用愁。世界上、歷史上那麼多的偉人，不都是如此獲致成功？但我沒有說這很輕鬆，因為咬牙苦撐了許多個年頭，才造就出愛迪生的燈泡，也才讓居禮夫人發現了鐳。他們與一般人不一樣的共通處，就是**不放手直到夢想到手**。前後長達十年的時間，經過日以繼夜的思想實驗（用想像力進行的實驗），愛因斯坦才窮盡了各種可能，寫成了劃時代的相對論。在修身養性的領域裡，十八世紀偉大的白隱禪師得以修成正果，以一己之力讓禪學的某分支起死回生，是因為長達二十年，他努力不懈地堅持走在這條路上。這絕對是一種攻擊性，來自內心、完完整整的攻擊性，而這股能量就有如雷射光，幾無損耗地打在某個問題或阻力之上。

不論是嬰兒、科學家、還是禪師，他們的共通點都是想要一樣東西想到*雖千萬人吾往矣*。**他們懂得堅持的力量，於是乎他們的心願就化身成了自我實現的預言**——因為知道成果的價值，所以他們能召喚出足夠的能量與自信來解決問題。他們的做法，讓人想起被漢尼拔當成座右銘的那句話：「我會找到前進的路，不然我就自己開一條路。」而這種做法，也值得你效法。你也該去想想有什麼事情讓你覺得魅力無法擋，就算被打倒在地上也要爬起來再幹一場？你要把內心加滿油，讓自己有源源不絕的欲望朝目標去走。你要訓練自己，讓自己不要說放棄就放棄。你要不斷地從新的角度去攻擊同一個問題，去除背景的自我懷疑，持續使出全力，告訴自己不放棄就會無敵。有一天你會見識到死纏爛打的威力，然後你就再也不會覺得難以為繼。

無懼

人類天生是果敢的一群。還是個孩子的時候，我們會什麼都敢要，什麼都敢說。年輕時的我們很少氣餒，很少膽怯。膽怯，是我們後天習得的缺點。話說人年紀大了膽子會變小，我們會慢慢覺得自己想要得太多，做得到的太少。我們會過分擔心別人的觀感，所以不敢為自己站出來。我們會把自我懷疑內化，會害怕起各式各樣的衝突與碰撞，因為這些衝撞會讓我們的情緒生波，導致預期以外或控制不了的後果。我們會養成退讓的習慣，會絕口不說出自己的感受，即便在條件完全允許或適當的情況下也一樣，由此我們會讓傷害我們的行為得寸進尺。會不敢要求加薪或升遷，不敢要別人放尊重一點。失去那種具有正面意義的攻擊性，也就是我們的勇氣與衝勁，會形同於失去了我們內心深處一大塊的自己，而那必然是一件很痛苦的事情。

你必須要試著把自己曾經握在手中的無懼找回來，為此你得一步步來。首先很重要的是你得說服自己一件事，那就是你值得。你值得世上一切美好的事情。等心裡有這種感覺了，你就可以開始訓練自己去為了自己仗義執言，包括在日常生活中適時回嘴，不要像個小媳婦，只能任賤嘴的討厭鬼指指點點。你要學著去捍衛自己的尊嚴，要戳破別人笑裡藏刀的被動攻擊行為，要勇敢地說出別人不一定認同的主見，要挺起腰椎，好好對他們的差勁想法，針貶針貶。經過一段時間，你會發現自己一路走來在某種程度上，都只是自己嚇自己，有話直說反而為你贏得尊敬。這種練習你可以從日常的小事做起。

等你在小事上累積出勇氣之後，就可以準備晉級。你可以更進一步地要求別人善待你，或是對你的高品質作品表達相應的肯定。在這麼做的時候，請不要採取抱怨或自我防衛的語氣，你只是要清楚地向惡霸表明自己不是表面上看來的那隻綿羊，也不可能像木偶一樣任他們擺布。**你在捍衛自身權益的時候，要拿出他們欺負你時相同的狠勁。在談判過程中，你要訓練自己不要早早妥協，而要試著去測試對方的底線。**

這種新找回來的膽識，你可以帶到工作上。你要勇於創新，勇於面對批評，勇於接受敗績。你要承擔合理的風險，讓自己接受測試。惟這一切都要循序漸進，慢慢累積。你可以想像自己在進行肌肉萎縮的復健，而復健需要時間，大規模的會戰或太具有攻擊性的交鋒，都不適合在你肌肉長回來之前進行。但等準備好了，信心到位了，你就可以以無懼的態度去接受於公於私的各種挑戰。

▍憤怒

對於特定的對象感覺到憤怒，正常而健康——有人會用卑鄙的手段阻撓你的發展、有些人大權在握卻又笨又懶，有些人自詡為正義之士，但看法了無新意，只會用老掉牙的觀點攻擊他們根本不了解的你，而這只是冰山一角而已。**心存怒氣，可以激發你強大的行動力。換句話說，怒氣可以是一種珍貴的能量，所以你要去擁抱它，一輩子善用它。**我們之所以會不敢生氣或壓抑這類情緒，是因為文化常告訴我們它是一種有毒而醜陋的壞東西。

有種憤怒確實有毒，那就是過於脫離現實的憤怒。有些人遇到挫折時，會不分青紅皂白地遷怒某個假想敵或出氣筒，但這些無辜的人事物，常是被民粹領袖紮出來的稻草人。很多人面對單純而必然的現實，會想像背後有天大的陰謀。比如說繳稅、全球化與人生無常，都可能讓人不爽，但這些東西放在歷史的長河上來想，都非常正常。但總是有些人會覺得自己懷才不遇，是因為世上有一股力量在扯他們後腿，他們不接受是自己耐心不足或努力不夠。這些人的怒火背後沒有經過思索，所以不能為他們照亮該努力的方向，而只會為他們帶來自我毀滅的下場。

你要避免這種狀況。你想生氣，就要知道自己在氣的是誰或什麼東西。你要去分析這種情緒：你確定自己的挫折感，不是因為本身能力或努力有所不足嗎？你真的知道自己在氣什麼，也知道該把這股氣出在哪裡嗎？除了判定你氣得有沒有道理跟該氣誰或什麼以外，你還要去分析這股情緒最好的出路在哪兒，包括你要擊敗對手有什麼良策。你要能做到生氣但不失控、生氣但不脫離現實，生氣但知道問題出自哪兒。你絕不能一邊生氣，一邊不知道自己在氣什麼。

多數人最愛做的事情，就是宣洩自己的怒氣。為此他們會去疾聲抗議，然後讓抗議完的自己掉回那個自以為是外加憤世嫉俗的舒適圈。你該做的事情是冷靜下來，**讓怒火從大火變成文火。控制下的火氣，可以強化你的決心，延長你的耐性，讓你有本錢去進行超乎你想像的長期抗戰。**就讓覺得不公平跟沒天理的心情躺在你腦子的倉庫裡，讓你能保持高度的戰意。**真正的暢快不在於逞一時之快，而在於有朝一日能把惡霸打敗，把心胸狹窄的人在眾目睽睽下被揭穿。**

別忌諱帶著一股怒氣到工作上，因為你真正該忌諱的是光生氣而沒有理念護體，是光生氣而拿不出創意的作品。很多意見領袖能夠雄辯滔滔，就是因為他們內心有一股受控制的怒氣在燃燒。事實上，像美國黑人民權裡袖麥爾坎 X（Malcolm X, 1925-1965），就是這樣創造出他的個人魅力。欣賞經典而動人的藝術作品，你也往往能發現其文字或形式背後有著受控的怒氣。我們平日都小心翼翼地溫文有禮，不敢在人面前失控，所以一旦在電影或書籍裡感受到作者心裡那種受控的怒氣，我們會感到一股涼風吹來般的清新。我們會帶著一身的挫折感與恨意被吸引過去，然後由這些作品將我們洗滌乾淨。我們會體認到這些是符合現實的真切作品。若你本身也從事得表達自我的工作，哪就千萬不要躲著自己的怒氣，反而應該要去抓住這股氣，善用這股氣，讓怒氣為你的作品帶來生命與活力。只要你能成功把這股憤怒表現在作品裡，那讀者或觀眾就一定會受你吸引。

權力是溝通的大前提。要站在一群無所謂或甚至敵視你的群眾面前，講話有人聽，或是要坦白對友人說出傷人甚深的真相，這都需要自我認同、自我肯定，甚至偶爾需要一點攻擊性。

——羅洛．梅（Rollo May），美國存在主義心理學家

〈第十七章〉

把握歷史契機

世代之間的短視法則

你可能沒有想過一件事情，那就是你誕生在哪一個的世代，在很大的程度上決定了你是誰，你是什麼樣的人。你所屬的世代跟每個世代一樣，都會想跟上一代有所區隔，也都會想要重新為這個世界定調。在這樣的過程裡，新的世代會形成特定的品味、價值與思考模式，而你身為該世代的一員會將這些品味與價值觀與想法內化。而隨著年齡漸長，這些屬於某個世代的價值與觀念會將你封閉起來，讓你接受不了或接收不到其他的觀點，讓你的心靈受到侷限。所以你的功課是要盡可能地去深入理解一件事，那就是所屬世代對你身分與世界觀的影響力。深刻去理解所屬世代的精神層面，你就更有機會去掌握所謂的「時代精神」(zeitgeist)，讓時代精神為你所用。你將有機會成為同世代的人當中最有遠見的一員，由此你將能創造出潮流，讓你所屬的世代去渴望跟追求。要設法掙脫所屬世代加諸於你的枷鎖，讓心靈獲得自由，讓你活出更多自己想像中的自我，然後在自由與自我中感受到什麼叫力量無窮。

趨勢如潮水般升起

一七七四年五月十日，六十四歲的法王路易十五崩殂，而雖然照規定全國得服喪，但法國不少人其實鬆了口氣。路易十五統治法國足足半世紀。他留下一個繁盛的法國，在歐洲躋身列強，但有些事情也同時發生改變——人數增加的中產階級渴望權力，小農蠢蠢欲動，社會大眾渴望國家有新的走向。於是滿懷著這些希望與情緒，法國民眾望向了他們的新王路易十六，先王當時年僅二十歲的孫兒。路易十六跟他的嫩妻瑪麗．安東妮（Marie Antoinette）代表了一個眾人期待可以為國家跟皇族都注入新生命的嶄新世代。

但年輕的國王心中並不存在其子民懷有的樂觀。事實上，登基後的他時不時會感到非常慌亂。從還是個小朋友開始，他就一直擔心自己有天得成為國王。相較於他和藹可親、平易近人的祖父，路易十六在人群當中顯得相當害羞；你可以說他是個尷尬的年輕人，遇事老害怕自己會出錯而拿不定主意，由此他覺得自己的能力當不了至尊無上的法王。而如今既已即位，他再也無法在朝臣與萬民面前掩藏自身的不安全感。只不過在為一七七五年的加冕進行準備的過程中，路易十六開始產生了心態上變化。他決定好好研究一下加冕儀式的裡裡外外，藉此來避免自己犯錯。而他所學到的東西也真的讓他充滿了極需要的自信。

法國的傳說是某隻由聖靈派出的鴿子送來了一些聖油，存放在法國東北的蘭斯城，九世紀以降的法王但凡舉辦加冕典禮，塗的都是這油。一經此油塗抹，法王就會從凡體肉胎昇華為具有神性的存在，成為上帝在人間的代理人。由此這個加冕儀式，形同是讓新王得以與教會乃至於與法國百姓結合的一場婚禮。這之後國王的身心靈將對應法國的全體子民，兩者形同是緊緊相繫的命運共同體。而在神的認可下，法王將可以倚賴主的指引跟保護前進。

但到了一七七〇年代，許多法國人與思想較前進的神職者開始有了不一樣的想法。他們開始視這種儀式為老掉牙的迷信。但路易十六對此不以為然。他認為這古老的儀式可以讓人安心，他覺得有這儀式可以寄託信心，有助於他消除內心的恐懼與自我懷疑。儀式所授予他的使命感，會是他的救贖，而抹油的過程，更能具體讓他體驗到何為君權神授。

由此路易十六決定復刻這個神聖的儀典，而且要盡量按照古制為之。事實上，他打算一不做二不休，要做就做到底。有了這想法後，他在凡爾賽宮注意到路易十四有不少畫像與雕像走的是羅馬諸神風格，而其用意自然是要讓法國皇室沾染一種自古有之而不可動搖的氣質。受此啟發，新王路易十六決定他也要讓加冕典禮的公開部分能散發出類似的氣氛。他希望屆時現場的意象與光景可以在他的精心挑選下，震懾住法國的子民。

路易十六的加冕典禮辦在一七七五年，溫暖的六月十一日，而當天大教堂外的群眾裡有個照講不該出現的遊客——一名十五歲的年輕人，喬治—雅克．丹頓（Georges-Jacques Danton）。丹頓是特魯瓦（Troyes）一間寄宿學校的學生，出身小農家庭，但父親努力成為了一名律師，讓舉家躋身了法國正興起中的中產階級。只不過他的父親在他三歲的時候早逝，所以撫養他的母親希望他能追隨丈夫的腳步，成為社會上受人尊敬的一員。

丹頓的長相說好聽是奇特，說實話是醜惡。他身形高過同齡者不只一截，頭很大顆，五官則頗為猙獰。主要是小時候在家裡的農場上長大，他曾兩度遭到公牛的襲擊，上唇被牛角狠狠撕裂，鼻子也被撞碎。有些人會被他的外表嚇到，但也不少人覺得他年輕有朝氣而不在意他的外型。這名少年是無懼的化身，他無時無刻不在找尋冒險的機遇，而這種氣質也造就了他的個人魅力，校內同學尤其對他沒有抵抗力。

說起他就讀的學校，治校的自由派神父有天決定要辦一個有獎徵文比賽，題目正是即將舉辦的法王加冕：「論在一個追求現代化的法國裡，這樣的儀式有何必要性與意義。」丹頓其實並非校內的學霸。比其讀書，他更喜歡去附近的溪邊游泳，或從事各種體能活動。這樣的他只對一門學科提得起興趣，那就是歷史，特別是古羅馬的歷史。他最喜歡的歷史人物是偉大的羅馬律師與雄辯家西塞羅。他認同來自中產階級的西塞羅，他背誦西塞羅的演講稿，並由此對演說論辯萌生了愛好。天生有副宏亮嗓子的他，與演說可算是一拍即合，而他比較不擅長的是寫稿。

雖然不算很能寫，但他仍很積極地想要制霸這回的作文比賽，因為只要得獎，他在同儕中的地位將水漲船高，而他左思右想，唯一能克服他文筆劣勢的致勝之道，就是親眼去典禮現場瞧瞧。只要親眼目擊，他肯定能把過程寫到生動地無人能敵。此外，他也莫名對年輕的新王有一種親切感：他們年齡差距不大，而且兩人都被認為是很難翻案，其貌不揚的大隻佬。

翹課去也不過就八十哩外的蘭斯城，是他一直嚮往的冒險旅程。他告訴朋友說，「我想去看看國王是圓是方。」於是他在典禮前一日動身，準時來到了蘭斯城。大教堂外，他設法在圍觀的人群中穿梭，但揮舞著長槍的衛兵讓他們不得其門而入，能獲准入內的只有貴族。丹頓盡可能衝到最前面，看見了穿著極盡奢華之能事的新王，也看見他渾身珠光寶氣地走上台階。同樣一身華服的還有緊跟國王之後，髮型盤到恨天高的美麗皇后，而皇后身邊有著眾多隨扈前呼後擁。遠遠看過去，他們就像是來自另外一個時代的人兒，跟他之前看過的每一個人說多不同，就有多不同。

他耐著性子等待儀式結束，重新出現的國王此時已經頭挺著冠冕。路易十六經過的瞬間，他簡短地瞅了國王一眼，而他很驚訝地發現除了那身袍子與珠寶以外，國王感覺還蠻普通的。這之後國王上了名為「神聖號」(Sacre)的華麗馬車，準備起駕。童話世界裡的馬車搬到現實中，大概就是那幅模樣吧。這馬車是為了加冕典禮特別打造，設計的主題是閃耀在太陽下的阿波羅戰車（呼應法國國王有「太陽王」的稱號），而且其車身之大，四面都有羅馬神祇的金色塑像，正對著丹頓的門板上則是被畫成羅馬皇帝且站在雲端上，對著底下法國百姓揮手的路易十六人像。不過要說這馬車最詭異的設計，得算是它車頂也戴著一頂銅質的王冠。

「神聖號」的存在，是要作為王權的象徵，而王者就是要璀璨奪目而有如神話中的人物一般。那看上去的視覺效果真的很棒，但出於某種理由，你又會覺得這馬車與四周環境格格不入，可能是它太大、太閃、太像要把上車的國王給吞到肚子裡。究竟是要說它大得很雄偉？還是要說它大到讓人噁心反胃呢？丹頓心裡真的拿不定主意。

丹頓當天稍晚回到學校後，滿腦子被稍早的奇怪場面搞得暈頭轉向。然而，有了第一手的觀察當靈感，他果然寫出了最棒的文章，拿到了首獎。

從特魯瓦的學校畢業之後，丹頓果然不負母親所願，成了一個足以讓她引以為豪的兒子。一七八〇年，他移居巴黎擔任法庭文員。短短幾年，他通過考試成為了執業律師。此後在法庭上他憑藉聲音宏亮與雄辯滔滔的優勢，很快就成為眾人矚目的焦點，並獲致了更高的地位。而透過與律師同僚打交道，加上他有閱讀報紙的習慣，丹頓察覺了法國出現了一項異狀：對於國王、揮霍無度的皇后，還有傲慢的上流社會，基層的民怨正在不斷累積，而這反映在當時各大思想家的劇作與著述當中，就是各式各樣的嘲弄。

這股民怨的核心，在於國家的財政——此時的法國始終走在懸崖邊緣，底下就是破產的深淵。而泱泱大國會搞到這步田地，主因是其財政結構設計過於老舊。法國人要繳的稅何其多，而且很多都源自於封建時期，但神職者與貴族卻幾乎一毛錢的稅都不用繳。另外以基層與中產階層作為主力稅基，法國的歲入根本無力負擔其宮廷的闊氣歲出。尤其瑪麗·安東妮皇后熱中宴客和打扮，更是讓國庫面臨沉重負擔。

隨著貨幣供給不足，主食麵包的價格上漲，數以百萬計的民眾面臨吃不飽的窘況，在法國四境與首都巴黎暴動開始一發不可收拾。而面對這一片亂局，年輕的新王也證明了自己欠缺力挽狂瀾的決斷力。

一七八七年，就在國家財政江河日下之際，丹頓迎來了千載難逢的機遇——他有機會在國王諮議會裡出任律師一職，這麼一來他的收入也會三級跳。當時的丹頓想要迎娶一位閨名為蓋布芮兒（Gabrielle）的年輕女子，但準岳父以他收入不豐為由想要拒絕他，於是雖然路易十六的船感覺就要沉了，但丹頓還是咬牙接下了諮議會的職務。就職兩天後他就娶了蓋布芮兒為妻。

丹頓把工作做得很好，但他發現自己愈來愈被捲入了巴黎的風暴。他參加了一個名叫「科德利埃」（Cordeliers），意思是「人權與民權之友會」的社團，其成員包括三教九流的波希米亞藝術家與政治上的煽動者，會址就在他居住的公寓附近。就這樣，他開始有很多時間泡在那裡，而不久後他更參與起社團內關於法國國家前途的火爆辯論。他感覺到空氣中有一股奇特的嶄新精神，那種豁出去的氣氛，讓人敢於對統治王朝砲火全開，而那是短短幾年前，很多人都不覺得自己做得到的事情。他抗拒不了這種令人興奮的感覺，於是也開始暢所欲言，主要是對上流社會的殘暴展開嚴厲的聲討，並在因此獲得的關注中感覺暈陶陶。

一七八八年，國王諮議會給了他升遷的機會，但遭到他回絕。他對來報喜的大臣說王朝的末日已到。「溫和的改革已經無效。」他說。「我們已經來到革命的邊緣，你看不到雪崩正朝這直衝嗎？」

一七八九年的春天，路易十六被迫召開國民會議來因應國家破產的問題，也就是所謂的「三級會議」（Estates General）。三級會議的設計，是用來處理全國性的危機，而且這是種非到不得已，不會輕易開啟的會議。法國上一次召開三級會議，是在一六一四年，為的是處理亨利四世遇刺後的亂局。三級會議中的三級，分別是第一級的神職者、第二級的貴族，以及第三級的納稅平民。雖說第三級代表了絕大多數的法國百姓，但三級會議的權力分配卻嚴重倒向第一與第二級。惟即便如此，法國民眾仍對這場三級會議寄予厚望，而路易十六也只能心不甘情不願地下達開會命令。

就在距離開會還有一個月的三級會議前夕，暴動就以麵包價格為引信在巴黎引爆開來，期間皇家士兵對著群眾開槍，造成數十人死亡。丹頓一邊看著百姓喋血，一邊感受到民意風向為之一變，愈草根愈明顯，包括他自己也是其中一員。對於百姓的絕望與憤怒，他能夠感同身受。

這些民眾對平日那些安撫人心的陳腔濫調，已經聽不下去，由此丹頓開始在街角對憤怒的民眾慷慨陳詞，並藉此累積了人氣與名望。有個朋友對他人生的這種轉折感到相當驚異，而丹頓的回應是他看到了河水中的洶湧潮流，於是縱身一躍——他想看這潮流能帶他到什麼樣的盡頭。

在籌備三級會議的過程中，路易十六幾乎掩藏不住他的憤恨與怒火。自即位以來，一個換過一個的財政大臣都警告過他危機的到來，並挑明了法國需要的是稅制的變革。他不是不懂事情的嚴重性，也曾嘗試想要啟動改革，但擔心既得利益受損的教會與貴族死活不肯就範，搞得他貴為國王也只能退讓。如今國庫空虛，他只能在貴族與平民的兩面脅持下召開三級會議，而這等於是逼著他向老百姓伸手討錢。

三級會議並不是法國政府的傳統或常態，而是一種「異狀」，因為三級會議實質上是對君權神授的挑戰，是一種「無政府狀態」的菜單。誰更知道怎麼做對法國最好——是一人一把號，各吹各的調的臣民？是要錢也要權，凡事只打算自己的貴族？都不是。不，只有國王才能帶領法國走出危機，所以面對這些以為吵就有糖吃的貴族跟平民，他一定要設法找回自己的無上權力。

路易十六想好了計畫：他會設法讓所有人都讚嘆王者的尊榮，讓大家幡然領悟到法國再怎麼樣，都不能沒有這至高的皇權來主事當家。為此他決定不顧臣子的反對，把三級會議辦在距離巴黎很近，而距離激進分子也不會太遠的凡爾賽宮。路易十六堅持這麼做的理由，在於他認為第三級的平民代表大多來自中產階級，所以生性相對溫和，而一旦身處於象徵法蘭西王權的宏偉環境中，這些平民代表一定會悸動於路易十四作為凡爾賽的興建者，曾如何創造出偉大的法國，而法國能有身為強權的今天，老百姓又多麼應該感謝王室成員。事實上，他還打算要辦一場規模不輸加冕的開幕典禮，讓各級代表別忘了自己是人，而國王是神。

等用輝煌的過去震懾住代表們之後，路易十六的下一步會是在稅制改革上稍做讓步，到時候平民代表一定會驚喜到感激涕零。但在此同時，他也會順勢把話說清楚：不論在任何狀況下，皇室、教會或貴族都不會放棄他們的各種權力或待遇。這麼一來，政府可以繼續收稅來充實國庫，而他所承繼的傳統王權也不會減損半分。

開幕典禮一如國王所計畫地順利進行，但比較令人失望的是平民代表的反應。他們對耀眼的宮殿與盛大的排場都不太感興趣，只有在宗教儀式裡還表現出了一點起碼的尊敬。路易十六的開幕演講，沒有換得平民代表太熱烈的掌聲，而他提議的稅制改革，更被嫌棄為魄力不夠。而隨著時間一週週過去，第三級代表的要求愈來愈多，態度也愈來愈強硬，包括他們堅持平民要跟神職者與貴族擁有平等的權力。

當國王拒絕接受這些要求後，這些平民做出了令人匪夷所思的事情——他們自行宣布代表法國民眾，與國王平起平坐，並重新自命其組織為國民議會（National Assembly）。他們提議以君主立憲取代封建王權，並宣稱擁有廣大的民意支持。他們說此一提議若是得不到具體回應，則現行政府就別想抽到一塊錢稅。認為自己被勒索而氣炸了的路易十六，下令要平民代表在三級會議裡當場解散，但這道敕令想當然，沒被平民代表當一回事。法國國王的命令被下層民眾當成一個屁，這算是史上首例。

隨著國內的反叛四起，路易十六也察覺這事不能再放著而不趕緊處理。他決定把跟平民和解的想法拋到九霄雲外，因為百姓不乖就要教訓。他把軍隊調來維持巴黎等地的秩序，但七月十三日那天，來自巴黎的信差帶來了令人不安的消息：預料到路易十六會動武的巴黎市民，已經先下手為強地武裝起來，並掠奪了當地的彈藥庫。進駐來鎮壓叛亂的法國軍隊也靠不太住，不少士兵都拒絕對同胞開槍。隔天一群巴黎人浩浩蕩蕩，直闖最具代表性的高壓王權象徵，也就是皇家設立的巴士底監獄，而他們也順利地控制住了那裡。

事實上不只巴士底，整個巴黎此時都已經落入民眾的手裡，而驚心動魄的路易十六束手無策只能眼睜睜看著巴士底跟巴黎淪陷，還有國民議會在凡爾賽宮裡一一通過的各種決議，包括拔除貴族與教會人員享有的各種特權。以人民之名義，他們投票通過接管天主教會，並將教會名下的廣大土地給拍賣歸公。除此之外，他們還昭告天下說自此之後，所有法國公民將再無階級之分，一律平等。王室可以保留，但其權力必須與民眾共享。

接下來的數週，驚魂未定的朝臣們紛紛逃離凡爾賽宮到安全地帶或甚至出國，由此路易十六終於嘗到了什麼叫做眾叛親離。他幾近隻身一人在宮殿的廂房與迴廊中晃蕩，路易十四的肖像與表徵就像在嘲笑他的無能。

他得想辦法讓法國重回他的掌握，而唯一的辦法就是更加倚賴軍方，為此他得找到還忠於王室的軍團。九月中，以效忠國王著稱的精銳部隊，佛朗德斯軍團，被召回到了凡爾賽宮。十月一日晚間，國王的衛隊決定設宴款待這支勤王大軍，當晚國王暨皇后、將帥、還在宮中的朝臣連袂出席。

宴席上三杯黃湯下肚，醉了的士兵高呼效忠路易十六與王室的口號。他們引吭高歌，用最不堪入耳的詞曲來嘲諷反抗的法國百姓，他們抓起一把把象徵革命的三色勳章與緞帶，然後將之踐踏在靴底，而這也讓受了許久鳥氣的國王露出了久違的爽朗笑容。以往國王伉儷去到哪兒都受萬民擁戴的美好時光，終於又回來了。只不過，那場宴席上的狀況不久便傳遍了巴黎的大街小巷，而這又引發了更大的怒火與恐慌。巴黎市民不分階級，紛紛懷疑起國王是不是要發動反擊。他們擔心貴族會在路易十六的率領下重返巴黎，然後連本帶利要跟百姓們把帳給一筆筆算清。

短短數日後，國王得知數以千計的巴黎市民正向凡爾賽進軍。他們手裡拿著刀槍，身後拖著大砲。路易十六想著要攜家帶眷逃跑，但又猶豫了一下，而這一猶豫，就想逃也逃不了，因為百姓的大軍已經到了。十月六日上午，一群暴民闖進了宮裡見人就殺。他們要求把路易十六一家給押解回巴黎，由民眾的監視來確保國王會效忠新的秩序。

形勢比人強，路易十六只能乖乖就範，他跟他飽受摧殘的家眷擠進了同一輛馬車，在暴民的包圍下朝著巴黎前進，而他衛隊成員的頭顱就一顆顆插在暴民的長矛頂端，讓路易十六看得怵目驚心。但比起這個，更讓他恐懼的是外頭那一個個衣衫襤褸而形容枯槁的男男女女，他們會把臉貼近馬車的窗邊，用難聽至極的語言咒罵他們的國王與皇后。路易十六完全不覺得這些人會是他的子民，他認得的法國百姓不是這副模樣。這些人一定是外敵派來蠱惑人心的奸細，目的就是要讓法國王室毀於一旦。這個世界，於他而言已經天翻地覆。

在巴黎，路易十六暨眷屬跟少數不離不棄的臣子，被軟禁在杜樂麗（Tuileries）這個百餘年未有人居住的皇家住所裡。

然後第一個星期，就有一個長相跟舉止都令人害怕的怪咖跑來拜訪落難的法王，而這人正是喬治—雅克．丹頓，只不過他如今的身分已經是法國大革命的領導人。丹頓此行，首先是要代表法國民眾歡迎路易十六來到巴黎，然後他自我介紹了一下，說自己不才，曾在國王的諮議會裡服務過。對於國王願意降貴紆尊接納民意，丹頓向路易十六保證民眾都非常感激。他說只要路易十六願意向新憲法宣誓效忠，那國王仍將在未來的國政中有其一席之地。路易十六聽得很不專心，因為他從頭到尾都被丹頓的大頭、奇裝異服（黑絲綢馬褲配白絲綢長襪、用鞋扣固定的鞋子等他生來從未見過的各種時尚組合）、整體態度與談吐（超快的說話速度、在國王面前不卑不亢）給攪得心神不寧。他禮貌周到地對國王鞠了個躬，但悍拒按規矩親吻國王的手。所以，這就是所謂的革命分子嗎？這就是所謂庶民的代表嗎？這是路易十六第一次認識這種奇怪的人類，而他的感覺跟愉快完全沾不上邊。

一七八九年在入夏後的那幾個月裡，丹頓大致上都很支持國民議會的決定，只不過他還是對貴族階級懷有戒心，他想確定貴族的特權真的已經徹底消失，永遠不會回來了，畢竟他認為貴族是這整個國家的亂源，而法國人絕對不能忘記這點。事實上，此時的他已經成為倡議與上流社會對幹的鷹派核心人物，而這便導致革命中的溫和派跟資產階級領袖對他產生了不信任感，因為後兩者會比較希望慢慢來，一切按部就班。確實對革命裡的鴿派與中產者而言，丹頓就像是個不斷叫囂而面貌猙獰的吃人怪物般的存在，由此他們不但將丹頓排擠出社交圈，而且也不打算讓他在籌備中的新政府裡擔綱任何正式的職缺。

或許因為感覺到被邊緣化，也或許因為他想起了自己的貧農家庭出身，丹頓開始一天天更加認同「無馬褲者」（sans-culottes；馬褲是貴族與資產階級的代表性穿著）那些最底層，也最具革命意識的法國人。其實自佛朗德斯軍團在十月一日派對上的荒誕行徑，傳至巴黎的第一天起，丹頓就已經是市民朝凡爾賽行軍的有力煽動者，而隨著行軍大獲成功，他更晉身為科德利埃的領袖，並得以以此身分去杜樂麗「歡迎」路易十六，順便觀察一下這位國王願意支持新憲到什麼程度。

丹頓不禁想起了超過十四年前，他曾經超熱血跑去湊熱鬧的加冕大典。遙想當年皇家的排場與陣仗，他都還記憶猶新，主要是即便近幾個月發生這麼多事情，路易十六似仍一心想要復刻凡爾賽宮裡的各種繁文縟節。他依舊身著王袍，而且上頭該有的飾帶跟五花八門的徽章，一樣都沒少。他堅持正式的朝儀都要一切照舊，服侍他的隨扈也都要繼續穿著花俏而講究的制服。這種種的表面功夫，看起來是如此地空洞，更不用說與正在發生的現實脫節到什麼程度。面對路易十六，丹頓的禮數非常周到。他仍對這名國王懷有一種莫名的同情，只是如今看著眼前的他，他有一種在看歷史遺跡的心情。他並不相信國王會對新秩序有多麼忠心，於是離開的時候，他比來之前更確定了一件事情：法國王室已經是一種完全不合時宜的東西。

這之後的幾個月，國王宣誓效忠了新的憲法，但丹頓總覺得路易十六是個雙面人，他總覺得國王仍在密謀要恢復王室跟貴族的權力與地位。歐洲其他國家已經公開結成了軍事聯盟，準備聯手討伐法國的革命力量。這股封建力量決心要解救法王，讓舊秩序得以復辟，而直覺告訴丹頓：路易十六跟這些國家早有私下的聯繫。

然後在一七九一年的六月，巴黎驚傳國王已經乘馬車潛逃出去的消息。只不過他們僅逃脫了幾天，就又被抓了回來。事實上若非這件事事關重大，否則他們之所以被發現的原因還蠻好笑的。這一家子不食人間煙火的王室家庭為了掩人耳目，便把自己裝扮成假日出遊的中產階級，但他們搭的馬車卻華麗得出奇，跟他們的穿著不僅一整個格格不入，甚至可以說是非常引人側目。就這樣，他們被認出、被逮捕，然後被遣返回了首都。

這讓丹頓感覺到自己的時刻到了。革命陣營中的自由派與溫和派仍嘗試主張國王是無辜的，他們說國王只是被蒙騙才會想要逃跑，甚至有一說是國王並非想跑，而是遭到挾持。他們之所以維護國王，是因為擔心萬一王室遭到廢黜，法國會陷入一片大亂，更別說集結在國境邊上的各國大軍正蠢蠢欲動，隨時都準備要衝進來營救法王。惟這一切看在丹頓眼裡，都荒謬到不行，因為這些反動勢力只是在苟延殘喘而已，王室早就失去其存在的目的與意義。國王已經證明了自己叛國，他的謊言總是得有人出來戳破，而現在就是最好的時候。丹頓的意思是：**現在就是法國最適合宣告走入共和，一鼓作氣告別封建桎梏的時候。**

他呼籲各界支持共和的聲音，慢慢引發了迴響，其中「無馬褲者」的反應尤其強。而隨著他的影響力與過去不可同日而語，丹頓經選舉獲得了他的第一份公職頭銜——巴黎公社的副檢察官，而這也方便了他開始在公社中安插他的人馬，以有利於他未來更大的計畫。

正式進入夏天後，一大群無馬褲者從馬賽進入巴黎，名義上是要慶祝革命的三周年慶。這些馬賽的老鄉受到丹頓主張共和的感召，決定聽候丹頓的差遣，於是依整個六月跟七月，他們的行程就是列隊遊行在大街小巷，把頌揚革命的詩歌唱得慷慨激昂，並藉此傳播丹頓想建立共和之理想。日復一日，從馬賽前來共襄盛舉的人愈來愈多，公社就這樣落入了默默籌劃著政變的丹頓手中。而此時公社中的一項投票，通過了將巴黎一座座從左岸通往杜樂麗宮的橋梁，給移除了路障，而這便代表皇家的安全失去了最後的屏障。群眾現在只要一念之間，就可以直搗黃龍。

八月十日早上，巴黎的警鐘大作，聲音響徹全城，而踏著有規律的鼓點，氣勢驚人的巴黎市民取道好幾座橋，全朝著杜樂麗宮而去。宮中大部分的衛兵已呈鳥獸散，沒多久皇室成員就只能各自逃命，包括到鄰近國民會議開會的廳堂來躲避厄運。但殺紅了眼的市民仍將殘餘的衛兵屠戮殆盡。

而正如丹頓所料，民眾的激烈表態讓國民議會看出了風向。他們於是投票通過讓君主體制走入歷史，王室成員含國王在內僅存的權力與特殊待遇，全數遭到褫奪。就這樣以迅雷不及掩耳的速度，丹頓成為了歐洲最古老也最強大的封建王朝的終結者。國王與其眷屬被遣送至聖殿塔（Tour du Temple）軟禁，也在那兒等候新政府的發落。丹頓此時已被任命為司法部長，實質上成為了新法蘭西共和國的領袖。

而在聖殿塔，路易十六發現自己與家人被分隔了開來，就等著十二月要接受叛國罪的審判。此時的他已經沒了國王的頭銜，他不再是法王路易十六，而只是叫路易・卡佩（Louis Capet；卡佩這個姓氏源自創建於十世紀的卡佩王朝，也就是法蘭西王國的第一個王朝，上承西法蘭西王國的加洛林王朝，不久後將斷送在路易手裡）的一介平民而已，沒有任何特殊的權力或待遇。突然有了獨處的閒暇，他反思起自己這三年半以來的創傷。要不是法國百姓對他失去信心，他肯定可以找出辦法來解決一切問題。死到臨頭，他依舊確信是對神大不敬的民粹分子跟外來的煽動者，離間了百姓對他天生的敬愛。

這段期間，革命分子新發現了一疊文件被路易十六藏在杜樂麗宮牆內的保險箱裡邊，其中包含可證明他與外國勢力謀串之深的書信往返，而其內容都是在講要如何顛覆革命陣營。這下子他自認沒有活路，也開始做起了被判死刑的心理準備。

針對他要在國民議會前接受的審判，路易・卡佩穿著了一件簡單的大衣，看起來跟中產階級的公民無異。現在的他留了鬍子，看起來哀傷而疲憊，幾乎已經看不出國王的架勢。但不論法官對這個樣子的他有多少同情，都在檢察官細數他一條條罪狀後消失殆盡。最終他被控共謀推翻革命政府，而一個月後，平民卡佩就被判處以斷頭台處死，其中投下關鍵票的正是丹頓。

路易決心要勇敢面對死亡。一月二十一日，一個吹著寒風的早上，他被送到萬頭鑽動的革命廣場（Place de la Révolution；今協和廣場），大家都是要來見證這個歷史時刻，而他們也目瞪口呆地看到了原本高高在上的國王被綁住雙手，頭髮被剪成囚犯的髮型。他爬上了斷頭台的階梯，跪在台前，然後說出了最後的遺言，「諸位百姓，我在此無辜地死去！我願寬恕將刑罰加諸我身之人，並願上帝垂憐，讓法國人的幸福受益於我流的血。」

隨著鍘刀落下，他發出了淒厲的叫聲。劊子手舉起了國王的首級讓所有人看清。在數聲「祖國萬歲」之後，現場群眾陷入一片死寂。幾分鐘後，眾人衝到斷頭台邊，用手去沾染路易的血，或是購買他的髮束當作紀念。」

作為法國大革命的領袖，處死國王後的丹頓仍面臨到兩股不可小覷的力量：一邊有大軍不斷逼近巴黎的外患，另一邊有法國民間騷動的內憂，須知不少法國人吵著要繼續向貴族跟所有反革命分子復仇。其中為了向外迎敵，丹頓派出了自己一手打造，來自民間的百萬公民大軍，結果短短幾個月，法國新軍就連戰皆捷地扭轉了局面。

而為了要引導復仇心切的民怨獲得抒發，他設立了革命法庭來審理有推動王權復辟之嫌的犯人，給民眾一個快意恩仇的情緒出口。但革命法庭的成立，也讓後來的恐怖統治得以興起，畢竟數以千計的法國人常因為有人捕風捉影，就在斷頭台上枉送了性命。

路易十六被處決後不久，丹頓便親赴位於比利時的前線協助督軍。而就在他人身處比利時之際，丹頓收到了愛妻蓋布芮兒因為難產而死的噩耗。對於沒有陪產而讓妻子獨自遭此大難，他內心始終無法釋懷，沒見到她最後一面，當然也沒好好說再見的遺憾，更是讓他一想到就喘不過氣來。於是他絲毫不考慮後果，就擅離職守地從比利時衝回法國。

當然等到他回到法國，妻子已經死了一週之久，遺體也已經下葬在公共的墓園裡。鋪天蓋地的哀傷與思念，驅使他領著幾個朋友，一夥人手拿鏟子直奔墓地。然後在一個沒有月亮又下雨的晚上，他們設法找著了他妻子的長眠之處。他挖啊挖，掘啊掘，在朋友的幫助下把棺材從土裡搬出來，最後千辛萬苦地把蓋子撬開。死去妻子那張毫無血色的臉孔，讓他倒抽一口冷氣，但他還是將她拉了出來緊擁入懷，求取她的寬恕，並一遍遍吻在她冰冷的嘴唇上，幾個小時後才重新讓她入土為安。

這之後的幾個月裡，丹頓似乎變了個人，也不知道這是喪妻之痛造成的結果，還是因為他身為恐怖統治的始作俑者會感到內疚？總之踩著革命的浪頭，他來到了權力的頂峰，但走到這一步他卻突然想改弦易轍。他不再那麼熱中於國政，也不再以恐怖統治為尊。他主要的政敵羅伯斯皮耶（Maximilien Robesphierre）注意到這種改變，並開始散播丹頓失去革命熱忱，不再值得信任的謠言。羅伯斯皮耶的攻勢發揮了效果：時值最高統轄機構，公安委員會（Committee of Public Safety）的成員選舉，結果丹頓沒有拿到當選需要的選票，而羅伯斯皮耶則偕其同情者全面進駐該委員會。

這之後丹頓開始公開倡議中止恐怖統治，為此他四處演講並發送小冊子，但他這麼做正中政敵的下懷。一七九四年三月三十日，因為叛國罪被捕的丹頓被帶到了革命法庭前。他一手創辦的法庭，現在成了他的命運所繫，諷刺到令人不勝唏噓。他遭到的指控都是穿鑿附會，但在羅伯斯皮耶的運作之下，丹頓還是被定了死罪。一聽到宣判，他就對著庭上的法官大喊，「革命的每一個體制或機構上都鐫刻著我的名字——軍隊、各委員會、革命法庭。我等於是殺了我自己！」

同一天午後，他跟其他被定罪的犯人，一同被車子載往革命廣場，途中經過了羅伯斯皮耶的住所。「下一個就輪到你了。」丹頓用他重低音的嗓子大喊，手還沒忘了指著羅伯斯皮耶的私宅。「我等著你！」

丹頓是那天壓軸要被處死的人。被囚車吸引來的大批群眾隨著丹頓被領著上了刑台，也跟著安靜下來。他忍不住想起了他掙扎著送上斷頭台的路易十六，還有許許多多死在恐怖統治中，他原本的朋友。心境的轉變花了幾個月的時間，但他終究厭煩了血這樣不停的流，而他感覺得到同樣的想法也存在於他眼前這群人的心頭。最終他一邊伸長脖子，把頭擱在刀架上，一邊對著劊子手大喊，「記得要把我的頭秀給大家夥看，我的頭很有看頭！」

在處死了丹頓之後，羅伯斯皮耶發動了史稱「大恐怖」（Great Terror）的高壓統治。在翻天覆地的四個月裡，革命法庭送了將近兩萬名法國男女上了斷頭台，但丹頓認為民心將再度思變的預期是對的：法國民眾不想再看到死人，而他們把矛頭轉向羅伯斯皮耶的速度之快，可以說相當驚人。時間來到七月下旬，在國民議會上一場針鋒相對的議程中，出席者投票通過將羅伯斯皮耶逮捕。他嘗試為自己辯護，但話卻說的結結巴巴。一名代表說，「你被丹頓的血給嗆到了吧！」隔天早上未經審判，羅伯斯皮耶就被送上了斷頭台，而相隔數日，國民議會就廢止了革命法庭。

在羅伯斯皮耶被處死的大約同一個時間，革命運動的新領導層開始籌措財源，主要是法國許多有待處理的問題已經迫在眉睫。這時候有人提起路易十六那台加冕典禮用的「神聖號」馬車，最近剛被發現，或許能值兩個錢。但被派去評估的人一看到實車，就嚇了一大跳，因為他們覺得那車實在醜到不行。其中一名代表形容「神聖號」是：用民脂民膏跟逢迎拍馬集合成的醜惡大雜燴。大家一致同意這醜不啦嘰的東西絕對賣不出去。他們把車上能拆的黃金都拆了下來，熔掉之後繳給國庫；他們把從車裡回收的黃銅，送到共和國的熔爐裡，用以鑄造戰場上亟需要的砲管。至於上頭裝飾著畫作，描述著神話故事的車門門板，則被認為太過怪誕而不可能有人喜歡，二話不說便被送去燒成灰炭。

大師解讀

我們先花一點點時間來了解革命之前的法國在路易十六眼裡，是一幅什麼樣的光景。一開始他看到的東西，似乎跟先王們大同小異。國王依舊是君權神授、至高無上的法國統治者，社會上基本保持著階級穩定，貴族、教會與平民的分立也大致無人質疑。基層百姓享受著路易十四傳承到他孫兒手中，相對的繁榮安定。

確實，法國的國家財政出了點問題，但偉大的路易十四也遭遇過類似的危機，當時他也沒有統治不下去。凡爾賽宮仍是歐洲一顆閃亮的瑰寶，仍是文明世界的中心。路易十六摯愛的瑪麗皇后仍一場又一場地辦著歐洲貴族朝思暮想的的盛宴。路易十六本人不愛開趴，但他有打獵，還有其他平凡的嗜好可以將時間打發。

宮中的小日子，頗為恬靜。作為法蘭西榮光與崇高的具體表現，國王最重視的各種視覺象徵與儀典，在人人心中的份量未曾稍減。誰能看一眼凡爾賽宮而不感到其耀眼璀璨？誰又能參與了天主教會的彌撒而不心有所感？他是偉大國度的一國之主。法國王室已經統治了數百年之久，沒人有理由去懷疑他們的統治不能天長地久。

然而，隱藏在他雙眼所見的表象背後，各種異議也開始蠢蠢欲動。從路易十五的時代開始，伏爾泰與狄德羅等作家就開始在筆下嘲諷教會與王室的落後與迷信思想。這些世俗與民間力量所代表的，是一股在歐陸已成燎原之勢的新興科學精神，而冀望科學能與教會跟貴族三方達成和解，是一種不切實際的期待。事實上，這股科學力量慢慢揚起了「啟蒙運動」的大旗，風靡了持續茁壯的中產階級。中產階級當時最大的不滿，在於他們被排除在形塑國家發展的政治權力以外，而對於王室所極為熱中的形式主義與象徵主義，他們則甚為無感。

貴族方面看似平靜無波，但其實嫌隙也已經一道道從底下裂上來。不少貴族對絕對王權充滿鄙夷，他們覺得路易十六生性軟弱，不值得人尊敬。他們渴望的，是為自己爭取到更多權力。

祕密結社開始如雨後春筍般興起，為一種新型態的人際互動提供了場域，並與封閉沉悶的朝廷小社會形成強烈對比。其中最值得一提的就是在街頭巷尾有其各種祕密儀式的共濟會，像丹頓本身也是共濟會的成員。共濟會的一個個會所，堪稱基層對王室不滿之情的醞釀溫床暨大本營，同時其成員們也對啟蒙運動的思想高度同情。他們渴望法國能出現新的秩序。在巴黎，大家趨之若鶩的熱點不再是教堂，而是在那兒遇到熟人會感覺很有面子的劇場。重點是劇場裡演出的戲碼，都是大剌剌地在狠打王室的巴掌。

王朝理應威風凜凜的象徵與儀典，愈來愈有老哏的感覺，空洞到就像一張面具的後面沒有臉。朝臣每天跟皇帝攪在一起就像在玩家家酒，大家愈來愈不知道自己在輔佐什麼碗糕，也不知道這麼混日子有什麼意義。妝點著神話人物的畫作、人像與噴泉，還是一如往昔的美麗，但它們在觀賞者的眼中已經只是單純的藝術品，跟法蘭西光榮的過去扯不上關係。

但一開始這種種的徵象，都還潛伏在水底下，處於一種各自為政的狀態中。你很難一下子就把它們聯想在一起，看出當中的大勢所趨，更別說要以此為契機揭竿而起。乍看之下，有人會以為這些只是一群百無聊賴的國民，用來打發時間的新奇玩意兒，一種茶餘飯後的休閒之舉，不具有任何經得起推敲的深層意義。只不過隨著危機在進入一七八〇年代後愈演愈烈，點突然間開始連成了線與面，偶發的疏離感變成了常態，開始集結出一款由不得人小覷的存在感。主要是每天睜開眼，百姓發現賴以維生的麵包愈來愈昂貴，生活費愈來愈飛天，法國的每一個人都已經無路可退。而眼看著遍地烽火的民怨，貴族與資產階級嗅到了機會，他們打算掐著國王的弱點，把更多權力搶到他們這邊。

來到這個時間點，國王已經不能再對事態視而不見。在三級會議上，平民階級的態度已經非常明顯，國王已經失去了他們的尊敬與溫情。但路易十六還是不肯放棄用神人與君主的角度來進行各種解讀，畢竟他是從祖宗手中接下這片大好江山，怎麼也不可能輕易拱手讓人。這群沒禮貌又不聽話的老百姓，肯定都是些不信上帝的邊緣人，他們只是講話聲音大一點的極少數。違抗王命，無異於褻瀆上帝。

如果法蘭西歷來輝煌呈現的各種皇家氣派上，還不能讓這些人乖乖就範，那就是這些人給臉不要臉，身為國王他只能來硬的了，畢竟王朝與傳統的延續是他必須達成的使命。只不過形勢比人強，一樣東西只要喪失了魔力，再多的努力都只是逆天而行，不可能令其續命。一七八九年的十月，當他最後一次被馬車載離凡爾賽宮與其所代表的光榮過往時，路易十六看到的不是他的臣民，而是一群不知來自何方的陌生人——像丹頓一樣的陌生人。在死刑執行之前，他對圍觀者講話的態度還是一副我是國王，我不怪你們的口氣，但底下人看到的只是一個早被剝奪了往日光榮的普通死囚，跟一般人所差無幾。

丹頓眼前看到的，跟國王看到的在理論上是同一個世界，但又是個感覺很不一樣的世界。不同於路易十六，他既不懦弱，也不會沒有安全感。事實上與路易十六正好相反，丹頓內心不需要光榮的過往來讓他變堅強。他受的教育來自自由開明的一群神父，由此他耳濡目染地心存啟蒙運動的精神。年僅十五歲時，他就在路易十六的加冕典禮上瞥見了未來。直覺讓他在一瞬之間，看穿了君主制度的金玉其外與敗絮其中。他看出了國王不是神，而只是個普通人。

進入一七八〇年代，他的雷達開始從方方面面偵測到看似無關的各種線索——他累積了在國王諮議會裡工作的見聞，他觀察到了對國王愈來愈不屑的律師階層，他還看到在各種社團裡與街頭上有一種前所未見的時代精神。他可以苦民所苦，可以領略底層百姓的徬徨無助。這種時代精神不只涉及政治，而是跟文化也息息相關。丹頓這一代的年輕人，已經厭煩了法國文化裡空洞的行禮如儀。他們渴望某種更自由、更自然的東西。他們想要更開放、更發自內心地去表達情緒。他們想要擺脫所有繁複的行頭，他們想要的是多一點寬鬆，少一點花枝招展的穿著。他們想要更隨心所欲地與人社交，更能像在巴黎的諸社團中那樣，不分階級地與人交流。我們可以把這種文化運動，想像成是浪漫主義的濫觴，因為情緒與感受在此被賦予了高於智力跟形式的價值。丹頓能以身作則地示範出這種浪漫主義的精神，是因為他對其了解得足夠透徹。他本身就是個性情中人，而他的演說，聽來就是發自內心，思潮與情緒的自然湧現。他將妻子從土中掘出以便向她告別，就像是羅曼史小說中才會出現的情節，那是回推個十年，絕不可能在法國發生的情緒表現。正是因為有著這人性化的一面，丹頓才會讓人容易親近與認同，也才能如此有說服力地號召普羅大眾。

讓丹頓獨一無二的另外一點，在於他能搶在很多人之前洞燭機先，從看似獨立的線索中預判到革命的成功，同時身為一名游泳的愛好者，他把這一切都比喻成河水的潮流。

人活著的每一天，沒有什麼事情不是一直在變。在你看不到的水面之下，一定有某種不滿在持續醞釀，也一定存在某種對於改變的渴望。有時候，這些水面下的東西並不張揚，因此也不容易觀察，畢竟河水在流動中總看不到太多波浪。但也有某些時候，河水會突然變得洶湧，浪潮強大到連永遠無上權力的國王都無法阻擋。

問題是這股浪潮，要把法國人帶到哪裡去呢？對丹頓而言，呼之欲出的答案就是要建立共和國。所謂的王朝已經有名無實，徒留一層皮罷了，因為其表面上的威嚴已經攪動不了民眾內心的池水。在大眾眼裡，垂死掙扎的國王只是捨不得還權於民，而貴族只是尸位素餐，把法國的財富當血在吸的匪類。在民間如此離心離德的背景下，革命一途已經沒有回頭路可走，沒有妥協的空間，也不可能搞什麼君主立憲。

對時代精神這種異於常人的敏銳洞察力，讓丹頓得以搶在其他革命領袖之前，理解到他親手發動的恐怖統治是一個錯誤，必須要懸崖勒馬。只可惜在此例當中，他失去了對於時機的良好掌握。他太快依著直覺行事，造成了對自身而言悲劇性的結果。他要是能忍個幾個月，等民意跟上，政敵或許就無法借題發揮來將他剷除。

你的人性課題

你可能覺得路易十六是個與時代脫節的極端案例，跟你扯不上太大關係，但事實上，路易十六的悲劇可能距離你，比你想得更近。跟這位國王陛下一樣，你可能也正戴著很久以前所配，一直沒再重驗度數的眼鏡在看現在的世界。看著身邊的世界，你會感覺今天跟昨天，這禮拜跟上禮拜，甚至於今年跟去年，好像都沒什麼太大的差別。大家的日子還是一樣地過，政府機構也都還是差不多，沒感覺不到其權力基礎有什麼鬆動。老百姓的想法一如往昔，你身處領域中的習性也仍獲得有如宗教般虔誠的遵循。沒錯，文化裡多少會出現些新的風格與潮流，但那都構不成關鍵的火花，推動不了深層的變化。在這種風平浪靜的表現催眠下，你會誤以為這樣的小日子可以長此以往。

真相是在水面之下，潮流永遠在變動著；人類文化中沒有一樣事情會永遠立正站好。比你年輕的一輩，可能已經不會像你一樣尊重某些價值或體制。權力作為一種動能，也總是在階級之間、區域之間、產業之間往復飄移。人際之間的社交與互動會不斷發展出新的模式。新的象徵與神話會不斷重新創造出來，固有者則會相應凋零。這些發展看似是相互獨立的偶發事件，直到某個危機或衝突出現，導致社會大眾必須面對原本看似隱性或分散的一道道暗流，革命與改革的呼聲就會不脛而走。

一旦來到這樣的關頭，某些人就會如路易十六一般感覺到惶惶不可終日。他們會如溺水之人一樣去拼命抓住權力的浮木。他們會集結起來想要螳臂擋車，但這當然是徒勞之舉。基本上政治上的領導人，會感覺受到威脅而卯起來與傳統的觀念抱在一起，至於其他人則會隨波逐流地被帶著走，其中後者並不知道潮流通往哪裡，也不了解改變有什麼道理。

你會想要跟需要的，是丹頓身上那種洞察力與行動力，而與這種力量成正比的變數就是看事情的長遠見地、多元角度，以及破舊立新的框架。總有些人在面對改變時，會隨口亂噴各種陳腐的詮釋，而你必須要學著去對其無視。你要捨棄心中的各種劣習，以避免過時的角度將你的視野蒙蔽。你要對動輒把事情泛道德化的本能反應喊停，不要輕易給正在發生的事情安上罪名。你要褪下有色眼鏡，就事論事地去觀察局勢的本體。你要從現況中看出其伏流般的底蘊，察覺當中潛藏的不滿、矛盾與異議，因為這些東西直到最後一刻之前都會躲在水裡。你要看出各種線索與徵象之間的共鳴與聯繫。在這樣的過程裡，潮流的本體會慢慢讓你對準焦距，你會因此獲得方向的指引，而別人卻依然被蒙在鼓裡。

不要把這想成是一種智識的練習，因為知識分子反而往往是最晚察覺到時代精神變了的一群，理由是他們太執著於理論上的推理，也對傳統框架太過於篤信。所以說開門見山的頭一件事情，是你必須要能感知到集體情緒的遷徙，你要能體察眾人是如何在漸漸地與過往貌合神離。一旦以感性掌握到了時代精神的變異，你的下一步就是要去分析其背後的成因。大家夥兒在不滿些什麼？他們真正渴望的又是什麼？他們為什麼能感受到新風格的萬有引力？你可以去看幾眼那些來自過往，已經產生不了魔力的偶像，那些尤其在年輕人眼裡顯得荒謬，令人見一次嘲笑一次的目標，它們就跟路易十六的加冕典禮馬車沒有兩樣。而當這樣的「馬車」愈來愈多，你就可以確信民眾的幻滅並非空穴來風，而山雨欲來的動能也正在攀向高峰。

一旦你徹底感受到了潮流的丕變，下一步就是要勇於採取行動，為別人有感覺但不理解的東西配上聲音，但也要小心別超前社會的進度太多，以免你的立場遭到誤會。你要時時保持警醒，要放下自己過往的成見，要在別人連想都沒想到的地方把握良機。你要把自已想像成現狀的敵人，由此現狀的支持者也會覺得你很危險。但你要懷抱著使命感，要以人類精神與廣大文化的再生為己任，雖千萬人吾往矣地把這項任務漂亮完成。

我們的時代是一個新生的時代，一個轉型的時代。人類精神已經與舊有的秩序……乃至於與過往各款舊思想分道揚鑣，人類的心中已經決定要讓所有的舊秩序與舊思想沉入過去的深淵，然後發動屬於自己的變革……讓既有秩序受到動搖的那種率性輕浮與百無聊賴，讓人感覺到某種未知身影的模糊預感，這些都是改變正在逼近的序曲。

——黑格爾（G. W. F. Hegel, 1770-1831），德國哲學家

人性的關鍵

在人類的文化中，我們可以看到一種現象——時尚與風格的變化會在乍看之下顯得無關緊要，甚至可有可無，但那當中所暗藏的深度，其實已足以映照出人性的深刻與驚人之處。我們可以先從服飾風格說起。在店家或時尚展中，我們偶爾可以發現到相隔數個月，穿搭的風潮會有些改變，但這些改變往往甚為精微。但如果把相隔的時間拉長到十年前，那當中的差別就會相當明顯。甚至於我們若將間隔再放大到二十年，那穿著中的歷史感又會更加一目了然。事實上光陰的流轉，會讓我們看著二十年前的復古打扮而忍不住笑出來。

這些滴水穿石，歷經數十年所累積出的時尚變遷，可以總結為剪裁愈來愈寬鬆、浪漫風情愈來愈顯著、性感魅力愈來愈突出、肢體曲線愈來愈清楚，乃至於更加古典、更加優雅，更加華麗而更多綴飾。我們可以給各種時尚風格的改變來個大閱兵，但話說到底它們的數量並非無邊無際，而且放眼數十年或數百年的過程裡，它們似乎會在一波波的出現中展現某種規律。比方說每隔一段不算固定但仍有跡可循的間隔，人類就會重拾對稀有古典服飾的興趣。

這種現象引發了一些有趣的問題：這些潮流變化，只單純地代表著人的喜新厭舊嗎？它們是否同時反映了人類心理與心境上的深層變動？這些改變的發生是如何經過時間的遞嬗，讓人能看出其中的端倪？它們是倚靠由上而下的動能，由特定的個人或流行教主發動，然後普羅大眾才慢慢耳濡目染而蔚為風潮的嗎？抑或這些流行教主也只是被動在回應整體社會中的改變與線索，並在第十四章〈抗拒群體的下拉力〉所介紹過的社會力量推動下，由下而上地孕育著改變的動能呢？

這一系列關於風格的問題，完全可以套用在音樂或任何一種文化形式上。惟我們也可以用同樣的這些問題去思索人在思考事情與建構理論時，其風格是如何在不斷變動，或是去思索書裡的那些論點是如何被架構出來。半世紀以前，不少論點都是紮根於心理分析與社會學的基礎上，作者們往往視環境為左右人類行為的最大變數。當時的思考與論述風格都偏向鬆散、強調文采，而且摻雜有不少臆測的存在。

時至今日，我們常以遺傳學跟大腦運作作為論證的核心，講到所有事情都會有憑有據地佐以研究與統計。光是書頁上上密密麻麻的阿拉伯數字，就能讓論點透露出幾分可信的氣息。臆測被視為一種大忌，行文多採短句，好溝通為其主要的目的。惟這種理論建構風格上的變遷，並非什麼新鮮的玩意兒。類似的擺盪——從含有推測成分的文藝腔轉為由資料推動的客觀分析——已從十八世紀進行到如今。

這些風格變遷中引人側目之處，在於其變動的範圍有其侷限，在於其不斷地反覆出現，也在於其改變增加的速率不斷變快，就好像我們正在目擊人類變得愈來愈浮躁，愈來愈心焦。若能拉近距離去觀察此一現象，我們會發現這些改變看似浮面，但也真切反映了那種由下而上，人類心境與價值的深層徙變。想把衣服穿得寬鬆些，照講不是什麼需要大驚小怪的願望，但這放在一七八〇年代的時空背景下，反映的是一種社會心理的轉移。事實上這類細節都由不得我們小覷。**衣服的配色由暗轉亮，流行的音樂由弱轉強，都顯示當時的人心正在醞釀一次集體的轉向。**

若更進一步去檢視這個現象，我們還可以發現一件事情：推動這些改變的動力，來自於一代接一代的年輕族群，而他們這麼做，是想要創造出更符合、更貼近他們生活經驗的世界，讓這世界更能反映他們的價值觀與精神狀態，惟世代衝突也就由此而來（我們可以粗略定義三十二年為一個世代，頭尾出生的人更會分別認同前一個跟後一個世代）。

事實上這樣的世代交替，本身也是一種更大歷史脈絡下的一個環節。回顧數千年來的人類發展，特定的反應與價值觀本就會定期地流徙，而這都告訴我們一件事情：**人性中存有超過個人的部分，由此我們會出於某種原因受到制約，像執行程式似地重複某些模式。**

我們不少人會直覺地知道世代交替是怎麼回事情——不同世代就是會有不同的個性，而年輕人永遠都愛求新求變。我們當中有些人會逃避現實，不想去面對這種現象，因為我們寧願相信自己是獨立的個體，掌握著自己的想法與命運，我們寧願相信階級、性別與種族等因素，有著比世代更大的影響力。確實，以世代為題的研究都無法要求太高的準確性，畢竟這是一個微妙而很不好抓牢的課題，而且其他因素的作用也確實不容小覷。但深度去觀察這個現象，**我們會發現世代的影響要大於我們普遍的想像，而且從許多方面來講，世代因素都推動了歷史發展上的眾多演化。**

理解這種世代交替的現象，可以為我們帶來幾樣其他的好處：我們可以由此看出是哪些力量在形塑我們父母親的思想，又是什麼力量在形塑我們自己的觀念，乃至於這兩代人的想法為什麼各彈各的調。我們將更能去理解社會各層面有什麼底層的變遷，並由此去推敲出世界的走向，去預判未來的趨勢、去理解我們能在事件的發展中扮演什麼樣的角色。這不僅能讓我們獲致強大的社交力，也能讓我們在以某種距離與泰然的心境盱衡世事之餘，內心獲得充分的平靜與療癒，因為屆時我們的高度，將容許我們從當下的變化與紛亂中抽離。

我們可以稱呼這是一種*世代觀*或*世代意識*。要獲得這樣的意識，我們首先得理解自己所屬的世代是如何對我們產生深遠的影響，再者我們得理解是什麼樣更高層次的世代模式在塑造著歷史的發展，並體認到我們的時代在歷史的遼闊拼圖中，屬於哪一塊。

世代現象

人生頭幾年的我們就像塊海綿，用力從雙親與師長身上吸取著各式各樣的能量、風格與想法。我們學習語言、價值觀、思考模式，還有如何在人群中扮演自己的角色。我們會慢慢被灌輸當時的主流文化。我們的心靈在此時會徹底打開，由此我們的經驗會比較激烈，比較與熱切的情緒相連。而在長大的過程中，我們會慢慢注意到上下幾歲的同儕，你會跟他們一起歷經從出生開始，一個融合進這個奇異新世界的同化過程。

雖說同一個時間活在世上的每個人，大家遭逢的都是同一個現實，但兒時的我們還是會有自己看事情的獨特角度。畢竟我們是孩子，身形不若成年人強壯，同時沒有謀生能力的我們還必須依附雙親過活。從這個角度去看，大人的世界會讓我們感覺像是陌生的國度，主要是我們還不理解大人是為了什麼而活，也不知道他們會擔心什麼、煩惱什麼。同一件事爸媽急得像熱鍋上的螞蟻，我們常只覺得莞爾或怪異。我們可能會偕爸媽看同一個節目、電影或表演，但爸媽有大人的角度，而我們則是用小孩的眼光在欣賞，兩者的差別就在於生活經驗的多寡。我們還不具備任何能力去影響世界，但我們已經開始用自己的方式去解讀世界，並會與同儕分享我們的見解。

然後等快要或已經進入青少年期之後，我們會發現自己隸屬於一個年輕世代（周遭的同齡者會成為我們的關注焦點）。我們會認同這個世代，會跟這個世代共享特殊的視角與近似的幽默感，會以類似的方式去定義成功或失敗，乃至於大家會對同一件事情酷或不酷抱持相同的價值觀。這段期間的我們會不可避免地想要叛逆，會掙扎著想確認自己是誰，會想跟父母劃清某種界線。也就是出於這種心境，我們會開始對外表極為在意——穿搭與時尚會成為我們生活中一大重心。我們會想要經由穿著與舉措，去融入我們所屬的世代部落。

通常在這段年輕歲月中，世界上會發生劃時代的事件或浮現具有標誌性的潮流——那可能是一場戰爭，一波政壇的醜聞、一次金融危機或經濟景氣。或者那也可以是某種深刻改變人際關係的科技發明。對於善感且人格正在成形的年輕一代而言，這些事件所造成的影響將難以抹滅。我們可能會因為一場戰爭或經濟崩潰而變得怯懦不前，也可能因為社會安定且經濟大好而渴望冒險。很自然地比起共同經歷這些事件的雙親，我們會受到這些事件更深刻，而且與上一代不一樣的影響。

隨著人愈來愈懂事，我們會逐漸覺得爸媽的想法與價值觀不符合我的的生活經驗。他們告訴我們或教給我們的東西，會有種跟我們的生活脫節的感覺。我們渴望的是那些能讓年輕人產生共鳴的觀念。

在人生的這個嶄新階段，我們會攜手形塑出一個世代的觀點。那會像是一種集體性的心境，因為我們會與同儕在同一個時間截面上，都以小孩或年輕人的角度去吸取當下的主流文化。由於年紀太輕的我們還不具備能力去理解或分析這種視角，因此我們普遍會不知道這種視角是如何形成，也不會知道這種視角在如何影響我們看到什麼東西跟如何解讀事情。

然後等年紀來到二字頭甚或三字頭後，我們會進入人生一個新的轉折與階段。這時候的我們可能已或多或少掌握一些權力，因此可以按照我們的價值與理想去稍稍改變世界。在工作上，我們會開始對企業裡的文化與政治產生影響。我們無可避免地會與掌權有一點時間的老一輩產生衝撞，而這通常是因為他們堅持傳統的做法與自身對事物的評價。老一輩總覺得年輕人不夠成熟，還需要磨練。年輕人在他們的眼裡太沒肩膀、太沒紀律、太受寵、太不開竅，所以說起掌權一事，他們會覺得年輕人還沒準備好。

在某些期間，年輕人所創出的文化會強大到足以僭越成為主流——在一九二〇年代與一九六〇年代都發生過這樣的事情。但在其他時候，老一輩的領導階層會大權在握，二十出頭的年輕人初出茅廬，將不會有太多發揮的機會。但不論怎麼說，世代之間的權力與觀念衝突，都在或大或小的程度上是無法避免的結果。

然後進入四十歲與中年，我們會開始成為社會中堅，在各行各業中領銜主演。這時我們會注意到身邊有年輕世代在爭取屬於自己的影響力與一席之地。這些年輕人會開始批判我們，會無感於我們的風格與觀念。反過來我們也會看他們不順眼，為他們貼上不夠成熟、經驗不足、草莓族等標籤。我們會開始沉醉於世風日下的想法，因為我們珍視的價值不再被年輕人捧在手心上。

在這樣給人貼標籤的同時，我們並不會意會到這是起碼數千年來，都不斷有人在重複做著的事情（公元前一千年左右，巴比倫的陶土平板上就刻著這樣的話：「今日的年輕人，集腐敗、邪惡與對神的褻瀆於一身。年輕該有的樣子，在這些人身上永遠看不到了，我們的文化將斷送在這些人手裡。」像這種抱怨法，各個時期的每一個文化都有自己的版本）。我們會以為自己對年輕世代的評價很客觀，但其實我們是陷入了一種視角的幻象。另外，不可否認地，**我們的批評底下藏著對年輕人的羨慕之情，我們是在哀悼自己青春的逝去**。

說起始於世代緊張關係中的改變，我們可以說那當中大部分出自年輕人之手。年輕人比我們更靜不下來，更想透過探尋來知道自己是誰，也更在意自身在團體的融入。等這群年輕人也進入到三十歲或四十歲，世界將已經按他們的意思進入不一樣的狀態，並呈現出迥異於其父母親那一代的風貌與質感。

對任何一個世代進行觀察，我們都能很自然地看到當中有各種不同的性格光譜。我們會看到有人格外積極外放——他們往往是群體中的領導者，是那些能搶先察覺到時代潮流與風格而有所作為的人。他們比較不害怕與過去決裂，也不害怕與上一代作對。丹頓就是典型的這一類。我們還能在同一世代中看到為數眾多的追隨者。這些人較不具攻擊性，而比較興奮於自己能被動跟上潮流，並樂於在趨勢的形塑與推廣中扮演幫手。最後，我們還會看到有一種叛逆的傢伙，他們同時排斥上一代與自己這一代，並會用刻意與人唱反調來定義自己。這類人包括一九五〇年代的「披頭族」（beatnik），也就是戰後所謂「疲憊的一代」(the beat generation)，也包括一九六〇年代那群被保守政治吸引過去的青年人。

說起這些叛逆的類型，其實他們也非常能代表其所屬的世代，只不過他們的方向跟同一代多數的年輕人相反。事實上，在這些相反版本的年輕世代身上，我們仍可以看到相當完整的時代精神。就以在一七八〇年代，那些跑去跟貴族合流的保皇派年輕人為例，他們內心就充滿了浪漫的情懷，只不過他們愛的對象是舊時而非嶄新的秩序。另外像一九六〇年代的保守派青年軍，也跟他們在價值觀上對立的主流年輕世代一樣地滔滔不絕、一樣地熱血、一樣地充滿理想主義。也就是說，**即便你出於個人選擇想要逆天而行，世代的心境依舊會滿滿地存在於你的內心。我**

們既然降生在某個歷史現場，就不可能踏出那條封鎖線外。

在思考這種世代心境之時，我們必須將之想成是一種集體人格，一種前面提到的時代精神。我們的世代，從包括父母在內的過去手中，繼承了特定的關鍵價值與不曾被質疑的世界觀。但不分任何時刻，新一代人都會想要翻出更具生命力，更與他們切身相關的東西，乃至於更能表現出與眾不同跟嶄新變化的東西。這種當下有什麼東西在移動、在演進的感覺，相對於各種東西都是繼承自過去的感覺，本身就是一種集體性的時代精神，時代精神的本質就是不安於室，就是尋尋覓覓。我們很難將這種精神形諸於文字，那像是一種內心的氣氛，一種情緒的調性，一種人與人產生共鳴的途徑。

這就是何以我們常能以具有代表性的音樂風格、平面藝術形式，或是被文學、電影所捕捉到的氣氛，去連結到某個時代的精神。像說起一九二〇年代，那種野性的精神與狂熱的步調，就充分反映在當時的爵士樂，以及招搖過市的薩克斯風音樂裡，那在當時都是新鮮的玩意兒。

這種精神，並非一成不變，畢竟世代的成員也都會長大而歷經人生的不同階段。我們集體與世界發生關係的模式，不可能從二十幾到五十幾都保持恆定。外在環境、時事發展、身心的成熟與老化，都會對這種精神產生影響。**但集體人格就跟任何一個個體的靈魂一樣，都有其時間再久都能毫髮無損的部分。**

一九二〇年代，很知名地出現過「失落的一代」，那是個年輕的新女性留著俏麗的鮑伯頭，敢愛敢恨，敢穿短裙，不顧眾人眼光就是要做自己，就是要聽爵士樂的年代。而觀察這樣的一個年代，你會看到人追求各種令人沉迷的事物到何等奮不顧身——狂野的派對、酒精、性、金錢、名利，乃至於根深蒂固的憤世嫉俗。隨著這一代人年華老去，其成員們慢慢開始放下對於各種欲望的瘋狂追尋，惟到了他們的晚年，這些人還是看得出其骨子裡的強悍、猜忌、拜物與敢言。成年於一九六〇年代的嬰兒潮世代，身上流露著一種濃烈的理想主義，外加凡事易於加以批評與道德化的傾向。隨著年齡增長，嬰兒潮世代並不會捨棄他們的理想性，但他們批評的目標確實會有轉移。

若我們所屬的世代有其獨特的精神可言，那我們一生歷經的整個時代也該有其獨特的精神可言。以人一生的長度而言，基本上可以同時涵蓋四個世代。這四個世代之間無可避免的融合、碰撞、緊繃，會創造出「跨世代的時代精神」(Zeitgeist)。比方說講到一九六〇年代，我們就無法將其蓬勃的年輕世代跟非常看不慣這些年輕人的中老世代一刀切開。事實上這當中的敵意、不滿，就是不同視角在衝突中所產生的劇烈互動，造就出了六〇年代獨有的活力與靈魂。

想從切身的經驗中觀察到這一點，你可以回想過去自己曾經朝氣蓬勃、感覺這是個花花世界的人生階段。如果你人生資歷夠深的話，我建議你至少回想二十年前。隔著這樣的時間差距，你可以回想那是個感覺多麼不同的年代，當時的空氣中飄散著什麼樣的氣息，人與人如何互動，社會氣氛是放鬆還是緊繃。當時的時代精神，不光是表現在打扮穿搭與現今的差異上，也是表現在更社會性與更集體性的面向上，那是一種看不見但感覺得到的「味道」。即便是如衣服與建築、流行的配色、車身設計的流線與否等表象，都在代言著其背後的時代精神，因為賦予這些改變與選擇生命的，正是那個時代所專屬的靈魂。

一個時代的精神與靈魂，可以在眾人對各式社會互動的渴望中顯得狂放不羈，也可以在眾人追求團結與政治正確的狀況下顯得戰戰兢兢。此外，如憤世嫉俗、滿懷希望、因循陳腐，或是創意十足，則是時代精神中的其他可能性。**你該做的，是學著去判斷當下的時代精神，保持好適當的距離，然後思考一下你所屬的世代是歷史拼圖上的哪一塊，並由此延伸出世事未來的走向會往哪兒拐。**

世代的各種模式

自有歷史以來，作者與思想家便直覺地認為人類歷史有其推展的模式。其中率先將這種想法組織成一種理論的，可能得算是十四世紀的伊斯蘭學者，伊本・赫勒敦（Ibn Khaldun）。他的理論是歷史就像是一部分成四幕上演的劇目，每一幕分別對應一種不同的世代。

第一種世代，是敢於與過往決裂的革命者世代，這些人會一方面樹立起新的價值觀，一方面在過程中引發一定程度的混亂。這個世代裡，往往會有偉大的領袖或先知冒出頭來，而這些人除了左右革命的走向以外，也會在歷史上留下屬於他們的印記。

再來第二個世代，是渴望一定秩序的世代。他們還能感覺到那早年曾親身體驗過的革命餘溫，但他們如今渴望的是社會的安穩，是傳統與教條的誕生。

第三個世代——與秩序的創建者已無直接淵源的一代——會對革命之事熱情不再。他們擁有的是務實的心態。他們腦子裡想的是解決問題，盡量讓自己過上好日子。他們輕於理論而重視物質。在這過程裡，他們會讓原始的革命精神流瀉殆盡，具體的生活品質才更讓他們關心。個人主義會是他們某些人的一大特徵。

壓軸的第四個世代，會老覺得社會失去了應有的活力，但他們也不確定該用什麼去加以取代。他們會開始質疑自己承繼的價值，包括有些人會變得看什麼都不順眼。沒有人知道還能相信什麼，無以名狀的危機開始浮現，然後接著跳出來的就會是革命的世代。革命的世代會被某種新的價值與信念擰成一團，讓世代的週期歸零而重來。而所謂的革命，可以極端又暴力，也可以還好而已，重點是新舊價值要完成更替。

雖然這樣的世代交替，肯定會有很多變化型，畢竟這並不是一個很科學的模型，但歷史上確實屢見不鮮這樣的基本順序。其中最顯而易見的，就是第四世代伴隨價值危機的浮現。在這段期間，日子會感覺格外的煎熬——想要相信什麼，是人性的需求，所以一旦對舊秩序產生質疑，一旦價值觀出現真空，我們就會變得有點要瘋不瘋。我們會開始飢不擇食，開始誤信這個階段的特產：郎中與民粹領袖。我們會開始「找戰犯」，開始往代罪羔羊身上推卸眼前的問題跟不滿。在沒有信念能讓我們沉澱跟冷靜下來的狀況下，我們會退化到部落時代，會開始從小團體中尋求歸屬感。

往往在這樣的危機時代，我們會注意到秩序的崩潰，然後有一群人會被焦慮或恨意送作堆，形成一個次級團體。這些人常是舊秩序裡的既得利益者，所以他們不希望社會亂，不希望社會改。亂跟改於他們都是一種危害。他們想要緊抓住過去，想要回到那個自己記憶也很模糊的流金歲月，他們會希望革命可以革不下去。當然他們注定失敗，畢竟歷史的進程不會聽他們使喚，死去的過去也不可能神奇地活過來。而後隨著危機慢慢消散，革命慢慢站上舞台，社會上的興奮感也會湧上來，主要是比誰都渴望改變的年輕世代，會發現改變正按照他們寫好的劇本展開。

按照這個標準，我們現在就活在危機之中，因為這個時代的主力世代正在體驗著質疑與焦慮。雖然我們看不到自己距離結局有多近，但危機鮮少會長期拖下去，主要是人類的精神面不會這麼允許。某種共同的信仰體系必然在孕育當中，新的價值觀一定在醞釀當中，只是我們的肉眼還看不見而已。

處於這個模式的核心，是一種有節奏感的反覆拉鋸。而這種拉鋸，代表著新一代會不斷抗衡源自上一代的錯誤與失衡。我們只要看看自己身處的時代，然後往回推四個世代，事情就會不證自明了。首先讓我們從「沉默的一代」說起。身為在經濟大恐慌中度過童年的孩子，以及在二戰與戰後年月中成熟的大人，這一代人行事謹慎而保守，他們在乎的是物質供應無虞的安穩生活，是緊密地融入到群體中。他們的下一代，也就是嬰兒潮那一代，會覺得爸媽那種凡事配合團體的個性，讓他們有點喘不過氣來。崛起於一九六〇年代的嬰兒潮世代，並不像他們爸媽那樣有被苦過、窮過的陰霾，所以他們這一代人看重的是自我表現、是勇於冒險，是以理想主義為先。

嬰兒潮的下一代是 X 世代，他們誕生於混亂的一九六〇年代後期，所以也趕上了後續的社會與政壇醜態。成年於一九八〇與一九九〇年代的他們實事求是而無懼於衝突。他們重視獨立自主與個人主義，由此他們看不慣的是父母那一代的理想主義，乃至於那當中的偽善與不切實際。X世代之後是千禧（年）世代。在歷經了恐怖主義攻擊與金融海嘯的摧殘洗禮後，他們抗拒起X世代的個人主義，他們渴望的是安全感與團隊合作，大小衝突都是他們亟欲避免的事情。

從上述的描述，我們可以歸納出兩類教訓：**首先，我們的價值觀，往往取決於我們生於世代更迭中的哪一個階段，乃至於我們的上一代有哪些值得我們去對抗的缺憾**。今天重新投胎到一九二〇年代，或是一九五〇年代，那我們就不會是現在的我們了，這包括我們的態度與觀念，都會隨著出身的年份不同而物換星移。而我們之所以不會察覺到時空背景對個性的關鍵影響力，是因為我們對身處的時代太過於熟悉——距離太近反而對觀察不利。當然，我們永遠會有不受限於時代，專屬於自己的個性，而且培養出自身的獨特性，也確實有助於我們去左右時代精神的走向。但在那之前，我們還是得先認清「世代」對我們人格養成的強大影響力，還是得先釐清自己活在何種屬性的時代裡。

再者，我們會發現每一代似乎都只跟上一代唱反調。上一代往東，下一代就一定要往西。這或許是因為每個世代看事情的角度，都是形成於他們的年輕歲月裡，而年輕人都會比較沒有安全感，比較傾向於黑白分明、漢賊不兩立的二元思考。允執厥中，從兩代的價值與潮流中找到一個去蕪存菁的平衡點，似乎很容易違反年輕人的集體直覺。

另一方面，這種不斷往復的循環有其值得稱許的效應。若某個世代只是蕭規曹隨、照單全收的延續前人的作法，那我們可能早就自我毀滅了。你能想像一九二〇或一九六〇年代的瘋狂，被一代代的後人不斷發揚光大，甚至於變本加厲嗎？或是你覺得一九五〇年代的保守與從眾成為一種看不到盡頭的長期作風，你覺得會不會把人逼瘋？不論是過於狂狷或過於自我設限，都會讓人類文明陷入窒息的危險。**世代的循環或許會挾雜著失衡的狀態，但這模式裡也內建有浴火重生的開關**。

有的時候，革命期所創造出的改變太過小兒科，以致於其撐不完整個階段。但也有的時候，重大的危機會讓革命鑄造出綿延數個世紀的變異，讓人類在理性而非感情用事的價值追求上突飛猛進。在觀察到這樣模式時，我們必須要辨識出是哪一種凌駕於時間限制上的人類總體精神在讓人類的演化獲得延伸。因為若出於任何一種理由讓這循環停下了步伐，我們的麻煩就會很大。

你的人性課題

你身為人性學習者，在此有三門要完成的功課：**首先最重要的一點，是你必須要改變看待自身所屬世代的態度**。我們總愛覺得自己是獨立自主的存在，亦即我們的價值與觀念都是發自於內心而非取之於外。但真相其實並非如此。你的目標，是要盡可能了解你所屬的世代與時代，是如何以其精神與內涵，深深地刻劃、左右了你的世界觀。

說起自己所屬的世代，人十個有九個會變得非常敏感。特定世代看事情的角度，形成於我們內心最不設防的兒時，同時我們也會在此階段建立起與同儕的情感羈絆。由此我們一聽到老一輩或年輕一輩批評我們，就很自然地想要回嘴。說起所屬世代中的缺陷與失衡之處，我們會有一種將之以美德視之的傾向。比方說生在一個戒慎恐懼的時代，可能我們會比較不願意去承擔買房或買車等重大的責任，但對外我們會說自己不是害怕承諾，而是喜歡自由或是對環境溫柔，藉此去逃避我們內心真正掩蓋住的恐懼。

我們可以用理性去理解科學上的事實，比方說某個生命體的組成，但這種理性會在我們想理解自身所屬世代時徹底失靈。所屬的世代活在我們心裡，而我們對其理解會沾染到自體的情緒跟偏見。由此你唯一的辦法，就是放下主觀與道德的判斷，盡量客觀地去看待自身所屬的世代。你所屬的世代既不是神，也不是混蛋，只不過是有上述循環過程所埋下的因，就會長出你所屬世代的這樣一個果。

你可以想像自己是個考古學家在挖掘著自身與所屬世代的過往。你可以在其中尋找文物、尋找各種可供觀察的線索，藉此拼湊、還原出世代精神的全貌。在檢視記憶之際，可以嘗試拉出一點距離，或甚至追憶一下你曾經有過的情緒感受。難免想要對自己這一代或下一代進行道德批判時，請懸崖勒馬地放下。你可以經由練習來熟稔這門技術，讓自己透過態度的塑造來蛻變為更成熟的人。客觀與自覺，會讓你免於對所屬世代盲目地支持，或盲目地反對。你將可以與時代精神建立一種自由定義的關係，藉此成為一名可敬的意見領袖。

你的第二項功課，是要完成一份所屬世代的性格側寫，以便於你在對世代精神抽絲剝繭後能懂如何善加利用。別忘了凡事不會非黑即白，也不會毫無例外。所以你尋找的目標不是極端的個案，而是可以呈現出世代精神原貌的通案。

萬事起頭難，但你可以去看看在自己進入社會工作之前，是不是曾有過什麼關鍵事件為世代性格奠定了基調。若你從出生到開始工作之前的時間超過二十二年，那很有可能這種關鍵事件會不只一件。比方說，對於在一九三〇年代成年的人來講，決定性的事件就包括經濟大恐慌跟二次大戰。而對嬰兒潮世代而言，關鍵時事則包括越戰跟七〇年代初期的水門案。

X 世代在性解放的期間是孩子，在鑰匙兒童的年代是青少年。千禧世代則先後歷經了九一一世貿恐攻跟二〇〇八年的金融海嘯。按照每個人誕生的時間不同，你會感受到當代兩件大事或大或小的影響力，就看哪件事距離你十到十八歲的人格形成期更近，因為那正是你放寬世界觀與發展核心價值的關鍵時期。

有些時期，像是一九五〇年代，會顯得風平浪靜到接近無趣，但這不代表環境不會對人產生重大的影響，畢竟人愈年輕，就愈不能甘於平靜，他們永遠會渴望冒險，永遠會想興風作浪，何況你還得把科技進步與發明對人際互動造成的影響，加進整個方程式去考量。

試著去勾勒出這些重大事件曾如何餘波盪漾，尤其別忘了要留意它們是如何影響了你所屬世代的社會化。若這種大事件在性質上屬於某種危機，那你的世代就會傾向於重視團隊的合作與團結，同時對於愛的重視，會讓這個世代視衝突為畏途。相對之下，無風無雨的穩定生活會讓人莫名地想要揪人冒險，想要做集體實驗，而且尺（恥）度時不時會放得很寬。整體而言，你會以二十來歲為最高峰，注意到同儕間特定的社交風格，而其根源將很值得你去探究。

這些重大的事件，還會影響你如何看待成功與金錢。你是會比較在意地位與財富，還是會更在意創造力與個人表達等這些比較不涉及銅臭的東西，都會受到重大事件的牽引。與你同世代的夥伴如何看待冒險或職涯的失敗，會是很有指標性的資訊——失敗是恥辱的徽章，還是應視為創業的必修課，甚至於是正向的經驗？你可以用你成為社會新鮮人的那幾年來評估這一點——你當時是會覺得有壓力要趕緊賺錢，還是感覺有餘裕可以去探索世界，見見世面，等險冒夠了，三十來歲再來決定一生的志業？

在完成這幅側寫的過程中，你要去思考一下自己雙親的教養方式是好好先生（太太）、吹毛求疵、放牛吃草、懂得換位思考，還是其他某種風格中的某一種？寬鬆教育最出名的，就是在一八九〇年代養孩子的那群父母，而他們也確實教出了一九二〇年代那些狂野、無憂無慮的失落一代。深受一九六〇年代風氣影響的那群父母，則動輒變得眼裡只有自己。他們那種不聞不問的態度，最終導致了孩子內心的疏離與怨氣。過度保護孩子的父母，會養出怯於踏出舒適圈的孩子。這些五花八門的親職風格也是風水輪流轉，像是受到過度保護的孩子在自行成家之後，就比較不會變成在孩子身後亦步亦趨的「直升機父母」。你家裡的爸媽可能選擇了非主流的教養方式，但主流的教養風格仍會在你的同儕身上看出端倪，尤其是等他們進入青少年期或長到二十出頭的時候，主流教養的烙印將斧鑿斑斑。

你可以某個世代的偶像或代表性人物當成重要線索，因為他們代表的就是別人想而不敢表現出來的特質。他們往往在年輕族群中享有盛名——敢忠於自我的人、成功的企業家、大師級人物、有理念的行動派。這些人都是長了腳的嶄新價值。另外，你還可以去看看在短時間內橫掃自身所屬世代的潮流，像是突然爆紅的數位貨幣。重點是你不能只看浮面，你要去看那底下代表的精神，了解是什麼樣的抽象價值或理想在默默吸引著人。你在進行分析的時候要鉅細靡遺。跟人的個體一樣，人的世代也有其意識，也有人格的陰影，所以說每個世代都有其特定的幽默風格，而人會通過幽默去釋放他們的挫折感，表達他們的各種顧忌。這樣的幽默會帶著不理性的色彩，會流露某種像是擦邊球的偏激，或甚至會帶有直接的攻擊性。某個世代會看似循規蹈矩，但他們的幽默感卻會辛辣而無禮——那就是他們的陰影露出了狐狸尾巴。

由此延伸出去，你可以去觀察所屬世代的兩性關係。在一九二〇與一九三〇年代，男女曾嘗試要把彼此間的差異橋接起來，由此他們會盡可能在男女都歡迎的場合中社交，當時具代表性的男性會頗為女性化，包括魯道夫・范倫鐵諾（Rudolph Valentino），而女性的知名人物則都有某種男性化或中性的感覺，像是瑪琳・黛德麗（Marlene Dietrich）與約瑟芬・貝克（Josephine Baker）。你可以比較一下一九五〇年代，兩性之間那突然的決裂——我們無意識中的不悅，讓我們想與跨性別趨勢劃清界線，井水不犯河水（見第十二章〈重新與內心的男子氣概或女人味搭上線〉）。

在觀察所屬世代的陰影面之際，別忘記一件事情，那就是當人趨向於某個極端——拜金、靈性、冒險、穩定——其背後其實隱藏著另一個極端對我們的吸引力。成年於一九六〇年代的那一代人，看似對物質享受意興闌珊，他們秉持與追求的主流價值是精神與內在，是與他們父母親的現實形成強烈對比的自然與真實。惟在這樣的表象底下，我們會發現他們也不是不懂得享受，否則他們怎麼會什麼都要用最好的——最高級的音響、最昂貴的用藥、最文青的打扮與行頭。一九七〇年代尾聲與一九八〇年代初期的雅痞，就是我沒有誣賴他們的最好證據。

蒐集完這些資訊之後，你就可以開始對所屬的世代進行完備的側寫，一篇不論在複雜度與生命力上都不輸給現象本身的描繪。

接著你的第三項功課，是要把這些掌握的知識，擴大應用到其他地方。

首先你得嘗試跨世代去拼貼出時代精神的全貌，而這代表你得特別去關注同時代兩個主要世代之間的互動關係，一個是（二十二到四十五歲之間的）青壯年，一個是（四十五到六十五歲的）中壯年。這兩代的親子不論有多緊密，你都不可能假裝沒看到他們之間的緊張關係裡夾雜恨意與羨忌。這兩代人的價值觀與世界觀，很自然地會有差異，而你要做的是去檢視這種差異與緊綳，然後判斷哪一邊占得了上風，未來的趨勢又會怎麼走。另外就是你要去看自己的世代嵌在歷史拼圖中的哪一塊。

把這種世代與歷史的意識培養出來，好處可不只一樣。首先，侷限於所屬世代的角度，會限縮你的視野，你會因此罹患「近視」的毛病。你要知道每個世代都會因為「逢上一代必反」而出現某些失衡的狀態。每個世代都會用特定的價值觀去看待或評價所有事情，而這會讓他們的心靈封閉起來，由此某些可能性會在他們面前隱形起來。我們其實可以既理想又實際，既重視團隊合作，又珍惜個人的獨特性，以此類推。從上一代或下一代的角度去看事情，可以讓我們學到很多東西，由此我們的價值觀會變得更完整。自視甚高地認為你的世代比誰都高貴，只是一種幻覺。但只要你讓自己世代與歷史意識變得更宏觀，這些心靈路障與幻象就不會形成阻礙，由此你的思想會變得更加靈活而有創意。你將能自主地形塑價值與觀念，不用任憑時代決定你該怎麼想。

一旦對時代精神有了全盤的掌握，你就能理解整個歷史的脈絡。你將會知道世界在往哪個方向漂。你將能預期到什麼東西等在轉角。有了這樣的認知，你將能讓自己的精神動起來，將更能參與培育現正孕育中的未來。

在感覺到與代代相傳的歷史有緊密的聯繫，也知道了自己在歷史的舞台上扮演什麼樣的角色之後，你將能一整個冷靜下來，所有的事情都會變得比較好忍耐。你將不再會別人氣什麼就跟著看不慣什麼，也不會因為現在流行什麼就跟著瘋狂什麼，因為你知道隨著時間流轉，各種趨勢總是會來回鐘擺。即便格格不入於當下的時代，你也會知道陰霾終將散開，而你現在該努力的就是讓新時代早一天展開。

認真說起來，現在正是你最需要擁有這種關鍵意識的時代有兩個理由請容我娓娓道來。首先，雖然反全球化的聲浪高漲，但科技與社群媒體的發展已經不可逆轉地將我們團結起來。這代表不同文化的同一個世代，會比同一個文化的不同世代更加有一體感。這種前所未見的狀態，意味著人類歷史上的時代精神，從沒有像這一刻這樣全球化，而愈是全球化，時代精神的力量就愈大，於我們的重要性也愈高。

第二，肇因於科技創新所啟動的激烈變化，世界進化的步伐也愈來愈大，由此一個自我實現的動能已經無人能阻擋。現在的年輕人已經對這種高速的進化上癮，他們滿心渴望的就是更多的改變，小一點都無妨。而快速改變的結果就是危機變多，而危機變多又會反過來讓改變加速。瞬息萬變如雲霄飛車的世界，可能會讓你頭暈眼花外加視角失焦，這代表你會把雞毛蒜皮的小事當成山崩地裂的大事，反而真正在發生的大事會被你無視。這樣的你會被快節奏的世界甩開十條街，根本別想要洞燭機先。要突破這一切，走在時代前面，你唯一能靠的就是認清世代意識的存在，並把握歷史感帶給你的冷靜客觀。

有助你善用時代精神的各種策略

要讓時代精神為你所用，你的起點必須要是一個簡單的前提：你跟所有人一樣都是時代的產物，你所屬的世代形塑了你的思想與價值觀，只是你不一定能意識到這點而已。所以說若你因為這個世道而感到挫敗，或是覺得老一輩的人讓你不滿，抑或是你感覺我們的文化裡好像少了些什麼，那別懷疑，跟你同一代的人應該都是同一種感覺。而你若是為此採取了行動，那你的努力將會在同儕中引起共鳴，時代精神也會因此受到你的影響。抱持著這種心境的你，必須將以下的全部或一部分策略付諸實行。

▌對過去說不

你可能會感覺到內心有一股深沉的欲望，是想要創造出一些所屬世代會真正有感的新鮮事物，但過去幾乎都會化身為源自父母世代而從小內化於你內心的價值觀，跳出來扯你的後腿。由此你無可避免地會有一點害怕，有一點掙扎。這樣的你不論做什麼或表達什麼事情，都可能不敢把油門踩到底。面對過去，你將沒辦法放手一搏去與之抗拒。

為了避免如此，**你必須要逼著自己朝著相反的方向前進**。你要把過去跟舊時的價值或觀念，當成你發力的施力點，並燃燒內心的怒火來讓自己更有衝勁。跟過去決裂時要乾淨俐落，毫不拖泥帶水。你要盡量挑禁忌去發言，並把被老一輩捧在手心裡的傳統給摔碎。由此與你同世代的同儕將會興奮起來，也被吸引過來，當中不少人甚至會願意接受你的領導。

敢於站出來對老一輩說不，正是埃塞克斯伯爵得以在打敗無敵艦隊後的英格蘭聲名大噪，成為「英國隊長」而被同世代的人當成偶像的原因（詳見第十五章〈讓人想要追隨你〉）。丹頓能夠獲得權力，是因為他敢站出來對皇室不假辭色，敢為了共和國的成立不遺餘力。一九二〇年代，非裔美國舞者約瑟芬·貝克在失落的一代裡成為了嶄新自然精神的象徵，因為她的表演從來都是那麼地不自我設限，那麼地令人耳目一新。因為完全不來第一夫人溫良恭儉讓的那一套，賈桂琳·甘迺迪在一九六〇年代初期成為了新精神的代表人物。按這個方向一路走下去，你將能破舊立新地為世代注入一劑強心針，讓也等著要跳出來的人放下最後的矜持。

▌把舊酒裝進新瓶

掌握了時代精神的精髓之後，你的下一步可以是去想想歷史上有哪些可以對比的時期。你所屬世代的挫折感與叛逆心，肯定也在某個程度上有過去的世代感受過，且奮力地表達出來過。這些過往世代的領導者會在歷史上赫赫有名，且會因為年歲久遠而沾染上傳奇的色彩。藉由與這些英雄豪傑扯上關係，你將能讓自己正在推動的運動或創新更添分量。**你可以把某段歷史時期裡充滿象徵意義的標誌或設計拿來剪裁修改，讓外界感覺你的理念與某段輝煌的歷史遙相輝映，而且你的版本還更加進步而難以挑剔。**

在這麼做的時候，你要盡量把自己想得很偉大。丹頓自比為西塞羅，是因為西塞羅用雄辯與行動反對獨裁並支持羅馬共和，而這自然能在法國民眾心中引發共鳴，丹頓的努力也因此在古羅馬歷史的加持下，變得更有分量。名導演黑澤明（Akira Kurosawa）讓日本正字標記的武士世界在銀幕上栩栩如生，但他藉再現的武士之口，其實是成一家之言地在批判戰後日本的各種社會議題與情緒。在競選總統之際，約翰·甘迺迪曾想倡導新精神在美國的誕生，讓美利堅走出一九五〇年代的死氣沉沉。他把自己想發動的這個計畫，命名為「新疆界」（New Frontier），由此去與被美國人奉為圭臬的冒險精神產生連結。這樣的意象，為他的訴求打通了任督二脈。

喚回兒時的時代精神

讓人生早年的生活態度重新活過來——包括你兒時流行過的幽默感、當時一些重要的歷史事件、當時風行過的穿搭或產品，還有在空氣中影響著你的各種氛圍——你會讓一起經歷過那段歲月的廣大群眾覺得感同身受。小時候人感情總是特別豐富，所以透過成年人的眼光將之反映、復刻出來，你必然能讓作品獲得同儕的認同與肯定。不過前提是你一定得先真的對自己的童年非常有感，才好選擇去使用這種策略，否則言不由衷或太過刻意，搞不好會沒有效果或甚至造成反效果。

記住你的目標不是一比一地複製出過去的模型，而是要抓住當時的精神。要讓這策略真正產生作用，你必須要令其與現在的某個議題或問題發生關係，而不可以讓整件事淪為無腦的懷舊之舉。若是要發明一樣東西，那你可以嘗試把兒時常見的風格在經過某種調整之後，自然而然地融入到現代的設計裡。這麼一來，看到的人就會在不知不覺中因為童年的回憶而受到你的發明吸引。

創造出新的社交場域

人性，讓我們會想與氣味相同的人有更多的社交互動。任何時候只要能創造出某種新的互動方式來吸引住你的同儕，你的某種影響力都會隨之探出頭來。你可以用瀰漫在空氣中的新觀念、新價值，或某種最新的科技為中心，組織出各種團體，讓你有能力用嶄新的方式，把志同道合的人兒聚攏在一塊兒。你可以藉此繞過那些卡在中間，用人為障礙妨害人自由交流的中間人。在這種新的組織形式中，你可以引入一些「儀式」來幫助成員間產生連結，或是用一些象徵物讓人有個認同的目標。

過去我們看到過很多這樣的案例：十七世紀的法國沙龍就讓男男女女可以在公開場合暢所欲言地交談；十八世紀歐洲的共濟會會館有他們祕密的儀式跟一種自然流露的地下組織氣質；走進一九二〇年代的違法地下酒吧或爵士俱樂部，會給人嗅到一種百無禁忌的氣息；近期則有像線上平台、臉書社團或快閃活動等實例。在使用這種策略時，你要想著過去各種讓人想擺脫的壓抑元素。那可能是一個反智愚民，凡事非黑即白、民風拘謹的時代，可能是個社會容不下任何一丁點多元的時代，也可能是個人主義遭到高估而使人打著做自己的旗號在那兒耍自私的年代。你建立的團體要能讓新精神得以興起，要讓打破禁忌與對錯的單一性成為一件讓人很興奮的事情。

顛覆時代精神

你可能會在所屬世代或時代的精神當中，看到一些你看不順眼的部分。或許你認同的是已經被當代精神給覆蓋掉的古老傳統，或是你的個人秉性，造成了你的價值觀與當代主流有所扞格。但不論你有什麼緣由或苦衷，像個衛道人士一樣去泛道德化地譴責當代的精神，都會是種不智的行為。因為這麼做，你只是在邊緣化你自己。時代精神是一種會潮起潮落，會向前奔流的東西，所以聰明如你應該因勢利導，而不要去硬碰硬。**順水推舟地從時代精神內部進行顛覆，才能得到最大的效果。**

比方說，你做了一樣東西，像一本書、一部電影，或是任何產品，而且這東西很誇張地帶有當代的外觀與質感。但其實通過該產品的內涵，你偷渡了自己很不一樣的精神跟想法。你會像植入木馬程式似地帶入了你比較認同的舊觀點，或是會另闢蹊徑地提出不同於主流的立場與解讀，由此你將能成功鬆動世代的框架，讓他們不知不覺地在看世界時用上了你的眼光。

二戰之後，眾多的歐洲時尚設計大師有一個共同看法，那就是他們都極度鄙視於此時稱霸了世界的美國市場。他們不喜歡崛起的美國，他們看在眼裡覺得粗俗的新興時尚。想法上，可可．香奈兒一向強調她設計中的優雅，所以多少都會看不慣美國的穿搭風尚；但作為上，可可採取的是與歐洲同業迥然不同的作法：她擁抱起美國女性的嶄新力量，並試著照顧到她們希望穿著能更俐落、更運動化的欲望。在取得美國女性的信任，學會她們的穿搭語彙後，香奈兒開始有了更大的施力點去潛移默化地改變美國的品味，包括她會帶入更多她真正的設計理念，並讓優雅二字與美國女性偏愛的流線設計產生關聯。就這樣，香奈兒窩裡反地扭動了時代精神的方向盤，也預告了時尚界在一九六〇年代初期的大轉彎。而這股力量，就來自於順著時代精神的毛摸，而不來自於跟時代精神對著幹。

活到老，調整到老

世代精神的塑造，發生在年輕時這段感情特別豐富的時期，而我們對年輕時的記憶往往又特別珍視。由此人會面臨到的一個問題是隨著年齡增長，你會繼續被鎖在年輕時的價值、觀念與風格裡。這樣的你在年輕人眼裡，會反映著一種扭曲的過去。你的思考會停止與時俱進，你會受到所屬時代的蒙蔽，會為了安全感而更加把過去的一切抓牢在手裡。就這樣你只能眼睜睜看著自己一天天變老，舞台一天天更屬於年輕人，而你則成為一個愈來愈小眾的表演者。

但這倒不表示說你得揚棄曾標註過你的世代精神，反正那原本就是不可能做到的事情，而且笨手笨腳、東施效顰地去模仿年輕人，只會讓你看起來更愚蠢，更不真誠。**你真正應該做的，是把你的世代精神加以現代化，在當中加入若干雖然來自於年輕一代，但你也能受到吸引的價值與想法，由此你的觀衆群將會變新、變大，因為你身上將結合起本身的歷練與時下的議題，你將以跨世代的複合體之姿，成為當紅炸子雞。**

對於電影導演希區考克而言，形塑他個人與作品風格的那十年，是一九二〇年代，當時他剛進入這個行業，是個菜鳥導演。在二〇年代的默片當中，執導的重點在於讓電影的視覺語言臻於完美，這樣故事才能獲得理想的呈現。希區考克因此在鏡頭角度的抓取與移動上變得相當嫻熟，觀眾很容易在銀幕前有身歷其境的感受。

在希區考克長達六十個年頭的導演人生中，他從來沒有拋棄自己對於視覺元素的執著，但他也從來沒有停止調整自己的風格去適應潮流——一九五〇年代最潮的彩色畫面，以及一九六〇與七〇年代盛行的驚悚與恐怖片。不同於同梯的其他老導演，希區考克沒有徹底在潮流中脫隊，也沒有完全想要去模仿當下的主流。他選擇把過去跟現在的元素加以融合，而這也讓他後期的作品充滿了可供人細細咀嚼的深度，主要是他在電影裡集結了所有生涯中做過的調整。他的電影算得上老少咸宜，但又因著嵌在裡頭的一層層的創新肌理而顯得相當有獨特性。這樣的深度，讓他的電影歷久彌新，值得想讓作品超越時間成為經典的你，加以學習。

超越時間與死亡的人類

我們身而為人的一項專長，就是讓拿到手上的東西產生變化。我們按照自己的需求，徹底改變地球的環境；讓自己從體力很差的物種，演化成靠腦力稱霸地球的社會動物。我們永遠閒不下來地在發明東西。但就是有一個領域，似乎免疫於我們促成變化產生的能力——這玩意兒，就叫做光陰。我們從一出生，就進入了時間的長河，由歲月的流逝一天天帶著我們朝死亡前進。線性的時間只能向前，不會停止更不會後退。

我們一生會歷經不同的階段，而其中各種標誌我們的樣態，都落在我們的控制範圍以外。在變老的過程裡，我們的反應會愈來愈遲緩，我們的皮膚會失去原有的光彩。我們會無助地看著愈來愈多年輕人推開我們，站上人生的舞台。我們一出生就是歷史的一部分，一出生就會被指定成為某個世代的一分子，而那似乎就已經決定了我們的身分與命運。在時間的面前，我們的熱情與衝勁會被中和掉，而雖然我們並不會有意識地察覺到這一點，但我們在這一點上的*無力感*，正是我們人生中許多焦慮與憂鬱的根源所在。

惟對時間的體驗觀察得更仔細些，我們會發現一件不尋常的事情，那就是同樣是幾小時或幾天，有時候感覺時間真的會飛，有時感覺度日如年，而這當中的差別就在於我們的內在心境與外在環境。大人跟小孩的時間感受也非常不同——小孩感覺時間相對慢，而大人會覺得時間過很快。百無聊賴會讓我們覺得時間慢到好像要停下來，而興奮與開心會讓我們巴不得時間能停下來。當我們在冷靜地思考事情的時候，時間會慢下來，但那會是一種充實而帶給我們滿足感的慢。

上頭這一段描述，說明了一件事情，那就是時間是人為的產物，是我們因為有丈量光陰的需求而兀自發明的工具，而既然是人為發明的東西，我們對它的體驗就會主觀大於客觀，意即人有能力讓時間感覺變慢或變快。不要不相信，人與時間的關係就是這麼一種極具可塑性的東西。當然長生不老我們做不到，凡人必有一死，但我們可以改變活著時的體驗，可以讓痛苦與壓抑變成不一樣的東西。我們可以用循環性來取代時間的線性，甚至可以踏出時間之河來體驗各種形式的時間暫停。我們不用被所屬世代的視角給綁在同一地。

雖然這聽起來很像是一廂情願的痴人說夢，但歷史上確實有像達文西、歌德之屬的人物成功在有意識的狀態下，超越了時代的束縛，並把他們突破時間限制所獲得的體驗，記錄了下來。這是一種理想狀態，一種值得我們利用天生的積極性去努力，希望能做到某個程度的目標。

下面我們就來看看人可以如何透過努力，積極地去應對時間的四種基本樣態。

人生的各個階段

走過人生的各個階段——青年、壯年、中年、老年——我們會注意到人共通的特定變遷。年輕時，我們會過得比較轟轟烈烈。我們會比較敢愛敢恨，會比較容易受傷，會把把目光對著外面的世界，會在意別人怎麼看我們，在意自己融不融得進「他們」。我們會比較合群，但也會比較容易做出自以為正義的愚蠢事情。

而年紀慢慢增長，這種強烈的感性會削弱，我們的想法會圍繞著特定的傳統觀念而緊縮。會愈來愈無所謂於「別人怎麼看我」，會更把目光朝內。年紀帶給我們的，有時候是跟人生的一種距離感，一種我們能控制住自己，且或許還能將經驗轉換為智慧的狀態。

但其實想丟棄或至少舒緩與特定人生階段綁在一起的負面特質，我們是有這個能力的，而這其實也是一種「抗老」的過程。比方說，年輕的時候，我們可以設法讓群體對我們的影響力不要那麼強，讓自己不要那麼死心眼地去在意別人的做法或想法。我們可以設法讓自己的眼光朝內一點，更接納自己的獨特性一點（見第十三章〈帶著使命感前進〉）。我們有意識地發展出原本要年長者才會有的內心縱深，可以更努力去思考自己的經驗，從經驗中學習，然後發展出早熟的智慧。

雖著年齡漸增，我們可以努力去留下年輕的優點，盡量別讓它們隨著歲月消退。比方說，我們可以放下驕傲，放下那種什麼都懂的態度，找回兒時那股天生的好奇心，倚老賣老是我們在這方面的大敵。我們要持續用鮮活的框架去看世界，要持續去質疑我們的價值觀與既定想法，要讓思緒保持流動性、可塑性與創意。在這樣的過程裡，我們將可以習得新的技藝、進入新的領域，並藉此讓自己與「學會新把戲」這位老朋友重聚。我們還可以在靜默中去回想年輕時的激情，讓自己在想像中回到那個愛恨分明的地方，也讓我們與過往的自己重新而深刻地連上。透過這種種途徑，我們多少可以與青春的感受重新合體。

人之所以會愈老愈「不合群」，是因為我們對人愈來愈不相信，也愈來愈不能忍受別人的各種怪僻，而這對我們的生活體驗有利有弊。而為此我們得努力去理解人性，並透過理解去接受他們，對他們的本性多點耐性。

老化不光是生理過程，而是也有其心理的部分，由此老化也是一種**自我實現**的預言——我們先是在內心想著自己老了，然後就因此放慢腳步並停止嘗試新的事物，結果便是刺激的欠缺，反過來讓我們老得更快、憂鬱得更厲害，反應也真的愈變愈慢。換句話說，這是一個惡性循環。我們可以看到歷史上的班傑明 · 富蘭克林（Benjamin Franklin）就懂得要反其道而行。他即便有了年紀，也持續不斷在身心兩方面挑戰自己，由此他到了七八十歲都還保有赤子之心。

現下的世代

你的目標是要少受時代影響一點，藉此獲得能力來改變你與所屬世代的關係。而要做到這一點，有個絕招是加大你與各個不同世代的交往。若還年輕，那你可以試著多與年長者交往，他們當中若有人和你氣味相投，則你可以試著「培養」他們成為你的心靈導師與效法對象。至於其他人，你則可以將他們視為同儕對待。你不用管自己是強於他們還是不如他們，你只需要去注意他們的價值觀，想法與看事情的角度，然後藉此來擴大自己的視野。

要是算不上多年輕，則你可以反過來去與年輕世代交流，但不是以父母或權威的姿態，而是要試著去當他們的同儕。你要展開心胸去吸收他們的精神、觀點與熱忱，要放低身段去求教於他們。

透過與不同世代的真誠互動，你將能建立起彼此獨特的關係——你們是活在同一個時代裡的夥伴。而這麼一來，你對時代精神的掌握將會更不受阻礙。

過往的世代

說起歷史，我們常會將之想像成某種沒有生命也沒有靈魂，只感覺非常扭曲的時空。面對過往的時代，我們會有一種狗眼看人低的優越感，會選擇性地只看到古人落後給我們的想法與價值觀（卻沒想到自己也注定會被未來的地球人覺得落後）。我們會只看到自己想看的東西，會用現在的標準去衡量前人，因而落入以今非古的謬誤，殊不知前人不可能以我們現在的方式來體驗世界。我們會對古人的世代視角視而不見，而這也說明了何以電影、電視裡只要拍到古裝劇，所有角色的一言一行都與現代人無異，唯一不同的就是那身戲服而已。又或者我們會直接無視歷史的存在，就好像我們是從石頭裡蹦出來的，歷史上發生過什麼事情都與我們無關。

我們必須捨棄這種荒謬的觀念與習慣。我們比起前人並不會較優越，那只是我們一廂情願的想法（你可以回去複習一下前面的章節，看看人是如何的不理性、短視、見不得別人好、妄自尊大、容易從眾、具有攻擊性）。說起參與式的民主或創意性的思考，乃至於文化發展的朝氣蓬勃，歷史上不乏可以將二十一世紀壓在地上磨擦的精采時刻。古人曾經有過對人類心理的深度剖析，也曾經面對現實能充滿勇氣而且腳踏實地，相形之下我們簡直無啥判斷能力。人性雖然是個常數，但過去的人確實會在跟我們不一樣的環境裡產生不同的程度的科技，發展出不同的價值觀與信仰，但不一樣不代表比較差。不同的價值反映不同的生活環境，今天把我們丟到同一個環境裡，也會發展出一樣的價值體系。

更重要的一點是，我們一定要知道歷史並沒有死。宇宙是從大爆炸裡無中生有，但人類並不是。人類的出現跟數百萬年的演化脫不了干係。所有我們的想法與經驗，我們內心最深處的思緒與信仰，都反映了一代傳一代人的奮鬥與掙扎。我們如今覺得理所當然的世界觀，都來自於很久以前一次又一次的思想遞嬗。

每當我們見到有人犧牲了一切只為了某個理念，就彷彿是由一世紀基督徒啟動的價值轉變重新上演。當時的信徒就是奮不顧身地獻出了生命的每個面向，才讓人類的思想出現了革命性的變化。每當我們陷入愛河，把自己的情人理想化，就等於是在重現十二世紀，由那些吟遊詩人介紹給西方世界的情緒，那是西方世界第一次知道人類可以愛到這樣死去活來。

每當我們褒揚自然情感而貶低智識與努力，我們就是在復刻十八世紀首見於人類心理當中的浪漫主義運動。我們不會有意識地感覺到這一切，但現代人的樣貌若是幅畫，人類歷來的思想與心理學演進就是那枝畫筆。**我們當歷史是死物，就是在否定自己的身分。**這樣的我們會變成失根的蠻人，會變成從人類天性的手中飛走的風箏。

你必須大破大立地改變自己與歷史的關係，讓歷史與你一起重獲生機。首先你可以鎖定過去的某個時代，一個出於某種原因讓你有感的時代。接著你的目標是復刻出那個年代的精神，用想像力進入到文字間古人們的主觀意識中，透過他們的眼睛去看世界。過去一百年來寫出的書籍，是你在從事這項嘗試上的利器，你可以透過閱讀去品嘗特定時代的日常生活是什麼模樣，我推薦萊諾．凱森（Lionel Casson）的《古羅馬的每一天》（暫譯，*Everyday Life in Ancient Rome*）與約翰．賀伊津哈（*Johan Huizinga*）的《中世紀的落日餘暉》（暫譯，*The Waning of the Middle Ages*）。另外從各時期的文學作品中，你也可以觀察到當時社會的主流精神。比起學術著作，費茲傑羅的小說會讓你對爵士年代的生活有更生動的掌握。不要帶著主觀的眼光去進行道德批判，因為每個時代的生活樣態，都是當下最合理的取捨與判斷。你必須要從古人的內心出發去理解這一點，以免失之武斷。

這麼一來，你就能對自己改觀。你對於時間的概念將會有所拓展，你會意識到若過去歷史的生命延續在你身上，那麼你現在的一言一行，你所生活的這個世界，就也會在後人身上延續生命，並對未來的世界產生影響，由此在你與貫穿全人類的那股精神之間，就會出現一道連結。**你在這個瞬間，將加入從不曾斷裂的歷史鏈，成為上頭的一個環節。這會讓你覺得如癡如醉，因為那會是一種永垂不朽的另類呈現。**

未來

我們想了解自己為未來所做的努力，最方便的觀察點就是我們與孩子的關係，或是我們以師長之姿對年輕人產生的影響力。這種影響力，會在我們百年之後延續下去。但要說起對未來影響更大的東西，還得算是我們創造出來，並貢獻給社會的作品，因為這些作品是我們有意識與未來進行溝通的工具，對後世發展自然會有相當的作用力。帶著這樣的心情，我們將會更注重、更在意自己的一言一行。

達文西很明顯地，就是在用作品與後人交心。他持續不斷地擘劃未來，並透過想像力讓自己活在未來。這就是為什麼他筆下會畫出未來可能的發明，甚至他會去嘗試把飛行機器等構想做成實體。除了發明東西，他還對未來會有但目前還不存在的價值，進行了深思熟慮。比方說，他對動物很有感情，他覺得動物是有靈魂的生命，但這在當時是聞所未聞的事情。事實上因為喜歡動物，所以達文西吃素，而且還會到處去市集幫籠中的鳥兒恢復自由。他眼裡的自然是一個整體，人類也是組成分子的其中之一。在他的想像裡，愛護動物會是未來人類的普世價值。

偉大的女性主義者、哲學家兼小說家，瑪麗·沃斯東克拉夫特（Mary Wollstonecraft, 1759–1797）認為人類是真的可以用想像力來創造未來。

對早逝的她而言，瑪麗始終想像著未來會是個女權可以獲得伸張，同時女性的智力也可以獲得肯定的地方，而正因為她不放棄這樣的立場，所以瑪麗的想法也確實對後世產生了深遠的影響。

不過要論及誰的例子會令人感到不可思議，身兼科學家、小說家與哲學家的歌德也不會缺席。他渴望像達文西一樣上知天文，下知地理，由此他努力地通曉各種形式的人類才智，讓自己浸淫於古往今來的歷史，希望「上友古人」能讓他不僅看到人類的未來，而且還能「下友未來之人」。就這樣，他成功早達爾文幾十年，就預料到演化論的出現。他預見了十九與二十世紀許多偉大的政治潮流，包括歐洲在二戰後的趨於統合。他想像到了許多科技的進步，乃至於這些進步帶給人類精神面的影響。他是個用生命去超越時代的人，而他預言事情的能力也在朋友之間蔚為傳奇。

最後我要說，人難免會有一種感覺是自己生不逢時，是自己與時代格格不入，但改變不了的事實是我們就只能在此時此刻度過一生。因為面對這種感覺，我們就可以拿出上述歷史不死，所以我們精神不死的永生態度來讓自己獲得一些寬慰。我們會要對歷史的循環有感，要對時代的來回鐘擺有感，要知道歷史會在我們百年之後繼續向前。這麼一想，我們就可以從黑暗的當下望向光明的前方，並感覺跟未來的人類產生某種關聯。我們要主動出擊，讓他們加入我們預訂的觀眾群。有朝一日，他們總會在某種載具上讀到我們的生平或作品。這麼一來，跨越時空的交流就會功德圓滿，而人類超越生命侷限，讓死亡不是終點的至高能力，也將就此獲得彰顯。

> 人的缺陷，都得怪罪其身處的時代；人的美德與偉大，則都是天縱英才。
>
> ——約翰．沃夫岡．馮．歌德（Johann Wolfgang von Goethe）

〈第十八章〉

思索我們共同的生而有涯

否認死亡的法則

大部分人每天活著，都很忌諱死亡這個話題。但其實我們應該要反其道而行，我們應該要時時想著自己什麼時候會死的問題。領悟人生苦短，會讓我們內心注滿使命感與急迫感。訓練自己去面對並接受這個現實，會讓人更坦然地去面對人生中無可避免的失敗、分開、危難。知道自己終有一死，我們就會懂得人生的比例與分配問題。我們會知道短短走這一遭，究竟什麼事情才真正重要。多數人終其一生，都在想方設法把自己跟其他人隔開，因為這能帶給他們優越感。但我們其實該去看到的是死亡之前人人平等，而這也正是我們所有人之間的一種聯繫。我們愈是意識到自己不會永遠活著，就愈能在當下的各個方面感覺到自己真正活著。

側腹的一槍

身為成長在喬治亞州薩凡納（Savannah）的小孩，瑪莉・芙蘭納莉・歐康納（Mary Flannery O'Connor, 1925-1964）總覺得跟父親艾德華有一種說不出的強烈聯繫。這種聯繫有一部分，是自然而然地起源於兩人酷似的外型——父女倆都有雙銳利的大眼睛，還有一樣的臉部表情。但對瑪莉而言更重要的一點，是他們的想法與感受似乎同步到毫無間隙。她會察覺到這一點，是因為她不論「發明」什麼莫名其妙的遊戲，父親玩起來都異常順利——他可以毫無隔閡地把自己套入女兒的想像力與思路裡，違和感測出來是零。這樣一對心有靈犀的父女要溝通事情，連語言都顯得多餘。

身為獨生女的瑪莉跟母親蕾吉娜就沒有相同的頻率。蕾吉娜出身比丈夫老家好的上流社會家庭，一心想成為地方上有頭有臉的人物。而這樣一位母親，心裡想的是把她愛閱讀的宅宅女兒塑造成名符其實的南方閨秀，但個性甚強的瑪莉死活不肯配合。瑪莉眼裡的母親與親戚既正經八百又無啥內涵。年僅十歲時，瑪莉就寫了一系列的尖酸文字來嘲諷母親與她的「親蹟」（親戚＋古蹟）們。小孩總歸頑皮，於是她把文章拿去給母親跟長輩過目。大人們自然都嚇了一跳，但讓他們驚嚇的除了這孩子怎麼這麼過分以外，也對其才華與機智感到驚奇。

父親看了出自女兒手筆的諷刺文章，深感耳目一新，於是他把女兒的作品集結成一本小書，客人一來就拿出來現獻寶。他覺得女兒長大想當作家的話，前途將不可限量。瑪莉從小就知道自己是個與眾不同的小孩，甚至可以說有點古怪，但她很開心自己有一位以她為榮的父親。

對父親的深刻了解讓她嚇了一跳，是因為在一九三七年，她察覺到父親的活動力與精神力都有所變化。一開始都是些小地方，比方他的臉上出了疹子，時間一到下午他就會突然沒電，諸如此類。然後他開始在午覺時愈睡愈久，感冒好了又有，從頭到腳都痛。偶爾瑪莉會會聽到爸媽關起門來討論父親的病體，而蛛絲馬跡告訴她事情相當嚴重。

父親開了幾年的不動產公司，營運並不是很順利，最後也不得不關門大吉。生意失敗後過了幾個月，他在亞特蘭大找到一份公職，但待遇非常普通。為了讓家裡過得下去，瑪莉與母親一起搬進了鄰居位於喬治亞州中部，米利奇維爾（Milledgeville）的一棟大宅裡，距離亞特蘭大沒有很遠的距離。

到了一九四〇年，父親已經孱弱到無法繼續工作。他搬回家中，然後接下來的幾個月，瑪莉只能眼睜睜地看著摯愛的父親一天天更加消瘦，受關節劇痛的折磨，並在一九四一年二月一日以僅僅四十五歲的年紀死去。幾個月後，瑪莉才得知帶走父親的病症叫作紅斑性狼瘡，這種病會讓身體製造出抗體來攻擊並弱化自體的健康組織（今天我們知道其完整病名是全身性紅斑性狼瘡，屬於最致命的一種紅斑性狼瘡）。

父親死後，瑪莉震撼到無法跟人面對面訴說，而是把心情抒發在了一本私人的筆記本裡，她寫道：「死亡的現實，席捲了我們，上帝的能力讓我們意識到自己的渺小，戳破了我們的妄自尊大，就像側腹中了一槍。那種不可思議萬念俱灰而四望看不到邊際的感受，落在了我們身上，讓我們充滿了悲愴，還有更甚於悲愴的驚奇想像。」

她覺得自己有一部分也跟著父親一起死去了，畢竟父女倆曾經那麼形影不離。但在父親驟逝帶來的哀傷以外，她也因此去思考起了一個問題，那就是一個人的死在宇宙萬事萬物的秩序裡，代表什麼意義。身為一名虔誠的天主教徒，她想像中再小的事情發生都有其原因，都代表上帝神祕的旨意，遑論像她父親早逝這種重大的打擊。

接下來的幾個月裡，瑪莉像是換了個人似地變得異常嚴肅與用功，她以前並不是那麼在意學校的課業。她開始故事愈寫愈長，格局也愈來愈宏大。同時，她前往在地一間女子學院就讀，而教授們也一個個驚艷於她的文筆與思想深度。她決心要證明父親的眼光是對的——他的女兒注定要成為作家。

不斷累積出對創作的信心之後，她決定要去喬治亞州外頭闖闖，在米利奇維爾與母親相依為命，讓她感覺到幽閉恐懼。她於是成功在一九四五年開學的學年度，申請到了愛荷華大學的全額獎學金。母親懇求她重新考慮上大學的決定，因為她覺得自己的獨生女不夠堅強，不可能撐得過一個人的生活。但瑪莉心意已決。進入大學，她報名參加了校內著名的寫作工作坊，並將名字縮短成芙蘭納莉·歐康納來象徵自己新的身分。

在強烈的決心與紀律的驅動下，芙蘭納莉·歐康納開始以短篇故事作品嶄露頭角，尤其她對出身美國南方的角色有非常深刻的描繪，南方仕紳外表下的黑暗與醜惡特質在她的筆下表露無遺。文學經紀人與出版社紛紛致電與歐康納接洽，另外最一流的雜誌也刊登了她手撰的作品。

離開愛荷華大學後，歐康納移居到美國東岸，並落腳在朋友莎莉與勞勃·費茲傑羅夫婦名下位於康乃狄克州的一棟鄉村別墅。她租下了這房子的一個房間，成為了莎莉與勞勃的房客。在那兒她可以不受干擾，瘋狂地投入小說處女作的創作。此時的她看來前途一片光明，一切都按照著她在父親死後所設定的計畫進行。

一九四九年的聖誕節，她短暫回到米利奇維爾的故里看看，但人一回到那裡，她就覺得不太舒服，而醫生診斷她得的是「游離腎」，也就是腎臟外圍欠缺組織支撐的問題。為此她得接受手術治療，而且還得在家休養一段時間。她一心想著回去康乃狄克州跟朋友一起生活，並完成她的小說創作，畢竟她的小說從有了發想之後，格局就愈寫愈大。

到了隔年三月，她終於恢復到可以回到康乃狄克了，但接下來的幾個星期，她又感覺到手臂會莫名陣痛。她在紐約看了醫生，診斷結果是風濕性關節炎。那年十二月，她又決定回到喬治亞州的老家過聖誕節，結果在火車上就病情惡化。等叔叔來接她下火車的時候，歐康納已經痛到不良於行，她感覺自己好像一夕間成為一名孱弱的老嫗。

因為關節疼痛與高燒不退，她立刻被送進了醫院，並被告知她的風濕性關節炎是最嚴重的那型，穩定下來需要至少幾個月的時間，由此她必須要暫且留在米利奇維爾，歸期未定。歐康納其實對醫生沒什麼信心，也不太相信他們的診斷，她實在太虛弱了，連與醫生爭辯的力氣都沒有。事實上高燒讓她覺得自己好像離死不遠了。

為了治療她，醫生們給她開立了大量的可體松。這種神奇的新藥緩解了她的疼痛，也讓她關節發炎的情況好了很多。但這藥也讓她爆發出強烈的能量，弄得她心神不寧，滿腦子充斥著各種奇奇怪怪的念頭。至於其他的副作用還包括掉頭髮跟臉部水腫。另外作為療程的一部分，她得頻繁地輸血。就這樣，她的生命突然來了個黑色的急轉彎。

有個讓她感到詭異的巧合是，當發燒達到最高點的時候，她會同時有一種眼睛跟癱瘓的感覺。不過幾個月前，當她還不覺得自己的病有這麼嚴重時，她就已經決定了要讓小說裡的主角把自己弄瞎。難道是她早就預見自己的命運嗎？還是說自己是先得了病，然後才讓她下意識地有了要這麼寫的想法？

覺得命不久矣的她開始在醫院裡加速寫作，最後也完成了她命名為《智慧之血》（*Wise Blood*）的小說，靈感來源正是她接受了輸血。這本小說講的是一個叫黑佐．莫提斯（Hazel Motes）的年輕人決定要對新的科學世代散播無神論的福音。他認為自己身上流著「智慧之血」，因此不需要接受任何一類精神的指引。這本小說的劇情貫穿了他墮落到謀殺與瘋狂行為中的過程，並於一九五二年出版。

住院幾個月，加上在家裡充分休養過後，歐康納回到了康乃狄克拜訪費茲傑羅夫婦。她希望自己不久後能重拾在鄉村別墅裡的生活。一日，當她與莎莉在鄉間開車兜風的時候，歐康納提到了她的風濕性關節炎，而莎莉也終於決定告訴她真相。原來，過於保護她的母親與醫師勾結，聯手騙了她。「芙蘭納莉，你得的不是關節炎，而是紅斑性狼瘡。」聽莎莉這麼說，歐康納發起了抖來。靜默了一段時間後，她才回答說，「嗯，這雖然不是什麼好消息，但我很感謝你告訴我……我就說我得的是紅斑性狼瘡嘛，我還以為是我瘋了呢。我寧可當病人，也絕不想當瘋子。」

她的反應雖然看似幽默冷靜，但內心依舊是大吃一驚。她感覺就像側腹又中了第二槍，而且這第二槍還加倍地比第一槍強。這下子她可以確定，她是真的從父親身上遺傳了這種病。突然間她得面對的一項現實是自己或許已經沒有多少時間好活，畢竟她父親的病情惡化也非常之快。她知道自己已經沒有餘裕去計畫或冀望能活在米利奇維爾以外的地方，老家將是她最後的歸宿。於是，她提前結束了這趟康乃狄克之旅，帶著抑鬱而困惑的心情回到了故鄉。

她的母親如今已是家中農場「安達盧西亞」（Andalusia）的經理，位置就在米利奇維爾外圍。芙蘭納莉得在母親的照顧下，於農場上了此餘生。醫生們似乎認為靠著新的神藥，芙蘭納莉可以活到壽終正寢，但她本人並沒有這樣的信心，主要是眾多的副作用讓她納悶自己的身體可以承受多久。

她愛自己的母親，但她們母女並沒有相同的頻率。芙蘭納莉的母親是那種話多、在意地位，也重視外表的類型。芙蘭納莉回家才一星期，她就覺得被逼到了牆角，因為她跟父親一樣是那種不愛配合別人的人。她喜歡照自己的意思過活，而她母親卻喜歡管東管西而且相當強勢。不過更重要的一點是芙蘭納莉是把創造力寄託在喬治亞以外的獨自生活裡，只有在喬治亞州以外的狂野世界，她才能跟志同道合的朋友就嚴肅的話題暢所欲言。她感覺外頭的世界有一條寬廣的地平線，而那兒才是她心靈可以變得寬廣的地點。

安達盧西亞感覺就像個牢籠，而她擔心自己的心靈會在此緊縮。不過就在她思索著如何與死亡面對面的同時，芙蘭納莉也剖析了自己的人生旅途。很顯然，朋友、居住地與自己的健康，都是很重要的事情，但這三樣都還比不上寫作對她的意義來得大，畢竟只有透過寫作，她才能把累積於短短人生中的各種想法與印象給表達出來。她有那麼多短篇故事等著去寫，或許還會多創作一兩篇小說。或許，換個另類的角度去想，不得不回老家養病於她而言是塞翁失馬，就像是上帝對她有另外的安排。

她可以在安達盧西亞農場的專屬房間裡，心無旁騖地創作，是因為那裡遠離塵囂。她斬釘截鐵地讓母親知曉每天一早，自己神聖的寫作時間都是兩個小時起跳，任何的打擾她都不會輕饒。這下子她可以專心一意地在寫作上，更深刻地進入她的角色，讓他們栩栩如生。回到喬治亞州的核心，仔細聆聽訪客與與農人的聲音，讓她從中得到更多靈感去為角色設計獨有的音色與口氣，她腦中因此迴盪起一道道有血有肉的回音。她與南方土地的連結變得更加強勁，她開始為了故鄉的人事物著迷。

返家後的幾個月，她便從生活中感覺到父親的痕跡存在於照片裡、他珍視的物體上，或是他被她翻出的筆記本裡。父親的氣息在她身邊縈繞著。他也曾經想要成為一名作家；這她是知道的。或許他希望女兒可以完成他沒有完成的事情。如今致命的疾病將兩人更加緊緊繫在一起；她也能感覺到當年他肉體所承受的苦痛。但她會繼續寫，不斷地寫，無畏於痛苦地往下寫，她說什麼也要完成父親從小看出她擁有的潛力。

有了這樣的想法之後，她意會到自己沒有時間浪費。她還有多少年可活？又還有多少精力與理智可以用來寫作？另外專心在寫作上，也有助於她減少對疾病的焦慮。只要一開始寫作，她就能徹底忘我，並完全融入到角色的世界中。寫作時的無我，給了她一種近似於宗教信仰般的感受。她在通知友人自己患病的信中是這麼說的：「我可以睜一隻眼閉一隻眼地，當這是種福氣。」

以這種苦中作樂的角度去想，那提早知道自己的病體還真是件好事情，因為這讓她有時間去接受自己將英年早逝的事實。早點接受現實，代表人生無法走到最後的打擊會稍微降低，同時她也會更懂得去珍惜每分每秒的時間、每筆生活體驗、每次與其他靈魂交流的機會。她對人生無法再有太高的期許，還能獲得的每樣東西都肯定得帶有意義。抱怨跟自憐都已經沒有必要——凡人皆有一死。別人眼中天大的煩惱，在她眼裡變得只是庸人自擾。甚至她已經可以看著鏡子裡的自己，戲謔地表示當個作家也沒什麼了不起，然後自嘲說你這個光頭，去哪兒都得拄著拐杖，有沒有那麼好笑。

帶著這種嶄新的決心與覺悟回到寫作的工作上，芙蘭納莉再次感覺到內心的蛻變：她益發意識到自己對於美國在一九五〇年代的生活與文化走向很反感。她察覺到美國同胞變得一天比一天更加膚淺與表面，更加沉湎於物質的追求，也更加在精神上顯得空虛且百無聊賴。他們就像繩索從碼頭邊鬆脫的船隻，沒有靈魂，沒有過去，沒有宗教信仰，也不帶有任何高深意義地飄蕩在這世上。**而這問題的癥結，就在於他們失去了面對死亡的能力，也因此無法去體會到生命的嚴肅性。**

她在被病體啟發的一個短篇創作裡，些許表達了這種心境。在這篇名為〈不歇的寒意〉（*The Enduring Chill*）的作品裡，主角是一名拖著病入膏肓的身體，返回喬治亞家中的年輕人。他一下火車，來接他的母親「稍微哭了一下；她看來相當吃驚。對於母親可以一眼看出寫在他臉上的死亡，他感到欣喜。他的母親已經年屆六十，不久之後也將面對現實，而他在想若白髮人送黑髮人的體驗沒有打敗她，那她未來的人生一定會更加成熟。」

在她看來，美國人正在佚失他們的人性，所以什麼樣殘酷的事情都做得出來。他們不再怎麼關心彼此，反而不論看到誰都有一種優越感。要是他們能看到她所看到的光景——人生苦短，沒有人能免於痛苦與死亡——那他們一定會徹底改變自己的人生觀；他們一定會有所成長，一定不會再那麼冷若冰霜。她覺得讀者需要的，是一顆「側腹的子彈」將他們從志得意滿中打醒。為此她會赤裸裸地在筆下把潛伏於主配角內心的自私與殘酷描繪出來，殊不知這些故事的角色在表面上看來是如此的客氣與平凡。

芙蘭納莉在新生活中得面對的一個問題，在於泰山壓頂的寂寞孤單。她需要人的陪伴來帶給她安慰，也需要認識人來擔綱她故事裡有著大量需求的角色原型。隨著《智慧之血》與故事集的出版讓她聲名大噪，她可以期待偶有作家或讀者來訪，而這也成為了她生活的動力。她會用盡力氣在有人來訪時進行各種觀察，包括探索他們靈魂的深度。

為了彌補有人來訪之間的空檔，她開始不斷累積與粉絲長篇的鴻雁往來，任何人來信她幾乎都會回應。他們當中許多人都相當掙扎。這包括有中西部一名處在瘋狂邊緣而老想著要自殺的年輕人，有喬治亞州一名冰雪聰明但以身為同性戀為恥的妙齡女子，名叫貝蒂・海斯特（Betty

Hester)。貝蒂把心事都告訴了芙蘭納莉，而兩人也變成了筆友。芙蘭納莉從來不會對來信者或對或錯說三道四，因為她覺得自己也是個非主流的怪咖，沒什麼資格說人家。對這群數量不斷增加的怪咖，她只一方面提供建議，一方面懷抱著悲憫之心與他們對話，不變的是她會懇求所有人把心思與精力放在自己以外的事物之上。

書信往來，是芙蘭納莉覺得最適合自己的溝通媒介，因為這讓她可以與人保持距離；她害怕過多的親密，因為她不想跟人變熟之後又得說再見。就這樣，她在短時間內建立起了她覺得很受用的個性化社交圈。

一九五三年春天的某日，她接見了一名又高又帥，來自於丹麥年僅二十六歲的訪客，名喚艾瑞克・朗克雅爾（Erik Langkjaier）。艾瑞克是一家大出版社的職員，也是個四處出差，負責美國南方大部分地區的教科書業務員。有次他在一間地方性大學認識了一名教授，而那名教授說要介紹他認識喬治亞州一名大文學家，也就是芙蘭納莉・歐康納。從他進入她家的一瞬間，芙蘭納莉就覺得兩人之間有某種無法言喻的聯繫。她覺得艾瑞克飽覽群書而且談吐風趣。能在喬治亞的這一隅遇見這樣見過世面的傢伙，確實是可遇而不可求。他作為巡迴業務員的生活讓她覺得眼界大開；得知他隨身帶著本「聖經」深感莞爾，也就是幹這一行最要緊的促銷資料活頁本。

他這種極度不穩定的人生，引起了她的共鳴。跟芙蘭納莉一樣，艾瑞克也是幼年喪父。她把自己跟父親的互動與遺傳自父親的紅斑性狼瘡，都一五一十地告訴了他。她受艾瑞克的吸引，突然之間開始在意起自己的外貌，另外還不斷拿自己當哏來開玩笑。她送了他一本《智慧之血》，而且還在上頭簽名說：給也流著智慧之血的艾瑞克。

他開始盡量把米利奇維爾排進工作的行程，以便多跟芙蘭納莉有機會相談甚歡。芙蘭納莉期待著他每一次的造訪，而他每次的離去則會為她帶來無比的痛苦與空虛。一九五四年的五月，某次他來訪的時候，艾瑞克表示他要請半年假回丹麥，並提議他們最後一次乘車去鄉間兜風作為臨行的紀念，畢竟那是他們最愛的活動。黃昏時分，在前不著村後不著店的地方，他把車子停在了路旁，然後吻了她，而她也開心地接受。那個吻時間雖然不長，但令她相當難忘。

這之後她仍顯然出於思念而勤於寫信給他，並會在字裡行間小心翼翼地提及兩人一起兜風對她有多大的意義。一九五五年的一月，她發表了一個看似文思泉湧而在短短數日內有了靈感的故事（正常狀況下她是個非常謹慎的寫作者，每個故事都要歷經數版草稿才會定案）。在這篇她名為《鄉間的好人》的作品裡，有一個角色是憤世嫉俗而有一隻腳是木腿的年輕女子。故事中她邂逅了一名雲遊四處的聖經推銷員，並在他面前瞬間卸下了心防，任由他誘惑自己，但她也跟對方玩起了自己的遊戲。有次在穀倉中，兩人正要發生關係之際，他求她把木腿拿掉來代表對他的信任。這雖然挑戰了兩人親密的極限，而且也似乎違反了她自我保護的底線，但她還是答應了。但結局是他一把抓起她的木腿遠走高飛，再也沒有回來。

內心深處她感覺到艾瑞克似乎想盡可能留在歐洲，而這個作品就是她的情緒出口。他們一個化身為故事裡的聖經推銷員，一個是憤世嫉俗但卸下了心防的鄉間女孩原型。艾瑞克拿走了她的木腿。到了四月份，她再也受不了他不在身邊，於是便寫了封信告訴他，「我覺得你要是人在這裡的話，我們可以聊一百萬個話題都不需要停。」但隔天才剛寄出這封信，她就立刻收到了他的來信，他表明自己已經跟一名丹麥女性訂婚了，而且這對新人的計畫是回到美國生活，他也不打算放棄原本的工作。

她已經直覺預料到事情不會如她所願，但這樣一封信還是讓她深受打擊。她用禮貌到不能再禮貌的口氣回信恭喜他，最終兩人又維持了若干年的筆友關係。惟這並不表示她就能輕易從情傷中恢復過來。她試著保護自己不受內心深處那種分手的感覺傷害，因為那種感覺實在太難以忍受。情傷就像是小小的鬧鐘在不斷地提醒著她面臨的死亡威脅。畢竟她隨時都可能與世長辭，而其他人則可以留在人世間繼續生活、繼續相愛。如今那種分離的感覺就像潮水般一擁而上。

得不到回應的愛情是怎樣的一種感覺，她算是體驗到了，但不同於一般人是知道自己不會再有第二次這樣的機會了——她注定要孤獨地走完一生，而這層領略也讓情傷加倍刺痛。她不是訓練過自己要與死亡四目相交，不是連死都不怕了嗎？那又何必被這一點小事弄得失魂落魄呢？她於是知道了自己該怎麼做——她要將這段痛苦的人生體驗轉化成養分，去孕育出更多短篇，而事實上利用從此間了解到的軟弱人性，芙蘭納莉也得以讓她的第二部小說順利成形。

接下來的幾年裡，控制病情的藥物慢慢開始影響到她的寫作，主要是可體松讓她的臀部與下顎變軟，兩隻手臂也失去了使用打字機的力量。沒多久她行動起來就得完全依賴拐杖，陽光成了她得避之惟恐不及的死敵，因為日照會引發狼瘡的疹子。在這樣的狀況下還想要散步，她得把每一寸肌膚都包到密不透風，即便是在盛夏的酷暑中也不能例外。醫師嘗試讓她停藥，希望她的身體能稍稍喘口氣，但少了可體松的刺激，她的精力開始降低，寫作也變得更加不容易。

這幾年雖然有種種的不利因素作祟，但她還是勉力出版了兩部小說跟好幾本短篇故事集。年紀輕輕，芙蘭納莉已經躋身美國當代最偉大的作家之列。但也就在此時，她突然覺得倦勤而出現了創作瓶頸。一九六二年春天，她在一封給友人的信中說到：「我已經寫了十六年，現在的我有一種江郎才盡的感覺，覺得自己需要某種恩典來深化我的感官與知覺。」

一九六三年，聖誕節前的某天，她突然暈厥而被送到醫院。醫師診斷她是貧血，並進行了一系列的輸血來讓她恢復知覺。此時的她已經虛弱到連坐在打字機前都辦不到了。然後又過了幾個月，醫院發現她有一顆良性腫瘤需要切除。雖說腫瘤本身是良性，但他們擔心手術的創傷會一個不小心讓狼瘡復發，讓她重新出現十年前那種高燒不退的症狀。

在給朋友的信中，她故作輕鬆。怪的是處在身體狀況最孱弱的此刻，她卻突然覺得醍醐灌頂地寫出了一票故事，準備在秋天出版。她也因為近水樓台在醫院裡研究起照顧她的護士，新角色於焉誕生。當醫生告誡她不准工作的時候，她便把故事拚湊在腦子裡，然後強記起來。她把筆記本藏在枕頭底下。她不能在此時停筆。

手術的結果相當成功，但到了三月中，很明顯她的狼瘡復發，而她也將之比喻成在自己體內興風作浪的一匹狼（狼瘡的英文病名有著拉丁字源）。她被迫得在醫院多住些時日，但即便如此，她仍背著醫護人員，一點一滴累積出每天的兩小時寫作時間。她得與時間賽跑，在一切都太遲之前把故事帶到世上。

終於在六月二十一日，獲准出院，而她心裡有數這一切即將結束，畢竟她父親最後的日子是什麼模樣她記憶猶新。痛也好不痛也罷，她必須要工作，必須要把已經起了頭的故事跟修改做一個收尾。如果一天變成只能工作一個小時，那就一個小時吧。她必須要把最後一絲的意識擠出來，並讓它派上用場。她已經完成了自己身為作家的天命，也度過了充實的一生。只要能把手中的作品好好收尾，她這輩子就無怨無悔了。

七月三十一日，在窗邊看著夏雨落下的她突然失去了意識，並被緊急送醫。八月三日的凌晨，她以三十九歲英年早逝。遵照她最後的心願，芙蘭納莉被埋骨在父親的身邊。

大師解讀

在狼瘡發作後的歲月裡，芙蘭納莉·歐康納注意到一種特殊的現象：在她與朋友、訪客與筆友的互動中，她常發現自己扮演著建議者的角色。她會在言談中告訴別人日子要怎麼過、精力要投注在哪邊、困難中要如何保持鎮靜，還有要如何懷抱著使命感度日。但其實病入膏肓的是她，命在旦夕的也是她，生活與行動受到嚴重限制的，還是她。

她感覺到世上有愈來愈多人迷失了方向。他們沒辦法全心全意地投入工作或愛情；他們永遠在一會兒東、一會兒西地打醬油，永遠在尋找新的樂趣與消遣，但找來找去都還是滿心空虛。這樣的他們只要一遇到逆境與寂寞，就會徹底崩潰，然後他們就會跑來找芙蘭納莉，他們覺得可靠的芙蘭納莉能告訴他們人生的真相，並讓他們重新找回方向。

在她看來，自己與這些人的差別很簡單：她已經年復一年地正眼瞪著死亡而忘了發抖。她並沒有縱容自己去寄希望於模糊的未來、沒有盲目地相信醫藥，也沒有用酒精或毒品麻木自己的哀傷。**她接受了疾病的死亡宣判，並將之轉化為生活與前進的動力。**

對芙蘭納莉而言，**死亡的陰影帶給她行動力，也讓她知道時間緊急；死之將至深化了她的宗教信仰，也讓人生的奧祕與不確定性點燃了她心中覺得驚奇的火花。**她奉逼近的死亡為恩師去學習事情的輕重緩急，而這也讓她知道要與一般人念茲在茲的衝突與擔心保持距離，因為她知道那些事情是多麼雞毛蒜皮。**她用死亡將自己錨定在當下，讓她知道要珍惜每一次瞬間與每一筆緣分。**

知道自身疾病有其意義，她便解除了自我憐憫對她內心的封印。正面迎戰死亡更讓她堅強起來。她因此能夠對身體上的痛苦進行適當的管理，由此獲得繼續動筆的精力。如此堅強的她即便因為艾瑞克的離去而在側腹又中了一槍，也能夠在短短幾個月後找回心理的平衡，既沒有忿忿不平也沒有封閉退縮。

這代表的是她已經打心底接受了死亡代表的終極現實。相對於此，包括她認識的許多人在內都有一個問題是欠缺對現實的完整認識，他們不是忌諱自己會死，就是不想去面對人生中許多不愉快的面向。

活在生而有涯的認知裡還賦予了芙蘭納莉另外一項優勢，她因此對人更有同理心，也更能與人產生共鳴。她與死亡這種概念之間有一種特殊的關係：死亡於她不是種單獨保留給她的命運，而是與她父親有一種緊密連結的事情。他們父女的苦難與死亡間有著千絲萬縷的糾結。在她眼裡，死亡的接近是在呼喚她要更進一步去看待這種糾結，是要她了解我們每一個人都是死亡終點俱樂部的一員，亦即死亡之前人人平等。死是所有人共有的命運，所以也應該拉近我們每個人的距離。既然所有人都難免一死，就沒有誰應該覺得高人一等或與眾不同。

芙蘭納莉的這種同理心與民胞物與的胸懷，讓她產生了強烈的欲望會想與形形色色的人溝通，而這也使得她得以突破了一個她最大的侷限：她承繼並內化自母親與許多南方人，那種對非裔美國人的種族主義歧視。她很清楚自己有這樣的歧視，也很努力地在與之對抗，這一點在其作品中非常明顯。到一九六〇年代初期，她已經可以擁抱小馬丁・路德・金恩所倡議的民權運動，乃至於在她後期的作品裡，她已經會在筆下表達出一種願景是各種族應該要能有朝一日融合在一起，藉此讓美國超越其歷史上的汙點。

有超過十三年的時間，芙蘭納莉・歐康納眼睜睜看著死亡用槍管指著她，但她還是拒絕退讓。當然宗教信仰是她精神上的一大支柱，但芙蘭納莉也深知許多有宗教信仰者也一樣對自身的生死懷抱著滿滿的妄想與逃避心態，也跟一般人一樣自我膨脹與喜歡計較。她選擇用遺傳的不治之症來激發自身生活的潛能，是她個人獨特的抉擇，她因此能活出激昂而充實的人生。

你的人性課題

我們在閱讀芙蘭納莉・歐康納這類作家的作品時，往往會帶著一種距離。我們會不由自主地因為自己的處境比較沒那麼嚴峻而鬆一口氣。但其實我們真這麼想，就大錯特錯了，因為她的命運就是我們的命運——我們都一天天在朝著死亡邁進，每天面對著生死有命而什麼都不能確定。事實上，每天都有可能成為自己的忌日，正是她相對於我們所具備的優勢，她被逼著去與死亡共存，而這也讓她懂得了何謂置之死地而後生。

我們可以逃避現實，可以打迷糊仗，可以自以為長生不老而不好好把握當下。然後或許哪一天現實追上了我們，當我們的腹部挨上一槍，不論那是職涯上意外出現的危機、是在痛苦中結束的交往關係，是親人或摯友的驟然逝去，甚或是疾病威脅到我們自己的生命，我們都會在倉皇中顯得措手不及。

我們習慣了逃避死亡，當然也會循同樣的模式逃避生命中其他不愉快的現實與逆境。我們會動輒歇斯底里地失去平衡，會習於怨天尤人，會自怨自憐，或是會選擇用最快、最方便的辦法去麻痺自己的痛苦。這會變成一種我們擺脫不了的慣性，然後這種整體性的逃避，就會讓我們生活中瀰漫著一股無孔不入的焦慮與空虛。

為了避免這成為我們一輩子的詛咒，我們必須一舉讓自己走出這場幻夢。我們必須勇敢地直視自己的餘命，必須停止用虛無飄渺、似是而非的生死之辯來自欺。我們必須用力專注在以死亡為首的各種不確定性上，因為每天都有可能是我們生命的最後一天，正如人有旦夕禍福，我們隨時可能面對生離死別。由此我們必須立刻停止拖延，立刻有所警覺。必須停止覺得自己比較優越或特別，因為我們每個人都會來到死亡面前，而這也應讓我們在內心深處有所連結。只要是人類還生而有涯的一天，我們就都是彼此的兄弟姊妹。

在這麼做的過程中，我們將能重新設定自己人生的航道。有死亡的身影常伴左右，我們會更明白人生苦短，也會更知道事情的輕重緩急。會知道要更迫切地去把使命達成，也會對工作與感情都更加投入、認真。遭遇危機、分離、疾病，將不會再那麼驚慌失措。我們將不會動輒進入逃避現實的模式。將能接受痛苦與磨難也是生命的一環，並能以這些逆境為師，用這些苦難來將自己砥礪地更堅強。就像芙蘭納莉所示範，知道死之將至能擦乾淨我們的眼鏡，讓我們的眼光不被愚昧的幻象扭曲，由此我們各方面的生活體驗，也將在強度上有所升級。

回首前程，一想起我曾因不懂如何去活而在錯誤與懶散中虛擲光陰，一想到我有多常違反內心與靈魂的告誡而犯下罪孽，我一顆心就會淌血。生命是一份大禮，是幸福的代名詞，生命的每一分鐘都應該對應著永恆的幸福！如果年輕時的我能知道這麼多就好了！如今我的人生將煥然一新；如今我將獲得重生。

> 親愛的兄弟，我對天發誓自己不會懷憂喪志。我將保持自身靈魂的純淨，與一顆敞開的心。重生之後，我將比現在更加美善清新。
>
> ——杜斯妥也夫斯基

人性的關鍵

如果我們可以退後一步去檢視自己日常的意識流，我們會發現自己每天的思緒都在相同的焦慮、幻想與憎恨上打轉，就像個頭尾相接的迴圈。即便在走路或與人交談的過程中，我們內心的獨白都不曾中斷。由此我們其實都只是三心兩意的在看著或聽著眼前的東西。

惟偶爾，特定的事件會觸發我們思想與感受的質變。若我們去從未踏足過的外地旅遊，離開了原本的舒適圈，則我們的感官會在彈指之間甦醒過來，我們的視覺與聽覺會更加敏銳。主要是為了在不熟悉的異地避免危險，我們的感知會比平日更加專注而活躍。

同樣地，若我們即將出門遠行，且必須和心愛的人告別，則可能會突然發現他們給人一種不同於平日的感覺。正常狀況下，我們都不會把親人或愛人當一回事，但一想起短時間內見不到他們，我們便會很自然地注意起他們的一顰一笑，聽聽他們有什麼話想告訴我們。分別在即，我們的情緒與注意力都會不可與平時同日而語。

生離都能如此激動，何況是死別，何況是與我們摯愛的雙親或伴侶天人永隔。親人與伴侶在我們人生中扮演很重要的角色，我們已經將他們內化為日常的一部分，所以一旦他們離開，我們一部分的自己也會隨之消散。所以為了失去至親而哀慟的同時，我們也會感覺到死亡陰影掠過自己的天空。我們會被迫去意識到人生的無常，並自責沒有在還來得及的時候多珍惜親人一些。我們甚至可能會有些許的憤怒，因為這個世界還是照常在運轉，並沒有因為我們的痛楚而停下來。我們撕心裂肺，但旁人依舊能吃能睡。

在失去摯愛的數日或數週，我們會體驗到生活的劇變。我們的情緒會更赤裸、敏感。特定的刺激會讓我們想起離開的至親。這種悲傷的強度會慢慢減弱，但日後只要每被提醒一回，部分的感覺還是重返心間。

若我們將真正的死亡視為一個令人無不畏懼的終極關卡，那上述的種種情境就是分次進行，強度較低的模擬死亡。與我們認識的人死別，前往異地探險，或是進入人生嶄新的階段，都會讓我們回首來時路，彷彿一部分的自己已經消亡。在這樣的瞬間，或是在真的有人死去的強烈體驗裡，我們會注意到自身官能變得敏銳，情緒起伏也更加活躍。我們會產生一整套不同的思緒，會變得更加專心，會看到產生質變的生活變得更加激動，就好像我們暫時變成了另外一個人。當然，這種思想、感受與官能上的變動，會在我們與死神擦身而過時達到顛峰。瀕死經驗之後，人的生活將變得完全不同。

我們可以姑且將此稱為矛盾的死亡效應（paradoxical death effect）——差一點死掉，會讓我們更有活著的感覺。關於這種效應，我們可以做以下的解釋。

身為人類，死亡不只讓我們害怕，也讓我們尷尬。我們是唯一在真正意義上知道自己會死的動物。整體而言，身為人的力量，就來自於思考與反省的能力。但獨獨在死亡這課題上，我們的思想只會讓我們深感不悅。一想到死，我們只會想到與死相關的病痛，想到與摯愛分別，想到死到臨頭所牽涉到的種種不確定性。所以很自然地，我們會盡可能地不去想這件事情，盡可能去避談這個話題，但死亡作為一個現實，永遠都在我們的腦海深處游移，永遠不可能被徹底驅離。

無意識間想多少舒緩這種死亡的威脅，我們的遠祖創造出了一個精靈與神祇的世界與來生的概念。相信有來生有助於舒緩我們對於死亡的恐懼，甚至讓往生變得一件值得嚮往之事。這並不能消除我們對於與摯愛分離的焦慮，也不能減輕通往死亡的病痛，但這確實能讓無法甩開死亡焦慮的我們獲得心理上的深度補償。圍繞著死亡，有許許多多旨在讓人好過一點的繁文縟節，而這些儀典也確實能強化我們在生死交界處獲得些心理安慰。

在今天的世界，科學與理性的突飛猛進，只是加深了我們面對死亡時的尷尬程度。許多人已無法真心相信死後有來生，但又沒其他補償機制可以代打上場，由此我們與死亡之間失去了原有的緩衝。我們可能會故作勇敢，假裝可以成熟而坦然地面對現實，但與生俱來的恐懼可不是滑鼠點兩下就可以丟到垃圾桶。科學與宗教的一進一退也不過才經過了幾百年而已，還不足以讓人性深處對死亡的恐懼獲得昇華。於是乎我們用來取代信仰系統與來生概念的東西，就變成了否認與逃避，就變成了對死亡意識的壓抑。以下是幾種我們逃避死亡的方式。

在過去，死亡是會日常而切身地發生在城鄉之間的事情，基本上無法逃避。只要長大到某個年紀，幾乎每個人都會親眼目睹過死亡。但今天在世界上的許多地方，我們已經幾乎讓死亡消失在人的視界中。醫院，是僅存有死亡在上演的劇場（就連我們要吃的家禽家畜，牠們的死亡過程也同樣用各種方式被覆蓋住）。所以只要有心，現代人絕對可以將與死亡的第一類接觸減少到最低，徹底地做到眼不見為淨。但這對由生老病死構成的人生旅程，其實是一種嚴重的扭曲。另外就是我們所消費的娛樂類型，也強化了這種與現實脫節的情形，主要是不論在電影或電視上，死亡都變成一種好像卡通般的過場，動輒幾十人慘死在刀槍與砲彈下，但所有人都不以為意，彷彿其唯一的用意就是讓畫面變得更加刺激。其實，這恰好反映了我們有多想要壓抑死亡的意識，想讓自己無感於這種本能的恐懼。

再者，現代人愈來愈有一種崇拜年輕的趨勢，就像青春本身就是一種可供信仰的宗教一樣。有了歲月痕跡的舊東西、老電影，一樣樣都會在無意間提醒我們生命的短暫與命運的終點站。由此我們會想方設法去逃避，去用嶄新與流行的事物圍出一道防禦。走到極端，甚至有人會醉心於科技可以讓人長生不老的迷思。整體而言，科技給了我們一種神人不分的感覺，因為科技進步讓我們可以在一定程度內延長生命，並漠視死亡頗長的一段時日。在這層意義上，我們其實與人類遠祖半斤八兩，大家只不過是欺騙自己的方式不一樣。

由此必然的結果就是，我們幾乎沒有人願意討論切身的生死問題，也沒有人想要思考如何比較健康地面對死亡。死，就是一種忌諱，就是一種禁忌的話題。而**人性的法則告訴我們，當我們逃避現實到一個極端，反向的「矛盾效應」就會在我身上產生作用：我們愈是不想去談死，就愈沒辦法放開手去活，就會反而更活得像個行屍走肉。**

我們其實滿小的時候就會意識到自己的生命有其盡頭，那也讓心中充滿如今可能早已遺忘，卻曾經非常真實而有感的焦慮。這種焦慮不論我們如何許願，如何逃避，都不可能消失。它只會像強大的休眠火山一樣潛伏在成年人的心中。選擇壓抑死亡的念頭，選擇不去面對這種情緒的源頭，只會讓焦慮累積出更強的能量。人生稍有波瀾或對未來的不確定感，都會讓這種焦慮靜不下來，甚至會讓這種焦慮從短期惡化為長期。為了與之對抗，我們往往會縮小自己思考或活動的範疇（不要胡思亂想或自己給自己找麻煩）。反正只要大腦跟兩隻腳都不離開自己的舒適圈，那就能大大提升生活的可預測性，進而把焦慮降到最低。對於特定飲食、興奮劑或娛樂類型的成癮，都有類似的效果可以鈍化焦慮。

一路在這條自我麻痺的路上往下走，我們會變得愈來愈自我，愈來愈不想靠別人過活，任何一個不受控的外人都可能讓我們焦慮死灰復燃。

我們可以用以下的方式來描述生與死的差別：死是絕對的靜止，除了腐敗以外，所有的動靜與改變都會因為死而停止。在死亡裡，我們會與其他人類分離，會孤單得完完全全、徹徹底底。相對之下，活著代表作動（所以會有活動一詞），代表與其他活物有所連結，也代表著生命形式的多元會不斷被創造出來。而通過對死亡這個概念的逃避與壓抑，我們會為焦慮之火不斷添加柴薪，同時讓內心變得像是一攤死水——我們與人的關係會出現斷點，我們的思考會變得一成不變，運動與改變的能量也會慢慢熄滅。另一方面，與死亡的熟稔與親近，還有與死亡意識面對面的能力，反而會倒過頭來讓我們內心生意盎然，而芙蘭納莉·歐康納的故事就給我們做了最好的示範。

透過對死亡真相的理解，我們將能更深刻地與現實產生連結，並讓生命出落地更加完備而少有侷限。硬要將死亡從生命中拉開，硬要去壓抑死亡的存在，只是搬石頭在砸自己的腳，得到的效果恰好相反。

我們現代人需要的，是想個辦法去為自己創造出正向的「矛盾效應」，而以下我們就會一起來嘗試這件事情。我們將嘗試打造出一款符合實際的哲學，藉此將生而有涯的意識轉化為一股具有建設性，能讓生命變得更加豐富的助力。

置之死地而後生的哲學思索

人的問題，不在於我們不知道自己會死，而在於害怕一直去想自己會死。那就像我們來到巨洋的岸邊，然後攔著自己不去探險，甚至轉過頭去當沒看見。惟人既然具有自我意識，就不該自我設限，而該令其不斷向前。這是人類此一物種的力量泉源，也是人存在於世上的天命所歸。我們要學會掌握這種哲學，其前提必須是我們得按平日對死亡的感覺反其道而行，也就是要更靠近、更深入地去觀察死亡，要從岸邊揚帆出航去探索不同的生死之道，而且要有多遠走多遠，絕不畫地自限。

以下我會介紹五種關鍵的策略，並分別附帶對應的練習，希望有助於你在生死哲學的道行上修成正果。可以的話，盡量「五線齊發」，讓五種策略都派上用場，好讓這種生死哲學可以徹底滲入日常生活的思維之中，也讓我們的體驗可以由內而外獲得改變。

對死亡要有切身的感受

出於恐懼，我們會把死亡抽象化，「虛級化」之後的死亡會由得我們招之即來，揮之則去。但生命不單是一個抽象的想法，生命是一種有血有肉，會拉屎會放屁的現實，是一種我們從內而外感覺得到的東西。而生命又跟死亡是一體的兩面，你不能像「自助餐」似地光夾其中一樣，亦即有生命就有死亡，有死亡才有生命，死亡就跟生命一樣，是有血有肉的東西。從我們誕生的那一瞬間起，死亡就內建在我們細胞會死去、年華會老去的身體裡。我們必須要拳拳到肉地去感受死亡。不能只當死亡是一種病態或恐怖的東西。一旦能跨越這個瓶頸，不再視死亡是一種抽象的概念，那我們便會獲得一種無比自由的解放感，會更具體地跟周遭的世界有所連結，感官的回饋也會變得更為強烈。

一八四九年十二月，二十七歲的作家杜斯妥也夫斯基正因為涉嫌同謀推翻沙皇而在服刑當中，而一日他發現自己跟獄友突然被移送至聖彼得堡的廣場上，並被告知他們即將在此伏法。這個死刑宣判完全在他們的意料之外。在面對火槍隊之前，杜斯妥也夫斯基只有幾分鐘可以做好心理準備。而在這幾分鐘內，他感覺到心頭湧上了前所未見的情緒。他注意到光束打在大教堂的圓頂上，也體會到所有的生命都跟那些光線一樣稍縱即逝。周遭的每一項事物，感覺都比平日更有活力。他注意到獄友臉上的表情，堅毅的表面下是藏不住的恐懼。在死亡之前，人的想法與心境似乎都變得透明。

直到最後一刻，沙皇的代表才駕著馬車姍姍來遲表示他們死刑可免，活罪難逃，所有人改判到西伯利亞進行若干年的勞改。歷經了死亡帶來的巨大心理衝擊後，獲得改判的消息讓他如獲新生。自此一直到死，這次的經驗都緊緊嵌在杜斯妥也夫斯基的心上，而他的同理心與觀察力也因此獲得了啟發，變得更深更廣，因為說起暴露在死亡威脅下那種刻骨銘心的感覺，他從旁觀者變成了當事人。

瀕死經驗會產生這種效應，理由如下：正常狀況下，我們的一生會在渾渾噩噩與半夢半醒之間度過，過程中我們會把眼睛朝內看著自己。腦中的活動會圍繞著自己內心無涉於現實的幻想與恨意打轉。惟有當死亡逼近，我們才會像班長突然喊了聲「立正！」似地大夢初醒，因為死亡威脅需要集中全副心力去回應。我們體內會湧出腎上腺素，血流也會拼命被送入大腦與神經系統。我們會變得異常專注，會因此注意到平日視而不見的細節，會用嶄新的角度去觀察人臉，也會體察到身邊人事物的存在並非永遠。整體而言，我們的情緒反應會遠不若平日那麼膚淺。這種效應可以延續數年，甚至數十年。

我們無法在不危及生命的前提下複製出原廠級的瀕死體驗，但我們可以人為創造出副廠件，東西一樣只是強度差點。我們首先要靜下心去想像自己死去，然後將之轉化為某種真實而切身的東西。對日本的武士而言，人類最敏感的神經與跟生命最強烈的連結，位於五臟六腑所在的腹間，那兒也是我們與死亡的交界。所以日本武士會以腹部為中心，盡其所能地去冥想死亡的過程與感受。但除了從五臟六腑出發以外，我們還有一個辦法可以從骨子裡感受死亡，那就是想想我們疲憊與虛弱的時候。我們常能在行將入睡時體驗到這種感覺，短短數秒內，我們會感覺到自己從一種意識過渡到另外一種意識，而那種墜落就給人一種正在死去的感覺。那過程中毫無值得害怕之處；事實上，這樣的模擬與冥想看似細小的碎步，卻能讓我們慢慢跨出放下死亡焦慮的卓然大步。

我們也可以善用想像力，在腦海中模擬自己大限之日的來臨，想想那會發生在何時何地，起源於何種「契機」。我們必須盡可能讓想像顯得栩栩如生，由此我們可以假設明天就是自己在世上的最後一天。我們可以想像自己是最後一回看著眼前的世界——身邊的人、熟悉的景色與聲音、嘈雜的車水馬龍、鳥兒的啁啾、窗外的山光水色。先想像這些事情在我們身後繼續存在，然後再突然讓自己活過來。你會發現這些東西都亮了起來，只因為你不再把它們視為理所當然，而是睜開雙眼讓它們得到應有的對待。讓瞬間即永恆，因為沒有東西可以永遠存在的這一點，深深沁入你的心坎。**人生無常，眼見的穩定與堅強都只是假象。**

我們必不能害怕於想像死亡會帶來的痛楚與悲傷。人的情緒，通常都緊緊纏繞在我們自身的需求與擔心中，但如今我們的情緒會向著世界敞開，也對生命本身的意義敞開，對此我們應當要樂觀其成。一如十四世紀日本文豪吉田兼好法師在《徒然草》書中所言，「倘若無常野的露水和鳥部山的雲煙都永不消散，世上的人，既不會老，也不會死，則縱然有大千世界，又哪裡有生的情趣可言呢？世上的萬物，原本是變動不居，生死相續的，也惟有如此，才妙不可言。」

醒悟於人生苦短之理

無意識中與死亡意識脫鉤的我們，會跟時間建立起一種特殊的關係——在這種時間裡，日子會變得鬆散而膨大。我們會昧於事實地以為自己的時間還很多。我們的心思會飄向未來，把虛無飄渺的未來視為希望與夢想的寄託。我們的計畫或目標，會在這種狀況下變得窒礙難行，因為我們事情會做得有氣無力。明天再開始吧，我們會這麼對自己說，因為我們當下覺得另外一個目標更誘人——它們每一個看起來都如此可口，但性質相差又那麼多，要怎麼下定決心跟哪一個從一而終？我們會被焦慮弄得烏雲罩頂，因為知道自己得做出點成績，但實際上卻始終做不到劍及履及，反倒是不停地在分心。

這時若某個計畫的截止日期逼到我們眼前，我們就會發現那個夢幻的時間關係瞬間破滅，然後出於某種玄妙的原因，我們就會擠出原本不知道跑到哪裡去的精力，在短短幾天之內完成幾週前或幾個月前就知道要做的事情。「死線」對我們造成的改變，有一名在現實世界中的代言人：腎上腺素。腎上腺素一旦湧出，我們就會變得有力氣、又專心，而這兩種東西加在一起，帶來的紅利就是高於平日的創意。同時將身心奉獻給同一個目標，會讓人充滿活力，但那是預設為分心狀態的現代人，所鮮少能獲得的體驗。

我們必須把死這件事情，當成是永遠擺在那裡的截止日期——一條名符其實的「死線」——讓上述的效應能常作用於我們的生命。我們必須停止自欺欺人：我們其實不確定自己能看得到明天的太陽，而且就算真的活個八十年，那在時間的汪洋中也只是滄海一粟，稍縱即逝。我們必須要從幻夢中清醒過來，讓人生成為一個不中斷的思索過程。

當然這種思索，會讓一部分人得到一個結論是：「那就都什麼都不用嘗試啦，不是嗎？反正做也好不做也好，最後都是死路一條，是吧？既然橫豎都得死，那還不如及時行樂比較划算。」但這種想法，其實並沒有經過深思熟慮，而且也經不起現實的考驗。這不過就是在賭氣跟另一種逃避而已。縱情聲色或花天酒地，一方面也有得付出的代價，一方面也不可能真正讓我們忘卻死亡。這也是一條不歸路，因為一旦走上這條路，就得非常疲累地去不斷開發新的消遣來殺時間，還得把自己的需求跟欲望看得比什麼都重要。久而久之，我們會覺得自己的靈魂被掏空，脾氣也會暴躁到令身邊的人動輒得咎。

長以此往，我們會愈來愈尖酸刻薄，愈來愈不能接受自己一事無成跟浪費了天賦。一如英國作家威廉・赫茲利特（William Hazlitt）所說，「我們對死的抗拒，會與虛擲光陰的自覺成正比。」

讓人生苦短四字成為我們日常生活的羅盤。我們有想達到的目標，有要完成的計畫，有想完滿的關係。而且人世無常，搞不好手上的計畫與戰鬥都會是我們的告別作，所以我們必須全力以赴。永遠抱持這樣的初衷，就不會忘卻事情的輕重緩急，也不會為了所謂的爭一口氣或不務正業而分心。我們會專注地接受成就感的吸引與指引。我們會在這樣的意識流中放下無謂的自我，因為我們心中將只剩下自己跟手上的工作，中間完全插不進縫。如此等稍事休息的時候，我們將更能享受各種娛樂跟消遣，因為我們將知道這些休閒都是過往雲煙。

認知到凡人皆有一死

一六六五年，瘟疫肆虐倫敦，殺死了將近十萬人。作家丹尼爾・狄福（Daniel Defoe）當時年僅五歲，但他已經親眼見識到什麼叫做天地不仁，而那印象也跟隨了他一生。約一甲子之後，他決定從成年敘事者的視角在筆下重建當年的慘劇，亦即他集自身的回憶、研究所獲得的資訊，以及他叔父的日記，寫出了一本叫做《大疫年紀事》（*A Journal of the Plague Year*）的作品。

在書中隨著疫情擴散，敘事者注意到一些奇特的現象：大家夥開始對同為倫敦居民的其他人產生了高度的同理心；平日的嫌隙，特別是宗教信仰上的差異，彷彿憑空消失。「在此我們可以觀察到，」他寫道，「……與死亡的短兵相接，會在短時間內讓各持己見的人們彼此和解，話說平日是因為日子太好過，加上我們刻意對死亡眼不見為淨，才讓我們彼此的嫌隙獲得助長，也才讓相互的惡意被延續下去……再來一年瘟疫，這些差異都會獲得撫平。與死亡或與致命疾病進行的對話，將能把恨意從我們的脾氣中如渣滓刮去，讓敵意在我們之間消失於無形，也讓世界在我們眼中出現與平日不同的身影。」

與上述情形完全相反的狀況，在歷史上所在多有——人類自相殘殺，動輒屠戮千萬條性命，尤其在戰爭中，屍橫遍野也激發不出人的一絲同理。這是因為死者在行兇者的眼中是低等的非人，所以動手的人感受不到與死者的聯繫。而在瘟疫中不論你多麼出身不凡或家財萬貫，都無法倖免於難。瘟疫之前，人人平等，每個人都面對著相同的生命威脅。而當人瞥見自身的無助與身邊每個人的無助，平日的差別心與優越感就會無法立足，彷彿世界大同般的同理心則會趁隙進駐。但其實不需要瘟疫，只要我們能設身處地想像其他人在死亡面前的脆弱與徬徨，跟我們沒什麼不一樣，那同理心就會成為我們預設的日常立場。

有了生死哲學護體，我們便能去複製出瘟疫對人心中部落主義與自私自利的洗滌。我們可以行遠必自邇地從小地方做起，包括可以先環顧四周，看看家中親人與職場上的同事，想像一下他們終將難逃一死，並思考一下這會如何改變我們對他們的觀感。如叔本華所寫，「每一名友善的靈魂在死去時所帶給我們的沉痛，源自於我們知道每一個人，都有你無法言喻，專屬於他的特質，也因此友人的逝去，代表的是有某種東西永遠消失在這世上。」我們不應該把這些個人特質視為理所當然，而要趁還來得及的時候去欣賞每個人的獨一無二。我們要知道痛苦與死亡並非只針對你自己，而是大家共同的歸宿。

我們可以把這樣的思考過程再往前推一步。讓我們去看看繁忙都市裡的匆匆行人，然後想想最多九十年後，我們與他們多半無一人能倖存於人間。世上千千萬個靈魂，就是不斷地在這樣的過程中來來去去，入土為安然後為後人所遺忘，財富在這當中真的就只是身外之物，身不帶來死不帶去。這麼一想，我們真的沒什麼好妄自尊大。生老病死是所有人都會經過的輪迴，你並不特別。

我們愈是能從每個人都會死的認知為起點，去切身體會人與人的連結，那我們就愈能用優雅的身段去包容與接納人性的多姿多采。這並不等於我們要當個濫好人，失去對惡人與混蛋的戒心。反倒是知道再惡劣的混帳也不可能長生不死，可以讓我們用客觀的角度去看待他們，不被他們恫嚇，並能以更中性自然跟胸有成竹的方式去與他們周旋。我們會知道他們壞歸壞，但不是為了我們才壞。

整體而言，我們可以說死亡的鬼魅可以推動人類拉近距離，並讓我們產生愛人的熱忱。死與愛總是糾纏在一塊。由死亡所代表的永世分離與煙消雲散，會予我們以動力去把自己跟其他人整合在一塊。人類獨有對於死亡的意識，讓我們為愛打造出了一種特有的型態。而經由死亡意識的深化，我們將不僅能強化這種想要去愛人的衝動，而且還能讓我們從人與人的隔閡中，從死別的痛苦中獲得解脫。

擁抱一切的痛苦與逆境

痛苦與磨難原本就是生命的一環，而死亡又是痛苦與磨難的終極型態。面對這種現實，有些人會不假思索地做出一種很方便的選擇：我們會為了逃避痛苦或讓自己變得麻木，而去吸毒或是用其他滿足自己的各種癮頭。我們會自我設限——工作不用那麼努力，雄心壯志可以小一點，這樣我們就比較不用擔心失敗或被酸。我們可以跟伴侶早早分道揚鑣，免得放了感情想分更苦惱。

這種選擇的根源，在於我們對於死亡的恐懼，因為正是對死亡的恐懼，連結起了我們與痛苦與磨難之間那斷不開的關係，由此我們便會習慣性地去逃避。遇到壞事發生，我們本能的反應是埋怨自己的命不好，埋怨別人不拉我們一把，最後我們會整個放棄治療，在挑戰的面前變得更退縮，更孬。負向的矛盾效應，就在此時把轉速拉到最高。

我們另一個選項，是投身尼采所謂的「命運之愛」(amor fati)：「我認為人類想臻於偉大有一個公式可循，那就是『命運之愛』：你不會希望自己的處境與真實的狀況有任何不同，不會想換一個不同的未來，也不會想換一個不同的過去，不會想更換自己的任何一個片刻。對於出於某種需要而發生的事，不僅會去忍受它……你更會去珍愛它。」

這段話的意思，基本上如下：生命中有太多不受我們控制的東西，而終極的死亡正是其中之一。我們會在人生的路上體驗到病痛；我們會與人生離死別；會因為犯錯而嘗到失敗的苦果，也會見識到人的惡意有多麼超過。我們的人生課題就是要去接受這些過程，甚至要去擁抱這些過程，而這為的不是自虐，而是為了從中學習並讓自己變強。透過這種過程，我們將能憑一己之力肯定生命，接受生命的各種可能性，而這一切都得以對死亡的完整接納來做為前提。

要將上述的生活之道付諸實行，就得把所有的事件都視為是命運的安排，每一件事情，都有其發生的理由，而找出這個理由或教訓的責任在於你我。病倒了，我們要覺得這是絕佳的機會可以暫時從世間引退來遠離塵囂，放慢步伐，重新審視我們目前的生活方式，並認清自己大部分都很健康的時候是多麼值得珍惜。讓自己在一定程度內習於痛苦，不會因一點不舒服就想逃避或麻痺自己，會是能讓人終生受用的技藝。

遇到有人違背我們的意願或與我們為敵，我們要能反躬自省，要思考這能不能讓我們在人性的課堂上又多學到什麼，比方說遇到狡猾或不配合的人要如何因應。放手一搏的結果若不如人意，我們要感激上天給自己這樣的機會學習。交往關係沒能開花結果，我們要檢討與對方的互動出了什麼差錯，自己是不是欠缺了什麼，下一次自己可以如何補起這些漏洞，又該對下一段關係抱著何種期待。我們最不該做的，就是出於逃避的心態畫地自限，不去在痛苦中吸收這些經驗。

當然這些經驗會讓我們身心同時接受考驗，同時我們也不該妄想這種生死哲學可以立竿見影地讓我們的生活體驗從負面變成正面。我們要知道這是個漫長的過程，而我們必須要經得起打擊。不過只要堅持下去，我們終將會發現自己有能力把命運轉化成學習。經由練習，這一切將變得容易而有效率。

這種命運之愛有能力改變一切的體驗，讓我們背負的沉重包袱獲得紓解。如果每件事都有其發生的理由，且最終能將我們點破，那又有什麼好抱怨東，抱怨西的呢？如果我們擁有的東西更好——面對殘酷人生現實的終極破解法——那別人擁有的一切又有什麼好羨慕的呢？

對崇高之事敞開心胸

我們可以視死亡是一種每個人都得跨過的門檻，如此它所代表的就會是一種我們無法以言語或概念去比擬的終極奧義。我們所面對的，將會是一種真正意義上的不可知與神祕。再發達的科學或科技，或是任何的專業知識，都不可能破解這個謎案或將之訴諸於文字。身而為人我們可以坐井窺天地自詡什麼都懂，但只要來到死亡這個門檻之前，我們終究還是會不知所措地啞口無言。

這種我們必須面對，但又對其一無所知且找不著言語對應的東西，就是所謂的「崇高之物」，事實上英文 Sublime 的拉丁字源，就有著「高」與「來到門檻的位置」之意。崇高之物，指的是任何一樣因為太巨大、太遼闊、太黑暗、太神祕，所以超乎我們語言或概念表達能力的東西。面對這類東西，我們免不了會有一絲恐懼，但也會同時感覺到壯觀與神奇。我們會意識到自身的微不足道，會知曉在那股廣袤而強大的力量之下，自己的意志有多麼渺小。**感受崇高，是我們防止自己莫名自傲的最佳解藥，也是我們要盡力避免被日常瑣事虛耗掉的絕招。**

像前述地去靜思生而有涯一事，就是感受崇高的標準作業程序。但我們還可以循其他的思考與行為去自我訓練出感受崇高的能力。比方說，凝望著夜晚的星空，我們可以想到地球是黑暗中彷彿一粒塵埃的行星，而太空是何等的無窮無盡；我們可以想到最最原始的生物形式是如何因為萬千因素的薈萃，而說不可能也可能了地起源於數十億年前的某個瞬間，進而啟動了這場生命的實驗。這種億萬年的時間尺度與跟生命的從無到有，都超乎人用抽象概念去理解事物的上限，因此我們心中得到的，只能是一種難以名狀，姑且可稱之為崇高的感覺。

更進一步，我們可以這麼想：在數百萬年前，我們與靈長類的祖先分道揚鑣，而又啟動了一場名為靈長類的實驗。因為體格孱弱加上數量不夠多，我們始終沒能將物種滅絕的威脅徹底擺脫。如果人類也像許許多多的其他物種——包括智人的各支親戚一樣，不足為奇地消滅在演化的長流中，那後來的世界便會踏上非常不一樣的發展之路。事實上，父母親的相遇跟我們的出生，都牽繫於一連串的偶遇與機率，當中每一樣事情都是具體而微的奇蹟。這麼一想，就不會再覺得自己活著是一件天經地義的事情，因為我們會意識到自己的存在，需要許許多多的前提。

為了體驗崇高，我們可以思索其他的生命形式。根據自己的神經與感知系統，去建構對於現實的認知體系，但對用回聲定位去感知世界的蝙蝠而言，牠們的現實又是另外一種風貌。牠們能感覺到人類感覺不到的訊號。除此之外，世界上還有多少人類無從感知或察覺到的現實存在呢？（許許多多的科學分支，都可以讓我們接觸到令人瞠目結舌的各種現實，所以閱讀科普刊物也是想體驗崇高者一種不錯的嘗試）。

我們可以暴露在讓自己羅盤指針大亂的所在——文化衝擊極大的國家、文明鞭長莫及的角落，或者是人跡罕至的地方，比方說像汪洋大海上，一望無際的雪原上，或是海拔很不一般的崇山峻嶺上。生理上被這些巨大的地景吞沒，會逼著我們的感官判斷產生逆轉。平日我們會以自己為標準去體察萬事萬物，但大山大海會反客為主地讓我們變成比例尺上的一個小小刻度。

面對崇高之物，我們會起雞皮疙瘩，會渾身顫抖，會有瀕死的初體驗，因為那東西的尺度，已超越我們感官與心智的容量。有那麼一瞬間，我們將從妄自尊大的侷限中出走；我們會擺脫習慣與平庸那有如死神之爪般的掌握，不再是個雖生猶死的行屍走肉。

最後，可以用以下的方式去思索這種生死哲學：自人類產生意識以來，對於死亡的認知就一直讓我們瑟瑟發抖。這種恐懼，以看不見或無法理解的方式形塑了我們的思想、宗教信仰、社會制度，還有行為模式。就這樣，我們被對死的恐懼與逃避的心態虜獲成為人質。

今天我們若願意反擊，主動去提升對死亡的認知，那真正的自由就會降臨。我們將不再覺得思想或行為需要自我設限，只為了讓生活變得更篤定一些。我們將可以更勇敢地去冒險，無須為了擔心後果而躊躇不前。我們可以跟各種幻覺與癮頭一刀兩斷，因為再不需要去麻痺自己的焦慮。我們將能全心全意投入工作、愛情與種種行動。更重要的是只要嘗過自由的甜頭，就回不去了，我們會想要在冒險的路上繼續往前走，讓所有可能性帶我們走到自身潛力所及最高的山峰。

> 讓我們別跟死亡見外，就去認識它，習慣它，跟它混熟。讓我們永遠先想到死亡再想到其他事情。任何時候，都讓我們在想像力中，用各種角度去翻轉它……死亡在哪個轉角等著我們，誰也說不準，那就讓我們反過來在每個轉角等待它吧。預想死亡就是預想自由……誰能學會死，就能放下奴性。知曉如何赴死，我們就能不受操控、甩開一切阻礙。
>
> ——米歇爾．德．蒙田（Michel de Montaigne）[1]

---

[1] 1923-1592，文藝復興時期法國最有指標性的哲學家，以《隨筆集》三卷留名後世。

【謝辭】

開門見山，我想感謝安娜・比勒（Anna Biller），謝謝她在本書的方方面面上幫助了我，包括她擅長的編輯潤飾，她在我們腦力激盪時源源不絕的靈感，還有她在我動筆過程中的愛與支持。少了她的諸多貢獻，這本書將無以成形，我對她有永遠說不完的感激。

我要感謝我的經紀人，墨池文學版權公司（Inkwell Management）的麥可・卡萊爾（Michael Carlisle），感謝他以深諳人性的大師之姿，為這次的企劃提供了不可或缺的建言與協助。說起墨池版權，我同樣得感謝的人還有麥可・蒙傑洛（Michael Mungiello）跟亞歷克希斯・赫立（Alexis Hurley），謝謝他們把這本書帶到全世界的讀者面前。

我在企鵝出版（Penguin）也有許多要感謝的貴人，當中首推我的編輯安德莉亞・舒茲（Andrea Schulz）。除了在文字上令我深感受用的專業處理，還要感謝她在無數的對話中協助我將概念琢磨地更加銳利，並不吝與我分享了她所深刻理解的人性。我必須感謝卡洛琳・卡爾森（Carolyn Carlson），她是本書企劃的原始編輯，以及在編輯工作上出力不少的梅蘭妮・托爾托羅利（Melanie Tortoroli）。我要感謝安德莉亞的助理，艾蜜莉・諾伊伯格（Emily Neuberger）、書封設計柯林・韋伯（Colin Webber），行銷部門的凱特・史塔克（Kate Stark）與瑪莉・史東（Mary Stone），乃至於站在公關前線的卡洛琳・柯爾伯恩（Carolyn Coleburn）與夏儂・托美（Shannon Twomey）。

我還必須感謝安德魯・法蘭克林（Andrew Franklin），英國側寫出版社（Profile Books）的發行人，謝謝他一路陪伴了我六本作品，他對於文字與出版的精準直覺讓我深感敬佩。

照例我必須感謝我之前的門生，如今的暢銷作家兼大師級策略專家萊恩・哈勒戴（Ryan Holiday），謝謝他在資料蒐集、出版行銷與不分類別的整體建議。

我當然不會忘記要感謝我的貓咪，布魯圖斯（Brutus），牠一共已經監督我完成了最近的五本書，也為我在理解人類這種動物時提供了一個非常不一樣的角度。

我要感謝與我手足情深的萊斯莉（Leslie），謝謝她的親情、支持與這些年來予我的許多靈感。還有我不能不感謝我耐心過人的母親蘿芮特（Laurette），謝謝她為所做的一切，包括培養我成為一個愛書、愛歷史的孩子。

最後的最後，我想要感謝自己一生中無以計數，每一個與我萍水相逢的人，是他們讓我見識到了人性中最壞跟最好的每一面，是他們共同攜手，才讓這本書的內容出落地如此豐富。

國家圖書館出版品預行編目資料

人性18法則：認識自己、透視他人，解碼人類行為第一專書。/
羅伯.葛林(Robert Greene)著；鄭煥昇譯.
—— 初版. —— 新北市：李茲文化, 2020. 09
面；公分
譯自：The laws of human nature
ISBN 978-986-96595-8-1（平裝）
1. 自我實現 2. 成功法
177.2 109009676

人性 18 法則：
認識自己、透視他人，解碼人類行為第一專書。

作　　者：羅伯・葛林 (Robert Greene)
譯　　者：鄭煥昇
責任編輯：莊碧娟
主　　編：莊碧娟
總 編 輯：吳玟琪

出　　版：李茲文化有限公司
電　　話：+(886) 2 86672245
傳　　真：+(886) 2 86672243
E-Mail: contact@leeds-global.com.tw
網　　站：http://www.leeds-global.com.tw/
郵寄地址：23199 新店郵局第 9-53 號信箱
P. O. Box 9-53 Sindian Taipei County 23199 Taiwan (R. O. C.)

定　　價：750 元
出版日期：2020 年 9 月 1 日 初版
2024 年 2 月 29 日 六刷

總 經 銷：創智文化有限公司
地　　址：新北市土城區忠承路 89 號 6 樓
電　　話：(02) 2268-3489
傳　　真：(02) 2269-6560
網　　站：www.booknews.com.tw

Change & Transform

想改變世界·先改變自己

Change & Transform

想 改 變 世 界 · 先 改 變 自 己